Eine kritische Untersuchung zu den Rechtsbehelfen
des Käufers im alten und im neuen türkischen Warenkaufrecht

Saarbrücker Studien
zum Privat- und Wirtschaftsrecht

Herausgegeben von Johann Paul Bauer,
Michael Martinek (geschäftsführender Herausgeber)
und Helmut Rüßmann

Band 80

PL ACADEMIC RESEARCH

Sinan Okur

Eine kritische Untersuchung zu den Rechtsbehelfen des Käufers im alten und im neuen türkischen Warenkaufrecht

Zugleich ein Beitrag zu der Harmonisierung des türkischen Warenkaufrechts im Lichte des CISG, BGB und der europäischen Vertragsrechtsharmonisierung

PL ACADEMIC RESEARCH

Bibliografische Information der Deutschen Nationalbibliothek
Die Deutsche Nationalbibliothek verzeichnet diese Publikation in der Deutschen Nationalbibliografie; detaillierte bibliografische Daten sind im Internet über http://dnb.d-nb.de abrufbar.

Zugl.: Saarbrücken, Univ., Diss., 2013

D 291
ISSN 1433-8866
ISBN 978-3-631-62799-0 (Print)
E-ISBN 978-3-653-02835-5 (E-Book)
DOI 10.3726/978-3-653-02835-5

PL Academic Research ist ein Imprint der Peter Lang GmbH.

Peter Lang – Frankfurt am Main · Bern · Bruxelles · New York · Oxford · Warszawa · Wien

Dieses Buch erscheint in einer Herausgeberreihe bei PL Academic Research und wurde vor Erscheinen peer reviewed.

www.peterlang.com

Hocaların Hocasına…

Vorwort

Die vorliegende Arbeit wurde im Wintersemester 2012/13 von der Rechts- und Wirtschaftswissenschaftliche Fakultät der Universität des Saarlandes als Dissertation angenommen. Gesetzgebung, Rechtsprechung und Literatur sind bis Juni 2012 berücksichtigt.

Nach Abschluss meiner Dissertation schulde ich mehreren Personen Dank. Zu danken habe ich in erster Linie meinem verehrten Doktorvater, Herrn Prof. Dr. iur. Dr. rer. publ. Dr. h.c. mult. *Michael Martinek*, nicht nur für die Mühe des Erstgutachtens, sondern auch für die vielfältige Unterstützung. Dank schulde ich weiterhin Herrn Prof. Dr. *Johann Paul Bauer* für die zügige Erstellung des Zweitgutachtens.

Besonderen Dank schulde ich darüber hinaus Herrn Prof. Dr. *Murat Dogan*, der mich im Verlauf meines gesamten Studiums stets in jeder Hinsicht geduldig unterstützt, gefördert und ermutigt hat.

Zudem danke ich Herrn Prof. *Peter Huber* und Herrn Prof. *Filippo Ranieri*, die stets für die Diskussionen und Hilfestellungen zur Verfügung standen.

Herzlichst danke ich meinem besten Freund *Akin Aslan* und seiner ganzen Familie, die in verschiedenen Phasen meines LL.M. – Studiums und meiner Promotion stärkend an meiner Seite standen. Außerdem danke ich all denen, die mich bei der Erstellung meiner Dissertation begleitet und unterstützt haben. Erwähnen möchte ich an dieser Stelle, *Akin Ünal, Soner Demirtas und Ugur Aslan.*

Bei Herrn *Volker Wanke* bedanke ich mich herzlich für das mühevolle und zeitraubende Korrekturlesen des Manuskripts und für seine freundliche Unterstützung. Weiterer Dank geht an Frau Ass.jur. *Marlene Mahler*. Herzlicher Dank gebührt dem DAAD für die finanzielle Unterstützung meiner Promotion.

Schließlich gilt mein ganz besonderer Dank meiner Mutter, meinen Geschwistern und meiner Frau für ihren liebevollen und fortwährenden Rückhalt.

Kayseri/Türkiye, im September 2013 Sinan OKUR

Inhaltsverzeichnis

Abkürzungsverzeichnis

Hinsichtlich der deutschen Abkürzungen wird *verwiesen* auf: *Kirchner, H./Pannier, D., Abkürzungsverzeichnis der Rechtssprache, 6., Auflage Berlin 2008*

AÜHF	Ankara Üniversitesi Hukuk Fakültesi Dergisi[1]
b.	Bent[2]
BK	818 Sayılı Borçlar Kanunu[3]
TBK	6098 Sayılı Türk Borçlar Kanunu[4]
TMK	Türk Medeni Kanunu[5]
TTK	6012 Sayılı Türk Ticaret Kanunu[6]
TTK	6762 Sayili Türk Ticaret Kanunu[7]
TKHK	Tüketicinin Korunması Hakkında Kanun[8]
C.	Cilt[9]
MHAD	Mukayaseli Hukuk Araştırmaları Dergisi[10]
Yarg.	Yargıtay[11]
HD	Hukuk Dairesi[12]
T.	Tarih[13]
E.	Esas[14]
K.	Karar[15]

1 Zeitschrift der juristischen Fakultät der Universität Ankara.
2 Unterabsatz.
3 Das türkische Obligationengesetz a.F.
4 Das türkische Obligationengesetz n.F.
5 Türkisches Zivilgesetzbuch.
6 Das türkische Handelsgesetz n.F.
7 Das türkische Handelsgesetz a.F.
8 Das Gesetz über Verbraucherschutz.
9 Band.
10 Zeitschrift für rechtsvergleichende Untersuchungen.
11 Das türkische Kassationsgericht.
12 Zivilkammer.
13 Datum.
14 Sache.
15 Entscheidung.

-"In welcher anderen Wissenschaft gäbe es dies, dass eine bestimmte Antwort auf eine bestimmte Frage nicht eindeutig, als "richtig" oder "falsch", sondern nur als vertretbar bezeichnet werden könnte?"[1]

-"Vielleicht, weil es eine jener Fragen ist, für die die resignierte Weisheit gilt, dass der Mensch nie eine endgültige Antwort finden, sondern nur suchen kann, besser zu fragen".[2]

Einleitung

I. Zielsetzung

1) "Besser Fragen" als dogmatischer Ausgangpunkt

Es ist nicht zu bezweifeln, dass sich jede wissenschaftliche Abhandlung auf eine bestimmte Frage konzentriert, die zumeist schon von Anderen gestellt wurde. Diese, auf eine schon gestellte Frage gerichtete Konzentration liegt an dem Wunsch, – mit Worten von Kelsen – "besser zu fragen". Auch unterliegt es keinem Zweifel, dass mit den klärungsbedürftigen Worten von Kelsen nicht ein rein philosophischer Prozess gemeint ist, der überhaupt zu keiner Antwort motiviert oder irgendeine "Antwort" verachtet, sondern die Überlegung, nochmals zu fragen und dadurch die Möglichkeit zu eröffnen, in einer anderen Zeit unter anderen Umständen neue Antworten auf diese Frage zu suchen. Anders formuliert: jenseits der Normenkategorien des positiven Rechts in der "Unbestimmtheit gesetzlicher Regeln"[3] die "vertretbaren Antworten" zu suchen. In diesem Sinne ist festzuhalten, dass die Aufgabe der Dogmatik und der Rechtsvergleichung für die vorliegende Arbeit im nichts Anderem als "besser zu fragen" zu sehen ist. Davon zu unterscheiden ist jedoch die Aufgabe "besser zu formulieren", die ***grundsätzlich*** nicht der Dogmatik, sondern dem Gesetzgeber aufzuerlegen ist. Von daher steht dem hier verfolgten Ziel, also "besser fragen" die Ansicht entgegen, die die Aufgabe der Dogmatik auf die Qualifizierung des Gesetzes beschränkt. Die konsequente Fortführung dieses Gedankens, wonach die Aufgabe der Dogmatik nicht darin besteht, das Gesetz an der Dogmatik zu orientieren, sondern nur die gesetzliche Regelung zu qualifizieren,[4] wäre nun freilich,

---

1 ***Larenz***, Methodenlehre, S. 6.

2 ***Kelsen***, S. 9.

3 ***Luhhman***, S. 19.

4 ***S. Lorenz***, in: E. Lorenz (Hrsg.), Karlsruher Forum 2005, S. 12.

"(echte oder vermeintliche) dogmatische Wiedersprüche des Gesetzes schlicht hinzunehmen bzw. die Dogmatik entsprechend anzupassen."[5] Im Gegenzug zu dieser Ansicht folgt die vorliegende Abhandlung der Auffassung, nach der die Aufgabe der Dogmatik nicht in der Eingrenzung, sondern Vervielfachung der Entscheidungsmöglichkeiten gelegen sein soll.[6] Denn nur diese Vervielfachung der Entscheidungsmöglichkeiten ermöglicht einer Rechtswissenschaft, die eigentlich nicht ein gehorsamer "Diener des Gesetzgebers"[7] sein soll, nicht nur der Rechtsentwicklung zu folgen, sondern auch ihr vorauszugehen.[8] Vom Juristischen aus bleibt den Gedanken von *E. Bucher* kaum etwas hinzufügen, der uns dazu ermutigt, unsere Haltung gegenüber dem Gesetz zu wandeln, wenn das Gesetz schon nicht geändert werden kann.[9] Mit "besser fragen" wird in der vorliegenden Arbeit versucht, in der möglichen Unbestimmtheit des türkischen Gesetzestextes im Licht des CISG, des BGB und der europäischen Vertragsrechtsharmonisierung die Entscheidungs-möglichkeiten entweder zu finden oder zu Gunsten des europäischen Vertragsrechts zu vervielfachen.

2) Feststellung der Frage

Nach der Klarstellung des dogmatischen Ausgangpunktes gilt es zu klären, auf welche Frage sich die vorliegende Arbeit konzentriert. Sie konzentriert sich zunächst in ganz oberflächlicher Formulierung auf die Frage, welche Rechtsbehelfe dem Käufer zur Verfügung stehen (sollen), wenn der Verkäufer irgendeine seiner Pflichten verletzt hat. Wenn man die vorstehende Frage "besser" stellen will, drängt sich eine andere Frage auf, wie man "besser fragen" kann oder was man unter "besser fragen" verstehen soll? Eine befriedigende Antwort auf diese Frage würde eine umfassende Analyse der Aufgabe der Rechtsdogmatik erfordern, was aber den Rahmen der vorliegenden Arbeit sprengt. Trotz allem wird im Folgenden

---

5 ***S. Lorenz***, in: E. Lorenz (Hrsg.), Karlsruher Forum 2005, S. 12: "Kurz: Das Gesetz kann was es will – auch um den Preis der inneren Logik" S. 12; ***Bucher***, ZSR 1983, S. 251, 377, hat dagegen mit Recht die Ansicht postuliert: "Es mochte im ersten Jahrhundert des Bestehens der Kodifikation angemessen sein, die rechtliche Argumentation nach der Frage auszurichten: "Was will das Gesetz?" oder "Was wollte der Gesetzgeber?". Nach hundertjähriger Gesetzesherrschaft dürfte die Frage nun eigentlich lauten: "Ist das Recht, so wie wir es derzeit aus dem Gesetz ableiten, auch sachlich angemessen, gut, richtig?"

6 ***Schlechtriem***, Schuldrechtsreform, S. 79.

7 ***Engisch***, S. 116.

8 ***Rabel***, FS Becker, S. 171, 173 ff., (zitiert nach ***Mitzkait*** S. 3).

9 ***Bucher***, ZSR 1983 S. 251, S. 276.

versucht, zwar so kurz als möglich, auf diese schwierige Aufgabe im Zusammenhang mit der Frage, auf die sich die vorliegende Arbeit konzentriert, einzugehen.

3) "Besser Fragen": Wie?

Es gelingt dem Fragesteller zu dem Ziel zu kommen, "besser zu fragen" vor allen Dingen in der Weise, dass er die Frage präzise formuliert: Je präziser die Formulierung ist, desto besser ist die Frage. Diese Präzisierung kann aber in verschiedener Weise erfolgen. Fragt man beispielsweise, welche Rechtsbehelfe *im türkischen Recht*[10] dem Käufer zur Verfügung stehen (sollen), wenn der Verkäufer irgendeine seiner Pflichten verletzt hat, wird die Frage hinsichtlich des Ortes, also des "Wo" konkretisiert. Die Bedeutung[11] solcher ***territorialen*** Präzision erschließt sich vor allem bei einem Blick auf die verschiedenen Rechtsordnungen, in denen die Antworten auf die genannte Frage unterschiedlich beurteilt werden.[12] Somit legt diese auf das "Wo" abgestellte Präzision der Frage nicht nur den Schluss nahe, dass diese aktuelle aber keineswegs neue Frage in verschiedenen Rechtsordnungen unterschiedlich beurteilt wird, sondern es ergibt sich daraus für die genannte Frage einerseits eine Präzisionsvoraussetzung hinsichtlich des "Wo" und andererseits ***ein weiteres Merkmal*** des hier verfolgten Ziels, nämlich "besser fragen".

Dieses Merkmal erschöpft sich darin, die schon auf diese Frage gegebenen Antworten zu suchen, anders formuliert, die alten Antworten in Frage zu stellen, ohne Rücksicht auf die Gefahr "der Wiederholung" zu nehmen. *Aus dieser* ***territorialen*** *Präzisierung ergibt sich bereits ein Zwang zur (Rechts)Vergleichung zwischen den Antworten, der mit dem, "besser fragen", gleichbedeutend ist.* Dieser Vergleichungszwang vermeidet auch eine *unnötige* Wiederholung der Antworten, da hier kein isoliertes Beantworten der Frage vorliegt.

Die (Rechts)Vergleichung macht die Wiederholung nötig und die nötige Wiederholung ist eine Voraussetzung für die (Rechts)Vergleichung. Ferner grenzt sich diese für die Rechtsvergleichung vorausgesetzte *nötige* Wiederholung von einer

---

10 Natürlich weist hier das türkische Recht eine Rechtsordnung auf, die innerhalb der Grenzen der Türkei gilt, auch wenn die Geltungsbereiche eines Rechtssystems nicht immer mit den territorialen Grenzen identisch sind.

11 Die Bestrebungen zur Vereinheitlichung des Kaufrechts kann als ein Versuch angesehen werden, der die Bedeutung solcher Präzision hinsichtlich des "Wo" mildern sollte. Mit anderen Worten sollte die Frage, wo man gekauft oder verkauft hat, in der neuen Weltordnung an Bedeutung verlieren.

12 Da spricht man zu Recht von einer ***"babylonischen Vielfalt". Akikol***, S. 9.

unnötigen dadurch ab, dass man die eigenen feststehenden Antworten unter dem Gesichtspunkt der anderen Antworten *kritisch* betrachtet, was aber nicht zu dem Schluss verleiten darf, dass es sich hier um eine *käufer– oder verkäuferfreundliche* Untersuchung handelt.

Bevor man die Präzision in Bezug auf die Frage des "Wo" durchführt, muss die konzentrierte Frage nochmals gestellt werden: *Welche Rechtsbehelfe* sollen dem Käufer zur Verfügung stehen, wenn der Verkäufer *irgendeine seiner Pflichten verletzt* hat.

4) Doppelnatur der Frage und Abhängigkeitsverhältnis

Aus dem Wortlaut der vorgelegten Frage lässt sich zwar entnehmen, dass man sich vor allem an den Rechtsfolgen und *–behelfen* orientiert. Aber die Antwort auf diese Frage ist nicht völlig un***abhängig*** von einer hier versteckten Frage, die so formuliert werden kann: Welche Art der Pflichtverletzung liegt vor? Je nach ***Abhängigkeitsgrad*** davon unterscheiden sich die Rechtsordnungen voneinander, wobei das türkische Recht und das angloamerikanische Recht als zwei extreme Punkte angesehen werden können. Im türkischen Recht stehen die Rechtsbehelfe im engen Zusammenhang mit der Art der Pflichtverletzung. Man sagt, dass in einer ***bestimmten Art der Pflichtverletzung*** dem Käufer ***bestimmte Rechtsbehelfe*** zur Verfügung stehen. Im angloamerikanischen Recht versucht man den Abhängigkeitsgrad gering zu halten. Man sagt, dass in ***irgendeiner*** Art der Pflichtverletzung ein ***bestimmter*** Rechtsbehelf (Schadenersatz) immer zur Verfügung steht.[13] Es folgt aus dem Gesagten, dass die Frage, auf die sich diese Arbeit konzentriert, doppeldeutig ist und hintergründig eine versteckte Frage enthält, die wesentlich mit territorialer Präzisierung zu tun hat, und es in erster Linie auf die Art der

13 "At common law, damages are available for any breach", ***Benjamin's Sale of Goods***, supra, footnote 2, para. 12–017. (1992), (Zitiert nach ***Hsu***, S.Ac.L.J. (1996), S. 113, 120; ***Zweigert/Kötz***, S. 477, 478: "Wird eine vertraglich geschuldete Leistung nicht erbracht, so ist der enttäuschte Vertragspartner prinzipiell auf eine Klage wegen *Breach of Contract* beschränkt; diese Klage richtet sich […] stets nur auf Schadenersatz in Geld. […] nach diesen Regeln konnte ein Kläger ausnahmeweise Erfüllung des Vertrages (***specific performance***) verlangen."; ***Schrewe***, S. 58; Im englischen Recht stellt der Schadenersatzanspruch solches dar, der bei jeder Vertragsverletzung zur Verfügung steht. Bei den anderen Rechtsbehelfen kommt es auf die Schwere der Vertragsverletzung an. Ob eine Vertragsverletzung schwer genug ist, um z.B. eine Vertragsaufhebung zu rechtfertigen, hängt davon ab, welche Vertragsbestimmung (*conditions, warranties, innominate terms*) verletzt wurde. ***Bartfeld***, S. 125; ***Henrich/P. Huber***, S. 52 ff.; ***Tacheva***, S. 301.

verletzten Pflicht ankommt. Die versteckte Frage kann folgendermaßen formuliert werden: Welche Pflicht wurde verletzt oder um welche Art der Pflichtverletzung geht es? Aus dieser Doppelnatur ergibt sich eine Präzisierungsvoraussetzung in Bezug auf das "Wo", weil sich einige Rechtsordnungen an den Rechtsfolgen orientieren, und diese versteckte Frage – beim ersten Blick – überhaupt nicht in Betracht ziehen, z.B. in England,[14] im UN-Kaufrecht oder in Frankreich,[15] während sich andere Rechtsordnungen bei ihrer Antwort an den Tatbeständen orientieren und auf diese versteckte Frage fokussieren, z.B. in der Türkei, in der Schweiz, in Österreich[16] und teilweise in Deutschland.[17]

II. Hauptproblem und Paradigmenwechsel im europäischen Leistungsstörungsrecht: CISG

Bisher wurde bewusst die Benutzung des Wortes "Problem" vermieden, auch wenn im deutschen Sprachraum "Frage" gleichbedeutend mit "Problem" verwendet wurde. Probleme bereitet die Frage aber erst, wenn man eine Antwort darauf sucht, woran man sich orientieren soll, an die Rechtsbehelfe, also an die Grundfrage, oder an die Art der Pflichtverletzung, also an die versteckte Frage, weil das Problem in den verschiedenen Rechtsordnungen unterschiedlich gelöst wurde.[18] Die Bedeutung des Problems lässt sich dahin kennzeichnen, dass die Frage, welcher Weg einzuschlagen ist, in den letzten Jahrzenten im Rahmen der

---

14 Kritik am englischen Modell s. ***Schrewe***, S. 56. Das englische Leistungsstörungsrecht wird stark von den Interessen von Händlern geprägt. Der Grund dafür liegt darin, dass die Kodifikation von 1893 weitgehend auf dem geltenden Richterrecht basierte, das weitegehend auf den handelsrechtlichen Streitigkeiten beruht.

15 ***Anders***, S. 53 ff.

16 ***Karollus***, S. 90; ***Schauer***, FS Kramer, S. 627, 628 ff.

17 Vor der Schuldrechtsreform war das deutsche BGB auch ganz tatbestandorientiert. Vgl. ***Basedow***, Int'l Rev. L. & E., 25 (2005), S. 487, 491; Die Tendenz, die verschiedenen Fallgruppen der Vertragswidrigkeit einem einheitlichen Begriff der Leistungsstörung zuzuordnen geht im deutschen Recht auf Heinrich Stoll zurück. Er sagte schon im Jahr 1932 in seinemAufsatz: "so muss unsere weitere Aufgabe sein, ein System der Forderungsverletzungen aufzustellen, in dem die verschiedenen Arten der Forderungsverletzung unter einem einheitlichen Gesichtspunkt geordnet sind" ***Heinrich Stoll***, AcP 136 (1932), S. 257, 285.

18 Das Leistungsstörungsrecht ist als ein Bereich anzusehen, in dem die Unterschiede zwischen den einzelnen nationalen Regelungsmodellen deutlich sichtbar sind. ***Botzenhardt***, s. 37.

Rechtsvereinheitlichung zu einer intensiven Diskussion geführt hat und mit geringer Übertreibung die wichtigste Frage der Kaufrechtsvereinheitlichung war. Nach diesen langjährigen Diskussionen ist in den modernen Kodifikationen die Grenze zwischen diesen sogenannten ***rechtsfolgeorientierten*** und ***tatbestandsorientierten*** Systemen zu Gunsten des Ersteren und zu Lasten des Letzteren verschoben. Die wichtigsten modernen Kodifikationen orientieren sich an den Rechtsbehelfen und gehen von einem einheitlichen Begriff der Vertragsverletzung oder der Nichterfüllung aus, und dabei unterscheiden sie nicht zwischen den Vertragsverletzungen.[19]

---

19 Zurückhaltung ist hingegen auch nach dieser Tendenz geboten. Zu befürchten ist etwa, dass "es eben keinen Begriff der Nichterfüllung mehr gäbe, ja dass es auch keine Formen der Nichterfüllung gäbe, sondern nur noch Regeln, die bestimmen, unter welchen konkreten Voraussetzungen unterschiedliche Rechtsbehelfe oder Sanktionen Anwendung finden" ***Storme***, in: Schlechtriem (Hrsg.), Wandlungen S. 13; Vgl. ***Düchs*** S. 58; ***Diedrichsen***, AcP (182) 1982, S. 120 ff.: "Wenn aber die Rechtsfolgen verschieden sind, so sind es auch die Tatbestände; denn differenzierende Rechtsfolgen an ein und denselben Tatbestand anzuknüpfen wäre sinnlos"; Auch ***Medicus*** weist auf die Gefahr hin, dass diese "einfache Lösung" auf der Rechtsfolgenseite zu ungerechten Ergebnissen führt. ***Medicus***, in: Basedow (Hrsg.), Europäische Vertragsvereinheitlichung, S. 180; Wie Medicus macht auch ***Canaris***, auf die "Gerechtigkeitsgründe" aufmerksam und sieht ein "Mischsystem zwischen tatbestandsorientierter Sichtweise einerseits und rechtsfolgeorientierter Zusammenstellung und Sammlung andererseits" als Optimum an. ***Canaris*** in: E. Lorenz (Hrsg.), Karlsruher Forum 2002, S. 181; Nach ***Looschelders*** hat dies dazu geführt, dass das System des BGB "sehr unübersichtlich und komplex" gewesen ist. Zum Beweis dieser Komplexität hat er folgendes Beispiel gebracht: Im Beispiel geht es um den Schadenersatzanspruch des Käufers für den Fall der mangelhaften Lieferung. Zuerst ist eine Unterscheidung zwischen Mangelschaden und Mangelfolgeschaden erforderlich. Bei einem Mangelfolgeschaden kommt die Vorschrift § 280 Abs. 1 BGB zur Anwendung, während bei einem Mangelschaden weiter gefragt werden muss, ob der Mangel behebbar ist oder nicht. Bei einem behebbaren Mangel wird der Käufer auf § 280, 281 BGB verwiesen. Bei einem nicht behebbaren Mangel befindet man sich im Bereich der Unmöglichkeit. Man braucht aber eine weitere Differenzierung, ob eine anfängliche (§ 311a BGB) oder nachträgliche Unmöglichkeit (§ 283 BGB) vorliegt. Zum Schluss fragt er sich zu Recht, "ob das so kompliziert werden muss", ***Looschelders***, in: E. Lorenz (Hrsg.), Karlsruher Forum 2002, S. 174. Meines Erachtens hat sich der deutsche Gesetzgeber auf diesen Erwägungen beruhend zu einem gemischten System entschieden, in dem auf der Tatbestandsseite von einem einheitlichen Begriff der "Pflichtverletzung" ausgegangen wird. Demgegenüber aber sind die Rechtsfolgen nach der Art der Pflichtverletzung zu differenzieren. Zuletzt endlich hat der deutsche Gesetzgeber einerseits – trotz der einheitlichen Begriffsbildung – die wichtigsten Arten der Leistungsstörung im Gesetz ausführlich geregelt. Dadurch sollen die

Hierzu zählen insbesondere die United Nations Convention on Contracts for the International Sale of Goods (CISG), Principles of International Commercial Contracts (PICC) und Principles of European Contract Law (PECL), unter denen das CISG das einflussreichste ist und ihm daher eine besondere Bedeutung zukommt. Dem CISG kommt eine besondere Bedeutung zu, da dem Modell des CISG nicht nur internationale Kodifikationen, wie PICC, PECL oder DCFR folgen, sondern auch die modernisierten nationalen Gesetzestexte, worunter das deutsche Bürgerliche Gesetzbuch und das niederländische Bürgerliche Gesetzbuch zu erwähnen sind.[20] Demgegenüber schlug das türkische Obligationengesetz aufgrund historischer Gründe[21] den entgegengesetzten Weg ein, wonach man sich an die bestimmte Art der Pflichtverletzung orientiert.

Vereinfacht und zusammenfassend lässt sich Folgendes sagen: Man findet zwei rechtstechnische Ansatzpunkte bei der Suche nach der Regelung von Leistungsstörungen: dem "*cause approach*"[22] und dem "*remedy approach*. Im Ersteren geht man von den Gründen der Vertragsverletzung aus und versucht, verschiedene Typen und Formen der Vertragsverletzung mit eigenen Rechtsfolgen herauszubilden.[23] Wie erwähnt wurde, folgt das türkische Recht bei der Regelung von Leistungsstörungen diesem auf dem römischen Recht basierenden Konzept.[24] Die Kritik am System betrifft vor allem die Tatsache, dass auf der einen Seite in diesem System

---

Befürchtungen in Bezug auf die Rechtssicherheit und Rechtsklarheit beseitigt werden, die sich aus dem hoch abstrakten und unbestimmten Begriff der Pflichtverletzung ergeben. Andererseits ist dem Begriff der Pflichtverletzung die Aufgabe aufzuerlegen, die Lücken zu schließen, wenn es sich um "keine näher im Gesetz bezeichnete Leistungsstörung" handelt. ***Schultz***, in: Westermann (Hrsg.), Das neue Schuldrecht, S. 21 ff.

20 ***Grundmann***, in: Grundmann/Bianca (Hrsg.), S. 23 Rn. 10; ***P. Huber***, in: Reimann/Zimmermann (ed), S. 938 "a considerable impact on reform projects in national systems"; ***Magnus***, ZEuP 1993, "erhebliche, weitreichende Ausstrahlungswirkung" (Zitiert nach ***Janssen***, S. 225, Fn. 1414); Für das niederländisches Recht Vgl. ***Krusinga***, The Impact of Uniform Law: Limits and Possibilities –CISG and Its Incidence in Dutch Law, EJCL vol. 13.2 (May 2009).

21 Da der türkische Gesetzgeber bei der Rezeption das schweizerische Obligationenrecht wörtlich übernommen hat, beruht die Tatsache, dass das türkische Obligationengesetzt tatbestandorientiert ist, auf keiner bewussten Entscheidung des türkischen Gesetzgebers.

22 Vor der Schuldrechtsreform auch deutsches Recht: ***Krebs***, S. 17; ***Beinert***, S. 20; ***Stürner***, in: FS Brandner, S. 636 ff.

23 ***Krebs***, S. 17; ***Beinert***, S. 20; ***Stürner***, in: FS Brandner, S. 636 ff.

24 ***Krebs***, S. 17; ***Beinert***, S. 20.

einzelne Formen der Leistungsstörung ungeregelt bleiben[25] und auf der anderen Seite es zu Abgrenzungsproblemen kommt.[26] Der Vorteil des Systems besteht in der Rechtssicherheit und –klarheit.[27] Im Gegensatz zu diesem System gehen im zweiten heute herrschenden rechtsfolgeorientierten System die Rechtsfolgen den Gründen der Vertrags-verletzung voraus. Im Gegensatz zu den kontinentaleuropäischen Ländern geht das angloamerikanische Recht von einem einheitlichen Begriff *Breach of Contract* aus, auf dem das System des Leistungsstörungsrechts des CISG basiert.[28] Es steht außer Zweifel, dass die Regelungsstruktur des CISG

---

25 In Bezug auf die alte Fassung des BGB: ***U. Huber***, Gutachten: "Unsystematisch, lükkenhaft, inkonsequent und unausgewogen" (zitiert nach ***Jakobs***, S. 13); ***Krebs***, S. 17. Ein häufig genanntes Bespiel ist die Entwicklung des Instituts "positive Vertragsverletzung" durch Staub. Gegen das Institut "positive Vertragsverletzung" ist Heinrich Stoll. ***Stoll H.***, AcP 136 (1932) S. 257, 282.

26 ***Beinert***, S. 20; ***Kappus***, RIW 1992 S. 528, 530; ***Anders***, S. 192.

27 ***Anders***, S. 193.

28 ***U. Huber***, in: Von Caemmerer/Schlechtriem (1990), Art. 45, Rn. 9: "In der Durchführung dieses Konzepts folgt das einheitliche Kaufrecht aber nicht dem Kaufrecht des britischen SGA oder des amerikanischen UCC, sondern es hat ***ein völlig eigenständiges Konzept*** entwickelt"; Vgl. ***Niggemann***, in: Hoyer H./Posch W. (Hrsg.), S. 95; ***Kreps***, 18; Trotz der Übernahme des einheitlichen Begriffs des Common Law ist in einigen Punkten auch der Einfluss der kontinentaleuropäischen Länder auf das Leistungsstörungsrecht zu sehen. Zum einen räumt das CISG in Art. 46 Abs. 1 dem Käufer einen Erfüllungsanspruch ein, den die Common-Law-Staaten nicht kennen. ***P. Huber***, in: MünchKommBGB (2012), Art. 46 CISG, Rn. 3; ***Schnyder/Straub***, in: Honsell (Hrsg.), CISG (2010), Art. 46 CISG Rn. 7; Zum anderen führen die unterschiedlichen Arten von Leistungsstörungen –trotz des einheitlichen Tatbestands der Nichterfüllung– zu gewissen Differenzierungen. ***Magnus***, in: Staudinger/CISG (2005*)* Art. 45 CISG, Rn. 25, Art. 46 CISG Rn. 6; Ein anderes Beispiel zum Kompromiss und aus kontinentaler Sicht ein großer Fortschritt ist die Durchsetzung des Rechtsbehelfs der Minderung (Art. 50) in das System der Leistungsstörungen, der dem Common-Law-System nicht bekannt ist. Lüderitz, in: Schlechtriem (Hrsg.), Einheitliches, S. 179 ff.; ***Magnus***, in: Staudinger/CISG (2005), Art. 50 CISG, Rn. 5; Zur Kritik dazu: Huber, in: MünchKommBGB (2012), Art. 50 CISG, Rn. 1; Der Autor findet es aus rechtsvergleichender Sicht nicht selbstverständlich, dass die Minderung im UN-Kaufrecht ihren Platz gefunden hat. Denn die Minderung sei zwar in den kontinentaleuropäischen Rechtsordnungen auf Grund ihres Ursprungs in der actio quanti minoris des römischen Rechts weit verbreitet. Im Common Law dagegen habe sie sich nicht durchgesetzt; ihre Funktion werde dort traditionellerweise von dem (verschuldensunabhängigen) Schadenersatzanspruch wahrgenommen. Nach anderer Ansicht erlange die Minderung nur in drei Fällen Bedeutung; dazu: ***Schnyder/Straub***, in: Honsell (Hrsg.), CISG (2010) Art. 50, Rn. 5; Letztes Beispiel zum Kompromiss

für die Rechtsbehelfe des Käufers einfacher und überschaubarer ist, wenn man sie mit dem Haager Kaufrecht und mit den nationalen Rechtsordnungen, die dem tatbestandsorientierten System folgen, vergleicht.[29] Das CISG sieht grundsätzlich keine generelle Unterscheidung zwischen den verschiedenen Arten der Vertragsverletzungen des Verkäufers vor, die sie auf verschiedene Elemente der Erfüllung, nämlich auf den Inhalt (Schlechterfüllung), die Zeit (Späterfüllung), oder den Ort der Erfüllung bezieht und meistens zu ungerechten Lösungen führt. Im Gegensatz zu den nationalen Rechtsordnungen stellen die Unmöglichkeit oder der Verzug nicht die zentralen Kategorien des Leistungsstörungsrechts dar. Im CISG werden – entsprechend der modernen Lösung – alle Fälle von Leistungsstörungen zu einem einheitlichen Begriff der Vertragsverletzung bzw. Nichterfüllung zusammengefasst.[30] Die Rechtsbehelfe, die dem Käufer bei Vertragsverletzungen des Verkäufers zustehen, differenzieren sich nach der Intensität der Leistungsstörung (wesentliche/nicht wesentliche).[31]

---

ist das aus dem deutschen Recht in modifizierter Form übernommene Konzept der Nachfrist (Art. 47, 49 I b); ***U. Huber***, in: von Caemmerer/Schlechtriem (1990), Art. 45 CISG Rn. 9; ***Botzenhardt***, s. 48.

29 ***Schweizerische Botschaft***, 232.41; ***Rudolph***, Vorbem. zu Art. 45 Rn. 1; ***Honsell***, BT, S. 138 "Die Einfachheit würde durch ein relativ hohes Abstraktionsniveau und unbestimmte Rechtsbegriffe erkauft"; auch ***Westerhoff***, ZG 1994, S. 101; Im Gegensatz zum Wiener Kaufrecht war das Haager Kaufrecht komplex und unübersichtlich. Im EKG wurden die unterschiedlichen Vertragswidrigkeiten und ihre Rechtfolgen getrennt behandelt. Um mehr Verständnis für ein neuartiges Konzept zu finden, wurde an der herkömmlichen Unterscheidung verschiedener Vertragsverletzungen festgehalten, was zu Wiederholungen und einer Unübersichtlichkeit des Textes geführt hat. ***U. Huber***, in: Von Caemmerer/Schlechtriem (1990), Art. 45, Rn. 6; ***Enderlein***, in: Enderlein/Maskow/Strohbach, Art. 45 Bem. 2; ***Magnus***, in: Staudinger/CISG (2005) Art. 45 CISG Rn. 6; ***Hellner*** bezeichnet die vom EKG befolgte Methode als "vertikale, die Methode des CISG als "horizontale Struktur. ***U. Huber***, in: von Caemmerer/Schlechtriem (1990), Art. 45, Fn. 12.

30 Der Begriff der Vertragsverletzung Art. 25 (*breach of contract*) ist synonym zu dem Begriff der Nichterfüllung Art. 49 1a (*failure to perform*). Je nach Zusammenhang werden im CISG beide Begriffe verwendet. ***U. Huber***, in: Von Caemmerer/Schlechtriem (1990), Art. 45, Rn. 10; ***Botzenhardt***, s. 37 Fn. 49; ***Stargardt***, in: Enderlein/Maskow/Stargardt, Art. 45 Vorbem. 1.

31 ***Schwenzer***, in: Schlechtriem (Hrsg.), Wandlungen, S. 38; Nach anderer Ansicht hängen die Rechtsfolgen einer Vertragsverletzung auf der einen Seite von der Wesentlichkeit der Verletzung ab und auf der anderen Seite sind sie auf die Art der Vertragsverletzung abgestimmt, insbesondere beim Erfüllungs-anspruch. ***Stargardt***, in: Enderlein/Maskow/Stargardt, Art. 45 Vorbem. 3.

Obgleich bestimmte Rechtsbehelfe nur bei bestimmten Vertragsverletzungen möglich sind, stellt jede Art der nicht ordnungsgemäßen Leistung eine *Vertragsverletzung* dar, die für die dem Käufer zur Verfügung stehenden Rechtsbehelfe als einzige Grundvoraussetzung festgelegt wurde.[32]

III. Nebenprobleme

1) Sonderstellung der mangelhaften Lieferung und seine inhaltliche Wirkung auf die Untersuchung

Ganz bewusst wird im Rahmen der vorliegenden Arbeit nicht auf jedes Detail des Leistungsstörungsrechts eingegangen, was auch angesichts des hier verfolgten Ziels nicht sinnvoll erscheint. Stattdessen wird versucht, einigen der bekannten Systemfragen ein besonderes Augenmerk zu schenken. Es soll zunächst auf die abstrakten Grundlagen der späteren konkreten Untersuchung eingegangen werden. In diesem Sinne betrifft die erste Frage die Sonderstellung der mangelhaften Lieferung im Leistungsstörungsrecht und die Auswahl der Überschrift der Arbeit, die einiger Bemerkungen bedarf. Obwohl Leistungsstörungen nicht nur in der Form der sachmangelhaften Lieferung auftreten, behandelt die überwältigende Mehrheit der Untersuchungen über die Rechtsbehelfe des Käufers nicht selten nur die Rechtsbehelfe des Käufers für den Fall der sachmangelhaften Lieferung. Nicht erstaunlich ist, dass auf die mangelhafte Lieferung mehr Aufmerksamkeit gelegt wird. Es ist einmal auf die praktische Bedeutung des Sachmangels zurückzuführen.[33] Hinzu kommt, dass in den Gesetztexten die Rechtsbehelfe des Käufers im Fall der sachmangelhaften Lieferung eine eigenständige Regelung finden, während die anderen Vertragsverletzungen nach den allgemeinen Vorschriften zu bestimmen sind. Warum im Falle der mangelhaften Lieferung ein anderes Haftungsregime gelten sollte, als wenn etwa der Verkäufer seine Leistung spät erfüllt, ist nur auf historische Zufälligkeiten zurückzuführen.[34] Schließlich erscheint es

---

32 ***Niggemann***, in: Hoyer H./Posch W. (Hrsg.), S. 95.

33 "Die Lieferung (angeblich) vertragswidriger Waren ist (…) der ***in der Entscheidungspraxis bislang weitaus bedeutsamste Fall der Pflichtverletzung*** des Verkäufers" (Hervorhebung nicht im Text). ***Melin***, S. 488; ***Sivesand***, S. 2.

34 Bei den sog. ädilizischen Rechtsbehelfen (actio redhibitoria, actio quanti minoris) ging es um die von den Ädilen, im Wege der Rechtsfortbildung geschaffenen Haftungsregelungen. Darauf, ob der Verkäufer den Mangel gekannt hatte oder nicht, kam es bei den ädilizischen Rechtsbehelfen nicht an. ***Schnüll***, S. 1 ff.; ***Rado***, S. 114 ff.;

folgerichtig, bei den anderen Vertragsverletzungen nicht von den Rechtsbehelfen, sondern von den Arten der Vertragsverletzungen auszugehen, wenn das Gesetz selbst nicht von den Rechtsfolgen, sondern den Rechtsfolgen von einer bestimmten Vertragsverletzung spricht. Dass die sachmangelhafte Lieferung aus der praktischen Sicht die bedeutendste Vertragsverletzung im Kaufvertrag ist, unterliegt zwar keinem Zweifel, lässt aber seine historisch bedingte,[35] theoretische Bedeutung/Sonderstellung insofern in Frage stellen, als in den modernen (CISG, DCFR) oder modernisierten Kodifikationen (BGB) kein besonderes Gewährleitungsrecht zu verzeichnen ist[36] und die Lieferung mangelhafter Ware unter den Anwendungsbereich des allgemeinen Leistungsstörungsrechts fällt.

Heutzutage ist die sachmangelhafte Lieferung entweder als ein Unterfall der Schlechtleistung, also Pflichtverletzung (§ 280 ff. BGB)[37] oder als irgendeine Art der Vertragsverletzung (Art. 45 ff. CISG, DCFR, CESL) ausgestaltet, und so dass das Gewährleistungsrecht ins allgemeine Schuldrecht integriert wird. In Worten *von Caemmerer* wurden die "tiefen Gräben" zwischen Erfüllungs– Sach– und Rechtsmangelhaftung "zugeschüttet".[38]

Von daher erwachsen dem Käufer grundsätzlich die gleichen Rechtsbehelfe des allgemeinen Teils, wenn der Verkäufer eine mangelhafte Ware geliefert hat.[39] Daraus ergibt sich schon, dass die Unterscheidung der mangelhaften Lieferung von anderen Vertragsverletzungen auf der Tatbestandseite immer noch erforderlich erscheint, während auf der Rechtsfolgenseite eine solche Unterscheidung zwischen den Rechtsfolgen der mangelhaften Lieferung und denen anderer

---

Honsell, Römisches Recht, S. 139 ff.; ***Basedow***, Int'l Rev. L. & E., 25 (2005) S. 487, S. 491.

35 ***Basedow***, Die Reform des deutschen Kaufrechts, S. 12; ***Ranieri***, S. 855, 856.

36 Dabei geht es um die Annäherung des deutschen BGB an englisches Vertragsrecht, wobei kein besonderes Gewährleistungsrecht zu verzeichnen ist. Im englischen Recht geht man von einem einheitlichen Begriff (Breach of Contract) aus, der zwischen den Leistungsstörungsarten nicht unterscheidet. Dieses einheitliche Konzept ermöglicht es dem englischen Recht, die Gewährleistung ins allgemeine Leistungsstörungsrecht zu integrieren. Im Wort von ***Rheinstein***: "*Für das Common Law ist daher eine Sonderbehandlung der Kaufmangelhaftung nicht nötig, die Mangelhaftung ist in ihrem Wesen nichts anderes als jeder andere obligatorische Anspruch aus Vertragsbruch, ein Anspruch aus Garantie*". ***Rheinstein***, S. 155; auch vgl. ***Bürgel***, S. 30; ***Prieß***, S. 18; ***Kircher***, S. 71; ***Zerrres***, S. 35; ***Müller-Chen***, S. 41.

37 Vgl. ***Unberath***, in: Bamberger/Roth (2007), § 280 Rn. 22.

38 ***von Caemmerer***, Vereinheitlichung des Kaufrechts, SJZ, 1981, S. 264 (zitiert nach ***Schmidt-Ahrendts***, S. 7 Fn. 16).

39 Vgl. ***Basedow***, Int'l Rev. L. & E., 25 (2005), S. 487, S. 490.

Vertragsverletzungen nicht mehr hohe Wellen wirft. Mit anderen Worten kommt dem Begriff des Sachmangels immer noch eine Bedeutung zu, während dessen Rechtsfolgen überwiegend mit denen der anderen Vertragsverletzungen übereinstimmen, wobei noch einige Modifikationen zu beachten sind. Da der Gegenstand der vorliegenden Arbeit in erster Linie nicht die Vertragsverletzungen, sondern deren Rechtsfolgen ist, rechtfertigt dies, die Rechtsfolgen der Pflichtverletzung nicht nur für den Fall der mangelhaften Lieferung, sondern allgemein zu behandeln.

Denn bei einer Darstellung der Thematik, die andere Konstellationen der Vertragsverletzung, nämlich die Rechtsfolgen, gar nicht berücksichtigt, tritt die Gefahr herein, das Gesamtbild des Leistungsstörungsrechts nicht zu überblicken. Eine Schilderung des Rechtsbehelfssystems muss mehr umfassen als die Sachmangelhaftung, und dabei müssen auch andere Arten der Vertragsverletzungen in die Betrachtung einbezogen werden. Die Frage nach anderen, möglichen Variationen der Vertragsverletzung, die beim Kaufvertrag auftreten können, trägt zum besseren Verständnis des Leistungsstörungsrechts bei.

Aus diesem Grund behandelt die vorliegende Abhandlung nicht nur die Rechtsbehelfe des Käufers im Fall der sachmangelhaften Lieferung, sondern allgemein die Rechtsbehelfe des Käufers, zugleich das Leistungsstörungsrecht.

Die dargelegte Argumentation, dass das Gewährleistungsrecht im deutschen und internationalen Kaufrecht keine besondere Bedeutung erlangt und daher nicht nur die Rechtsbehelfe des Käufers für den Fall mangelhafter Lieferung, sondern die Rechtsbehelfe des Käufers für "die Pflichtverletzung" behandelt werden sollen, gilt für das türkisches Recht nicht, da die mangelhafte Lieferung im türkischen Recht – nach wie vor – einem Sonderregime (sog. Gewährleistung) zu unterwerfen ist. Von der türkischen Seite her spricht für ein solches Vorgehen – also die Behandlung der allgemeinen Rechtsbehelfe – vor allem die Überlegung, dass die Ansprüche des Käufers aus der Sachmangelgewährleistung und die Ansprüche nach den allgemeinen Vorschriften in alternativer Konkurrenz stehen.[40] Problematisch und überaus umstritten ist im türkischen Recht die Frage, ob die mangelhafte Lieferung einen Unterfall der nichtgehörigen Erfüllung darstellt und ob in der Tatsache ein alternatives Konkurrenzverhältnis zwischen den Gewährleistungsvorschriften und denen des allgemeinen Leistungsstörungsrechts besteht.[41] Der Begriff "nicht gehörige Erfüllung" wird im türkischen Recht so eingesetzt, dass er abgesehen von gesetzlich geregelten

---

40 ***Demirelli***, S. 169; ***Honsell***, BT, S. 109; ***Schmid/Stöckli***, § 3 Rn. 434.

41 ***Aral***, Özel S. 110; ***Schubiger***, S. 6; ***Akikol***, S. 28 u. 38.

Fällen der Unmöglichkeit des Verzugs alle Störungsarten erfasst. Demnach kann die nicht gehörige Erfüllung in der Schlechterfüllung der Leistung, in der Verletzung von leistungsbezogener Nebenpflicht oder in der nichtleistungsbezogenen Nebenpflicht bestehen. Durchaus problematisch ist der Fall, in dem die nicht gehörige Erfüllung der Leistung in der mangelhaften Lieferung der Kaufsache liegt, für die das türkische Obligationengesetz eine detaillierte, spezifische Sonderregelung statuiert. Vor diesem Hintergrund gewinnt die Frage Bedeutung, ob und inwieweit die Rechte des Käufers, die ihm wegen der nicht gehörigen Erfüllung nach den allgemeinen Vorschriften erwachsen können, den Einwendungen und Einreden des Art. 194 ff. BK a.F. (Rügeobliegenheit und kurze Verjährungsfrist) unterliegen.[42] Unabhängig von der Lösung dieses Problems müssen auch die Rechtsbehelfe des Käufers, die sich im Fall der mangelhaften Lieferung aus den allgemeinen Vorschriften des türkischen Obligationengesetzes ergeben können, untersucht werden. Aus diesen Gründen wird die Überschrift zum Teil anders getroffen als von anderen Abhandlungen, die zumeist die Rechtsbehelfe des Käufers in der sachmangelhaften Lieferung untersuchen.

2) Verschuldensprinzip oder Garantiehaftung

Eine weitere, mit dem zuvor gestellten Hauptproblem eng verbundene Schwierigkeit besteht in der Frage, ob der Schuldner haften soll, auch wenn ihn kein Verschulden trifft. Für die Antwort auf die Frage konkurrieren zwei Grundsätze, wobei man nicht vergessen darf, dass sie sich in ihrer historischen Entwicklung angenähert haben und heutzutage eine strikte Einhaltung nicht vorliegt.[43]

Einerseits gehen die kontinentalen Rechtsordnungen von dem Verschuldensprinzip aus, wonach dem Schadenersatz nicht der Schaden, sondern die Schuld verpflichtet![44]

Andererseits schlägt das angloamerikanische Recht den umgekehrten Weg ein, wobei es auf das Verschulden des Verkäufers es nicht ankommt. Denn man

---

42 ***Serozan***, Özel S. 133 ff.; ***Tandogan***, Özel, C. 1, S. 146; ***Schönle/Higi***, in: Kommentar zum schweizerischen Zivilgesetzbuch, Art. 197 OR Rn. 176; ***Edis***, s. 125.

43 ***Larenz***, AT Bd. 1 S. 278; ***Reinecke***, S. 13 ff.; ***Riesenhuber***, ERCL 2/2008 S. 121, 132; P. Huber, RabelsZ (2007), S. 13, 17; ***Magnus***, in: Schulze/Schulte-Nölke (Hrsg.), Die Schuldrechtsreform, S. 74.

44 v***on Jhering*** (*zitiert nach* ***T. Schneider***), S. 1.

versteht den Vertrag im angloamerikanischen Recht[45] als ein "Garantieverprechen".[46] *Genau an dieser unterschiedlichen Einstellung des Vertragsbegriffs liegt das Hauptproblem.*[47] Mit anderen Worten hängt das Hauptproblem kausal mit dem Verschuldensproblem zusammen. Geht man vom Verschuldensprinzip aus, muss der Verschuldensvorwurf stets auf ein Verhalten des Schuldners bezogen werden, was als Ergebnis zur Folge hat, dass "die verschiedenen Typen der zur Leistungsstörung führenden Handlung in den Mittelpunkt der systematischen Unterscheidung"[48] steht (*das sog. tatbestandorientierte System*). Nach dieser Festlegung kehrt die Analyse zu der Fragestellung zurück, ob der Verkäufer haften soll, auch wenn ihn an der Nichterfüllung kein Verschulden trifft. Aufgrund der auf seine Einfachheit zurückführenden Attraktivität ist das Garantiemodell international weitgehend anerkannt und liegt zurzeit voll im Trend.[49] Die internationalen Kodifikationen wie CISG, PECL, PICC setzen für die Haftung des Schuldners

---

45 Dieses Vertragsverständnis geht auf O.W. Holmes zurück. Er kritisiert die Jurisprudenz insofern, als sie juristische und moralische Ideen durcheinander wirft. Die Pflicht, einen Vertrag zu halten im Common Law, meine lediglich die Voraussage, dass man bei Nichthalten des Vertrags Schadenersatz zahlen müsse. ***Staehelin***, S. 150.

46 In der Literatur (***T. Schneider***, S. 1; ***Müller-Chen***, S. 334) spricht man auch vom "Mischsystem". Für dieses System wird vor allem das französische Recht genannt, wobei nicht eindeutig ist, ob das dem Verschuldensprinzip oder dem Garantiemodell folgt. Im französichen Recht herrscht seit langem die Unterscheidung von *obligations de moyens* (*leistungsbezogenen Schuldverhältnissen*) und *obligations de résultat* (*erfolgsbezogenen Schuldverhältnissen*). Die Unterscheidung wird ursprünglich im Code civil nicht erwähnt und geht auf den Pariser Rechtsgelehrten *Demogue* zurück. Zusammenfassend lässt sich folgendes sagen: Bei den leistungsbezogenen Schuldverhältnissen muss für den Schadenersatzanspruch des Gläubigers den Schuldner ein Verschulden treffen, während bei den erfolgsbezogenen Schuldverhältnissen nur eine Nichterfüllung (inexècution) den Schuldner zum Schadenersatz verpflichtet. ***T. Schneider***, S. 38 ff.; ***Ferid***, S. 486; ***Anders***, S. 52. Art. 1142 CC: "Jede Verbindlichkeit, etwas zu tun oder zu unterlassen, verwandelt sich im Falle der Nichterfüllung durch den Schuldner in eine Schadenersatzpflicht"; ***Düchs***, S. 60; bringt als Beispiel für ein Mischsystem den Gandolfi-Code.

47 Diese unterschiedliche Vorstellung des englischen Rechts liegt an historischen Gründen. Demnach sind das Vertragsrecht und die vertraglichen Rechtsbehelfe aus den deliktischen Klagen entwickelt worden. Vgl. ***Tacheva***, S. 301.

48 ***Oechsler***, S. 12; vgl. ***R. Schwarze***, S. 182.

49 ***Ehmann***, in: FS Canaris, S. 168; ***Düchs***, S. 66; ***Schrewe***, S. 57; Für das Verschuldensprinzip spricht ***Mitzkait*** (S. 253) aus dem folgenden Grund: Das BGB findet auf alle Arten von Verträgen Anwendung, also auch auf solche, die keine erfolgsbezogene Leistung zum Gegenstand haben.

ein Verschulden nicht voraus, womit die wichtigsten internationalen Kodifikationen das Garantiemodell zu Grunde legen.[50] CISG, PECL, PICC sehen für alle Arten von Vertragsverletzungen einen verschuldensunabhängigen Schaden-ersatzanspruch vor. In diesem Sinne wird dem Verkäufer eine Garantiehaftung auferlegt.[51] Der Schadenersatzanspruch stellt einen Rechtsbehelf dar, der grundsätzlich bei allen Vertragsverletzungen dem betroffenen Gläubiger zur Verfügung steht und kein Verschulden des Verkäufers voraussetzt.[52]

Die Rechtsbehelfe des Käufers, die nach dem CISG dem Käufer zur Verfügung stehen, sind verschuldensunabhängig ausgestaltet. Auf ein Verschulden oder sonstiges Vertretenmüssen kommt es nicht an.[53] Die in Art. 45 ff. CISG ausgeführten Rechtsbehelfe des Käufers entstehen nur daraus, dass der Verkäufer irgendeine seiner Pflichten verletzt hat[54] Die grundsätzliche Entstehung von Rechtsbehelfen wird nicht von den weiteren Voraussetzungen abhängig gemacht.[55] Die Nichterfüllung irgendeiner Pflicht durch den Verkäufer begründet eine Haftung, die unabhängig von den Ursachen der Nichterfüllung und vom Verschulden des Verkäufers ist.[56]

Demgegenüber halten das deutsche BGB und das türkische Obligationengesetz an dem Verschuldensprinzip fest und machen die Haftung des Verkäufers von seinem Verschulden abhängig.[57]

---

50 ***Lando***, RabelsZ 2003, S. 231, 239; ***Larenz***, AT Bd. 1, S. 279, hält das Garantiemodell für gläubigerfreundlich, wogegen das Verschuldensprinzip als schuldnerfreundlich angesehen wird.

51 ***Magnus***, in: Staudinger/CISG (2005), Art. 45 CISG, Rn. 18; ***Hans Stoll***, in: Schlechtriem (Hrsg.) Einheitliches, S. 257; ***Botzenhardt***, s. 65; ***Ryffel***, s. 6; ***Heilmann***, s. 550; ***Rummel***, in: Hoyer/Posch (Hrsg.), S. 95.

52 ***Hans Stoll***, in: Schlechtriem (Hrsg.) Einheitliches Kaufrecht, S. 257; ***Heilmann***, s. 550.

53 ***Magnus***, in: Staudinger/CISG (2005), Art. 45 CISG, Rn. 11; ***Gruber***, in: MünchKommBGB (2012), Art. 25 CISG, Rn. 13; ***Schnyder/Straub***, in: Honsell (Hrsg.), CISG (2010) Art. 45, Rn. 23.

54 ***P. Huber***, in: MünchKommBGB (2012), Art. 45 CISG, Rn. 3; ***Piltz.***, § 5, 5–15.

55 ***Piltz***, § 5, 5–15.

56 ***Schyder/Straup***, in: Honsell (Hrsg.), CISG (2010), Art. 45, Rn. 10, 23.

57 Und zwar weichen die beiden Rechtsordnungen in bestimmten Punkten vom Verschuldensprinzip ab. Dazu vgl. ***P. Huber***, RabelsZ (2007) S. 13, 17; ***S. Lorenz***, in: E. Lorenz, Karlsruher-Forum 2005, S. 136, vertritt zu Recht die Ansicht, dass das neue Schuldrecht durch die Abschaffung gesetzlicher Garantiehaftungstatbestände tendenziell eine Verstärkung des Verschuldensprinzips herbeigeführt habe. Unter Berücksichtigung der Integration des Gewährleistungsrechts ins allgemeine Schuldrecht und unter der detaillierten Regeleung der verschiedenen Typen der zur Leistungsstörung führenden Handlung ist ihm Recht zu geben.

3) Vorrang der Nacherfüllung

Eine weitere Frage betrifft das Problem, ob und gegebenenfalls inwieweit die anderen Rechtsbehelfe, also Vertragsaufhebung, Schadenersatz wegen Nichterfüllung und Minderung, eingeschränkt werden und zugunsten der Nacherfüllung zurücktreten müssen, wenn der Verkäufer eine mangelhafte Sache geliefert hat.[58] Vereinfacht lässt sich fragen, ob dem Verkäufer im Fall der Nichterfüllung eine zweite Chance zur Nacherfüllung eingeräumt wird. Sowohl im CISG als auch im BGB wird – zwar durch unterschiedliche, rechtstechnische Mittel – dem Verkäufer ein Nacherfüllungsrecht eingeräumt. Im deutschen Recht findet das Nacherfüllungsrecht des Verkäufers zwar keine ausdrückliche Regelung wie im Art. 48 CISG, aber dies ergibt sich aus der Systematik des Gesetzes, wonach der Käufer dem Verkäufer eine angemessene Frist zur Nachbesserung oder Ersatzlieferung setzen muss, bevor er andere Rechtsbehelfe geltend macht. Des Weiteren stehen dem Verkäufer für die Ausübung seines Nacherfüllungsrechts in beiden Rechtsordnungen – parallel zum Nacherfüllungsanspruch des Käufers – zwei Wege zur Verfügung: das Ersatzlieferungs– und Nachbesserungsrecht des Verkäufers. Demgegenüber besteht in der alten Fassung des BK kein Vorrang der Nacherfüllung im Sinne eines primären Gewährleistungsbehelfs, wobei das sofortige Ersatzlieferungsrecht des Verkäufers zu berücksichtigen ist. Das heißt, der Käufer hat das Recht zwischen den Rechtsbehelfen zu wählen. Ohne dem Verkäufer eine Frist zur Nacherfüllung zu setzen, kann der Käufer im türkischen Recht die Preisminderung oder Ersatzlieferung fordern oder vom Vertrag zurücktreten, wenn sich der Verkäufer nicht durch ***sofortige*** Lieferung mangelfreier Ware derselben Gattung und Ersatz allen Schadens von allen weiteren Ansprüchen des Käufers befreit (Art. 203 Abs. 2 BK a.F.).

Des Weiteren wird dem Verkäufer in der alten Fassung des BK kein Nachbesserungsrecht gestattet, und unter den Ansprüchen des Käufers, die ihm infolge der sachmangelhaften Lieferung erwachsen können, ist nur der Ersatzlieferungsanspruch beim Gattungskauf vorgesehen. Die Tatsache, dass im BK von den Erfüllungsansprüchen nur die Ersatzlieferung beim Gattungskauf, nicht dagegen beim Spezieskauf, und kein Nachbesserungsanspruch des Käufers (auch kein Nachbesserungsrecht des Verkäufers) positiv geregelt ist, entspricht nicht mehr den Anforderungen des modernen Wirtschaftslebens. Es stellt sich hier die Frage, ob und inwieweit der türkische Gesetzgeber bei der Neufassung dieses vom CISG und vom BGB verfolgte System übernommen hat.

58 ***Sandidge***, S. 23; ***Stathouli***, S. 129.

4) Zurückdrängung der Vertragsaufhebung

Ein Überblick über die Voraussetzungen der Vertragsaufhebung im CISG und im BGB macht die Tendenz zur Zurückdrängung der Vertragsaufhebung klar. Im CISG wird die Tendenz zur Zurückdrängung der Vertragsaufhebung an mehreren Stellen der Art. 45 ff. CISG zum Ausdruck gebracht.[59] Zuerst wird die Vertragsaufhebung im CISG an die wesentliche Vertragsverletzung geknüpft (Art. 49 CISG); damit ist der Weg zur Vertragsaufhebung durch die Voraussetzung der wesentlichen Vertragsverletzung grundlegend eingeschränkt.[60] Gemäß Art. 49. Abs. 1 lit. a CISG kann der Käufer den Vertrag nur aufheben, wenn die Vertragsverletzung wesentlich ist. Im Fall der Nichtlieferung kann der Käufer den Weg zur Vertragsaufhebung dadurch eröffnen, dass er eine Nachfrist gesetzt hat (Art. 49 Abs. 1 lit. b CISG). Daraus erschließt sich, dass im CISG die Vertragsaufhebung nur als ultima ratio vorgesehen ist, und primär versucht wird, den Interessen des Käufers auf andere Weise, nämlich durch Nacherfüllungsansprüche, Schadenersatz oder Minderung gerecht zu werden.[61]

5) Kumulation des Rücktritts mit Schadenersatz

Eine wichtige Frage des Leistungsstörungsrechts ist die Kumulation des Rücktritts mit Schadenersatz. Im CISG ist ein generelles Kumulationsverbot nicht vorgesehen.[62] Der Käufer kann die Rechtsbehelfe geltend machen, soweit sie miteinander vereinbar sind.[63] Es ist zu betonen, dass der Schadenersatzanspruch nicht als alternativer, sondern als kumulativer Rechtsbehelf geregelt wurde.[64] Das ergibt sich aus Art. 45 Abs. 2, wonach der Käufer das Recht, Schadenersatz zu verlangen, nicht dadurch verliert, dass er andere Rechte ausübt. Genauso wie im CISG wird in § 325 BGB ganz klar gestellt, dass das Recht, bei einem gegenseitigen Vertrag Schadenersatz zu verlangen, durch den Rücktritt nicht ausgeschlossen wird.

---

59 ***P. Huber***, in: MünchKommBGB (2012), Art. 45 CISG, Rn. 6; ***Stathouli***, S. 128.

60 ***Leser***, in: Schlechtriem (Hrsg.), Einheitliches, S. 230; ***P. Huber***, in: MünchKomm BGB (2012), Art. 45 CISG, Rn. 7; ***Gruber***, in: MünchKommBGB (2012), Art. 25 CISG, Rn. 5; ***Heilmann***, s. 457.

61 ***P. Huber***, in: MünchKommBGB (2012), Art. 45 CISG, Rn. 7; ***Magnus***, in: Staudinger/CISG (2005), Art. 49 CISG, Rn. 4.

62 ***Schyder/Straup***, in: Honsell (Hrsg.), CISG (2010), Art. 45, Rn. 60; Vgl. ***Riesenhuber***, Rn. 882.

63 ***Schyder/Straup***, in: Honsell (Hrsg.), CISG (2010), Art. 45, Rn. 60.

64 ***Ryffel***, S. 30.

Anders als in der früheren Rechtslage des BGB findet man im BK a.F. zwar kein Kumulationsverbot, aber der zu ersetzende Schaden wird von der herrschenden Lehre auf das negative Interesse begrenzt.[65]

6) Gefahrübergang

Trotz einer schon frühzeitig einsetzenden Kritik an der Regelung des Gefahrübergangs im BK a.F.[66] fand die Kritik beim türkischen Gesetzgeber lange Zeit kein Gehör. Die Kritik betrifft die Regelung der Preisgefahr im Kaufrecht. Im türkischen Kaufrecht geht die Gefahr (auch Nutzen) beim Stückkauf mit dem Abschluss des Kaufvertrags auf den Käufer über (Art. 183 Abs. 1 BK a.F.). Die Vorschrift weicht von der allgemeinen Bestimmung insofern ab, als die Gefahr mit dem Vertragsschluss auf den Käufer übergeht.

Mit anderen Worten bleibt der Käufer auch zur Bezahlung des vollständigen Preises verpflichtet, obwohl er die Sache infolge eines zufälligen Ereignisses, das nach dem Vertragsschluss eingetreten ist, nicht erhält.[67] Man fragt sich mit Recht, warum beim Stückkauf die Gefahr (auch Nutzen) mit Abschluss des Kaufvertrags auf den Käufer übergeht (Art. 183 Abs. 1 BK a.F.), obwohl die Erlangung des Eigentums an die Übergabe der Kaufsache geknüpft wird. Eine solche Regelung, wonach der Gefahrübergang beim Spezieskauf grundsätzlich mit dem Vertragsschluss übergeht, könnte es sich rechtfertigen, wenn sich die Eigentumsübertragung im Moment des Vertragsschlusses vollzieht.[68] Aber im türkischen Recht setzt die Eigentumsverschaffung die Übergabe der Kaufsache voraus.

7) Weitere Probleme

Außer diesen genannten Problemen sollen im Einzelnen folgende Probleme behandelt werden.

- Gleichstellung von Schlecht-, Falsch– und Zuweniglieferung
- Unmöglichkeitsproblematik, insbesondere anfängliche Unmöglichkeit

---

65 ***Wiegand***, in: BaslerKomm, OR I, Art. 109 Rn. 8 ff.

66 ***Akıntürk***, ***T.***, Satım Akdinde Hasarın İntikali, Ankara, 1966; ***Tunçomağ***, özel, S. 69 ff.; ***Acar***, S. 123 ff.

67 ***Keller/Siehr***, S. 24.

68 ***Ewert***, S. 30; ***Bucher***, BT, S. 78.

- Die Regelung des allgemeinen Rücktrittsrechts und Rückabwicklung des Kaufvertrags
- Stellvertretende commodum
- Gleichstellung des Rechts– und Sachmangels in ihren Rechtsfolgen
- Verjährung

IV. Spezifischer Ausgangspunkt bezüglich der vorliegenden Arbeit: Das neue türkische Obligationengesetz (Türk Borçlar Kanunu)

Um die oben genannte Frage nochmals zu stellen oder die gestellten Probleme zu durchdenken, bestehen für den türkischen Wissenschaftler (auch für die vorliegende Abhandlung) besondere und ganz aktuelle Anlässe. Einerseits gibt es das neue türkische Obligationengesetz, das 2012 in Kraft getreten ist, andererseits hat der türkische Gesetzgeber das Gesetz über das Inkrafttreten des CISG in der Türkei am 07.07.2010 erlassen, wonach das CISG in der Türkei am 01.08.2011 in Kraft trat. In diesem Sinne stand auch der türkische Gesetzgeber vor der oben genannten Frage und vor den damit verbundenen Problemen. Dass sich auch der türkische Gesetzgeber gegenüber der erwähnten internationalen Entwicklung und der wissenschaftlichen Auseinandersetzung darüber nicht indifferent verhielt, ist in der Begründung des neuen türkischen Obligationengesetz (TBK) zu suchen:

> *"Außerdem ist klarzustellen, dass es heutzutage Regelwerke gibt, die die Vereinheitlichung des Schuldrechts bezwecken. [...] Unter diesen Regelwerken sind als wichtigste Principles of International Commercial Contracts (PICC), United Nations Convention on Contracts fort the International Sale of Goods (CISG), Principles of European Contract Law (PECL) und Principles of European Tort Law (PETL) erwähnenswert. Indessen darf die Existenz dieser Regelwerke nicht zu dem Schluss verleiten, dass ein qualifiziertes Obligationengesetz unbedingt diesen Regelwerken folgen soll und es unnötig ist, ein nationales Gesetz zu haben.*[69] *Diese Regelwerke dienen bei der*

---

69 Mit ***einem nationalen Gesetz (Kodifikation)*** meint der türkische Gesetzgeber wohl die eigenständige Lösung. Die Frage, ob oder inwieweit man heutzutage unter der Berücksichtigung der internationalen, wirtschaftlichen Entwicklungen auf eine "eigenständige Lösung" bestehen kann, ist zwar von dem Willen des Gesetzgebers abhängig. Zu fragen ist aber, inwieweit das Bestehen auf eine eigene Lösung mit der beabsichtigten EU-Mitgliedschaft vereinbar ist. Das Bestehen auf das eigene Recht hat zwar "tiefere Gründe nicht nur für Fachjuristen, sehen doch viele Menschen ihr Recht, ihre Kodifikation als Teil ihrer nationalen Identität..."; ***Schlechtriem***, Europäisierung des Privatrechts,

Ausarbeitung des Entwurfs dieses Obligationengesetzes nicht als Grundlage, sondern als Hilfsmittel. Des Weiteren ist bekannt, dass in den letzten Jahren hinsichtlich der Obligationengesetze (der anderen Länder) wichtige Revisionen durchgeführt wurden, wobei das deutsche Bürgerliche Gesetzbuch und das niederländische Zivilgesetzbuch augenfällig sind. Bei der Ausarbeitung des Entwurfs wurden auch die genannten Gesetze berücksichtigt, aber das Profitieren von diesen Gesetzen geht nicht so weit, dass es Grundstruktur und Wesen des (unseres) alten Obligationengesetzes Nummer 818 davon stark beeinflusst hätte".[70]

Mit diesen Sätzen teilt der türkische Gesetzgeber mit, dass er einerseits diese internationalen Entwicklungen zur Kenntnis genommen hat und andererseits dennoch an der Notwendigkeit der Existenz eines nationalen[71] Obligationengesetzes weiter festhält.

Bei aller Freude über die Erwähnung solcher internationalen Entwicklungen bei der Begründung des Gesetzes lassen sich – ausweislich der Materialen[72] – Zweifel an dem Ausmaß dieser Berücksichtigung der genannten Regelwerke nicht unterdrücken. Die blinde Übernahme des Konzepts solcher Regelwerken ist natürlich nicht empfehlenswert, aber es ist zu fragen, ob und inwieweit der türkische Gesetzgeber in diesem neuen Obligationengesetz das Leistungsstörungsrecht mit den genannten Werken insbesondere mit dem CISG konfrontiert und gegebenenfalls, welche Rückschlüsse er aus dieser Konfrontation gezogen hat.

Mit anderen Worten scheint es sehr lukrativ zu sein, sich kritisch mit der Frage auseinander zu setzen, ob ein Versuch unternommen wurde, das Obligationengesetz

Juridica International, IX/2004 (S. 24 ff.), 31. Dies aber ändert nichts daran: "Das Ideal einer monistischen, nationalstaatlichen Kodifikation ist nicht aufrecht zu erhalten. An dessen Stelle tritt die Kooperation des nationalen mit dem europäischen Gesetzgeber": ***Schulze/Schulte-Nölke***, in: Schulze/Schulte-Nölke, Die Schuldrechtsreform, S. 7.

70 Allgemeine Begründung zum Obligationengesetz (Übersetzung des Autors).

71 Die Rezeptionsunterstützer weisen auch immer darauf hin, dass die Rezeption kein Hindernis, ist ein ***nationales*** Gesetz zu haben, da das Gesetz schließlich von den nationalen Richtern und Wissenschaftlern interpretiert werde. Augenfällig ist in diesem Sinne die Änderung hinsichtlich der Namen des neuen Gesetzes. Der neue Name des Gesetzes lautet "Das türkische Obligationengesetz". Beim alten fehlt das Wort "türkisch". Die anderen wichtigsten Gesetze enthalten seit langem aber das Wort des "türk". *Türk Ticaret Kanunu* (Das türkische Handelsgesetz) *Türk Ceza Kanunu* (Das türkische Strafgesetz) *Türk Medeni Kanunu* (Das türkische Zivilgesetzbuch).

72 Für diese, laut der Begründung vom türkischen Gesetzgeber zur Kenntnis genommenen, internationalen Entwicklungen sind beim ersten Blick aber keine Spuren im Gesetzestext auffindbar. In der Begründung des neuen Obligationengesetzes hat der türkische Gesetzgeber weder in den Folgen der Nichterfüllung (§ 112–126 BK n.F.) noch in den kaufrechtlichen Vorschriften (§ 214–231 BK n.F.) diese Regelwerke erwähnt. Einzige Ausnahme davon ist die Regelung des Gefahrübergangs in Art. 208 BK n.F.

hinsichtlich der oben genannten Probleme dem Modell des CISG, insbesondere in Bezug auf sein Leistungsstörungsrecht und in Bezug auf sein kaufrechtliches Rechtsbehelfssystem, zu reformieren. Genau auf diese Frage ist die vorliegende Untersuchung fokussiert. Die Arbeit geht der Frage nach, ob die internationale Tendenz, das heißt, kaufrechtliche Vereinheitlichung, die in vielen Ländern Europas zu Reformbestrebungen geführt hat, ein echtes Echo oder eine gerechte (umfassende) Berücksichtigung beim türkischen Gesetzgeber fand.

V. Orientierung an CISG und "Eurokompatibilität" des türkischen Privatrechts

Mit dem Begriff der Europäisierung oder der Eurokompatibilität des türkischen Privatrechts berührt man ein Thema, das auf das 19. Jahrhundert zurückgeht.[73] Die Europäisierung des türkischen Rechts entwickelte sich in der Türkei parallel zur ***Tanzimat-Zeit*** (der politische Reformprozess, der im Jahre 1839 durch eine Verordnung des Sultans Abdulmecit begonnen wurde) im 19. Jahrhundert, speziell in der zweiten Hälfte des 19. Jahrhunderts. Der Prozess führte zu einer Welle von Kodifikationen im Bereich des Privatrechts, worunter vor allem die Rezeption des französischen Handelsgesetzes von 1808 erwähnenswert ist. Die Rezeption des französischen Handelsgesetzes versteht sich vor dem Hintergrund, als zu Beginn des 19. Jahrhunderts die Handelsbeziehungen zwischen dem Osmanischen Reich und den europäischen Staaten zunahm. Diese Zunahme brachte jedoch die Frage mit sich, welches Recht im Falle eines Rechtsstreits anzuwenden ist, wobei die europäischen Staaten die Anwendung des stark von der Religion geprägten osmanischen Rechts ablehnten. Daraufhin hat sich das Osmanische Reich zu der Rezeption des französischen Handelsgesetzes entschlossen. 1850 trat das Handelsgesetzbuch in Kraft, was wiederum im osmanischen Privatrecht eine starke Rechtszersplitterung mit sich brachte.[74] In diesem Sinne war der erste Motivationsgrund für die "Europäisierung" des osmanischen Privatrechts, die Hindernisse im Handel aus dem Weg zu räumen. Auch die heutigen Versuche zur Kaufrechts-vereinheitlichung beruhen eigentlich nicht auf einer anderen Erwägung, die darin besteht, ***"die rechtlichen Hindernisse im internationalen Handel zu***

73 ***Velidedeoğlu***, S. 60, Fn. 60, (zitiert nach ***Kaşıkçı***, S. 51).

74 ***Kaşıkçı***, S. 51. Das Verhältnis des Handelsgesetzbuchs von 1850 zu dem osmanischen Zivilgesetzbuch (***Mecelle***) bleibt bis heute ein Rätsel. Für die Ansichten s. ***Kenanoglu***, S. 134.

beseitigen und seine Entwicklung zu fördern",[75] anders formuliert, den internationalen Warenhandel von der "babylonischen Vielfalt" national unterschiedlicher Kaufgesetze zu befreien.[76]

Heutzutage hat die Frage der Europäisierung des türkischen Rechts wesentlich mit der beabsichtigten Mitgliedschaft der Türkei[77] in die Europäische Union (EU) zu tun, die immer und bei jeder Gelegenheit zu Unrecht infrage gestellt wird und ebenso kontrovers diskutiert wird, wie die Zukunft der EU.[78]

Auch wenn solche Diskussionen kein Gegenstand der vorliegenden Arbeit sind,[79] scheint an dieser Stelle eine kurze Erwähnung und die Darstellung einiger Punkte hinsichtlich des Themas unverzichtbar, soweit es um die Harmonisierung des türkischen Kaufrechts geht. Eine davon ist die zwischen der Türkei und der EU am 1. Januar 1996 in Kraft getretene Zollunion, die auch eine Harmonisierung der Handels– und Wettbewerbspolitik der Türkei mit denen der EU einschließt.[80]

Ein weiterer Punkt ist die Anerkennung der Türkei als offizieller Beitrittskandidat am 11.12.1999, die eine Forderung des EU-Rats an die Türkei nach einem Nationalprogramm für die Übernahme des *acquis communautaire* mit sich brachte.[81] Diese Forderung des EU-Rats fand beim türkischen Gesetzgeber ein starkes Echo, und die Türkei konterte mit einem umfassenden "Türkischen Nationalprogramm zur Übernahme des *acquis communautaire*", das am 24. Juli 2004 angekündigt wurde.[82] Hinsichtlich dieses heißen Themas ist ein letzter und noch wichtigerer Punkt, der im Rahmen dieser Arbeit auch eruiert werden muss und bei dem sich in den Diskussionen um die Mitgliedschaft nichts ändert, dass allen Unkenrufen zum Trotz die Europäische Union im Herbst 2005 Beitrittsverhandlungen mit der

---

75 ***Präambel*** des CISG.

76 ***Akikol***, S. 9.

77 Dazu vgl. Für– und Gegenargumente der Mitgliedschaft der Türkei ***Doerfert***, S. 11 Rn. 23; Er formuliert die Gegenargumente folgendermaßen: "***zu arm***, ***zu groß***, ***zu anders***"; ***Cremer***: "Viele dieser Debatten sind aus Stimmungen entstanden, die wenig mit Rationalität und Objektivität zu tun haben." Abrufbar unter: http://www.bpb.de/themen/IRO72F.html.

78 ***Doerfert***, S. 12 Rn. 23.

79 Daher wird auf eine umfassende Darstellung der Diskussion im Rahmen dieser Untersuchung verzichtet.

80 Die Zollunion zwischen der Türkei und der Europäischen Union, Türkische Botschaft Berlin 2004 Februar; ***Franz***, Chronologie der Beitrittsverhandlungen auf Deutsch abrufbar unter: http://www.bpb.de/themen/LCD38U.html; ***Bozkurt/Özcan/Köktaş***, S. 443 ff.; ***Atamer***, ZEuP, S. 566, 567.

81 ***Atamer***, ZEuP, S. 566, 567.

82 ***Atamer***, ZEuP, S. 566, 567.

Türkei aufgenommen hat und der türkische Gesetzgeber ein umfassendes Nationalprogramm zur Harmonisierung des türkischen Rechts angekündigt hat.

Aus dieser hier umrissenen Situation ergibt sich schon die Aufforderung, das türkische Kaufrecht mit dem europäischen zu konfrontieren. Im Folgenden soll an diese schwierige Aufgabe herangetreten werden. Aber es ist auch, ohne Rücksicht auf die Frage der Mitgliedschaft der Türkei zu nehmen oder unabhängig von der Antwort auf diese Frage, immerhin instruktiv zu fragen, ob die Konfrontation oder die Harmonisierung des türkischen Kaufrechts mit dem europäischen Vertragsrecht die Qualität des türkischen Kaufrechts auf eine höhere Stufe stellen kann. Je nach dem Standpunkt kann man diese Frage unterschiedlich beantworten. Die Antwort auf diese Frage aber ändert nichts daran, dass es sich zweifelsohne lohnt, das türkische Kaufrecht dem "europäischen" gegenüberzustellen, insbesondere deswegen, weil dieses Thema bisher kein Gegenstand einer umfassenden wissenschaftlichen Auseinandersetzung war.

Wenn von der Eurokompatibilität, von der Europäisierung oder vom europäischen Kaufrecht die Rede ist, stellt sich zunächst die Frage, was als "europäischer" Standard gilt.

Da ein ***verbindliches*** einheitliches europäisches Vertragsrecht oder Kaufrecht derzeit nicht existiert, ist es nicht leicht, auf die Frage nach dem Kriterium, was als europäischer Standard gilt, eine Antwort zu finden.[83]

Nichtsdestoweniger ist die Feststellung der Konturen des europäischen Vertragsrechts nicht einfach, scheint doch die Rechtsvereinheitlichung in Europa auf den ersten Blick auf drei verschiedenen Ebenen zu liegen, die "sich einander nicht ausschließen, sondern sich ergänzen":[84] das CISG, Richtlinien und Erarbeitung des europäischen Zivilgesetzbuches, also PECL, Draft Common Frame of Reference (DCFR)[85] und Common European Sales Law (CESL-Entwurf). Vorauszuschicken ist an dieser Stelle, dass in der vorliegenden Arbeit als Maßstab in erste Linie nicht diese Prinzipienwerke, CESL-Entwurf oder Richtlinien, sondern das CISG in Betracht genommen werden soll, obwohl die PECL, DCFR oder CESL-Entwurf als Grundlage für die Frage nach einer "Europäisierung" des türkischen Leistungsstörungsrechts/Kaufrechts dienen könnten.

---

83 ***Mitzkait***, S. 3; ***v. Vogel***, S. 7.

84 ***Taschner***, in: FS Schlechtriem, S. 275.

85 Inzwischen ist in der Literatur von einer Unterscheidung die Rede, wonach zwischen dem akademischen Entwurf (DCFR) und dem politischen oder amtlichen (CFR) zu unterscheiden ist. Dazu: ***von Bar***, in: Schmidt- Kessel (Hrsg.), Der Gemeinsame Referenzrahmen, S. 24.

Dass die PECL, DCFR[86] und CESL-Entwurf auch die Richtlinien weitgehend dem System des CISG folgen und auch der deutsche Gesetzgeber bei der Modernisierung des Schuldrechts das CISG als Vorbild genommen hat, ist der wichtigste Grund zu dieser Entscheidung, der vorab genannt werden soll. Vereinfacht lässt sich sagen, dass das Leistungsstörungsmodell oder das Rechtsbehelfssystem des CISG nebst dem deutschen, modernisierten BGB, das sich nach der Schuldrechtsreform durch die neue Systematisierung des Leistungsstörungsrechts an die europäische Rechtsentwicklung angenähert hat,[87] in der vorliegenden Abhandlung als Hauptmaßstab für die Europäisierung gilt.

Um weitere Gründe zu dieser Entscheidung zu finden, scheint an dieser Stelle erhellend zu sein, einen kurzen Blick auf den aktuellen Stand des europäischen Vertragsrechts zu werfen. In Bezug auf die Entwicklung des europäischen Vertragsrechts – abgesehen vom CISG – sind drei Linien[88] voneinander zu unterscheiden, nämlich

---

86 Laut der Äußerung der europäischen Kommission soll auch der Referenzrahmen (CFR) das CISG berücksichtigen. Vgl. ***Magnus***, ZEuP 2007, 260, 261.

87 ***von Bar***, in: E. Lorenz (Hrsg.), Karlsruher Forum 2002, S. 136, spricht von der durch die veränderte Systematik wiederhergestellten Anschlussfähigkeit des deutschen Vertragsrechts an die europäische Rechtsentwicklung.

88 ***Martens***, EuZW, 2010, S. 527 ff. Im Gegensatz zu der hier vertretenen Auffassung spricht der Autor von "zwei Entwicklungslinien". Er spricht einerseits von wissenschaftlichen Bestrebungen, wie PECL und DCFR, und andererseits von den von der Gesetzgebungstätigkeit der europäischen Gesetzgeber ableitenden Prinzipien, das sogenannte "acquis communautaire". Nach hier vertretener Auffassung weicht der DCFR von den rein wissenschaftlichen Prinzipienwerken und von dem acquis communautaire zunächst dadurch ab, dass der DCFR direkt von der EU-Kommission in Auftrag gegeben wurde (***Vogg***, S. 6). Hinzu kommt, dass es sich bei dem DCFR um ein von der Gemeinschaft autorisiertes Werk handelt, auch wenn dem DCFR kein Verbindlichkeitsstatus verliehen würde. ***Huguenin***, in: Schmidt– Kessel (Hrsg.), Der Gemeinsame Referenzrahmen, S. 377; Des Weiteren unterscheidet sich der DCFR von denen dadurch, dass es nicht um eine rein wissenschaftliche Arbeit geht, von der die europäische Vertragspraxis unberührt bliebe. Vielmehr soll der DCFR ein Auslegungsmittel sein, das von dem EuGH zur Auslegung heranzuziehen ist (siehe ***Martinek***, in: Staudinger, Eckpfeiler des Zivilrechts (2011), BGB Aktuell, Rn. 112, Fn. 303 u. 304); ***Olzen***, in: Staudinger/BGB Einl. zum SchuldR Rn. 297); Letztens ist der DCFR als Restatement anzusehen, in dem sowohl das bestehende Gemeinschaftsprivatrecht und auch nicht legimitierte Prinzipienwerke in einer gemischten Form zusammengeführt wurden. Für den Vergleich des "Gemeinsame Referenzrahmens" mit Restatement vgl. ***Fryderyk***, ZEuP 2007, S. 229 ff. Fn. 4; ***Schulte-Nölke***, in: Remien, Schuldrechtsmodernisierung, S. 28; ***Schulte-Nölke***, NJW 2009, S. 2161, 2162; a.A. so für eine starke Kritik ***Jansen/Zimmermann***, NJW 2009 S. 3401,

“*acquis communautaire*”, die auf eine wissenschaftliche Initiative beruhenden und auf ein amerikanisches Vorbild zurückgehenden Prinzipienwerke (PECL, DCFR), und schließlich der Entwurf für ein gemeinsames Europäisches Kaufrecht (CESL-Entwurf),[89] auch wenn nicht leicht fällt, diese voneinander abzugrenzen.[90] Diese Unterscheidung lässt sich angesichts ihrer Entwicklungen und ihrer Basis rechtfertigen. In Betracht kommt zuerst die Wortschöpfung der “acquis communautaire”, die eine Benennung für den gesamten Bestand an europäischen Rechtsnormen auf dem Gebiet des allgemeinen Privatrechts darstellt.[91] Hierunter zählen insbesondere die Richtlinien, mit denen der europäische Gesetzgeber seit Mitte des 1980er Jahre eine Mindestharmonisierung im Bereich des Privatrechts anstrebt.[92] Die Frage, ob und gegebenenfalls inwieweit die Richtlinien zu einer vom europäischen Gesetzgeber gewünschten Harmonisierung in Europa geführt haben, ist hier nicht zu behandeln.[93] Festzustellen ist hier nur, dass sich die Kaufrechtsrichtlinien[94] mit geringfügigen Abweichungen nach an dem CISG orientieren.[95] In Bezug auf Prinzipienregelwerke (PECL, DCFR) und auf den CESL-Entwurf ist vorauszuschicken, dass alle Prinzipienwerke und der CESL-Entwurf im Leistungsstörungsrecht das vom CISG entwikkelte Modell als Vorbild nehmen. Aus den genannten Gründen soll nicht gezögert

---

3404–3405, mit alldem gehe es beim DCFR (…) um einen kodifikationsförmigen nichtlegislativen Referenztext. ***Vogg***, S. 7 nennt den DCFR “eine eigenständige Normengattung, sui generis”.

89 ***Martinek***, in: Staudinger/Eckpfeiler des Zivilrechts (2012/2013), BGB Aktuell, Rn. 117 ff.; ***Schulte-Nölke***, in: Schulte-Nölke/Zoll/Jansen/Schulze, S. 1 ff.; Vgl. ***Magnus***, in: Grundmann/Medicus/Rolland (Hrsg.), S. 83.

90 ***Vogg***, S. 6; ***Heutger***, GJT 2004 V. 4 Issue 2, s. 4.

91 ***Martens***, EuZW, 2010, S. 529, 527; ***Pfeiffer***, in: AnwaltKomm (2005), Einführung: Gemeinschaftsprivatrecht Rn. 3.

92 ***Martens***, EuZW, 2010, S. 529 (527 ff.); ***Mittwoch***, JuS, 2007, S. 767, 768.

93 Kritisch dazu ***Beckmann***, in: Staudinger/BGB (2004), Vor 433 Rn. 27; ***Mittwoch***, JuS, 2007, S. 769 (767 ff.), ***Mittwoch*** vertritt die Meinung, dass die auf die Mindestharmonisierung bestrebten Richtlinien auf Grund des vom Gesetzgeber zugestandenen weiten Spielraums nicht imstande sind, eine einheitliche Rechtsordnung zu verwirklichen. Vgl. ***Taschner***, in: FS Schlechtriem, S. 290.

94 Aus dem Art. 8 Abs. 2 VerbrGK-RL ist zu folgern, dass hier eine typische Mindestharmonisierungsklausel vorliegt. ***S. Lorenz***, in: MünchKommBGB (2004), vor § 474 Rn. 27; Die Vorschrift lautet folgendermaßen: “Die Mitgliedsstaaten können in dem unter diese Richtline fallenden Bereich mit dem Vertrag in Einklang stehende strengere Bestimmungen erlassen oder aufrechterhalten, um ein höheres Schutzniveau für die Verbraucher sicherzustellen.”

95 ***Beckmann***, in: Staudinger/BGB (2004), Vor § 433 ff Rn. 27; ***Matuscha-Beckmann***, in: Staudinger/BGB (2004), vor § 474 ff. Rn. 4.

werden, unter Europäisches Vertragsrecht das CISG zu verstehen. Auch wenn das PECL, das DCFR und der CESL-Entwurf im Grunde dem CISG folgen, werden in der Arbeit die Prinzipienregelwerke und der CESL-Entwurf im Einzelnen berücksichtigt und jedes Kapitel über Rechtsbehelfe des Käufers wird durch eine kurze Darstellung der PECL, DCFR, und CESL-Entwurf ergänzt.

VI. Abgrenzung des Themas, Methodik und Gang der Untersuchung

In der Arbeit werden die Rechtsbehelfe des Käufers für den Fall des beiderseitigen Handelskaufs untersucht. Verbrauchsgüterkauf wird außer Acht gelassen. Als Rechtsbehelfe kommen folgende vier in Betracht: (Nach-) Erfüllungsanspruch, Rücktritt, Schadenersatz-anspruch und Minderung.[96] Auch wenn die Pflichten des Verkäufers nicht der Gegenstand der Untersuchung sind, sollen die Pflichten des Verkäufers so kurz wie möglich erörtert werden.

Unter den untersuchten Regelwerken steht das türkische Kaufrecht zwar im Zentrum der Arbeit, richtet sich aber nach dessen inhaltlichen Ausmaß oft nach den im CISG, BGB, und im europäischen Vertragsrecht gestellten, diskutierten Fragen, die im türkischen Kaufrecht bisher nicht Diskussionsgegenstand waren. Andererseits zieht aber das türkische Kaufrecht eine Grenze dafür, was in Bezug auf das CISG oder das BGB in Betracht gezogen werden soll. Daher geht es in der vorliegenden Arbeit nicht nur darum, eine Harmonisierung des türkischen Kaufrechts mit dem europäischen voranzutreiben, sondern die Regelwerke zu vergleichen, damit die Unterschiede und Gemeinsamkeiten zwischen den Rechtsordnungen aufgezeigt und zur Verfügung gestellt werden können. Zu erwähnen ist noch die Rolle des schweizerischen Obligationenrechts (OR) in der vorliegenden Arbeit. Nach 90 Jahren bildet das schweizerische OR für die richtige Interpretation des türkischen Obligationengesetzes (BK) noch eins der wichtigsten Hilfsmittel. Es ist immerhin beachtlich, dass es Ansichten in der türkischen Literatur gibt, die die

---

96 Das Zurückbehaltungsrecht wird zwar in den Regelwerken der PECL, DCFR, CESL als Rechtsbehelf angesehen und geregelt. Aber es wird weder im CISG noch im BGB unter den Rechtsbehelfen des Käufers ausdrücklich erwähnt. Auch sowohl in der alten Fassung als auch in der neuen Fassung des BK wird das Zurückbehaltungsrecht nicht als Rechtsbehelf konzipiert. Deshalb soll das Zurückbehaltungsrecht des Käufers im Folgenden außer Acht gelassen werden. Vgl. ***P. Huber***, in: Staudinger/Eckpfeiler des Zivilrechts (2011), S. 214 Rn. 138.

höchstrichterliche Rechtsprechung und die Literatur der Schweiz in den einzelnen Diskussionen als einen Bezugspunkt nimmt. Seit der Rezeption nimmt die türkische Literatur Zuflucht zur schweizerischen Literatur und Rechtsprechung. Ohne auf die alte Diskussion einzugehen, ob oder inwiefern man auf das schweizerische Recht zurückgreifen kann,[97] wird auf die schweizerische Literatur zurückgegriffen. Denn in den wichtigsten und aktuellsten Lehrbüchern, die in der Türkei die Kommentare ersetzen, wird die schweizerische Literatur ganz und gar zitiert. Das liegt zunächst daran, dass das türkische Obligationengesetzt eine fast wörtliche Übersetzung des schweizerischen OR ist und bisher in der Grundstruktur des alten BK nichts geändert wurde. Deshalb hat man in Bezug auf die Rechtslage nicht gezögert, die schweizerische Literatur zu zitieren und den Text des schweizerischen OR zu benutzen. In Bezug auf die neue Rechtslage aber hat man versucht, das neue Gesetz autonom zu interpretieren und durch die grammatische Auslegung eigene Wege zu finden, auch wenn in der Neufassung des BK grundsätzlich –abgesehen von der sprachlichen Vereinfachung– an dem alten Text festgehalten wurde.

In methodischer Hinsicht liegt die größte Schwierigkeit darin, dass die Grundstrukturen des türkischen Obligationengesetztes anders als deutsches und internationales Kaufrecht einerseits auf eine strikte Einhaltung der Unterscheidung zwischen dem allgemeinen Leistungsstörungsrecht und dem Gewährleistungsrecht aufweist und andererseits im allgemeinen Teil des alten BK nicht die Rechtsbehelfe, sondern die Tatbestände geregelt werden. Das Standardbeispiel, das man heranziehen kann, um diese Schwierigkeit zu illustrieren, ist der Fall des Rücktritts.

Im CISG und BGB findet man für das Rücktrittsrecht des Gläubigers eine eigenständige Regelung. Demgegenüber wurde das Rücktrittsrecht des Gläubigers im allgemeinen Teil des alten BK nicht allgemein geregelt, sondern nur für den Fall des Verzugs unter bestimmten Voraussetzungen vorgesehen. Dagegen stellt der Verzug im CISG und im BGB nur einen möglichen Fall dar, in dem der Käufer unter bestimmten Voraussetzungen vom Vertrag zurücktreten kann, wobei man die dogmatischen Lücken des BK erkennen kann. Das heißt, im türkischen Recht sind die Voraussetzungen des Verzugs gleichzeitig die Voraussetzungen des Rücktrittsrechts, während im CISG und BGB die Voraussetzungen des Rücktritts je nach der Vertragsverletzung unterschiedlich sind. Deswegen ist es nicht leicht, das türkische Leistungsstörungsrecht in den Begrifflichkeiten des CISG und des BGB zu strukturieren. Genau an der unterschiedlichen Systematik liegt die Schwierigkeit. Deshalb hat man sich an dem CISG orientiert, und es wird nicht von den im

97 Özen, K., Die Scheidungsgründe im türkischen Zivilgesetzbuch, Frankfurt am Main, 2010, S. 26 ff.

türkischen BK geregelten Tatbeständen (Verzug, Unmöglichkeit) ausgegangen, sondern von den an diese Tatbestände geknüpften Rechtsfolgen.

Die Untersuchung gliedert sich in drei Teile. Der erste Teil behandelt die Pflichten des Verkäufers und die Gefahrtragung. Der zweite Teil besteht aus vier Kapiteln, in denen die einzelnen Rechtsbehelfe des Käufers erläutert werden. Im dritten Teil wird zunächst eine rechtsvergleichende Zusammenfassung unternommen. Auf die rechtsvergleichende Zusammenfassung folgt die Kritik an die neue Rechtslage und die Vorschläge zur Harmonisierung des türkischen Kaufrechts. Zum Schluss werden die Ergebnisse der Untersuchung so kurz wie möglich dargestellt.

Erster Teil: Die Pflichten des Verkäufers und Gefahrübergang

Kapitel 1: Die Pflichten des Verkäufers

I. Internationales Kaufrecht (CISG)

1) Allgemein

Im II. Kapitel der Konvention werden die Pflichten des Verkäufers geregelt. Art. 30 CISG gibt einen Überblick über die Verpflichtungen des Verkäufers, die in den folgenden Abschnitten näher bestimmt werden. In Art. 30 werden die Lieferung der Ware, Übergabe von Dokumenten und die Eigentumsverschaffung als wesentliche Pflichten des Verkäufers genannt.

a) Bestimmung des Begriffs des "Kaufs" mit Hilfe des Art. 30 CISG

Die vorrangige Frage, was unter dem Begriff des "Kaufs" zu verstehen ist, lässt das CISG – wie im EKG – offen. Zwar bestehen zwischen den Rechtsordnungen keine großen Unterschiede beim Begriff des "Kaufes", aber die Art. 30 und Art. 53 CISG der Konvention werden in der Literatur zur Bestimmung des Begriffs "Kauf" herangezogen. Es werden darunter "Kaufverträge, durch die sich der eine Teil zur Lieferung von Ware und Verschaffung des Eigentums daran verpflichtet, während der andere Teil den Preis zu zahlen hat", verstanden.[98] Zu beachten ist jedoch, dass diese Definition nicht verbindlich und nur ein gesetzlicher Anhaltspunkt ist.[99] Aus dem Fehlen eines der in Art. 30 CISG enthaltenen Merkmale – wie Dokumentenübergabe – lässt sich nicht schließen, dass kein Kaufvertrag vorliegt.[100] Die Aufzählung der Verkäufer– und Käuferpflichten lässt die Merkmale verstehen, welche ein Kaufvertrag zumindest benötigt. Demnach besteht ein Kaufvertrag bei denjenigen Verträgen, durch die die eine Partei zur Lieferung einer Sache, sowie zur Aushändigung der diese betreffenden Dokumente,

---

98 ***Westermann***, in: MünchKommBGB (2008), CISG Art. 1 Rn. 6; ***Benicke***, in: MünchKommHGB, CISG Art. 1 Rn. 7; ***Ernst/Lauko***, in: Honsell (Hrsg.), CISG (2010), Art. 30, Rn. 2; ***Bucher***, in: Bucher (Hrsg.) S. 24.

99 ***Ernst/Lauko***, in: Honsell (Hrsg.), CISG (2010), Art. 30, Rn. 2.

100 ***Ernst/Lauko***, in: Honsell (Hrsg.), CISG (2010), Art. 30, Rn. 2.

auch zur Verschaffung des Eigentums daran, die andere Partei zur Zahlung des Kaufpreises und zu den vereinbarten Mitwirkungshandlungen verpflichtet wird.[101]

b) Vorrang der Parteiautonomie

Der schon in Art. 6 kodifizierte, im CISG vorherrschende Grundsatz der Parteiautonomie wird in Art. 30 mit dem Worten "nach Maßgabe des Vertrages" noch einmal betont.

Für Umfang und Inhalt der Pflichten des Verkäufers sind vor allem die Parteivereinbarungen maßgeblich.[102] Daraus ist zu schließen, dass einerseits für die Parteien eine der in CISG geregelten Pflichten entfallen kann, andererseits für sie kein Hindernis besteht, weitere Pflichten zu begründen.

Im Gegensatz zu der Lieferpflicht ist die Pflicht zur Übertragung des Eigentums ein notwendiger Teil des Kaufvertrags. Im Falle des Wegfallens oder des Umgestaltens der wesentlichen Pflichten des Verkäufers ist jedoch zu beachten, dass die Verpflichtung zur Übertragung des Eigentums kennzeichnend ist und bei ihrer Abbedingung fraglich ist, ob überhaupt noch im Sinne des CISG ein Kaufvertrag vorliegt.[103]

c) Unterscheidung zwischen Haupt– und Nebenpflichten und Missverständnis des Art. 30 CISG

Die Pflicht zur Mangelfreiheit der Ware wird in einem selbstständigen Artikel geregelt. Die sachliche Trennung der Pflicht zur mangelfreien Ware von der Lieferpflicht hat indiziert, dass das UN-Kaufrecht von der Unterscheidung von Haupt– und Nebenpflichten ausgeht.[104] Zu betonen ist, dass die Konvention zwischen Haupt– und Nebenpflichten nicht unterscheidet.[105]

---

101 ***Herber***, in: Dölle, Einheitskaufrecht, Art. 1 Rn. 6; ***Herber***, in: Von Ceammerer/Schlechtriem (1990), Art. 1 Rn. 14; ***Ferrari***, in: Schlechtriem/Schwenzer, Art. 1 Rn. 13; ***Magnus***, in: Staudinger/CISG (2005), Art. 1, Rn. 13.

102 ***Magnus***, in: Staudinger/CISG (2005), Art. 30 Rn. 1; ***Widmer***, in: Schlechtriem/Schwenzer (2008), Art. 30 Rn. 1; ***Saenger***, in: Bamberger / Roth (2007), CISG Art. 30 Rn. 1.

103 ***Ernst/Lauko***, in: Honsell (Hrsg.), CISG (2010), Art. 30, Rn. 2; ***Saenger***, in: Bamberger/Roth (2007), CISG Art. 30 Rn. 1; ***Rudolph***, Art. 30 Rn. 1; ***Herber/Czerwenka***, Art. 30 Rn. 5.

104 ***Lüderitz***, in: Schlechtriem (Hrsg.), Einheitliches, S. 180; ***Rudolph***, Art. 30 Vorbemerkungen Rn. 1; ***Reinhart***, Art. 30 Rn. 1; ***Benicke***, in: MünchKommHGB, Art. 30 Rn. 2; ***Magnus***, in: Staudinger/CISG (2005), Art. 31 Rn. 21.

105 ***Brunner***, Art. 30 Rn. 8; ***Magnus***, in: Staudinger/CISG (2005), Art. 30, Rn. 20; ***Schlechtriem***, Internationales, Rn. 114.

2) Pflicht des Verkäufers zur Lieferung

a) Begriff der Lieferung[106]

Art. 30 CISG umschreibt die zentrale Pflicht des Verkäufers nicht als "Übergabe", sondern als "Lieferung". Anders als die "Übergabe" ist die Lieferpflicht nicht ein zweiseitiger Akt, sondern ein einseitiger, Das heißt, der Verkäufer braucht bei der Erfüllung seiner Lieferpflicht nicht die Mitwirkung (Annahme) des Käufers. Er kann seine Pflicht allein vornehmen, ohne Beziehung zur Besitz-und Eigentumsverschaffung.[107] Im Gegensatz zum EKG enthält die Lieferpflicht im CISG keine Aushändigung an den Käufer.[108] Obwohl die Pflicht zur Lieferung der Ware die zentrale Verpflichtung des Verkäufers ist, enthält das CISG keine allgemeingültige Definition des Begriffs der Lieferung. Die Antwort auf die Frage, was mit der Lieferung gemeint ist, setzt die Unterscheidung zwischen "Leistungshandlung" und "Leistungserfolg" voraus, die von der deutschen Lehre entwickelt wurde.[109]

Diese Unterscheidung bezieht sich darauf, ob die Leistung auf die Vornahme der geschuldeten Handlung (***Leistungshandlung***) oder auf das Ergebnis der Leistungshandlung (***Leistungserfolg***) gerichtet ist.[110]

---

106 Die systematische Entwicklung des Begriffs der Lieferung geht auf ***Ernst Rabel*** zurück. ***Rabel*** sagte schon 1935 zu dem Begriff der Lieferung im EKG: "Wir brauchten einen Begriff, der von dem System der Übereignung und Besitzübertragung unabhängig ist. Dadurch kann das EKG die Haupt-verpflichtung des Verkäufers näher regeln, ohne sich mit Wesen und Terminologie der Übereignung und Besitzübertragung zu befassen." ***Stötter***, s. 171; "Lieferung, schwedisch aflämnade, bedeutet also die Handlung, durch die der Verkäufer vollzieht, was ihm nach dem Vertrag obliegt, damit der Käufer in den wirklichen Besitz des Gutes komme". Damit tritt die Pflicht zur Lieferung als eine zweite Hauptpflicht neben die zur Übereignung, ***unabhängig von der Besitzübertragung***", ***Rabel***, Warenkauf I, 317 ff.

107 ***Widmer***, in: Schlechtriem/Schwenzer (2008), Art. 31 Rn. 4; ***U. Huber***, in: von Ceammerer/Schlechtriem (1990), Art. 31 Rn. 17; ***Herber/Czerwenka***, Art. 30 Rn. 2; ***Grünewald***, S. 105 Rn. 45; ***Witz/Salger/Lorenz***, Art. 30 Rn. 7; anders: ***Schweizerischer Bundesrat***, Botschaft, 232.1; "Das Übereinkommen spricht sodann etwa von Lieferung anstelle des im OR verwendeten Begriffs der Übergabe, ohne dass diese unterschiedliche Terminologie praktisch bedeutsam wäre"; ***Bucher***, in: Bucher (Hrsg.), S. 24; ***Honsell***, SJZ 1992, S. § 45, 347: ***Honsell*** sei wenig überzeugt davon, weshalb man den Begriff "zur Verfügungsstellen" statt desjenigen der "Übergabe" gewählt hat.

108 "Die Lieferung besteht in der Aushändigung einer vertragsgemäßen Sache" EKG Art. 19 I.

109 ***Schulze***, in: HK– BGB (2012), § 241 BGB Rn. 9.

110 ***Schulze***, in: HK-BGB (2012), § 241 BGB Rn. 9.

Während bei tätigkeitsbezogenen Schuldverhältnissen –wie bei Dienstverträgen– der Leistungserfolg und die Leistungshandlung zusammenfallen, kann der Erfolg bei erfolgsbezogenen Schuldverhältnissen – wie bei Kaufverträgen – auch bei vertragsgemäßer Handlung ausbleiben.[111] In diesem Sinne betrifft der Begriff der Lieferung (Art. 30 CISG) nicht den Leistungserfolg, sondern die Leistungshandlung des Verkäufers.[112] Über den Begriff der Lieferung muss man weiter feststellen, dass der Begriff der Lieferung ein Sammelbegriff ist, der unterschiedliche Arten der Leistungshandlungen umfasst.[113] Je nachdem, ob der Kaufvertrag eine Beförderung der Ware erfordert oder nicht, besteht die Pflicht der Lieferung in der Übergabe der Ware an den Beförderer oder in der Bereitstellung der Ware.[114] Unter der Lieferpflicht ist also jene Leistungshandlung zu verstehen, die der Verkäufer veranlassen muss, um dem Käufer den Besitz zu verschaffen.[115] Insofern entspricht die Pflicht zur Lieferung der Besitzverschaffungspflicht nach § 433 I 1 BGB.[116]

Welchen Inhalt die Pflicht zur Lieferung bzw. Besitzverschaffung nach dem CISG konkret hat, ergibt sich aus den Vorschriften Art. 31 ff. CISG.

Die Art. 31 ff. CISG hinsichtlich des Inhalts der Pflicht zur Lieferung kommen nur zur Anwendung, wenn die Parteien, die Gepflogenheiten oder Gebräuche nicht etwas anderes bestimmen.[117]

---

111 ***Looschelders***, AT (2009), Rn. 16 ff.

112 ***U. Huber***, in: von Ceammerer/Schlechtriem (1990), Art. 31 Rn. 18; ***Karollus***, in: Honsell (Hrsg.), CISG (1997), Art. 31, Rn. 1; ***Witz/Salger/Lorenz***, Art. 30 Rn. 6.

113 ***Piltz***, § 4, 4–15; "Die von dem Verkäufer vorzunehmende Lieferhandlung bewegt sich in dem Spektrum zwischen bloßem, weitgehend passivem zur Verfügungstellen der Ware einerseits und aktiver Übergabe, das heißt Überleitung faktischer Kontrollmöglichkeit auf den Käufer andererseits". Meines Erachtens ist es deshalb nicht zutreffend, die Lieferungspflicht z.B. nur als "die Ware zur Verfügungstellen" zu definieren. Bei dem Fall des Versendungskaufs, was in der Praxis meistens der Fall ist, wird die Ware an den Beförderer übergeben. Bei dem Inhalt der Lieferung kommt es darauf an, ob ein Versendungskauf (Schickschuld) vorliegt oder nicht. Vgl. ***Reinhart***, Art. 31 Rn. 2; ***Rudolph***, Art. 31 Rn. 2; Vgl. ***Magnus***, in: Staudinger/CISG (2005), Art. 30, Rn. 4; auch ***Herber***, Wiener UNCITRAL-Übereinkommen, S. 23 "Besteht die Lieferung darin, dass der Verkäufer dem Käufer die Kaufsache zur Verfügung stellt."; *Österreichischer Nationalrat*, Erläuterungen zu dem WN-Übereinkommen, zu Art. 31; ***Herber/Czerwenka***, Art. 31 Rn. 1.

114 ***Witz/Salger/Lorenz***, Art. 30 Rn. 4.

115 ***Witz/Salger/Lorenz***, Art. 30 Rn. 6 ff.

116 "Im Gegensatz dazu muss aber nach dem WKR nicht unbedingt der Besitz auf den Käufer übergehen." ***Karollus***, in: Honsell (Hrsg.), CISG (1997), Art. 30, Rn. 7.

117 ***Magnus***, in: Staudinger/CISG (2005), Art. 31 Rn. 1.

b) Lieferort

aa) Begriff und Bedeutung

Der Lieferort ist der Ort, an dem der Verkäufer seine Leistungshandlung vorzunehmen hat.[118] Die Fragen, **wo** und in **welcher Weise** der Verkäufer seine Pflicht erbringen muss, sind eng miteinander – in Art. 31 geregelt – verknüpft.[119] Der Inhalt der Lieferpflicht hängt davon ab, an welchem Ort zu liefern ist.[120] Das CISG (Art. 31) bestimmt den Inhalt und den Ort der Lieferpflicht, je nachdem, ob der Vertrag eine vom Verkäufer zu besorgende Beförderung der Ware vorsieht (Art. 31 lit. a CISG) oder nicht (Art. 31 lit. b und c CISG).[121] In der Konvention werden nur die Grundfälle des Versendungskaufs (Schickschuld, Art. 31 lit. a CISG) und der Holschuld (ab Verkäuferniederlassung, lit. c oder ab einem besonderen Abholort lit. b) geregelt.

Die reine Bringschuld und andere mögliche Kombinationen bleiben außerhalb des Regelungsbereichs der Konvention.[122] Zu betonen ist allerdings, dass die Regelungen der Konvention, die den Lieferort und den Inhalt der Lieferpflicht bestimmen, nur subsidiär und ergänzend zur Anwendung kommen, wenn die Frage, wo und in welcher Weise zu liefern ist, durch Parteivereinbarungen oder durch Gepflogenheiten und Gebräuche nicht bestimmt wurde.[123] Da die Parteien häufig den Lieferort mit den Lieferklauseln selbst vereinbaren, kommt den Regelungen der Konvention in der Praxis keine große Bedeutung zu.[124] Der Lieferort ist in verschiedenen Aspekten von Bedeutung.[125] Zuerst einmal ist er maßgebend für den Erfüllungsanspruch (Art. 46 CISG). Zwar ist der Ort des Gefahrübergangs mit dem Lieferort nicht identisch, aber in dem in der Praxis am häufigsten

---

118 ***Herber/Czerwenka***, Art. 30 Rn. 5.

119 ***Widmer***, in: Schlechtriem/Schwenzer (2008), Art. 31 Rn. 1.

120 ***Widmer***, in: Schlechtriem/Schwenzer (2008), Art. 31 Rn. 1; ***Saenger***, in: Ferrari (Hrsg.), Int. VertragsR., Art. 31 CISG Rn. 1; ***Witz/Salger/Lorenz***, Art. 31 Rn. 1.

121 ***Widmer***, in: Schlechtriem/Schwenzer (2008), Art. 31 Rn. 1; ***Achilles***, in: Ensthaler (Hrsg.), Gemeinschafts-kommentar zum HGB (2007), CISG Art. 31, Rn. 1; ***Karollus***, in: Honsell (Hrsg.) CISG (1997), Art. 31, Rn. 1.

122 ***Karollus***, in: Honsell (Hrsg.), CISG (1997), Art. 31, Rn. 1.

123 ***Achilles***, in: Ensthaler (Hrsg.), Gemeinschaftskommentar zum HGB (2007), CISG Art. 31, Rn. 1; ***Gruber***, MünchKommBGB (2012), CISG Art. 31 Rn. 1; ***Magnus***, in: Staudinger/CISG (2005), Art. 31 Rn. 1–6; ***Witz/Salger/Lorenz***, Art. 30 Rn. 4.

124 ***Reinhart***, Art. 31Rn. 3; ***Magnus***, in: Staudinger/CISG (2005), Art. 31 Rn. 3; ***Karollus***, in: Honsell (Hrsg.) CISG (1997), Art. 31, Rn. 2.

125 ***Magnus***, in: Staudinger/CISG (2005), Art. 31 Rn. 2; ***Gruber***, in: MünchKommBGB (2012), CISG Art. 31 Rn. 4; ***Rudolph.***, Art. 31 Rn. 5.

vorkommenden Fall, dem Versendungskauf (Art. 31 lit. a CISG), fallen Lieferung und Gefahrübergang zusammen.[126] Dann kann der Lieferort für die internationale Zuständigkeit von Bedeutung sein.[127]

Zusammenfassend ist Folgendes festzustellen:

Die Frage, wo und in welcher Weise der Verkäufer seine Leistungshandlung veranlassen soll, wird in Art. 31 CISG geregelt. Wenn keine Parteienvereinbarungen bestehen, muss man prüfen, ob der Kaufvertrag eine Beförderung erfordert oder nicht.

Wenn ja, besteht die Lieferpflicht in der Übergabe der Ware an den ersten Beförderer. (Versendungskauf Art. 31 lit. a). Wenn der Kaufvertrag keine Beförderung vorsieht, liegt eine Holschuld vor, die den Käufer zu der Abholung der Ware verpflichtet. Es ist weiter festzustellen, ob nach Art. 31 lit. b CISG eine Holschuld vorliegt, wonach die Ware vorrangig dort bereitzustellen ist, wo sie nach Kenntnis der Parteien lagert oder hergestellt wird. Wenn es zu verneinen ist, bestimmt die Niederlassung des Verkäufers den Lieferort (Art. 31 lit. c CISG).

bb) Lieferort bei der Schickschuld (Lieferung beim Versendungskauf)

(1) Die Pflicht zur Übergabe an den ersten Beförderer

Die Verträge, die eine Beförderung der Ware erfordern, werden in Art. 31 lit. a geregelt. Bei diesem Kauf besteht die Lieferpflicht des Verkäufers in der Übergabe der Ware an den ersten Beförderer. Mit der rechtzeitigen Übergabe der Ware an den Beförderer zum Zweck der Übermittlung an den Käufer wird die Lieferpflicht vollzogen.[128] Wie sich aus der Vorschrift ergibt, setzt ein Versendungskauf "die Beförderung der Ware" voraus. Was unter dem Begriff der Beförderung der Ware zu verstehen ist, lässt sich aus der Vorschrift 31 lit. a CISG erschließen. Demnach ist die Beförderung der Ware als die Versendung der Ware "zur Übermittlung an den Käufer"[129] zu definieren.[130]

---

126 ***Magnus***, in: Staudinger/CISG (2005), Art. 31 Rn. 2; ***Gruber***, in: MünchKommBGB (2012), CISG Art. 31 Rn. 4; ***Rudolph***., Art. 31 Rn. 5.

127 ***Magnus***, in: Staudinger/CISG (2005), Art. 31 Rn. 2; ***Gruber***, in: MünchKommBGB (2012), CISG Art. 31 Rn. 4; ***Rudolph***., Art. 31 Rn. 5.

128 ***Herber/Czerwenka***, Art. 31 Rn. 3; ***Schlechtriem***, Internationales, Rn. 124.

129 ***Widmer***, in: Schlechtriem/Schwenzer (2008), Art. 31 Rn. 14.

130 Dass die vom Käufer vorzunehmende Beförderung als Beförderung anzusehen ist, ist in der Literatur stark umstritten. Nach einer Ansicht kommt es nicht darauf an, ob der Verkäufer oder der Käufer die Beförderung veranlassen muss, Das heißt, die erforderlichen Beförderungsverträge abschließen muss. Vgl. ***Brunner***, Art. 30 Rn. 8; ***Reinhart***, Art. 31 Rn. 5; ***Gruber***, in: MünchKommBGB (2012), CISG Art. 31 Rn. 15; ***Ernst/Lauko***, in: Honsell (Hrsg.), CISG (2010), Art. 31, Rn. 12; ***Magnus***, in: Staudinger/CISG (2005),

Hinsichtlich der Beförderung setzt die Vorschrift zudem die Einsetzung eines selbstständigen Beförderers voraus.[131] Unter dem selbstständigen Beförderer ist jeder zu verstehen, der den Transport der Ware selbstständig übernimmt. Die Einschaltung der eigenen Leute durch den Verkäufer ist nicht genug, um seine Lieferpflicht zu erfüllen, weil die Ware noch im Machtbereich des Verkäufers bleibt.[132] Wie bei der Definition der Lieferungshandlung gesagt wurde, besteht die Lieferung beim Versendungskauf in der Übergabe der Ware an den ersten Beförderer.

Die Übergabe der Ware bedeutet die tatsächliche Übernahme der Ware durch den Beförderer zur Übermittlung an den Käufer.[133] Der Begriff der Übergabe setzt voraus, dass der Beförderer die Ware tatsächlich übernehmen muss. Das heißt, eine bloße Zurverfügungstellung der Ware zur Abholung durch den Transporteur genügt nicht. Die Übergabe wird erst mit der "Verbindung der Ware in den Gewahrsam des Übernehmers" vollzogen.[134] Wenn die Parteien nicht etwas anderes bestimmen, enthält die Übergabe auch die Verladung der Ware auf das Beförderungsmittel.[135]

Art. 31 Rn. 13. Dagegen vertritt eine andere Ansicht, dass die Beförderung, die vom Käufer vorzunehmen ist, keine Beförderung im Sinne des Art. 31 lit. darstellt. Dieser Meinung nach sei ein solcher Transport auch in den Fällen des Art. 31 lit. c und b stets erforderlich; Vgl. ***Honnold***, Uniform Law (1989), Rn. 208 "all sales involve movement goods". Diese Fälle seien aber nach der Ausdrucksweise des Gesetzes gerade dadurch kennzeichnet, dass der Vertrag keine Beförderung der Ware erfordert; Vgl. ***Widmer***, in: Schlechtriem/Schwenzer (2008), Art. 31 Rn. 14; ***Saenger***, in: Ferrari, Int. VertragsR, Art. 31 CISG Rn. 4. Eine besondere Verpflichtung für die Beförderung durch den Verkäufer lässt sich aus dem Wortlaut des Art. 31 lit. a nicht erschließen. Darauf, ob der Käufer oder der Verkäufer den Transport besorgt, das heißt, den erforderlichen Beförderungsvertrag schließt, kommt es im Art. 31 lit. a) nicht an. Maßgeblich ist für die Vorschrift nur eine selbstständige Beförderung. Vgl. ***Magnus***, in: Staudinger/CISG (2005), Art. 31 Rn. 16.

131 ***Magnus***, in: Staudinger/CISG (2005), Art. 31 Rn. 16; ***Widmer***, in: Schlechtriem/Schwenzer (2008), Art. 31 Rn. 22; ***Reinhart***, Art. 31 Rn. 5; ***Karollus***, Honsell (Hrsg.) CISG (1997), Art. 31, Rn. 17.

132 ***Magnus***, in: Staudinger/CISG (2005), Art. 31 Rn. 16–19; ***Herber/Czerwenka***, Art. 31 Rn. 6; ***Saenger***, in: internationales Vertragsrecht, Art. 31 CISG Rn. 6; ***Karollus***, in: Honsell (Hrsg.), CISG (1997), Art. 31, Rn. 17; Für Spediteur S.: ***Ernst/Lauko***, in: Honsell (Hrsg.), CISG (2010), Art. 31, Rn. 25.

133 ***Magnus***, in: Staudinger/CISG (2005), Art. 31 Rn. 21; ***Saenger***, in: Ferrari, Int. VertragsR., Art. 31 CISG Rn. 9.; ***Widmer***, in: Schlechtriem/Schwenzer (2008)., Art. 31 Rn. 29. ***Brunner***, Art. 30 Rn. 6; ***Ernst/Lauko***, in: Honsell (Hrsg.) CISG (2010), Art. 31, Rn. 19.

134 ***Ernst/Lauko***, in: Honsell (Hrsg.), CISG (2010), Art. 31, Rn. 19; ***Witz/Salger/Lorenz***, Art. 31 Rn. 24.

135 ***Witz/Salger/Lorenz***, Art. 31 Rn. 24; ***Benicke***, in: MünchKommHGB, Art. 31 Rn. 8.

(2) Weitere Pflichten

Den Verkäufer treffen weitere Pflichten in Art. 32 CISG, wenn der Vertrag die Beförderung der Ware durch einen selbstständigen Dritten vorsieht.[136]

136 A) **Pflicht zur Versendungsanzeige:** Das Bestehen dieser Pflicht wird davon abhängig gemacht, ob der Verkäufer die Ware nicht bereits auf andere Weise dem Vertrag zugeordnet hat. Aus der Formulierung der Vorschrift folgt, dass das Gesetz schon von einer Konkretisierungspflicht des Verkäufers ausgeht. ***Ernst/Lauko***, in: Honsell (Hrsg.), CISG (2010), Art. 32, Rn. 5. Als Konkretisierungsmöglichkeiten werden in der Vorschrift "an die Ware angebrachte Kennzeichnen", "Beförderungsdokumente" und "auf andere Weise" genannt. Auf andere Weise wird die Ware z.B. dadurch zugeordnet, dass es sich um eine Speziesschuld handelt. ***Ernst/Lauko***, in: Honsell (Hrsg.), CISG (2010), Art. 32, Rn. 6; ***Magnus***, in: Staudinger/CISG (1999), Art. 32 Rn. 9. Fehlt es dem Verkäufer an einer dem Vertrag in oben genannter Weise Zuordnung der Ware, dann besteht die Pflicht zur Versendungsanzeige. Demnach erfüllt der Verkäufer seine Lieferpflicht nur dann, wenn er seine Pflicht zur Versendungsanzeige "unter genauer Bezeichnung der Ware" erbracht hat." ***Magnus***, in: Staudinger/CISG (2005), Art. 32 Rn. 8. Unabhängig von der im CISG Art. 32 Abs. 1 genannten Anzeigepflicht kann durch Parteienvereinbarung oder Handelsbräuche eine Anzeigepflicht entstanden sein. ***Ernst/Lauko***, in: Honsell (Hrsg.), CISG (2010), Art. 32, Rn. 8. Der Unterschied zwischen gesetzlichen und vertraglichen Anzeigepflichten besteht darin, dass die gesetzliche Anzeigepflicht eine Voraussetzung für den Gefahrübergang ist, während die vertragliche Anzeigepflicht keinen Einfluss auf den Gefahrübergang hat. ***Ernst/Lauko***, in: Honsell (Hrsg.), CISG (2010), Art. 32, Rn. 12 u. 15. Für den Zeitpunkt der Anzeigepflicht enthält das CISG keine Regelung. Wann der Verkäufer anzeigen muss, ist in der Literatur umstritten. Die Ansicht, die von der angemessenen Frist nach Warenabsendung ausgeht, scheint vorzugswürdig. ***Ernst/Lauko***, in: Honsell (Hrsg.), CISG (2010), Art. 32, Rn. 11. Die Anzeige kann in schriftlicher oder mündlicher Mitteilung erfolgen. Bei der Verletzung der Anzeigepflicht erfüllt der Verkäufer seine Lieferpflicht nicht, und folglich stehen dem Käufer die Rechtsbehelfe, die sich aus Art. 45 ff. ergeben, zur Verfügung. ***Magnus***, in: Staudinger/CISG (1999), Art. 32 Rn. 14; Es wird meist ein Schadenersatzanspruch sein, wenn nicht eine wesentliche Vertragsverletzung vorliegt. Nach der hier vertretenen Ansicht stellt Art. 32 Abs. 1 also als die Konkretisierung der Ware und die im Fall deren Ermangelung bestehende Pflicht zur Versendungsanzeige einen Teil der eigentlichen Lieferpflicht dar. a.A. ***Ernst/Lauko***, in: Honsell (Hrsg.), CISG (2010), Art. 32, Rn. 2. Letztlich ist zu betonen, dass bei dem Versäumen der Anzeigepflicht die Gefahr auf den Käufer nicht übergeht. ***Ernst/Lauko***, in: Honsell (Hrsg.), CISG (2010), Art. 32, Rn. 12; ***Magnus***, in: Staudinger/CISG (1999), Art. 32 Rn. 14. B) **Pflicht zum Abschluss des Beförderungsvertrages:** Nach herrschender Lehre besteht beim normalen Versendungskauf für den Verkäufer keine Pflicht, den Beförderungsvertrag abzuschließen, soweit keine Parteienvereinbarung (etwa über die Incoterms), Gepflogenheiten oder Gebräuche, die den Verkäufer verpflichten, für die Beförderung zu sorgen, vorlie-

cc) Lieferort bei der Holschuld (Art. 31 lit. b/c CISG)

(1) Allgemein

Wenn die Parteien keinen bestimmten Lieferort vereinbart haben und der Vertrag keine Beförderung der Ware vorsieht, liegt eine Holschuld vor. Art. 31 lit. b und c CISG behandeln die Holschuld, in der die Pflicht des Verkäufers zur Lieferung nur in der Bereitstellung der Ware besteht. Von der Erfüllung der Pflicht "zur Verfügungstellung" ist auszugehen, wenn der Verkäufer "alles auf seiner Seite Erforderliche" getan hat, damit die Übergabe stattfinden kann, wenn der Käufer mitwirkt.[137] Bei der Vorschrift geht es um zwei Alternativen, die sich danach unterscheiden, wo der Verkäufer diese Bereitstellungspflicht vornehmen muss, entweder am Ort

---

gen. ***Gruber***, in: MünchKommBGB (2012), CISG Art. 32 Rn. 9; ***Magnus***, in: Staudinger/CISG (1999), Art. 32 Rn. 15; a.A. ***Ernst/Lauko***, in: Honsell (Hrsg.), CISG (2010), Art. 32, Rn. 12. Wenn dies der Fall ist, besteht diese Pflicht des Verkäufers im Sinne des Art. 32 Abs. 2 nicht darin, die Ware selbst zu befördern, sondern nur zu üblichen Bedingungen den Beförderungsvertrag abzuschließen. ***Gruber***, in: MünchKommBGB (2012), CISG Art. 32 Rn. 10; ***Magnus***, in: Staudinger/CISG (1999), Art. 32 Rn. 16. Die Verletzung der im Abs. 2 genannten Pflichten durch den Verkäufer löst in erster Linie die Schadenersatzansprüche aus, wenn die Verletzung nicht wesentlich ist. ***Gruber***, in: MünchKommBGB (2012), CISG Art. 32 Rn. 13; ***Magnus***, in: Staudinger/CISG (1999), Art. 32 Rn. 19. **C) Pflicht zur Auskunftserteilung der Transportversicherung:** Eine Pflicht für den Verkäufer, die Ware für den Transport zu versichern, wird im CISG nicht gesehen. Daran ändert sich nichts dadurch, dass der Verkäufer verpflichtet ist, den Beförderungsvertrag abzuschließen. ***Gruber***, in: MünchKommBGB (2012), CISG Art. 32 Rn. 14; ***Magnus***, in: Staudinger/CISG (1999), Art. 32 Rn. 22; Aber auf das Verlangen des Käufers besteht gemäß Art. 32 Abs. 3 eine Informationspflicht des Verkäufers, dem Käufer die erforderlichen Auskünfte mitzuteilen, die der Käufer zu dem Zweck des Abschlusses eines Versicherungsvertrags braucht. ***Gruber***, in: MünchKommBGB (2012), CISG Art. 32 Rn. 14; ***Magnus***, in: Staudinger/CISG (1999), Art. 32 Rn. 22; ***Ernst/Lauko***, in: Honsell (Hrsg.) CISG (2010), Art. 32, Rn. 25; ***Benicke***, in: MünchKommHGB, CISG Art. 32 Rn. 14; ***Brunner***, Art. 32 Rn. 5. Der Inhalt der Informationspflicht bestimmt sich nach den Modalitäten des Versicherungsvertrags. Als Beispiel sind Informationen über das Transportmittel, die Transportsroute und den Transporteur zu bezeichnen. ***Ernst/Lauko***, in: Honsell (Hrsg.), CISG (2010), Art. 32, Rn. 25. Die Verletzung der Pflicht führt zu der Auslösung der allgemeinen Rechtsbehelfe. Erbringt der Verkäufer seine Informationspflicht nicht und kann deshalb die Ware für den Transport nicht versichert werden, soll man von einer wesentlichen Vertragsverletzung ausgehen. ***Benicke***, MünchKommHGB, CISG Art. 32 Rn. 14.

137 ***Lüderitz/Schüßler-Langeheine***, in: Soergel/CISG (2000), Art. 31 Rn. 8; ***Brunner***, Art. 31 Rn. 9 Fn. 717; ***Gruber***, MünchKommBGB (2012), CISG Art. 31 Rn. 7; ***Ernst/Lauko***, in: Honsell (Hrsg.), CISG (2010), Art. 31, Rn. 39.

seiner Niederlassung (lit. c) oder am Lageort der Ware. (lit. b). In dem Grundfall des Art. 31 lit. c CISG muss der Verkäufer die Ware am Ort seiner Niederlassung bereitstellen, während lit. b für die Frage nach dem "Wo" vier Konstellationen vorsieht, in denen der Verkäufer die Ware an dem Ort bereitzustellen hat, an dem sich die Ware befindet bzw. an dem sie hergestellt oder erzeugt wird.[138]

(2) Holschuld am Ort der Niederlassung (Art. 31 lit. c CISG)

Im Grundfall des Art. 31 lit. c CISG hat der Verkäufer seine Lieferpflicht erfüllt, wenn er die Ware am Ort der Niederlassung des Verkäufers bereitgestellt hat. Handelt es sich um mehrere Niederlassungen des Verkäufers, kommt es auf jene Niederlassung an, zu der der Vertrag bzw. die Erfüllung engste Beziehung hat.[139] Die Unterrichtung des Käufers gehört auch zu der Pflicht zur Verfügungsstellung, wenn die Parteien keinen bestimmten Zeitpunkt für die Abholung vereinbart haben oder der Käufer nicht schon durch den Verkäufer unterrichtet wurde.[140] Für den Gefahrübergang ist die Aussonderung der Ware aus einem Vorrat vor Abholung erforderlich.[141]

(3) Holschuld am Lageort der Ware

Der Lieferort für die Speziesschulden, Vorratsschulden und für die herzustellende Ware oder zu erzeugende Ware wird in Art. 31 lit. b festgelegt. Demnach muss der Verkäufer die Ware am Ort zu Verfügung stellen, an dem sich die Ware befindet, unter der Voraussetzung, dass die Vertragsparteien bei Vertragsschluss wussten, dass sich die Ware dort befand oder befinden würde (Art. 31 lit. b CISG).[142]

Außerdem ist die Vorschrift auf die bei einem Dritten eingelagerte und sich bereits auf dem Transport befindliche Ware anzuwenden.[143] Zu allen Konstellationen ist eine positive Kenntnis der beiden Parteien immer erforderlich.[144]

---

138 ***Gruber***, in: MünchKommBGB (2012), CISG Art. 31 Rn. 2.

139 ***Gruber***, in: MünchKommBGB (2012), CISG Art. 31 Rn. 7; ***Ernst/Lauko***, in: Honsell (Hrsg.), CISG (2010), Art. 31, Rn. 47.

140 ***Gruber***, in: MünchKommBGB (2012), CISG Art. 31 Rn. 8; ***Ernst/Lauko***, in: Honsell (Hrsg.) CISG (2010), Art. 31, Rn. 39.

141 ***Gruber***, in: MünchKommBGB (2012), CISG Art. 31 Rn. 8; a.A. ***Ernst/Lauko***, ***in***: Honsell (Hrsg.) CISG (2010), Art. 31, Rn. 39.

142 ***Magnus***, in: Staudinger/CISG (1999) Art. 31 Rn. 27–28; ***Brunner***, Art. 31 Rn. 10; ***Gruber***, in: MünchKommBGB (2012), CISG Art. 31 Rn. 10.

143 ***Magnus***, in: Staudinger/CISG (1999), Art. 31 Rn. 26; ***Brunner***, Art. 31 Rn. 10; ***Gruber***, in: MünchKommBGB (2012), CISG Art. 31 Rn. 12.

144 ***Magnus***, in: Staudinger/CISG (1999), Art. 31 Rn. 26; ***Ernst/Lauko***, in: Honsell (Hrsg.), CISG (2010), Art. 31, Rn. 32.

dd) Lieferort bei der Bringschuld

Eine Bringschuld kommt in Betracht, wenn eine Parteienvereinbarung, Gepflogenheiten oder Bräuche vorliegen. Von einer Bringschuld ist auszugehen, wenn der Verkäufer die Ware an eine Niederlassung des Käufers zu liefern hat. Beim Fernkauf muss der Verkäufer an einen anderen Ort als die Niederlassung sowohl des Verkäufers als auch die des Käufers liefern.[145]

Da die Bringschuld im CISG nicht geregelt wird, ergibt sich die Frage, ob die Erfüllung der Lieferpflicht am Bestimmungsort durch Zurverfügungstellung der Ware oder durch die Aushändigung der Ware an den Käufer zu erfolgen hat.[146] Bei der Bringschuld trägt der Verkäufer die Gefahr des Transports.[147]

c) Lieferzeit

aa) Allgemein

Eine der wichtigsten Modalitäten der Lieferung ist die Lieferzeit, in der der Verkäufer die Leistungshandlung vornehmen muss. Die Lieferzeit wird in Art. 33 CISG geregelt. Nach wie vor richtet sich die Frage der Lieferzeit in erster Linie nach den Parteienvereinbarungen (Art. 33 lit. a CISG). Der Wiederholung dieses selbstverständlichen Grundsatzes in lit. a ist zu entnehmen, dass die Feststellung des genauen Inhalts von Lieferzeitvereinbarungen der Auslegung bedarf.[148] Außerdem ist aus der Vereinbarung eines Lieferzeitraums zu schließen, dass es dem Verkäufer zusteht, jederzeit innerhalb dieser Frist seine Pflicht zu erfüllen (Art. 33 lit. b CISG).[149] Schließlich ist in Art. 33 lit. c CISG ein Auffangtatbestand vorgesehen, nach dem der Verkäufer die Lieferung innerhalb einer angemessenen Zeit erbringen muss, wenn die Lieferzeit im Vertrag nicht vereinbart wurde oder aufgrund des Vertrages nicht bestimmt werden kann.[150]

---

145 ***Ernst/Lauko***, in: Honsell (Hrsg.), CISG (2010), Art. 31, Rn. 50; ***Brunner***, Art. 32 Rn. 7.

146 ***Ernst/Lauko***, in: Honsell (Hrsg.), CISG (2010), Art. 31, Rn. 51; ***Benicke***, MünchKommHGB, CISG Art. 31 Rn. 31.

147 ***Gruber***, in: MünchKommBGB (2012), CISG Art. 31 Rn. 23.

148 ***Magnus***, in: Staudinger/CISG (1999), Art. 33 Rn. 1.

149 ***Magnus***, in: Staudinger/CISG (1999), Art. 33 Rn. 1.

150 ***Magnus***, in: Staudinger/CISG (1999), Art. 33 Rn. 1; ***Ernst/Lauko***, in: Honsell (Hrsg.) CISG (2009), Art. 33, Rn. 2; ***Rudolph***, Art. 33 Rn. 1.

bb) Vertraglich vereinbarter Lieferzeitpunkt (Art. 33 lit. a CISG)

In Art. 33 lit. a CISG wird das Grundprinzip der Parteiautonomie wieder herausgestellt und die Verpflichtung des Verkäufers festgelegt, die Ware in dem Zeitpunkt zu liefern, der im Vertrag fixiert ist oder aufgrund des Vertrages ermittelt werden kann.[151]

Anders als der "Lieferzeitraum" deutet der Begriff "Zeitpunkt" einen Liefertermin an, der genau bestimmt werden kann (z.B. "Lieferung am 1.2.09").[152]

Der Zeitpunkt lässt sich entweder durch eine Terminangabe im Vertrag oder durch eine im Vertrag vorgenommene Bezugnahme auf ein Ereignis bestimmen.[153] Darauf, ob der Kauf als Fixgeschäft vereinbart ist, kommt es nicht an. Art. 33 lit. a CISG kommt auch zur Anwendung, wenn ein Termin aus internationalen Gebräuchen oder aus Gepflogenheiten zwischen den Parteien erschließbar ist.[154]

cc) Vertraglich vereinbarter Lieferzeitraum (Art. 33 lit. b CISG)

Ist ein Zeitraum im Vertrag bestimmt, oder kann er aufgrund des Vertrages bestimmt werden, muss der Verkäufer jederzeit innerhalb dieses Zeitraums die Ware liefern, wenn sich nicht aus den Umständen ergibt, dass der Käufer den Zeitpunkt zu wählen hat (Art. 33 lit. b CISG). Art. 33 lit. b CISG ist eine Auslegungsregelung für den Fall, in dem nicht ein fester Termin, sondern ein bestimmter Zeitraum vereinbart wurde,[155] z.B. "innerhalb drei Wochen nach Vertragsabschluss" oder "Lieferung im August". Die Frage, wann innerhalb dieses Zeitraums die Ware zu liefern ist, wird im Interesse des Verkäufers beantwortet. Demnach kann der Verkäufer die Ware innerhalb dieses Zeitraums liefern, wann er will. Mit anderen Worten irgendwann innerhalb dieses Zeitraums.[156] Dies gilt aber nicht, wenn sich aus den Umständen oder aus dem Vertrag etwas anderes ergibt. In diesem Fall steht das Wahlrecht hinsichtlich des genauen Zeitpunkts dem Käufer zu. Solche Umstände sind anzunehmen, wenn es sich um FOB-Geschäfte handelt.[157]

---

151 ***Magnus***, in: Staudinger/CISG (1999), Art. 33 Rn. 7; ***Ernst/Lauko***, in: Honsell (Hrsg.) CISG (2010), Art. 33, Rn. 3.

152 ***Magnus***, in: Staudinger/CISG (1999), Art. 33 Rn. 8; ***Ernst/Lauko***, in: Honsell (Hrsg.), CISG (2010), Art. 33, Rn. 3.

153 ***Magnus***, in: Staudinger/CISG (1999), Art. 33 Rn. 9; ***Ernst/Lauko***, in: Honsell (Hrsg.), CISG (2010), Art. 33, Rn. 4; ***Rudolph***, Art. 33 Rn. 5.

154 ***Magnus***, in: Staudinger/CISG (1999), Art. 33 Rn. 10–11.

155 ***Magnus***, in: Staudinger/CISG (2005), Art. 33 Rn. 12.

156 ***Widmer***, in: Schlechtriem/ Schwenzer (2008), Art. 33 Rn. 9.

157 ***Widmer***, in: Schlechtriem/ Schwenzer (2008), Art. 33 Rn. 10.

dd) Angemessene Lieferfrist ab Vertragsschluss (Art. 33 lit. c CISG)

In den Fällen, bei denen Parteien weder einen Zeitpunkt (lit. a) noch einen Zeitraum vereinbaren, muss die Ware innerhalb einer angemessenen Frist geliefert werden (Art. 33 lit. c CISG). Die Frage, was angemessen ist, richtet sich nach den Umständen des Einzelfalls und den Gebräuchen.[158]

3) Pflicht zur Übergabe von Dokumenten

Die in Art. 30 CISG verankerte Pflicht des Verkäufers, die Dokumente zu übergeben, werden in Art. 34 CISG näher geregelt. Gemäß Art. 34 CISG werden die Modalitäten der Pflicht, also Zeit, Ort und Form der Dokumentenübergabe in erster Linie von den vertraglichen Vereinbarungen, Gepflogenheiten oder Gebräuchen bestimmt.[159] Ebenso bestimmt sich die Frage, welche Dokumente zu übergeben sind, von den vertraglichen Parteienvereinbarungen, Gepflogenheiten oder Gebräuchen. Die Frage, was man unter Dokumenten versteht, die sich auf die Ware beziehen, ist wegen des deklaratorischen Charakters der Bestimmung nicht relevant.[160] Als Dokumente kommen die Traditionspapiere (Konnossement, Ladeschein), Dokumente des Güterverkehrs ohne Wertpapiercharakter, öffentlichrechtliche Bescheinigungen, die der Käufer für die Einfuhr benötigt, in Betracht.[161] Ferner räumt der Art. 34 S. 2 CISG dem Verkäufer bei vorzeitig übergebenen Dokumenten bei Vertragswidrigkeiten ein Nacherfüllungsrecht ein, was dem im Art. 37 geregelten Nacherfüllungsrecht entspricht.[162]

4) Pflicht zur Eigentumsverschaffung

Gemäß Art. 30 CISG hat der Verkäufer dem Käufer an der Ware Eigentum zu verschaffen. Die Frage nach der Eigentumsverschaffungspflicht wird im CISG nicht geregelt. Sie muss nach dem von IPR berufenen Recht beurteilt werden (Art. 4 lit. b CISG).

158 ***Widmer***, in: Schlechtriem/ Schwenzer (2008), Art. 33 Rn. 16; ***Ziegler***, S. 57; ***Brunner***, Art. 33 Rn. 4.

159 ***Magnus***, in: Staudinger/CISG (2005), § 34 CISG, Rn. 1, 6; ***Widmer***, in: Schlechtriem/ Schwenzer, Art. 34 Rn. 1.

160 ***Widmer***, in: Schlechtriem/Schwenzer (2008), Art. 34 Rn. 11.

161 ***Magnus***, in: Staudinger/CISG (2005), § 34 CISG, Rn. 7; ***Widmer***, in: Schlechtriem/ Schwenzer (2008), Art. 34 Rn. 1.

162 ***Magnus***, in: Staudinger/CISG (2005), § 34 CISG, Rn. 10ff; ***Widmer***, in: Schlechtriem/Schwenzer, Art. 34 Rn. 6 ff.

5) Pflicht zur Vertragsmäßigkeit der Ware

a) Allgemein

Das CISG bestimmt in Art. 35 die Pflicht des Verkäufers zur mangelfreien Lieferung. Mit der Regelung der Pflicht des Verkäufers, die Sache frei von Sach– und Rechtsmängeln zu liefern, hat das CISG die Lieferpflicht inhaltlich konkretisiert. Im Gegensatz zu den nationalen Rechtsordnungen basiert das CISG nicht auf dem Begriff des "Sachmangels", sondern geht von einem einheitlichen Begriff der "Vertragsmäßigkeit bzw. Vertragswidrigkeit der Ware" aus, die möglichst alle Verstöße gegen den Kaufvertrag umfasst.[163] Wichtig sind für die Vertragsmäßigkeit der Ware nicht nur Qualitätsabweichungen, sondern auch Quantitäts-abweichungen.[164] Auffallend ist, dass das CISG zwischen einer mangelhaften und einer Aliudlieferung keinen Unterschied sieht.[165] Zum anderen wird im CISG die Verbindung der Lieferung mit der Vertragsmäßigkeit abgeschafft. Demnach ist die Lieferung der vertragswidrigen Ware auch Lieferung.[166] Wenn auch die Rechtsfolgen der Pflichtverletzung des Verkäufers für die Rechts– und Sachmängel im Grunde ähnlich sind, verbleibt im CISG die Unterscheidung zwischen Rechts– und Sachmangel.[167]

Ein wichtiges Beispiel für diese Unterscheidung ist die Geltung des Art. 46 Abs. 2 und 3 CISG (Ersatzlieferungsanspruch bzw. Nachbesserungsanspruch) für den Sachmangel, die hinsichtlich rechtsmangelbehafteter Ware nicht gelten.[168]

---

163 ***Magnus***, in: Staudinger/CISG (1999), Vorbem. Zu Art. 35 ff. Rn. 2 u. Art. 35 Rn. 2; ***Brunner***, Art. 35 Rn. 2; ***Loewe***, Art. 35, S. 55; ***Hutter***, S. 27; für die anderen Rechtsordnungen s. ***Schwenzer***, in: Schlechtriem/Schwenzer (2008), Art. 35 Rn. 4; ***Reinhart***, Art. 35 Rn. 1.

164 ***Gruber***, in: MünchKommBGB (2012), CISG Art. 35 Rn. 3; ***Schwenzer***, in: Schlechtriem/Schwenzer (2008), Art. 35 Rn. 4.

165 ***Gruber***, in: MünchKommBGB (2012), CISG Art. 35 Rn. 4; ***Lüderitz/Schüßler-Langeheine***, in: Soergel/CISG (2000), Art. 35 Rn. 5; Die herrschende Lehre unterscheidet bei Vertragswidrigkeit nicht zwischen Gattungs– und Stückschulden.

166 ***Magnus***, in: Staudinger/CISG (1999), Art. 35 Rn. 6.

167 ***Secretariat Commentary***, Art. 39, para. 7; ***Magnus***, in: Staudinger/CISG (1999), Vorbem. zu Art. 35 ff. Rn. 4; ***Gruber***, in: MünchKommBGB (2012), CISG Art. 35 Rn. 2; ***Eckert/Maifeld/Matthiesen***, Rn. 510; ***Lüderitz/Schüßler-Langeheine***, in: Soergel/CISG (2000), Art. 41 Rn. 2.

168 Zur Argumentation dieser Unterscheidung vgl. ***Magnus***, in: Staudinger/CISG (2005), Art. 46 Rn. 17; "da der Käufer die Ware mit nicht wesentlichen Sachmängeln meist noch nutzen oder absetzen kann, während das bei Ware mit Rechtsmängeln in der Regel nicht möglich sein dürfte."

b) Vertragliche Vereinbarung

Nach dem Art. 35 Abs. 1 CISG gehen die vertraglichen Vereinbarungen vor. Die Frage, ob die Ware vertragsgemäß ist, entscheidet sich in erster Linie nach der von den Parteien im Vertrag festgelegten Bestimmungen. Damit geht das CISG von einem subjektiven Fehlerbegriff aus.[169]

c) Objektiver Maßstab der Vertragsmäßigkeit der Ware

Wenn die Parteien nichts vereinbart haben, kommt Art. 35 Abs. 2 CISG zur Anwendung, der einige, auf das anglo-amerikanische Recht zurückgehende, objektive Kriterien vorlegt.[170]

aa) Eignung für die dem Verkäufer zur Kenntnis gebrachte Verwendung

Nach Art. 35 Abs. 2 b CISG entspricht die Ware dem Vertrag nur, wenn sie sich für einen bestimmten Zweck eignet, der dem Verkäufer bei Vertragsabschluss ausdrücklich oder auf andere Weise zur Kenntnis gebracht wurde. Soll die Ware nicht für den gewöhnlichen Verwendungszweck, sondern für einen bestimmten Verwendungszweck geeignet sein, muss der Käufer dies beim Vertragsabschluss dem Verkäufer zur Kenntnis bringen.[171] In diesem Fall handelt es sich um eine konkludente Beschaffenheitsvereinbarung. Die Regelung betrifft aber auch den Fall, in dem der Verwendungszweck dem Verkäufer zur Kenntnis gebracht wurde und der Verkäufer dem nicht widerversprochen hat.[172] Des Weiteren wird vorausgesetzt, dass der Käufer auf die Sachkenntnis und das Urteilsvermögen des Verkäufers vertraut hat.[173]

bb) Eignung der Ware zum gewöhnlichen Gebrauch

Wenn dem Verkäufer kein bestimmter Verwendungszweck im Sinne des Art. 35 Abs. 2 lit. b zur Kenntnisse gebracht wurde, entspricht die Ware dem Vertrag nur, wenn sie sich für den gewöhnlichen Verwendungszweck eignet.[174] Die Ware muss

---

169 Vgl. ***Magnus***, in: Honsell (Hrsg.), CISG (2010), Art. 35 Rn. 12.

170 ***Aue***, S. 88.

171 ***Rudolph***, Art. 35 Rn. 15; ***Lüderitz/Schüßler-Langeheine***, in: Soergel/CISG (2000), Art. 35 Rn. 15.

172 ***Grunewald***, Handbuch, S. 139.

173 ***Grunewald***, Handbuch, S. 139; ***Lüderitz/Schüßler-Langeheine***, in: Soergel/CISG (2000), Art. 35 Rn. 17.

174 ***Grunewald***, Handbuch, S. 140; ***Lüderitz/Schüßler-Langeheine***, in: Soergel/CISG (2000), Art. 35 Rn. 10.

in ihrer Qualität den Erwartungen entsprechen, die ein durchschnittlicher Nutzer an sie stellt.[175] Die gewöhnliche Verwendung besteht z.B. in der Weiterverarbeitung, der Nutzung oder dem Weiterverkauf der Ware.[176] Besonderen Anforderungen, die sich aus dem öffentlichen Recht des Landes des Käufers ergeben, muss die Ware nicht entsprechen.[177]

cc) Kauf nach Probe oder Muster

Wenn der Verkäufer beim Vertragsabschluss eine Probe/Muster vorgelegt hat, muss die Ware die Eigenschaften aufweisen, die die dem Käufer zur Verfügung gestellte Probe/Muster hat.[178] Es liegt eine Vertragswidrigkeit vor, wenn die Ware nicht die Eigenschaften der dem Käufer zur Verfügung gestellten Probe/Muster besitzt.

Es muss nicht eine besondere Parteienvereinbarung vorliegen, damit die Eigenschaften der Probe/Muster verbindlich sein sollen.[179]

dd) Verpackung

Haben die Parteien nichts anderes vereinbart, entspricht die Ware gemäß Art. 35 Abs. 2 CISG nur dann dem Vertrag, wenn sie üblich bzw. angemessen verpackt ist. Anders als bisher im Dargestellten gehört die Verpackung nicht zu der Beschaffenheit der Ware.[180] Bei der Frage, ob die Verpackung üblich bzw. angemessen ist, kommt es auf den geplanten Transport an.[181] Die Verpackung ist angemessen, wenn sie ihren Zweck erfüllt, Das heißt, den Schutz der Ware auf dem Transport hinreichend sicherstellt.[182]

d) Maßgeblicher Zeitpunkt für die Beschaffenheit

Gemäß Art. 36 Abs. 1 CISG haftet der Verkäufer für eine Vertragswidrigkeit, die im Zeitpunkt des Gefahrübergangs besteht. Entscheidender Zeitpunkt wird damit

---

175 ***Magnus***, in: Staudinger/CISG (2005), Art. 35 Rn. 18.

176 ***Rudolph***, Art. 35 Rn. 14; ***Lüderitz/Schüßler-Langeheine***, in: Soergel/CISG (2000), Art. 35 Rn. 11.

177 ***Rudolph***, Art. 35 Rn. 14; ***Lüderitz/Schüßler-Langeheine***, in: Soergel/CISG (2000), Art. 35 Rn. 13.

178 ***Grunewald***, Handbuch, S. 140; ***Rudolph***, Art. 35 Rn. 14; ***Lüderitz/Schüßler-Langeheine***, in: Soergel/CISG (2000), Art. 35 Rn. 18.

179 ***Rudolph***, Art. 35 Rn. 16.

180 ***Karollus***, S. 118.

181 ***Rudolph***, Art. 35 Rn. 16; ***Grunewald***, Handbuch, S. 141.

182 ***Brunner***, Art. 35 Rn. 19.

die Zeit des Gefahrübergangs. Der Zeitpunkt des Gefahrübergangs richtet sich vor allem nach der Parteienvereinbarung. Haben die Parteien nichts vereinbart, kommen die Art. 67 bis 68 CISG hilfsweise zur Anwendung.

e) Untersuchungs– und Rügeobliegenheiten

Die Untersuchungs– und Rügepflichten für die Vertragswidrigkeiten, die sich aus Art. 35 CISG ergeben, werden in den Vorschriften der Art. 38 und 39 CISG geregelt. Gemäß Art. 39 Abs. 1 CISG verliert der Käufer das Recht, sich auf eine Vertragswidrigkeit zu berufen, wenn er sie dem Verkäufer nicht innerhalb einer angemessenen Frist nach dem Zeitpunkt anzeigt, zu dem er die Vertragswidrigkeit festgestellt hat oder hätte feststellen müssen. Was der Käufer hätte feststellen müssen, richtet sich nach Art. 38 CISG. Zunächst ist festzustellen, dass die Untersuchung der Ware keine Pflicht ist, deren Nichteinhaltung die Rechtsbehelfe des Verkäufers zur Folge hätte. Sondern sie stellt eine Obliegenheit dar, deren Versäumnis zum Rechtsverlust führen kann.[183]

Ort und Zeit der Untersuchung bestimmen sich nach Art. 39 CISG, der aber die Art und Weise der Untersuchung nicht regelt.[184] Nach Art. 39 Abs. 1 CISG muss der Käufer die Ware innerhalb einer so kurzen Frist untersuchen, wie es die Umstände erlauben. Mit dem Begriff der Frist wird nicht ein bestimmter Zeitpunkt, sondern eine Zeitperiode gemeint, deren Dauer von der Art und Intensität der erforderlichen Untersuchung bzw. von Umständen des Einzelfalls abhängig ist.[185] Die Untersuchungsfrist beginnt – unter Vorbehalt der Abs. 2 und 3 – mit dem Eintreffen der Ware am Lieferort.[186] Die Untersuchungsfrist wird also jeweils dadurch bestimmt, ob der Vertrag eine vom Verkäufer zu besorgende Beförderung der Ware vorsieht (Art. 31 lit. a CISG) oder nicht (Art. 31 lit. b und c CISG).

Für den Fall, dass der Kaufvertrag eine Beförderung der Ware vorsieht, kann die Untersuchung bis zum Eintreffen der Ware aufgeschoben werden.[187] Zeigen

---

183 ***Magnus***, in: Staudinger/CISG (2005), Art. 38 Rn. 12; ***Rudolph***, Art. 38 Rn. 1; ***Karollus***, S. 124; ***Lüderitz/Schüßler-Langeheine***, in: Soergel/CISG (2000), Art. 39 Rn. 1.

184 ***Magnus***, in: Staudinger/CISG (2005), Art. 38 Rn. 3; ***Rudolph***, Art. 38 Rn. 3; ***Karollus***, S. 124.

185 ***Magnus***, in: Staudinger/CISG (2005), Art. 38 Rn. 35; ***Rudolph***, Art. 38 Rn. 5; ***Gruber***, in: MünchKommBGB (2012), CISG Art. 38 Rn. 57; ***Lüderitz/Schüßler-Langeheine***, in: Soergel/CISG (2000), Art. 39 Rn. 3.

186 ***Gruber***, in: MünchKommBGB (2012), CISG Art. 39 Rn. 8; ***Lüderitz/Schüßler-Langeheine***, in: Soergel/CISG (2000), Art. 38 Rn. 5.

187 ***Karollus***, S. 125; ***Lüderitz/Schüßler-Langeheine***, in: Soergel/CISG (2000), Art. 38 Rn. 8.

sich Mängel bei dieser Untersuchung, müssen sie innerhalb einer angemessenen Frist gerügt werden. Die Anzeige muss den Mangel genau bezeichnen (Art. 39 Abs. 1 CISG).[188]

Rügt der Käufer nicht ordnungsgemäß, also nicht innerhalb einer angemessenen Frist, verliert er das Recht, sich auf die Vertragswidrigkeit zu berufen. In Art. 39 Abs. 2 wird ein Ausschluss der Rüge vorgesehen, wenn zwei Jahre seit der Übergabe der Ware verstrichen sind.[189] Art. 40 befreit den Käufer von der Untersuchungs– und Rügeobliegenheit der Art. 38, 39. Demnach kann der Verkäufer sich auf eine unterlassene Rüge nicht berufen, wenn die Vertragswidrigkeit auf Tatsachen beruht, die er kannte oder über die er nicht im Unklaren sein konnte (grobe Fahrlässigkeit).[190]

f) Haftungsausschluss

Nach Art. 35 Abs. 3 CISG haftet der Verkäufer gemäß Abs. 2 lit. a bis d nicht für eine Vertragswidrigkeit der Ware, wenn der Käufer bei Vertragsschluss diese Vertragswidrigkeit kannte oder darüber nicht in Unkenntnis sein konnte. Wie sich aus der Vorschrift ergibt, betrifft der Haftungsausschluss nur die objektiven Vertragswidrigkeiten im Sinn des Abs. 2, aber nicht die Beschaffenheitsvereinbarungen im Sinne des Abs. 1.[191]

g) Verjährung

Die Verjährung ist im CISG nicht geregelt. Es besteht eine besondere UN-Konvention vom 14.6.1974/11.4.1980 über die Verjährung beim internationalen Warenkauf.[192] Auch wenn im CISG die Verjährung nicht geregelt ist, verliert der Käufer sein Recht, sich auf die Vertragswidrigkeit zu berufen, wenn er sie nicht spätestens innerhalb von zwei Jahren, nachdem ihm die Ware tatsächlich übergeben worden

188 ***Lüderitz/Schüßler-Langeheine***, in: Soergel/CISG (2000), Art. 38 Rn. 9.

189 ***Lüderitz/Schüßler-Langeheine***, in: Soergel/CISG (2000), Art. 39 Rn. 7.

190 ***Grunewald***, S. 274; ***Lüderitz/Schüßler-Langeheine***, in: Soergel/CISG (2000), Art. 40 Rn. 1.

191 ***Brunner***, Art. 35 Rn. 20; ***Lüderitz/Schüßler-Langeheine***, in: Soergel/CISG (2000), Art. 35 Rn. 20: “Grund für diesen Haftungsausschluss ist, dass die (…) erheblichen Qualitätsmerkmale nicht unmittelbar vereinbar sind, sondern nur aus vorausgesetzten Gebrauchszwecken oder Mustern abgeleitet werden.”

192 ***Siehr***, in: Honsell (Hrsg.), CISG (2010), Art. 4 Rn. 27.

ist, dem Verkäufer anzeigt, es sei denn, dass diese Frist mit einer vertraglichen Garantiefrist unvereinbar ist (Art. 39 Abs. 2 CISG).[193]

6) Pflicht, die Ware frei von Rechten oder Ansprüchen Dritter zu liefern

Die Voraussetzungen der Rechtsmängelhaftung werden in Art. 42–43 CISG geregelt. Die Konvention verpflichtet den Verkäufer in Art. 41 CISG, die Ware frei von Rechten oder Ansprüchen Dritter zu liefern, es sei denn, der Käufer ist mit Rechtsmängeln einverstanden.[194] Die Waren sollen keine Rechtsmängel besitzen.[195] Im CISG sind die "normalen" Rechte Dritter (Art. 41 CISG) von Immaterialgüterrechten[196] (Art. 42 CISG) Dritter, die von den Dritten hinsichtlich der Ware geltend gemacht werden können, getrennt worden.[197] Unter "Rechte Dritter" sind dingliche und obligatorische Rechte zu verstehen. Als dingliche Rechte kommen zuerst die Sicherungsrechte von Waren– und Geldkreditgläubigern des Verkäufers in Betracht.[198] Ob Rechte Dritter bestehen, bestimmt sich nach dem Recht des jeweiligen Belegenheitsortes.[199] Für die Verantwortung des Verkäufers genügt es, dass ein Dritter ein Recht beansprucht; auf das tatsächliche Bestehen des Rechts kommt es nicht an.[200] Der Verkauf einer fremden Sache steht immer im Anwendungsbereich des Art. 41 CISG.

Aber die öffentlich-rechtlichen Belastungen der Nutzbarkeit müssen sich nach Art. 35 CISG richten.[201] Der Käufer muss bei Rechtsmängeln innerhalb einer

---

193 Zum Verhältnis der Konvention über die Verjährung zur Ausschlussfrist: ***Schwenzer***, in: Schlechtriem/Schwenzer (2008), Art. 39 Rn. 28. Vgl. ICC, 7565/1994, CISG-online 566.

194 ***Lüderitz/Schüßler-Langeheine***, in: Soergel/CISG (2000), Art. 41 Rn. 10.

195 ***Schlechtriem***, Internationales, Rn. 163; ***Brunner***, Art. 41 Rn. 1; ***Lüderitz***, Pflichten der Parteien, in: Schlechtriem (Hrsg.), Einheitliches Kaufrecht, S. 186; ***Ziegler***, S. 108.

196 Zu Immaterialgüterrechten gehören insbesondere Patentrechte, Urheberrechte, Lizenzrechte, Marken– und sonstige Kennzeichnungsrechte usw. Dazu ***Magnus***, in: Staudinger/CISG (2005), Art. 42 Rn. 9–12; ***Lüderitz/Schüßler-Langeheine***, in: Soergel/CISG (2000), Art. 42 Rn. 2.

197 ***Schlechtriem***, Internationales, Rn. 163.

198 ***Schlechtriem***, Internationales, Rn. 163.

199 ***Lüderitz/Schüßler-Langeheine***, in: Soergel/CISG (2000), Art. 41 Rn. 6.

200 ***Schlechtriem***, Internationales, Rn. 165; ***Lüderitz/Schüßler-Langeheine***, in: Soergel/CISG (2000), Art. 43 Rn.

201 ***Schlechtriem***, Internationales, Rn. 166–167; ***Lüderitz/Schüßler-Langeheine***, in: Soergel/CISG (2000), Art. 41 Rn. 5.

angemessenen Frist nach Kenntnis oder Kennenmüssen rügen und dabei Rechte oder Ansprüche, die hinsichtlich der Sache geltend gemacht worden sind, näher benennen.[202] Die Frage der Angemessenheit der Frist bestimmt sich nach den Umständen des Einzelfalles. Eine Ausschlussfrist für die Rechtsmängelanzeige sieht die Konvention nicht vor.[203]

II. Deutsches Recht (BGB)

1) Allgemein

Die Hauptpflichten des Verkäufers sind in § 433 Abs. 1 BGB geregelt. Demnach trifft den Verkäufer die Pflicht, dem Käufer die Kaufsache zu übergeben und ihm das Eigentum zu verschaffen. Eine wichtige Abweichung von der alten Rechtslage besteht in der Einfügung der Verpflichtung des Verkäufers, die Sache frei von Sach– und Rechtsmängeln zu verschaffen. Diese Abweichung ermöglicht dem deutschen Gesetzgeber, ein einheitliches Leistungs-störungsrecht zu schaffen, da die Lieferung einer mangelhaften Sache eine Pflichtverletzung im Sinne des § 280 BGB darstellt. Die weiteren Pflichten des Verkäufers ergeben sich aus der vertraglichen Vereinbarung. Im Folgenden soll zunächst auf diese drei Hauptpflichten des Verkäufers, nämlich der Übergabe, der Verschaffung des Eigentums und der Freiheit der Sache von Sach– und Rechtsmängeln, eingegangen werden.

2) Hauptleistungspflichten

a) Pflicht zur Übergabe der Kaufsache

Die Pflicht zur Übergabe der Kaufsache wird als die Verschaffung des unmittelbaren Besitzes an der Kaufsache (§ 854 BGB Abs. 1) definiert.[204] Die Pflicht zur Übergabe ist von der Pflicht der Eigentumsverschaffung zu trennen. Mit anderen Worten steht die Pflicht zur Übergabe der Kaufsache selbstständig neben der Pflicht zur Eigentumsverschaffung, auch wenn die Übergabe beim Verkauf beweglicher Sachen (§ 929 S. 1 BGB) gleichzeitig einen Teil der Eigentumsverschaffungspflicht

---

202 ***Schlechtriem***, Internationales, Rn. 168.

203 ***Schlechtriem***, Internationales, Rn. 168; ***Lüderitz/Schüßler-Langeheine***, in: Soergel/CISG (2000), Art. 43 Rn. 6.

204 ***D Schmidt***, in: PWW (2006), § 433 BGB Rn. 16.

darstellt.[205] Übergabe ist ein zweiseitiger Akt, das heißt, der Verkäufer bedarf bei der Erfüllung seiner Pflicht zur Übergabe die Mitwirkung (Annahme) des Käufers.[206] Von der Erfüllung der Pflicht zur Übergabe der Kaufsache ist auszugehen, wenn dem Käufer uneingeschränkter Besitz verschafft wurde.[207] Die Frage, wo die Kaufsache zu übergeben ist, richtet sich nach der Vorschrift § 269 BGB. Ist ein Leistungsort für die Leistung weder bestimmt noch aus den Umständen, insbesondere aus der Natur des Schuldverhältnisses, zu entnehmen, so hat die Leistung an dem Orte zu erfolgen, an welchem der Schuldner zur Zeit der Entstehung des Schuldverhältnisses seinen Wohnsitz hatte (§ 269 Abs. 1 BGB). Aus der Vorschrift ergibt sich schon, dass die Übergabe am Wohnsitz des Verkäufers vorzunehmen ist. Setzt der Vertrag den Transport der Kaufsache voraus, ist eine differenzierte Betrachtung erforderlich.[208] Zu klären ist zunächst, ob eine Bringschuld oder Schickschuld vorliegt. Bei Bringschuld besteht für den Verkäufer nur die Pflicht, die Kaufsache zu versenden, nicht jedoch die Pflicht, den Transport durchzuführen.[209]

Liegt dagegen eine Bringschuld vor, ist die Kaufsache an dem Ort zu übergeben, an dem der Käufer seinen Wohnsitz oder seine gewerbliche Niederlassung hat. In diesem Fall besteht für den Verkäufer die Pflicht zur Durchführung des Transports.[210]

b) Pflicht zur mangelfreien Leistung

aa) Allgemein

Die Pflicht zur mangelfreien Leistung gehört seit der Schuldrechtsreform zu den Hauptpflichten des Verkäufers (§ 433 Abs. 1 S. 2 BGB). Dies ermöglicht dem deutschen Gesetzgeber, "die mangelhafte Lieferung" als Unterfall der Pflichtverletzung auszugestalten und das kaufrechtliche Gewährleistungsrecht in das allgemeine Leistungsstörungsrecht zu integrieren.[211] Die Frage, wann die Sache frei von Sach– und Rechtsmängeln ist, ist nach den Vorschriften §§ 434, 435 BGB

---

205 ***Faust***, in: Bamberger/Roth (2003), § 433 BGB Rn. 8; ***R. M. Beckmann***, in: Staudinger/BGB (2004), § 433 Rn. 66; ***Eckert/Maifeld/Matthiessen***, Rn. 181; ***Martinek/Wimmer-Leonhardt***, in: Hoeren/Martinek, § 433 Rn. 51.

206 ***R. M. Beckmann***, in: Staudinger/BGB (2004), § 433 Rn. 70.

207 ***R. M. Beckmann***, in: Staudinger/BGB (2004), § 433 Rn. 71.

208 ***Tacheva***, S. 86.

209 ***Tacheva***, S. 86.

210 ***Tacheva***, S. 87.

211 ***Reinicke/Tiedtke*** (2009), Rn. 295; ***Ehmann/Sutschet***, S. 192.

zu bestimmen. Im Gegensatz zum alten Recht unterscheidet die Vorschrift § 434 BGB nicht mehr zwischen einem Fehler (§ 459 Abs. 1 BGB a.F.) und dem Fehlen zugesicherter Eigenschaften (§ 459 Abs. 2 BGB a.F.).[212] Nach dem seit 2002 geltenden Recht ist die Sache frei von Sachmängeln, wenn sie bei dem Gefahrübergang "die vereinbarte Beschaffenheit" hat (§ 433 Abs. 1 S. 1 BGB). Richtigerweise spricht man von einer "hierarchischen Struktur", wonach es in erster Linie auf die vereinbarte Beschaffenheit ankommt.[213] Aus der Vorschrift ergibt sich schon, dass bei der Feststellung der Sachmangelfreiheit vor allem darauf abzustellen ist, ob die Sache "die vereinbarte Beschaffenheit" hat. Somit legt das BGB den subjektiven Fehlerbegriff zu Grunde legt.[214]

Hiernach muss zuerst festgestellt werden, ob die Parteien eine Beschaffenheit vereinbart haben oder nicht. Liegt eine vertragliche Beschaffenheitsvereinbarung vor, ist die Sachmangelfreiheit nach dieser Vereinbarung zu beurteilen. Liegt dagegen keine vertragliche Beschaffenheitsvereinbarung vor, ist auf § 434 S. 2 Nr. 1 u. Nr. 2 BGB hilfsweise zurückzugreifen.[215] In Ermangelung einer Vereinbarung kommt ein weiteres subjektives Kriterium[216] (Nr. 1) zum Zuge, wonach die Sache frei von Sachmangel ist, wenn sie sich für die nach dem Vertrag vorausgesetzte Verwendung eignet. Ist eine solche Verwendung vertraglich nicht vorausgesetzt, ist es entscheidend, ob sich die Sache für die gewöhnliche Verwendung eignet und eine Beschaffenheit aufweist, die bei Sachen der gleichen Art üblich ist und die der Käufer nach der Art der Sache erwarten kann (Objektives Kriterium, Nr. 2). Dabei kommt auch den Eigenschaften eine Bedeutung zu, die der Käufer nach öffentlichen Äußerungen des Verkäufers oder des Herstellers oder seines Gehilfen in der Werbung oder bei Kennzeichnung über bestimmte Eigenschaften der Sache erwarten kann (Abs. 1 S. 2). Letztlich werden Montagefehler und mangelhafte Montageanleitung in Abs. 2 als besondere Formen des Mangels kategorisiert. Hinzu kommt die Gleichstellung der Falschlieferung und Zuweniglieferung mit einem Sachmangel (Abs. 3).

---

212 ***Putzo***, in: Ergänzungsband zu Palandt, § 434 BGB Rn. 1; Für die alte Rechtslage s. ***Prieß***, S. 41 ff.

213 ***Tonner***, Schuldrecht, § 7 Rn. 13; ***Pammler***, in jurisPK-BGB (5. Auflage), § 434 Rn. 10; ***Faust***, in: Bamberger/Roth (2003), § 434 BGB Rn. 2; ***Oetker/Maultzsch***, § 2 Rn. 47.

214 ***P. Huber***, in: Huber/Faust, § 12 Rn. 19; ***Schlechtriem*** BT, § 2 Rn. 33; ***Wältermann***, S. 198.

215 ***Emmerich***, BT (2003), § Rn. 16.

216 ***D Schmidt***, in: P/W/W (2006), § 434 BGB Rn. 8, nennt Nr. 2 als ein halbsubjektives Kriterium, weil es maßgeblich eine Verwendung ist, die sich beide Parteien vorgestellt haben.

bb) Beschaffenheitsvereinbarung

§ 434 Abs. 1 S. 1 BGB lautet folgendermaßen: "Die Sache ist frei von Sachmängeln, wenn sie bei Gefahrübergang die vereinbarte Beschaffenheit hat." Demnach ist eine Sache frei von Sachmängeln, wenn sie die von den Parteien vereinbarte Beschaffenheit aufweist.

Somit befindet sich an der Spitze der sog. "hierarchischen Struktur" eine Beschaffenheits-vereinbarung der Parteien.[217] Die entscheidende Voraussetzung für Mangelfreiheit ist allein, ob die Sache der vereinbarten Beschaffenheit entspricht oder nicht. Stimmt die Sache mit der vereinbarten Beschaffenheit überein, kommt es nicht darauf an, ob die Sache von der üblichen Beschaffenheit abweicht oder hinter objektiven Qualitätsstandards zurückbleibt.[218] Demnach stellt jede Abweichung (Diskrepanz) der tatsächlichen Beschaffenheit (Ist-Beschaffenheit) der Kaufsache von ihrer vereinbarten Beschaffenheit (Soll-Beschaffenheit) einen Sachmangel dar.[219]

Was den Begriff der Beschaffenheit anbetrifft, wird im Gesetz "bewusst" auf eine Definition des Begriffs von Beschaffenheit verzichtet.[220] Nach der herrschenden Lehre umfasst die Beschaffenheit die physischen Eigenschaften der Sache (Qualitätsmangel), aber auch deren tatsächliche, wirtschaftliche, soziale und rechtliche Beziehung zur Umwelt (Umstandsmangel), sofern sie nach der Verkehrsanschauung die Brauchbarkeit oder den Wert der Sache beeinflussen.[221] Der maßgebliche Zeitpunkt für die Mangelfreit ist gemäß Abs. 1 S. 1 der Gefahrübergang. Die Vereinbarung der Beschaffenheit kann auf die ausdrückliche Bestimmung des Vertrags oder auf die Umstände zurückgeführt werden.[222] Die Beschaffenheitsvereinbarung unterliegt dem Formerfordernis des Vertrags.[223]

---

217 ***Büdenbender***, in: NomosKommBGB (2011) § 434 Rn. 8; ***Tonner***, in: T/W/T, § 434 Rn. 2.

218 ***Pammler***, in jurisPK-BGB (5. Auflage), § 434 Rn. 13; ***R. M. Beckmann***, in: Staudinger /Eckpfeiler des Zivilrechts (2008), § 434 S. 572; ***Schlechtriem***, BT, § 2 Rn. 33; a.A. ***D Schmidt***, in: P/W/W (2006), § 434 BGB Rn. 28 vertritt, dass sich bei einer sehr umfangreichen Beschaffenheitsvereinbarung Mängel ***aus dem Fehlen der üblichen Beschaffenheit*** ergeben können, z.B. Versagen eines in der Beschaffenheitsvereinbarung nicht erwähnten Standartteils.

219 ***Beckmann R.M.***, in: Staudinger /Eckpfeiler des Zivilrechts (2008), § 434 S. 572; ***Kropholler***, (2008), § 434 Rn. 3.

220 ***P. Huber***, in: Huber/Faust, § 12 Rn. 19; ***Tonner***, Schuldrecht, § 7 Rn. 13.

221 Zur Diskussion: ***D Schmidt***, in: P/W/W (2006), § 434 BGB Rn. 18 ff.; ***Medicus/ Lorenz*** BT, § 77 Rn. 74; ***R. M. Beckmann***, in: Staudinger /Eckpfeiler des Zivilrechts (2008), § 434 S. 572; ***Kropholler***, (2008) § 434 Rn. 3.

222 ***Cetiner***, S. 65.

223 ***D Schmidt***, in: P/W/W (2006), § 434 BGB Rn. 31.

cc) Eignung für die vertraglich vorausgesetzte Verwendung

Fehlt eine solche Vereinbarung, kommt es bei der Frage, ob die Sache mangelfrei ist, darauf an, ob die Sache für einen bestimmten Verwendungszweck tauglich ist.[224] Nach der herrschenden Lehre kann der Verwendungszweck von den Parteien vereinbart werden oder sich aus den Umständen ergeben, während die bloße Verwendungsabsicht des Käufers nicht ausreicht.[225]

dd) Eignung zur gewöhnlichen Verwendung und Vorhandensein der üblichen Beschaffenheit, die der Käufer erwarten kann

Ist eine solche Verwendung vertraglich nicht vorausgesetzt, ist es entscheidend, ob die Sache sich für die gewöhnliche Verwendung eignet und eine Beschaffenheit aufweist, die bei Sachen der gleichen Art üblich ist und der Käufer nach der Art der Sache erwarten kann (objektives Kriterium, Nr. 2). Dabei kommt auch der Eigenschaft eine Bedeutung zu, die der Käufer nach öffentlichen Äußerungen des Verkäufers oder des Herstellers oder seines Gehilfen in der Werbung oder bei einer Kennzeichnung über bestimmte Eigenschaften der Sache erwarten kann (Abs. 1 S. 2).[226]

Unter gewöhnlicher Verwendung versteht man "die Benutzung und Nutzbarkeit gleichartiger Sachen bei durchschnittlichen und vergleichbaren Lebenssachverhalten des konkreten Falls".[227]

ee) Sachgemäße Montage und mangelfreie Montageanleitung

Als selbstsändige Kategorien stellen sowohl die unsachgemäße Montage als auch die mangelhafte Montageanleitung einen Mangel dar.

ff) Falschlieferung und Lieferung einer zu geringen Menge

Falschlieferung (Aliudlieferung) steht dem Sachmangel gleich. Ferner stellt die Lieferung zu geringer Menge auch einen Sachmangel dar.

---

224 ***Faust***, in: Bamberger/Roth (2003), § 434 Rn. 46; ***Tonner***, in: T/W/T, § 434 Rn. 16.

225 ***R.M. Beckmann***, in: Staudinger/Eckpfeiler des Zivilrechts (2008), § 434 S. 573; ***Tonner***, in: T/W/T, § 434 Rn. 16.

226 § 434 Abs. 1 S. 3 1. Hs. Sieht drei Ausschlussgründe vor, deren Vorliegen der Käufer zu beweisen hat. Dazu s. ***P. Huber***, in: Huber/Faust, § 12 Rn. 46.

227 ***Malz***, in: Hoeren/Martinek, § 434 Rn. 53.

gg) Rechtsmangel

Wie oben schon dargelegt wurde, verpflichtet sich der Verkäufer nicht nur zur Übergabe der Kaufsache, sondern zur mangelfreien Lieferung. Die mangelfreie Lieferung bedeutet, dass die Sache von Sach– und Rechtsmängeln frei ist.[228] Wann die Sache von Rechtsmängeln frei ist, ist gemäß § 435 BGB zu beurteilen. Demnach ist eine Sache frei von Rechtsmängeln, wenn Dritte in Bezug auf die Sache keine oder nur im Kaufvertrag übernommene Rechte gegen den Käufer geltend machen können. Einem Rechtsmangel steht es gleich, wenn im Grundbuch ein Recht eingetragen ist, das nicht besteht. Der Rechtsmangel liegt vor, wenn der Verkäufer dem Käufer nicht die Rechtsstellung am Kaufgegenstand verschafft, die nach dem Vertrag vorgesehen war.[229] Für das Vorliegen des Rechtsmangels ist wichtig, ob "der Käufer durch das Bestehen des Rechts bei der gewöhnlichen oder von ihm nach dem Vertrag vorausgesetzten Verwendung behindert wird"[230].

Der maßgebliche Zeitpunkt, in dem die Sache von Rechten Dritter frei sein soll, ist der Zeitpunkt, in dem der Käufer das Eigentum an der Kaufsache erwirbt oder hätte erwerben sollen.[231] Außerdem müssen die Rechte Dritter tatsächlich bestehen und sollen im Kaufvertrag vom Käufer nicht übernommen sein.[232] Nur die Behauptung eines nicht bestehenden Rechts (Scheinrecht) führt nicht zur Rechtsmangelhaftung des Verkäufers.[233] Rechte Dritter sind alle dinglichen Rechte, wie Pfandrechte, Grundpfandrechte, Nießbrauch (außer Eigentum; wegen § 433 Abs. 1 S. 1 BGB greift in diesem Fall (Nichterfüllung) das allgemeine Leistungsstörungsrecht ein).[234] Auch die obligatorischen Rechte gelten als Rechtsmangel, soweit sie

228 Die Sache frei von Rechtmängeln zu liefern war eigentlich schon vor der Schuldrechtsreform eine Hauptleistungspflicht des Verkäufers. War die Kaufsache nicht von Rechten Dritter frei, so hatte der Verkäufer noch nicht voll erfüllt. Vgl. ***Malzer***, in: Hoeren/Martinek, § 435 Rn. 3; ***Saenger***, in: HK-BGB (2007), § 435 Rn. 1.

229 ***Tonner***, § 7 Rn. 35.

230 ***Pahlow***, JuS 2006, 289 ff., (290).

231 BGH, NJW 1991, 915 ff. (916); ***Harke***, BT, § 1 Rn. 53; ***Grunewald***, in: Ermann (2008), § 435 Rn. 1; ***Looschelders***, BT (2009), § 3 Rn. 81; a.A. ***Oechsler***, § 2 Rn. 118, stellt nicht auf die Zeit des Eigentumsübergangs ab, sondern auf die Fälligkeit des Lieferanspruchs.

232 ***Oetker/Maultsch***, § 2 Rn. 51.

233 ***Grunewald***, in: Ermann (2011) § 435 Rn. 4; ***Büdenbender***, in: Dauner-Lieb/Langen (2011), § 435 BGB Rn. 14.

234 BGH NJW 2007, 3777, Rn. 27 "Die fehlende Verschaffung des Eigentums stellt daher grundsätzlich keinen Rechtsmangel nach § 435 BGB dar."; ***D Schmidt***, in: P/W/W (2007), § 435 Rn. 2; ***Saenger***, in: HK-BGB (2007), § 435 Rn. 3; a.A. ***Oechsler***, § 2

den Dritten zum Besitz der Kaufsache berechtigen und dem Käufer entgegenhalten werden können und ihn in der Nutzung des Kaufgegenstandes beinträchtigen können (z.B. Miet– und Pachtverhältnis).[235] In Bezug auf die öffentlichen Rechte besteht immer noch die Abgrenzungsschwierigkeit zwischen Sach– und Rechtsmangel, auch wenn die Abgrenzung wegen der ähnlichen Rechtsfolgen praktisch geringe Bedeutung hat. Zur Abgrenzung ist wichtig, ob die gesetzliche Beschränkung ihren Grund in der Beschaffenheit der Sache selbst findet. Falls dies zu bejahen ist, ist von einem Sachmangel auszugehen.[236]

hh) Untersuchungs– und Rügeobliegenheiten

Da in der vorliegenden Arbeit der beiderseitige Handelskauf behandelt werden soll, sind die Vorschriften des HGB zu beachten. Wie schon angedeutet wurde, sieht das BGB für die Geltendmachung der Rechtsbehelfe des Käufers keine Untersuchungs– und Rügeobliegenheiten vor. Über die Frage, ob § 377 HGB auch den Rechtsmangel erfasst, besteht in der Literatur keine Einigung. Nach der vorzugswürdigen Lehre soll § 377 HGB auch für Rechtsmangel gelten.[237] Im HGB wird aber die Geltendmachung den strengen Obliegenheiten unterworfen, deren Verletzung dazu führt, dass der Käufer seine Mangelrechte verliert. Die Rügeobliegenheit beginnt mit der Ablieferung der Kaufsache beim Käufer. Weder auf Übergabe (§ 929 BGB) noch auf Gefahrübergang kommt es an. Wichtig ist, dass die Kaufsache in den Machtbereich des Käufers gelangt ist (,und) er damit in der Lage ist, die Kaufsache zu untersuchen.[238] Auch wenn das Gesetz von einer eigenständigen, der Rügeobliegenheit vorgelagerten Untersuchungspflicht spricht, ist es richtig, von der bloßen "Hilfsfunktion der Untersuchung" zu reden, die eine von mehreren möglichen Quellen der Erkenntnis des Mangels darstellt. Denn nur das Unterlassen

---

Rn. 119; ***Pahlow***, JuS 2006, 289 ff., (293). Die Bedeutung der Abgrenzung liegt darin, dass verschiedene Verjährungsregeln in Anwendung kommen, je nachdem, ob hier eine Übereignungs-pflicht (§ 195, 3 Jahre) oder die Pflicht zur Nacherfüllung (§ 438 Abs. 1 Nr. 1, 30 Jahre) vorliegt. Die Abgrenzung zwischen Übereignungspflicht und Rechtsmangelhaftung erfolgt nach dem Kriterium, ob die Nichterfüllung offen oder verdeckt geschieht. Dazu: ***Harke***, BT, § 1 Rn. 34.

235 ***Kropholler***, § 435 BGB Rn. 1; ***Saenger***, in: HK-BGB (2007), § 435 Rn. 3; ***Grunewald***, in: Ermann (2008) § 435 Rn. 7.

236 ***Oetker/Maultsch*** § 2 Rn. 90; ***Saenger***, in: HK-BGB (2007), § 435 Rn. 4.

237 ***Hopt***, in: Baumbach/Hopt (2010), § 377 HGB Rn. 12; ***Jung***, § 37 Rn. 8; ***Koch R.***, in: Oetker (Hrsg.) KommHGB (2011), § 377 HGB Rn. 23; a.A. ***Grunewald***, Kaufrecht, § 10 Rn. 90.

238 ***Kindler***, § 8 Rn. 51; ***Jung***, § 37 Rn. 10.

der ordnungsgemäßen und fristgerechteten Rüge und nicht der Untersuchung kann zu dem Verlust der Mangelrechte führen.[239] Demnach bleiben dem Käufer seine Rechte erhalten, wenn er ohne Untersuchung seine Rügeobliegenheit erfüllt, weil der Käufer die Mangelhaftigkeit auch aus anderen Quellen erfahren kann.[240]

Die Mangelanzeige muss so ausgestaltet sein, dass der Verkäufer Art und Umfang der Mängel aus der Anzeige erkennen kann.[241] Nach dem Gesetz (§ 377 HGB) muss der Käufer dem Verkäufer die Anzeige ***unverzüglich***, also "ohne schuldhaftes Zögern" (§ 121 BGB) melden. Bei der Rechtzeitigkeit der Anzeige kommt es auf die Erkennbarkeit des Mangels an.[242] Ist der Mangel offen und ohne Untersuchung leicht erkennbar, muss die Rüge unverzüglich nach der Ablieferung erfolgen (§ 377 Abs. 1 HGB).[243] Liegt dagegen ein Mangel vor, der durch angemessene Untersuchung erkennbar wird, muss der Käufer die Rüge unverzüglich nach der Untersuchung machen (§ 377 Abs. 2 HGB).[244] Als letzter Fall kommen die Mängel in Betracht, die durch angemessene Untersuchung nicht in Erscheinung getreten sind oder bei einer solchen Untersuchung nicht erkennbar gewesen wären. Bei diesem Fall muss der Käufer den Mangel unverzüglich nach der Entdeckung dem Verkäufer rügen (§ 377 Abs. 3 HGB).[245] Unterlässt der Käufer eine ordnungsgemäße und fristgerechte Rüge, so gilt die Sache als genehmigt.

Das heißt, der Käufer verliert seine Rechte, die ihm aus der mangelhaften Lieferung erwachsen können.[246] Die Rechte des Käufers bleiben ihm erhalten, wenn der Verkäufer den Mangel arglistig verschwiegen hat (§ 377 HGB Abs. 6).

ii) Haftungsausschluss

(1) Kenntnis oder grobfahrlässige Unkenntnis des Mangels (§ 442 BGB)

In § 442 Abs. 1 BGB wird der Grundsatz statuiert, dass der Käufer wegen des Mangels keine Rechte beanspruchen kann, wenn er bei Vertragsschluss den Mangel kennt.

---

239 ***Kindler***, § 8 Rn. 51.

240 ***Kindler***, § 8 Rn. 51; ***Weller***, § 31 Rn. 911; ***Hopt***, in: Baumbach/Hopt (2010), § 377 HGB Rn. 20.

241 ***Kindler***, § 8 Rn. 58; ***Koch R.***, in: Oetker (Hrsg.) KommHGB (2009) § 377 HGB Rn. 96; ***Grunewald***, Kaufrecht, § 10 Rn. 98.

242 ***Weller***, § 31 Rn. 910.

243 ***Teichmann***, § 7 Rn. 109: ***Grunewald***, Kaufrecht, § 10 Rn. 93: "Innerhalb von ein bis zwei Tagen nach Ablieferung".

244 ***Grunewald***, Kaufrecht, § 10 Rn. 93 "regelmäßig eine Woche".

245 ***Jung***, § 37 Rn. 12.

246 ***Grunewald***, Kaufrecht, § 10 Rn. 99.

Ist dem Käufer ein Mangel infolge Fährlässigkeit unbekannt geblieben, kann der Käufe die Rechte wegen dieses Mangels nur geltend machen, wenn der Verkäufer den Mangel arglistig verschwiegen oder eine Garantie für die Beschaffenheit der Sache übernommen hat. Aus der Vorschrift ergeben sich zwei Fälle: Kenntnis und grobfährlässige Unkenntnis des Mangels. Kenntnis bedeutet, dass der Käufer weiß, dass durch den von ihm beobachteten Mangel der Wert oder die Tauglichkeit des Kaufobjekts beeinträchtigt wird.[247] Die Vorschrift setzt das Vorliegen der Kenntnis im Zeitpunkt des Vertragsschlusses voraus.[248]

Die Kenntnis, die erst nach dem Vertragsschluss vor dem Erfüllungsversuch des Verkäufers entsteht, schließt die Haftung des Verkäufers nicht aus.[249] Zu beachten ist, dass der Ausschluss der Haftung nur den jeweiligen Mangel betrifft, von dem der Käufer Kenntnis genommen hat. Die Rechte des Käufers, die ihm wegen des anderen Mangels erwachsen können, bleiben unberührt.[250] Grobe Fährlässigkeit heißt die schwere Vernachlässigung der im Verkehr erforderlichen Sorgfalt.[251] Das BGB verpflichtet zwar den Käufer anders als § 377 HBG nicht zur Untersuchung der Kaufsache, wonach der Käufer für den Fall des beiderseitigen Handelskaufs zur Untersuchung verpflichtet ist, aber im Praktischen ergibt sich aus der Norm eine Obliegenheit des Käufers, "erkannte oder leicht erkennbare Mängel bei Vertragsschluss anzusprechen".[252] Das BGB macht wieder zwei Ausnahmen von der Regelung, wonach der Käufer wegen der auf seine groben Fährlässigkeit beruhenden Unkenntnis seine Mangelrechte verliert, wenn (1) der Verkäufer den Mangel arglistig verschwiegen hat oder (2) eine Garantie für die Beschaffenheit der Sache übernommen hat. Arglistiges Verschweigen ist anzunehmen, wenn der Verkäufer über einen Mangel, den er weiß oder den er für möglich hält, nicht informiert, obwohl er weiß oder für möglich hält, dass die Annahme des Käufers, der Fehler liege nicht vor, für den Entschluss des Käufers zum Kauf entscheidend ist.[253]

---

247 BGH NJW 1981, 1640; 1961, 1860 (Zitiert nach ***Richter/Tonner***, in: T/W/T, § 442 Rn. 4); ***Matusche-Beckmann***, in: Staudinger/BGB, § 442 Rn. 6; ***Grunewald***, in: Ermann (2011) § 442 BGB Rn. 4.

248 Sanger in HK-BGB, 442 Rn. 2 ff.

249 ***Büdenbender***, in: Dauner-Lieb/Langen (2011), § 442 Rn. 7.

250 ***Grunewald***, in: Ermann (2011) § 442 BGB Rn. 4; ***Richter/Tonner***, in: T/W/T, § 442 Rn. 4; ***Büdenbender***, in: Dauner-Lieb/Langen (2011), § 442 Rn. 9.

251 ***Richter/Tonner***, in: Tonner/Willingmann/Tamm, § 442 Rn. 6; ***Grunewald***, in: Ermann (2011), § 442 BGB Rn. 10.

252 ***Büdenbender***, in: Dauner-Lieb/Langen (2011), § 442 Rn. 4.

253 ***Grunewald***, in: Ermann (2011), § 438 BGB Rn. 23; ***Matusche-Beckmann***, in: Staudinger/BGB, § 438 Rn. 83 ff.

(2) Vertragliche Beschränkung

§ 444 BGB lautet folgendermaßen: "Auf eine Vereinbarung, durch welche die Rechte des Käufers wegen eines Mangels ausgeschlossen oder beschränkt werden kann, kann sich der Verkäufer nicht berufen, soweit er den Mangel arglistig verschwiegen oder eine Garantie für die Beschaffenheit der Sache übernommen hat." Die Formulierung der Vorschrift erlaubt den Umkehrschluss, dass die Parteien die Haftung des Verkäufers beschränken oder ausschließen können. Die vertragliche Beschränkung unterliegt jedoch einer gesetzlichen Grenze, wenn ein arglistiges Verschweigen des Mangels oder die Übernahme einer Beschaffenheitsgarantie vorliegt.[254]

(3) Begriff der Garantie

Im Sinne des § 443 BGB handelt es sich um eine unselbstständige[255] Garantie in Form der Verkäufergarantie, die man als eine Erweiterung der kaufvertragsrechtlichen Rechte definieren kann.[256] Innerhalb der unselbstständigen Garantie muss man nach dem Gesetzeswortlaut zwei Fälle voneinander unterscheiden. Im ersteren übernimmt der Verkäufer (oder ein Dritter) eine Garantie für die Beschaffenheit der Sache. Im zweiten Fall übernimmt er eine Garantie dafür, dass die Kaufsache für eine bestimmte Dauer eine bestimmte Beschaffenheit behält und keinen Mangel aufweist.[257] Von der unselbstständigen Garantie im Sinne des § 443 BGB zu unterscheiden ist auch die bloße Garantie im Sinne des § 276 Abs. 1 BGB, wobei es nur um eine verschuldensunabhängige Schadenersatzhaftung des Verkäufers geht.[258] Liegt ein Garantiefall vor, stehen dem Käufer alle in § 437 BGB aufgezählten Rechtsbehelfe zur Verfügung, wenn die Parteien keine besonderen Rechtsfolgen sehen.[259]

jj) Verjährung

Die Ansprüche des Käufers, die ihm infolge der mangelhaften Lieferung entstehen, unterliegen nach dem Gefahrübergang einer besonderen Verjährungsfrist. Die Vorschrift verbessert die Rechtsstellung des Verkäufers insofern, als die Frist – im Unterschied zur 3-Jahres-Frist von § 195 BGB – nur zwei Jahre beträgt und die

---

254 ***Looschelders***, BT (2009), § 5 Rn. 150.

255 Gegen die Unterscheidung selbstständigen und unselbstständigen Garantie: ***Matusche-Beckmann***, in: Staudinger/BGB, § 443 Rn. 12 ff.

256 ***Richter/Tonner***, in: T/W/T, § 443 Rn. 9.

257 ***Saenger***, in: HK-BGB (2007), § 443 BGB Rn. 3.

258 ***Oetker/Maultzsch***, Rn. 135 u. 350; ***Saenger***, in: HK-BGB (2007), § 443 BGB Rn. 2 ff.

259 ***Saenger***, in: HK-BGB (2007), § 443 BGB Rn. 5; ***Richter/Tonner***, in: T/W/T, § 444 Rn. 29.

Frist schon mit der Ablieferung beginnt, während die allgemeine Verjährungsfrist gem. § 199 Abs. 1 Nr. 2 BGB erst ab Kenntnis des Gläubigers bzw. der grobfahrlässigen Unkenntnis der den Anspruch begründeten Umstände läuft.[260] Bei beweglichen Sachen verjähren die Gewährleistungs-ansprüche nach zwei Jahren (§ 438 Abs. 1 Nr. 3 BGB). Besteht dagegen ein Mangel in dem dinglichen Recht eines Dritten, auf Grund dessen die Herausgabe der Kaufsache verlangt werden kann, so beträgt die Verjährungsfrist 30 Jahre.[261]

Da die Minderung und der Rücktritt keine Ansprüche, sondern Gestaltungsrechte sind und deshalb nicht verjähren, verweist § 438 Abs. 4, 5 BGB auf § 218 BGB, der die Geltendmachung des Rücktrittsrechts verhindert, wenn der Hauptleistungsanspruch verjährt ist.[262] Abweichend von der allgemeinen Regelung verjähren die Ansprüche in der regelmäßigen Verjährungsfrist, wenn der Verkäufer den Mangel arglistig verschwiegen hat. Bei Arglist des Verkäufers gilt nach § 438 Abs. 3 BGB die regelmäßige Verjährungsfrist.

III. Türkisches Recht (BK)

1) Alte Rechtslage

a) Allgemein

Im türkischen Obligationengesetz findet man eine Definition für den Kaufvertrag in Art. 182 BK, wonach der Kauf folgendermaßen beschrieben wird: *"Der Kauf ist ein Vertrag, durch den sich der Verkäufer verpflichtet, gegen den Kaufpreis dem Käufer die gekaufte Sache zu übergeben und Eigentum daran zu verschaffen"*.[263] Aus der Definition gehen zwei Hauptpflichten des Verkäufers hervor. Die erste Pflicht des Verkäufers liegt darin, die Sache zu übergeben. Die zweite betrifft die Eigentumsverschaffungspflicht. Die Pflicht des Verkäufers, die Sache frei vom Sach– und Rechtsmangel zu verschaffen, ist in seiner Natur umstritten. Darauf wird zurückzukommen sein.

b) Pflicht zur Übergabe der Kaufsache

Unter der Pflicht zur Übergabe versteht man die Besitzverschaffungspflicht, deren Erfüllung nach den Bestimmungen des türkischen Zivilgesetzbuchs (TMK) zu

---

260 ***Grunewald***, Kaufrecht, § 10 Rn. 99; ***Looschelders***, BT (2009), § 6 Rn. 159.

261 ***Looschelders***, BT (2009), § 6 Rn. 157.

262 ***Kesseler***, in: P/W/W, § 226 Rn. 1.

263 ***Esin***, S. 27.

bestimmen ist.[264] Wo die Übergabepflicht zu erfüllen ist, richtet sich in erster Linie nach den Vereinbarungen der Parteien. In Ermangelung einer Vereinbarung kommt Art. 73 BK a.F. zum Zuge, was eine Differenzierung zwischen Stückschuld und Gattungsschuld voraussetzt. Liegt eine Stückschuld vor, ist die Sache dort zu übergeben, wo die Sache sich zur Zeit des Vertragsschlusses befand (Art. 73 Abs. 2 Ziff. 2 BK a.F.). Für den Gattungskauf gilt der Wohnsitz des Verkäufers zur Zeit des Vertragsschlusses als Erfüllungsort (Art. 73 Abs. 2 Ziff. 3 BK a.F.). Beim Versendungskauf muss der Verkäufer die Sache dem Transportunternehmen übergeben.[265]

c) Pflicht zur mangelfreien Leistung (sog. Gewährleistung)

aa) Allgemein

Die Sache frei von Sach– und Rechtsmangeln zu liefern, wird in BK a.F. – anders als das BGB und das CISG – nicht unter den Hauptpflichten des Verkäufers gezählt, Aus historischen Gründen wird im türkischen Recht eine andere Regelungstechnik statuiert, die man in der juristischen Begrifflichkeit als "Gewährleistung" genannt hat. Die Natur der Pflicht zur mangelfreien Lieferung ist in seiner Natur sehr umstritten. Zu klären ist zunächst, dass die Lehre beim Gattungskauf darüber einig ist, dass beim Gattungskauf die mangelfreie Lieferung zu den Pflichten des Verkäufers gehört.[266] Umstritten ist insbesondere die Frage, ob dasselbe für den Stückkauf gilt. Hinsichtlich dieser Frage zeichnen sich zwei Ansichten ab. Einer Ansicht nach gehören die qualitätsbestimmenden Eigenschaften bei individuell bestimmten Kaufsachen nicht zum Vertragsinhalt (sog. Gewährleistungstheorie).[267]

Demgegenüber vertritt eine zutreffende Ansicht, dass die Qualität des Kaufgegenstands zum Vertragsinhalt gehört (sog. Erfüllungstheorie).[268] Nach hier vertretener Ansicht gehört auch bei einer Stückschuld die Qualität der Kaufsache zu dem Pflichtenprogramm des Verkäufers. Zwar wird auch im neuen Gesetz die Pflicht zur mangelfreien Lieferung nicht unter den Hauptpflichten aufgezählt, aber

---

264 ***Zevkliler/Gökyayla***, S. 99; ***Schmidt J./ Stöckli***, § 3 Rn. 225: ***Huguenin***, BT, Rn. 89; ***Honsell***, BT, S. 40; a.A. ***Koller***, in: BaslerKomm, OR I, § 184 Rn. 55 "Übergabe ist nicht identisch mit Besitzverschaffung".

265 ***Honsell*** BT, S. 41.

266 ***Bucher***, BT, S. 59.

267 ***Akikol***, S. 24; ***Bucher***, BT, S. 69.

268 ***Akikol***, S. 27 (in Fn. 119 genannten Autoren).

das neue Gesetz enthält keine Neuerungen hinsichtlich dieser Frage. Aus der nicht ausdrücklichen Stellungnahme des Gesetzesgebers könnte man zwar den Schluss ziehen, dass der Gesetzgeber zu Gunsten der Gewährleistungstheorie entschieden hat. Diese Ableitung ist aber abzulehnen, weil es hier für solche Vermutungen keinen Anhaltspunkt gibt. Das heißt, die Frage bleibt weiter umstritten. Vorauszuschicken ist, dass die Gewährleistung kein Verschulden des Verkäufers voraussetzt, anders formuliert, es kommt bei der Haftung des Verkäufers nicht darauf an, ob der Verkäufer den Mangel kannte oder hätte kennen müssen, wobei zu beachten ist, dass nicht jeder Rechtsbehelf des Käufers verschuldensunabhängig ist. Als ein Oberbegriff enthält die Gewährleistung zwei verschiedene Arten, nämlich die Rechtsgewährleitung und die Sachgewährleistung. Die Logik der Gewährleistung besteht aber nicht anders als darin, dass der Verkäufer dem Käufer eine mangelfreie Sache liefern soll. Liefert der Verkäufer nicht eine mangelfreie Sache, trägt er die Haftung sowohl für die zugesicherten Eigenschaften als auch dafür, dass die Sache nicht körperliche oder rechtliche Mangel habe, die ihren Wert oder ihre Tauglichkeit zu dem vorausgesetzten Gebrauch aufheben oder erheblich mindern (Art. 194 Abs. 1 OR a.F.). Aus der Gesamtbetrachtung der Vorschriften über Sachgewährleistung ergeben sich folgende Voraussetzungen.[269] Die Vorschrift setzt zunächst das Vorliegen eines Sachmangels voraus, was in dem Fehlen der zugesicherten Eigenschaften oder vorausgesetzten Eigenschaften liegen kann.[270] Hinzu kommen die Voraussetzungen, dass der Käufer keine Kenntnis vom Mangel hat (Art. 197 BK a.F.) und die Sachgewährleistung vertraglich nicht beschränkt wurde (Art. 196 BK a.F.). Schließlich obliegt das Gesetz dem Käufer – sobald es nach dem üblichen Geschäftsgange tunlich ist – die Beschaffenheit der empfangenen Sache zu prüfen, und, falls sich Mängel ergeben, für die der Verkäufer Gewähr zu leisten hat, diesem sofort Anzeige zu machen (Art. 198 BK a.F. u. Art. 25/b.3 TTK a.F.). Ferner unterliegen die Rechte des Käufers einer kürzen Verjährungsfrist (Art. 207 BK a.F. u. Art. 25/b.4 TTK a.F.). Der maßgebliche Zeitpunkt, ab dem die Gewährleistungsvorschriften einschlägig sind, ist umstritten. Es fehlt eine gesetzliche Regelung. Einer Ansicht nach ist der maßgebliche Zeitpunkt der Zeitpunkt, in dem die Gefahr auf den Käufer übergegangen ist.[271] Nach der vorzugswürdigen

---

269 Şahiniz, S. 44 ff.

270 ***Demirelli***, S. 81 weist auf einen terminologischen Unterschied zwischen dem türkischen und dem schweizerischen Recht hin, die m.E. grundsätzlich nicht auf eine bewusste Entscheidung des türkischen Verfassers beruht oder zumindest zu keiner abweichenden Bedeutung des deutschen Textes führt.

271 ***Demirelli***, S. 138.

Ansicht ist auf die Übergabe abzustellen.[272] Da im neuen Recht die Gefahr mit der Übergabe der Kaufsache auf den Käufer übergeht, kommt es bei der Anwendung der Sachgewährleistungsvorschriften auf die Übergabe an. Der Streit über diese Frage ist überholt.

bb) Sachgewährleistung

(1) Vorliegen eines Sachmangels

Aus der Vorschrift ergibt sich schon, dass das Gesetz hinsichtlich der Haftung eine Unterscheidung zwischen zwei Tatbeständen macht. Einerseits haftet der Verkäufer für die zugesicherten Eigenschaften andererseits aber auch dafür, dass die Sache keine körperlichen oder rechtlichen Mängel hat. Auch wenn dem Unterschied zwischen der zugesicherten und der vorausgesetzten Eigenschaft –wegen der grundsätzlichen Gleichbehandlung in Bezug auf die Rechtsfolgen – in der Praxis keine große Bedeutung zukommt,[273] müssen einige Unterschiede aufgezeigt werden. Der Hauptunterschied zwischen den Begrifflichkeiten liegt vor allem darin, dass “es der Ware an einer Eigenschaft mangelt, welche vom Verkäufer besonders zugesichert wurde, während ihr im zweiten Fall ein Merkmal abgeht, das der Käufer nach den Grundsätzen von Treu und Glauben auch ohne Zusicherung voraussetzen durfte.”[274] Vereinfacht lässt sich sagen: Die Mangelhaftigkeit heißt, dass der Sache eine zugesicherte oder vorausgesetzte Eigenschaft fehlt.[275] Ein weiterer Unterschied liegt darin, dass der Verkäufer für Mängel an der Kaufsache nur haftet, wenn diese Mängel den Wert der Kaufsache oder ihre Tauglichkeit zu dem vorausgesetzten Gebrauche aufheben oder erheblich mindern, während bei der Zusicherung einer Eigenschaft für die Haftung eine erhebliche Minderung des Wertes oder der Gebrauchstauglichkeit nicht erforderlich ist.[276] Was das Verhältnis zwischen zugesicherten und vorausgesetzten Eigenschaften, also des Mangels betrifft, ist zunächst festzuhalten, dass auch Sachen als mangelhaft anzusehen sind, die zwar die vorausgesetzten Eigenschaften besitzen, aber nicht die zugesicherten Eigenschaften aufweisen.[277] Umgekehrt können die Sachen mangelfrei sein, die zwar in Bezug auf die vorausgesetzten Eigenschaften mangelhaft aber hinsichtlich der zugesicherten

---

272 ***Şahiniz***, S. 43; ***Gümüş***, S. 114–122.
273 ***Demirelli***, S. 106.
274 ***Akikol***, § 2 Rn. 156.
275 ***Akikol***, § 2 Rn. 156; ***Demirelli***, S. 106.
276 ***Honsell***, in: BaslerKomm, OR I, Art. 197 Rn. 2 u. 13.
277 ***Demirelli***, S. 106; ***Honsell***, in: BaslerKomm, OR I, Art. 197 Rn. 2.

Eigenschaften mangelfrei sind.[278] Unter den Eigenschaften versteht man alle Merkmale, die nach der Anschauung der Parteien oder nach der Verkehrsanschauung den Wert oder die Gebräuchlichkeit der Kaufsache beeinflussen.[279] Die fehlende Eigenschaft kann körperliche, rechtliche oder wirtschaftliche Mängel darstellen. Die rechtlichen Mängel sind von der Begrifflichkeit der Rechtsgewährleistung abzugrenzen. Dieser Abgrenzung[280] kommt eine erhebliche Bedeutung zu, weil das Gesetz im Falle der Rechtsgewährleistung sowohl in Bezug auf die Rechtsfolgen als auch hinsichtlich der Verjährung einige Unterschiede vorgesehen hat. Auf die Rechtsfolgen der Rechtsgewährleistung wird hier nicht eingegangen. Zu betonen ist, dass die für den Sachmangel erforderlichen, formellen Voraussetzungen und die kurze Verjährungsfrist für die Rechtsgewährleistung nicht gelten.[281]

(2) Keine Kenntnisse des Käufers vom Mangel

Gemäß Art. 197 BK a.F. haftet der Verkäufer für den Mangel nicht, die der Käufer zur Zeit des Kaufes gekannt hat oder leicht hätte erkennen können. Der Vorschrift liegt die Überlegung zugrunde, dass der Käufer nicht schutzwürdig ist, der die Sache vorbehaltlos angenommen hat, obwohl er den Mangel bei Vertragsschluss festgestellt hat und die Kaufsache nicht hätte annehmen müssen.[282] Wie sich aus der Vorschrift ergibt, wird der Verkäufer nicht zur Gewährleistung verpflichtet, wenn der Käufer den Mangel bei Anwendung gewöhnlicher Aufmerksamkeit "hätte kennen sollen." Abs. 2 S. 2 macht von dieser Regelung eine Ausnahme, wenn der Verkäufer die Mangelfreiheit zugesichert hat. Eine weitere Ausnahme stellt der Fall dar, in dem der Verkäufer den Sachmangel arglistig verschwiegen hat.[283]

(3) Keine Vertragliche Beschränkung

Gemäß Art. 196 BK a.F. ist eine Vereinbarung über die Aufhebung oder Beschränkung der Gewährspflicht ungültig, wenn der Verkäufer dem Käufer die Gewährsmängel arglistig verschwiegen hat. Im Umkehrschluss aus zu dessen Formulierung ergibt sich schon, dass es den Parteien unbenommen ist, durch vertragliche

---

278 ***Honsell***, in: BaslerKomm, OR I, Art. 197 Rn. 2.

279 ***Demirelli***, S. 106; ***Akikol***, § 2 Rn. 157 (in Fn. 268 genannte Autoren); ***Keller/Siehr***, S. 73.

280 Zur Abgrenzung: ***Keller/Siehr***, S. 48.

281 ***Akikol***, § 2 Rn. 161.

282 ***Honsell***, in: BaslerKomm, OR I, Art. 200 Rn. 1.

283 ***Schönle/Higi***, in: Kommentar zum schweizerischen Recht, Art. 200 OR Rn. 23 u. 40 ff.; Şahiniz, S. 58 ff.

Vereinbarung die Gewährleistungshaftung des Verkäufers zu beschränken oder zu verschärfen. Dies setzt allerdings das Bestehen einer Aufklärungspflicht voraus, die sich aus der vertraglichen Vereinbarung oder von dem Grundsatz von Treu und Glauben ergeben kann.[284]

Das Verhältnis dieser Vorschrift zu den allgemeinen Bestimmungen (Art. 98, 99 Abs. 2–3 BK a.F.) ist durchaus umstritten. In den erwähnten Vorschriften wird der Haftungsausschluss des Schuldners geregelt. Demnach sind Vereinbarungen, wonach die Haftung für rechtswidrige Absicht (Vorsatz) oder grobe Fahrlässigkeit ausgeschlossen sein würde, nichtig (Art. 99 Abs. 1 BK a.F.). Nach der herrschenden und zutreffenden Ansicht kommen die Normen nebeneinander zur Anwendung.[285] Mit anderen Worten hat eine Vereinbarung über den Haftungsausschluss keine Wirkung, wenn der Verkäufer mit Vorsatz oder grober Fahrlässigkeit eine mangelhafte Kaufsache geliefert hat.[286] Damit bleibt für den Ausschluss der Mangelgewährleistung wenig Raum. Das heißt, es ist der Haftungsausschluss des Verkäufers nur für leichte oder mittlere Fahrlässigkeit möglich.[287]

(4) Untersuchung und Rügeobliegenheiten

Als Korrektiv zu der strengen, also verschuldensunabhängigen Mangelhaftung des Verkäufers obliegt das Gesetz dem Käufer Untersuchungs– und Rügeobliegenheiten. Nach dem Gesetz soll der Käufer die Beschaffenheit der empfangenen Sachen prüfen, sobald es nach den Gepflogenheiten tunlich ist,[288] und falls sich Mängel ergeben, für die der Verkäufer Gewähr zu leisten hat, diesem sofort Anzeige erstatten. Geht der Käufer seiner Untersuchung und Rügeobliegenheiten nicht nach, gilt der Kaufgegenstand als genehmigt, soweit es sich nicht um Mängel handelt, die bei der übungsgemäßen Untersuchung nicht erkennbar waren. Ergeben sich später solche Mängel, muss die Anzeige sofort nach der Entdeckung erfolgen, widrigenfalls die Sache auch hinsichtlich dieser Mängel als genehmigt gilt (Art. 198 BK a.F.) Im Rahmen der Vorschrift ist zunächst festzuhalten, dass das Gesetz keinen Unterschied zwischen kaufmännischem und nicht kaufmännischem Verkehr macht. In Bezug auf die Anzeigefristen weicht das türkische Handelsgesetz (TTK a.F.) für den beiderseitigen Handelskauf von den allgemeinen Vorschriften ab, wobei die Art des Mangels zu berücksichtigen ist. Die in Art. 25 TTK a

284 ***Gümüs***, S. 143; ***Honsell***, in: BaslerKomm, OR I, Art. 199 Rn. 7.
285 ***Gümüs***, S. 141.
286 ***Gümüs***, S. 141.
287 ***Schwenzer***, AT, § 24 Rn. 04 ff.
288 ***Demirelli***, S. 150.

vorgesehene Unterscheidung verläuft auf drei Ebenen.[289] Beim Handelskauf obliegt das türkische Handelsgesetz dem Käufer (Art. 25 Abs. 3) für offene Mängel nach Übergabe innerhalb von zwei Tagen zu rügen. Für die versteckten Mängel, die bei einer Untersuchung innerhalb von acht Tagen zu entdecken sind, hat der Käufer sofort nach Ablauf der Frist von acht Tagen zu rügen.[290] Die versteckten Mängel, bei denen es dem Käufer nicht gelingt, den Mangel innerhalb von acht Tagen zu erkennen, muss der Käufer sofort nach der Erkennung des Mangels anzeigen.

(5) Verjährung

Art. 207 Abs. 1 BK a.F. enthält für die Mangelrechte des Käufers eine Sonderregelung der Verjährungsfrist. Demnach verjähren sich die Ansprüche des Käufers nach einem Jahr. Beim Handelskauf sieht das türkische Handelsgesetzt (TTK a.F.) Art. 25/3 eine kürzere Frist für die Verjährung, nämlich 6 Monate vor. Die Frist beginnt mit Übergabe der Kaufsache.[291]

cc) Rechtgewährleistung

Die Haftung des Verkäufers wegen des Rechtsmangels wird in § 189 ff. BK a.F. geregelt. Liegt ein Rechtsmangel vor, ist danach zu unterscheiden, ob der Rechtsmangel vor dem Abschluss des Vertrags vorlag oder erst nach dem Vertragsschluss entstand. Im ersten Fall, in dem der Rechtsmangel vor dem Vertragsschluss vorlag, richten sich die Rechtsfolgen nach § 189 ff. BK a.F.[292] Dagegen bestimmen sich die Rechtsfolgen gemäß den allgemeinen Bestimmungen § 96 ff. des BK a.F., wenn der Rechtsmangel erst nach dem Vertragsschluss entstanden war. Des Weiteren wird für die Anwendung der Rechtsgewährleistungs-vorschriften vorausgesetzt, dass die Kaufsache dem Käufer schon in der Zeit der Entwehrung dem Käufer übergeben werden soll. Die Rechtsfolgen variieren danach, ob es sich um eine vollständige Entwehrung oder teilweise Entwehrung handelt. Die vollständige Entwehrung führt ipso iure zu der Aufhebung des Vertrags,[293] während bei der teilweisen Entwehrung der Anspruch des Käufers zuerst nur auf den Ersatz

289 ***Demirelli***, S. 159 ff.

290 Die Rechtslage ist umstritten. Dazu: ***Gümüs***, S. 158 ff.

291 ***Esin***, S. 54.

292 ***Aral***, S. 104.

293 Im Gegensatz zu der herrschenden Meinung liegt hier meines Erachtens keine *ipso iure* Vertragsaufhebung vor, sondern eine Möglichkeit des Käufers zur Vertragsaufhebung.

des infolge des Rechtsmangels entstandenen Schadens beschränkt wird. Bei einer vollständigen Entwehrung der Kaufsache muss zwischen einem mittelbaren und einem unmittelbaren Schaden differenziert werden (Art. 192 Abs. 1 u. 2 OR a.F.). Der Unterschied zwischen den zwei Schadensarten geht dahin, dass bei einem mittelbaren (weiteren) Schaden das Verschulden des Verkäufers vorausgesetzt wird (Abs. 2), während es bei einem unmittelbaren Schaden um die kausale Haftung des Verkäufers geht (Abs. 1 Ziff. 4).[294] Gemäß Art. 192 Abs. 1 BK a.F. hat der Käufer Anspruch "auf die Rückerstattung des bezahlten Preises nebst Zinsen, auf Ersatz für Aufwendungen, und für alle durch den Prozess veranlassten gerichtlichen und außergerichtlichen Kosten, sowie Kosten auf Ersatz des sonstigen durch die Entwehrung unmittelbar verursachten Schadens".[295] Bei teilweiser Entwehrung kann der Käufer zunächst nur den Ersatz des Schadens fordern, der infolge des Rechtsmangels entstanden ist (Art. 193 Abs. 1 BK a.F.).[296] Den Parteien ist es unbenommen, die Haftung des Verkäufers zu beschränken oder aufzuheben, es sei denn, dass der Verkäufer das Recht des Dritten absichtlich verschwiegen hat (Art. 189 Abs. 3 BK a.F.). Letztendlich setzt die Rechtsgewährleistung des Verkäufers voraus, dass der Käufer keine Kenntnis von der Entwehrungsgefahr (Art. 189 Abs. 2 BK a.F.) hatte.

2) Neue Rechtslage und Kritik zu der neuen Regelung

In Bezug auf die Pflichten des Verkäufers betrifft die erste Neuerung die Hauptpflicht des Verkäufers. Nach dem neuen Gesetz besteht die Pflicht des Verkäufers nicht in der Übergabe, sondern in der Besitzverschaffungspflicht. Als Begründung wird ausgeführt, dass die Besitzverschaffung nicht nur durch Übergabe, sondern durch Besitzkonstitut, Besitzanweisung usw. erfolgen kann.[297] Deshalb wird im neuen Gesetz für den Begriff der Besitzverschaffungspflicht entschieden. Die Begrifflichkeiten wie Mangel und zugesicherte Eigenschaften sind, abgesehen von einiger Präzisierung, grundsätzlich aufrecht zu erhalten.

Nach dem alten Gesetz (Art. 196 BK a.F.) war eine Vereinbarung über die Aufhebung oder Beschränkung der Gewährspflicht ungültig, wenn der Verkäufer dem Käufer die Gewährsmängel arglistig verschwiegen hat. Hinsichtlich der

294 ***Aral***, S. 108; ***Kostkiewicz***, in OR Kommentar, § 195 Rn. 5.
295 ***Schmidt J./ Stöckli***, § 3 Rn. 295.
296 ***Aral***, S. 108.
297 Kritik zur neuen Regelung: ***Öz***, S. 27.

Beschränkung der Gewährleistungspflicht des Verkäufers sieht das neue Gesetz eine Neuerung (Art. 221 BK n.F.) vor, wonach eine Vereinbarung über die Aufhebung oder Beschränkung der Gewährspflicht ungültig ist, wenn der Verkäufer mit schwerem Verschulden eine mangelhafte Ware geliefert hat. In der Begründung wird auf die neue, allgemeine Regelung (Art. 115 BK n.F.) hingewiesen, die eine parallele Regelung enthält. Nach der Begründung enthält der Begriff des schweren Verschuldens sowohl den Vorsatz (indirekt arglistiges Verschweigen) als auch die grobe Fahrlässigkeit.[298] Demnach ist die Vorschrift folgendermaßen zu verstehen: Eine Vereinbarung über Aufhebung oder Beschränkung der Gewährspflicht ist ungültig, wenn der Verkäufer dem Käufer eine mangelhafte Ware mit Vorsatz oder grober Fahrlässigkeit geliefert hat. Nach dem neuen Gesetz wird der Verkäufer verpflichtet, die Mängel nicht sofort, sondern innerhalb einer angemessenen Frist zu rügen, nachdem er den Mangel entdeckt hat (Art. 223 Abs. 1 BK n.F.). Die letzte wichtigste Neuerung betrifft die Verjährung der Mangelrechte des Käufers. Nach der neuen Vorschrift verjähren die Rechte des Käufers nach zwei Jahren nach der Übergabe der Kaufsache (Art. 231 Abs. 1 BK n.F.). Außerdem wird die besondere Verjährungsregelung für den beiderseitigen Handelskauf abgeschafft. Das heißt, auch für den beiderseitigen Handelskauf gilt die zweijährige Verjährungsfrist. Letztendlich verjähren die Rechte des Käufers nicht, wenn den Verkäufer hinsichtlich der Übergabe ein schweres Verschulden trifft (Abs. 2). Des Weiteren besteht nach den neuen Vorschriften bei dem beiderseitigen Handelskauf kein Formerfordernis (durch Notar, durch Einschreibebrief oder per Telegramm) für die Mangelanzeige.[299] Die Rechtsgewährleistung des Verkäufers wird im neuen Gesetz in Art. 214–218 BK n.F. geregelt. Der Gesetzbegründung zufolge enthält das neue Gesetz – abgesehen der sprachlichen Vereinfachung – keine Neuerungen. Auf die Rechtsfolgen wird an dem einschlägigen Ort einzugehen sein.

IV. Zusammenfassung

-Im II. Kapitel der Konvention werden die Pflichten des Verkäufers geregelt. Art. 30 CISG gibt einen Überblick über die Pflichten des Verkäufers. In Art. 30 CISG werden die Lieferung der Ware, Übergabe von Dokumenten und die Eigentumsverschaffung als wesentliche Pflichten genannt. Die Pflicht zur Mangelfreiheit der Ware wird in einem selbstständigen Artikel geregelt. Die Konvention

298 Begründung des Art. 115 BK n.F. u. des Art. 221 BK n.F.

299 Für die alte Rechtslage: ***Demirelli***, S. 155.

unterscheidet sich zwischen Haupt– und Nebenpflichten nicht. Der Verkäufer braucht bei der Erfüllung seiner Lieferpflicht nicht die Mitwirkung (Annahme) des Käufers. Der Inhalt der Lieferpflicht hängt davon ab, an welchem Ort zu liefern ist. Das CISG bestimmt den Inhalt und den Ort der Lieferpflicht, je nachdem, ob der Vertrag eine vom Verkäufer zu besorgende Beförderung der Ware vorsieht oder nicht. Wenn ja, besteht die Lieferpflicht in der Übergabe der Ware an den ersten Beförderer. Mit der rechtzeitigen Übergabe der Ware an den ersten Beförderer zum Zweck der Übermittlung an den Käufer wird die Lieferpflicht vollzogen. Wenn der Kaufvertrag keine Beförderung vorsieht, liegt eine Holschuld vor, die den Käufer zu der Abholung der Ware verpflichtet. Bei Holschuld besteht die Pflicht des Verkäufers zur Lieferung nur in der Bereitstellung der Ware. Bei der Holschuld geht es um zwei Alternativen, die sich danach unterscheiden, wo der Verkäufer die Bereitstellungspflicht vornehmen muss, entweder am Ort seiner Niederlassung oder am Lageort der Ware. Die Frage der Lieferzeit richtet sich in erster Linie nach den Parteivereinbarungen. Der Verkäufer muss die Lieferung innerhalb einer angemessenen Zeit erbringen, wenn die Lieferzeit im Vertrag nicht vereinbart wurde oder aufgrund des Vertrags nicht bestimmt werden kann. Die Frage nach der Eigentumsverschaffungspflicht wird im CISG nicht geregelt. Sie muss nach dem von IPR berufenen Recht beurteilt werden.

Die Pflicht des Verkäufers zur mangelfreien Lieferung wird in Art. 35 CISG geregelt. Im Gegensatz zu den nationalen Rechtsordnungen basiert das CISG nicht auf dem Begriff der Vertragsmäßigkeit bzw. Vertragswidrigkeit der Ware, die möglichst alle Verstöße gegen den Kaufvertrag umfasst. Wichtig sind für die Vertragsmäßigkeit der Ware nicht nur Qualitätsabweichungen, sondern auch Quantitätsabweichungen. Das CISG sieht zwischen einer mangelhaften und einer Aliudlieferung keinen Unterschied. Zum anderen wird im CISG die Verbindung der Lieferung mit der Vertragsmäßigkeit abgeschafft. Demnach ist die Lieferung der vertragswidrigen Ware auch Lieferung. Die Rechtsfolgen der Pflichtverletzung des Verkäufers für die Rechts– und Sachmängel sind im Grunde ähnlich. Nach dem Art. 35 Abs. 1 CISG gehen die vertraglichen Vereinbarungen vor. Damit geht das CISG von einem subjektiven Fehlerbegriff aus. Wenn die Parteien nichts vereinbart haben, kommen objektive Kriterien zur Anwendung. Demnach entspricht die Ware dem Vertrag nur, wenn sie sich für einen bestimmten Zweck eignet, der dem Verkäufer bei Vertragsschluss ausdrücklich oder auf andere Weise zur Kenntnis gebracht wurde. Wenn dem Verkäufer kein bestimmter Verwendungszweck im Sinne des Art. 35 CISG Abs. 2 lit. b zur Kenntnis gebracht wurde, entspricht die Ware dem Vertrag nur, wenn sie sich für den gewöhnlichen Verwendungszweck eignet. Wenn der Verkäufer beim Vertragsschluss eine Probe/Muster vorgelegt hat, muss die Ware die Eigenschaften aufweisen, die dem Käufer zur Verfügung gestellte Probe/Muster hat. Zuletzt endlich entspricht die Ware gemäß Art. 35 Abs. 2 CISG nur dann dem Vertrag, wenn sie üblich bzw. angemessen verpackt ist. Der entscheidende Zeitpunkt für eine Vertragswidrigkeit ist die Zeit des Gefahrübergangs. Gemäß Art. 39 Abs. 1 CISG verliert der Käufer das Recht, sich auf eine Vertragswidrigkeit zu berufen, wenn er sie dem Verkäufer nicht innerhalb einer angemessenen Frist nach dem Zeitpunkt anzeigt, zu dem er die Vertragswidrigkeit festgestellt hat oder hätte feststellen müssen. Der Verkäufer haftet für eine Vertragswidrigkeit der Ware nicht, wenn der Käufer bei Vertragsschluss diese Vertragswidrigkeit kannte oder darüber nicht in Unkenntnis sein konnte. Auch wenn im CISG die Verjährung nicht geregelt ist, verliert der Käufer sein Recht, sich auf die Vertragswidrigkeit zu berufen, wenn er sie spätestens nicht innerhalb von zwei Jahren, nachdem ihm die Ware tatsächlich übergeben worden ist, dem Verkäufer anzeigt, es sei denn, diese Frist mit einer vertraglichen Garantiefrist unvereinbar ist. Des Weiteren verpflichtet die Konvention den Verkäufer in Art. 41 CISG, die Ware frei von Rechten oder Ansprüchen Dritter zu liefern, es sei denn, der Käufer ist mit Rechtsmängeln einverstanden. Der Käufer muss auch bei Rechtsmängeln innerhalb einer angemessenen Frist nach Kenntnis oder Kennenmüssen rügen und dabei Rechte oder Ansprüche, die hinsichtlich der Sache geltend gemacht werden sind, näher benennen. Eine Ausschlussfrist für Rechtsmängelanzeige sieht die Konvention nicht.

-Im deutschen Recht sind die Hauptpflichten des Verkäufers in § 433 Abs. 1 BGB geregelt. Demnach trifft den Verkäufer die Pflicht, dem Käufer die Kaufsache zu übergeben und ihm das Eigentum zu verschaffen. Eine wichtige Abweichung von der alten Rechtslage besteht in der Einfügung der Verpflichtung des Verkäufers, die Sache frei von Sach– und Rechtsmängeln zu verschaffen. Diese Abweichung ermöglicht dem deutschen Gesetzgeber, ein einheitliches Leistungsstörungsrecht zu schaffen, da die Lieferung einer mangelhaften Sache eine Pflichtverletzung im Sinne des § 280 BGB darstellt. Die weiteren Pflichten des Verkäufers ergeben sich aus der vertraglichen Vereinbarung. Die Pflicht zur Übergabe der Kaufsache wird als die Verschaffung des unmittelbaren Besitzes an der Kaufsache (§ 854 BGB Abs. 1) definiert. Übergabe ist ein zweiseitiger Akt, das heißt, der Verkäufer bedarf bei der Erfüllung seiner Pflicht zur Übergabe der Mitwirkung (Annahme) des Käufers. Die Frage, wo die Kaufsache zu übergeben ist, richtet sich nach der Vorschrift § 269 BGB. Nach dem seit 2002 geltenden Recht ist die Sache frei von Sachmängeln, wenn sie bei Gefahrübergang "die vereinbarte Beschaffenheit" hat (§ 433 Abs. 1 S. 1 BGB). Bei der Feststellung der Sachmangelfreiheit ist vor allem darauf abzustellen, ob die Sache "die vereinbarte Beschaffenheit" hat. Somit legt das BGB den subjektiven Fehlerbegriff zu Grunde. Liegt dagegen keine vertragliche Beschaffenheitsvereinbarung vor, ist auf § 434 S. 2 Nr. 1 u. Nr. 2 BGB hilfsweise zurückzugreifen. In Ermangelung einer Vereinbarung kommt ein weiteres subjektives Kriterium (Nr. 1) zum Zuge, wonach die Sache frei von Sachmangel ist, wenn sie sich für die nach dem Vertrag vorausgesetzte Verwendung eignet. Ist eine solche Verwendung vertraglich nicht vorausgesetzt, ist es entscheidend, ob sich die Sache für die gewöhnliche Verwendung eignet und eine Beschaffenheit aufweist, die bei Sachen der gleichen Art üblich ist und der Käufer nach der Art der Sache erwarten kann (Objektives Kriterium, Nr. 2). Dabei kommt auch den Eigenschaften eine Bedeutung zu, die der Käufer nach öffentlichen Äußerungen des Verkäufers oder des Herstellers oder seines Gehilfen in der Werbung oder bei der Kennzeichnung über bestimmte Eigenschaften der Sache erwarten kann (Abs. 1 S. 2). Letztlich werden Montagefehler und mangelhafte Montageanleitung in Abs. 2 als besondere Formen des Mangels kategorisiert. Hinzu kommt die Gleichstellung der Falschlieferung und Zuweniglieferung mit einem Sachmangel (Abs. 3). Wann die Sache von Rechtsmängeln frei ist, ist gemäß § 435 BGB zu beurteilen. Demnach ist eine Sache frei von Rechtsmängeln, wenn Dritte in Bezug auf die Sache keine oder nur im Kaufvertrag übernommene Rechte gegen den Käufer geltend machen können.

Das BGB sieht für die Geltendmachung der Rechtsbehelfe des Käufers keine Untersuchungs– und Rügeobliegenheiten vor. Im HGB wird aber die Geltendmachung den strengen Obliegenheiten unterworfen, deren Verletzung dazu führt, dass der Käufer seine Mangelrechte verliert. Die Rügeobliegenheit beginnt mit der Ablieferung der Kaufsache beim Käufer. Nach dem Gesetz (§ 377 HGB) muss der Käufer dem Verkäufer die Anzeige ***unverzüglich***, also "ohne schuldhaftes Zögern" (§ 121 BGB) melden. Bei der Rechtzeitigkeit der Anzeige kommt es auf die Erkennbarkeit des Mangels an. Ist der Mangel offen und ohne Untersuchung leicht erkennbar, muss die Rüge unverzüglich nach der Ablieferung erfolgen (§ 377 Abs. 1 HGB). Liegt dagegen ein Mangel vor, der durch angemessene Untersuchung erkennbar wird, muss der Käufer die Rüge unverzüglich nach der Untersuchung machen (§ 377 Abs. 2 HGB). Als letzter Fall kommen die Mängel, die durch angemessene Untersuchung nicht in Erscheinung getreten sind oder bei einer solchen Untersuchung nicht erkennbar gewesen wären, in Betracht. Bei diesem Fall muss der Käufer den Mangel unverzüglich nach der Entdeckung dem Verkäufer rügen (§ 377 Abs. 3 HGB).Unterlässt der Käufer eine ordnungsgemäße und fristgerechte Rüge, gilt die Sache als genehmigt. Das heißt, der Käufer verliert seine Rechte, die ihm aus der mangelhaften Lieferung erwachsen können. Die Rechte des Käufers bleiben ihm erhalten, wenn der Verkäufer den Mangel arglistig verschwiegen hat (§ 377 HGB Abs. 6). In § 442 Abs. 1 BGB wird der Grundsatz statuiert, dass der

Käufer wegen des Mangels keine Rechte beanspruchen kann, wenn er bei Vertragsschluss den Mangel kennt. Ist dem Käufer ein Mangel infolge Fährlässigkeit unbekannt geblieben, kann der Käufer Rechte wegen dieses Mangels nur geltend machen, wenn der Verkäufer den Mangel arglistig verschwiegen oder eine Garantie für die Beschaffenheit der Sache übernommen hat. Die Ansprüche des Käufers, die ihm infolge der mangelhaften Lieferung entstehen, unterliegen nach dem Gefahrübergang einer besonderen Verjährungsfrist. Bei den beweglichen Sachen verjähren die Gewährleistungsansprüche nach zwei Jahren (§ 438 Abs. 1 Nr. 3 BGB). Besteht dagegen Mangel in dem dinglichen Recht eines Dritten, auf Grund dessen die Herausgabe der Kaufsache verlangt werden kann, beträgt die Verjährungsfrist 30 Jahre. Abweichend von der allgemeinen Regelung verjähren die Ansprüche in der regelmäßigen Verjährungsfrist, wenn der Verkäufer den Mangel arglistig verschwiegen hat. Bei Arglist des Verkäufers gilt nach § 438 Abs. 3 BGB die regelmäßige Verjährungsfrist.

-Im türkischen Recht gehen aus der Definition zwei Hauptpflichten des Verkäufers hervor. Die erste Pflicht des Verkäufers liegt darin, die Sache zu übergeben. Die zweite betrifft die Eigentumsverschaffungspflicht. Unter der Pflicht zur Übergabe versteht man die Besitzverschaffungspflicht, deren Erfüllung nach den Bestimmungen des türkischen Zivilgesetzbuchs (TMK) zu bestimmen ist. Wo die Übergabepflicht zu erfüllen ist, richtet sich in erster Linie nach den Vereinbarungen der Parteien.

In Ermangelung einer Vereinbarung kommt Art. 73 BK a.F. zum Zuge, was eine Differenzierung zwischen Stückschuld und Gattungsschuld voraussetzt.

Anders als das BGB und das CISG wird es nicht unter den Hauptpflichten des Verkäufers gezählt, die Sache frei von Sach– und Rechtsmangeln zu liefern. Aus historischen Gründen wird im türkischen Recht eine andere Regelungstechnik statuiert, die man in der juristischen Begrifflichkeit als "Gewährleistung" genannt hat. Als einen Oberbegriff enthält die Gewährleistung zwei verschiedene Arten, nämlich Rechtsgewährleitung und Sachgewährleistung. Die Logik der Gewährleistung besteht aber nicht anders als darin, dass der Verkäufer dem Käufer eine mangelfreie Sache liefern soll. Liefert der Verkäufer nicht eine mangelfreie Sache, trägt er die Haftung sowohl für die zugesicherten Eigenschaften als auch dafür, dass die Sache nicht körperliche oder rechtliche Mängel hat, die ihren Wert oder ihre Tauglichkeit zu dem vorausgesetzten Gebrauche aufheben oder erheblich mindern (Art. 194 Abs. 1 OR a.F.). Aus der Gesamtbetrachtung der Vorschriften über die Sachgewährleistung ergeben sich folgende Voraussetzungen. Die Vorschrift setzt zunächst das Vorliegen eines Sachmangels voraus, was in dem Fehlen der zugesicherten Eigenschaften oder vorausgesetzten Eigenschaften liegen kann.

Hinzu kommen die Voraussetzungen, dass der Käufer keine Kenntnis vom Mangel hat (Art. 197 BK a.F.) und die Sachgewährleistung vertraglich nicht beschränkt wurde (Art. 196 BK a.F.). Schließlich obliegt das Gesetz dem Käufer – sobald es nach dem üblichen Geschäftsgang tunlich ist – die Beschaffenheit der empfangenen Sache zu prüfen, und falls sich Mängel ergeben, für die der Verkäufer Gewähr zu leisten hat, diesem sofort Anzeige zu machen (Art. 198 BK a.F. u. Art. 25/b.3 TTK a.F.). Ferner unterliegen die Rechte des Käufers einer kürzeren-Verjährungsfrist, (ein Jahr, Art. 207 BK a.F. u. Art. 25/b.4 TTK a.F.). Der maßgebliche Zeitpunkt, ab dem die Gewährleistungsvorschriften einschlägig sind, ist umstritten. Es fehlt eine gesetzliche Regelung. Einer Ansicht nach ist der maßgebliche Zeitpunkt der Zeitpunkt, in dem die Gefahr auf den Käufer übergegangen ist. Nach der vorzugswürdigen Ansicht ist auf die Übergabe abzustellen. Da im neuen Recht die Gefahr mit der Übergabe der Kaufsache auf an den Käufer übergeht, kommt es bei der Anwendung der Sachgewährleistungsvorschriften auf die Übergabe an. Der Streit über diese Frage ist überholt. Die Haftung des Verkäufers wegen des Rechtsmangels wird in § 189 ff. BK a.F. geregelt. Liegt ein Rechtsmangel vor, ist danach zu unterscheiden, ob der Rechtsmangel vor dem Abschluss des Vertrags vorlag oder erst nach dem Vertragsschluss entstand. Im ersten Fall, in dem der Rechtsmangel vor dem Vertragsschluss vorlag, richten sich die Rechtsfolgen nach § 189 ff. BK a.F. Dagegen bestimmen sich die Rechtsfolgen gemäß den allgemeinen Bestimmungen § 96 ff. des BK a.F., wenn der Rechtsmangel erst nach dem Vertragsschluss entstanden war. Des Weiteren wird für die Anwendung der Rechtsgewährleistungsvorschriften vorausgesetzt, dass die Kaufsache dem Käufer schon in der Zeit der Entwehrung übergeben werden soll. Die Rechtsfolgen variieren danach, ob es sich um eine vollständige Entwehrung oder teilweise Entwehrung handelt. Die vollständige Entwehrung führt ipso iure zu der Aufhebung des Vertrags, während bei der teilweisen Entwehrung der Anspruch des Käufers zuerst nur auf den Ersatz des infolge des Rechtsmangels entstandenen Schadens beschränkt wird. Bei einer vollständigen Entwehrung der Kaufsache muss zwischen einem mittelbaren und einem unmittelbaren Schaden differenziert werden (Art. 192 Abs. 1 u. 2 OR a.F.). Den Parteien ist es unbenommen, die Haftung des Verkäufers zu beschränken oder aufzuheben, es sei denn, dass der Verkäufer das Recht des Dritten absichtlich verschwiegen hat (Art. 189 Abs. 3 BK a.F.). Letztendlich setzt die Rechtsgewährleistung des Verkäufers voraus, dass der Käufer keine Kenntnis von der Entwehrungsgefahr (Art. 189 Abs. 2 BK a.F.) hatte.

Nach dem neuen Gesetz besteht die Pflicht des Verkäufers nicht in der Übergabe, sondern in der Besitzverschaffungspflicht. Die Begrifflichkeiten wie Mangel und zugesicherte Eigenschaften sind, abgesehen von einiger Präzisierung, grundsätzlich aufrecht zu erhalten. Nach dem neuen Gesetz wird der Verkäufer verpflichtet, die Mängel nicht sofort, sondern innerhalb einer angemessenen Frist zu rügen, nachdem er den Mangel entdeckt hat (Art. 223 Abs. 1 BK n.F.). Nach der neuen Vorschrift verjähren die Rechte des Käufers nach zwei Jahren nach der Übergabe der Kaufsache (Art. 231 Abs. 1 BK n.F.). Außerdem wird die besondere Verjährungsregelung für den beiderseitigen Handelskauf abgeschafft.

Kapitel 2: Gefahrübergang

I. Internationales Kaufrecht (CISG)

1) Allgemein zu dem Begriff der Gefahrtragung und Gefahrübergang im CISG

Bei dem Begriff der *Gefahrtragung* handelt es sich um die Frage, wer das wirtschaftliche Risiko zu tragen hat, wenn die Ware in der Zeit zwischen dem Vertragsabschluss und der Vertragserfüllung auf Grund eines beiderseits nicht zu vertretenden Umstands untergeht oder beschädigt wird.[300] Die Regeln zur Gefahrübertragung geben die Antwort auf die Frage, welche der beiden Parteien das Risiko tragen soll. Unter dem Begriff der *Gefahrübergang* ist der Zeitpunkt zu verstehen, zu dem der Käufer zu der vollen Preiszahlung verpflichtet wird, auch wenn er vom Verkäufer keine ordnungsgemäße Ware erhält.[301] Der Gefahrübergang wird in Art. 66 bis 70 CISG geregelt. Aus der Vorschrift 66 CISG ergibt sich, was das CISG unter dem Begriff der Gefahrtragung versteht. Danach ist das Risiko des Käufers gemeint, den Kaufpreis zahlen zu müssen, ohne die Gegenleistung zu erhalten.[302] Für den Zeitpunkt des Gefahrübergangs sind die Parteienvereinbarungen vorrangig. Ergänzend dazu kommen die Artikel 67–69 CISG zur Anwendung, nach denen die Preisgefahr grundsätzlich erst mit der faktischen Übergabe (an den Käufer oder einen unabhängigen Beförderer) auf den Käufer übergeht, je nachdem, welche Lieferungsart vorliegt. Demnach hängt die Gefahrübertragung von der tatsächlichen Sachherrschaft über die Ware ab.[303]

2) Unterscheidung zwischen Leistungs– und Preisgefahr

Die Unterscheidung zwischen *Leistungsgefahr* und *Preisgefahr* spielt nur dann eine Rolle, wenn es sich um einen Gattungskauf handelt. Zusätzlich zu der Frage,

---

300 ***Lindacher***, in: Hoyer/Posch (Hrsg.), S. 175; ***Schlechtriem***, Internationales, Rn. 223; ***Magnus***, in: Staudinger/CISG (2005), Art. 66 Rn. 6.

301 ***Hager/Maultzsch***, in: Schlechtriem/Schwenzer Art. 66 Rn. 2; ***Posch***, Die Pflichten des Käufers, Doralt, (Hrsg.), Das Uncitral-Kaufrecht im Vergleich zum österreichischen Recht, S. 165; ***Magnus***, in: Staudinger/CISG (2005), Art. 66 Rn. 5.

302 ***Brunner***, Art. 66 Rn. 1.

303 ***Mankowski***, in: Ferrari (Hrsg.), Int. VertragsR., Art. 66 CISG Rn. 3; ***Brunner***, Art. 66 Rn. 1.

ob der Käufer den völligen Kaufpreis bezahlen soll (*Preisgefahr*), wird beim Gattungskauf weiter gefragt, ob der Verkäufer im Fall des Untergangs der Ware von seiner Lieferpflicht frei wird.

Mit anderen Worten: Die Frage, ob der Verkäufer von Gattungsware trotz zufälligen Untergangs der Ware nochmals leisten muss, wird als *Leistungsgefahr* bezeichnet. Die Gefahrtragungsregeln des CISG regeln die Preisgefahr; die Leistungsgefahr wird im CISG nicht direkt geregelt. Der in der Literatur herrschenden Meinung nach geht die Leistungsgefahr mit der Preisgefahr über.[304]

3) Inhalt der Begriffe des Untergangs und der Beschädigung

Unter dem Untergang lässt sich der Verlust der Ware durch Zufall, höhere Gewalt oder Einwirkung von Dritten verstehen. Die herrschende Lehre geht auch vom Untergang der Ware aus, wenn die Ware durch Diebstahl, Notentladung oder Fehlgriffe des Transporteurs abhanden gekommen ist.[305] Bei hoheitlichen Akten, wie Beschlagnahmen, Verwendungsverboten, Normzwängen, Import– und Exportverboten ist die Rechtslage umstritten. Der herrschenden Lehre nach fallen diese rechtlichen Hinderungsgründe unter den Verlust im Sinne des Art. 66 CISG. Konkret bedeutet dies, dass der Käufer den Kaufpreis bezahlen muss, obwohl ihm die Verwendung der Ware nicht möglich ist.[306] Der Begriff der Beschädigung hat weitgehend mit der Vertragsmäßigkeit der Ware zu tun. Als Beschädigung wird jede Vertragswidrigkeit bezeichnet, die in Form der Verschlechterung (Qualitätsminderung), Beeinträchtigung der natürlichen Beschaffenheit, Gewichtsveränderung vorliegt.[307]

---

304 ***Hager***, S. 12; ***Schönle/TH. Koller***, in: Honsell (Hrsg.), CISG (2010), Art. 66, Rn. 2; ***Mankowski***, in: Ferrari (Hrsg.), Int. VertragsR., Art. 66 CISG Rn. 27; ***Achilles***, Art. 66 Rn. 1; ***Magnus***, in: Staudinger/CISG (2005), Art. 66 Rn. 9; ***Gruber***, in: MünchKommBGB, (2012), CISG Art. 66 Rn. 15.

305 ***Gruber***, in: MünchKommBGB (2012), CISG Art. 66 Rn. 6; ***Brunner***, Art. 66 Rn. 11; ***Hager/Maultzsch***, in: Schlechtriem/Schwenzer (2008), Art. 66 Rn. 3; ***Schönle/TH. Koller***, in: Honsell (Hrsg.), CISG (2010), Art. 66, Rn. 17; ***Magnus***, in: Staudinger/CISG (2005), Art. 66 Rn. 6.

306 ***Gruber***, in: MünchKommBGB (2012), CISG Art. 66 Rn. 7; ***Brunner***, Art. 66 Rn. 12; ***Schönle/TH. Koller***, in: Honsell (Hrsg.), CISG (2010), Art. 66, Rn. 18; ***Magnus***, in: Staudinger/CISG (2005), Art. 66 Rn. 6; ***Mankowski***, in: Ferrari (Hrsg.), Int. VertragsR., Art. 66 CISG Rn. 5; ***Achilles***, Art. 66 Rn. 2; a.A ***Hager/Maultzsch***, in: Schlechtriem/Schwenzer (2008), Art. 66 Rn. 3; ***Piltz***, § 4, 270.

307 ***Schönle/TH. Koller***, in: Honsell (Hrsg.), CISG (2010), Art. 66, Rn. 22.

4) Allgemeine Voraussetzung des Gefahrübergangs im CISG: Konkretisierung (Individualisierung) der Ware beim Gattungskauf (Art. 67 Abs. 2, Art. 69 Abs. 3 CISG)

Aus den Vorschriften 67 Abs. 2 und 69 Abs. 3 CISG lässt sich herleiten, dass der Gefahrübergang beim Gattungskauf die Individualisierung der Ware voraussetzt. Gemäß Art. 67 Abs. 2, Art. 69 Abs. 3 CISG geht die Gefahr erst dann auf den Käufer über, wenn die veräußerte Ware eindeutig dem Vertrag zugeordnet ist und "*als die geschuldete Vertragsware identifiziert werden kann*".[308] Mit der Konkretisierung soll ein Missbrauch verhindert werden. Mit anderen Worten soll der Verkäufer nach dem Untergang oder der Beschädigung der Ware nicht die Möglichkeit haben, den Schaden einem Käufer zuzuweisen, obwohl die Ware nicht speziell für diesen Käufer gedacht war.[309] Die Frage, in welcher Weise der Verkäufer die für den Gefahrübergang erforderliche Konkretisierung vornehmen kann, wird in CISG beispielhaft – nicht abschließend – aufgezählt. Diese lässt sich durch die an der Ware angebrachten Kennzeichen, durch Beförderungsdokumente, durch Anzeige an den Käufer vornehmen.[310] Bei Ladungen, bei der die Ware als Teil einer bestimmten Sammelladung abgesandt worden ist, ist es strittig, ob eine Anzeige an den Käufer für den Gefahrübergang erforderlich und ausreichend ist.[311] Die herrschende Lehre hält in solchen Fällen eine Anzeige für den Gefahrübergang für erforderlich und ausreichend.[312] Bei den Sammelladungen bilden die Käufer

---

308 ***Reinhart***, Art. 67 Rn. 7; ***Magnus***, in: Staudinger/CISG (2005), Art. 67 Rn. 25; ***Mankowski***, in: Ferrari (Hrsg.), Int. VertragsR., Art. 67 CISG Rn. 31; ***Schönle/TH. Koller***, in: Honsell (Hrsg.), CISG (2010), Art. 67, Rn. 27; ***Brunner***, Art. 67 Rn. 8; ***P. Huber***, in: MünchKommBGB (2008), CISG Art. 66 Rn. 5, Art. 67 Rn. 17; ***Benicke***, in: MünchKommHGB, CISG Art. 67 Rn. 15.

309 ***Mankowski***, in: Ferrari (Hrsg.), Int. VertragsR., CISG Art. 67 Rn. 31; ***Magnus***, in: Staudinger/CISG (2005), Art. 67 Rn. 25; ***Benicke***, in: MünchKommHGB, CISG Art. 67 Rn. 15.

310 ***Reinhart***, Art. 67 Rn. 7; ***Magnus***, in: Staudinger/CISG (2005), Art. 67 Rn. 25; ***Mankowski***, in: Ferrari (Hrsg.), Int. VertragsR., Art. 67 CISG Rn. 33 ***Schönle/TH. Koller***, in: Honsell (Hrsg.), CISG (2010), Art. 67, Rn. 28; ***Brunner***, Art. 67 Rn. 8; ***P. Huber***, in: MünchKommBGB (2008), CISG Art. 67 Rn. 17.

311 ***Mankowski***, in: Ferrari (Hrsg.), Int. VertragsR., CISG Art. 67 Rn. 38; ***Magnus***, in: Staudinger/CISG (2005), Art. 67 Rn. 21; ***Benicke***, in: MünchKommHGB, CISG Art. 67 Rn. 19; ***Schönle/TH. Koller***, in: Honsell (Hrsg.), CISG (2010), Art. 67, Rn. 30; ***Brunner***, Art. 67 Rn. 8 Fn. 1339; ***P. Huber***, in: MünchKommBGB (2008), CISG Art. 67 Rn. 17.

312 ***Magnus***, in: Staudinger/CISG (2005), Art. 67 Rn. 31; ***P. Huber***, in: MünchKomm BGB (2008), CISG Art. 67 Rn. 17; ***Hager/Maultzsch***, in: Schlechtriem/Schwenzer

eine Gefahrengemeinschaft, und jeder wird entsprechend seinen Anteilen an der Gesamtladung belastet, je nachdem, ob ein Verlust oder teilweiser Verlust vorliegt.[313] Schließlich gelingt es dem CISG nicht, für jede der verschiedenen Arten eine einheitliche Lösung zu finden. Deshalb soll für die Konkretisierung wichtig sein, dass der Verkäufer eine mit zumutbarem Aufwand mögliche konkrete Zuordnung vorgenommen hat.[314]

5) Ausnahmen zu dem Grundsatz des Gefahrübergangs

a) Wesentliche Vertragsverletzung des Verkäufers vor Gefahrübergang (Art. 70 CISG)[315]

Nach der Artikel 70 CISG berühren Art. 67, 68, 69 CISG nicht die dem Käufer wegen einer solchen Verletzung zustehenden Rechtsbehelfe, wenn der Verkäufer eine wesentliche Vertragsverletzung begangen hat. Hinsichtlich der wesentlichen Vertragsverletzung muss man vorab feststellen, dass diese anders als solch eine Vertragsverletzung ist, die zur Folge hat, dass die Sache wegen dieser beschädigt oder untergegangen ist.[316] Die Bedeutung der Unterscheidung besteht darin, dass es bei dem Fall der Vertragsverletzung, auf die der Untergang oder die Beschädigung der Ware zurückzuführen ist, nicht um die Frage der Gefahrübertragung geht, sondern um die Anwendung der allgemeinen Rechtsbehelfe des Käufers aus Art. 45 ff. CISG, die aus Art. 66. 1 Halbs. CISG folgt.[317] In diesem Sinn stellt die Vorschrift eine Ausnahme zu Art. 82 Abs. 1 dar, was zur Vertragsaufhebung die

---

(2008), CISG Art. 67 Rn. 10a; ***a.A. Honsell/Schönle/TH. Koller***, Art. 67, Rn. 28; ***Brunner***, CISG Art. 67 Rn. 8; "Erfolgt die Sammelladung ohne Abstützung im Kaufvertrag oder Gebräuchen, ist eine Anzeige nicht ausreichend."

313 ***Mankowski***, in: Ferrari (Hrsg.), Int. VertragsR., Art. 67 CISG Rn. 37; ***Magnus***, in: Staudinger/CISG (2005), Art. 67 Rn. 25; ***Benicke***, in: MünchKommHGB, CISG Art. 67 Rn. 19; ***Hager/Maultzsch***, in: Schlechtriem/ Schwenzer (2008), Art. 67 Rn. 10a.

314 ***Benicke***, in: MünchKommHGB, CISG Art. 67 Rn. 20.

315 Die Vorschrift 70 CISG stellt keine eigentliche Ausnahme im Sinne des Art. 66 CISG dar, wenn auch die Ausübung der Rechtsbehelfe wie Vertragsaufhebung oder Ersatzlieferung praktisch zu der Rückkehr der Gefahr zum Verkäufer führt, sondern nur eine Regelung, die das Verhältnis von Gefahrtragung mit Vertragswidrigkeit bestimmt, um die bereits bestehenden Rechten vom Käufer vor etwaigen negativen Folgen aus dem Gefahrübergang zu schützen.

316 ***P. Huber***, in: MünchKommBGB (2008), CISG Art. 70 Rn. 2.

317 ***P. Huber***, in: MünchKommBGB (2008), CISG Art. 70 Rn. 2.

Rückgabe der unversehrten Ware voraussetzt. Mit anderen Worten: Der Käufer kann den Vertrag aufheben, obwohl es ihm unmöglich ist, die Ware im Wesentlichen in dem Zustand zurückzugeben, in dem er sie erhalten hat (Art. 82 Abs. 1 CISG). Die Bedeutung der Vorschrift ergibt sich daraus, dass bei der Ausübung von bestimmten Rechtsbehelfen – wie Vertragsaufhebung, Ersatzlieferung – die das CISG von der wesentlichen Vertragsverletzung abhängig macht, die Gefahr auf den Verkäufer zurückgeht.[318] Die Frage, ob der Käufer außer der Vertragsaufhebung oder Ersatzlieferung auch andere Rechtsbehelfe geltend machen kann, ist deshalb praktisch nicht von Bedeutung. Es versteht sich von selbst, dass die Gefahr auf den Verkäufer nicht zurückgeht, wenn der Käufer andere Rechtbehelfe etwa Schadenersatz, Minderung oder Nachbesserung geltend macht.[319] Bei vorzeitiger Lieferung bzw. Zuviellieferung hängt die Rückkehr des Gefahrübergangs auf den Verkäufer von der Abnahme des Käufers ab. Mit der Abnahme geht die Gefahr auf den Käufer über. Wenn er die Abnahme ablehnt, geht die Gefahr nicht auf ihn über.[320] Bei der Fragestellung, ob eine wesentliche Vertragsverletzung des Verkäufers unter den Anwendungsbereich der Vorschrift 70 CISG fällt, ist in der Literatur umstritten. Der herrschenden Meinung nach fällt die nicht wesentliche Vertragsverletzung des Verkäufers nicht unter den Art. 70 CISG. Hierbei kommen die allgemeinen Regelungen über die Rechtsbehelfe des Käufers in Art. 45 ff. CISG zur Anwendung.[321]

b) Verursachung durch den Verkäufer (Art. 66 2. Halbs. CISG)

Die Vorschrift 66 Abs. 2 befreit den Käufer von seiner Pflicht zur Kaufpreiszahlung, wenn der Untergang oder die Beschädigung der Ware auf eine Handlung oder Unterlassung des Verkäufers zurückzuführen ist. Mit diesem aus der Natur des Gefahrbegriffs zu erschließenden Grundsatz wird erzielt, dass der Verkäufer für den Schaden, also das Risiko einzustehen hat, der auf seine Handlung oder Unterlassung zurückzuführen ist.[322] Bei dem Begriff "eine Handlung oder Unterlassung" ergeben sich Fragen, was unter die Handlungen oder Unterlassungen fällt. Die erste umstrittene Frage, die allerdings im Praktischen von geringer Bedeutung ist, besteht darin, ob der Begriff "Handlung oder Unterlassung" nur

318 ***P. Huber***, in: MünchKommBGB (2008), CISG Art. 70 Rn. 6, 8.

319 ***P. Huber***, in: MünchKommBGB (2008), CISG Art. 70 Rn. 7–9.

320 ***P. Huber***, in: MünchKommBGB (2008), CISG Art. 70 Rn. 10.

321 ***P. Huber***, in: MünchKommBGB (2008), CISG Art. 70 Rn. 11; Für die Ausnahme Rn. 12.

322 ***Brunner***, Art. 66 Rn. 14; ***Magnus***, in: Staudinger/CISG (2005), Art. 66 Rn. 12; ***Benicke***, in: MünchKommHGB, CISG Art. 67 Rn. 5.

die Vertragsverletzungen des Verkäufers erfasst oder auf jedes Verhalten des Verkäufers erstreckt werden soll.[323] Im Gegensatz zu der Auffassung, die in Anlehnung an Art. 36 II CISG die "Handlungen und Unterlassungen" im Sinne der Art. 66 CISG nur auf die Vertragsverletzungen beschränken, geht die herrschende Meinung davon aus, dass es sich nicht unbedingt um eine vertragswidrige Handlung handeln muss.[324] Da die zu dem Untergang oder zu einer Beschädigung der Ware führenden Handlungen des Verkäufers meistens vertragswidrig sind, ist der Streit nicht relevant.[325] Die zweite Frage betrifft das rechtmäßige Verhalten des Verkäufers, z.B. eine berechtigte Ausübung des Anhalterechts (Art. 71 Abs. 2 CISG). Wenn die rechtmäßige Ausübung seines Rechts durch den Verkäufer – also die Anhaltung der Ware – zum Untergang oder eine Beschädigung der Ware führt, soll (h. L.) das Risiko beim Käufer bleiben.[326] Als dritte Frage kommen die nach Gefahrübergang vom Verkäufer begangenen Vertragsverletzungen in Betracht, die den Käufer von seiner Zahlungspflicht befreit, je nachdem, welche Rechtsbehelfe von dem Käufer ausgeübt werden. Sie sollen unter den Art. 66 Abs. 2 CISG fallen, auch wenn die Frage auftaucht, ob sie als Vertragsverletzungen gesehen werden dürfen, weil die nachträglichen Vertragspflichten im CISG nicht geregelt sind.[327]

6) Gefahrübergang bei Schickschuld (Versendungskauf)

Die Regelung zum Gefahrübergang beim Versendungskauf unterscheidet sich danach, ob der Vertrag einen bestimmten Übergabeort vorsieht oder nicht.

---

323 ***Huber P.***, in: MünchKommBGB (2008), CISG Art. 66 Rn. 12; ***Witz/Salger/Lorenz***, Art. 66 Rn. 8.

324 ***Magnus***, in: Staudinger/CISG (2005), Art. 66 Rn. 15; ***Hager/Maultzsch***, in: Schlechtriem/Schwenzer (2008), Art. 66 Rn. 6; ***Witz/Salger/Lorenz***, Art. 66 Rn. 8; ***Reinhart***, Art. 66 Rn. 6; ***Schönle/TH. Koller***, in: Honsell (Hrsg.), CISG (2010), Art. 66, Rn. 11; ***Benicke***, in: MünchKommHGB, CISG Art. 66 Rn. 6; ***P. Huber***, in: MünchKomm BGB (2008), CISG Art. 66 Rn. 12; ***Mankowski***, in: Ferrari (Hrsg.), Int. VertragsR., Art. 66 CISG Rn. 14 ff.

325 ***Magnus***, in: Staudinger/CISG (2005), Art. 66 Rn. 15; ***P. Huber***, in: MünchKomm BGB (2008), CISG Art. 66 Rn. 12.

326 ***Brunner***, Art. 66 Rn. 15; ***Magnus***, in: Staudinger/CISG (2005), Art. 66 Rn. 16; ***Witz/Salger/Lorenz***, Art. 66 Rn. 8.

327 ***Magnus***, in: Staudinger/CISG (2005), Art. 66 Rn. 14; ***P. Huber***, in: MünchKomm BGB (2008), CISG Art. 66 Rn. 12.

a) Ohne Vereinbarung des Übergabeorts

Wenn für die Übergabe kein bestimmter Ort vorgesehen ist, geht die Gefahr auf den Käufer über, sobald die Ware dem ersten Beförderer zur Übermittlung an den Käufer übergeben wird (Art. 67 lit. a CISG). Zu den allgemeinen Voraussetzungen des Gefahrübergangs wird beim Versendungskauf ohne Vereinbarung des Übergabeortes zuerst vorausgesetzt, dass der Vertrag die Beförderung der Ware erfordert und der Verkäufer seine Pflicht mit der Übergabe an den Beförderer erfüllt.[328] Darauf, ob der Verkäufer oder Käufer für den Transport zu sorgen und die Kosten des Transportvertrags zu tragen hat, kommt es nicht an.[329] Zweitens setzt die Vorschrift die Einschaltung eines selbstständigen Beförderers voraus. Die Veranlassung der eigenen Leute durch den Verkäufer genügt nicht.[330] Die Frage, nach welchem Maßstab der Beförderer zu beurteilen ist, richtet sich nach dem anwendbaren Gesellschaftsrecht.[331] Drittens wird die Übergabe der Ware durch den Verkäufer vorausgesetzt. Die Übergabe soll zur Übermittlung der Ware an den Käufer erfolgen. Die Übergabe bedeutet die tatsächliche Übernahme der Ware durch den Beförderer.[332] Die Frage, ob die Verletzung der für die Annahme erforderlichen Mitwirkungspflicht durch den Käufer zu dem Gefahrübergang führt oder nicht, ist umstritten. Trotz keiner ausdrücklichen Regelung einer solchen Pflicht in Art. 67 CISG, geht die herrschende Lehre davon aus, dass die Gefahr mit dem Annahmeverzug des Käufers auf ihn übergeht.[333] Dagegen ist eine andere vorzugswürdige Ansicht, dass wegen des direkten Zugriffs des Verkäufers auf die Sache der Annahmeverzug keine Einwirkung auf die Gefahrtragung haben soll.[334] Letztlich ist festzustellen, dass die Zurückbehaltung der Dokumente, die zur Nutzung der

---

328 ***Magnus***, in: Staudinger/CISG (2005), Art. 67 Rn. 9; ***Brunner***, Art. 67 Rn. 2; ***Benicke***, in: MünchKommHGB, CISG Art. 67 Rn. 2; ***P. Huber***, in: MünchKommBGB (2008), CISG Art. 67 Rn. 5.

329 ***Magnus***, in: Staudinger/CISG (2005), Art. 67 Rn. 9; ***Brunner***, Art. 67 Rn. 3; ***Benicke***, in: MünchKommHGB, CISG Art. 67 Rn. 2; ***P. Huber***, in: MünchKommBGB (2008), CISG Art. 67 Rn. 7.

330 ***Magnus***, in: Staudinger/CISG (2005), Art. 67 Rn. 11; ***Benicke***, in: MünchKommHGB, CISG Art. 67 Rn. 6 u. Rn. 8; ***P. Huber***, in: MünchKommBGB (2008), CISG Art. 67 Rn. 10.

331 ***Magnus***, in: Staudinger/CISG (2005), Art. 67 Rn. 11.

332 ***Magnus***, in: Staudinger/CISG (2005), Art. 67 Rn. 15; ***Brunner***, Art. 67 Rn. 3; ***P. Huber***, in: MünchKommBGB (2008), CISG Art. 67 Rn. 9.

333 ***P. Huber***, in: MünchKommBGB (2008), CISG Art. 67; ***Magnus***, in: Staudinger/CISG (2005), Art. 67 Rn. 32.

334 ***Benicke***, in: MünchKommHGB, CISG Art. 67 Rn. 22, Fn. 46.

Ware berechtigen, durch den Verkäufer die Gefahrtragung unberührt lässt, d.h. die Gefahr geht auf den Käufer über. (Art. 67 Abs. I S. 3 CISG).[335]

b) Bestimmter Übergabeort

Hat der Verkäufer die Ware dem Beförderer an einem bestimmten Ort zu übergeben, weicht das CISG von den Grundregeln ab (Art. 67 Abs. I S. 2 CISG). Hierzu gelten auch die oben erwähnten Voraussetzungen zu Art. 67 Abs. I S. 1 CISG. Der wesentliche Unterschied besteht darin, dass die Gefahr erst auf den Käufer übergeht, wenn die Ware dem Beförderer an diesem Ort übergeben wird.[336] Darauf, ob der Verkäufer den Transport bis zum vereinbarten Ort durch einen selbstständigen Beförderer durchführt oder nicht, kommt es nicht an. Mit anderen Worten hat dies keine Wirkung darauf, dass der Verkäufer bis zum vereinbarten Ort die Gefahr trägt.[337] Wenn der Verkäufer die Ware am vereinbarten Ort nicht dem Beförderer sondern dem Käufer zu übergeben hat, liegt kein Versendungskauf vor, sondern es kommt die Vorschrift 69 CISG zur Anwendung.[338]

7) Gefahrübergang bei Holschuld

Wenn die Parteien keinen bestimmten Lieferort vereinbart haben und der Vertrag auch keine Beförderung der Ware durch einen unabhängigen Beförderer gem. lit. a erfordert, hat der Verkäufer die Ware an einem besonderen Abholort (lit. b) oder subsidiär am Ort der Niederlassung des Verkäufers zur Abholung zur Verfügung zu stellen (Holschuld).

Bei der Holschuld ist der Verkäufer nur verpflichtet, die Ware an seiner Niederlassung dem Käufer zur Verfügung zu stellen. Der Gefahrübergang bei der Holschuld wird in Art. 69 CISG geregelt. Nach Art. 69 Abs. 1 CISG geht die Gefahr an den Käufer über, sobald er die Ware übernimmt. Dieser selbstverständliche Grundsatz lehnt sich an den Grundgedanken an, der die Gefahrtragung von dem *Wechsel*

---

335 ***Magnus***, in: Staudinger/CISG (2005), Art. 67 Rn. 24; ***Benicke***, in: MünchKommHGB, CISG Art. 67 Rn. 14; ***P. Huber***, in: MünchKommBGB (2008), CISG Art. 67 Rn. 16.

336 ***Magnus***, in: Staudinger/CISG (2005), Art. 67 Rn. 19; ***Benicke***, in: MünchKommHGB, CISG Art. 67 Rn. 10; ***P. Huber***, in: MünchKommBGB (2008), CISG Art. 67 Rn. 14.

337 ***Benicke***, in: MünchKommHGB, CISG Art. 67 Rn. 11; ***Karollus***, s. 197.

338 ***Magnus***, in: Staudinger/CISG (2005), Art. 67 Rn. 22; ***P. Huber***, in: MünchKomm BGB (2008), CISG Art. 67 Rn. 15.

der Sachherrschaft abhängig macht.[339] Die von der Vorschrift vorausgesetzte Übernahme lässt sich durch den Käufer oder durch eigene Leute oder durch Beauftragte vornehmen.[340] Als zweite Alternative sieht die Vorschrift in Abs. 2 S. 2 die Verletzung der Annahmepflicht durch den Käufer vor. Mit dieser Alternative soll die ständige Belastung des Verkäufers durch den Käufer verhindert werden, wenn er seine Annahmepflicht nicht durchführt.[341] Nimmt der Käufer die Ware nicht rechtzeitig ab, geht die Gefahr in dem Zeitpunkt auf den Käufer über, in dem ihm die Ware am Ort der Niederlassung des Verkäufers zur Verfügung gestellt wird und diese Nichtabnahme eine Vertragsverletzung gemäß Art. 60 CISG darstellt.[342] Die Nichtabnahme soll eine Vertragsverletzung im Sinne des Art. 60 CISG darstellen. Dies hängt davon ab, ob eine bestimmte Zeit vereinbart ist oder nicht. Ist keine bestimmte Zeit vereinbart, nimmt man eine Vertragsverletzung an, wenn eine angemessene Frist nach Zugang einer Mitteilung über das Bereitstellen der Ware abgelaufen[343] ist.[344]

8) Gefahrübergang beim Verkauf von Ware auf dem Transport

Der Gefahrübergang der Waren, die sich schon auf dem Transport befinden, ist in Art. 68 geregelt. Danach geht die Gefahr im Zeitpunkt des Vertragsabschlusses

---

339 ***P. Huber***, in: MünchKommBGB (2008), CISG Art. 69 Rn. 2; ***Brunner***, Art. 69 Rn. 2; ***Magnus***, in: Staudinger/CISG (2005), Art. 69 Rn. 7; ***Benicke***, in: MünchKommHGB, CISG Art. 69 Rn. 2.

340 ***P. Huber***, in: MünchKommBGB (2008), CISG Art. 69 Rn. 4; ***Brunner***, Art. 69 Rn. 2; ***Magnus***, in: Staudinger/CISG (2005), Art. 69 Rn. 9.

341 ***P. Huber***, in: MünchKommBGB (2008), CISG Art. 69 Rn. 2; ***Magnus***, in: Staudinger/CISG (2005), Art. 69 Rn. 12.

342 ***P. Huber***, in: MünchKommBGB (2008), CISG Art. 69 Rn. 5; ***Brunner***, Art. 69 Rn. 3; ***Magnus***, in: Staudinger/CISG (2005), Art. 69 Rn. 1; ***Benicke***, in: MünchKommHGB, CISG Art. 69 Rn. 2.

343 ***P. Huber***, in: MünchKommBGB (2008), CISG Art. 69 Rn. 6; ***Benicke***, in: MünchKommHGB, CISG Art. 69 Rn. 2; ***Brunner***, Art. 69 Rn. 3; ***Magnus***, in: Staudinger/CISG (2005), Art. 69 Rn. 15.

344 Die Anwendbarkeit dieser Alternative auf andere Vertragsverletzungen – z.B. die keiner rechtzeitigen Eröffnung der Akkreditivs –, die die Übernahme der Ware durch den Käufer verhindert, wird in der Literatur überwiegend bejaht; ***P. Huber***, in: MünchKommBGB (2008), CISG Art. 69 Rn. 7; ***Brunner***, Art. 69 Rn. 4; ***Magnus***, in: Staudinger/CISG (2005). Art. 69 Rn. 16**; a.A.** "Die Schadenersatzhaftung ermöglicht die sachgerechteren Lösungen", ***Benicke***, in: MünchKommHGB, CISG Art. 69 Rn. 4.

auf den Käufer über (Art. 68 S. 1 CISG). Die Feststellung des Zeitpunkts des Vertragsschlusses richtet sich nach Art. 23, der das Zustandekommen eines Vertrags an den Zugang der Annahmeerklärung knüpft. Die Vorschrift setzt zunächst voraus, dass sich die Ware auf dem Transport befindet. Im zweiten Satz der Vorschrift ist eine Ausnahme zu dieser Regel vorgesehen. Demnach geht die Gefahr im Zeitpunkt der Übergabe der Ware an den Beförderer, der die Dokumente über den Beförderungsvertrag ausgestellt hat, auf den Käufer über, falls die Umstände diesen Schluss nahelegen (Art. 68 S. 2 CISG). Das praktische Ziel der Norm ist die Beseitigung des Streits um die Frage nach der Feststellung, die die Zeit vom Untergang oder einer Beschädigung der sich auf dem Transport befundenen Ware betrifft.[345] Nach S. 2 geht die Gefahr auf den Käufer in der Zeit über, in der die Ware an den Beförderer übergeben wird, der die Dokumente über den Beförderungsvertrag ausgestellt hat. Als Dokumente im Sinne der Vorschrift sind alle Dokumente zu verstehen, aus denen sich der Abschluss des Vertrags ergeben kann.[346] Nach dem dritten Satz, der als eine Konkretisierung und Wiederholung des Gutglaubens-Gebotes angesehen werden kann, geht die Gefahr nicht rückwirkend auf den Käufer über, wenn der Verkäufer bei Abschluss des Kaufvertrages wusste oder wissen musste, dass die Ware untergegangen oder beschädigt war, und er dies dem Käufer nicht offenbart hat (Art. 68 S. 3 CISG). Die herrschende Meinung beschränkt die Wirkung des dritten Satzes nur auf S. 2, während die andere Meinung auch von der Geltung für S. 1 ausgeht.[347]

9) Gefahrübergang bei Bringschuld

Eine Bringschuld kommt in Betracht, wenn eine Parteienvereinbarung, Gepflogenheiten oder Bräuche vorliegen. Von einer Bringschuld ist auszugehen, wenn der Verkäufer die Ware an eine Niederlassung des Käufers zu liefern hat. Beim

---

345 ***P. Huber***, in: MünchKommBGB (2008), CISG Art. 68 Rn. 7; ***Brunner***, Art. 68 Rn. 3; ***Magnus***, in: Staudinger/CISG (2005), Art. 68 Rn. 10; ***Benicke***, in: MünchKommHGB, CISG Art. 68 Rn. 1.

346 ***P. Huber***, in: MünchKommBGB (2008), CISG Art. 68 Rn. 9; ***Brunner***, Art. 68 Rn. 3; ***Magnus***, in: Staudinger/CISG (2005), Art. 68 Rn. 12; ***Benicke***, in: MünchKommHGB, CISG Art. 68 Rn. 7.

347 ***Magnus***, in: Staudinger/CISG (2005), Art. 68 Rn. 16; ***P. Huber***, in: MünchKomm BGB (2008), CISG Art. 68 Rn. 11.

Fernkauf muss der Verkäufer an einen anderen Ort als die Niederlassung sowohl des Verkäufers als auch die des Käufers liefern.[348] Da die Bringschuld im CISG nicht geregelt wird, ergibt sich die Frage, ob die Erfüllung der Lieferpflicht am Bestimmungsort durch Zurverfügungstellung der Ware oder durch Aushändigung der Ware an den Käufer zu erfolgen hat.[349] Bei der Bringschuld trägt der Verkäufer die Gefahr des Transports.[350] Nach herrschender Lehre gilt bei der Bringschuld Art. 69 Abs. II CISG.[351] Die Vorschrift setzt zum Gefahrübergang Folgendes voraus: Die erste Voraussetzung ist die Fälligkeit der Lieferung. Die Frage, wann die Lieferung fällig ist, beurteilt sich nach der Vorschrift 33, soweit keine Parteienvereinbarung oder Handelsbräuche vorliegen.[352] Die Voraussetzung "zur Verfügung stellen" bei der Bringschuld bedeutet die Andienung bzw. Bereitstellung der Ware am vereinbarten Ortssitz des Käufers zum Zweck der körperlichen Übernahme durch den Käufer.[353] Schließlich muss der Verkäufer den Käufer davon zur Kenntnis setzen, dass ihm die Ware am vereinbarten Ort zur Verfügung steht.[354] Kenntnis ist als positives Wissen zu definieren.[355] Darauf, wer und in welcher Form den Käufer unterrichtet, kommt es nicht an. Bei einer schriftlichen Mitteilung gilt die Vorschrift 27 CISG nicht, Das heißt, ohne Zugang bleibt die schriftliche Mitteilung ohne Wirkung.[356]

---

348 ***Ernst/Lauko***, in: Honsell (Hrsg.) CISG (2010), Art. 31, Rn. 50; ***Brunner***, Art. 32 Rn. 7.

349 ***Ernst/Lauko***, in: Honsell (Hrsg.) CISG (2010), Art. 31, Rn. 51; ***Benicke***, in: MünchKommHGB, CISG Art. 31 Rn. 31.

350 ***Gruber***, in: MünchKommBGB (2012), CISG Art. 31 Rn. 23.

351 ***P. Huber***, in: MünchKommBGB (2008), CISG Art. 69 Rn. 8; ***Benicke***, in: MünchKommHGB, CISG Art. 69 Rn. 5; ***Brunner***, Art. 69 Rn. 5; ***Magnus***, in: Staudinger/CISG (2005) (2005) Art. 69 Rn. 18.

352 ***P. Huber***, in: MünchKommBGB (2008), CISG Art. 69 Rn. 11; ***Benicke***, in: MünchKommHGB, CISG Art. 69 Rn. 9; ***Brunner***, Art. 69 Rn. 6; ***Magnus***, in: Staudinger/CISG (2005), Art. 69 Rn. 21.

353 ***P. Huber***, in: MünchKommBGB (2008), CISG Art. 69 Rn. 12; ***Brunner***, Art. 69 Rn. 6; ***Magnus***, in: Staudinger/CISG (2005), Art. 69 Rn. 22.

354 ***P. Huber***, in: MünchKommBGB (2008), CISG Art. 69 Rn. 13; ***Magnus***, in: Staudinger/CISG (2005), Art. 69 Rn. 23.

355 ***P. Huber***, in: MünchKommBGB (2008), CISG Art. 69 Rn. 13.

356 ***Magnus***, in: Staudinger/CISG (2005) Art. 69 Rn. 23; ***P. Huber***, in: MünchKomm BGB (2008), CISG Art. 69 Rn. 12; ***Benicke***, in: MünchKommHGB, CISG Art. 69 Rn. 10.

II. Deutsches Recht

1) Allgemein

Auch im deutschen Recht ist zwischen Leistungs– und Preisgefahr zu unterscheiden. Im Folgenden soll die Preisgefahr behandelt werden. Davor ist kurz die Leistungsgefahr, die in § 275 BGB geregelt ist, darzustellen. Bei der Leistungsgefahr spielt es eine große Rolle, ob eine Stückschuld oder Gattungsschuld vorliegt. Bei der Stückschuld trägt der Käufer die Leistungsgefahr von vornherein. Bei der Gattungsschuld muss die Sache konkretisiert werden.[357] Bevor man auf die Regelung des Kaufrechts eingeht, muss zuerst ein kurzer Überblick auf das allgemeine Schuldrecht geschaffen werden. In diesem Sinne sind die wichtigsten Vorschriften die §§ 275, 326 Abs. 1 BGB. Gemäß § 275 Abs. 1 ist der Anspruch auf Leistung ausgeschlossen, soweit dieser für den Schuldner oder jedermann unmöglich ist. Demnach trägt der Käufer als Gläubiger die Leistungsgefahr. Bei gegenseitigen Verträgen taucht die Frage nach der Gegenleistung des Gläubigers auf. Die Frage wird in § 326 Abs. 1 geregelt, wonach der (Schuldner) Käufer auch nicht leisten muss, soweit der Käufer den Untergang bzw. die Verschlechterung nicht zu vertreten hat.[358] Zu Recht sehen die kaufrechtlichen Vorschriften eine andere Lösung vor und weichen von der allgemeinen Regelung[359] des § 326 Abs. 1 BGB insofern ab, als "die Unmöglichkeit der Leistung auf einem Umstand beruht, der nach der Übergabe der Kaufsache bzw. nach Annahme des Käufers liegt".[360] Gemäß § 446 BGB geht die Gefahr des zufälligen Untergangs und der zufälligen Verschlechterung mit der Übergabe der verkauften Sache auf den Käufer über. Der Grund für diese Abweichung von dem Grundsatz des § 326 Abs. 1 BGB liegt an der Risikoerhöhung, die mit einer Übergabe der Sache vor Übereignung zulasten des Verkäufers eintritt, weil der Käufer nach der Übergabe "zum Herrn der Kaufsache" geworden ist[361] und die Kaufsache sich in seiner Gewalt befindet, und er

---

357 ***Beckmann M.R.***, in: Staudinger/BGB (2004), § 446 Rn. 4; ***Faust***, in: Bamberger/Roth (2007), § 446 Rn. 11.

358 ***Grunewald***, in Ermann (2011) § 446 BGB Rn. 1.

359 Die Abweichungen beschränken sich nicht auf diese kaufrechtlichen Vorschriften. Man findet an verschiedenen Stellen des BGB – auch außerhalb des BGB – einige Abweichungen von der allgemeinen Regelung. Unter die zu zählen sind, z.B. § 326 Abs. 2. Vgl. ***Emmerich***, BT (2003), § 3 Rn. 15.

360 ***Grunewald***, in Ermann (2011), § 446 BGB Rn. 1.

361 ***Emmerich***, BT (2003), § 3 Rn. 17.

daher auch auf sie zu achten hat.[362] Mit anderen Worten: Nach der Übergabe, also mit der Verschaffung des unmittelbaren Besitzes, ist der Verkäufer nicht mehr in der Lage, die Sache zu gebrauchen und auf sie einzuwirken.[363]

Vereinfachend lässt sich sagen, dass der Käufer bei zufälligem Untergang oder zufälliger Verschlechterung der Kaufsache während des Erfüllungszeitraums, also nach dem Vertragsschluss vor der Erfüllung, zur Bezahlung des Kaufpreises weiter verpflichtet ist, wenn die Kaufsache ihm schon übergeben wurde.[364] Es muss aber nochmals betont werden, dass die Vorschrift nur im Falle der zufälligen Unmöglichkeit oder der zufälligen Verschlechterung zur Anwendung kommt. Trifft den Käufer oder Verkäufer ein Verschulden an der Unmöglichkeit der Leistung, greifen andere Vorschriften ein, je nachdem, ob die Unmöglichkeit der Verkäufer (§§ 281, 283, 323 326 BGB) oder der Käufer (§ 326 Abs. 2 BGB) zu vertreten hat.[365]

Bei den Hol– und Bringschulden geht die Gefahr gemäß § 446 BGB mit der Übergabe der Kaufsache auf den Käufer über. Letztendlich steht es der Übergabe gleich, wenn der Käufer in Verzug der Annahme ist (§ 446 Abs. 2 BGB).

2) Gefahrübergang insbesondere bei Schickschuld (Versendungskauf, § 447 BGB)

Der Gefahrübergang für den Fall des Versendungskaufs, der den wichtigsten Anwendungsfall der Schickschuld darstellt, wird in § 447 BGB geregelt.[366] Die Vorschrift § 447 BGB stellt eine weitere Ausnahme zu den allgemeinen Regeln (§ 326 Abs. 1 BGB) dar. Demnach bleibt der Käufer zur Bezahlung des vollständigen Kaufpreises verpflichtet, wenn die Kaufsache bereits an die Transportperson ausgeliefert war, als die Unmöglichkeit eintrat.[367] Der Regelung liegt die Überlegung zu Grunde, dass die Lieferpflicht des Verkäufers grundsätzlich eine Holschuld (§ 269 Abs. 1 BGB) ist und wenn der Verkäufer auf Verlangen des Käufers die verkaufte Sache nach einem anderen Ort als dem Erfüllungsort versendet, soll der Käufer das Risiko in Kauf nehmen.[368] Daraus ergibt sich schon die erste Voraussetzung

---

362 ***Büdenbender***, in: Dauner-Lieb/Langen (2011), § 446 Rn. 2; ***Grunewald***, in Ermann (2011), § 446 BGB Rn. 1.

363 ***Oechsler***, Rn. 306.

364 ***Emmerich***, BT (2003), § 3 Rn. 17.

365 ***Emmerich***, BT (2003), § 3 Rn. 17.

366 Bei dem Verbrauchgüterkauf findet die Vorschrift § 447 keine Anwendung.

367 ***Grunewald***, in Ermann (2011), § 447 BGB Rn. 1.

368 ***D Schmidt***, in: P/W/W (2007), § 447 BGB Rn. 1.

der Schickschuld, dass die verkaufte Sache nach einem anderen Ort als dem Erfüllungsort versendet werden soll. Damit ist klar geworden, dass die Bringschuld nicht unter § 447 BGB fällt, sondern § 446 BGB, wie eine Holschuld. Denn bei der Bringschuld liegt der Erfüllungsort nicht beim Verkäufer. Die Vorschrift setzt die Auslieferung der Kaufsache an die Transportperson voraus. Unter Auslieferung versteht man "physische Übergabe an die Transportperson zum Zwecke der Übermittlung an den Käufer unter Benennung des Käufers als Empfänger".[369] Die Voraussetzung für die Gattungsschuld, dass die Sache konkretisiert werden muss, wird beim Versendungskauf mit der Übergabe der ausgesonderten Sache an die Transportperson unter Benennung des Empfängers erfüllt.[370]

Zusammenfassend ist folgendes festzuhalten: Bei der Hol– und Bringschuld, bei der der Verkäufer die Sache zum Wohn– oder Geschäftssitz des Käufers bringen muss, geht die Gefahr mit der Übergabe der Kaufsache an den Käufer über. Beim Versendungskauf geht die Gefahr mit der Übergabe an die Transportperson über.

III. Türkisches Recht

1) Alte Rechtslage

a) Allgemein und Kritik zu der Regelung

Hinsichtlich des Gefahrübergangs müssen zwei Vorschriften in Betracht gezogen werden. Die erste Vorschrift ist Art. 117 BK a.F., in der die vom Schuldner nicht zu verantwortende Unmöglichkeit, also die Leistungsgefahr geregelt wird. Die Vorschrift besteht aus zwei Absätzen. Nach Abs. 1 wird der Schuldner von seiner Leistung frei, wenn die Leistung durch Umstände, die der Schuldner nicht zu verantworten hat, unmöglich geworden ist. Abs. 2 S. 1 regelt das Schicksal der Gegenleistung bei den zweiseitigen Verträgen. Demnach verliert auch der Schuldner seinen Anspruch auf Gegenleistung, wenn er wegen der von ihm nicht zu verantwortenden Unmöglichkeit nicht zu leisten braucht.

Hat der Gläubiger seine Leistung schon erbracht, muss er das Geleistete nach den Vorschriften der ungerechtfertigten Bereicherung zurückgewähren. Gemäß Abs. 2 S. 2 sind die Fälle (von der Regelung des Abs. 2 S. 1) ausgenommen, in denen die Gefahr nach Gesetzvorschrift oder nach dem Inhalt des Vertrags vor der Erfüllung auf den Gläubiger übergeht. In Bezug auf die Leistungsgefahr finden

369 ***Grunewald***, in Ermann (2011), § 447 BGB Rn. 10.
370 ***Grunewald***, in Ermann (2011), § 447 BGB Rn. 11.

einige Fragen im Gesetz keine ausdrückliche Regelung. Die erste Frage betrifft das Problem, wann die Leistungsgefahr bei Gattungsschulden auf den Gläubiger übergeht. Bei Gattungsschulden tritt die Unmöglichkeit erst ein, wenn die gesamte Gattung vernichtet wurde. Wenn dies nicht der Fall ist, muss der Schuldner eine andere Sache aus der Gattung am Markt beschaffen.[371] Anders als das deutsche Recht (§ 243 BGB) existiert im allgemeinen Teil des BK in Bezug auf die Frage, wann die Leistungsgefahr bei Gattungsschulden auf den Gläubiger übergeht, keine vergleichbare Regelung. Im Gegensatz zur allgemeinen Regelung wird im Kaufrechtlichen bei Gattungsschulden für den Gefahrübergang vorausgesetzt, dass die veräußerte Sache ausgeschieden sein muss (183 Abs. 2 BK a.F.). In der Literatur aber wird bei Gattungsschulden – in Analogie zum Kaufrecht – eine Aussonderung für den Gefahrübergang als erforderlich gesehen.[372] Die zweite Frage geht nach dem stellvertretenden commodum, das auch eine Lücke aufweist. In der Literatur wird schon vertreten, dass der Gläubiger die Möglichkeit haben soll, vom Schuldner das zu verlangen, was der Schuldner anstelle der ausgefallenen Leistung erlangt hat.[373] Aus der Ratio der Vorschrift ergibt sich schon, dass in § 119 BGB die geregelte Unmöglichkeit weder der Schuldner noch der Gläubiger zu verantworten hat. Es stellt sich aber die Frage nach dem Fall, in dem die Unmöglichkeit vom Gläubiger zu vertreten ist. In dem Fall bleibt der Gläubiger zu seiner Leistung weiter verpflichtet und der Schuldner von seiner Pflicht befreit. Trifft an der Unmöglichkeit der Leistung sowohl den Gläubiger als auch den Schuldner das Verschulden, soll das Problem gemäß § 96 BK a.F. gelöst werden.[374] Anschließend ist auf die Einwirkung des Schuldners– oder Gläubigerverzugs einzugehen.

Im türkischen Recht hat der Schuldnerverzug verschiedene Rechtsfolgen, die danach zu differenzieren sind, ob der Schuldner den Verzug zu vertreten hat oder nicht. Hinsichtlich des Gefahrübergangs ist die relevante Rechtsfolge, dass der Schuldner für den Zufall haftet, wenn er den Verzug zu vertreten hat. Befindet sich der Schuldner im Verzug, […] so haftet er auch für den Zufall (Art. 102 Abs. 1 BK a.F.).

Mit anderen Worten bleibt der Schuldner weiter zu der Erfüllung seiner Leistung verpflichtet. Da die Leistung infolge des Zufalls unmöglich geworden ist, wird er auf den Schadenersatzanspruch verwiesen, auch wenn ihn an der Unmöglichkeit der Leistung kein Verschulden trifft. Von dieser Haftung kann der Schuldner sich

---

371 ***Looschelders***, AT (2009), § 15 Rn. 287.

372 ***Wiegand***, in BaslerKomm, OR I, § Art. 119 Rn. 2.

373 ***Serozan***, in: Kocayusufpaşaoğlu/Hatemi/Serozan/Arpacı, § 15 Rn. 7.

374 ***Wiegand***, in: BaslerKomm, OR I, Art. 119 Rn. 14 ff.

in zweierlei Weise befreien. Er muss entweder beweisen, dass er den Verzug nicht zu vertreten hat. Oder er muss beweisen, dass der Zufall auch bei rechtszeitiger Erfüllung den Gegenstand der Leistung zum Nachteile des Gläubigers betroffen hätte (Art. 102 Abs. 2 BK a.F.).[375]

In Bezug auf den Gläubigerverzug findet man im allgemeinen Teil keine Regelung, wie der Gläubigerverzug auf die Gefahr einwirkt. Man findet schon in Art. 368 Abs. 1 BK a.F. eine Regelung in Bezug auf das Werkvertragsrecht. Die Vorschrift lautet folgendermaßen: "Geht das Werk vor seiner Übergabe durch Zufall zugrunde, kann der Unternehmer weder Lohn für seine Arbeit noch Vergütung seiner Auslagen verlangen, *außer wenn der Besteller sich mit der Annahme im Verzug befindet.*" Nach einer Ansicht kann man von dieser spezifischen Regelung in Anlehnung an das deutsche Recht (§§ 326 Abs. 2, 300 Abs. 2 BGB) einen allgemeinen Grundsatz ableiten, wonach der Gläubiger die Leistungs– und Preisgefahr trägt, wenn er sich in Verzug befindet.[376]

b) Preisgefahr

Die zweite wichtigste Vorschrift des alten BK ist § 183[377] und regelt die Tragung der Preisgefahr im Kaufrecht. Die Vorschrift stellt "eine Ausnahmebestimmung zu grundsätzlichen Gefahrtragungsregeln" des § 117 Abs. 2 BK a.F. dar, wonach

---

375 ***Serozan***, in: Kocayusufpasaoğlu/Hatemi/Serozan/Arpacı, § 17 Rn. 11 ff.

376 ***Serozan***, in: Kocayusufpasaoğlu/Hatemi/Serozan/Arpacı, § 12 Rn. 8 ff.

377 Die Vorschrift lautet folgendermaßen: "Sofern nicht besondere ***Verhältnisse oder Verabredungen eine Ausnahme*** begründen, gehen Nutzen und Gefahr der Sache mit dem Abschluss des Vertrages auf den Erwerber über. Ist die veräußerte Sache nur der Gattung nach bestimmt, so muss sie überdies ausgeschieden und, wenn sie versendet werden soll, zur Versendung abgegeben sein. Bei Verträgen, die unter einer aufschiebenden Bedingung abgeschlossen sind, gehen Nutzen und Gefahr der veräußerten Sache erst mit dem Eintritt der Bedingung auf den Erwerber über." Unter dem Begriff der "Verabredung" hat man die vertragliche Modifikation des Erfüllungsorts verstanden. Demnach soll die Preisgefahr in diesem Fall erst auf den Käufer übergehen, wenn der Kaufgegenstand sich am Erfüllungsort befindet (***Honsell*** BT, S. 49.). Konsequente Durchführung dieses Gedankens ist, dass bei der Bringschuld die Gefahr erst in dem Zeitpunkt übergeht, in welchem die Ware dem Käufer am Erfüllungsort zur Verfügung gestellt und er auch davon Kenntnis hat. ***Huguenin*** BT Rn. 162. a.A. ***A. Koller***, in: BaslerKomm, OR I, Art. 185 Rn. 1 vertritt zu Recht die Meinung, die Verabredung einer Bringschuld habe grundsätzlich nicht die rechtsgeschäftliche Bedeutung einer Gefahrverschiebung auf den Verkäufer. Der Verkäufer trägt jedoch schon von Gesetzes wegen die Gefahr bis zum Angebot der Ware beim Käufer.

der Schuldner im Fall der nachträglichen, unverschuldeten Unmöglichkeit zwar von seiner Leistungspflicht befreit wird, aber deswegen auch sein Anspruch auf Gegenleistung erlischt.[378] Auch wenn die Regelung der Gefahrtragung, also der Preisgefahr im Gesetz nach der Unterscheidung des Stück– oder Gattungskaufs erfolgt, wird im Folgenden das Problem nach dem Erfüllungsort behandelt.

aa) Holschuld

Bei der Holschuld ist eine differenzierte Betrachtung erforderlich, je nach dem, ob eine Gattungs– oder Stückschuld vorliegt. Beim Stückkauf geht die Gefahr (auch Nutzen) mit Abschluss des Kaufvertrags auf den Käufer über (§ 183 Abs. 1 BK a.F.). Die Vorschrift weicht von der allgemeinen Bestimmung insofern ab, als die Gefahr mit Vertragsschluss auf den Käufer übergeht. Mit anderen Worten bleibt der Käufer auch zur Bezahlung des vollständigen Preises verpflichtet, obwohl er die Sache infolge eines zufälligen Ereignisses, das nach dem Vertragsschluss eingetreten ist, nicht erhält.[379] Beim Gattungskauf ist die Aussonderung der Kaufsache erforderlich.[380] Für den Gattungskauf setzt die Vorschrift voraus, dass die zur Erfüllung bestimmte Kaufsache ausgeschieden ist (183 Abs. 2 BK a.F.).

bb) Versendungskauf

Liegt dagegen ein Versendungskauf vor, geht die Gefahr erst auf den Käufer über, wenn der Verkäufer die zur Erfüllung ausgesonderte Sache an die Transportperson übergeben hat. Beim Versendungskauf geht die Gefahr auf den Käufer mit Übergabe der Kaufsache zur Versendung an die Transportperson über. In diesem Sinne besteht zwischen Stück[381] – und Gattungskauf kein Unterschied im Fall des Versendungskaufs. Zu betonen ist zwar die Individualisierungsvoraussetzung beim Gattungskauf, das heißt, auch beim Versendungskauf muss die Kaufsache ausgesondert werden, auch wenn im Versendungskauf durch die bloße Versendung oft auch die Individualisierungsvoraussetzung erfüllt wird.[382]

---

378 ***A. Koller***, in: BaslerKomm, OR I, Art. 185 Rn. 1; ***Honsell***, BT, S. 49.

379 ***Keller/Siehr***, S. 24.

380 ***Aral***, S. 76 ff.; Yarg. 13. HD, 15.02.1985, 1984/7828, K. 1985/1010 (***Zevkliler***, 43).

381 Es geht hier zu Recht um eine analoge Anwendung von Art. 183 Abs. 2 auf den Stückkauf. ***Huguenin***, BT Rn. 155; ***A. Koller***, in: BaslerKomm, OR I, Art. 185 Rn. 15.

382 "(…) denn normalerweise bezeichnet der das Gut begleitende Frachtbrief den Käufer als Empfänger der Ware. Anders jedoch, wenn der Verkäufer mit einem Transport nicht ausgesonderte Ware an verschiedene Käufer verschickt. Die Individualisierung erfolgt hier erst durch Aushändigung der Ware am Bestimmungsort." ***A. Koller***, in: BaslerKomm, OR I, Art. 185 Rn. 20.

cc) Bringschuld

Für die Bringschuld findet man im Gesetz keine eigenständige Normierung. Auch wenn man über die allgemeine Regelung einfach zu dem Schluss kommen könnte, dass die Gefahr – entsprechend der Unterscheidung des Gattungs– oder des Stückkaufs – entweder mit Vertragsschluss oder mit Aussonderung auf den Käufer übergeht, ist dieser Schluss nicht richtig.[383] Wie beim Versendungskauf muss der Käufer alles getan haben, damit der Eintritt des Leistungserfolges nur noch vom Käufer abhängt.[384] Demnach geht bei der Bringschuld die Gefahr erst in dem Zeitpunkt über, in welchem der Verkäufer die Ware dem Käufer am Erfüllungsort zur Verfügung gestellt und er auch davon Kenntnis hat.[385]

So entsteht ein folgendes Bild:

Bei der Holschuld muss unterschieden werden, ob ein Stückkauf oder Gattungskauf vorliegt. Beim Stückkauf trägt der Käufer die Preisgefahr ab Vertragsschluss, während beim Gattungskauf die Preisgefahr erst mit der Aussonderung der Kaufsache auf den Käufer übergeht. Haben die Parteien einen Versendungskauf vereinbart, muss die Kaufsache beim Gattungskauf sowohl zur Erfüllung ausgeschieden als auch zur Versendung abgegeben sein. Für den Stückkauf genügt die Übergabe der Kaufsache an die Transportperson. Bei der Bringschuld geht die Gefahr auf den Käufer erst mit Zurverfügungstellung der Kaufsache durch Verkäufer am vereinbarten Erfüllungsort über.

Die Lösung des bisherigen BK wird von der Lehre stark kritisiert.[386] Das Hauptargument liegt bei der Kritik darin, dass im türkischen Recht die Übereignung des Eigentums nicht mit dem Vertragsschluss sondern mit der Übergabe geschieht.[387] Des Weiteren wird Kritik daran geübt, dass der Zeitpunkt des Vertragsschlusses oft sehr schwer bestimmbar ist.[388]

2) Neue Rechtslage und Kritik zu der neuen Regelung

In dem neuen Recht müssen wieder zwei Vorschriften in die Betrachtung einbezogen werden. Die erste Vorschrift (Art. 136 BK n.F.) regelt die nachträgliche,

383 "Weil sonst der Verkäufer besser gestellt wäre als beim Versendungskauf." ***A. Koller***, in BaslerKomm, OR I, Art. 185 Rn. 26.

384 ***A. Koller***, in: BaslerKomm, OR I, Art. 185 Rn. 26.

385 ***Huguenin***, BT Rn. 162.; ***A. Koller***, in: BaslerKomm, OR I, Art. 185 Rn. 26; ***Aral***, S. 76 ff.

386 ***Sieber***, S. 100 ff.

387 ***Aral***, S. 77.

388 ***Bucher***, ZSRS 1970, S. 281, 283.

unverschuldete Unmöglichkeit der Leistung (sog. Leistungsgefahr). Abgesehen von dem neu eingeführten Abs. 3 enthält die Regelung keine Neuerungen. Der neue Absatz obliegt dem Schuldner, den Gläubiger über die nachträgliche unverschuldete Unmöglichkeit unverzüglich zu informieren und die Maßnahmen zu ergreifen, die der Minderung des Schadens dient. Andernfalls muss der Schuldner den daraus entstehenden Schaden ersetzen (Art. 136 Abs. 2 BK n.F.)[389] Die Fragen nach dem stellvertretenden commodum, nach der Konkretisierungsvoraussetzung bei der Gattungsschuld, bleiben im neuen Gesetz weiter unbeantwortet. Ferner findet man keine allgemeine Regelung hinsichtlich der Leistungsgefahr, wenn sich der Gläubiger im Verzug befindet. Die Regelung in Bezug auf den Schuldnerverzug wird beibehalten. Die zweite Vorschrift regelt die Preisgefahr und besteht aus drei Absätzen. In Art. 208 Abs. 1 BK n.F. wird – abweichend von der alten Regelung – die Unterscheidung zwischen Gattungs– und Stückkauf weggelassen. Im gleichen Absatz wird die Tragung der Preisgefahr von der Besitzverschaffung abhängig gemacht. Demnach geht die Gefahr erst mit der Besitzverschaffung auf den Käufer über (Art. 208 Abs. 1 BK n.F.) In Art. 208 Abs. 2 BK n.F. wird vorgesehen, dass die Tragung der Preisgefahr beim Käufer bleibt, wenn der Käufer im Verzug der Annahme ist. Abs. 3 regelt die Gefahrtragung beim Versendungskauf, wobei die Unterscheidung zwischen Gattungs– und Stückkauf weggelassen wird. Anders als im alten Gesetz ist im neuen Gesetz keine Konkretisierungsvoraussetzung vorgesehen.

Die seit langem in der Literatur stark kritisierte Regelung des alten BK, wonach die Preisgefahr erst auf den Käufer mit Vertragsschluss übergeht, wird zwar geändert, weist aber immer noch Mängel auf. Zu kritisieren ist zunächst, dass im neuen Recht die Konkretisierungsvoraussetzung weggelassen wurde. In der Begründung der Vorschrift hat der Gesetzgeber das CISG und das BGB in dem Sinne erwähnt und indiziert, dass sich die neue Regelung an CISG angleiche.[390] Wie schon ausgeführt wurde, wird für den Gefahrübergang die Konkretisierung der Kaufsache vorausgesetzt.[391] Die Annahme, dass mit der Übergabe an die Transportperson die Konkretisierung nicht immer eintritt, ist nicht immer zutreffend. Denn der Verkäufer kann mit einem Transport nicht ausgesonderte Ware an verschiedene Käufer verschicken. Weiter zu kritisieren ist die Einfügung des Abs. 2, wonach der Käufer die Gefahr trägt, wenn er sich im Verzug befindet. Aus der Regelungstechnik erscheint

389 Zwar hat das neue Gesetz auch die teilweise Unmöglichkeit geregelt. Auf diese Regelung wird hier aber nicht eingegangen.

390 Die Begründung der Vorschrift § 208.

391 Vgl. ***P. Huber***, in: MünchKommBGB (2008), CISG Art. 66 Rn. 5.

es sinnvoll, diesen Grundsatz als eine allgemeine Regelung im allgemeinen Teil zu regeln. An solcher Regelung im allgemeinen Teil fehlt es immer noch.

IV. Zusammenfassung

-Unter dem Begriff der Gefahrübergang ist der Zeitpunkt zu verstehen, zu dem der Käufer zu der vollen Preiszahlung verpflichtet wird, auch wenn er vom Verkäufer keine ordnungsgemäße Ware erhält. Die Gefahrtragungsregeln des CISG regeln die Preisgefahr; die Leistungsgefahr wird im CISG nicht direkt geregelt. Der in der Literatur herrschenden Meinung nach geht die Leistungsgefahr mit der Preisgefahr über. Aus den Vorschriften 67 Abs. 2 und Art. 69 Abs. 3 CISG lässt sich herleiten, dass der Gefahrübergang beim Gattungskauf die Individualisierung der Ware voraussetzt. Gemäß Art. 67 Abs. 2, Art. 69 Abs. 3 CISG geht die Gefahr erst dann auf den Käufer über, wenn die veräußerte Ware eindeutig dem Vertrag zugeordnet ist und als die geschuldete Vertragsware identifiziert werden kann. Nach der Vorschrift 70 CISG berühren Art. 67, 68, 69 CISG nicht die dem Käufer wegen einer solchen Verletzung zustehenden Rechtsbehelfe, wenn der Verkäufer eine wesentliche Vertragsverletzung begangen hat. Hinsichtlich der wesentlichen Vertragsverletzung muss man vorab feststellen, dass diese anders als solch eine Vertragsverletzung ist, die zur Folge hat, dass die Sache wegen dieser beschädigt oder untergegangen ist. Die Vorschrift 66 Abs. 2 befreit den Käufer von seiner Pflicht zur Kaufpreiszahlung, wenn der Untergang oder die Beschädigung der Ware auf eine Handlung oder Unterlassung des Verkäufers zurückzuführen ist. Die Regelung zum Gefahrübergang beim Versendungskauf unterscheidet sich danach, ob der Vertrag einen bestimmten Übergabeort vorsieht oder nicht.

Wenn für die Übergabe kein bestimmter Ort vorgesehen ist, geht die Gefahr auf den Käufer über, sobald die Ware dem ersten Beförderer zur Übermittlung an den Käufer übergeben wird (Art. 67 lit. a CISG). Hat der Verkäufer die Ware dem Beförderer an einem bestimmten Ort zu übergeben, weicht das CISG von den Grundregeln ab (Art. 67Abs. I S. 2 CISG). Hierzu gelten auch die oben erwähnten Voraussetzungen zu Art. 67 Abs. I S. 1 CISG. Der wesentliche Unterschied besteht darin, dass die Gefahr erst auf den Käufer übergeht, wenn die Ware dem Beförderer an diesem Ort übergeben wird. Der Gefahrübergang bei der Holschuld wird in Art. 69 CISG geregelt. Nach Art. 69 Abs. 1 CISG geht die Gefahr an den Käufer über, sobald er die Ware übernimmt. Die von der Vorschrift vorausgesetzte Übernahme lässt sich durch den Käufer oder durch eigene Leute oder durch Beauftragte vornehmen. Als zweite Alternative sieht die Vorschrift in Abs. 2 S. 2 die

Verletzung der Annahmepflicht durch den Käufer vor. Nimmt der Käufer die Ware nicht rechtzeitig ab, geht die Gefahr in dem Zeitpunkt auf den Käufer über, in dem ihm die Ware am Ort der Niederlassung des Verkäufers zur Verfügung gestellt wird und diese Nichtabnahme eine Vertragsverletzung gemäß Art. 60 CISG darstellt. Der Gefahrübergang der Waren, die sich schon auf dem Transport befinden, ist in Art. 68 geregelt. Danach geht die Gefahr im Zeitpunkt des Vertragsabschlusses auf den Käufer über (Art. 68 S. 1 CISG). Bei der Bringschuld trägt der Verkäufer die Gefahr des Transports.

-Auch im deutschen Recht ist zwischen Leistungs– und Preisgefahr zu unterscheiden. Gemäß § 446 BGB geht die Gefahr des zufälligen Untergangs und der zufälligen Verschlechterung mit der Übergabe der verkauften Sache auf den Käufer über. Vereinfachend lässt sich sagen, dass der Käufer bei zufälligem Untergang oder zufälliger Verschlechterung der Kaufsache während des Erfüllungszeitraums, also nach dem Vertragsschluss vor der Erfüllung, zur Bezahlung des Kaufpreises weiter verpflichtet ist, wenn die Kaufsache ihm schon übergeben wurde. Bei den Hol– und Bringschulden geht die Gefahr gemäß § 446 BGB mit der Übergabe der Kaufsache auf den Käufer über. Letztendlich steht es der Übergabe gleich, wenn der Käufer im Verzug der Annahme ist (§ 446 Abs. 2 BGB). Der Gefahrübergang für den Fall des Versendungskaufs, der den wichtigsten Anwendungsfall der Schickschuld darstellt, wird in § 447 BGB geregelt. Demnach bleibt der Käufer zur Bezahlung des vollständigen Kaufpreises verpflichtet, wenn die Kaufsache bereits an die Transportperson ausgeliefert war, als die Unmöglichkeit eintrat.

-Im türkischen Recht regelt Art. 183 BK a.F. die Tragung der Preisgefahr im Kaufrecht. Die Vorschrift stellt "eine Ausnahmebestimmung zu grundsätzlichen Gefahrtragungsregeln" des § 117 Abs. 2 BK a.F. dar, wonach der Schuldner im Fall der nachträglichen, unverschuldeten Unmöglichkeit zwar von seiner Leistungspflicht befreit wird, aber deswegen auch sein Anspruch auf Gegenleistung erlischt. Bei der Holschuld ist eine differenzierte Betrachtung erforderlich, je nach dem, ob eine Gattungs– oder Stückschuld vorliegt. Beim Stückkauf geht die Gefahr (auch Nutzen) mit Abschluss des Kaufvertrags auf den Käufer über (§ 183 Abs. 1 BK a.F.). Die Vorschrift weicht von der allgemeinen Bestimmung insofern ab, als die Gefahr mit Vertragsschluss auf den Käufer übergeht. Für den Gattungskauf setzt die Vorschrift voraus, dass die zur Erfüllung bestimmte Kaufsache ausgeschieden ist (Art. 183 Abs. 2 BK a.F.).

Liegt dagegen ein Versendungskauf vor, geht die Gefahr erst auf den Käufer über, wenn der Verkäufer die zur Erfüllung ausgesonderte Sache an die Transportperson übergeben hat. Beim Versendungskauf geht die Gefahr auf den Käufer mit Übergabe der Kaufsache zur Versendung an die Transportperson über. In diesem

Sinne besteht zwischen Stück[392] – und Gattungskauf kein Unterschied im Fall des Versendungskaufs. Für die Bringschuld findet man im Gesetz keine eigenständige Normierung. Bei der Bringschuld geht die Gefahr erst in dem Zeitpunkt über, in welchem der Verkäufer die Ware dem Käufer am Erfüllungsort zur Verfügung gestellt und er auch davon Kenntnis hat.

Die Lösung des bisherigen BK wird von der Lehre stark kritisiert. Das Hauptargument liegt bei der Kritik darin, dass im türkischen Recht die Übereignung des Eigentums nicht mit dem Vertragsschluss sondern mit der Übergabe geschieht. In der neuen Rechtslage wird – abweichend von der alten Regelung – die Unterscheidung zwischen Gattungs– und Stückkauf weggelassen (Art. 208 Abs. 1 BK n.F.). Im gleichen Absatz wird die Tragung der Preisgefahr von der Besitzverschaffung abhängig gemacht. Demnach geht die Gefahr erst mit der Besitzverschaffung auf den Käufer über (Art. 208 Abs. 1 BK n.F.) In Art. 208 Abs. 2 BK n.F. wird vorgesehen, dass die Tragung der Preisgefahr beim Käufer bleibt, wenn der Käufer im Verzug der Annahme ist. Art. 208 Abs. 3 BK n.F. regelt die Gefahrtragung beim Versendungskauf, wobei die Unterscheidung zwischen Gattungs– und Stückkauf weggelassen wird. Anders als das alte Gesetz ist im neuen Gesetz keine Konkretisierungsvoraussetzung vorgesehen.

392 Es geht hier zu Recht um eine analoge Anwendung von Art. 183 Abs. 2 auf den Stückkauf. ***Huguenin***, BT Rn. 155; ***A. Koller***, in: BaslerKomm, OR I, Art. 185 Rn. 15.

Zweiter Teil: Die Rechtsbehelfe des Käufers

Kapitel 1: (Nach-)Erfüllungsanspruch des Käufers

I. Internationales Kaufrecht (CISG)

1) Allgemein

Ein Unterschied hinsichtlich des Erfüllungsanspruchs zwischen den kontinentaleuropäischen und den angloamerikanischen Rechtsordnungen zeigt sich in einer dogmatischen Besonderheit.[393] Der Anspruch des Käufers auf die Erfüllung wird in den kontinentaleuropäischen Ländern als "eine selbstverständliche Sache" angesehen.[394] Im Gegensatz zu den kontinentaleuropäischen Ländern wird der Erfüllungsanspruch im Common Law nicht einfach als "die logische Konsequenz aus der Leistungspflicht" sondern als Rechtsbehelf (remedy) betrachtet, der nur ausnahmeweise gewährt wird.[395] Die Ausgestaltung des Erfüllungsanspruchs in den kontinentalen und dem angloamerikanischen Rechtsordnungen ist als ein Spitzenbeispiel zu kennzeichnen, in dem der Unterschied zwischen den Rechtsordnungen deutlich hervortritt.[396] Die Rechtsordnungen weichen in theoretischer Hinsicht voneinander signifikant ab.

Das CISG entscheidet sich für einen Mittelweg, der zwar den Erfüllungsanspruch als Rechtsbehelf normiert, aber seine Durchsetzung mit Art. 28 CISG

---

393 ***P. Huber***, in: MünchKommBGB (2008), CISG Art. 46, Rn. 3; ***Müller-Chen***, S. 74; Nach ***Weller*** begünstigt das Modell des klagbaren Erfüllungsanspruchs den Gläubiger, weil im Modell der Rechtsbehelfe, wie im CISG, DCFR, der Gläubiger seine Primärrechte nicht schon allein auf Grund des Vertragsschlusses, sondern nur unter den zusätzlichen Remedy-Voraussetzungen in Natur durchsetzen kann; der Gläubiger trägt daher insoweit die Darlegungs– und Beweislast. ***Weller***, JZ 2011, S. 764, 765.

394 ***Basedow***, Int'l Rev. L. & E., 25 (2005) S. 487, 493; ***Beinert***, S. 17; ***Müller-Chen***, in: Schlechtriem/Schwenzer (2008), Art. 28, Rn. 1.

395 "[…] eine von mehreren Reaktionsmöglichkeiten des Käufers auf (eingetretene oder drohende) Vertragsbrüche des Verkäufers", ***P. Huber***, in: MünchKommBGB (2008), Art. 46 CISG, Rn. 3; ***Müller-Chen***, in: Schlechtriem/Schwenzer (2008), Art. 28, Rn. 2–3, Art. 46, Rn. 1; ***Reinhart***, Art. 28, Rn. 2; ***Schrewe***, (S. 55) sieht richtigerweise das englische Rechtsbehelfssystem als "kompensatorisch" an, während er das kontinental-europäische Modell als "erfüllungsorientiert" nennt.

396 Introduction, in: Smits/Haas/Hesen (Hrsg.), S. 3.

einschränkt.[397] Nach Art. 46 Abs. 1 kann der Käufer vom Verkäufer die Erfüllung seiner Pflichten verlangen, sofern der Käufer kein Recht ausgeübt hat, das mit diesem Verlangen unvereinbar ist.

Art. 46 Abs. 1 hat zwei Funktionen:

Zuerst kann die Vorschrift als die konkrete Anspruchsgrundlage für den allgemeinen Erfüllungsanspruch angesehen werden. Damit wird Art. 46 Abs. 1 zu einer konkreten Anspruchsgrundlage für den allgemeinen Erfüllungsanspruch des Käufers, der alle Fälle enthält, in denen nicht eine Lieferung vertragswidriger Ware vorliegt.[398] Außer dieser Funktion hat Art. 46 Abs. 1 als Grundregel noch eine zweite Funktion. Nach dieser Funktion stellt Art. 46 Abs. 1 eine allgemeine Grundregel dar, die solche Voraussetzungen für den allgemeinen Erfüllungsanspruch enthält, die auch bei Ansprüchen auf Ersatzlieferung bzw. Nachbesserung aus Art. 46 Abs. 2 und 3 CISG gelten müssen.[399] In Art. 46 Abs. 2 und 3 CISG werden modifizierte und spezifische Formen des Erfüllungsanspruchs verankert.[400] Dabei geht es um die Ansprüche auf Ersatzlieferung und Nachbesserung für den Fall der Lieferung vertragswidriger Waren, die an unterschiedliche Voraussetzungen geknüpft sind.[401] Die beiden Ansprüche setzen die Mängelanzeige und die Geltendmachung innerhalb einer angemessenen Frist voraus. Ferner wird der Anspruch auf Ersatzlieferung an das Erfordernis der wesentlichen Vertragsverletzung geknüpft, während beim Anspruch auf Nachbesserung nicht die wesentliche Vertragsverletzung, sondern die Zumutbarkeit für den Verkäufer vorausgesetzt wird.[402] Letztlich kann der Käufer nicht die Erfüllung verlangen, wenn er einen Rechtsbehelf – wie Vertragsaufhebung oder Minderungsrecht sowie Schadenersatz wegen Nichterfüllung – ausgeübt hat, der mit diesem Verlangen nicht vereinbar ist.[403]

---

397 ***Müller-Chen***, in: Schlechtriem/Schwenzer (2008), CISG Art. 28 Rn. 3; ***Botzenhardt***, s. 54.

398 ***P. Huber***, in: MünchKommBGB (2008), CISG Art. 46 Rn. 5; **Schnyder/Straub** in: Honsell (Hrsg.), CISG (2010), Art. 46, Rn. 4.

399 ***P. Huber***, in: MünchKommBGB (2008), CISG Art. 46 Rn. 5.

400 ***Schnyder/Straub*** in: Honsell (Hrsg.), CISG (2010), Art. 46 Rn. 3.

401 ***Rudolph***, Art. 46, Rn, 1; ***Ziegler***, S. 140; ***Piltz***, Rn. 5–168;

402 ***Magnus*** in: Staudinger/CISG (2005) Art. 46 CISG, Rn. 2; ***P. Huber***, in: MünchKommBGB (2008), Art. 46 CISG, Rn. 4; ***Schnyder/Straub*** in: Honsell (Hrsg.), CISG (2010), Art. 46, Rn. 5.

403 ***Piltz*** Rn. 5–170; ***Witz/Salger/Lorenz*** Art. 46 Rn. 4; ***Saenger*** in: Ferrari (Hrsg.), Int. VertragsR., Art. 46 CISG Rn. 3.

2) Voraussetzungen des allgemeinen Erfüllungsanspruchs

a) Pflichten des Verkäufers

Als Pflichten des Verkäufers, in denen der allgemeine Erfüllungsanspruch (Art. 46 Abs. 1 CISG) zur Anwendung kommt, kommen in erster Linie die Verpflichtungen zur Lieferung der Ware (Art. 31 CISG) in Betracht oder eines fehlenden Teils (Art. 51 CISG), zur richtigen Zeit (Art. 33 CISG), am richtigen Ort (Art. 31 CISG), zur Übertragung von deren Eigentum, die Verpflichtung zur Übergabe von Dokumenten (Art. 34 CISG) sowie alle anderen Pflichten wie Montagepflichten, Werbepflichten, Exklusivitätspflichten, die sich entweder aus der konkreten vertraglichen Vereinbarung (Art. 8 CISG) oder aus dem Handelsbrauch (Art. 9 CSIG) ergeben.[404] Die Verpflichtung des Verkäufers zur Lieferung vertragsgemäßer Ware (Art. 35) steht aber nicht im Anwendungsbereich des Abs. 1. Demnach muss der Käufer sein Verlangen nach Beseitigung eines Sachmangels – z.B. Qualitätsmängel oder Aliudlieferung – nicht nach Art. 46 Abs. 1, sondern Abs. 2 und 3 CISG richten.[405] Man darf aber hier nicht vergessen, dass die Ansprüche auf Ersatzlieferung oder Nachbesserung nicht nur den in Art. 46 Abs. 2 und 3 CISG verankerten Voraussetzungen, sondern auch den im Art. 46 Abs. 1 geregelten allgemeinen Voraussetzungen des allgemeinen Erfüllungsanspruchs unterliegen (zweite Funktion des Art. 46 Abs. 1).[406] Außer dieser Ausnahme spielt die Art der Pflicht keine Rolle. Was die Verpflichtung des Verkäufers zur Lieferung einer rechtsmangelfreien Ware angeht, ist in der Literatur umstritten.

Die herrschende Lehre beschränkt den Anwendungsbereich des Art. 46 Abs. 2 und 3 CISG nur auf die Vertragswidrigkeiten im engen Sinn des Art. 35 CISG. Deshalb gilt nach dieser Fassung Abs. 1 auch für die rechtsmängelbehaftete Ware.[407]

---

404 ***Brunner***, Art. 46 Rn. 1.

405 Obwohl Quantitätsmängel unter Art. 35 fallen, verlangt der Käufer die fehlenden Teile nicht nach Abs. 2 und 3 sondern Abs. 1 (Art. 51). Damit wird die fehlende Lieferung angesichts der anwendbaren Rechtsbehelfe in den Art. 46–50 nicht mehr als Sachmangel sondern als Nichtlieferung qualifiziert. ***Schnyder/Straub***, in: Honsell (Hrsg.), CISG (2010), Art. 46, Rn. 14, 14a, 18, Art. 51 Rn. 36; ***Magnus***, in: Staudinger/CISG (2005), Art. 46 CISG, Rn. 10; ***P. Huber***, in: MünchKommBGB (2008), Art. 46 CISG, Rn. 8; ***Brunner***, Art. 46 Rn. 2.

406 ***P. Huber***, in: MünchKommBGB (2008), Art. 46 CISG, Rn. 5, 26, 51.

407 ***Müller-Chen***, in: Schlechtriem/Schwenzer (2008), Art. 46 Rn. 22; ***Magnus***, in: Staudinger/CISG (2005), Art. 46 CISG, Rn. 15; ***Schnyder/Straub***, in: Honsell (Hrsg.), CISG (2010) Art. 46, Rn. 18a; ***P. Huber***, in: MünchKommBGB (2008), 46 CISG, Rn. 9; ***Brunner***, Art. 46 Rn. 2; ***P. Huber***, in: Mullis/Huber, S. 198; ***Ziegler***, S. 140; Für die andere Ansicht, wonach die Absätze 2 und 3 auch hinsichtlich rechtsmängelbehafteter

Mit anderen Worten: Der Käufer kann die Beseitigung von Rechtsmängeln nach Abs. 1 verlangen. Dies bedeutet: Für den Anspruch des Käufers auf Lieferung einer rechtsmangelfreien Ersatzware muss die Voraussetzung der wesentlichen Vertragsverletzung nicht vorliegen, die eigentlich für den Anspruch auf Ersatzlieferung nach Art. 46 Abs. 2 CISG vorausgesetzt wird.[408]

b) Nichterfüllung

Die Nichterfüllung einer Pflicht durch den Verkäufer ist die zweite Voraussetzung für den allgemeinen Erfüllungsanspruch des Käufers. Im Hinblick auf den Anwendungsbereich des Abs. 1 kann man von der Nichterfüllung ausgehen, wenn der Verkäufer die Ware nicht rechtzeitig (Art. 30, 33 CISG), nicht am richtigen Ort (Art. 30, 31 CISG) geliefert hat.[409] Die Nichtübergabe von betreffenden Dokumenten (Art. 30, 34 CISG) und auch die teilweise Lieferung (Art. 51 CISG) stellen die Nichtlieferung im Sinne des Art. 46 Abs. 1 CISG dar.[410]

c) Keine Ausschluss-Gründe

aa) Art. 28 CISG

Da im angloamerikanischen Recht auf Grund des Vertrags der Käufer den Verkäufer nicht zur Erfüllung zwingen kann,[411] erfährt der Erfüllungsanspruch in Art. 28 CISG eine formellrechtliche Einschränkung. Demnach ist der Erfüllungsanspruch nicht durchsetzbar, wenn das angerufene Gericht nach seinem nationalen Recht bei gleichartigen Kaufverträgen keine Erfüllung in Natur gewährt.[412] Darauf, ob

---

Ware gelten. ***Stargardt***, in: Enderlein/Maskow/Stargardt, Art. 46 Bem. 2; ***von Hoffman***, in: Schlechtriem (Hrsg.) Einheitliches, S. 294.

408 ***Magnus***, in: Staudinger/CISG (2005), Art. 46 CISG, Rn. 15; ***Schnyder/ Straub***, in: Honsell (Hrsg.), CISG (2010), Art. 46, Rn. 18a; ***P. Huber***, in: MünchKommBGB (2008), Art. 46 CISG, Rn. 9; ***Brunner***, Art. 46 Rn. 2.

409 ***Magnus***, in: Staudinger/CISG (2005), Art. 46 CISG, Rn. 10; ***P. Huber***, in: MünchKommBGB (2008), Art. 46 Rn. 11.

410 ***Magnus***, in: Staudinger/CISG (2005), Art. 46 CISG, Rn. 11; ***P. Huber***, in: MünchKommBGB (2008), Art. 46 Rn. 11.

411 ***Rheinstein***, S. 138; Im Gegensatz zum kontinentaleuropäischen Recht ergibt sich aus dem Kaufvertrag nicht ein Erfüllungsanspruch sondern nur ein Schadenersatzanspruch.

412 ***Magnus***, in: Staudinger/CISG (2005), Art. 46 CISG, Rn. 18; ***Schnyder/Straub***, in: Honsell (Hrsg.), CISG (2010), Art. 46, Rn. 22; ***Schlechtriem,*** Internationales, Rn. 118; ***Botzenhardt***, s. 54.

ein Erfüllungsanspruch nach dem CISG besteht, kommt es nicht an. Wichtig ist, dass der Erfüllungsanspruch verfahrensmäßig durchsetzbar ist.

bb) Ausübung eines unvereinbaren Rechtsbehelfs

Nach CISG Art. 46 Abs. 1 2. Halbs. CISG entfällt der Erfüllungsanspruch des Käufers, wenn er ein Recht ausgeübt hat, das mit diesem Verlangen unvereinbar ist. Drei Punkte sind festzustellen: Zuerst soll die Frage erörtert werden: Wonach richtet es sich, ob zwei Rechtsbehelfe miteinander vereinbar sind. Des Weiteren müssen die Rechtsbehelfe festgestellt werden, die mit dem Erfüllungsanspruch unvereinbar sind. Letztlich kommt man nicht um die Frage herum, was man unter "ausgeübt hat" versteht.

Von den Anspruchsinhalten hängt die Beantwortung der Frage ab, ob zwei Rechtsbehelfe miteinander vereinbar sind. Mit anderen Worten: Es kommt auf die jeweiligen Interessen an, die durch die betreffenden Rechtsbehelfe gewahrt werden sollen.[413] Je nach verletzter Pflicht steht eine vollständige und ordnungsgemäße Erfüllung in natura im Mittelpunkt des Erfüllungsanspruchs.[414] Damit wird die Frage, welche Rechtsbehelfe miteinander unvereinbar sind, beantwortet. Demnach sind die Vertragsaufhebung, die Minderung und der Schadenersatz wegen Nichterfüllung mit dem Erfüllungsanspruch unvereinbar.[415] Diese Rechtsbehelfe sind mit dem Erfüllungsanspruch deshalb unvereinbar, da der Käufer mit der Ausübung dieser Rechtsbehelfe sich dafür entscheidet, sein Erfüllungsinteresse entweder nicht mehr (Aufhebung, Minderung) oder auf andere Weise (Schadenersatz wegen Nichterfüllung) zu befriedigen.[416] Dem Erfüllungsanspruch widerspricht dagegen

413 ***P. Huber***, in: MünchKommBGB (2008), Art. 46 CISG, Rn. 13; ***Schnyder/Straub***, in: Honsell (Hrsg.), CISG (2010), Art. 46, Rn. 23; ***Piltz***, Rn. 5–170; "…dass der Käufer ***einen bestimmten Rechtsbehelf*** tatsächlich geltend macht, der ***denknotwendig*** einen ***fortdauernden Erfüllungsanspruch*** wegen der gleichen Pflichtverletzung ***ausschließt***."

414 ***P. Huber.***, in: MünchKommBGB (2008), Art. 46 CISG, Rn. 13; Müller-Chen, in: Schlechtriem/Schwenzer (2008), Art. 46 Rn. 6; ***Schnyder/Straub***, in: Honsell (Hrsg.), CISG (2010), Art. 46, Rn. 24.

415 ***Magnus***, in: Staudinger/CISG (2005), Art. 46 CISG, Rn. 19; ***P. Huber***, in: MünchKommBGB (2008), Art. 46 CISG, Rn. 13; ***Schnyder/Straub***, in: Honsell (Hrsg.), CISG (2010), Art. 46, Rn. 24; ***Piltz***, Rn. 5–171.

416 ***P. Huber***, in: MünchKommBGB (2008), Art. 46 CISG, Rn. 13; ***Schnyder/Straub***, in: Honsell (Hrsg.), CISG (2010), Art. 46, Rn. 24; "…weil diese den Fortbestand eines Anspruchs ausschließen, der auf Leistungserbringung in natura ausgerichtet ist"; ***Müller-Chen***, in: Schlechtriem/Schwenzer (2008), Art. 46 Rn. 7; ***Botzenhardt***, s. 54.

nicht die Geltendmachung von Schadenersatz.[417] Die Ausübung der Rechtsbehelfe ist eine einseitige Erklärung des Käufers. Keine Voraussetzung dafür ist, dass der Verkäufer sein Einverständnis erklärt. Der Käufer ist an seine Erklärung gemäß Art. 26, 27 CISG gebunden. Ist die Ausübung der Vertragsaufhebung, Minderung oder Schadenersatz wegen Nichterfüllung unberechtigt, besteht der Vertrag fort.[418]

cc) Unmöglichkeit und Entlastung gemäß Art. 79 CISG

Die objektive oder subjektive Unmöglichkeit der Erfüllung ist im CISG nicht ausdrücklich geregelt.[419] Einer Ansicht nach muss man bei der Behandlung des Problems von der ungeschriebenen Voraussetzung der Erfüllungsfähigkeit des Erfüllungsanspruchs ausgehen.[420] Die Auffassungen, die sich bei ihrer Lösung auf den Unterscheid zwischen subjektiver oder objektiver Unmöglichkeit beziehen, sind nicht einwendungsfrei. Nach dieser Ansicht entfällt der Erfüllungsanspruch des Käufers im Fall der objektiven Unmöglichkeit.[421]

Für den Fall der subjektiven Unmöglichkeit ist ein Ausschluss des Erfüllungsanspruchs nur zu bejahen, wenn der Verkäufer keine zumutbare Ausweichmöglichkeit hat.[422] Bei der Lösung des Problems wird oft der Art. 79 CISG herangezogen, wonach der Verkäufer nicht für einen außerhalb seines Einflussbereichs liegenden Hinderungsgrund einstehen muss. Die Vorschrift stellt eine Grenze für den verschuldensunabhängigen Schadenersatzanspruch des Käufers dar. Der Schadenersatzanspruch des Käufers wird im CISG als eine Garantihaftung geregelt, indem der Schadenersatzanspruch kein Verschulden des Verkäufers voraussetzt.

Beim CISG Art. 79 handelt es sich um eine Entlastung des Verkäufers. Damit wird der Verkäufer von seiner Schadenersatzpflicht befreit, wenn die Nichterfüllung auf einem außerhalb seines Einflussbereichs liegenden Hinderungsgrund beruht, und dass von ihm nicht erwartet werden konnte, den Hinderungsgrund bei Vertragsschluss in Betracht zu ziehen oder den Hinderungsgrund oder seine

---

417 ***P. Huber***, in: MünchKommBGB (2008), Art. 46 CISG, Rn. 13; ***Brunner***, Art. 46 Rn. 5.

418 ***Schnyder/Straub***, in: Honsell (Hrsg.), CISG (2010), Art. 46, Rn. 26; ***Magnus***, in: Staudinger/CISG (2005), Art. 46 CISG, Rn. 22; Müller-Chen, in: Schlechtriem/Schwenzer (2008), Art. 46 Rn. 7.

419 ***P. Huber***, in: MünchKommBGB (2008), Art. 46 CISG, Rn. 18.

420 ***Schnyder/Straub***, in: Honsell (Hrsg.), CISG (2010), Art. 46, Rn. 29.

421 ***P. Huber***, in: MünchKommBGB (2008), Art. 46 CISG, Rn. 18.

422 ***Magnus***, in: Staudinger/CISG (2005), Art. 46 CISG, Rn. 27. Für eine andere Ansicht, die das Problem über Art. 28 zu lösen, vorschlägt: ***Schlechtriem***, Internationales, Rn. 118; ***Herber/Czerwenka***, Art. 46, Rn. 4; ***Loewe***, Art. 46, S. 67.

Folgen zu vermeiden oder zu überwinden. Indessen aber wird gefragt, wie sich eine Entlastung des Verkäufers auf den Erfüllungsanspruch des Käufers auswirkt.[423] Wenn man von dem Wortlaut des Art. 79 Abs. 5 CISG ausgeht, wonach trotz der Entlastung des Verkäufers von der Leistungspflicht außer dem Schadenersatzanspruch alle Rechtsbehelfe des Käufers bestehen bleiben, berührt die Entlastung den Erfüllungsanspruch nicht.[424] Auch die Entstehungsgeschichte lässt den Schluss nicht zu, dass in einem solchen Fall auch der Erfüllungsanspruch ausgeschlossen sei.[425] Dagegen geht die herrschende Lehre zu Recht im Fall der objektiven Unmöglichkeit vom Ausschluss des Erfüllungsanspruchs aus.[426] Liegt dagegen eine subjektive Unmöglichkeit vor, soll der Erfüllungsanspruch weiterbestehen.[427] Meines Erachtens müssen hier das Problem der Unmöglichkeit und die Frage, ob der Entlastungsgrund (Art. 79 CISG) den Erfüllungsanspruch berührt oder nicht, separat behandelt werden. Festzustellen sind folgende Punkte: Das Unmöglichkeitsproblem findet im CISG keine ausdrückliche Regelung. Von Art. 79 CISG erfasst sind nur die Fälle der objektiven Unmöglichkeit, in denen der Hinderungsgrund außerhalb des Einflussbereiches des Schuldners liegt. Dagegen nicht erfasst sind die Fälle der objektiven Unmöglichkeit, in denen der Hinderungsgrund nicht außerhalb des Einflussbereiches des Schuldners liegt. Damit wird schon festgestellt, auch wenn man im Fall des Art. 79 CISG die Entlastung des Erfüllungsanspruchs bejaht, dass diese Entlastung auf die Fälle der objektiven Unmöglichkeit beschränkt wird, in denen der Hinderungsgrund außerhalb des Einflussbereiches des Verkäufers liegt. Die anderen Fälle der Unmöglichkeit bleiben weiter ungelöst.[428]

Außerdem sind die Befreiungsgründe des Art. 79 I nicht an die Tatbestände der Unmöglichkeit oder des Unvermögens gebunden.[429] Daraus ergibt sich schon, dass Art. 79 CISG nicht das richtige Instrument ist, um das Problem zu lösen. Daher ist die Meinung vorzugwürdig, die bei der Lösung des Problems auf den Grundsatz von Treu und Glauben zurückgreift.[430] Neben dem Rechtsinstitut von Treu und Glauben, ist es bei der Lösung des Problems ratsam, sich über die

423 ***Magnus***, in: Staudinger/CISG (2005), Art. 46 CISG, Rn. 25; ***Eckert/Maifeld/Matthiesen***, Rn. 976.

424 ***Magnus***, in: Staudinger/CISG (2005), Art. 46 CISG, Rn. 25.

425 ***Schwenzer***, in: Schlechtriem/Schwenzer (2008), Art. 79 Rn. 52.

426 ***Schwenzer***, in: Schlechtriem/Schwenzer (2008), Art. 79 Rn. 52.

427 ***Schwenzer***, in: Schlechtriem/Schwenzer (2008), Art. 79 Rn. 52.

428 ***Maile-Zinser***, S. 109 ff.

429 ***U. Huber***, in: von Caemerer/Schlechtriem (1995), Art. 46 Rn. 13.

430 ***P. Huber***, in: MüncKommBGB (2008), Art. 46 CISG, Rn. 18.

anderen Regelwerke ein Überblick zu verschaffen.[431] Meines Erachtens liegt hier eine Lücke vor, die durch die Prinzipienwerke geschlossen werden kann. In Art. 8: 101 i.V. m. 8:108 PECL wird bestimmt, dass die benachteiligte Partei von jedem der in Kapitel 9 PECL vorgesehenen Rechtsbehelfe Gebrauch machen kann, mit Ausnahme der *Ansprüche auf Erfüllung* und auf Schadenersatz, wenn die Nichterfüllung gemäß Art. 8:108 entschuldigt ist. In Art. III.–3:101 i.V. m. III.–3:104 weicht DCFR von den PECL nicht ab, wonach der Gläubiger außer der Erfüllung und dem Schadenersatz zu den anderen Rechtsbehelfen greifen kann, wenn die Nichterfüllung des Schuldners entschuldigt ist. Meines Erachtens führt eine Art der Unterscheidung, wie subjektive und objektive Unmöglichkeit, zu endlosen Diskussionen.

Die Regelwerke hatten sich schon für eine Lösung entschieden, wonach der Gläubiger die Erfüllung nicht verlangen kann, wenn die Leistung schon unmöglich ist. Art. 9:102 Abs. 2 PECL, Art. III.–3:302 III (a) DCFR sehen ausdrücklich vor, dass im Fall der Unmöglichkeit die Erfüllung nicht verlangt werden kann. Das BGB folgt auch dieser Lösung (§ 275 Abs. 1 BGB).

dd) Erklärung des Käufers für den Anspruch

Der Käufer übt sein Recht dadurch aus, dass er die Erklärung für den Erfüllungsanspruch abgibt. Der Inhalt der Erklärung ist auf die Erfüllung der Verpflichtung des Verkäufers in der vertraglich geschuldeten Form ausgerichtet. Für die Abgabe der Erklärung sind im CISG keine Fristen und keine besondere Form vorgesehen.[432] Obwohl im CISG die Abgabe der Erklärung an keine Fristen gebunden ist, kann die Geltendmachung des Erfüllungsanspruchs wegen des Grundsatzes von Treu und Glauben einen Rechtsmissbrauch darstellen, wenn längere Zeit nach Ablauf der Lieferfrist verstreicht und der Verkäufer darauf vertrauen darf, dass der Käufer die Erfüllung nicht mehr verlangen werde.[433]

---

431 ***Maile-Zinser***, S. 154 ff.

432 ***Schnyder/Straub***, in: Honsell (Hrsg.), CISG (2010), Art. 46, Rn. 34, 34a; ***Magnus***, in: Staudinger/CISG (2005), Art. 46 CISG, Rn. 28a.

433 ***Schnyder/Straub***, in: Honsell (Hrsg.), CISG (2010), Art. 46, Rn. 34b; ***Magnus***, in: Staudinger/CISG (2005), Art. 46 CISG, Rn. 28a; ***P. Huber***, in: MünchKommBGB (2008), Art. 46 CISG, Rn. 20; ***Brunner***, Art. 46 Rn. 9; In solchen Fällen kommt das Rechtsinstitut der Verwirkung in Betracht, dazu s. ***Magnus***, in: Staudinger/CISG (2005), Art. 4 CISG, Rn. 53.

d) Rechtsfolgen

Wenn die oben genannten Voraussetzungen vorliegen, räumt Art. 46 Abs. 1 CISG dem Käufer das Recht ein, vom Verkäufer zu verlangen, die Verpflichtung in der vertraglich geschuldeten Form zu erbringen.[434] Die Art des Anspruchs hängt von der betreffenden Pflicht ab; z.B.: wenn es sich um eine vollständige Nichtlieferung der Ware handelt, besteht der Erfüllungsanspruch darin, die Ware in der vertraglich geschuldeten Form zu liefern.[435] Oder wenn ein Rechtsmangel vorliegt, besteht der Erfüllungsanspruch darin, entweder die Rechte oder Ansprüche des Dritten zu beseitigen oder beim Gattungskauf rechtsmängelfreie Ersatzware zu liefern.[436]

e) Ius variandi: Verhältnis zu den anderen Rechtsbehelfen

Eine Beschränkung für den Erfüllungsanspruch ergibt sich in erster Linie dann, wenn der Käufer einen anderen Rechtbehelf ausgeübt hat, der mit dem Verlangen der Erfüllung unvereinbar ist. Diese sind Vertragsaufhebung, Minderung und Schadenersatz wegen Nichterfüllung. Außer dieser generellen Beschränkung gibt es noch drei weitere Beschränkungen.

Die erste Beschränkung kommt aus Art. 47 Abs. 2 CISG, wonach der Käufer vor Ablauf der Nachfrist keinen Rechtsbehelf ausüben kann. Es ist gleichgültig, ob die Vertragsverletzung wesentlich ist oder nicht. Der Anspruch findet seine zweite Beschränkung in Art. 48 Abs. 2 ("Bindung des Käufers durch ggf. konkludente Annahme eines Nacherfüllungsangebots").[437] Als dritte Beschränkung kommen die sich aus dem Grundsatz von Treu und Glauben ergebenden Rechtsbehelfe in Betracht. Außer allen diesen Beschränkungen kann der Käufer einen anderen vereinbarten Rechtsbehelf, insbesondere Schadenersatz wegen Begleitschaden, ausüben.[438] Die Geltendmachung des Erfüllungsanspruchs hindert den Käufer nicht,

---

434 ***Schnyder/Straub***, in: Honsell (Hrsg.), CISG (2010), Art. 46, Rn. 38; ***Magnus***, in: Staudinger/CISG (2005), Art. 46 CISG, Rn. 29; ***P. Huber***, in: MünchKommBGB (2008), Art. 46 CISG, Rn. 21.

435 ***Schnyder/Straub***, in: Honsell (Hrsg.), CISG (2010), Art. 46, Rn. 38.

436 Da hier die Anspruchsgrundlage für den Erfüllungsanspruch des Käufers Art. 46 Abs. 1 ist, muss die Vertragsverletzung nicht wesentlich sein. ***Schnyder/Straub***, in: Honsell (Hrsg.), CISG (2010), Art. 46, Rn. 34b; ***Magnus***, in: Staudinger/CISG (2005), Art. 46 CISG, Rn. 29; ***P. Huber***, in: MünchKommBGB (2008), Art. 46 CISG, Rn. 21.

437 ***P. Huber***, in: MünchKommBGB (2008), Art. 46 CISG, Rn. 23.

438 ***Schnyder/Straub***, in: Honsell (Hrsg.), CISG (2010), Art. 46, Rn. 45; ***P. Huber***, in: MünchKommBGB (2008), Art. 46 CISG, Rn. 23. Vgl. OLG Hamm NJW-RR 1996, 179, 180=CISG-online Nr. 146.

jederzeit vom Erfüllungsverlangen abzugehen und zu anderen Behelfen überzuwechseln, wenn die Voraussetzungen dieser Ansprüche vorliegen.[439]

3) Ersatzlieferungsanspruch im CISG

a) Allgemein und Grenze zu dem Nacherfüllungsanspruch

Der Anspruch auf Ersatzlieferung wird als eine spezifische Form des Erfüllungsanspruchs in Art. 46 Abs. 2 CISG geregelt. Im Gegensatz zu dem Haager Kaufrecht (Art. 42 Abs. 1 lit. c EKG) wird der Anspruch auf Ersatzlieferung, d.h. Lieferung einer anderen vertragsgemäßen Sache (Art. 46 Abs. II CISG), an die Voraussetzung der wesentlichen Vertragsverletzung geknüpft. Die Verknüpfung mit der Voraussetzung der Wesentlichkeit erklärt man dadurch, dass eine Ersatzlieferung für den Verkäufer mit unzumutbaren Schwierigkeiten oder Kosten verbunden ist.[440] Außerdem müssen die Voraussetzungen des Abs. 1 vorliegen, wenn der Käufer eine Ersatzlieferung verlangt (zweite Funktion des 46 Abs. 1 CISG).[441] Im Gegensatz zum Ersatzlieferungsanspruch besteht der Nachbesserungsanspruch nicht nur bei wesentlichen Sachmängeln, sondern kann bei Sachmängeln jeder Art. geltend gemacht werden.[442] Des Weiteren wird der Verkäufer beim Ersatzlieferungsanspruch dazu verpflichtet, die nichtvertragsgemäße Ware regelmäßig auszutauschen.[443] Liegt die Nachbesserungsfähigkeit des Mangels vor, geht die herrschende Meinung

---

439 ***Schnyder/Straub***, in: Honsell (Hrsg.), CISG (2010), Art. 46, Rn. 45; ***Magnus***, in: Staudinger/CISG (2005), Art. 46 CISG, Rn. 30; ***P. Huber***, in: MünchKommBGB (2008), Art. 46 CISG, Rn. 23; ***Magnus***, in: Staudinger/CISG (2005), Art. 46 CISG, Rn. 38.

440 ***Lüderitz***, in: Schlechtriem (Hrsg.), Einheitliches, S. 296; ***P. Huber***, in: MünchKommBGB (2008), Art. 46 CISG, Rn. 24; ***Rudolph***, Art. 46 Rn. 12; ***Stargardt***, in: Enderlein/Maskow/Stargardt, Art. 46, Bem. 3; ***Secretariat Commentary***, Art. 42, para. 12; nur aus dogmatischen Gründen Kritik zu dieser Regelung: ***U. Huber***, RabelsZ 43 (1979), S. 413, 486, die Einschränkung sei systemwidrig. Der Anspruch auf Lieferung von Ersatzware ist ein Unterfall des Erfüllungsanspruchs, und Erfüllung könne daher der Käufer – vom Vorbehalt des Art. 26 abgesehen – immer verlangen. (…) Dann dürfe es aber nicht auf "Wesentlichkeit", sondern es müsse auf "Zumutbarkeit" ankommen.

441 ***Müller-Chen***, in: Schlechtriem/Schwenzer (2008), Art. 46 Rn. 17; ***P. Huber***, in: MünchKommBGB (2008), Art. 46 CISG, Rn. 37.

442 ***Magnus***, in: Staudinger/CISG (2005), Art. 46 CISG, Rn. 57.

443 ***Schnyder/Straub***, in: Honsell (Hrsg.), CISG (2010), Art. 46, Rn. 68; ***Magnus***, in: Staudinger/CISG (2005), Art. 46 CISG, Rn. 40.

davon aus, dass die Vertragsverletzung nicht wesentlich ist, so dass der Käufer keinen Anspruch auf Ersatzlieferung hat.[444] Außerdem schließen die Rechtsbehelfe der Vertragsaufhebung, Minderung und Schadenersatz wegen Nichterfüllung den Ersatzlieferungsanspruch aus. Letztlich wird für den Ersatzlieferungsanspruch vorausgesetzt, dass der Käufer die Vertragswidrigkeit der Ware rechtzeitig und ordnungsgemäß gemäß Art. 39 CISG gerügt hat.[445]

b) Voraussetzungen

aa) Lieferung nichtvertragsgemäßer Ware

Der Käufer kann eine Ersatzlieferung nur verlangen, wenn der Verkäufer schon die Ware geliefert hat[446] und die gelieferte Ware nicht vertragsgemäß im Sinne des Art. 35 CISG ist.[447] Wie gesagt, die Frage, ob die Ware vertragsgemäß ist, richtet sich nach Art. 35 CISG, wonach die Ware vertragswidrig ist, wenn sie in Quantität,[448] Qualität, Art. und Verpackung oder Behältnis den Anforderungen des Vertrages nicht entspricht (Art. 35 Abs. 1 CISG). Für den Rechtsmangel gilt Art. 46 Abs. 1 CISG.[449] Da eine andere Sache nur beim Gattungskauf aus der Gattung ersetzt werden kann, ist der Ersatzlieferungsanspruch in erster Linie auf den Gattungskauf zugeschnitten.[450] Beim Spezieskauf beschränkt die herrschende

---

444 ***P. Huber***, in: MünchKommBGB (2008), Art. 46 CISG, Rn. 44.

445 ***Schnyder/Straub***, in: Honsell (Hrsg.), CISG (2010), Art. 46, Rn. 63; ***Rudolph***, Art. 46 Rn. 11.

446 In der Literatur wird eine Ansicht vertreten –insbesondere bei der Holschuld– den Abs. 2 nicht anzuwenden, wenn die gelieferte Sache im Sinn des Art. 31 schon geliefert aber sich noch an ihrem ursprünglichen Ort befindet. In Betracht kommt in erster Linie die Holschuld. Dazu ***P. Huber***, in: MünchKommBGB (2008), Art. 46 CISG, Rn. 28.

447 ***Schnyder/Straub***, in: Honsell (Hrsg.), CISG (2010), Art. 46, Rn. 54; ***Magnus***, in: Staudinger/CISG (2005), Art. 46 CISG, Rn. 31; ***P. Huber***, in: MünchKommBGB (2008), Art. 46 CISG, Rn. 27.

448 Obwohl Quantitätsmängel unter Art. 35 fallen, verlangt der Käufer die fehlenden Teile nicht nach Abs. 2 und 3 sondern Abs. 1 (Art. 51). Damit wird die fehlende Lieferung angesichts der anwendbaren Rechtsbehelfe in den Art. 46–50 nicht mehr als Sachmangel sondern als Nichtlieferung qualifiziert.: ***Schnyder/Straub***, in: Honsell (Hrsg.), CISG (2010), Art. 46, Rn. 14, 14a, 18, Art. 51 Rn. 36; ***Magnus***, in: Staudinger/CISG (2005), Art. 46 CISG, Rn. 10; ***P. Huber***, in: MünchKommBGB (2008), Art. 46 CISG, Rn. 8; ***Brunner***, Art. 46 Rn. 2.

449 A.A. ***Atamer***, S. 368.

450 ***Schnyder/Straub***, in: Honsell (Hrsg.), CISG (2010), Art. 46, Rn. 54c; ***Magnus***, in: Staudinger/CISG (2005), Art. 46 CISG, Rn. 31; ***P. Huber***, in: MünchKommBGB (2008),

Meinung die Anwendung des Abs. 2 auf dem Fall der Aliud-Lieferung. Prinzipiell wird der Ersatzlieferungsanspruch beim Spezieskauf ausgeschlossen.[451]

bb) Wesentlichkeit der Vertragsverletzung

Als zweite und wichtigste Voraussetzung muss die Vertragswidrigkeit im Sinne des Art. 25 eine wesentliche Vertragsverletzung darstellen. Demnach ist eine Vertragsverletzung wesentlich, "wenn sie für die andere Partei einen solchen Nachteil zur Folge hat, dass ihr im Wesentlichen entgeht, was sie nach dem Vertrag hätte erwarten dürfen, es sei denn, dass die vertragsbrüchige Partei diese Folge nicht vorausgesehen hat und eine vernünftige Person der gleichen Art diese Folge unter den gleichen Umständen auch nicht vorausgesehen hätte" (Art. 25 CISG). Ist die Vertragswidrigkeit nicht wesentlich, ist der Anspruch auf Ersatzlieferung ausgeschlossen. Im Fall der Nichtwesentlichkeit der Vertragsverletzung stehen dem Käufer die Rechtsbehelfe des Nachbesserungsanspruchs (Art. 46 Abs. 3 CISG), des Schadenersatzanspruchs (Art. 45 lit. b CISG) und der Minderung (Art. 50 CISG) zur Verfügung.[452]

Bei der Frage, ob die Vertragsverletzung wesentlich ist, kommt es in erster Linie auf das objektive Gewicht des Mangels an.[453] Die andere Frage, ob die Behebbarkeit des Mangels die Wesentlichkeit der Verletzung ausschließen kann, ist in der Literatur umstritten.[454]

Art. 46 CISG, Rn. 27, Art. 48 Rn. 5; a.A. ***Müller-Chen***, in: Schlechtriem/Schwenzer (2008), Art. 46 Rn. 18, vertritt dagegen ein Nacherfüllungsrecht des Verkäufers: Beim Spezieskauf sei der Verkäufer berechtigt, einen nicht behebbaren Mangel der verkauften Sache durch Lieferung einer fehlerfreien Sache zu beheben, ***wenn es sich um eine Sache handele, die einer vertretbaren Sache wirtschaftlich entspreche und das Leistungsinteresse des Käufers zufriedenstelle (Hervorhebung nicht im Text)***; ***Grunewald***, Handbuch, Rn. 113; ***Benicke***, in: MünchKommHGB, Art. 48 CISG, Rn. 3; ***Ziegler***, S. 143.

451 ***Schnyder/Straub***, in: Honsell (Hrsg.), CISG (2010), Art. 46, Rn. 54d; ***Magnus***, in: Staudinger/CISG (2005), Art. 46 CISG, Rn. 33; ***P. Huber***, in: MünchKommBGB (2008), Art. 46 CISG, Rn. 38; a.A. ***Müller-Chen***, in: Schlechtriem/Schwenzer (2008), Art. 46 Rn. 18.

452 ***Müller-Chen***, in: Schlechtriem/Schwenzer (2008), Art. 46 Rn. 23; ***P. Huber***, in: MünchKommBGB (2008), Art. 46 CISG, Rn. 29; ***Brunner***, Art. 46 Rn. 13; ***Magnus***, in: Staudinger/CISG (2005), Art. 46 CISG, Rn. 38; ***Schnyder/Straub*** in: Honsell (Hrsg.), CISG (2010), Art. 46, Rn. 57.

453 "Ist die Ware unbrauchbar und auch nicht reparabel, so liegt eine wesentliche Vertragsverletzung vor", ***Magnus***, in: Staudinger/CISG (2005), Art. 46 CISG, Rn. 39; ***Müller-Chen***, in: Schlechtriem/Schwenzer (2008), Art. 46 Rn. 24.

454 *Schlechtriem* verneint die Wesentlichkeit der Vertragsverletzung, wenn die Nacherfüllung innerhalb angemessener Frist möglich und vom Verkäufer zu erwarten ist

Festzustellen ist zuerst, dass heute Einigkeit darüber besteht, dass die Behebbarkeit der Vertragsverletzung bei der Entscheidung der Wesentlichkeit zu berücksichtigen ist.[455] Die Ansicht, die die Behebbarkeit der Vertragsverletzung völlig außer Acht lässt, widerspricht dem Grundprinzip der Vertragsaufrechterhaltung des CISG. Würde man die Behebbarkeit nicht berücksichtigen, könnte der Käufer das Recht haben, bei geringfügigen Vertragsverletzungen leicht vom Vertrag zurückzutreten.[456]

Nach der Mindermeinung führt aber diese Berücksichtigung zu einem Zirkelschluss, wenn die Behebbarkeit des Mangels (etwa durch Ersatzlieferung) die Wesentlichkeit der Vertragsverletzung ausschließen kann, weil in Art. 46 Abs. 2 CISG die Wesentlichkeit als eine Voraussetzung für den Anspruch für Ersatzlieferung vorgesehen wird.[457] "Gerade bei Möglichkeit der Ersatzlieferung bestünde kein Ersatzlieferungsanspruch".[458]

Gegen diesen Zirkelschluss geht die erste Lösung dahin, die Wesentlichkeit in Art. 49 CISG anders als in Art. 46 CISG zu interpretieren. Demnach beschränkt sich die Berücksichtigung der Behebbarkeit bei der Entscheidung, ob eine wesentliche Vertragsverletzung vorliegt oder nicht, auf dem Fall der Vertragsaufhebung (Art. 49 CISG).[459] Diese Lösung wird heute von der herrschenden Meinung mit dem Argument abgelehnt, dass das CISG die Begriffsbestimmung vor die Klammer gezogen und auf diese Weise das Ziel einer einheitlichen Auslegung zum Ausdruck gebracht habe.[460]

Eine überzeugende Lösung kommt von P. Huber., wonach Art. 46 Abs. 2 CISG wie folgt zu lesen ist: "wenn die Vertragswidrigkeit ohne die Ersatzlieferung eine wesentliche Vertragsverletzung darstellt". Demnach kommt es auf die Situation

---

Schlechtriem, Internationales, Rn. 180; ***Schnyder/Straub***, in: Honsell (Hrsg.), CISG (2010), Art. 46, Rn. 59; ***P. Huber***, in: MünchKommBGB (2008), Art. 46 CISG, Rn. 29 ff.

455 ***P. Huber***, in: MünchKommBGB (2008), Art. 49 CISG, Rn. 28; ***Schnyder/Straub***, in: Honsell (Hrsg.), CISG (2010), Art. 49, Rn. 23; ***Magnus***, in: Staudinger/CISG (2005), Art. 46 CISG, Rn. 40; Müller-Chen, in: Schlechtriem/Schwenzer (2008), Art. 46 Rn. 26; ***T. Lorenz***, S. 47; ***Schulz***, S. 246; Çetiner, S. 131; a.A. ***Welser***, in: Doralt (Hrsg.) S. 125" Nach dem Übereinkommen soll es aber in diesem Zusammenhang offensichtlich auf die Schwere der Störung an sich und nicht auf die Möglichkeit ihrer Behebung ankommen"; ***von Hoffmann***, in Schlechtriem (Hrsg.), Einheitliches, S. 299.

456 ***P. Huber***, in: MünchKommBGB (2008), Art. 49 CISG, Rn. 25.

457 ***P. Huber***, in: MünchKommBGB (2008), Art. 46 CISG, Rn. 29; ***Benicke***, in MünchKommHGB, Art. 48 CISG Rn. 12; ***Piltz***, § 5 Rn. 194.

458 ***P. Huber***, in: MünchKommBGB (2008), Art. 46 CISG, Rn. 29.

459 ***Schnyder/Straub***, in: Honsell (Hrsg.), CISG (2010), Art. 49 Rn. 21.

460 ***Huber***, in: MünchKommBGB (2008), Art. 46 CISG, Rn. 29; auch ***Schnyder/Straub***, in: Honsell (Hrsg.), CISG (2010), Art. 49 Rn. 21.

an, wie sie sich ohne Ersatzlieferung darstellt.[461] Zusammenfassend lässt sich sagen, dass die Behebbarkeit des Mangels durch Nachbesserung den Anspruch auf Ersatzlieferung ausschließt.

Wenn es dem Verkäufer möglich ist, den Mangel durch Nachbesserung vollständig zu beseitigen, liegt keine wesentliche Vertragsverletzung vor, die dem Käufer den Anspruch auf Ersatzlieferung oder Vertragsaufhebung eröffnet.[462]

Die Wesentlichkeit besteht erst bei der Verweigerung der Nachbesserung durch den Verkäufer oder bei einem Fehlschlagen der Nachbesserung.

Mit anderen Worten: Der Käufer wird bei den durch Nachbesserung behebbaren Mängeln zunächst auf die Nachbesserung verwiesen; Nachbesserungsrecht hat Vorrang.[463] Die Berücksichtigung der Behebbarkeit bei der Entscheidung der Wesentlichkeit gilt aber nicht unbegrenzt. Ein objektiv schwerwiegender Mangel und besondere Interessen des Käufers fallen dabei ins Gewicht. Von entscheidender Bedeutung ist, ob trotz der Behebbarkeit ein objektiv schwerwiegender Mangel oder ein besonderes Interesse des Käufers zu bejahen ist.[464] Wenn diese Frage zu bejahen ist, spielt die Behebbarkeit des Mangels bei der Beurteilung der Wesentlichkeit keine Rolle. In einem derartigen Fall ist die Wesentlichkeit anzunehmen.[465]

cc) Frist

Das CISG hat die Geltendmachung des Anspruchs auf Ersatzlieferung zwar an keine Form, aber an Fristen gebunden. Nach Art. 46 Abs. 2 CISG muss der Käufer den Ersatzlieferungsanspruch entweder mit einer Mängelanzeige gemäß Art. 39 CISG oder spätestens innerhalb einer angemessenen Frist danach geltend machen, sonst verliert er den Anspruch auf Ersatzlieferung.[466] Die Angemessenheit der

---

461 ***P. Huber***, in: MünchKommBGB (2008), Art. 46 CISG, Rn. 32 ff.; ***Piltz***, § 5 Rn. 194.

462 ***P. Huber***, in: MünchKommBGB (2008), Art. 46 CISG, Rn. 33; ***Schnyder/Straub***, in: Honsell (Hrsg.), CISG (2010), Art. 46, Rn. 59; ***Magnus*** in: Staudinger/CISG (2005), Art. 46 CISG, Rn. 40; Müller-Chen, in: Schlechtriem/Schwenzer (2008), Art. 46 Rn. 26. LG Oldenburg NJW-RR 1995, 438=CISG-online Nr. 114

463 ***Magnus***, in: Staudinger/CISG (2005), Art. 46 CISG, Rn. 40; ***P. Huber***, in: MünchKommBGB (2008), Art. 46 CISG, Rn. 33.

464 ***Schnyder/Straub***, in: Honsell (Hrsg.), CISG (2010), Art. 46, Rn. 59e; ***P. Huber***, in: MünchKommBGB (2008), Art. 49 CISG, Rn. 28.

465 ***Schnyder/Straub***, in: Honsell (Hrsg.), CISG (2010), Art. 46 Rn. 59e.

466 ***P. Huber***, in: MünchKommBGB (2008), Art. 46 CISG, Rn. 34; ***Schnyder/Straub***, in: Honsell (Hrsg.), CISG (2010), Art. 46, Rn. 65a; ***Magnus***, in: Staudinger/CISG (2005), Art. 46 CISG, Rn. 43.

Frist hängt von den Umständen des Einzelfalls ab, und für die Angemessenheit wird in der Literatur der gleiche Maßstab des Art. 39 CISG herangezogen. Liegen keine besonderen Umstände[467] vor, ist eine Frist von 10 Arbeitstagen oder zwei Wochen als angemessen anzusehen.[468]

dd) Kein Ausschlussgrund des Art. 82 CISG

Gemäß Art. 82 Abs. 1 verliert der Käufer das Recht, die Aufhebung des Vertrags zu erklären oder vom Verkäufer Ersatzlieferung zu verlangen, wenn es ihm nicht möglich ist, die Ware im Wesentlichen in dem Zustand zurückzugeben, in dem er sie erhalten hat. Demnach wird der Käufer verpflichtet, die ursprünglich gelieferte Ware zurückzugeben. Im CISG ist ein Zurückbehaltungsrecht an der mangelhaften Ware bis zur Lieferung einer Ersatzware nicht vorgesehen.[469]

c) Rechtsfolgen

Wenn die oben genannten Voraussetzungen vorliegen, besteht der Ersatzlieferungsanspruch des Käufers in der Lieferung vertragsgemäßer Ware durch den Verkäufer.[470] An welchem Ort die Ersatzlieferung zu erfolgen hat, ist in der Literatur umstritten.[471]

Nach der herrschenden Meinung muss der Verkäufer die Ersatzlieferung an den Ort bringen, an dem sich die vertragswidrige Ware bestimmungsgemäß befindet.[472] Der Verkäufer muss die Kosten der Ersatzlieferung tragen.[473] Letztlich kann der

---

467 Etwa verderbliche Waren oder stark schwankende Marktpreise, dazu vgl.: ***Magnus***, in: Staudinger/CISG (2005), Art. 46 CISG, Rn. 43; ***P. Huber***, in: MünchKommBGB (2008), Art. 46 CISG, Rn. 34.

468 ***Magnus***, in: Staudinger/CISG (2005), Art. 46 CISG, Rn. 43; ***Brunner***, Art. 46 Rn. 14; ***Schnyder/Straub***, in: Honsell (Hrsg.), CISG (2010), Art. 46, Rn. 66.

469 ***Magnus***, in: Staudinger/CISG (2005), Art. 46 CISG, Rn. 49; ***P. Huber***, in: MünchKommBGB (2008), Art. 46 CISG, Rn. 43; ***Brunner***, Art. 46 Rn. 16.

470 ***P. Huber***, in: MünchKommBGB (2008), Art. 46 CISG, Rn. 39; ***Schnyder/Straub***, in: Honsell (Hrsg.), CISG (2010), Art. 46, Rn. 73; ***Magnus***, in: Staudinger/CISG (2005), Art. 46 CISG, Rn. 50.

471 ***P. Huber***, in: MünchKommBGB (2008), Art. 46 CISG, Rn. 40.

472 ***P. Huber***, in: MünchKommBGB (2008), Art. 46 CISG, Rn. 41; ***Schnyder/Straub***, in: Honsell (Hrsg.), CISG (2010), Art. 46, Rn. 71; ***Magnus***, in: Staudinger/CISG (2005), Art. 46 CISG, Rn. 50.

473 ***Magnus***, in: Staudinger/CISG (2005), Art. 46 CISG, Rn. 50; OLG Hamm NJW-RR 1996, 179, 180.

Käufer die Nachbesserung gemäß Abs. 3 verlangen, obwohl die Voraussetzungen eines Ersatzlieferungsanspruches vorliegen.[474]

4) Nachbesserungsanspruch im CISG

a) Allgemein

Gemäß Art. 46 Abs. 3 CISG hat der Käufer den Anspruch auf Nachbesserung (z.B. Reparatur, Auswechseln von Ersatzteilen), wenn die Ware vertragswidrig im Sinne des Art. 35 ist. Der Nachbesserungsanspruch unterscheidet sich von dem Ersatzlieferungsanspruch dadurch, dass beim Nachbesserungsanspruch die Wesentlichkeit der Vertragsverletzung nicht vorausgesetzt wird.[475] Die Möglichkeit, den Mangel durch Nachbesserung zu beheben, schließt den Ersatzlieferungsanspruch aus. Konkret bedeutet dies, dass der Käufer vorrangig auf die Nachbesserung verwiesen wird, wenn die Behebbarkeit des Mangels durch Nachbesserung möglich ist. Zusätzlich zu den allgemeinen Voraussetzungen, wie Vertragswidrigkeit der Ware, rechtzeitige und formgerechte Mangelrüge und Frist, wird beim Nachbesserungsanspruch vorausgesetzt, dass sie unter Berücksichtigung aller Umstände nicht unzumutbar ist.[476] Des Weiteren wird vorausgesetzt, dass die vertragswidrige Ware nachbesserungsfähig ist, d.h. bei irreparablen Mängeln besteht der Nachbesserungsanspruch nicht.[477] Schließlich darf der Käufer nicht einen anderen Rechtsbehelf wählen, der mit diesem Verlangen der Nachbesserung unvereinbar ist. Die Rechtsbehelfe der Vertragsaufhebung, der Minderung, des Schadenersatzes wegen Nichterfüllung sind mit dem Anspruch auf Nachbesserung nicht vereinbar.[478]

---

474 ***Magnus***, in: Staudinger/CISG (2005), Art. 46 CISG, Rn. 50; ***P. Huber***, in: MünchKommBGB (2008), Art. 46 CISG, Rn. 45; ***Schnyder/Straub***, in: Honsell (Hrsg.), CISG (2010), Art. 46, Rn. 75b.

475 ***Rudolph***, Art. 46 Rn. 18.

476 ***Magnus***, in: Staudinger/CISG (2005), Art. 46 CISG, Rn. 60; ***P. Huber***, in: MünchKommBGB (2008), Art. 46 CISG, Rn. 54; ***Schnyder/Straub***, in: Honsell (Hrsg.), CISG (2010), Art. 46, Rn. 93.

477 "Das ist, z.B. bei Rohstoffen und landwirtschaftlichen Erzeugnissen, aber auch bei einer Reihe anderer Waren (z.B. bei Webfehlern in Stoffen) insbesondere Massenartikeln, nicht der Fall": ***Rudolph***, Art. 46 Rn. 19; ***Magnus***, in: Staudinger/CISG (2005), Art. 46 CISG, Rn. 59.

478 ***Schnyder/Straub***, in: Honsell (Hrsg.), CISG (2010), Art. 46, Rn. 112; ***P. Huber***, in: MünchKommBGB (2008), Art. 46 CISG, Rn. 63.

b) Voraussetzungen

aa) Lieferung nichtvertragsgemäßer Ware

Wie beim Ersatzlieferungsanspruch setzt der Nachbesserungsanspruch die Lieferung nichtvertragsgemäßer Ware voraus. In diesem Punkt gilt das Gleiche wie beim Ersatzlieferungsanspruch. Aber anders als beim Ersatzlieferungsanspruch kommt es für den Nachbesserungsanspruch nicht auf den Charakter des Geschäfts an. Das heißt, dass der Käufer sowohl beim Gattungskauf als auch beim Spezieskauf vom Verkäufer verlangen kann, den Mangel durch Nachbesserung zu beheben.[479] Im Sinne der Vorschrift muss die Vertragswidrigkeit einen Sachmangel darstellen. Der Rechtsmangel und die Quantitätsabweichungen fallen nicht unter den Anwendungsbereich des Abs. 3, sondern Abs. 1. Es ist aber gleichgültig, ob die Vertragsverletzung wesentlich ist oder nicht. Außerdem müssen die Voraussetzungen des Abs. 1 vorliegen, wenn der Käufer Nachbesserung der Ware verlangt (zweite Funktion des Art. 46 Abs. 1).[480]

bb) Zumutbarkeit

Der Nachbesserungsanspruch des Käufers besteht dann nicht, wenn der Nachbesserungsanspruch für den Verkäufer unzumutbar ist.[481] Die Frage, nach welchen Kriterien die Unzumutbarkeit zu bestimmen ist, richtet sich nicht nur nach der subjektiven Sicht des Verkäufers.[482] Alle einzelnen Umstände müssen berücksichtigt werden. Man geht vor allem von der Unzumutbarkeit aus, wenn die Nachbesserung unwirtschaftlich ist. Unwirtschaftlich ist die Nachbesserung, wenn "der Aufwand für die Nachbesserung in einem objektiven Missverhältnis zu dem daraus für den Käufer entstehenden Vorteil steht".[483] Sie ist anzunehmen, wenn die Kosten für die Nachbesserung über die Kosten für die Ersatzlieferung

---

479 ***Magnus***, in: Staudinger/CISG (2005), Art. 46 CISG, Rn. 58; ***P. Huber***, in: MünchKommBGB (2008), Art. 46 CISG, Rn. 52; ***Schnyder/Straub***, in: Honsell (Hrsg.), CISG (2010), Art. 46, Rn. 88a.

480 ***Müller-Chen***, in: Schlechtriem/Schwenzer (2008), Art. 46, Rn. 17; ***P. Huber***, in: MünchKommBGB (2008), Art. 46 CISG, Rn. 37.

481 ***Magnus***, in: Staudinger/CISG (2005), Art. 46 CISG, Rn. 60; ***P. Huber***, in: MünchKommBGB (2008), Art. 46 CISG, Rn. 54; ***Schnyder/Straub***, in: Honsell (Hrsg.), CISG (2010), Art. 46, Rn. 93.

482 ***Magnus***, in: Staudinger/CISG (2005), Art. 46 CISG, Rn. 60; ***P. Huber***, in: MünchKommBGB (2008), Art. 46 CISG, Rn. 55; ***Schnyder/Straub***, in: Honsell (Hrsg.), CISG (2010), Art. 46, Rn. 93.

483 ***P. Huber***, in: MünchKommBGB (2008), Art. 46 CISG, Rn. 55.

hinausgehen.[484] Auf die Art der Unzumutbarkeit kommt es nicht an. Sie kann sich aus wirtschaftlichen oder tatsächlichen Gründen ergeben.[485] Ist der Käufer in der Lage, den Mangel leicht und kostengünstig zu beheben, ist der Nachbesserungsanspruch unzumutbar. Ist der Verkäufer aus verschiedenen Gründen nicht in der Lage, die Ware zu reparieren, ist der Nachbesserungsanspruch unzumutbar. [486]

cc) Frist

Wie beim Ersatzlieferungsanspruch muss der Käufer den Nachbesserungsanspruch entweder mit einer Mängelanzeige gemäß Art. 39 oder spätestens innerhalb einer angemessenen Frist danach geltend machen.[487] Für die sonstigen Anforderungen gilt das Gleiche, was beim Ersatzlieferungsanspruch ausgeführt wurde.

c) Rechtsfolgen

Liegen die Voraussetzungen des Nachbesserungsanspruchs vor, ist der Verkäufer verpflichtet, den Mangel zu beseitigen und die Kosten hierfür zu tragen. Der Verkäufer erfüllt die Nachbesserungspflicht nicht nur durch Reparatur– oder Nachbesserungsarbeiten, sondern auch durch Auswechseln von Ersatzteilen.[488] Es wird dem Käufer das Recht eingeräumt, statt einer nach Art. 46 Abs. 2 schon bestehenden Ersatzlieferung die Nachbesserung zu verlangen, wenn die Voraussetzungen des Art. 46 Abs. 3 erfüllt sind.[489]

5) Recht des Verkäufers zur Nacherfüllung

Ein Nacherfüllungsrecht des Verkäufers ist danach zu differenzieren, ob es vor Ablauf der Lieferfrist oder nach Ablauf der Lieferfrist geschieht.[490] Im CISG

---

484 ***P. Huber***, in: MünchKommBGB (2008), Art. 46 CISG, Rn. 55; ***Schnyder/Straub***, in: Honsell (Hrsg.), CISG (2010), Art. 46, Rn. 96; ***Magnus***, in: Staudinger/CISG (2005), Art. 46 CISG, Rn. 61.

485 ***Schnyder/Straub***, in: Honsell (Hrsg.), CISG (2010), Art. 46, Rn. 96.

486 ***Magnus***, in: Staudinger/CISG (2005), Art. 46 CISG, Rn. 62, 63; ***P. Huber***, in: MünchKommBGB (2008), Art. 46 CISG, Rn. 55.

487 ***P. Huber***, in: MünchKommBGB (2008), Art. 46 CISG, Rn. 57.

488 ***P. Huber***, in: MünchKommBGB (2008), Art. 46 CISG, Rn. 58.

489 ***P. Huber***, in: MünchKommBGB (2008), Art. 46 CISG, Rn. 61.

490 ***Gutknecht***, S. 43 ff.; Eine Unterversion des Nacherfüllungsrechts des Verkäufers wird in Art. 34 S. 2 CISG vorgesehen. Demnach kann der Verkäufer bis zu dem für die

Art. 37 ist für den Verkäufer, der vorzeitig geliefert hat, ein besonderes Nacherfüllungsrecht vorgesehen (das Nacherfüllungsrecht nach dem Liefertermin besteht nur unter den engeren Voraussetzungen des Art. 48 Abs. 1). Liefert der Verkäufer die Ware vor dem festgesetzten Zeitpunkt, hat der Käufer die Möglichkeit, die Ware abzunehmen oder die Abnahme zu verweigern (Art. 53 Abs. 1.)

Im Fall der Nicht-Verweigerung der Abnahme durch den Käufer wird dem Verkäufer das Recht zur zweiten Andienung eingeräumt, damit der Verkäufer eine Vertragswidrigkeit im Sinne des Art. 35 CISG bis zum für die Lieferung festgesetzten Zeitpunkt beheben kann.[491] Die Frage, ob auch beim Rechtsmangel ein Nacherfüllungsrecht des Verkäufers in Betracht kommt, findet im CISG keine Regelung.[492]

Überwiegend wird die Anwendung des Art. 37 CISG für den Fall des Rechtsmangels im Sinne des Art. 41, 42 CISG bejaht.[493] Gemäß Art. 37 CISG stehen dem Verkäufer drei Möglichkeiten zu, um sein Nacherfüllungsrecht herbeizuführen: Nachlieferung von Teilen, Ersatzlieferung und Nachbesserung.

Dem Nacherfüllungsrecht des Verkäufers wird eine Grenze gesetzt, wenn die Ausübung dieses Rechts dem Käufer unzumutbare Unannehmlichkeiten oder unverhältnismäßige Kosten verursacht. Ob eine unzumutbare Unannehmlichkeit vorliegt, ist im Einzelfall zu bestimmen.[494] Das Nachbesserungsrecht des Verkäufers nach Ablauf der Lieferfrist wird in Art. 48 CISG geregelt. Gemäß Art. 48 Abs. 1 CISG kann der Verkäufer einen Mangel in der Erfüllung seiner Pflichten auch nach dem Liefertermin auf eigene Kosten beheben, wenn dies keine unzumutbare Verzögerung nach sich zieht und dem Käufer weder unzumutbare Unannehmlichkeiten noch eine Ungewissheit über die Erstattung seiner Auslagen durch den Verkäufer verursacht. Der von der Vorschrift vorausgesetzte Mangel in der Erfüllung erfasst jede Form der Vertragsverletzung. Dieser Mangel kann in der Lieferung vertragswidriger oder rechtsmangelbelasteter Ware, die verspätete Lieferung etc. bestehen.[495]

Übergabe vorgesehenen Zeitpunkt jede Vertragswidrigkeit der Dokumente beheben, wenn er die Dokumente bereits vorher übergeben hat.

491 ***Reinhart***, Art. 37, Rn. 1; Lüderitz/Schüßler-Langeheine, in: Soergel/CISG Art. 37 Rn. 8.

492 ***Schwenzer***, in: Schlechtriem/Schwenzer (2008), Art. 37, Rn. 6.

493 ***Schwenzer***, in: Schlechtriem/Schwenzer (2008), Art. 37, Rn. 6; ***Brunner***, Art. 37, Rn. 6; ***Magnus*** in: Staudinger/CISG (2005), Art. 37 Rn. 13.

494 ***Schwenzer***, in: Schlechtriem/Schwenzer (2008), Art. 37, Rn. 13.

495 ***Müller-Chen***, in: Schlechtriem/Schwenzer (2008), Art. 48, Rn. 3; ***Brunner***, Art. 48, Rn. 2; ***Mues***, S. 92.

Die Vorschrift setzt weiter voraus, dass die Beseitigung des Mangels für den Käufer zumutbar sein soll. Andernfalls kann der Käufer das Nacherfüllungsverlangen des Verkäufers ablehnen.[496] Die Zumutbarkeit muss in dreierlei Hinsichten behandelt werden: Von einer Unzumutbarkeit ist auszugehen, wenn die Nacherfüllung für den Käufer zu einer unzumutbaren Verzögerung führt, also nicht innerhalb der angemessenen Frist durchgeführt wird (in zeitlicher Hinsicht).[497] Des Weiteren darf die Nacherfüllung nicht in der Weise durchgeführt werden, dass sie dem Käufer Unannehmlichkeiten, wie z.B. die Betriebsunterbrechungen oder –Störungen, die wegen der Reparatur entstehen und erforderlich sind, bereitet.[498] Das letzte Kriterium, was man bei der Bejahung der Unzumutbarkeit berücksichtigen muss, betrifft die Kostentragung. Nach diesem Kriterium soll mit der Nacherfüllung dem Käufer keine Ungewissheit über die Erstattung seiner Auslagen bestehen.[499] Gemeint werden insbesondere die Kosten, die dem Käufer auf Grund der Rücksendung der mangelhafteten Ware oder wegen der Mitwirkungshandlungen erwachsen.[500]

Abs. 2 des Art. 48 CISG ermöglicht es dem Verkäufer, sich durch eine Mitteilung über die Frage Klarheit zu verschaffen, ob der Käufer die Nacherfüllung akzeptieren oder ablehnen wird. Nach dem Abs. 2 ist der Käufer gehalten, auf die Mitteilung des Verkäufers innerhalb einer angemessenen Frist zu antworten. Das Schweigen des Käufers erlaubt dem Verkäufer, den Schluss zu ziehen, dass er innerhalb der von ihm genannten Frist zur Nacherfüllung berechtigt ist. Daran ändert sich auch nichts, dass der Verkäufer gemäß Abs. 1 zur Nacherfüllung nicht berechtigt war.[501] Wichtig ist, dass die Mittelung des Verkäufers eine Frist enthalten muss, innerhalb derer der Verkäufer gehalten ist, die Nacherfüllung herbeizuführen.[502] Schließlich knüpft der Abs. 4 die Wirksamkeit der nach Abs. 2 und 3 vom Verkäufer mitgeteilten Erklärungen an die Voraussetzung, dass der Käufer sie erhalten hat.

---

496 ***Brunner***, Art. 48 Rn. 4.

497 ***Brunner***, Art. 48, Rn. 4; Müller-Chen, in: Schlechtriem/Schwenzer (2008), Art. 48 Rn. 9.

498 ***Müller-Chen***, in: Schlechtriem/Schwenzer (2008), Art. 48 Rn. 11; ***Brunner***, Art. 48 Rn. 5.

499 ***Müller-Chen***, in: Schlechtriem/Schwenzer (2008), Art. 48 Rn. 12; ***Brunner***, Art. 48 Rn. 6.

500 ***P. Huber***, in: MünchKommBGB (2008), Art. 48 CISG, Rn. 8; ***Müller-Chen***, in: Schlechtriem/Schwenzer (2008), Art. 48 Rn. 12; ***Brunner***, Art. 48 Rn. 6.

501 ***Magnus***, in: Staudinger/CISG (2005), Art. 48 CISG, Rn. 41.

502 ***Müller-Chen***, in: Schlechtriem/Schwenzer (2008), Art. 48, Rn. 25.

Ein weiterer Punkt betrifft den Ersatz des Schadens, wie z.B. Verzögerungs– und Begleitschaden, der aus dem "Mangel in der Erfüllung" resultiert und durch die Nacherfüllung nicht beseitigt werden kann.[503] Gemäß Art. 48 Abs. 1 S. 2 bleibt das Recht des Käufers zum Schadenersatz unberührt. Zum Schluss muss das Verhältnis des Nacherfüllungsrechts zu den anderen Rechtsbehelfen, insbesondere dem Aufhebungsrecht des Käufers geklärt werden. Die Vorschrift gewährt das Nacherfüllungsrecht dem Verkäufer unter dem Vorbehalt von Art. 49 CISG, die dem Käufer das Vertragsaufhebungsrecht einräumt, wenn die Vertragsverletzung wesentlich ist. Das heißt, dass das Vertragsaufhebungsrecht des Käufers zum Nacherfüllungsrecht des Verkäufers vorrangig ist.

Die Vorschrift ist insbesondere in Bezug auf zwei Fragen sehr umstritten. Im Verhältnis des Nacherfüllungsrechts (Art. 48 CISG) zur Vertragsaufhebung zeichnen sich zwei Probleme ab. Die erste Frage geht dahin, ob überhaupt eine Wesentlichkeit vorliegt, die den Käufer zur Aufhebung des Vertrags berechtigen würde, wenn die Behebung der Vertragsverletzung möglich ist. Die zweite Frage betrifft das Problem, ob nur das Bestehen der Aufhebungslage schon genügt, das Nacherfüllungsrecht des Verkäufers zu verdrängen oder ob die Aufhebung erklärt werden muss.[504]

Zu der ersten Frage: Wie oben in Bezug auf die Frage der Berücksichtigung der Behebbarkeit bereits ausgeführt wurde, findet die Behebbarkeit der Vertragsverletzung eine begrenzte Berücksichtigung. Demnach liegt keine wesentliche Vertragsverletzung vor, wenn der Mangel durch Nacherfüllung (durch Ersatzlieferung[505] oder Nachbesserung) behebbar ist. Die Berücksichtigung gilt aber nicht unbegrenzt. Es kommt auf die Behebbarkeit der Vertragsverletzung nicht an, "wenn der Mangel objektiv schwerwiegend ist und die sofortige Vertragsaufhebung durch ein besonderes Interesse des Käufers gerechtfertigt ist."[506]

Bei der zweiten Frage geht die herrschende Meinung davon aus, dass die bloße Aufhebungslage schon genügt.[507] Demnach kommt es auf die Art der

---

503 ***Müller-Chen***, in: Schlechtriem/Schwenzer (2008), Art. 48, Rn. 21.

504 ***Magnus***, in: Staudinger/CISG (2005), Art. 48 CISG, Rn. 19; ***P. Huber***, in: MünchKommBGB (2008), Art. 48 CISG, Rn. 9.

505 Zum Zirkelschluss bei der Ersatzlieferung s. oben.

506 ***P. Huber***, in: MünchKommBGB (2008), Art. 48 CISG, Rn. 10 Vgl. Art. 49, Rn. 28 ff.; Vgl. ***Magnus***, in: Staudinger/CISG (2005), Art. 49 CISG, Rn. 14; ***Piltz***, § 5 Rn. 279–280; ***Müller-Chen***, in: Schlechtriem/Schwenzer (2008), Art. 49, Rn. 7–8; ***Herber/Czerwenka***, Art. 48, Rn. 9.

507 ***Müller-Chen***, in: Schlechtriem/Schwenzer (2008), Art. 48, Rn. 17; ***P. Huber***, in: MünchKommBGB (2008), Art. 49 CISG, Rn. 33; ***Brunner***, Art. 48 Rn. 10; a.A. ***Schnyder/Straub***, in: Honsell (Hrsg.), CISG (2010), Art. 48, Rn. 34.

Vertragsverletzung an.[508] Liegt eine wesentliche Vertragsverletzung vor, die den Käufer zur Vertragsaufhebung berechtigt, kann der Verkäufer das Vertragsaufhebungsrecht des Käufers nicht damit vereiteln, indem er zuerst gehandelt hat. Dem Käufer ist aber unbenommen, das nicht berechtigte Angebot des Verkäufers anzunehmen.[509] Liegt dagegen keine wesentliche Vertragsverletzung vor, kommt der Erklärung des Käufers zur Vertragsaufhebung keine Bedeutung zu. Das Recht des Verkäufers zur Behebung bleibt unberührt von der Vertragsaufhebungserklärung des Käufers.[510] Eine andere Frage betrifft das Verhältnis zwischen dem Nacherfüllungsrecht des Verkäufers gemäß Art. 48 Abs. 1 CISG und dem Nacherfüllungsanspruch des Käufers gemäß Art. 46 Abs. 2 und 3 CISG.

Man könnte an den Fall denken, in dem der Käufer Ersatzlieferung geltend macht, der Verkäufer aber nachbessern will. Nach der wohl herrschenden Meinung muss in diesem Fall der Käufer den vom Verkäufer gewählten Behelf akzeptieren, wenn die Voraussetzungen von Art. 48 Abs. 1 CISG gegeben sind.[511] Begründet wurde dies in erste Linie damit, dass bei einer Nachbesserungsfähigkeit des Mangels in der Regel keine wesentliche Vertragsverletzung vorliege und somit kein Anspruch auf Ersatzlieferung gegeben sei.[512] In dem dargestellten Fall, in dem die Vertragsverletzung nicht wesentlich ist, was für die Ersatzlieferung vorausgesetzt wird, scheint es nicht richtig zu sein, vom Wahlrecht des Käufers zu reden, weil in diesem Fall der Käufer sowieso die Ersatzlieferung nicht verlangen kann. Das Wahlrecht des Verkäufers muss in dem Sinne aufgefasst werden, dass er in einem solchen Fall auch Ersatz liefern kann, obwohl er es nicht muss. Festzustellen ist im Ergebnis Folgendes: Liegt keine wesentliche Vertragsverletzung vor, dann hat der Verkäufer das Recht, nach seinem Belieben, die Nacherfüllung entweder im Wege der Ersatzlieferung oder im Wege der Nachbesserung herbeizuführen.[513]

Man könnte noch an den Fall denken, dass dem Käufer sowohl die Nachbesserung als auch die Ersatzlieferung zur Verfügung stehen, weil trotz der Behebbarkeit durch Nachbesserung die Vertragsverletzung wesentlich ist. Liegt der Fall vor, in dem Käufer trotz der Wesentlichkeit sein Vertragsaufhebungsrecht nicht

---

508 ***Müller-Chen***, in: Schlechtriem/Schwenzer (2008), Art. 48, Rn. 17; ***P. Huber*** in: MünchKommBGB (2008), Art. 49 CISG, Rn. 33.

509 ***Magnus***, in: Staudinger/CISG (2005), Art. 48 CISG, Rn. 22.

510 ***Müller-Chen***, in: Schlechtriem/Schwenzer (2008), Art. 48, Rn. 17; ***P. Huber***, in: MünchKommBGB (2008), Art. 49 CISG, Rn. 33.

511 ***Brunner***, Art. 48, Rn. 10; ***Müller-Chen***, in: Schlechtriem/Schwenzer (2008), Art. 48, Rn. 20; ***P. Huber***, in: MünchKommBGB (2008), Art. 48 CISG, Rn. 13.

512 ***Müller-Chen***, in: Schlechtriem/Schwenzer (2008), Art. 48, Rn. 20.

513 ***Schnyder/Straub***, in: Honsell (Hrsg.), CISG (2010), Art. 46, Rn. 75.

geltend macht und Ersatzlieferung verlangt und der Verkäufer gerne die Nachbesserung anbietet, dann fragt sich, welches Recht den Vorrang hat, der Nacherfüllungsanspruch des Käufers oder das Nacherfüllungsrecht des Verkäufers. Eine Ansicht gewährt das Wahlrecht in einem solchen Fall dem Verkäufer. Hiernach kann der Verkäufer die Vertragswidrigkeit unter den Voraussetzungen des Art. 48 Abs. 1 durch Nachbesserung beheben und damit dem Käufer den Weg zur Ersatzlieferung verwehren.[514] Argumentiert wird bei dieser Meinung damit, dass das Recht auf Ersatzlieferung in Art. 48 Abs. 1 CISG – anders als das Recht zur Vertragsaufhebung – nicht vorbehalten würde.[515]

Meines Erachtens sind die Begründung und die Ansicht nicht zutreffend. Festzustellen ist zunächst, dass kein Grund ersichtlich ist, in einem solchen Fall die Ersatzlieferung anders als bei der Vertragsaufhebung zu behandeln, da beide den gleichen Tatbestand, also Wesentlichkeit voraussetzen und "in einem unauflösbaren Zusammenhang" stehen.[516]Andernfalls müssten die Voraussetzungen der wesentlichen Vertragsverletzung verschieden interpretiert werden, je nach dem, ob es um einen Ersatzlieferungsanspruch oder ein Vertragsaufhebungsrecht geht, was die herrschende (dieselbe) Lehre überwiegend abgelehnt hat. Zweitens hat diese Interpretation insofern ein kurioses Ergebnis zur Folge, als sich die Rechte des Käufers entweder auf die Nachbesserung oder auf die Vertragsaufhebung beschränken.[517] Anders formuliert: Der Käufer kann vom Vertrag zurücktreten oder Nachbesserung verlangen aber nicht Ersatzlieferung, auch wenn eine wesentliche Vertragsverletzung vorliegt.

Die Meinung scheint durchaus problematisch zu sein und daher muss man sich der Ansicht anschließen, die in einem solchen Fall dem Ersatzlieferungsanspruch des Käufers Vorrang statuiert.[518]

Es darf aber nicht unerwähnt bleiben, dass in einem solchen Fall zumeist der Käufer weder an einer Nachbesserung noch einer Ersatzlieferung, also an der

---

514 ***P. Huber***, in: MünchKommBGB (2008), Art. 46 CISG, Rn. 62.

515 ***P. Huber***, in: MünchKommBGB (2008), Art. 48 CISG, Rn. 13; ***Schulz***, S. 273.

516 ***Schnyder/Straub***, in: Honsell (Hrsg.), CISG (2010), Art. 46, Rn. 57a.

517 ***P. Huber***, in: MünchKommBGB (2008), Art. 46 CISG, Rn. 44 ff.

518 ***Magnus***, in: Staudinger/CISG (2005), Art. 48 CISG, Rn. 32; Im Ergebnis ebenso ***Lüderitz/Schüßler-Langeheine***, in: Soergel/CISG Art. 48 CISG, Rn. 6; ***T. Lorenz***, S. 51; Im Ergebnis auch ***Schnyder/Straub***, in: Honsell (Hrsg.), CISG (2010), Art. 46, Rn. 75; zwar weicht er hiervon darin ab, dass er in dem Fall von dem Ausschluss der Nachbesserung ausgeht. Demnach wird eine Nachbesserung ausgeschlossen, wenn dem Käufer ein anerkennenswertes besonderes Interesse an einer Ersatzlieferung zukommt. Vgl. auch Art. 46 Rn. 59 e-f.

Nacherfüllung Interesse hat,[519] da nach der hier vertretenen Ansicht die Wesentlichkeit der Vertragsverletzung trotz ihrer Behebbarkeit durch Nacherfüllung erst zu bejahen ist, wenn der Mangel objektiv schwerwiegend ist und die sofortige Vertragsaufhebung durch ein besonderes Interesse des Käufers gerechtfertigt ist, wie z.B. beim Fixgeschäft, in dem das Interesse des Käufers durch Ersatzlieferung nicht befriedigt werden kann.[520] Nimmt man das zuvor Gesagte hinsichtlich des Verhältnisses der Behebbarkeit zur Wesentlichkeit in den Blick, erweist sich die Diskussion zumeist als bedeutungslos.

Im Ergebnis wird hinsichtlich des Wahlrechts des Verkäufers eine Differenzierung vorausgesetzt. Zu fragen ist zunächst, ob eine wesentliche Vertragsverletzung vorliegt oder nicht und gegebenenfalls danach, ob der Käufer eine der zwei Möglichkeiten, also Ersatzlieferung und Nachbesserung, geltend gemacht hat. Liegt eine Wesentlichkeit der Vertragsverletzung vor, dürfte es dem Verkäufer nicht erlaubt sein, durch ein Nachbesserungsangebot den Ersatzlieferungsanspruch des Käufers zu durchkreuzen oder umgekehrt durch ein Ersatzlieferungsangebot den Nachbesserungsanspruch des Käufers zu vereiteln. Das Wahlrecht des Verkäufers ist nur auf den Fall beschränkt, dass der Käufer im Fall der wesentlichen Vertragsverletzung keine Wahl ausgeübt hat. Hinzu kommt der Fall, dass der Verkäufer Ersatz liefern kann aber nicht muss, wenn der Käufer mangels Wesentlichkeit keinen Ersatzlieferungsanspruch hat und sein Recht auf die Nachbesserung beschränkt ist. Als letzter Punkt ist das Verhältnis des Nacherfüllungsrechts zur Minderung in Betracht zu ziehen, was in Art. 50 S. 2 CISG eine klare Regelung findet. Demnach kann der Käufer den Preis nicht herabsetzen, wenn der Verkäufer nach Art. 37

---

519 Anders ***Schnyder/Straub***, in: Honsell (Hrsg.), CISG (2010), Art. 46, Rn. 75 b, nennt die Fälle, in denen dem Käufer ein anerkennenswertes besonderes Interesse an einer Ersatzlieferung zukommt, welches die Durchführung einer Nachbesserung trotz der Vollzugsmöglichkeit ausschließt. Er nennt aber an dieser Stelle keine Beispiele. Die Beispiele, die an der Stelle Rn. 59 e-f genannt werden, rechtfertigen aber diese Ansicht auch nicht. Am genannten Ort spricht er von zwei Fallkonstellationen, also dem Fixgeschäft und dem Verlust der Vertrauensgrundlage, in denen das Interesse des Käufers durch Nachbesserung nicht befriedigt werden kann. Es ist aber klar, dass das Interesse des Käufers in den genannten Fällen auch durch Ersatzlieferung nicht befriedigt werden kann.

520 ***P. Huber***, in: MünchKommBGB (2008), Art. 48 CISG, Rn. 10 Vgl. Art. 49, Rn. 28 ff. ***Magnus***, in: Staudinger/CISG (2005), Art. 49 CISG, Rn. 14; ***Piltz***, § 5 Rn. 279–280; ***Müller-Chen***, in: Schlechtriem/Schwenzer (2008), Art. 49, Rn. 7–8; ***Herber/Czerwenka***, Art. 48, Rn. 9; "Ist ein Mangel ohne unzumutbare Verzögerung zu beheben, wird er selten wesentlich sein; ein gravierender Mangel der Sache wird dagegen selten ohne weiteres und ohne große Verzögerung behebbar sein".

oder 48 einen Mangel in der Erfüllung seiner Pflichten behebt oder der Käufer sich weigert, Erfüllung durch den Verkäufer nach den genannten Artikeln anzunehmen. Die Vorschrift setzt eine Differenzierung voraus. In der Vorschrift geht es um zwei Möglichkeiten. Erstens kann der Verkäufer die Minderung des Kaufpreises dadurch vereiteln, dass er seiner Nacherfüllungspflicht (Ersatzlieferung oder Nachbesserung) nachkommt.

Zweitens wird dem Käufer kein Recht auf Minderung zugestanden, wenn er eine gemäß Art. 37 u. 48 zulässigerweise angebotene Nacherfüllung ablehnt.[521] Durch Ablauf des Liefertermins (Art. 37) und der angemessenen Frist (Art. 48 Abs. 2) wird der Vorrang des Nacherfüllungsrechts des Verkäufers beendet.[522]

6) Ersatzvornahme

Die Möglichkeit des Käufers zur Selbstvornahme setzt nicht voraus, dass die Voraussetzungen des Art. 46 CISG gegeben sind oder der Verkäufer dem Nachbesserungsverlangen des Käufers innerhalb der angemessenen Frist nicht nachkommt.[523] Diese Möglichkeit des Käufers steht aber unter dem Vorbehalt des Nachbesserungsrechts des Verkäufers gemäß Art. 48 CISG, anders formuliert, dass der Käufer nicht berechtigt ist, die Nachbesserung selbst vorzunehmen oder Dritte damit zu beauftragen, solange das Nacherfüllungsrecht des Verkäufers besteht.[524] Mit anderen Worten kann der Käufer die wegen der Ersatzvornahme entstandenen Kosten vom Verkäufer nicht verlangen, weil diese Kosten (Schaden) durch die Nacherfüllung des Verkäufers hätten vermieden werden können.[525] Bei einer möglichen Selbstvornahme durch den Käufer behält der Käufer gemäß Art. 48 Abs. 1 S. 2 CISG nur den Ersatz des Schadens, der durch Nacherfüllung nicht hätte beseitigt werden können, wie z.B. Verspätungsschaden. Daher treten für den Käufer Gefahren hervor, seinen Schaden, die wegen der Ersatzvornahme entstanden sind, nicht verlangen zu können, wenn dem Verkäufer ein Nachbesserungsrecht zugestanden ist. Die Frage ist wiederum davon abhängig, wann das Nacherfüllungsrecht des Verkäufers besteht. Nach hier vertretener Ansicht steht dem Verkäufer kein Nachbesserungsrecht zu, solange die Vertragsverletzung

---

521 ***Karollus***, S. 158;

522 ***Magnus***, in: Staudinger/CISG (2005), Art. 50 CISG, Rn. 29.

523 ***P. Huber***, in: MünchKommBGB (2008), Art. 46 CISG, Rn. 64.

524 ***Brunner***, Art. 48, Rn. 10 vgl. Art. 46, Rn. 22; ***P. Huber*** in: MünchKommBGB (2008), Art. 74 CISG, Rn. 14.

525 ***P. Huber***, in: MünchKommBGB (2008), Art. 74 CISG, Rn. 14.

wesentlich ist, die den Käufer zur Vertragsaufhebung und Ersatzlieferung berechtigt, und der Käufer Vertragsaufhebung oder Ersatzlieferung verlangt. Der Käufer kann jedoch oft nicht sicher sein, ob eine das Nachbesserungsrecht des Verkäufers ausschließende, wesentliche Vertragsverletzung vorliegt oder nicht. Daher ist ihm anzuraten, dem Verkäufer gemäß Art. 47 eine Frist zu setzen, nach deren Ablauf das Nachbesserungsrecht des Verkäufers erlischt.[526] Erbringt der Verkäufer die Nachbesserung innerhalb der zur Nacherfüllung gesetzten Frist nicht, steht dem Käufer das Recht zu, die Mängel selbst zu beseitigen oder Dritte damit zu beauftragen, deren Kosten durch Schadenersatz gemäß Art. 45 Abs. 1 lit. b CISG verlangt werden kann.[527] Im Ergebnis wird der Käufer oft zu einer Fristsetzung gezwungen, da er oft nicht entscheiden kann, ob die Vertragsverletzung wesentlich ist oder nicht. Besteht dagegen an der Wesentlichkeit der Vertragsverletzung kein Zweifel, die das Nacherfüllungsrecht des Verkäufers ausschließt, kann der Käufer die Mängel selbst beseitigen oder Dritte damit beauftragen, ohne dem Verkäufer gemäß Art. 47 eine Frist zu setzen. Nicht zu übersehen ist dabei, dass der Käufer Gefahr läuft, gemäß Art. 45 Abs. 1 lit. b die Kosten nicht verlangen zu können, wenn die Vertragsverletzung im Gegensatz zu seiner Meinung nicht wesentlich ist.[528]

II. PECL, DCFR und CESL

Vorweg ist festzuhalten, dass der Erfüllungsanspruch in den PECL als ein Rechtsbehelf ausgestaltet ist.[529] Bei der Regelung des Erfüllungsanspruchs gehen die PECL zunächst von der Unterscheidung aus, ob das Erfüllungsverlangen auf die Zahlung von Geld gerichtet ist oder nicht.[530]

Bei Sachschulden, also bei nicht auf die Zahlung von Geld gerichteten Schulden, gewährt die PECL dem Gläubiger (Käufer) einen Erfüllungsanspruch, der im Fall der mangelhaften Lieferung auch die Abhilfe für eine mangelhafte Leistung enthält.[531]

In den PECL ist es zunächst auch möglich von einem allgemeinen Erfüllungsanspruch zu sprechen, der auf den Fall zugeschnitten ist, in dem der Schuldner

526 ***Brunner***, Art. 47 Rn. 2.

527 ***P. Huber***, in: MünchKommBGB (2008), Art. 46 CISG, Rn. 64.

528 Vgl. ***Schnyder/Straub***, in: Honsell (Hrsg.), CISG (2010), Art. 48, Rn. 32c.

529 Kritik zu der Regelung: ***Weller***, JZ 2011, S. 764 ff.

530 Die **PICC** geht auch von der gleichen Unterscheidung aus. Vgl. Art. 7.2.1. und 7.2.2. **PICC**.

531 ***Dylakiewicz***, S. 119; ***Vogg***, S. 134.

(Verkäufer) überhaupt nicht geliefert hat. Hinzu kommt der Fall, bei dem der Gläubiger das nicht vertragsgemäße Angebot abgelehnt hat.[532]

Im Fall, in dem der Schuldner seine Leistung nicht vertragsgemäß erbringt, spricht Art. 9:102 I PECL von der Abhilfe für eine mangelhafte Leistung, die einen Nacherfüllungsanspruch im Sinne des Kaufrechts darstellt. Zwar werden die einzelnen Formen der Abhilfe nicht konkret erwähnt, aber im Kommentar drei Wege in Betracht gezogen.[533] Es sind Reparatur, Lieferung fehlender Teile oder Lieferung einer Ersatzsache, unter denen das Wahlrecht dem Gläubiger zusteht.[534] In diesem Sinne entspricht die Regelung der PECL dem niederländischen Bürgerlichen Gesetzbuch, die dem Käufer auch diese drei Möglichkeiten eingeräumt hat.[535] Das Nacherfüllungsverlangen des Gläubigers (Käufers) unterliegt aber einer Einschränkung, wenn er die Leistung vernünftigerweise aus einer anderen Quelle erhalten kann, Art. 9:102 II (d) PECL,[536] woraus man den Schluss ziehen kann, dass die Abhilfe auch die Selbstvornahme durch den Gläubiger umfasst.[537] Sowohl dem allgemeinen Erfüllungsanspruch als auch der Abhilfe, also dem Nacherfüllungsanspruch, sind in Art. 9:102 II (a-d) PECL Grenzen gesetzt.

An eine Grenze stößt der (Nach)Erfüllungsanspruch des Gläubigers vor allem, wenn die Erfüllung rechtswidrig oder unmöglich ist (a). Ferner kann der Gläubiger die Erfüllung nicht verlangen, wenn die Erfüllung dem Schuldner unangemessene Anstrengungen oder Kosten verursachen würde (b). Diese Einschränkung kann eine wichtige Funktion insofern durchführen, als das Wahlrecht zwischen den Formen der Abhilfe dem Gläubiger (Käufer) zusteht. Eine weitere, schon erwähnte Einschränkung des Erfüllungsanspruchs besteht, wenn der Gläubiger die Leistung vernünftigerweise aus einer anderen Quelle erhalten kann (d).

---

532 ***von Bar/Zimmermann***, S. 477.

533 ***von Bar/Zimmermann***, S. 478; Im Gegensatz zu **PECL** erfährt PICC eine ausdrückliche Regelung in dem Art. 7.2.3 **PICC**, wonach der Anspruch auf Erfüllung in geeigneten Fällen das Recht, Nachbesserung, Ersatzlieferung oder andere Abhilfe bei mangelhafter Erfüllung zu fordern, umfasst.

534 ***von Bar/Zimmermann***, S. 477.

535 Buch 7 Abschnitt 3 Art. 21 Abs. 1 des niederländischen Bürgerlichen Gesetzbuchs lautet folgendermaßen: Entspricht das Gelieferte nicht dem Vertrag, kann der Käufer verlangen: a. Lieferung des Fehlenden; b. Nachbesserung der gelieferten Sache, vorausgesetzt, dass der Käufer dies vernünftigerweise erfüllen kann; c. Ersetzung der gelieferten Sache (…).

536 ***von Bar/Zimmermann***, S. 478, 481.

537 Im zur Erläuterung des Absatzes (d) vorgebrachten Beispiel wird schon klargestellt, dass der Gläubiger den Dritten für die Reparatur beauftragen kann. Siehe: ***von Bar/ Zimmermann***, S. 478.

Schließlich ist in Art. 9:102 III PECL eine zeitliche Einschränkung für den Erfüllungsanspruch vorgesehen, wenn der Gläubiger die Erfüllung nicht innerhalb einer angemessenen Zeit geltend macht, nachdem er von der Nichterfüllung erfahren hat oder hätte erfahren müssen.

DCFR folgt insofern auch den PECL, als sie von der Unterscheidung ausgeht, ob es sich um ein auf die Zahlung von Geld gerichtetes Verlangen handelt oder nicht. Der Erfüllungsanspruch des Käufers richtet sich nach der Vorschrift III. Art. -3. 302 (I) DCFR, wonach der Gläubiger die Erfüllung der auf nicht die Zahlung von Geld gerichteten Schuld verlangen kann. In Abs. II wird klargestellt, dass der Erfüllungsanspruch des Gläubigers nicht nur den Fall umfasst, in dem der Schuldner seine Leistung überhaupt nicht erbracht hat, sondern auch den Fall, in dem der Schuldner seine Leistung zwar schon erbracht hat aber nicht vertragsgemäß.[538] Demnach zählt auch die kostenlose Abhilfe (*remedying free of charge of performance*) zu dem Erfüllungsanspruch, wenn die Leistung nicht vertragsmäßig ist.[539] Die Abhilfe (Nacherfüllung) kann in der Ersatzlieferung, in dem Ersatz des fehlenden Teils oder in der Reparatur bestehen.[540] Der Nacherfüllungsanspruch unterliegt auch den gleichen Einschränkungen, die für den allgemeinen Erfüllungsanspruch gelten.[541] In Bezug auf die Einschränkungen des Erfüllungsanspruchs stimmen DCFR überwiegend mit PECL überein. Die PECL weichen zwar von dem DCFR insofern ab, als DCFR es ausdrücklich geregelt hat, dass die zur Abhilfe anfallenden Kosten dem Schuldner aufzuerlegen sind.[542] Des Weiteren wird im DCFR das Wahlrecht zwischen den Varianten der Nacherfüllung dem Verkäufer zugestanden.[543]

In den PECL findet man ein Recht des Schuldners zur Nacherfüllung in Art. 8:104. Zum besseren Verständnis wird auf eine separate Darstellung der Fälle angewiesen, in denen ein Nacherfüllungsrecht des Schuldners besteht. Der erste Fall setzt ein vorzeitiges, aber nicht vertragsmäßiges Erfüllungsangebot durch den Schuldner voraus, das vom Gläubiger zurückgewiesen wurde.

So liegt in dem Sinne der Vorschrift eigentlich keine Erfüllung vor, sondern ein vorzeitiger Versuch zur Erfüllung, der aber zurückgewiesen wurde. Nach der Zurückweisung der Sache besteht für den Schuldner die Möglichkeit, nachzuerfüllen,

538 ***von Bar/Clive***, Vol. I, S. 829.

539 ***Bachmann***, S. 198.

540 ***von Bar/Clive***, Vol. I, S. 829.

541 ***von Bar/Clive***, Vol. I, S. 829.

542 ***Vogg***, S. 135.

543 ***von Bar/Clive***, Vol. II, S. 1341.

wenn er diese vor der Fälligkeit der Leistung schaffen kann. Zur Erörterung des Nacherfüllungsrechts des Schuldners wird im Kommentar zur PECL folgendes Beispiel gebracht.[544]

Im Mai verkauft S, ein Händler, an B eine bestimmte Menge Kakaopulver. Der Vertrag sieht die Verschiffung zum 1. September vor. Schon Mitte Juli verschifft S den Kakao an B. Bei der Ankunft weist B den Kakao jedoch rechtsmäßig als nicht vertragsgerecht zurück. S hat bis zum 1. September Zeit, neuen Kakao von vertragsgerechter Qualität an B zu verschiffen.

Die Vorschrift ist in Bezug auf die erste Variante des Nacherfüllungsrechts insofern kritikwürdig, als das Nacherfüllungsrecht des Schuldners nur auf den genannten Fall beschränkt wurde. Man fragt sich, ob der Schuldner auch ein Nacherfüllungsrecht hat, deren Angebot der Leistung trotz der Vertragswidrigkeit vom Gläubiger nicht zurückgewiesen wurde. Das Problem wird im folgenden Beispiel verdeutlicht:

Nimmt man den Fall an, in dem B den Kakao nicht zurückgewiesen hat, weil er die Vertragswidrigkeit erst nach Abnahme der Sache aber vor Fälligkeit bemerkt hat, fragt man sich, ob S vor dem Zeitpunkt, in dem die Leistung noch nicht fällig ist, noch nacherfüllen kann. Die Frage wird verneint. Zur Begründung wird angeführt, dass die Vorschrift der PECL nur einschlägig ist, wenn die Sache zurückgewiesen wurde. Die Verankerung eines Nacherfüllungsrechts dient eher zur Vermeidung der Ausnutzung in dem Fall, in dem der Gläubiger die Preisschwankung zum Anlass nehmen will, den Vertrag aufzuheben, obwohl der Schuldner die Leistung noch erfüllen kann.[545]

Demgegenüber wird beim zweiten Fall nicht ein vorzeitiger Erfüllungsversuch vorausgesetzt. Im zweiten Fall geschieht der Erfüllungsversuch des Schuldners erst nach der Fälligkeit der Leistung, was aber wegen der Vertragswidrigkeit durch den Gläubiger zurückgewiesen wurde. In diesem Fall kann der Schuldner die Leistung unter der Voraussetzung nachträglich erfüllen, wenn die Verspätung nicht wesentlich ist, was bei den Fixgeschäften der Fall ist. Die zweite Variante des Nacherfüllungsrechts weicht von dem obigen Beispiel dadurch ab, dass der Kakao bei B nicht schon vor dem 2. September eintrifft. B weist die Ware am Tag ihres Eintreffens zurück.[546]

Das Recht des Schuldners zur Nacherfüllung unterliegt im DCFR einer besonderen Regelung, III.–3:201 (I) DCFR.[547] Auch wenn das Nacherfüllungsrecht auf

544 ***von Bar/Zimmermann***, S. 445.
545 ***von Bar/Clive***, Vol. II, S. 812.
546 ***von Bar/Zimmermann***, S. 445.
547 ***von Bar/Clive***, Vol. I, S. 813; ***Faust*** in: Wagner (ed.), S. 29.

den Fall der nicht vertragsmäßigen Erfüllung beschränkt ist, kommt es oft auch in den Fällen in Betracht, in denen der Schuldner gar nicht erfüllt, weil der Gläubiger zur Vertragsaufhebung einer Fristsetzung bedarf, wenn die Nichterfüllung nicht wesentlich ist.[548]

In Abs. I der Vorschrift wird geregelt, dass der Schuldner die Leistung nacherfüllen kann, wenn es dem Schuldner noch möglich ist, dies innerhalb der für die Erfüllung bestimmten Zeit nachzuerfüllen. Demnach setzt Abs. I der Vorschrift zunächst einen Versuch zur vorzeitigen Erbringung der Leistung voraus.[549] Im Unterschied zum Nacherfüllungsrecht des Verkäufers (IV.A.-2:203 DCFR) wird hier vorausgesetzt, dass der Gläubiger die vertragswidrige Sache zurückgewiesen hat.[550] Hinzu kommt, dass der Schuldner in der Lage sein muss, die Nacherfüllung bis zur Fälligkeit der Leistung zu erbringen. Der englische Satz" *within the time allowed for performance"* wird insofern kritisiert, dass man diesen als einen Zeitraum verstehe und die Vorschrift scheine bei Leistungspflichten, bei denen die Fälligkeit durch einen Tag bestimmt ist, gar nicht anwendbar zu sein.[551] Meines Erachtens scheint die Kritik unter Berücksichtigung des Abs. II, ungerecht zu sein. Auch wenn man das englische Wort als einen Zeitraum versteht, beschreibt dieser Zeitraum eine Zwischenphase, die mit der Zurückweisung der Erfüllung beginnt und bis zur Fälligkeit der Leistung dauert.

Des Weiteren wird die Richtigkeit der Behauptung, dass dieses Nacherfüllungsrecht des Schuldners die Position des Gläubigers verbessere, einem Zweifel bzw. einer Kritik unterzogen, weil die vertragswidrige Erfüllung die Interessen des Gläubigers in mehrfacher Hinsicht beeinflussen kann.[552] Man fragt sich, inwieweit es richtig ist, vom Gläubiger eine Duldung für die Reparatur bis zur Fälligkeit zu erwarten, wenn er wegen der Vertragswidrigkeit erheblich verletzt wurde.[553] Unter Berücksichtigung des III.–203 (d) trifft die Kritik nicht zu, weil nach diesem Absatz der Gläubiger das Nacherfüllungsangebot des Schuldners ablehnen kann, wenn es unter den Umständen unangemessen sein kann.[554] Ferner lässt sich die Ablehnung der Nacherfüllung durch den Gläubiger schon aus dem Grundsatz von Treu und Glauben erschließen.

548 ***Faust***, in: Wagner (ed.), S. 29.
549 ***von Bar/Clive***, Vol. I, S. 813.
550 ***von Bar/Clive***, Vol. II, S. 1269.
551 ***Ernst***, in: Schmidt– Kessel (Hrsg.), Der Gemeinsame Referenzrahmen, S. 69.
552 ***Faust***, in: Wagner (ed.), S. 29.
553 ***Faust***, in: Wagner (ed.), S. 29.
554 A.A. ***Leible***, in: Schulze/von Bar/Schulte-Nölke (Hrsg.), S. 111, der ein uneingeschränktes Nacherfüllungsrecht des Verkäufers vor Fälligkeit vertritt.

In Abs. II wird vorgesehen, dass der Schuldner auch nach dem Ablauf der Erfüllungszeit unter bestimmten Voraussetzungen die Nacherfüllung anbieten kann. Hiernach werden dem Gläubiger die anderen Rechtsbehelfe außer dem Zurückbehaltungsrecht ausgeschlossen, wenn der Schuldner nach der Mitteilung der Vertragswidrigkeit (Mangelrüge) unverzüglich anbietet, innerhalb einer angemessenen Zeit auf eigene Kosten nachzuerfüllen.[555]

Der Gläubiger darf innerhalb dieser angemessenen Zeit von den anderen Rechtsbehelfen außer dem Zurückbehaltungsrecht nicht Gebrauch machen, 3:201 (II) DCFR.[556] Bietet der Schuldner an, innerhalb einer angemessenen Zeit nachzuerfüllen, hängt der Gebrauch von den anderen Rechtsbehelfen des Gläubigers – außer dem Zurückbehaltungsrecht – vom Ablauf dieser angemessenen Zeit ab.[557]

Im Text werden, abgesehen vom Zurückbehaltungsrecht, bis zum Ablauf der Nachfrist andere Rechtsbehelfe nicht zugelassen. Die Frage, ob der Gläubiger, z.B. den Ersatz des wegen Verspätung entstandenen Schadens verlangen kann, wird nicht in dem gleichen Artikel geregelt, sondern in III.–3:204 Abs. 3 DCFR.

Im Fall der Nachfristsetzung durch den Gläubiger wird aber schon richtig artikuliert, dass der Gläubiger neben dem Zurückbehaltungsrecht auch den Schadenersatz fordern kann, III.–3: 103 DCFR. Auch in den Art. 7.1.4 Abs. 3 PICC werden richtigerweise nur die Rechtsbehelfe ausgeschlossen, die mit dem Nacherfüllungsrecht unvereinbar sind. Außerdem wird in Art. 7.1.4 Abs. 3 PICC klargestellt, dass die benachteiligte Partei das Recht behält, Schadenersatz wegen Verspätung und wegen jeden Schadens zu verlangen, der durch die Nachleistung verursacht oder nicht abgewendet wird. Auch PECL sieht in Art. 8:106 vor, dass die benachteiligte Partei während des Laufes der Nachfrist neben dem Zurückbehaltungsrecht Schadenersatz verlangen kann, wenn sie dem Schuldner für die Erfüllung eine Nachfrist gesetzt hat. Von daher wäre es besser, schon bei dem Nacherfüllungsrecht zu regulieren, dass das Nacherfüllungsrecht des Schuldners an dem Schadenersatzrecht des Gläubigers nichts ändert.

Das Nacherfüllungsrecht des Schuldners gilt aber nicht ohne Einschränkung. Gemäß III.–3:202 (3) DCFR braucht der Gläubiger das Nacherfüllungsangebot des Schuldners nicht zu dulden, wenn die Nichterfüllung einer vertraglichen Pflicht innerhalb der für die Erfüllung bestimmten Zeit eine wesentliche Vertragsverletzung darstellt (a). Demnach hat der Schuldner kein Nacherfüllungsrecht, wenn er in der Erfüllung seiner Leistung sich verspätet hat und diese Verspätung

555 ***Faust***, in: Wagner (ed.), S. 29.

556 ***von Bar/Clive***, Vol. I, S. 813, 814.

557 ***Faust***, in: Wagner (ed.), S. 30.

eine wesentliche Vertragsverletzung ist.[558] Des Weiteren wird dem Schuldner die Möglichkeit zur Nacherfüllung nicht zugestanden, wenn der Gläubiger Grund zur Annahme hat, dass der Schuldner die Vertragswidrigkeit schon wusste und nicht nach dem Grundsatz vonTreu und Glauben und dem redlichen Geschäftsverkehr handelte (b).[559] Der Gläubiger braucht dem Schuldner auch dann nicht eine Nacherfüllungszeit zu gewähren, wenn er Grund zur Annahme hat, dass der Schuldner nicht in der Lage ist, die Nacherfüllung innerhalb einer angemessenen Zeit zu erbringen, ohne dass erhebliche Unannehmlichkeiten für den Gläubiger oder Verletzungen für die legitimen (schutzwürdigen) Interessen des Gläubigers entstehen. (c). Schließlich hat der Gläubiger die Nacherfüllung nicht zu akzeptieren, wenn es unter den Umständen unangemessen sein kann. Darüber hinaus wird im kaufrechtlichen Teil des DCFR für den Verkäufer ein Nacherfüllungsrecht vorgesehen, IV.A.–2:203 DCFR.[560]

Das Nacherfüllungsrecht des Verkäufers unterscheidet sich vom allgemeinen Nacherfüllungsrecht des Schuldners zunächst dadurch, dass der Käufer im kaufrechtlichen Nacherfüllungsrecht des Verkäufers die Sache abgenommen hat und die Sache später einen Mangel aufweist.[561] Ein weiterer Unterschied besteht in der Regelung vom Ausschluss des Nacherfüllungsrechts.

Das Nacherfüllungsrecht des Verkäufers wird ausgeschlossen, wenn die Ausübung dieses Rechts für den Käufer zu unangemessenen Unannehmlichkeiten oder unangemessenen Ausgaben führt, IV.A.–2:203 DCFR.

Die Regelung wird darin kritisiert, dass es unklar bleibt, warum die Nacherfüllung für den Käufer zu den unangemessenen Ausgaben führen soll. Denn die Kosten der Nacherfüllung müssen sowieso dem Verkäufer auferlegt werden.[562]

Meines Erachtens trifft die Kritik nicht zu, wenn man an den Fall denkt, in dem der Verkäufer eine vorzeitige Mitwirkung des Käufers an den für die Nacherfüllung anfallenden Kosten verlangt. Zwar kann der Käufer den Ersatz dieser

---

558 ***von Bar/Clive***, Vol. I, S. 818;

559 ***von Bar/Clive***, Vol. I, S. 818.

560 IV.A.-2:203 DCFR: Nacherfüllungsrecht im Fall der vorzeitigen Lieferung Liefert der Verkäufer die Ware vor der für die Erfüllung bestimmten Zeit, kann der Verkäufer bis zu der für die Erfüllung bestimmten Zeit jegliche noch fehlenden Teile liefern oder den Fehlbestand bezüglich der Menge der Waren ausgleichen, oder Waren zur Ersetzung jeglicher nicht-vertragsgemäß gelieferten Ware beheben, vorausgesetzt, dass die Ausübung dieses Rechts für den Käufer nicht zu unangemessenen Unannehmlichkeiten oder un-angemessenen Ausgaben führt. Vgl. Art. 2:103 PEL S, S. 46.

561 ***von Bar/Clive***, Vol. II, S. 1267.

562 ***Faust***, in: Wagner (ed.), S. 33.

Kosten später als Schaden geltend machen, aber dennoch soll ihm die vorzeitige Mitwirkung nicht zumutbar sein, wenn die anfallenden Kosten zu hoch sind.[563] Schließlich weicht das kaufrechtliche Nacherfüllungsrecht des Verkäufers von denen des allgemeinen insofern ab, als nach den allgemeinen Bestimmungen der Schuldner auch nach dem Ablauf der Erfüllungszeit nacherfüllen kann, während das Nacherfüllungsrecht des Verkäufers sich nur auf den frühzeitigen Erfüllungsversuch beschränkt.[564]

Das Verhältnis zwischen den allgemeinen Bestimmungen des DCFR und dem kaufrechtlichen Teil scheint durchaus problematisch zu sein. Auch wenn das Problem im Fall der frühzeitigen Erfüllung nach dem Grundsatz *lex specialis derogat legi generali* gelöst zu werden vermag, ist mit dieser Lösung allerdings noch nicht die Frage beantwortet, ob der Verkäufer nach den allgemeinen Bestimmungen auch nach dem Ablauf der Erfüllungszeit nacherfüllen kann.[565]

Im Fall der frühzeitigen Lieferung braucht man auf den Grundsatz *lex specialis derogat legi generali* nicht zurückzugreifen. Die Frage, ob im Fall der frühzeitigen Erfüllung die allgemeine Vorschrift oder die kaufrechtliche Bestimmung einschlägig ist, bestimmt sich danach, ob die vertragswidrige Sache vom Gläubiger zurückgewiesen wurde oder nicht. Die Frage, ob der Verkäufer auch nach dem Ablauf der Erfüllungszeit erfüllen kann, ist meines Erachtens zu bejahen.

Noch ein wichtiger Punkt ist die Nachfristsetzung durch den Gläubiger. Gemäß Art. III.–3:103 (I) DCFR kann der Gläubiger im Falle irgendeiner Art der Nichterfüllung dem Schuldner für die Nacherfüllung eine Frist setzen. Innerhalb dieser Frist kann der Gläubiger von den anderen Rechtsbehelfen außerhalb des Schadenersatzes und des Zurückbehaltungs-rechts keinen geltend machen (II). Die Nachfristsetzung zur Nacherfüllung durch den Gläubiger unterscheidet sich von der Frist, die durch das Nacherfüllungsangebot des Schuldners automatisch beginnt, darin, dass die Fristsetzung des Gläubigers nicht auf den Fall der nicht vertragsmäßigen Erfüllung beschränkt ist.[566]

Aus dem Gesagten ergibt sich schon, dass der Käufer dem Verkäufer auch nach Ablauf der Erfüllungszeit eine Frist zur Nacherfüllung setzen muss, bevor er auf die anderen Rechtsbehelfe außer dem Zurückhaltungsrecht zurückgreift, wenn der

563 Für gleiche Regelung vgl. ***U. Huber***, in: V. Caemmerer/Schlechtriem (1995), Art. 37 CISG, Rn. 14; ***Magnus***, in: Honsell (Hrsg.), CISG (2010), Art. 37 Rn. 11.

564 ***Schwenzer/Hachem***, European Journal of Law Reform (EJLR), Vol. XI, no. 4, S. 459, 461.

565 ***Schwenzer/Hachem***, EJLR, Vol. XI, no.4, S. 459, 461.

566 ***Faust***, in: Wagner (ed.), S. 32.

Verkäufer sofort nach einer Mangelrüge eine Nacherfüllung innerhalb angemessener Frist anbietet.[567] Der Übergang zu den anderen Rechtsbehelfen wird erst möglich sein, wenn der Nacherfüllungsversuch des Schuldners keinen Erfolg hat (Art. III–3:204 (II) DCFR).[568]

Das Rechtsbehelfssystem des CESL-Entwurfs folgt grundsätzlich dem DCFR. Die Darstellung der Rechtsbehelfe des Käufers, die in Art. 106 aufgezählt sind, setzt eine Unterscheidung zwischen den B2B und B2C Geschäften voraus.

Im Folgenden soll auf die Rechtsbehelfe des unternehmerischen Käufers (B2B) eingegangen werden. Gemäß Art. 106 Abs. 1 kann der Käufer die Erfüllung gemäß Abschnitt 3 verlangen, die die Erfüllung, der betreffenden Verpflichtung, die Reparatur oder den Ersatz der Waren einschließt, wenn der Verkäufer eine Verpflichtung nicht erfüllt. Während Art. 111 für die B2C– Geschäfte dem Käufer das Recht, zwischen Nachbesserung und Ersatzlieferung zu wählen, einräumt, steht bei B2B-Geschäfte dem Käufer ein solches Recht nicht zu.[569]

Was man unter dem Begriff der Nichterfüllung versteht, richtet sich nach der Vorschrift 87, wonach die Nichterfüllung einer Verpflichtung jegliches Ausbleiben der Erfüllung der Verpflichtung ist. Darauf, ob die Nichterfüllung entschuldigt oder unentschuldigt ist, kommt es bei der Definition der Nichterfüllung nicht an. Wichtig ist es auf der Rechtsfolgenseite. Nach Abs. 1 des Art. 87 schließt die Nichterfüllung Folgendes ein: die Nichtlieferung, verspätete Lieferung, die Lieferung nicht vertragsgemäßer Waren und "jede sonstige behauptete Erfüllung, die nicht vertragsgemäß ist".[570] Somit geht auch der CESL-Entwurf von einem einheitlichen Tatbestand aus.

Was den Vorrang der Nacherfüllung anbetrifft, wird eine Differenzierung zwischen B2B– und B2C-Geschäften vorausgesetzt. Anders als DCFR wird im CESL-Entwurf das Nacherfüllungsrecht, also Heilungsrecht des Verkäufers auf die B2B-Geschäfte beschränkt.[571] Demnach wird dem Verkäufer kein Heilungsrecht gestattet, wenn der Käufer ein Verbraucher ist.[572] Wie beim DCFR unterscheidet man das Heilungsrecht des Verkäufers danach, ob die vertragswidrige

567 ***von Bar/Clive***, Vol. II, S. 1340; ***Dauner-Lieb/Quecke***, in: Schulze/von Bar/Schulte-Nölke (Hrsg.), S. 147.

568 ***Dauner-Lieb/Quecke***, in: Schulze/von Bar/Schulte-Nölke (Hrsg.), S. 147.

569 ***Wilhelm***, IHR 6/2011, S. 225, 227.

570 Art. 87 Abs. 1/f stellt einen Auffangtatbestand dar. ***Schopper***, in: Wendehorst/Zöchling-Jud (Hrsg.), S. 109.

571 ***Zöchling-Jud***, in: Schmidt-Kessel (Hrsg.), Ein einheitliches, europäisches Kaufrecht, S. 343.

572 ***Schopper***, in: Wendehorst/Zöchling-Jud (Hrsg.), S. 127.

Leistung vor Fälligkeit (Art. 109 Abs. 1 CESL-Entwurf) oder nach Fälligkeit (Art. 109 Abs. 2 CESL-Entwurf) geschieht.[573]

Gemäß Art. 110 CESL-Entwurf kann die Erfüllung nicht verlangt werden, wenn

(a) die Erfüllung unmöglich wäre oder rechtswidrig geworden ist
(b) die Erfüllung im Vergleich zu dem Vorteil, den der Käufer dadurch erlangen würde, unverhältnismäßig aufwändig oder kostspielig wäre.[574]

Eine weitere Grenze des Erfüllungsanspruchs liegt vor, wenn die Nichterfüllung i.S.d. Art. 88 CESL-Entwurf entschuldigt ist.[575] Ist die Nichterfüllung entschuldigt, beschränken sich die Rechtsbehelfe des Käufers auf Folgendes: Zurückbehaltungsrecht, Preisminderungsrecht und das Rücktrittsrecht.[576]

III. Deutsches Recht (BGB)

1) Allgemein

Wie im türkischen Recht, versteht sich der allgemeine Erfüllungsanspruch des Käufers im deutschen Recht von selbst, (§ 241 Abs. 1 BGB).[577] Daher wird der allgemeine Erfüllungsanspruch im deutschen Recht nicht als Rechtsbehelf ausgestaltet.[578] Der Nacherfüllungsanspruch ist aber der primäre Rechtsbehelf im BGB, der im Fall der mangelhaften Lieferung dem Käufer zusteht. Vorauszuschicken ist, dass im BGB zwischen Rechtsmangel und Sachmangel keine Unterscheidung getroffen wird. Des Weiteren werden die Aliud-Lieferung und auch die Zuwenig-

---

573 ***Faust***, in: Schulte-Nölke/Zoll/Jansen/Schulze (Hrsg.), S. 267.

574 Vgl. § 275 Abs. 2 BGB; ***Faust***, in: Schulte-Nölke/Zoll/Jansen/Schulze (Hrsg.), S. 267.

575 Art. 88–1. Die Nichterfüllung einer Verpflichtung durch eine Partei ist entschuldigt, wenn sie auf einem außerhalb des Einflussbereichs dieser Partei liegenden Hindernis beruht und wenn von dieser Partei nicht erwartet werden konnte, das Hindernis zum Zeitpunkt des Vertragsschlusses in Betracht zu ziehen oder das Hindernis oder dessen Folgen zu vermeiden oder zu überwinden. Vgl. mit Art. 79 CISG.

576 ***Schopper***, in: Wendehorst/Zöchling-Jud, S. 127.

577 ***Müller-Chen***, S. 74; ***Gsell***, in: Honsell (Hrsg.), CISG (2010), Art. 46, Rn. 5; Nach ***Düchs*** dürfe § 241 BGB nicht als einheitliche Anspruchsgrundlage für die Erfüllung missverstanden werden. Vielmehr würden insbesondere die Vorschriften des besonderen Schuldrechts (§§ 433–853 BGB) für einzelne Schuldverhältnisse eine Vielzahl von spezielleren Anspruchsgrundlagen enthalten. ***Düchs***, S. 279.

578 ***Ziegler***, S. 158.

lieferung dem Sachmangel gleichgestellt. Daher kommt der Nacherfüllungsanspruch im Sinne des § 439 BGB auch beim Rechtsmangel, bei der Aliud-Lieferung sowie bei der Zuweniglieferung in Betracht.

Zugleich spricht man von einem Recht des Verkäufers zur zweiten Andienung.[579] Das Recht des Verkäufers zur zweiten Andienung wird im Gesetz nicht ausdrücklich geregelt; es geht aber aus der Gesetzessystematik hervor, weil die anderen Rechtsbehelfe, Schadenersatz statt der Leistung und Rücktritt, eine Fristsetzung zur Nacherfüllung voraussetzen.[580] Vorab ist hervorzuheben, dass der Nacherfüllungsanspruch ein besonderer Rechtsbehelf ist, der nur im Fall der mangelhaften Lieferung in Betracht kommt. Darüber hinaus spricht man beim Nacherfüllungsanspruch richtigerweise von zwei unterschiedlichen Funktionen.[581] Die Unterscheidung erfolgt nach dem Kriterium, ob der Käufer die Nacherfüllung mit Fristsetzung oder ohne Fristsetzung verlangt. In einem wichtigen Fall, wobei der Käufer seinen Wunsch nach Nacherfüllung mit einer Fristsetzung verbindet, führt hat die Nacherfüllung die Funktion, die dem Käufer den Übergang zu den anderen Rechtsbehelfen ermöglicht und zugleich eine Voraussetzung für Schadenersatz und Rücktritt bei behebbaren Mängeln darstellt.[582] Dagegen liegt in der zweiten Funktion "ein selbstständiges Recht" des Käufers unabhängig von der Fristsetzung vor, wobei der Käufer nur auf die Nacherfüllung abstellt. Demnach besteht für die Fälligkeit des selbstständigen Nacherfüllungsanspruchs kein Fristsetzungserfordernis.[583]

Da die Pflicht des Verkäufers zur mangelfreien Lieferung nach der Schuldrechtsreform eine Hauptleistungspflicht und deren Verletzung eine Pflichtverletzung im Sinne des § 280 Abs. 1 BGB darstellt (§ 433 Abs. 1 S. 2 BGB), ist der Nacherfüllungsanspruch als eine modifizierte Form des ursprünglichen Erfüllungsanspruchs

579 ***Westermann***, in: MünchKommBGB (2004), § 437, Rn. 2; ***P. Huber***, in: P. Huber/Faust, § 13 Rn. 8; a.A. ***Mankowski***, JZ 2011, S. 781 ff.; ***Dagmar-Kaiser***, in: Staudinger/Eckpfeiler des Zivilrechts (2008), S. 386, die bei der Behandlung des Problems, ob der Käufer die durch Ersatzvornahme entstandenen Kosten vom Verkäufer verlangen kann, die Meinung vertritt, dass der Verkäufer kein Nacherfüllungsrecht hat, weil der Käufer nicht verpflichtet ist, Nacherfüllung zu verlangen.

580 ***Schroeter***, JR 2004, S. 441, 442.

581 ***Hirsch***, AT, § 3 Rn. 71 ff.

582 ***Saenger***, in: HK-BGB (2007), § 439 BGB Rn. 1; ***Matusche-Beckmann***, in: Staudinger/BGB (2004), § 439 BGB Rn. 8; ***Beckmann***, in: Staudinger/ Eckpfeiler des Zivilrechts (2008), S. 584.

583 ***Saenger***, in: HK-BGB (2007), § 439, Rn. 2; ***Büdenbender***, in: Anw-KommBGB, § 439 BGB Rn. 11; ***Matusche-Beckmann***, in: Staudinger/BGB (2004), § 439 BGB Rn. 1.

des Käufers auf die mangelfreie Lieferung anzusehen.[584] Der Nacherfüllungsanspruch unterscheidet sich zwar vom ursprünglichen Erfüllungsanspruch dadurch, dass er einer besonderen, also kürzeren Verjährung unterliegt (§ 438 BGB) und über zusätzliche Ausschlussgründe (§§ 442, 445 BGB) verfügt.[585] Konzeptionell besteht der Nacherfüllungsanspruch des Käufers darin, entweder die Beseitigung des Mangels oder die Lieferung einer mangelfreien Sache zu verlangen. Daran, dass das Wahlrecht zwischen den Varianten der Nacherfüllung dem Käufer zugesprochen wird, wird in der Literatur Kritik geübt. Man stellt das Wahlrecht des Käufers in Frage, z.B. wenn es sich um einen Kauf zwischen Unternehmern handelt.[586] Die Kritik beruht auf der Erwägung, dass es "wegen seiner größeren Sachnähe" dem Verkäufer besser gelingt zu entscheiden, welche Form der Nacherfüllung geeignet ist.[587]

Kritisiert wird zudem dieses Wahlrecht des Käufers deshalb, weil schon das Wahlrecht beim Werksvertrag dem Verkäufer zustand, § 635 Abs. 1 BGB[588]. Bei näherer Überlegung erweisen sich jedoch diese Kritiken wegen des § 439 Abs. 3 BGB als voreilig. Demnach kann der Verkäufer die vom Käufer gewählte Art der Nacherfüllung immer verweigern, wenn ihm infolge "seiner größeren Sachnähe" klar ist, dass die gewählte Art der Nacherfüllung nur mit unverhältnismäßigen Kosten möglich ist. Was die Kritik an der unterschiedlichen Behandlung des Werks– und Kaufvertrags anbelangt, bleibt unberücksichtigt, dass "die Leistung eines Verkäufers häufig weniger komplex als etwa die eines Werkunternehmers ist".[589]

Je nach Entscheidung des Käufers ist der Verkäufer verpflichtet, die Leistung in der vom Käufer gewählten Form nachzuerfüllen. Das Wahlrecht des Käufers zwischen den möglichen Varianten des Nacherfüllungsanspruchs ist in seiner Natur umstritten.[590] Herrschender Meinung nach handelt es sich um eine elektive Konkurrenz,[591] nicht um eine Wahlschuld i.S. d. §§ 262 ff. BGB,[592] d.h. der Käufer ist an seine Wahl nicht gebunden, bis der Verkäufer die vom Käufer gewählte Form der Nacherfüllung herbeiführt.[593]

---

584 ***D Schmidt***, in: P/W/W (2007), § 439 BGB Rn. 9.

585 ***Westermann***, in: MünchKomm/BGB (2007), § 439 BGB Rn. 2; ***P. Huber***, BT, Rn. 85 ff.

586 ***D Schmidt***, in: P/W/W (2007), vor § 433 BGB Rn. 9.

587 ***D Schmidt***, in: P/W/W (2007), § 439 BGB Rn. 19.

588 ***Faust***, in: Bamberger/Roth (2003), § 439 Rn. 8.

589 ***Harke***, BT, S. § 1 Rn. 60.

590 Statt aller ***Büdenbender***, AcP, 2005, S. 386 ff.

591 ***Spickhoff***, BB 2003, S. 589, 594.

592 ***Schellhammer***, BT, S. 40 Rn. 55; ***Bachmann***, S. 199.

593 ***Westermann***, in: MünchKomm/BGB (2004), § 439 BGB Rn. 4; ***Medicus/Lorenz***, BT, Rn. 125; ***Weidenkaff***, in: Palandt (2008), § 439 Rn. 5; ***Fikentscher/Heinemann***,

Eine mögliche Einschränkung könnte das Wahlrecht des Käufers auf Grund des Rechtsinstituts von "Treu und Glauben" erfahren, was den Käufer bis Fristablauf an seine Wahl bindet, wenn der Käufer dem Verkäufer eine Frist zur Nacherfüllung gesetzt hat.[594]

Darauf, ob die Erheblichkeit des Mangels eine bestimmte Schwelle erreicht, kommt es nicht an.[595] Ebenso wenig kommt es beim Nacherfüllungsanspruch des Käufers auf das Verschulden des Verkäufers an.[596]

Die Frage, warum der deutsche Gesetzgeber – anders als beim Rücktritt und beim Schadenersatz statt der Leistung – für den Erfüllungsanspruch keine gewisse Erheblichkeit der Pflichtverletzung voraussetzt, erscheint zuerst bedenklich, wenn sich der Käufer nach seiner Wahl für die Ersatzlieferung entscheidet, die im Ergebnis eigentlich nicht weniger schwerwiegend ist als der Rücktritt. Das Ziel erreicht aber der Gesetzgeber dadurch, dass er es für bestimmte Fälle dem Verkäufer ermöglicht (§ 439 Abs. 3), die vom Käufer gewählte Art der Nacherfüllung zu verweigern, indem er gemäß § 439 Abs. 3 die Einrede von der Unverhältnismäßigkeit geltend macht.

Die zum Zwecke der Nacherfüllung erforderlichen Aufwendungen, insbesondere Transport-, Wege-, Arbeits-, und Materialkosten, sind gemäß § 433 Abs. 2 BGB dem Verkäufer aufzuerlegen. Die Frage, an welchem Ort der Verkäufer seine Nacherfüllung erbringen muss, ist umstritten.

Während eine Ansicht den Ort des ursprünglichen Erfüllungsorts für maßgeblich hält,[597] geht die herrschende Meinung von dem jeweiligen Belegenheitsort der Kaufsache aus.[598]

Rn. 858; ***Beckmann***, in: Staudinger/Eckpfeiler des Zivilrechts (2008), S. 585; ***P. Huber***, BT, Rn. 81; ***Faust***, in: Bamberger/Roth (2003), § 439 BGB Rn. 10; a. A ***Looschelders***, BT (2009), Rn. 87; ***Musielak*** Grundkurs, Rn. 590; ***Harke***, BT, S. § 1 Rn. 60.

594 ***Faust***, in: Bamberger/Roth, § 439 Rn. 10; ***Westermann***, in: MünchKomm/BGB (2004), § 439 Rn. 5.

595 ***Saenger***, in: HK-BGB (2007), § 439 Rn. 2.

596 ***Matusche-Beckmann***, in: Staudinger/BGB (2004), § 439, Rn. 1; ***Emmerich*** BT (2003), § 5 Rn. 5; ***P. Huber***, BT, Rn. 84.

597 ***Medicus/Lorenz***, BT, Rn. 129; BB 2011, 1679–1684.

598 ***Fikentscher/Heinemann***, Rn. 861; ***Reinicke/Tiedtke*** (2009), Rn. 417; ***Faust***, in: Bamberger/Roth (2007), § 439 BGB Rn. 10; ***P. Huber***, BT, Rn. 89; ***Westermann***, in MünchKomm/BGB (2004), § 439, Rn. 7.

2) Ersatzlieferungsanspruch im BGB

a) Problemstellung

Ein äußerst umstrittenes Problem, das die Schuldrechtsreform mit sich brachte, ist die Frage, ob beim Stückkauf eine Ersatzlieferung möglich ist. *Schellhammer* kritisiert das Problem folgendermaßen: "Mit seiner unausgegorenen Formulierung hat der Gesetzgeber ein überflüssiges Problem produziert, über dessen Lösung sich die Gelehrten seit Jahren den Kopf zerbrechen".[599]

Vorweg ist klar, dass der Käufer bei geringwertigen Sachen oft auf die Ersatzlieferung zu verweisen ist.[600] In Bezug auf die Art des Nacherfüllungsanspruchs kommt der Unterscheidung, ob eine Stückschuld oder eine Gattungsschuld vorliegt, erst dann eine Bedeutung zu, wenn der Käufer eine Ersatzlieferung verlangt. Die Antwort auf die Frage, ob beim Stückkauf eine Ersatzlieferung möglich ist, ist äußerst umstritten. Bei der Gattungsschuld ist die Ersatzlieferung unproblematisch. Anders verhält es sich aber im Fall des Stückkaufs, wonach der Verkäufer von vornherein verpflichtet ist, das konkret individualisierte Stück, "nicht eine Sache derselben Art und noch weniger eine andere Sache von gleichem Wert",[601] zu liefern.

b) Lösungsansätze

aa) Erste Meinung

Einer Meinung zufolge kommt bei Stückschulden eine Ersatzlieferung nicht in Betracht; weil es bei Stückschulden keine andere erfüllungstaugliche Sache gebe, sei Ersatzlieferung stets unmöglich. Einzige Ausnahme sei der Fall, dass ein Identitäts-Aliud geliefert worden sei.[602] Das wichtigste Argument für diese Ansicht gegen die Annahme der Ersatzlieferung beim Stückkauf lässt sich dahin kennzeichnen, dass man den Verkäufer, der sich eigentlich nur zur Lieferung eines individualisierten, bestimmten Stücks verpflichtet, nicht "mit einem gattungsschuldähnlichen

---

599 ***Schellhammer***, BT, S. 40 Rn. 55.

600 ***Marx/Wenglorz***, S. 43; ***P. Huber***, in: Huber P./Faust § 13 Rn. 37; ***Brox/Walker*** BT (2007), § 4 Rn. 45.

601 ***von Tuhr***, OR AT II. S. 406; Vgl. ***Ackermann***, JZ 2002, 378, 379 ff.

602 ***Faust***, in: Bamberger/Roth (2007), § 439 Rn. 27; ***Lorenz/Riehm***, Rn. 505; ***Ackermann***, JZ 2002, 378, 379 ff.; "Ein Anspruch auf Ersatzlieferung nach § 439 I 2. V. BGB kommt beim Stückkauf, ***niemals*** in Betracht, wenn die gelieferte Sache mangelhaft ist" (Hervorhebung nicht im Text).

Beschaffungsrisiko" belasten darf.[603] Das Gegenargument stützt sich auf das Verweigerungsrecht des Verkäufers gemäß § 439 Abs. 3, wonach der Verkäufer die Ersatzlieferung verweigern kann, wenn sie nur mit unverhältnismäßigen Kosten möglich ist.[604] Was das Argument des "gattungsschuldähnlichen Beschaffungsrisikos" anbetrifft, das für den Ausschluss der Ersatzlieferung beim Stückkauf vorgebracht wurde, ist Folgendes zu sagen: Mit "einem gattungsschuldähnlichen Beschaffungsrisiko" wird das Risiko gemeint, wonach der Verkäufer verpflichtet ist, sich einen geeigneten Leistungsgegenstand auf dem Markt zu besorgen.[605] Sieht man die Ersatzlieferung beim Stückkauf als möglich an, kann dies in Bezug auf das gattungsschuldähnliche Beschaffungsrisiko zu folgendem Ergebnis führen: Kommt der Verkäufer seiner Beschaffungspflicht beim Gattungskauf nicht oder nicht rechtszeitig nach, erwächst dem Käufer hieraus eine Schadenersatzpflicht gemäß § 280 ff. BGB, wobei es sich auf Grund der Übernahme des Beschaffungsrisikos um *eine verschuldensunabhängige Haftung* des Verkäufers handelt (§ 276 Abs. 1 S. 1 BGB). Unter der Annahme der Unmöglichkeit der Nachbesserung stellt sich die Frage, ob diese verschuldensunabhängige Schadenersatzpflicht beim Stückkauf bestehen kann, wenn der Verkäufer seiner Pflicht zur Ersatzlieferung nicht nachkommt. Die Frage betrifft eigentlich die Tragweite des gattungsähnlichen Beschaffungsrisikos, also ob dieses gattungsähnliche Beschaffungsrisiko sich nur auf die Besorgungspflicht beschränkt oder auch sich auf die Rechtsfolge des Beschaffungsrisikos wie beim Gattungskauf, also die ***verschuldensunabhängige*** Haftung des Verkäufers erstreckt. Folgt man der Ansicht, die die Ersatzlieferung beim Stückkauf für prinzipiell möglich hält, könnte auch für den Stückverkäufer eine verschuldensunabhängige Haftung bestehen,[606] die der Gesetzgeber zumindest beim Privatkauf nicht gewollt hätte. Um dieses grundsätzlich beim Gattungskauf geltende Beschaffungsrisiko auch bei der Stückschuld bejahen zu können, muss meines Erachtens eine konkludente oder ausdrückliche Übernahme dieses Risikos durch den Schuldner vorliegen,[607] deren Existenz beim Privatkauf im Gegensatz zu dem Händlerverkauf zu verneinen ist.[608] Diese Lösung entspricht der Lösung des

603 ***P. Huber***, NJW 2002, 1004, 1006 ff.

604 ***Pammler***, NJW 2003, 1992, 1992 ff.

605 ***Looschelders***, AT, Rn. 536; ***Westermann/Bydlinski/Weber***, § 3 Rn. 2.

606 ***Hoeren***, in: Hoeren/Martinek S. 121, Rn. 331: "Damit will der Gesetzgeber anscheinend den Umfang der Vorschrift über den Bereich der Gattungsschulden hinaus auch auf Stückschulden beziehen, ***deren Beschaffung der Schuldner ausdrücklich oder konkludent übernommen hat***" *(Hervorhebung kommt nicht aus dem originalen Text).*

607 ***Hoeren***, in: Hoeren/Martinek § S. 121, Rn. 331.

608 ***Medicus/Lorenz***, § 78 Rn. 127.

BGH, wonach die Frage, ob die Ersatzlieferung im Einzelfall in Betracht kommt oder nicht, nach dem durch Auslegung zu ermittelnden Willen der Vertragsparteien zu beurteilen ist.[609]

bb) Zweite Meinung

Im Gegensatz zu der ersten Ansicht halten die Vertreter dieser Meinung die Ersatzlieferung prinzipiell für möglich, soweit es um eine vertretbare Sache im Sinne des § 91 BGB geht.[610] Dieser mittlerweile verbreiteten Ansicht nach, ist die Ersatzlieferung nicht auf dem Fall des Identitäts-Aliud zu beschränken. Demnach ist eine Ersatzlieferung auch in solchen Fällen denkbar, in denen der ursprüngliche Erfüllungsanspruch des Käufers auf eine vertretbare Sache i.S. d. § 91 BGB[611] bzw. eine ersetzbare[612] oder eine gleichartige Sache[613] gerichtet ist. Diese Meinung variiert jedoch danach, ob die Ersatzlieferung beim Stückkauf nur auf die vertretbaren Sachen beschränkt ist oder sich auf die ersetzbare oder gleichartige Sache erstrecken soll.

Dass die Verfasser der zweiten Meinung bei der Einschränkung der Ersatzlieferung nicht einig sind, liegt am Mangel eines möglichen dogmatischen Grundes, nämlich der Grenze der Einschränkung. Ohne auf diese Auseinandersetzung einzugehen, ist meines Erachtens eine dogmatische Grundlage für die Ersatzlieferung beim Stückkauf festzustellen. Sehr aussagekräftige Worte von *Ehmann/Sutschet* sind folgende: "Damit wird das Begriffspaar Gattungs– und Stückschuld kraft objektiven Rechts durch das von vertretbaren und nicht vertretbaren Sachen ersetzt…".[614]

Dieses Ergebnis findet seine Stütze auch in der Begründung mit folgenden Worten: "Bei nicht vertretbaren Kaufsachen scheidet auch die Ersatzlieferung aus".[615]

---

609 ***Pammler***, in: jurisPK-BGB, § 439, Rn. 29; Außerdem schließt der BGH die Ersatzlieferung beim gebrauchten Wagen auf jeden Fall aus.

610 ***Pammler***, NJW 2003, S. 1992, 1994; ***Matusche-Beckmann***, in: Staudinger/BGB (2004), § 439 Rn. 29; ***Richter***, in: T/W/T, § 439, Rn. 9; teilweise ***Wolf***, in: Hoeren/Martinek § 439 Rn. 15; ***Weidenkaff***, in: Palandt (2008), § 439 Rn. 15; dagegen ***Musielak***, NJW 2008, 2801, 2806, hat auf Wertungswidersprüche, die sich zwischen Kaufrecht und Allgemeinem Schuldrecht ergeben, hingewiesen.

611 ***Pammler***, in jurisPK-BGB, § 439, Rn. 23; Dieser Auffassung nach soll sich die Ersatzlieferung bei der Stückschuld nur auf die vertretbaren Sachen im Sinne des § 91 BGB beschränken.

612 ***Weidenkaff***, in: Palandt (2008) § 439, Rn. 15.

613 ***Westermann***, in: MünchKommBGB (2004), § 439 Rn. 11; ***Looschelders***, BT (2009), Rn. 89.

614 ***Ehmann/Sutschet***, S. 201.

615 BT-Drucks. 14/6040 S. 209.

Dies beinhaltet die Feststellung, dass der Gesetzgeber die Ersatzlieferung beim Stückkauf a priori für möglich hält.[616] Das Festhalten an der dogmatischen Unterscheidung zwischen Stück- und Gattungsschuld zieht so zwar eine klare Grenze, die die Ersatzlieferung außerhalb des Identitäts-Aliud nicht erlaubt. Diese den Vorteil der ersten Meinung darstellende Rechtssicherheit kann auch durch die auf dem Gesetz beruhende Unterscheidung zwischen vertretbaren und nicht vertretbaren Sachen erreicht werden, soweit dies nicht mit unklaren und unbestimmten Begriffen – wie z.B. "ersetzbaren" – stets erweitert würde. Von diesem Standpunkt aus scheint die zweite Meinung den Vorzug zu verdienen. Zusammenfassend ist Folgendes festzustellen:

Die Ersatzlieferung ist beim Stückkauf unter der dogmatischen Begründung, die die Unterscheidung zwischen vertretbaren und nicht vertretbaren Sachen im Sinne des § 91 BGB zu Grunde legt, prinzipiell zu bejahen. Um die auf Grund des Beschaffungsrisikos beim Gattungskauf vorliegende ***verschuldensunabhängige*** Haftung des Verkäufers beim Stückkauf zu vermeiden, wird eine konkludente oder ausdrückliche Übernahme des Beschaffungsrisikos durch den Verkäufer vorausgesetzt, die beim Privatkauf zumeist nicht vorhanden ist.

3) Nachbesserungsanspruch im BGB

Verlangt der Käufer statt der Ersatzlieferung, die *vollständige*[617] Beseitigung des Mangels, also die Nachbesserung, verpflichtet er den Verkäufer damit, die Sache in einen vertragsgemäßen Zustand zu versetzen.[618] Welchen Weg der Verkäufer bei der Beseitigung des Mangels einschlägt, steht ihm frei. Die Entscheidung der in Betracht kommenden Wege z.B. Austausch einzelner Teile, Reparatur einzelner Teile der nicht funktionierenden Sache, liegt beim Verkäufer.[619] Dieses Auswahlrecht des Verkäufers wird aber mit der Gefahr erkauft, dass der Käufer ohne Fristsetzung vom Vertrag zurücktreten oder den Schadenersatz statt der Leistung verlangen kann, wenn für ihn die Leistung unzumutbar ist (§ 440 Abs. S. 1).[620]

---

616 ***Pammler***, in: jurisPK-BGB § 439, Rn. 22.

617 ***Grünewald***, § 9 Rn. 32; ***Faust***, in: Bamberger/Roth (2007) § 439, Rn. 26; ***Westermann***, in MüncKomm/BGB (2004), § 439 BGB Rn. 9; ***P. Huber***, in: P. Huber/Faust § 13 Rn. 37.

618 ***Westermann***, in: MünchKomm/BGB (2004), § 439 BGB Rn. 8; ***Grünewald***, § 9 Rn. 32.

619 ***Westermann***, in: MünchKomm/BGB (2004), § 439 BGB Rn. 8; ***Faust***, in: Bamberger/Roth (2007), § 439 Rn. 26; ***P. Huber*** BT, Rn. 127.

620 ***Grünewald***, § 9 Rn. 34; ***Faust***, in: Bamberger/Roth (2007), § 439, Rn. 26; ***P. Huber***, BT, Rn. 127.

4) Ausschluss des Nacherfüllungsanspruchs

a) Unmöglichkeit (§ 275 Abs. 1 BGB)

Weist die Sache einen nicht ***behebbaren*** Mangel auf, ist der Anspruch des Käufers auf die Nacherfüllung ausgeschlossen (§ 275 Abs. 1 BGB). Bezieht sich aber die Unmöglichkeit nur auf die vom Käufer gewählte Art der Nacherfüllung, ist der Käufer auf die andere Art der Nacherfüllung verwiesen. Erstreckt sich die Unmöglichkeit auf beide Formen der Nacherfüllung, besteht für den Käufer die Möglichkeit, ohne Fristsetzung zu den anderen Rechtsbehelfen überzugehen.[621]

b) Verweigerungsrecht wegen Unverhältnismäßigkeit gemäß § 275 Abs. 2 BGB

Gemäß § 275 Abs. 2 steht dem Käufer ein Recht zu, die Nacherfüllung zu verweigern, wenn diese einen Aufwand erfordert, der unter Beachtung des Inhaltes des Schuldverhältnisses und des Gebots von "Treu und Glauben" in einem groben Missverhältnis zu dem Leistungsinteresse des Gläubigers steht. In der Vorschrift § 439 Abs. 3 BGB ist eine ähnliche Regelung verankert, die jedoch gegenüber § 275 Abs. 2 BGB eine niedrigere Schwelle für die Begründung einer Einrede des Verkäufers darstellt.[622]

c) Verweigerungsrecht wegen Unverhältnismäßigkeit gemäß § 439 Abs. 3 BGB

Die Vorschrift des § 439 Abs. 1 BGB sieht ein Verweigerungsrecht vor, wonach der Verkäufer die vom Käufer gewählte Art der Nacherfüllung verweigern kann, wenn sie nur mit unverhältnismäßigen Kosten möglich ist. Zur Feststellung der Unverhältnismäßigkeit legt die Vorschrift einige Kriterien vor, die nicht abschließend sind. Dabei sind insbesondere der Wert der Sache in mangelfreiem Zustand, die Bedeutung, nämlich das Gewicht[623] des Mangels und die Frage zu berücksichtigen, ob auf die andere Art der Nacherfüllung ohne erhebliche Nachteile für den Käufer zurückgegriffen werden könnte (§ 439 Abs. 1 S. 2 BGB). Für die Feststellung der Unverhältnismäßigkeit stehen zwei unterschiedliche Ansätze zur Verfügung, die

---

621 ***P. Huber***, in P. Huber/Faust, § 13 Rn. 32.

622 **BT-Drucks**. 14/6040, S. 209; ***Schlechtriem***, BT, § 3 Rn. 75; ***Lorenz/Riehm***, § 5, Rn. 511.

623 ***P. Huber***, in: P. Huber/Faust § 13 Rn. 37; ***Wolf***, in: Hoeren/Martinek, § 439 Rn. 22.

sich beide aus dem Wortlaut des § 439 Abs. 3 BGB entnehmen lassen. Einerseits die absolute Unverhältnismäßigkeit (der Wert der Sache, Gewicht des Mangels), wobei es bei der Entscheidung der Unverhältnismäßigkeit auf die beim Verkäufer anfallenden Kosten ankommt. Andererseits die relative Unverhältnismäßigkeit, die einen Vergleich zwischen den Kosten der beiden Nacherfüllungsarten erfordert und für die das aus diesem Vergleich resultierende Ergebnis maßgeblich ist.[624] Unter der Annahme der relativen Unverhältnismäßigkeit erscheint es zumindest naheliegend, dass bei geringwertigen Sachen die Nachbesserung gegenüber der Ersatzlieferung als unverhältnismäßig anzusehen ist.[625] Dagegen wird der umgekehrte Weg notwendig, wenn es um hochwertige Sachen geht. Mit anderen Worten kommt bei hochwertigen Sachen zuerst die Nachbesserung in Betracht, weil die Ersatzlieferung bei hochwertigen Sachen unverhältnismäßig ist.[626]

5) Mangelbeseitigung durch den Käufer

Für die Beantwortung der Frage, ob der Käufer den Ersatz der von ihm gegebenen Kosten gemäß § 439 Abs. 2 BGB verlangen kann, ist eine differenzierte Betrachtung erforderlich. Unproblematisch ist der Fall, in dem die Voraussetzungen des Schadenersatzanspruchs (§ 281 Abs. 1 S. 1) gegeben sind.[627] Liegen die Voraussetzungen des Schadenersatzanspruchs gemäß § 281 Abs. 1 S. 1 vor, anders formuliert, hat der Käufer dem Verkäufer für die Nacherfüllung eine Frist gesetzt und ist diese Frist erfolgslos verstrichen, kann der Käufer den Mangel selbst oder durch einen Dritten beseitigen lassen und die daraus resultierenden Kosten gemäß § 280 Abs. 1 i.V.m. § 281 oder § 283 verlangen.[628] Problematisch ist der Fall, in dem die Selbstvornahme vor dem Fristablauf geschehen ist.[629]

---

624 ***Oetker/Maultsch***, Rn. 214; ***P. Huber***, BT, Rn. 98 ff.

625 ***Oetker/Maultsch***, Rn. 215; ***P. Huber***, in: P. Huber/Faust, § 13 Rn. 37; ***Wolf***, in: Hoeren/Martinek § 439 Rn. 22.

626 ***Oetker/Maultsch***, Rn. 215; ***P. Huber***, in: P. Huber/Faust § 13 Rn. 37; ***Wolf***, in: Hoeren/Martinek § 439, Rn. 22.

627 ***Grünewald***, § 9 Rn. 59.

628 ***Tonner***, S. 57; ***Gursky*** S. 34.

629 ***Westermann***, in: MünchKommBGB (2004), § 439 Rn. 10; ***Matusche-Beckmann***, in Staudinger/BGB (2004), § 439 Rn. 25; ***Oetker/Maultsch***, Rn. 225; ***Huber*** BT, Rn. 293 ff.; ***Petersen***, AT, § 5, Rn. 250.; ***Medicus/Lorenz*** BT, § 78 Rn. 139 ff.; ***Oechsler***, Vertragliche Schuldverhältnisse, § 2 Rn. 148; ***Looschelders*** BT, § 5 Rn. 97; ***Herresthal/Riehm***, NJW 2005, S. 457 ff.

Durch die Selbstvornahme verursacht der Käufer die Unmöglichkeit der Nacherfüllung; damit ist der Anspruch des Käufers auf die Nacherfüllung ausgeschlossen (§ 275 Abs. 1). Im Fall der Unmöglichkeit der Nacherfüllung werden die Rechte des Käufers gemäß §§ 280, 283 bis 285, 311a, und 326 bestimmt. Braucht der Verkäufer nach § 275 Abs. 1 bis 3 nicht zu leisten, entfällt der Anspruch auf die Gegenleistung.

Das gilt aber nicht, wenn der Verkäufer im Falle der nicht vertragsgemäßen Leistung die Nacherfüllung nach § 275 Abs. 1 bis 3 nicht zu erbringen braucht (§ 326 Abs. 1, S. 2). Das heißt, der Verkäufer behält noch seinen Anspruch auf Gegenleistung. Braucht der Verkäufer nach § 275 Abs. 1 bis 3 nicht zu leisten, kann der Käufer vom Vertrag zurücktreten (§ 326 Abs. 6). Aber ein Rücktrittsrecht des Käufers ist deshalb ausgeschlossen, weil der Käufer für den Umstand der Unmöglichkeit der Nacherfüllung, der ihn zum Rücktritt berechtigen würde, überwiegend[630] verantwortlich ist (§ 323 Abs. 6 i.V. m. § 326 Abs. 5 BGB). Liegen keine Voraussetzungen des Rücktritts vor, steht dem Käufer auch kein Recht zur Minderung (§ 441 BGB Abs. 1) zu.[631]

In einem solchen Fall kommt auch ein Schadenersatzanspruch statt der Leistung gemäß § 281 Abs. 1 S. 1 nicht in Betracht,[632] weil diese eine Fristsetzung zur Nacherfüllung voraussetzt, was in diesem Fall nicht gegeben ist. Ist die Fristsetzung entbehrlich, fehlt dem Verkäufer das Vertretenmüssen, was den Schadenersatzanspruch des Käufers ausschließt. Ein Schadenersatzanspruch statt der Leistung gemäß § 283 BGB scheitert auch deshalb, weil der Verkäufer die Unmöglichkeit nicht zu vertreten hat.

Im Ergebnis hat der Käufer keine Mittel, die für die Selbstvornahme anfallenden Kosten vom Verkäufer zu verlangen.[633]

Bedenken gegen dieses Ergebnis ergeben sich vor allem daraus, dass der Verkäufer auf Grund der Selbstvornahme die Aufwendungen spart, die er im Fall der eigenen Nacherfüllung nach 439 Abs. 2 BGB hätte aufwenden müssen.[634]

Um dieses ungerechte Ergebnis zu vermeiden, werden in der Literatur verschiedene Wege vorgeschlagen. Eine Ansicht zieht zur Lösung des Problems eine analoge

---

630 ***Dagmar-Kaiser***, in Staudinger/Eckpfeiler (2008) S. 384;

631 ***Matusche-Beckmann***, in Staudinger/BGB (2004), § 439 Rn. 25; ***Westermann***, in: MünchKommBGB (2004), § 439 Rn. 10.

632 A. A. ***Tonner/Wieser***, BB 2005, S. 903, 907.

633 ***Grunewald***, in: Erman (2008), § 439 Rn. 8.

634 ***Schürholz***, S. 71; ***Medicus/Lorenz***, BT, § 78 Rn. 141, der die Situation für den Verkäufer als "Glücksfall" nennt.

Anwendung des § 326 BGB Abs. 2 S. 2 heran, wonach sich der Verkäufer im Fall der dem Käufer zurechenbaren Unmöglichkeit dasjenige anrechnen lassen muss, was er infolge der Befreiung von der Leistung erspart.[635]

Die Argumente gegen diese Lösung bestehen darin, dass im Kaufvertrag im Gegensatz zum Werksvertrag (§ 634 Nr. 2, 637 BGB) für den Käufer eine Möglichkeit zur Selbstvornahme nicht geregelt wird[636] und ein Selbstvornahmerecht auf Kosten des Verkäufers zur Umgehung des Vorrangs des Nacherfüllungsanspruchs führen kann.[637]

Hinzu kommt, dass es sich hier eigentlich um keine Unmöglichkeit der Nacherfüllung im Sinne des § 275 Abs. 1 BGB handelt, weil zum Einen der Verkäufer noch nachliefern kann[638] und zum Anderen durch die Selbstvornahme der Leistungserfolg nicht ausbleibt, sondern eintritt. Mit anderen Worten liege auf Grund der Selbstvornahme nicht ein unbehebbarer Mangel, sondern überhaupt kein Mangel vor.[639] Dadurch, dass die Zweckerreichung für Werks– und Dienstverträge einen Fall der Unmöglichkeit darstellt, unterscheidet sich der Kaufvertrag von den Werks– und Dienstverträgen.[640] Liegt kein Fall der Unmöglichkeit der Nacherfüllung vor, bleibt kein Raum für die Anwendung des § 326 Abs. 2. Schließlich sind die Rechtsbehelfe des Käufers in §§ 437 ff. abschließend aufgezählt.[641]

Eine andere Lösung geht dagegen dahin, auf die §§ 677 ff. BGB (Geschäftsführung ohne Auftrag) zurückzugreifen.[642]

Diese Lösungsversuche haben beim BGH und bei der herrschenden Lehre kein Gehör gefunden.[643]

Bei der Diskussion sind insbesondere zwei Gegenargumente von Gewicht, aus denen sich ein Dilemma ergibt. Einerseits wird mit dem neuen Schuldrecht dem

---

635 ***Medicus/Lorenz***, BT, § 78 Rn. 141.

636 ***Kropholler***, § 437 Rn. 3; ***Grunewald***, Kaufrecht, § 9 Rn. 60; ***Tonner/Wieser***, BB 2005, 903 ff.; BT-Drucks. 14/6040, S. 229; ***Westermann***, in: MünchKommBGB (2004), § 439 Rn. 10; ***Schürholz***, S. 72.

637 ***Grunewald***, § 9 Rn. 60; ***S. Lorenz***, NJW 2005, 1321 ff.; ***Dagmar-Kaiser***, in Staudinger/Eckpfeiler des Zivilrechts (2008), S. 385; ***Tonner/Wieser***, BB 2005, 903 ff. (904).

638 ***Grunewald***, § 9 Rn. 60.

639 ***Schroeter***, JR 2004, S. 441 ff.; ***Dagmar-Kaiser***, in Staudinger/Eckpfeiler des Zivilrechts (2008), S. 385: "Der Käufer hält die mangelfreie Kaufsache in in den Händen".

640 ***Schroeter***, JR 2004, S. 441, 442; ***Dagmar-Kaiser***, in Staudinger/Eckpfeiler des Zivilrechts (2008), S. 385 Fn. 267: a.A. ***Katzenstein***, ZGS 2004, S. 349, 355.

641 ***Tonner/Wieser***, BB 2005, S. 903 ff.; ***Schroeter***, JR 2004, S. 441, 443.

642 ***Medicus/Lorenz***, BT, § 78 Rn. 141; ***Oetker/Maultsch***, Rn. 225; ***Grunewald***, Kaufrecht, § 9 Rn. 61.

643 BGHZ 162, 219 = NJW 2005, 1348; ***Looschelders***, BT (2009), § 5 Rn. 98.

Verkäufer die Möglichkeit der Nacherfüllung eingeräumt, und es wird dem Käufer bewusst kein Recht zur Selbstvornahme zugesprochen. Bei der Ansicht, die dem Käufer die Möglichkeit gewähren will, vom Verkäufer die durch Selbstvornahme ersparte Kosten verlangen zu können, besteht die Gefahr, dass das auf die bewusste Entscheidung des Gesetzgebers beruhende Recht des Verkäufers zur zweiten Andienung unterlaufen werden kann, da diese Lösung den Käufer zur Selbstvornahme anregen kann.[644] Andererseits aber führt die Ansicht, die eine Anrechnung der durch die Selbstvornahme des Käufers entstandenen Aufwendungen ablehnt, zu keinem gerechten Ergebnis. Auch wenn dieses Ergebnis nicht interessengerecht ist, lässt die neue Gesetzessystematik ein Selbstvornahmerecht des Käufers nicht zu. Daher scheint die herrschende Lehre den Vorzug zu verdienen.

IV. Türkisches Recht

1) Alte Rechtslage

a) Allgemein

Beruhend auf dem schweizerischen Recht wird auch im türkischen Recht der Erfüllungsanspruch des Käufers als eine logische Konsequenz des Vertrags angesehen, und es wird nicht ein Rechtsbehelf konzipiert.[645] Demnach kann der Käufer die Erfüllung des Vertrags vom Verkäufer immer verlangen, ihn auch dazu zwingen, wenn die Erfüllung noch möglich ist.[646] In § 96 BK a.F. wurde der Erfüllungsanspruch des Käufers nicht explizit geregelt, wogegen in § 106 Abs. 1 und 2 BK a.F. ausdrücklich von dem Erfüllungsanspruch des Käufers gesprochen wurde.[647] Demnach kann der Gläubiger im Fall des Verzugs immer noch auf die Erfüllung klagen, wenn es sich nicht um ein Fixgeschäft handelt. Diese Rechtsfolge tritt schon mit der Fälligkeit der Leistung ein. Da es sich beim Kauf um eine Sachschuld handelt, wirft der Erfüllungsanspruch des Käufers keine besonderen Probleme auf. Dem Erfüllungsanspruch des Käufers werden aber einige Grenzen gesetzt, die auch für den Nacherfüllungsanspruch des Käufers bei der mangelhaften Lieferung gelten sollen. Der allgemeine Erfüllungsanspruch des Käufers findet seine erste Grenze, wenn die Erfüllung der Leistung unmöglich ist.

644 ***von Herztberg***, in: FS U. Huber, S. 354.
645 ***Müller-Chen***, S. 74.
646 ***Oguzman/Öz***, S. 328; ***Eren***, S. 987.
647 ***Eren***, S. 987.

Liegt eine Unmöglichkeit der Erfüllung vor, wird der Käufer auf den Schadenersatz verwiesen, wenn der Verkäufer die Unmöglichkeit zu vertreten hat. § 96 BK a.F.

Des Weiteren kommt noch die Grenze für den Erfüllungsanspruch des Käufers in Betracht, auch wenn die Erfüllung noch möglich ist. Zu erwähnen sind zunächst die Fälle, in denen das Verlangen des Käufers auf die Erfüllung einen Verstoß oder einen Missbrauch gegen den Grundsatz von Treu und Glauben gemäß § 2 des türkischen Zivilgesetzbuchs (TMK) darstellt.[648] Im diesem Sinne ist der Erfüllungsanspruch nicht durchsetzbar, wenn die Leistung für den Verkäufer unzumutbar oder unerschwinglich ist.[649] Noch eine weitere Grenze für den Erfüllungsanspruch des Käufers ergibt sich aus dem Inhalt der geschuldeten Leistung.

Demnach kann die Erfüllung der nichtleistungsbezogenen Pflichten nicht gefordert werden, wenn diese verletzt wurden.[650] In einem solchen Fall wird der Käufer automatisch auf den Schadenersatzanspruch gemäß § 96 BK a.F. verwiesen.[651]

An dieser Stelle ist instruktiv auf die Frage einzugehen, welche Pflichten des Verkäufers in Betracht zu ziehen sind, in denen der allgemeine Erfüllungsanspruch gemäß § 96 i.V. m. § 106 BK. a.F. zur Anwendung kommt.

Ein möglicher Fall, in dem von einem allgemeinen Erfüllungsanspruch gesprochen werden kann, ist die rechtsmangelhafte Lieferung des Verkäufers. Zu fragen ist dabei, ob überhaupt ein Erfüllungsanspruch bei der rechtsmangelhaften Lieferung vorliegt.

Wenn ein Erfüllungsanspruch des Käufers bei der rechtsmangelhaften Lieferung zu bejahen ist, muss gefragt werden, unter welchen Voraussetzungen der Käufer seinen Erfüllungsanspruch einfordern kann.

Die Haftung des Verkäufers wegen des Rechtsmangels wird in § 189 ff. BK a.F. geregelt. Liegt ein Rechtsmangel vor, ist danach zu unterscheiden, ob der Rechtsmangel vor dem Abschluss des Vertrags vorlag oder erst nach dem Vertragsschluss entstand. Zum ersten Fall, in dem der Rechtsmangel vor dem Vertragsschluss vorlag, richten sich die Rechtsfolgen nach § 189 ff. BK a.F.[652] Dagegen bestimmen sich die Rechtsfolgen gemäß den allgemeinen Bestimmungen § 96 ff. des BK a.F., wenn der Rechtsmangel erst nach dem Vertragsschluss entstanden war. Des

648 ***Eren***, S. 987.
649 ***Oğuzman/Öz***, S. 328; ***Eren***, S. 987.
650 ***Oğuzman/Öz***, S. 328; ***Eren***, S. 987.
651 ***Oğuzman/Öz***, S. 328; ***Eren***, S. 987.
652 ***Aral***, Özel, S. 104.

Weiteren wird für die Anwendung der Rechtsgewährleistungs-vorschriften vorausgesetzt, dass die Kaufsache dem Käufer in der Zeit der Entwehrung schon dem Käufer übergeben werden soll. Im Rahmen der Rechtsmangelhaftung des Verkäufers gemäß § 189 ff. BK a.F. ist unter den Rechtsfolgen kein Erfüllungsanspruch vorgesehen. Die Rechtsfolgen variieren danach, ob es sich um eine vollständige Entwehrung oder teilweise Entwehrung handelt. Die vollständige Entwehrung führt ipso iure zu der Aufhebung des Vertrags,[653] während bei der teilweisen Entwehrung der Anspruch des Käufers zuerst nur auf den Ersatz des infolge des Rechtsmangels entstandenen Schadens beschränkt wird. Daher kommt der allgemeine Erfüllungsanspruch bei der vollständigen Entwehrung überhaupt nicht in Betracht, da der Vertrag aufgehoben wurde. Bei teilweiser Entwehrung kann der Käufer zunächst nur den Ersatz des Schadens fordern, der infolge des Rechtsmangels entstanden ist. Im Fall, in dem sich die Rechtsfolgen des Rechtsmangels nach den allgemeinen Bestimmungen richten, könnte man daran denken, dass gemäß § 96 BK a.F. ein Erfüllungsanspruch in Betracht käme.[654] Der allgemeine Erfüllungsanspruch ist auch in diesem Fall nicht gegeben, und der Käufer wird auf den Schadenersatzanspruch verwiesen, da die Erbringung der Leistung unmöglich[655] ist (Art. 96 BK a.F.).

Daraus wird klar, dass eine rechtsmangelhafte Lieferung eigentlich als eine subjektive Unmöglichkeit angesehen wird.[656] Inwieweit es zutreffend ist, im Fall der rechtsmangelhaften Lieferung *a priori* von der subjektiven Unmöglichkeit

---

653 Im Gegensatz zu der herrschenden Meinung liegt hier meines Erachtens keine *ipso iure* Vertragsaufhebung vor, sondern eine Möglichkeit des Käufers zur Vertragsaufhebung.

654 ***Serozan***, in: Hatemi/Serozan/Arpacı, S. 79; ***Koller***, in: Guhl, § 42 Rn. 1; Es besteht kein Zweifel daran, dass die Vorschriften der Rechtsgewährleistung im Gegensatz zu den allgemeinen Vorschriften des BK 96 a.F. vorteilhaft sind, weil die Rechtsmangelhaftung kein Verschulden des Verkäufers voraussetzt. Dagegen aber kann dem Käufer ein Erfüllungsanspruch nur über die allgemeinen Vorschriften des BK a.F. gewährt werden, und der Erfüllungsanspruch setzt selbstverständlich kein Verschulden des Verkäufers voraus. Von daher ist dem Käufer zu empfehlen, den Weg des § 96 ff. a.F. einzuschlagen, wenn er noch an der Erfüllung Interesse hat und die Erfüllung der Leistung noch möglich ist.

655 Es ist auch umstritten, ob die subjektive Unmöglichkeit in den Anwendungsbereich des § 96 BK a.F. fällt. Nach der herrschenden Meinung ist dies zu bejahen. Dagegen vertritt eine Mindermeinung die Ansicht, auf die subjektive Unmöglichkeit Verzugsregeln anzuwenden. Schließt man sich dieser Mindermeinung an, kommt ein allgemeiner Erfüllungsanspruch über Verzugsregeln in Betracht.

656 ***Serozan***, in: Hatemi/Serozan/Arpacı, S. 79.

auszugehen, ist fraglich. Im Fall der rechtsmangelhaften Lieferung soll dem Verkäufer eine Chance gegeben werden, den Rechtsmangel im Wege der Ersatzlieferung oder Nachbesserung zu beseitigen.[657] Für eine Beschränkung der Rechtsbehelfe des Käufers im Fall der rechtsmangelhaften Lieferung auf die Vertragsaufhebung oder auf den Schadenersatz gibt es keinen ersichtlichen Grund. Warum soll der Käufer kein Recht auf die Ersatzlieferung oder Nachbesserung im Fall der rechtsmangelhaften Lieferung haben? Ob oder inwieweit es eine praktische Lösung ist, bei der vollständigen Entwehrung den Vertrag ipso iure aufzuheben, ist auch fraglich. Dem Käufer soll im Fall der rechtsmangelhaften Lieferung die Möglichkeit nicht ausgeschlossen werden, eine Ersatzlieferung oder Nachbesserung zu fordern. Ein weiteres Beispiel, in dem der Käufer nach den allgemeinen Bestimmungen (Art. 96 ff. BK a.F.) die Erfüllung der Leistung verlangen kann, ist die Aliud-Lieferung. Bei der Aliud-Lieferung wird in der Literatur differenziert:[658] Im Fall des Stückkaufs besteht insoweit eine Einigkeit darüber, dass die allgemeinen Bestimmungens des Art. 96 ff. BK a.F. zur Anwendung kommen. Demnach kommt hinsichtlich des Stückkaufs im Fall der Aliud-Lieferung ein Ersatzlieferungsanspruch, also Nacherfüllungsanspruch im Sinne der Gewährleistungs-vorschriften, nicht in Betracht. In diesem Fall der Aliud-Lieferung richten sich die Ansprüche des Käufers nach den allgemeinen Vorschriften der §§ 96 ff. BK a.F. Je nachdem, ob die Erbringung der Leistung möglich ist oder nicht, kann der Käufer die Erfüllung der Leistung nach den Verzugsregeln § 101 BK a.F. oder gemäß § 96 BK a.F den Ersatz seines Schadens verlangen.[659]

Liegt dagegen ein Gattungskauf vor, ist die Rechtslage heftig umstritten. Einer Mindermeinung nach sind beim Gattungskauf Gewährleistungsvorschriften anzuwenden, wenn es sich um eine Aliud-Lieferung handelt.[660] Dagegen lehnt die herrschende Meinung die Anwendung der Gewährleistungsvorschriften auf eine Aliud-Lieferung ab.[661]

Die Rechtsprechung hat die Tendenz, sich der ersten Ansicht anzuschließen und zwar mit einer Abweichung in dem Sinne, dass die kurzen Verjährungsregelungen des § 207 BK a.F. auf die Aliud-Lieferung nicht anzuwenden sind.[662]

---

657 Vgl. ***Honsell***, in: BaslerKomm, OR I, Art. 195 Rn. 2.

658 Şahiniz, S. 33.

659 Şahiniz, S. 33; ***Demirelli***, S. 88.

660 Şahiniz, S. 35.

661 ***Aral***, Özel, S. 112; ***Gümüş***, S. 128.

662 ***Şahiniz***, S. 37; a.A. ***Gümüş***, S. 127 beruht auf einer anderen Entscheidung des türkischen Kassationshofs, so dass die Rechtsprechung schwankend ist.

Die Lieferung einer zu geringen Menge ist grundsätzlich nicht als Sachmangel zu qualifizieren, soweit die versprochene Größe keine erhebliche Bedeutung für den Vertragszweck hat.[663] Daher zieht eine Teilleistung die Folgen des § 96 BK ff. a.F. nach sich. In Betracht kommen für den nichtgelieferten Teil der Leistung insbesondere die Verzugsregeln des BK.

Ein letzter Fall, in dem ein allgemeiner Erfüllungsanspruch in Betracht zu ziehen ist, ist eine sachmangelhafte Lieferung des Verkäufers. Festzustellen ist in diesem Sinne vor allem, dass der ***(Nach)Erfüllungsanspruch*** des Käufers den in § 203 BK a.F. geregelten, besonderen Voraussetzungen unterliegt, wenn es um eine sachmangelhafte Lieferung des Verkäufers geht. Die Beantwortung der Frage hängt davon ab, ob der Käufer die Abnahme der Sache deshalb verweigern kann, weil ein Sachmangel vorliegt. Die Natur der Annahme ist umstritten.[664] Einer Ansicht nach geht es hier nicht um eine Pflicht, sondern eine bloße Obliegenheit des Käufers. Dagegen geht die andere Meinung von der Pflicht des Käufers, aus eren Verletzung zum Gläubigerverzug des Käufers geführt hätte.[665] Die Meinungen sind indes einig, dass der Käufer die Annahme einer nicht vertragsmäßigen Ware verweigern kann.[666] Verweigert der Käufer die Annahme der Kaufsache, kann der Käufer nach den allgemeinen Vorschriften des BK 96 ff. die Erfüllung der geschuldeten Leistung immer verlangen.[667] Nimmt der Käufer die sachmangelhafte Sache an, greifen nicht die allgemeinen Bestimmungen des § 96 ff. BK a.F., sondern die Sachgewährleitungsvorschriften (§ 194 ff. BK a.F.).[668] Weist die vom

---

663 ***Demirelli***, S. 87; ***Honsell***, in: BaslerKomm, OR I Art. 197 Rn. 9; ***Aral***, Özel, S. 112; Şahiniz, S. 42; ***Gümüş***, S. 126; Dagegen geht Huguenin von der Unterscheidung aus, ob ein Stück– oder ein Gattungskauf vorliegt. Im Fall des Gattungskaufs sieht sie keinen Sachmangel vor, sondern eine Nichterfüllung bzw. Teillieferung. Liegt dagegen ein Stückkauf vor, soll die Teilleistung den Sachgewährleistungsvorschriften unterstellt werden. ***Huguenin***, BT, Rn. 278.

664 ***Koller***, in: BaslerKomm, OR I Art. 211 Rn. 4; ***Hrubesch-Millauer***, in H-K zum schweizerischen Privatrecht, OR § 211 Rn. 3.

665 ***Koller***, in: BaslerKomm, OR I 211 Rn. 4; ***Hrubesch-Millauer***, in H-K zum schweizerischen Privatrecht, OR § 211 Rn. 3.

666 ***Glättli***, S. 54.

667 ***Şahiniz***, S. 43; ***Gümüş***, S. 114; Die Anwendung der Gewähleistungs-vorschriften setzt die Übergabe der Kaufsache voraus. Damit wird die Anwendung der Gewährleistungsvorschriften nicht von dem Gefahrübergang abhängig gemacht, sondern von der Übergabe. ***Gümüş***, S. 122.

668 Die letzt genannten Fragen haben erheblich mit dem Problem des Verhältnisses der Sachmangelgewährleistung zu den allgemeinen Bestimmungen zu tun, das hier nicht ausführlich dargestellt werden kann. Deshalb ist auf die dortigen Ausführungen zu verweisen.

Verkäufer gelieferte Sache einen Sachmangel auf und nimmt der Käufer die Sache an, kommen dem Käufer die Rechtsbehelfe zu, die in BK 202 ff. a.F. aufgelistet sind. Die Vorschrift § 203 BK a.F. widmet sich lediglich dem Ersatzlieferungsanspruch des Käufers, wobei von zwei Möglichkeiten, also Ersatzlieferung und Nachbesserung, nur die Ersatzlieferung im BK a.F. geregelt wurde. Gemäß § 203 Abs. I BK a.F. hat der Käufer die Möglichkeit, entweder Wandlungs– oder Minderungsklage anzustellen oder andere mangelfreie Ware derselben Gattung zu fordern, wenn es sich bei dem Kauf auf die Lieferung einer bestimmten Menge *vertretbarer Sachen* handelt. Der Ersatzlieferungsanspruch des Käufers unterliegt den gleichen Voraussetzungen und Einschränkungen wie das Rücktrittsrecht des Käufers (§ 204 BK a.F.).[669] Es muss nochmals betont werden, dass kein Ersatzlieferungsanspruch im Gesetz unter den Rechtsfolgen der Lieferung von Ware mit Rechtsmängeln vorgesehen wurde.

Daher beschränkt sich die Ersatzlieferung als Rechtsbehelf nur auf den Fall der sachmangelhaften Lieferung. Des Weiteren setzt das Gesetz voraus, dass der Kauf auf die Lieferung auf einer bestimmten Menge vertretbarer Sachen geht, worunter zwar in der Literatur überwiegend ein Gattungskauf verstanden wurde, aber sowohl im Muttertext (Art. 206 OR) als auch im türkischen Gesetz (203 BK a.F.) wird nicht das Wort "Gattungsware", sondern "vertretbare Sachen" verwendet.[670]

Das kommt daher, dass die Ersatzlieferung beim Stückkauf ausgeschlossen ist.[671] Ferner werden die Mängelanzeige und Untersuchungsobliegenheiten durch den Käufer vorausgesetzt. Insofern ist zu fragen, ob man auch vom Ersatzlieferungsrecht des Verkäufers sprechen kann. Dies wird in Art. 203 Abs. 2 BK a.F. unter der Voraussetzung geregelt, dass ein Platzkauf vorliegen muss. Demnach kann sich der Verkäufer durch ***sofortige*** Lieferung mangelfreier Ware derselben Gattung und Ersatz allen Schadens von allen weiteren Ansprüchen des Käufers befreien, wenn die Sachen dem Käufer nicht von einem anderen Ort her zugesandt worden sind (§ 203 Abs. 2 BK a.F.).

Nach dem alten türkischen Obligationengesetz steht dem Käufer beim Sachmangel kein Nachbesserungsanspruch zu, obwohl im Gesetz beim Werksvertrag (§ 360 Abs. 2 BK a.F.) und auch beim Mietvertrag (§ 250 Abs. 1 BK a.F.) ein Nachbesserungsanspruch vorgesehen wird. Zudem wird dem Verbraucher auch

669 ***Tandoğan***, Özel C. I, S. 191; ***Zevkliler/Gökyayla***, S. 114; ***Yavuz/Acar/Özen***, S. 165.

670 ***Aral***, S. 145; ***Yavuz/Acar/Özen***, S. 164; ***Demirelli***, S. 218; ***Huguenin***, BT, Rn. 353; a. A. ***Tandoğan***, S. 191; ***Zevkliler/Gökyayla***, S. 114; ***Giger***, in: BernerKomm, Art. 206 OR Rn. 4.

671 ***Tunçomağ***, Bd. II, S. 180.

ein Nachbesserungsanspruch im Gesetz über den Verbraucherschutz (TKHK) eingeräumt. Aufgrund dessen wird in der Literatur zum Teil vorgeschlagen, dem Käufer einen Nachbesserungsanspruch einzuräumen.[672] Des Weiteren wird in der Praxis oft durch Allgemeine Geschäftsbedingungen ein Nachbesserungsrecht des Verkäufers vorgesehen, das meistens das Ziel verfolgt, das Wahlrecht des Käufers zu verhindern.[673]

b) Ersatzlieferungsanspruch im BK a.F.

aa) Voraussetzungen

(1) Gattungskauf

Trotz des Gesetzeswortlauts ("vertretbare Sachen") geht die herrschende Meinung sowohl im türkischen als auch im schweizerischen Recht davon aus, dass die Ersatzlieferung nur beim Gattungskauf möglich ist.[674]

Das Argument dafür ist, es rechtfertige sich teleologisch nicht, das Recht des Käufers, Nachlieferung zu fordern, auf den Kauf "vertretbarer Sachen" einzuengen".[675]

Bei näherer Überlegung erweist sich die Begründung dieser Meinung jedoch als nicht stichhaltig, weil es bei dieser Argumentation unberücksichtigt bleibt, dass "vertretbare Sachen" oft den Inhalt des Gattungskaufs bilden. Geht man von dem Wortlaut "vertretbarer Sachen" aus, besteht oft auch bei einem Gattungskauf ein Ersatzlieferungsanspruch. Im Gegensatz zu der herrschenden Meinung engt man den Anwendungsbereich des Ersatzlieferungsanspruch dadurch ein, dass man von vornherein beim Stückkauf die Ersatzlieferung als ausgeschlossen ansieht. Aus diesem Grund ist das Erfordernis des Gattungskauf abzulehnen.[676] Entsprechend dem Gesetzeswortlaut ist von der Voraussetzung der "vertretbaren Sachen" auszugehen.

(2) Vorliegen eines Sachmangels

Die Ersatzlieferung ist ein Anspruch, der dem Käufer nur dann zur Verfügung steht, wenn die Voraussetzungen der Sachgewährleistung gegeben sind. Wie bei den anderen Ansprüche aus der Gewährleistung, setzt auch die Ersatzlieferung das Vorliegen

---

672 ***Yavuz/Acar/Özen***, S. 165.
673 ***Yavuz/Acar/Özen***, S. 165.
674 ***Becker***, in: BernerKomm, Art. 206 OR Rn. 4; ***Honsell***, BT, S. 120; ***Aral***, Özel, S. 145.
675 ***Becker***, in: BernerKomm, Art. 206 OR Rn. 4.
676 ***Serozan***, MHAD, 1969, S. 211, 233.

eines Sachmangels i.S. d. BK § 194 a.F., also die Lieferung einer sachmangelhaften Ware voraus, die vom Käufer rechtzeitig untersucht und gerügt werden muss.

Des Weiteren besteht ein Ersatzlieferungsanspruch nur dann, wenn ein Qualitätsmangel vorliegt. Der Anspruch auf die Ersatzlieferung setzt kein Verschulden des Verkäufers voraus. Die Unkenntnis des Verkäufers in Bezug auf einen Mangel der Kaufsache ändert nichts daran, dass der Käufer im Fall der mangelhafteten Lieferung unter den gegebenen Voraussetzungen einen Anspruch auf die Ersatzlieferung hat.[677]

(3) Frist

Die Geltendmachung des Ersatzlieferungsanspruchs wird im BK a.F. an keine Frist gebunden. Der Anspruch unterliegt allerdings der einjährigen Verjährungsfrist.[678] Außerdem wird in der Literatur zum Teil vorgeschlagen, dem Verkäufer die Möglichkeit zu geben, die Ersatzlieferung anzubieten und dem Käufer eine Frist zu setzen, um zu verhindern, dass der Käufer nach seinem Belieben den Verkäufer im Ungewissen lässt.[679] Nach einer älteren Auffassung muss der Käufer seinen Nachlieferungsanspruch "unverzüglich nach der Mangelrüge" geltend machen.[680]

(4) Kein Ausschluss der Ersatzlieferung

Wie schon gesagt, unterliegt der Anspruch des Käufers auf Ersatzlieferung den gleichen Einschränkungen wie auf Wandlung. Deshalb kann der Käufer die Ersatzlieferung nicht verlangen, wenn die Sache durch das Verschulden des Käufers untergegangen oder von diesem weiter veräußert oder umgestaltet worden ist (§ 204 Abs. 2 BK a.F.). In einem solchen Fall kann der Käufer nur eine Minderung fordern.[681]

bb) Rechtsfolgen

Liegen die Voraussetzungen des Ersatzlieferungsanspruchs vor, kann der Käufer vom Verkäufer die Ersatzlieferung einer mangelfreien Sache verlangen. Hinsichtlich des Erfüllungsorts der Ersatzlieferung sagt das Gesetz nichts.

---

677 ***Koller***, in: Guhl, § 42 Rn. 35.

678 ***Yavuz/Acar/Özen***, S. 164; ***Becker***, in: BernerKomm, Art. 206 OR Rn. 16.

679 ***Tandoğan***, S. 192; ***Yavuz/Acar/Özen***, S. 164; ***Aral***, Özel, S. 146; ***Giger***, in: BernerKomm, Art. 206 OR Rn. 16.

680 ***Giger*** in: BernerKomm, Art. 206 OR Rn. 16.

681 ***Aral***, Özel, S. 146.

2) Neue Rechtslage und Kritik zu der neuen Regelung

a) Allgemein[682]

Anders als im alten Recht beschränkt sich der Nacherfüllungsanspruch des Käufers im neuen Gesetz nicht nur auf die Ersatzlieferung, sondern er enthält auch die Nachbesserungsmöglichkeit. Im neuen Obligationengesetz wird der Nacherfüllungsanspruch des Käufers in § 227 Abs. 1 Nr. 3 (Nachbesserung), Nr. 4 (Ersatzlieferung) Abs. 3 (Ersatzlieferungsrecht des Verkäufers), Abs. 4 (Nachbesserung statt Rücktritt durch richterliche Entscheidung), Abs. 5 (Ersatzlieferung als Alternative zur Minderung) BK n.F. geregelt. Gemäß § 227 Abs. 1 Nr. 3 BK n.F. kann der Käufer die Nachbesserung der mangelhaften Ware verlangen, wenn diese nicht zu den erheblich großen Aufwendungen führt, die alle dem Verkäufer aufzuerlegen sind. Beim Nachbesserungsanspruch kommt es somit auf das Ausmaß der für die Nachbesserung erforderlichen Aufwendungen an, ob der Käufer die Nachbesserung verlangen kann.

Nach § 227 Abs. 1 Nr. 4 kann der Käufer den Ersatz der mangelhaften Ware durch eine mangelfreie, gleichartige verlangen, *wenn es möglich ist*. Somit hat das Gesetz für den Ersatzlieferungsanspruch zwei Kriterien aufgestellt.

Demnach muss zuerst eine ähnliche/gleichartige Ware vorhanden sein, deren Beschaffung (für den Verkäufer) möglich sein soll. Des Weiteren kommt gemäß § 227 Abs. 3 BK n.F. dem Verkäufer ein Ersatzlieferungsrecht zu, wenn der Verkäufer eine mangelfreie, gleichartige Ware sofort liefert. Im Abs. 4 des § 227 BK n.F. wird beschrieben, dass es dem Richter freisteht, statt des Rücktritts auf eine Minderung des Kaufpreises oder auf Nachbesserung der mangelhaften Ware zu entscheiden, sofern es die Umstände nicht rechtfertigen, den Kauf rückgängig zu machen.

b) Ersatzlieferungsanspruch

Der Ersatzlieferungsanspruch wird im neuen türkischen Obligationengesetz in § 227 Abs. 1 Nr. 4 BK n.F. geregelt. Für die Ersatzlieferung ergeben sich aus dem Wortlaut des Gesetzes zwei Voraussetzungen. Die Bestimmung setzt zuerst das Vorhandensein einer mangelfreien, ähnlichen/gleichartigen Ware voraus. Des Weiteren muss die Ersatzlieferung möglich sein. Aus dem klärungsbedürftigen Wortlaut des neuen Gesetzes ergibt sich keine andere Einschränkung der

682 In Bezug auf den allgemeinen Erfüllungsanspruch des Käufers gilt grundsätzlich Entsprechendes, was zur alten Rechtslage dargestellt wurde.

Ersatzlieferung. Erforderlich ist nur das Vorhandensein einer gleichartigen Ware, deren Beschaffung möglich sein soll. Somit sind das Vorhandensein einer gleichartigen Ware und die Möglichkeit zu deren Beschaffung zum wichtigen Kriterium für die Ersatzlieferung geworden. Abgestellt wird allein auf das Möglichsein der Beschaffung von ähnlichen/gleichartigen Waren.

aa) Vorhandensein einer ähnlichen/gleichartigen Sache

Der türkische Gesetzgeber hat im Hinblick auf die Ersatzlieferung zu Gunsten des Käufers keine Unterschiede zwischen einem Gattungskauf und einem normalen Stückkauf getroffen. Dieses Recht ist allerdings durch die Voraussetzung des Vorhandenseins einer ähnlichen/gleichartigen Ware begrenzt. Insofern ist es berechtigt davon zu sprechen, dass das Möglichsein der Ersatzlieferung zunächst davon abhängig ist, ob eine gleichartige Sache vorhanden ist oder nicht, wobei die Unterscheidung zwischen Gattungs– und Stückkauf aufgegeben wurde. Somit will der Gesetzgeber mit der neuen Formulierung "ähnlichen" oder "gleichartigen" zum Ausdruck bringen, dass er an die dogmatische Unterscheidung zwischen Stück und Gattungskauf nicht mehr festhalten will, und stattdessen als neues Kriterium "das Vorhanden einer ähnlichen/gleichartigen Ware" treten soll. Irrig ist daher die Meinung, dass die Unterscheidung zwischen Stück– und Gattungskauf infolge der Formulierung "den Ersatz der mangelhaften Ware durch ähnliche/gleichartige" fortlebt. Probleme bereitet aber die Frage, was unter einer "ähnlichen oder gleichartigen" Ware zu verstehen ist. Das Gesetz besagt darüber nichts.

Die Verwendung des Begriffs einer "ähnlichen" oder "gleichartigen" Sache ist so weit, dass es kein belastbares Kriterium darstellt. Meines Erachtens bezieht sich die Verwendung der Formulierung "ähnliche"/"gleichartige" bewusst auf eine Erwägung des türkischen Gesetzgebers, dass er bei der Ersatzlieferung keine entscheidende Aufmerksamkeit auf die Art der geschuldeten Sache schenken will, sondern das Interesse des Käufers beachtet. Darauf, ob ein Stück– oder Gattungskauf vorliegt, kommt es nicht an, sondern darauf, ob das Interesse des Käufers mit der Ersatzlieferung einer Sache mit denselben Eigenschaften befriedigt werden kann oder nicht.[683]

bb) Teleologische Auslegung und Abgrenzung des Begriffs

Ein weiteres Kriterium, wonach der Käufer die Ersatzlieferung verlangen kann, lässt sich aus dem zweiten Satz des § 227 Abs. 1 Nr. 4 BK n.F. entnehmen.

683 So mit Worten von ***Grünewald***: "Dieser Nachlieferungsanspruch besteht immer dann, wenn der Käufer auf diesem Weg erhält, was er haben wollte" ***Grünewald***, § 9 Rn. 35; auch ***Westermann***, in MünchKommBGB (2004), § 439 Rn. 11.

Demnach kann der Käufer die Ersatzlieferung verlangen, *wenn diese möglich ist*. Bei näherer Überlegung erweist sich die Bedeutung des Satzes "wenn diese möglich ist" als durchaus problematisch. So bleibt es unklar, was unter dem "Möglichsein der Ersatzlieferung" zu verstehen ist. In diesem Sinne bereitet die neugefasste Vorschrift Verständnissschwierigkeiten. Für Klarstellung und Konkretisierung des Begriffs liefert das Gesetz einen weiteren Anhaltspunkt in § 227 Abs. 3 BK n.F., in dem das Recht des Verkäufers zur zweiten Andienung, also zur Ersatzlieferung geregelt wird. Demnach kann der Verkäufer den Käufer durch sofortige Lieferung einer ähnlichen Sache daran hindern, die anderen Rechtsbehelfe zu benutzen. Insofern ist es berechtigt davon zu sprechen, dass es bei der Möglichkeit der Ersatzlieferung zunächst darauf ankommt, ob der Verkäufer eine ähnliche Sache beschaffen *kann*, auch wenn eine ähnliche Sache vorhanden ist. Meines Erachtens meint der türkische Gesetzgeber mit der genannten Formulierung die Zumutbarkeit der Ersatzlieferung für den Verkäufer.

Im Gegensatz zu dem alten Recht soll im neuen Recht nicht auf die Art der geschuldeten Sache, sondern auf die Zumutbarkeit der Ersatzlieferung für den Verkäufer abgestellt werden. Wichtig ist, ob vom Verkäufer die Beschaffung einer mangelfreien ähnlichen Ware erwartet werden kann. Hiernach muss die Vorschrift folgendermaßen verstanden werden: Der Käufer kann die Ersatzlieferung einer ähnlichen Sache mit denselben Eigenschaften verlangen, wenn diese unter dem Grundsatz von Treu und Glauben dem Verkäufer zumutbar ist. Man könnte daran denken, dass sich dieses "Unzumutbarkeitskriterium" aus den allgemeinen Grenzen des Erfüllungsanspruchs sowieso ergeben würde. Der türkische Gesetzgeber hat hier aber eine an sich schon aus dem Grundsatz von Treu und Glauben sich ergebende Grenze konkretisiert. Daraus kann man einerseits schließen, dass dieses Kriterium nur eine Klarstellungsfunktion habe. Andererseits lässt sich die Frage nicht unterdrücken, ob hier die Bejahung der "Unzumutbarkeit" an die anderen Forderungen gestellt wurde. In der Literatur oder in der Begründung des Gesetzes findet man keine Anhaltspunkte, um diese Frage zu bejahen. Deshalb ist dieses "Unzumutbarkeitskriterium" als eine Konkretisierung und Klarstellung des Grundsatzes von Treu und Glauben zu betrachten. Vereinfacht lässt sich sagen, dass der Käufer vom Verkäufer die Ersatzlieferung einer ähnlichen, das Interesse des Käufers befriedigenden Sache verlangen kann, wenn diese unter dem Grundsatz Treu und Glauben dem Verkäufer zumutbar ist.[684] Zudem folgt aus dem

---

684 ***Serozan*** schlägt bei der alten Rechtslage auch diese Lösung vor. Demnach muss die Unterscheidung zwischen Stück– und Gattungskauf aufgegeben werden. Aus einer solchen Unterscheidung erwachsen für den Käufer erhebliche Nachteile. Statt dieser

Gesetz auch nicht, ob es hier um eine von Amts wegen zu berücksichtigende Einwendung oder um eine Einrede, die der Verkäufer erheben muss, geht. Die Antwort auf die Frage hängt wiederum davon ab, was unter der Formulierung "wenn diese möglich ist" zu verstehen ist.

Entsprechend dem vorstehenden Verständnis des Möglichseins soll die Möglichkeit als eine vom Verkäufer zu erhebende Einrede aufgefasst werden. Der Verkäufer soll die Einrede erheben, dass die Ersatzlieferung unzumutbar ist. Weiterhin ist fraglich, ob der Verkäufer auch die Ersatzlieferung verweigern kann, wenn diese zu viele oder erhebliche Aufwendungen erfordert. Anders formuliert: Das neue Obligationengesetz stellt je nach der Variation des Nacherfüllungsanspruchs zwei verschiedene Kriterium auf. Während die Ersatzlieferung nur die Möglichkeit/Zumutbarkeit voraussetzt, kommt es bei der Nachbesserung auf die Aufwendungen an. Das Problem besteht darin, ob die in § 227 Abs. 1 Nr. 3 für die Nacherfüllung vorgesehene Beschränkung, also die Höhe der Aufwendungen auf die Ersatzlieferung übertragbar ist oder nicht. Ist das zu bejahen, erhält man damit eine Klarheit über die Möglichkeit/Zumutbarkeit der Ersatzlieferung, d.h.: die Aufwendungen können bei der Antwort auf die Frage eine wichtige Rolle spielen, ob die Ersatzlieferung möglich, also nach hier vertretener Ansicht zumutbar, ist oder nicht. Die Antwort auf die Frage hat zunächst damit zu tun, wem die Kosten der Ersatzlieferung aufzuerlegen sind. Kritisiert und festgestellt werden muss zunächst, dass es bei einer Ersatzlieferung nicht ausdrücklich geregelt ist, wem die Kosten der Ersatzlieferung aufzuerlegen sind, obwohl das Gesetz bei der Nachbesserung bestimmt, dass die Kosten der Nachbesserung vom Verkäufer zu tragen sind. Es bleibt unklar, warum der türkische Gesetzgeber diese an sich nur als eine Klarstellung anzusehende Regelung auf die Nachbesserung beschränkt. Die Frage, wer die Kosten bei Ersatzlieferung zu tragen hat, kann analog zur Nachbesserung gelöst werden, wodurch die Aufwendungen dem Verkäufer aufzuerlegen sind. Damit ist allerdings auch die Frage beantwortet, ob der Verkäufer die Ersatzlieferung verweigern kann, wenn diese zu erheblich größeren Aufwendungen führt. Es gibt keinen zu rechtfertigenden Grund, dem Verkäufer die Möglichkeit zu nehmen, die Ersatzlieferung zu verweigern, wenn diese erheblich große Aufwendungen erfordert, unter der Annahme, dass der Verkäufer analog zu Art. 227 Abs. 1 Nr. 3 n.F. die Kosten zu tragen hat. Im Ergebnis ist

Unterscheidung muss man davon ausgehen, dass die Ersatzlieferung für den Verkäufer unter dem Grundsatz von "Treu und Glauben" gemäß TMK zumutbar ist oder nicht. Unter dem Blickwinkel des neuen Gesetzestexts erscheint ***Serozans*** Lösung naheliegend. Vgl. ***Serozan***, MHAD, 1969, S. 211, 224 und 226.

festzustellen, dass der Ersatzlieferungsanspruch des Käufers unter dem Blickwinkel des Grundsatzes von Treu und Glauben zu verneinen ist, wenn diese zu erheblich großen Aufwendungen führt. Trotz dieser sachgerechten Lösung bleibt es unklar, warum der türkische Gesetzgeber in Bezug auf das Kriterium der Aufwendungen im Gesetzestext die Formenarten der Nacherfüllung nicht einheitlich behandelte. Die Antwort auf die Frage, wem die Aufwendungen aufzuerlegen sind, spielt auch bei dem Problem eine große Rolle, wo die Ersatzlieferung durchzuführen ist. Wenn man dem Verkäufer die für die Nachbesserung statuierte Einrede wegen der erheblich größeren Aufwendungen die Nachbesserung zu verweigern, auch bei der Ersatzlieferung einräumt, soll der Verkäufer die Ersatzlieferung am jeweiligen Belegenheitsort der Sache durchführen,[685] da der Verkäufer die Ersatzlieferung im Fall der erheblich großen Aufwendungen verweigern kann. Auch nach dem neuen Obligationengesetz unterliegt die Ersatzlieferung außer den Verjährungsregeln keiner zeitlichen Einschränkung.

c) Nachbesserungsanspruch

Der Gesetzgeber hat der verbreiteten Vertragspraxis jedoch in gewissen Grenzen Rechnung getragen, indem er für Käufer in § 226 Abs. 1 S. 3 des BK n.F. einen Nachbesserungsanspruch verankert, wonach der Käufer die Nachbesserung der mangelhaften Ware verlangen kann, wenn diese nicht zu erheblich großen Aufwendungen führt, die alle dem Verkäufer aufzuerlegen sind. Der Nacherfüllungsanspruch des Käufers hängt damit nur von der Voraussetzung ab, dass die Nachbesserung nicht zu erheblich großen Aufwendungen führen soll. Fordert dagegen die Nachbesserung erheblich große Aufwendungen, soll dem Verkäufer ein Verweigerungsrecht zustehen, das vom Gesetz nicht ausdrücklich erwähnt wird und deshalb in seinem Wesen unklar ist, ob hier eine Einrede oder eine Einwendung vorliegt.

Da der Verkäufer die Kosten der Nachbesserung zu tragen hat, liegt es nahe, dass es sich hier um eine vom Verkäufer zu erhebende Einrede handelt. Man könnte darüber denken, dass die Nachbesserung nur seitens des Verkäufers geregelt wird oder warum das Gesetz kein dem Käuferschutz dienendes Kriterium aufgestellt. Es lässt sich insofern rechtfertigen, als dem Verkäufer kein Nachbesserungsrecht zugesprochen wird und der Käufer immer die Möglichkeit hat, zu den anderen Rechtsbehelfen überzugehen, wenn etwa die Nachbesserung für den Käufer unerträglich ist. In Bezug auf die Frage, wo die Nachbesserung zu erbringen ist,

685 ***P. Huber***, BT, § 7 Rn. 8 ff.

gilt Entsprechendes, was im Fall der Ersatzlieferung dargelegt wurde, wobei der Grundsatz von Treu und Glauben zu berücksichtigen ist.[686]

d) Ersatzlieferungs– und Nachbesserungsrecht des Verkäufers und Vorrang des Erfüllungsanspruchs

In Bezug auf das Ersatzlieferungsrecht des Verkäufers im BK n.F. fällt der Unterschied auf, dass eine Beschränkung des Ersatzlieferungsrechts auf den Platzkauf nicht mehr vorgesehen ist. Ohne Unterscheidung, ob ein Platz– oder ein Versendungskauf vorliegt, besteht für den Verkäufer ein Ersatzlieferungsrecht, wenn er sofort eine gleichartige Sache liefern kann. Aus dem Gesetzeswortlaut lässt sich zunächts ein Vorrang des Erfüllungsanspruchs nur im Rahmen der Ersatzlieferung entnehmen.

Probleme bereitet die Frage, ob der Verkäufer ein Nachbesserungsrecht habe, weil anders als beim Ersatzlieferungsrecht des Verkäufers (Art. 227 BK Abs. 3 n.F.) nicht gesetzlich geregelt ist, dass der Verkäufer durch sofortige (schnelle) Nachbesserung den Käufer daran hindern kann, zu anderen Rechtsbehelfen überzugehen.

Bejaht man aber neben dem Ersatzlieferungsrecht auch das Nachbesserungsrecht des Verkäufers und folgt man diesem einheitlichen Nacherfüllungsrechtskonzept, ergibt sich daraus jedoch einmal die Frage, ob es dem Verkäufer unbenommen ist, eine der beiden Arten der Nacherfüllung zu wählen. Sodann wird es sehr problematisch, das Verhältnis zwischen Nacherfüllungsanspruch des Käufers und Nachbesserungsrecht des Verkäufers zu bestimmen.

Geht man von diesem einheitlichen Konzept aus, ist es überaus problematisch, das Verhältnis zwischen beiden Arten der Nacherfüllung zu beurteilen. Z.B. ist dann zu fragen, ob der Käufer automatisch auf den Nachbesserungsanspruch verwiesen wird, wenn der Verkäufer die Ersatzlieferung wegen der Unmöglichkeit verweigert; umgekehrt wird er auf die Ersatzlieferung verweisen, wenn eine Nachbesserung zu viele Aufwendungen erfordert.

Folgt man dieser Lösung, wird dadurch nicht nur die unterschiedliche Behandlung der Ersatzlieferung und Nachbesserung teilweise gemildert, sondern es ergibt sich daraus ein funktionaler Vorrang für den Erfüllungsanspruch. Der Versuch, die Nachbesserung an die Ersatzlieferung zu koppeln, wirft aber in der neuen Gesetzsystematik viele Fragen auf.

Außerdem scheint es bei der analogen Anwendung zu Art. 227 Abs. 3 BK n.F. problematisch zu sein, das Kriterium der Schnelligkeit (“***sofortige***”) auf die Nachbesserung anzuwenden, da die Nachbesserung zumeist eine Weile dauert.

---

686 ***Yavuz/Acar/Özen***, S. 166.

Im Fall der Annahme des Nachbesserungsrechts des Verkäufers ist weiterhin zu beantworten, ob der Käufer auf den im neuen Obligationengesetz geregelten Nachbesserungsanspruch verwiesen wird oder nicht, wenn die Ersatzlieferung nicht möglich, also nicht zumutbar ist.

Im Gegensatz zu der gesetzlichen Regelung sehen die Parteien in der Türkei oft in den allgemeinen Geschäftsbedingungen ein Nachbesserungsrecht vor. In diesem Zusammenhang ist schwierig zu beantworten, warum der türkische Gesetzgeber im Gegensatz zum Ersatzlieferungsrecht kein Nachbesserungsrecht des Verkäufers nennt. Daraus kann man schließen, dass der Gesetzgeber dem Verkäufer im Rahmen der Nacherfüllung kein Nachbesserungsrecht einräumen will, woraus dem Käufer Nachteile erwachsen können, wenn der Käufer vom Vertrag zurücktreten will.

Liegt z.B. ein erheblicher Sachmangel vor, kann der Käufer oft daran Interesse haben, entweder eine neue Lieferung zu erhalten oder den Rücktritt vom Vertrag zu verlangen, obwohl der Verkäufer bereit ist, im Wege der Reparatur nachzuerfüllen.

Im Rahmen des Rechts des Verkäufers auf die Ersatzlieferung spricht das Gesetz nur von einem sofortigen Ersatzlieferungsrecht, nicht aber von einem Nachbesserungsrecht des Verkäufers. Die Systematik des Gesetzes lässt überhaupt den Schluss zu, dass der Verkäufer ein Nachbesserungsrecht hat. Aus diesem Grund beschränkt sich die Möglichkeit des Verkäufers, den Übergang des Käufers an den anderen Rechtbehelfen zu vermeiden, auf den Weg der sofortigen Ersatzlieferung.

Ein Versuch, bei unerheblichen Mängeln über das Rechtsinstitut von Treu und Glauben dem Verkäufer ein Nachbesserungsrecht einzuräumen,[687] scheitert im neuen Obligationengesetz an den vorstehenden Einwendungen. Meines Erachtens liegt hier ein qualifiziertes Schweigen des Gesetzgebers vor. Liefert der Verkäufer den Ersatz nicht *sofort*, stehen die im Art. 227 Abs. 1 BK n.F. als Alternative genannten Rechtsbehelfe, also Rücktritt, Nachbesserung, Minderung, Ersatzlieferung dem Käufer zu.

Mit anderen Worten: der türkische Gesetzgeber sieht einen Vorrang der Erfüllung nur auf dem Wege der Ersatzlieferung, nicht aber auf dem Wege der Nachbesserung. Nach dieser sehr käuferfreundlichen Interpretation hat der Käufer aber immer einen Anspruch auf Nachbesserung unter der Voraussetzung des Abs. 3 des Art. 227 BK, wenn er die mangelhafte Sache behalten will.

687 ***Honsell***, in BaslerKomm, OR I Art. 205 Rn. 6.

e) Einzelne Fragen

Anders als im alten Recht findet der Nachbesserungsanspruch im neugefassten Abs. 4 des § 227 BK n. F eine Regelung, wonach es dem Richter frei steht, entweder für die Nachbesserung der Kaufsache oder die Minderung des Kaufpreises zu entscheiden, sofern die Umstände es nicht rechtfertigen, den Kauf rückgängig zu machen. Wie beim alten § BK 202 Abs. 2 a.F., geht es in der Neuregelung um eine Einschränkung des Rücktrittsrechtes auf dem Wege einer richterlichen Entscheidung. Im Gegensatz zu dem alten Text steht es dem Richter frei, nicht nur für eine Minderung, sondern auch für eine Nachbesserung zu entscheiden. Insofern ist fraglich, ob der Richter in einem solchen Fall auch auf Ersatzlieferung entscheiden kann. Nach dem ausdrücklichen Wortlaut des Gesetzes ist es abzulehnen, da im Gesetz nur von Minderung oder Nachbesserung die Rede ist. Es gibt aber keinen ersichtlichen Grund, den Ersatzlieferungsanspruch anders zu behandeln und die Entscheidung des Richters entweder auf Nachbesserung oder Minderung zu beschränken.

Das mögliche Argument, dass eine Ersatzlieferung, wie auch ein Rücktritt schwerwiegende Folgen haben könne, ist nicht durchschlagend, da bei dieser Argumentation das Ziel der Norm unberücksichtigt bleibt. Festgestellt werden muss deshalb zuerst die Intention des Gesetzgebers. Ein mögliches Ziel kann darin bestehen, den Verkäufer vor den schwerwiegenden Rechtsfolgen des Rücktritts zu schützen und auf diese Weise die Position des Verkäufers zu verbessern.

Die Ignoranz des Gesetzgebers hinsichtlich der Ersatzlieferung kann aber seitens des Verkäufers zu einer Verschlechterung führen, wenn die Ersatzlieferung im Interesse des Verkäufers liegt, da bei gewissen Sachverhaltskonstellationen – z.B. bei geringwertigen Sachen – die Ersatzlieferung für den Verkäufer günstiger als die Nachbesserung sein kann. Ist das der Fall, dann fragt es sich, ob der Richter auch auf Ersatzlieferung entscheiden kann. Unter dem Gesichtspunkt der Intention des Gesetzgebers ist die Frage zu bejahen.

Dem Richter soll die Möglichkeit zustehen, entsprechend den Parteieninteressen auch auf Ersatzlieferung zu entscheiden. An dieser Stelle soll auch der Abs. 5 des Art. 227 BK n.F. behandelt werden, wonach der Käufer nur eine Wandlung oder Ersatzlieferung verlangen kann, wenn sich der geforderte Wert der Minderung dem Betrag des Kaufpreises annähert.

Anders als die alte Vorschrift des Art. 202 Abs. 3 BK a.F., wird dem Käufer die Möglichkeit eingeräumt, auch die Ersatzlieferung zu verlangen. Dagegen wird die Frage, ob der Käufer auch die Nachbesserung verlangen kann, vom Wortlaut der Norm nicht erfasst. Es liegt zunächst nahe, dass der türkische Gesetzgeber hier von der Sinnlosigkeit der Nachbesserung ausgegangen ist, wenn die Sache völlig wertlos ist.

f) Selbstvornahme und Verhältnis der Nachbesserung zum Schadenersatzanspruch

Eine weitere Frage, die im Rahmen des Erfüllungsanspruchs diskutiert werden muss, betrifft die Rechtsfolgen der Selbstvornahme durch den Käufer. Die Frage muss differenzierend beantwortet werden, je nachdem, ob eine Mangelbeseitigung oder ein Deckungskauf vorliegt. Davor muss man aber auf das Problem eingehen, ob der Käufer den Ersatz seines Schadens verlangen kann, auch wenn er außer dem Recht auf Rücktritt die anderen Wahlrechte (Ersatzlieferung, Nachbesserung und Minderung) in Anspruch nimmt. Die Sache war beim alten Recht stark umstritten. Der Art. 205 Abs. 2 und 3 BK a.F. hat dem Käufer im Fall des Rücktritts durch den Käufer den Ersatz des unmittelbaren im Abs. 2 und den Ersatz des weiteren Schadens im Abs. 3 gewährt.

Einer Ansicht nach ist eine analoge Anwendung des Art. 205 Abs. 2 und 3 BK a.F. zu den anderen Wahlrechten des Käufers abzulehnen, während die herrschende Lehre diese Lösung nicht für sachgerecht hält.[688]

Demnach gibt es keinen zu rechtsfertigenden Grund, dem Käufer die Möglichkeit zu nehmen, Schadenersatz zu verlangen, wenn etwa der Mangel zu erheblichen Verletzungen der Rechtsgüter des Käufers geführt hat. Außerdem lieferte meines Erachtens § 203 Abs. 2 BK a.F. für den Schadenersatzanspruch nebst anderen Rechtsbehelfen einen wichtigen Anhaltspunkt, wobei der Verkäufer unter der Voraussetzung des Schadenersatzes zur Ersatzlieferung berechtigt wird. Sonst wäre es sinnwidrig, dem Käufer den Schadenersatzanspruch neben der Ersatzlieferung nur deshalb zu nehmen, weil nicht der Verkäufer die Ersatzlieferung anbot, sondern der Käufer die Ersatzlieferung verlangte. Deshalb scheint die herrschende Lehre den Vorzug zu verdienen. Im Gegensatz zu dem alten Recht wird im neuen Recht ein neuer Absatz (§ 227 Abs. 2 BK n.F.) eingeführt, wonach dem Käufer ein Schadenersatzanspruch nach den allgemeinen Bestimmungen (§ 112 ff. BK n.F.) zugestanden wird, die zum Schadenersatz das Verschulden des Verkäufers voraussetzen. Die alte Rechtslage in Bezug auf den Schadenersatzanspruch des Käufers im Fall des Rücktritts wird unverändert beibehalten. Auf die Entscheidung des Gesetzgebers zur Beibehaltung hinsichtlich des Rücktritts ist hier nicht einzugehen. Mit dem neuen Absatz 2 des Art. 227 BK n.F. wird das Problem in der Weise gelöst, dass der Käufer den Schadenersatz nach den allgemeinen Bestimmungen des Art. 112 BK n.F. verlangen kann, wenn er infolge der mangelhaften Lieferung

---

688 Vgl. Für die ausführliche Darstellung der alten Rechtslage ***Yavuz/Acar/Özen***, S. 160 ff.; ***Edis***, S. 125; ***Tandogan***, S. 141; ***Atamer***, S. 317 (Fn. 187); ***Demirelli***, S. 225 ff.; ***Ginter***, S. 61 ff.

einen Schaden erleidet. Damit wird das Problem zu Lasten des Käufers gelöst, weil er nach dem neuen Gesetz alle seinen Schäden neben der Minderung und Nachbesserung nur verlangen kann, wenn der Verkäufer die Vertragsverletzung zu vertreten hat. Nach dieser umrissenen Einführung ist zunächst auf die Rechtsfolgen einer Mangelbeseitigung durch den Käufer einzugehen.

Im vorstehenden Paragrafen wird festgestellt, dass dem Verkäufer gesetzlich kein Nachbesserungsrecht zugesprochen wird. Daher ist es nicht problematisch, wenn der Käufer den Mangel selbst beseitigt hat, allerdings vorausgesetzt, dass der Verkäufer keine sofortige Ersatzlieferung anbietet.

Ist das der Fall, steht dem Käufer ein Schadenersatzanspruch gemäß Art. 112 ff. BK n.F. zu, was den Käufer im Vergleich zu seinem verschuldensunabhängigen Schadenersatzanspruch im Fall des Rücktritts (Art. 229 Abs. 1 Nr. 3 BK n.F.) schlechter stellt. Was den Fall anbetrifft, in dem der Käufer durch einen Dekkungskauf oder durch eine Nachbesserung das Ersatzlieferungsrecht des Verkäufers unmöglich macht, ist eine Differenzierung empfehlenswert. Zu unterscheiden ist demnach, ob das Ersatzlieferungsrecht des Verkäufers im einzelnen Fall über die Selbstvornahme hinweggesetzt wurde oder nicht. Zu dem für die Nachbesserung dargelegten Ergebnis gelangt man in den Fällen, in denen der Verkäufer keine sofortige Ersatzlieferung anbietet.

Dagegen verhalten sich die Fälle anders, wenn der Käufer durch einen Dekkungskauf oder durch eine Nachbesserung das Ersatzlieferungsrecht des Verkäufers vereitelt, obwohl die Voraussetzungen des Ersatzlieferungsrechts des Verkäufers gegeben sind und der Verkäufer den sofortigen Ersatz anbietet. In solchem Fall ist im Hinblick auf den Schadenersatzanspruch die Unterscheidung zwingend, ob es sich um die Schäden, die infolge des Deckungskaufs oder der Mangelbeseitigung bestehen oder die Schäden, die auch durch sofortige Ersatzlieferung nicht vermieden werden können, handelt.

Die Schäden, die infolge des Deckungskaufs oder der Nachbesserung entstanden sind, sollen gemäß Art. 112 BK n.F. nicht ersetzbar sein, weil diese Schäden am Verhalten des Käufers liegen und es am Verschulden des Verkäufers fehlt. Demgegenüber sollen die Schäden, die auch durch die sofortige Ersatzlieferung des Verkäufers nicht vermieden werden können, gemäß Art. 112 BK n.F. ersetzbar sein, soweit der Verkäufer die "nicht gehörige Erfüllung" zu verantworten hat.

Einer anderen Lösung könnte die Pflicht des Käufers zur Schadensminderung zu Grunde liegen. Demnach verletzt der Käufer seine im Obligationengesetz allgemein geltende Schadensminderungspflicht, wenn er das Ersatzlieferungsrecht des Verkäufers durch einen Deckungskauf vereitelt.

Die Schadensminderungspflicht liegt hier in einer Informationspflicht, deren Verletzung den Verkäufer zum Schadenersatz berechtigt. Nach dieser Lösung bleibt der Schadenersatzanspruch des Käufers zunächst unberührt, wohingegen dem Verkäufer ein Schadenersatzanspruch infolge der Verletzung der Informationspflicht eingeräumt wird, der bei der Schadenersatzbemessung des Käufers zu berücksichtigen ist.

g) Erheblichkeit des Sachmangels

Eine weitere wichtige Frage ist, ob die Erheblichkeit des Sachmangels bei dem Ausschluss der Sachgewährleistungsansprüche des Käufers eine Rolle spielen kann. Die Frage ist differenzierend zu beantworten, je nachdem, worin der Sachmangel liegt. Der Beantwortung der Frage, ob der Sachmangel in dem Fehlen zugesicherter Eigenschaften besteht § BK 194 Abs. 1 S. 1 a.F., oder darin, dass die Sache körperliche oder rechtliche Mängel habe, die ihren Wert oder ihre Tauglichkeit zu dem vorausgesetzten Gebrauch aufheben oder erheblich mindern (§ BK 194 Abs. 1 S. 2 a.F.), kommt eine erhebliche Bedeutung zu.

Beim Fehlen zugesicherter Eigenschaften kommt es nicht darauf an, ob der Sachmangel erheblich ist oder nicht.[689] Dagegen schließt die Unerheblichkeit des Mangels die Anwendung der Gewährleistungsvorschriften aus, wenn der rechtliche oder körperliche Mangel unerheblich ist. Das erschließt sich aus der Formulierung: "ihren Wert oder ihre Tauglichkeit zu dem vorausgesetzten Gebrauche aufheben oder erheblich mindern".[690]

Es besteht kein Zweifel daran, dass diese allgemeine Beschränkung (Ausschluss) auch für den Ersatzlieferungs– und Nachbesserungsanspruch gilt. In einem solchen Fall wird der Käufer auf die allgemeinen Bestimmungen des BK § 96 ff. a.F. verwiesen. Die neue Vorschrift des BK § 219 ff. n.F. weicht von der alten Vorschrift nicht ab.

V. Zusammenfassung

-Ein Unterschied hinsichtlich des Erfüllungsanspruchs zwischen den kontinentaleuropäischen und den angloamerikanischen Rechtsordnungen zeigt sich in einer dogmatischen Besonderheit. Der Anspruch des Käufers auf die Erfüllung wird

689 ***Tandoğan***, S. 121; ***Gümüş***, S. 125, 133.

690 Einer Ansicht nach wird die Erheblichkeit des Sachmangels für die Sachmangelhaftung des Verkäufers im Gesetz nicht ausdrücklich erwähnt. ***Şahiniz***, S. 51; ***Baur***, S. 21.

in den kontinentaleuropäischen Ländern als "eine selbstverständliche Sache" angesehen. Im Gegensatz zu den kontinentaleuropäischen Ländern wird der Erfüllungsanspruch im Common Law nicht einfach als die logische Konsequenz aus der Leistungspflicht, sondern als Rechtsbehelf (remedy) betrachtet, die nur ausnahmeweise gewährt wird. Das CISG entscheidet sich für einen Mittelweg, der zwar den Erfüllungsanspruch als Rechtsbehelf normiert, aber seine Durchsetzung mit Art. 28 CISG einschränkt. Nach Art. 46 Abs. 1 kann der Käufer vom Verkäufer die Erfüllung seiner Pflichten verlangen, sofern der Käufer kein Recht ausgeübt hat, das mit diesem Verlangen unvereinbar ist. Art. 46 Abs. 1 hat zwei Funktionen: Zuerst kann die Vorschrift als die konkrete Anspruchsgrundlage für den allgemeinen Erfüllungsanspruch angesehen werden. Damit wird Art. 46 Abs. 1 zu einer konkreten Anspruchsgrundlage für den allgemeinen Erfüllungsanspruch des Käufers, der alle Fälle enthält, in denen nicht eine Lieferung vertragswidriger Ware vorliegt. Außer dieser Funktion hat Art. 46 Abs. 1 als Grundregel noch eine zweite Funktion. Nach dieser Funktion stellt Art. 46 Abs. 1 eine allgemeine Grundregel dar, die solche Voraussetzungen für den allgemeinen Erfüllungsanspruch enthält, die auch bei Ansprüchen auf Ersatzlieferung bzw. Nachbesserung aus Art. 46 Abs. 2 und 3 CISG gelten müssen. In Art. 46 Abs. 2 und 3 CISG werden modifizierte und spezifische Formen des Erfüllungsanspruchs verankert. Dabei geht es um die Ansprüche auf Ersatzlieferung und Nachbesserung für den Fall der Lieferung vertragswidriger Waren, die an unterschiedliche Voraussetzungen geknüpft sind. Als Pflichten des Verkäufers, in denen der allgemeine Erfüllungsanspruch (Art. 46 Abs. 1 CISG) zur Anwendung kommt, kommen in erster Linie die Verpflichtungen zur Lieferung der Ware (Art. 31 CISG) in Betracht oder eines fehlenden Teils (Art. 51 CISG), zur richtigen Zeit (Art. 33 CISG), am richtigen Ort (Art. 31 CISG), zur Übertragung von deren Eigentum, die Verpflichtung zur Übergabe von Dokumenten (Art. 34 CISG) sowie alle anderen Pflichten wie Montagepflichten, Werbepflichten, Exklusivitätspflichten, die sich entweder aus der konkreten vertraglichen Vereinbarung (Art. 8 CISG) oder aus dem Handelsbrauch (Art. 9 CSIG) ergeben. Die Verpflichtung des Verkäufers zur Lieferung vertragsgemäßer Ware (Art. 35) steht aber nicht im Anwendungsbereich des Abs. 1. Demnach muss der Käufer sein Verlangen nach Beseitigung eines Sachmangels – z.B. Qualitätsmängel oder Aliudlieferung – nicht nach Art. 46 Abs. 1, sondern Abs. 2 und 3 CISG richten. Die herrschende Lehre beschränkt den Anwendungsbereich des Art. 46 Abs. 2 und 3 CISG nur auf die Vertragswidrigkeiten im engen Sinn des Art. 35 CISG. Deshalb gilt nach dieser Fassung Abs. 1 auch für die rechtsmängelbehaftete Ware. Da im angloamerikanischen Recht auf Grund des Vertrags der Käufer den Verkäufer nicht zur Erfüllung zwingen kann, erfährt der Erfüllungsanspruch in

Art. 28 CISG eine formelrechtliche Einschränkung. Demnach ist der Erfüllungsanspruch nicht durchsetzbar, wenn das angerufene Gericht nach seinem nationalen Recht bei gleichartigen Kaufverträgen keine Erfüllung in Natur gewährt.

Nach CISG Art. 46 Abs. 1 2. Halbs. CISG entfällt der Erfüllungsanspruch des Käufers, wenn er ein Recht ausgeübt hat, das mit diesem Verlangen unvereinbar ist. Demnach sind die Vertragsaufhebung, die Minderung und der Schadenersatz wegen Nichterfüllung mit dem Erfüllungsanspruch unvereinbar. Die objektive oder subjektive Unmöglichkeit der Erfüllung ist im CISG nicht ausdrücklich geregelt. Nach hier vertretener Ansicht ist die Meinung vorzugwürdig, die bei der Lösung des Problems auf den Grundsatz von Treu und Glauben zurückgreift. Die Art des Anspruchs hängt von der betreffenden Pflicht ab; z.B.: wenn es sich um eine vollständige Nichtlieferung der Ware handelt, besteht der Erfüllungsanspruch darin, die Ware in der vertraglich geschuldeten Form zu liefern. Der Anspruch auf Ersatzlieferung wird als eine spezifische Form des Erfüllungsanspruchs in Art. 46 Abs. 2 CISG geregelt. Der Käufer kann eine Ersatzlieferung nur verlangen, wenn der Verkäufer schon die Ware geliefert hat und die gelieferte Ware nicht vertragsgemäß im Sinne des Art. 35 CISG ist. Da eine andere Sache nur beim Gattungskauf aus der Gattung ersetzt werden kann, ist der Ersatzlieferungsanspruch in erster Linie auf den Gattungskauf zugeschnitten. Beim Spezieskauf beschränkt die herrschende Meinung die Anwendung des Abs. 2 auf den Fall der Aliud-Lieferung. Prinzipiell wird der Ersatzlieferungsanspruch beim Spezieskauf ausgeschlossen. Der Anspruch auf Ersatzlieferung, d.h. Lieferung einer anderen vertragsgemäßen Sache (Art. 46 Abs. II CISG), wird an die Voraussetzung der wesentlichen Vertragsverletzung geknüpft. Wenn es dem Verkäufer möglich ist, den Mangel durch Nachbesserung vollständig zu beseitigen, liegt keine wesentliche Vertragsverletzung vor, die dem Käufer den Anspruch auf Ersatzlieferung oder Vertragsaufhebung eröffnet. Mit anderen Worten: Der Käufer wird bei den durch Nachbesserung behebbaren Mängeln zunächst auf die Nachbesserung verwiesen; Nachbesserungsrecht hat Vorrang. Das CISG hat die Geltendmachung des Anspruchs auf Ersatzlieferung zwar an keine Form, aber an Fristen gebunden. Nach Art. 46 Abs. 2 CISG muss der Käufer den Ersatzlieferungsanspruch entweder mit einer Mängelanzeige gemäß Art. 39 CISG oder spätestens innerhalb einer angemessenen Frist danach geltend machen, sonst verliert er den Anspruch auf Ersatzlieferung. Gemäß Art. 82 Abs. 1 verliert der Käufer das Recht, die Aufhebung des Vertrags zu erklären oder vom Verkäufer Ersatzlieferung zu verlangen, wenn es ihm nicht möglich ist, die Ware im Wesentlichen in dem Zustand zurückzugeben, in dem er sie erhalten hat. Gemäß Art. 46 Abs. 3 CISG hat der Käufer den Anspruch auf Nachbesserung (z.B. Reparatur, Auswechseln von Ersatzteilen), wenn die Ware vertragswidrig im Sinne des Art. 35 ist. Der Nachbesserungsanspruch unterscheidet sich von dem Ersatzlieferungsanspruch dadurch, dass beim Nachbesserungsanspruch die Wesentlichkeit der Vertragsverletzung nicht vorausgesetzt wird. Die Möglichkeit, den Mangel durch Nachbesserung zu beheben, schließt den Ersatzlieferungsanspruch aus. Der Nachbesserungsanspruch des Käufers besteht dann nicht, wenn der Nachbesserungsanspruch für den Verkäufer unzumutbar ist. Wie beim Ersatzlieferungsanspruch muss der Käufer den Nachbesserungsanspruch entweder mit einer Mängelanzeige gemäß Art. 39 oder spätestens innerhalb einer angemessenen Frist danach geltend machen. Ein Nacherfüllungsrecht des Verkäufers ist danach zu differenzieren, ob es vor Ablauf der Lieferfrist oder nach Ablauf der Lieferfrist geschieht. Im CISG Art. 37 ist für den Verkäufer, der vorzeitig geliefert hat, ein besonderes Nacherfüllungsrecht vorgesehen.

Abs. 2 des Art. 48 CISG ermöglicht es dem Verkäufer, sich durch eine Mitteilung über die Frage Klarheit zu verschaffen, ob der Käufer die Nacherfüllung akzeptieren oder ablehnen wird. Nach dem Abs. 2 ist der Käufer gehalten, auf die Mitteilung des Verkäufers innerhalb einer angemessenen Frist zu antworten. Das Schweigen des Käufers erlaubt dem Verkäufer den Schluss zu ziehen, dass er innerhalb der von ihm genannten Frist zur Nacherfüllung berechtigt ist. Vorweg ist festzuhalten, dass der Erfüllungsanspruch in den PECL als ein Rechtsbehelf ausgestaltet ist.

Bei der Regelung des Erfüllungsanspruchs gehen die PECL zunächst von der Unterscheidung aus, ob das Erfüllungsverlangen auf die Zahlung von Geld gerichtet ist oder nicht. Bei Sachschulden, also bei nicht auf die Zahlung von Geld gerichteten Schulden, gewährt die PECL dem Gläubiger (Käufer) einen Erfüllungsanspruch, der im Fall der mangelhaften Lieferung auch die Abhilfe für eine mangelhafte Leistung enthält.In den PECL ist es zunächst auch möglich von einem allgemeinen Erfüllungsanspruch zu sprechen, der auf den Fall zugeschnitten ist, in dem der Schuldner (Verkäufer) überhaupt nicht geliefert hat. Hinzu kommt der Fall, bei dem der Gläubiger das nicht vertragsgemäße Angebot abgelehnt hat. DCFR folgt insofern auch den PECL, als sie von der Unterscheidung ausgeht, ob es sich um ein auf die Zahlung von Geld gerichtetes Verlangen handelt oder nicht. Der Erfüllungsanspruch des Käufers richtet sich nach der Vorschrift III. Art. -3. 302 (I) DCFR, wonach der Gläubiger die Erfüllung der auf nicht die Zahlung von Geld gerichteten Schuld verlangen kann. In Abs. II wird klargestellt, dass der Erfüllungsanspruch des Gläubigers nicht nur den Fall umfasst, in dem der Schuldner seine Leistung überhaupt nicht erbracht hat, sondern auch den Fall, in dem der Schuldner seine Leistung zwar schon erbracht hat aber nicht vertragsgemäß. Demnach zählt auch die kostenlose Abhilfe (*remedying free of charge of performance*) zu dem Erfüllungsanspruch, wenn die Leistung nicht vertragsmäßig ist. Die Abhilfe (Nacherfüllung) kann in der Ersatzlieferung, in dem Ersatz des fehlenden Teils oder in der Reparatur bestehen. Der Nacherfüllungsanspruch unterliegt auch den gleichen Einschränkungen, die für den allgemeinen Erfüllungsanspruch gelten. In Bezug auf die Einschränkungen des Erfüllungsanspruchs stimmen DCFR überwiegend mit den PECL überein. Das Rechtsbehelfssystem des CESL-Entwurfs folgt grundsätzlich dem DCFR. Was den Vorrang der Nacherfüllung anbetrifft, wird eine Differenzierung zwischen B2B– und B2C-Geschäften vorausgesetzt. Anders als DCFR wird im CESL-Entwurf das Nacherfüllungsrecht, also Heilungsrecht des Verkäufers auf die B2B-Geschäfte beschränkt.

-Wie im türkischen Recht, versteht sich der allgemeine Erfüllungsanspruch des Käufers im deutschen Recht von selbst, § 241 Abs. 1 BGB. Daher wird der allgemeine Erfüllungsanspruch im deutschen Recht nicht als Rechtsbehelf ausgestaltet. Der Nacherfüllungsanspruch ist aber der primäre Rechtsbehelf im BGB, der im Fall der mangelhaften Lieferung dem Käufer zusteht. Vorauszuschicken ist, dass im BGB zwischen Rechtsmangel und Sachmangel keine Unterscheidung getroffen wird. Des Weiteren werden die Aliud-Lieferung und auch die Zuweniglieferung dem Sachmangel gleichgestellt. Daher kommt der Nacherfüllungsanspruch im Sinne des § 439 BGB auch beim Rechtsmangel, bei der Aliud-Lieferung sowie bei der Zuweniglieferung in Betracht.

Zugleich spricht man von einem Recht des Verkäufers zur zweiten Andienung. Das Recht des Verkäufers zur zweiten Andienung wird im Gesetz nicht ausdrücklich geregelt; es geht aber aus der Gesetzessystematik hervor, weil die anderen Rechtsbehelfe, Schadenersatz statt der Leistung und Rücktritt, eine Fristsetzung zur Nacherfüllung voraussetzen. Vorab ist hervorzuheben, dass der Nacherfüllungsanspruch ein besonderer Rechtsbehelf ist, der nur im Fall der mangelhaften Lieferung in Betracht kommt. Da die Pflicht des Verkäufers zur mangelfreien Lieferung nach der Schuldrechtsreform eine Hauptleistungspflicht und deren Verletzung eine Pflichtverletzung im Sinne des § 280 Abs. 1 BGB darstellt (§ 433 Abs. 1 S. 2 BGB), ist der Nacherfüllungsanspruch als eine modifizierte Form des ursprünglichen Erfüllungsanspruchs des Käufers auf die mangelfreie Lieferung anzusehen. Der Nacherfüllungsanspruch unterscheidet sich zwar vom ursprünglichen Erfüllungsanspruch dadurch, dass er einer besonderen, also kürzeren Verjährung unterliegt (§ 438 BGB) und über zusätzliche Ausschlussgründe (§§ 442, 445 BGB) verfügt. Konzeptionell besteht der Nacherfüllungsanspruch des Käufers darin, entweder die Beseitigung des Mangels oder Lieferung einer mangelfreien Sache zu verlangen. Das Wahlrecht wird zwischen den Varianten der Nacherfüllung dem Käufer zugesprochen. Ein äußerst umstrittenes Problem des deutschen Rechts, das die Schuldrechtsreform mit sich brachte, ist die Frage, ob beim Stückkauf eine Ersatzlieferung möglich ist. Nach hier vertretener Ansicht ist die Ersatzlieferung beim Stückkauf unter der dogmatischen Begründung, die die Unterscheidung zwischen vertretbaren und nicht vertretbaren Sachen im Sinne des § 91 BGB zu Grunde legt, prinzipiell zu bejahen. Um die auf Grund des Beschaffungsrisikos beim Gattungskauf vorliegende verschuldensunabhängige Haftung des Verkäufers beim Stückkauf zu vermeiden, wird eine konkludente oder ausdrückliche Übernahme des Beschaffungsrisikos durch den Verkäufer vorausgesetzt, die beim Privatkauf zumeist nicht vorhanden ist. Verlangt der Käufer statt der Ersatzlieferung, die vollständige Beseitigung des Mangels, also die Nachbesserung, verpflichtet er den Verkäufer damit, die Sache in einen vertragsgemäßen Zustand zu versetzen. Weist die Sache einen nicht behebbaren Mangel auf, ist der Anspruch des Käufers auf die Nacherfüllung ausgeschlossen (§ 275 Abs. 1 BGB). Bezieht sich aber die Unmöglichkeit nur auf die vom Käufer gewählte Art der Nacherfüllung, ist der Käufer auf die andere Art der Nacherfüllung verwiesen. Erstreckt sich die Unmöglichkeit auf beide Formen der Nacherfüllung, besteht für den Käufer die Möglichkeit, ohne Fristsetzung zu den anderen Rechtsbehelfen überzugehen. Die Vorschrift des § 439 Abs. 1 BGB sieht ein Verweigerungsrecht vor, wonach der Verkäufer die vom Käufer gewählte Art der Nacherfüllung verweigern kann, wenn sie nur mit unverhältnismäßigen Kosten möglich ist.

-Der allgemeine Erfüllungsanspruch findet im BK keine ausdrückliche Regelung, sondern wird implizit geregelt. Der allgemeine Erfüllungsanspruch des Käufers richtet sich nach den Vorschriften Art. 96 ff. des BK a.F. Die Behandlung des allgemeinen Erfüllungsanspruchs des Käufers setzt eine Differenzierung nach der Art der Pflicht(Verletzung) voraus. Der allgemeine Erfüllungsanspruch des Käufers kommt vor allem dann in Betracht, wenn der Verkäufer überhaupt nicht geliefert hat. Dasselbe gilt auch für die Aliudlieferung beim Stückkauf, in dem der Käufer die Erfüllung der Leistung nach den Verzugsregeln verlangen kann, wenn die Leistung möglich ist.

Liegt dagegen eine Aliudlieferung beim Gattungskauf vor, geht die herrschende Meinung vom allgemeinen Erfüllungsanspruch des Käufers aus, wogegen in der Literatur eine Mindervertretung auf der Anwendung der Gewährleistungsvorschriften besteht. Einen weiteren Fall, in dem der allgemeine Erfüllungsanspruch zur Anwendung kommt, bildet die rechtsmangelhafte Lieferung des Verkäufers, unter der Voraussetzung, dass der Rechtsmangel erst nach dem Vertragsschluss entstanden ist. Für den Rechtsmangel, der bereits vor dem Vertragsschluss vorlag, greifen Gewährleistungsvorschriften ein.

Die Lieferung einer zu geringen Menge wird nicht als Sachmangel qualifiziert und daher nicht den Sachgewährleistungsregeln unterworfen. Auch bei sachmangelhafter Lieferung greifen die Sachgewährleistungsregeln nicht ein, wenn der Käufer die Sache nicht abgenommen hat. Die Bedeutung der Frage, ob die allgemeinen Vorschriften oder kaufrechtliche Vorschriften anzuwenden sind, erschließt sich in seiner Bedeutung vor allem darin, dass die Regeln des Gewährleistungsrechts, also Rüge– und Verjährungsfrist, für den nach den allgemeinen Vorschriften des BK 96 ff. a.F. gerichteten Anspruch nicht gelten.

Mit anderen Worten: kommt der Käufer seiner Prüfungs– und Rügeobliegenheit nicht nach, ändert sich an seinem Anspruch nichts. Bei dem allgemeinen Erfüllungsanspruch sind jedoch Grenzen zu beachten, wobei die Unmöglichkeit der Leistung an erster Stelle steht. Demnach kann der Käufer die Erfüllung der Leistung nicht verlangen, wenn die Leistung schon unmöglich ist. Hinzu kommen die Fälle, die durch einen Verstoß gegen den Grundsatz von Treu und Glauben zu beschreiben sind. Man denkt insbesondere an die Fälle, in denen die Leistung für den Verkäufer unzumutbar oder unerschwinglich ist. Die letzte Grenze ergibt sich aus dem Inhalt der geschuldeten Leistung. Hinzuzufügen ist, dass der Käufer die Ersatzlieferung nicht fordern kann, wenn die Sache durch Verschulden des Käufers untergegangen oder von diesem weiter veräußert oder umgestaltet worden ist.

Ein Nacherfüllungsanspruch kommt erst dann in Betracht, wenn der Käufer die mangelhafte Leistung abgenommen hat. Ab der Abnahme greifen die Regeln des Gewährleistungsrechts. Das alte BK hat den Nacherfüllungsanspruch nur in der Form der Ersatzlieferung vorgesehen, obwohl schon im Werk– und Mietvertrag auch die Nachbesserungsmöglichkeit gesehen wurde. Abweichend vom Wortlaut des Gesetzes ist die Ersatzlieferung nur auf den Gattungskauf zugeschnitten. Im Übrigen wird im Gesetz auch ein Ersatzlieferungsrecht des Verkäufers geregelt, das nicht nur eine sofortige Lieferung, sondern auch einen Platzkauf voraussetzt. Der Ersatzlieferungsanspruch des Käufers hängt nicht vom Verschulden des Verkäufers ab. Es wird auch an keine Fristen gebunden; allerdings unterliegt deren Geltendmachung zumindest der Verjährungsfrist, und der Grundsatz von Treu und Glauben ist dabei auch zu beachten. Die wichtigste Änderung bezüglich des Nacherfüllungsanspruchs ist, dass der Nachbesserungsanspruch des Käufers im neuen Gesetz eine eigenständige Normierung erfährt, wonach der Käufer die Nachbesserung der mangelhaften Ware verlangen kann, wenn diese nicht zu erheblich großen Aufwendungen führt, die alle dem Verkäufer aufzuerlegen sind. Im Fall der erheblich großen Aufwendungen ist es folgerichtig von einer vom Verkäufer zu erhebenden Einrede auszugehen, weil die für die Nachbesserung anfallenden Kosten vom Verkäufer zu tragen sind. Für die Nachbesserung durch eine richterliche Entscheidung wird noch eine Alternative zum Rücktritt vorgesehen, wenn die Umstände es nicht rechtfertigen, den Kauf rückgängig zu machen. In Bezug auf die Ersatzlieferung geht es auch um so wichtige Änderungen, dass deswegen lange Diskussionen abzusehen sind. Bei der Ersatzlieferung ist zunächst augenfällig, dass schon die Unterscheidung zwischen Gattungskauf und Stückkauf in Bezug auf Ersatzlieferung aufgegeben wurde. Stattdessen will der Gesetzgeber vom Kriterium ausgehen, ob eine ähnliche/gleichartige Sache vorhanden ist oder nicht. Des Weiteren wird für den Ersatzlieferungsanspruch deren Möglichkeit vorausgesetzt, worunter die Zumutbarkeit für den Verkäufer zu verstehen ist, was eigentlich eine Konkretisierung vom Grundsatz von Treu und Glauben darstellt.

Kapitel 2: Vertragsaufhebung/Rücktritt/ Wandlung

I. Internationales Kaufrecht (CISG)

1) Allgemein

Der Art. 49 des CISG ermöglicht es dem Käufer, den Vertrag aufzuheben, wenn der Verkäufer eine seiner Pflichten, die ihn nach dem Übereinkommen oder dem Vertrag betreffen, nicht erfüllt und diese Nichterfüllung eine wesentliche Vertragsverletzung darstellt. Im Voraus ist zu betonen, dass die Konvention die Erfüllung des Vertrags der Aufhebung vorzieht, mit anderen Worten, die Vertragsaufhebung wird in der Konvention zurückgedrängt.[691]

Zur Verwirklichung des genannten Ziels werden in der Konvention drei Instrumente, nämlich die Abwendungsbefugnis des Käufers, Nachfristsetzung zur Behebung des Mangels und die Beschränkung des Rechts zur Vertragsaufhebung auf die wesentliche Vertragsverletzung, herangezogen.[692] Obwohl das CISG am Prinzip des Haager Kaufrechts, das Recht zur Vertragsaufhebung grundsätzlich an das Wesentlichkeitserfordernis zu binden, festhielt, wird in einigen Punkten, insbesondere bei der Regelung der Nachfristsetzung, davon abgewichen.[693] Es müssen hierbei einige Unterschiede von CISG zum Haager Kaufrecht festgestellt werden. Dem Prinzip der Zurückdrängung des Vertragsaufhebungsrechts folgend gibt es im CISG die Möglichkeit, jede Vertragsverletzung durch Setzen einer Nachfrist zu einem Aufhebungsgrund aufzuwerten, nicht mehr. Das Gesetz eröffnet dem Käufer diese Möglichkeit nur im Fall der Nichtlieferung. Anders als CISG besteht diese Möglichkeit für den Käufer im Haager Kaufrecht nicht nur im Fall der Nichtlieferung (Art. 27 EKG), sondern auch im Fall der Lieferung nicht vertragsmäßiger Ware (Art. 44 Abs. 2 EKG) und im Fall der

---

691 ***P. Huber***, in: MünchKommBGB (2008), Art. 49 CISG, Rn. 34; ***Schwenzer***, in: Schlechtriem/Schwenzer (2008), Art. 80, Rn. 10. Vgl. BGHZ 132, 290, 297 ff.=NJW 1996, 2364, 2366=CISG-online Nr. 135

692 ***P. Huber***, in: MünchKommBGB (2008), Art. 49 CISG, Rn. 34.

693 ***U. Huber***, in: von Caemmerer/Schlechtriem (1990), Art. 49 Rn. 6; ***Heilmann***, s. 470; ***Leser***, in: Schlechtriem (Hrsg.), Einheitliches S. 228.

Verletzung der Pflicht zur rechtzeitigen Übergabe vertragsmäßiger Dokumente (Art. 51 i. V. m. Art. 27, 44 EKG).[694] Die Ausgestaltung des Rechtsinstituts zielt auf die Einschränkung des Rechts zur Vertragsaufhebung. Die Konvention hat das Recht des Käufers zur Vertragsaufhebung – als ultima ratio[695] – an bestimmte Voraussetzungen geknüpft. Wenn auch ***die wesentliche Vertragsverletzung*** (Art. 49 Abs. 1 lit. a CISG) als allgemeine Voraussetzung anzusehen ist, beschränkt die Vorschrift das Vertragsaufhebungsrecht nicht nur auf den Fall der wesentlichen Vertragsverletzung. Als eine Ausnahmeregelung zum sonst notwendigen Wesentlichkeitserfordernis sieht der Art. 49 Abs. 1 lit. b CISG für den Käufer eine zusätzliche Möglichkeit zur Vertragsaufhebung bei ***der unwesentlichen Nichtlieferung*** vor, wenn er dem Verkäufer eine Nachfrist gesetzt hatte und diese fruchtlos abgelaufen ist.[696]

2) Voraussetzungen

a) Wesentliche Vertragsverletzung

Nach dem Art. 49 Abs. 1 lit. a CISG kann der Käufer den Vertrag aufheben, wenn der Verkäufer eine ihm vom Vertrag oder vom Übereinkommen obliegende Pflicht verletzt hat und diese eine wesentliche Vertragsverletzung im Sinne des Art. 25 CISG ist. Nach der Vorschrift 25 CISG ist eine Verletzung wesentlich, wenn "sie für die andere Partei zur Folge hat, dass ihr im Wesentlichen entgeht, was sie nach dem Vertrag hätte erwarten dürfen, es sei denn, dass die vertragsbrüchige Partei diese Folge nicht vorausgesehen hat und eine vernünftige Person der gleichen Art diese Folge unter den gleichen Umständen auch nicht vorausgesehen hätte" (Art. 25 CISG). Es ist nicht leicht, die Wesentlichkeit der Verletzung festzustellen. Deshalb werden in der Literatur einige Fallgruppen geschildert.[697]

aa) Leistungsverzögerung

Die bloße Verspätung der Lieferung ist grundsätzlich nicht als wesentliche Vertragsverletzung einzustufen.[698] Von einer Wesentlichkeit ist erst dann zu sprechen,

---

694 ***Heilmann***, S. 470; ***U. Huber***, in: Von Caemmerer/Schlechtriem (1990), Art. 49 Rn. 7.

695 BGHZ 132, 290, 297 ff.=NJW 1996, 2364, 2366=CISG-online Nr. 135.

696 ***Heilmann***, S. 469.

697 ***P. Huber***, in: MünchKommBGB (2008), Art. 49 CISG, Rn. 34; ***Müller-Chen***, in: Schlechtriem/Schwenzer (2008), Art. 49, Rn. 5.

698 ***P. Huber***, in: MünchKommBGB (2008), Art. 49 CISG, Rn. 34; Müller-Chen, in: Schlechtriem/Schwenzer (2008), Art. 49, Rn. 5; ***Schnyder/Straub***, in: Honsell (Hrsg.),

wenn die Termineinhaltung für den Käufer von besonderer Bedeutung ist. Diese lässt sich aus dem Vertrag (z.B. Fixgeschäft) oder aus den Umständen (z.B. Verkauf von Saisonware) folgern.[699]

bb) Endgültige Nichtleistung und Erfüllungsverweigerung

Die Erklärung des Verkäufers, dass er seine Pflicht weder jetzt noch später erfüllen werde oder wolle, ist als eine wesentliche Vertragsverletzung zu qualifizieren.[700] Steht außerdem bei Fälligkeit fest, dass die Leistung objektiv oder subjektiv, anfänglich oder nachträglich, unmöglich ist, ist von einer wesentlichen Vertragsverletzung auszugehen.[701]

cc) Lieferung vertragswidriger Ware

Die Lieferung einer vertragswidrigen Ware kann eine wesentliche Vertragsverletzung begründen, wenn der Mangel objektiv so gravierend ist, dass er mit zumutbarem Aufwand in angemessener Zeit nicht behoben werden kann und die Ware vom Käufer nicht verwendet werden kann.[702]

dd) Rechtsmangel

Bei den Waren, die mit Rechtsmängeln behaftet sind, lässt sich die Wesentlichkeit bejahen, wenn sich der Mangel nicht beheben lässt und der Käufer aufgrund dessen

---

CISG (2010), Art. 49, Rn. 26d; ***Magnus***, in: Staudinger/CISG (2005), Art. 49 CISG, Rn. 12; ***Eckert/Maifeld/Matthiesen,*** Rn. 1014.

699 ***Müller-Chen***, in: Schlechtriem/Schwenzer (2008), Art. 49, Rn. 5; ***Schnyder/Straub***, in: Honsell (Hrsg.), CISG (2010), Art. 49, Rn. 26c; ***P. Huber*** in: MünchKommBGB (2008) Art. 49 CISG, Rn. 34; ***Eckert/Maifeld/ Matth.***, Rn. 1014; ***Magnus***, in: Staudinger/CISG (2005), Art. 49 CISG, Rn. 10.

700 ***Müller-Chen***, in: Schlechtriem/Schwenzer (2008), Art. 49, Rn. 6; ***Schnyder/Straub*** in: Honsell (Hrsg.), CISG (2010), Art. 49, Rn. 26a; ***P. Huber***, in: MünchKommBGB (2008), Art. 49 CISG, Rn. 35. ***Eckert/Maifeld/Matthiesen***, Rn. 1016; ***Magnus***, in: Staudinger/CISG (2005), Art. 49 CISG, Rn. 13; ***Saenger***, in: Bamberger/Roth (2007), Art. 49 CISG, Rn. 4.

701 ***Müller-Chen***, in: Schlechtriem/Schwenzer (2008), Art. 49, Rn. 6; ***Schnyder/Straub***, in: Honsell (Hrsg.), CISG (2010), Art. 49, Rn. 26b; ***P. Huber***, in: MünchKommBGB (2008), Art. 49 CISG, Rn. 35; ***Magnus***, in: Staudinger/CISG (2005), Art. 49 CISG, Rn. 13; ***Saenger***, in: Bamberger/Roth (2007), Art. 49 CISG, Rn. 4.

702 ***Müller-Chen***, in: Schlechtriem/Schwenzer (2008), Art. 49, Rn. 7; ***Schnyder/Straub***, in: Honsell (Hrsg.), CISG (2010), Art. 49, Rn. 28; ***P. Huber***, in: MünchKommBGB (2008), Art. 49 CISG, Rn. 35–36–37; ***Eckert/Maifeld/Matthiesen,*** Rn. 1017; ***Magnus*** in: Staudinger/CISG (2005), Art. 49 CISG, Rn. 14.

die Ware nicht verwenden kann.[703] Die Frage der Behebbarkeit hängt davon ab, ob "die Ablösung des einem Dritten zustehenden Rechts möglich und zumutbar ist".[704]

ee) Sonstige Vertragsverletzungen

Ob die Verletzung der Neben– und Zusatzpflichten (z.B. Stellung einer Bankgarantie für die ordnungsgemäße Erfüllung durch den Verkäufer; Montageverpflichtungen) als wesentlich einzustufen ist, hängt von dem Gewicht der Pflichtverletzung und der Behebbarkeit ab.[705] Dies ist der Fall, wenn die Vertragsverletzung so schwerwiegend ist, dass sie die Grundlage des Vertrags in Frage stellt.[706]

b) Nichtleistung trotz Nachfristsetzung (Art. 49 Abs. 1 lit. b CISG)[707]

Obwohl im System des CISG die Nachfristsetzung für die Vertragsaufhebung nicht zwingende Voraussetzung ist, eröffnet die Vorschrift 49 Abs. 1 lit. b dem Käufer bei der ***unwesentlichen Nichtlieferung*** eine zusätzliche Möglichkeit, um den Vertrag aufzuheben.

Die Vorschrift stellt klar, dass der Käufer bei der Nichtlieferung eine Nachfrist setzen und nach deren erfolglosem Ablauf den Vertag aufheben kann, auch wenn die Nichtlieferung nicht wesentlich ist.[708] Bei dieser Variante des Aufhebungsrechts kommt es nicht auf die Wesentlichkeit an. Wenn die Nichtlieferung bereits wesentlich ist, kann der Käufer nach Art. 49 Abs. 1 lit a ohne Nachfristsetzung ein

---

703 ***Müller-Chen***, in: Schlechtriem/Schwenzer (2008), Art. 49, Rn. 10; ***Schnyder/Straub***, in: Honsell (Hrsg.), CISG (2010), Art. 49, Rn.; ***Eckert/Maifeld/Matthiesen***, Rn. 1017; ***Magnus***, in: Staudinger/CISG (2005), Art. 49 CISG, Rn. 16.

704 ***Schnyder/Straub***, in: Honsell (Hrsg.), CISG (2010), Art. 49, Rn. 29; ***P. Huber*** in: MünchKommBGB (2008), Art. 49 CISG, Rn. 41.

705 ***Schnyder/Straub*** in: Honsell (Hrsg.), CISG (2010), Art. 49, Rn. 30; ***P. Huber***, in: MünchKommBGB (2008), Art. 49 CISG, Rn. 45. Vgl. OLG Frankfurt NJW 1992, 633, 634=CISG-online Nr. 28.

706 ***Saenger***, in: Ferrari (Hrsg.), Int. VertragsR., Art. 49 CISG, Rn. 9.

707 ***Hutter***, S. 144, "Die praktische Bedeutung dieser Vorschrift ist gering, denn die gänzliche Nichtlieferung wird fast immer eine wesentliche Vertrags-verletzung sein".Vgl. BGHZ 132, 290, 296=CISG-online Nr. 135.

708 ***Benicke***, in: MünchKommHGB Art. 49, Rn. 5; ***P. Huber***, in: MünchKommBGB (2008), Art. 49 CISG, Rn. 46.

Aufhebungsrecht erlangen.[709] Auszugehen ist von der Nichtlieferung, wenn der Verkäufer überhaupt keine Ware geliefert hat. Zu beachten ist, dass sich die Vorschrift nicht auf den Fall der Vertragswidrigkeit der Schlecht– oder Falschlieferung erstreckt, sondern sich nur auf den Fall der Nichtlieferung beschränkt.[710] Außerdem kann der Käufer dadurch kein Aufhebungsrecht erlangen, dass er bei der Nichterfüllung einer anderen Pflicht als der Lieferpflicht eine Nachfrist setzt.[711] Bei anderen Verletzungen ist immer zu prüfen, ob die Verletzung wesentlich ist oder nicht.

c) Kein Ausschluss des Vertragsaufhebungsrechts

Das Aufhebungsrecht des Käufers entfällt, wenn er bei Sach– oder Rechtsmängeln die Vertragswidrigkeit nicht ordnungsgemäß (nach Art. 38, 39 oder 43 CISG) gerügt hat. Außerdem hat der Käufer kein Recht, den Vertrag aufzuheben, wenn er nicht in der Lage ist, die gelieferte Ware unversehrt zurückzugeben (Art. 82 CISG). Des Weiteren wird das Aufhebungsrecht des Käufers ausgeschlossen, wenn der Käufer die Vertragsverletzung selbst verursacht hat (Art. 80 CISG) oder wenn er eine notwendige Mitwirkungshandlung nicht vornimmt.[712]

3) Erklärung der Vertragsaufhebung

Im Gegensatz zum Haager Kaufrecht wird im CISG eine Vertragsaufhebung kraft Gesetzes (das Prinzip der ipso facto avoidance) auf Grund der Ungewissheiten im Hinblick auf die Rechte der Parteien nicht mehr geregelt.[713] Die Vertragsaufhebung setzt eine einseitige gestaltende Erklärung des Gläubigers gegenüber

---

709 ***Benicke***, in: MünchKommHGB Art. 49, Rn. 4; ***Eckert/Maifeld/Matthiesen***, Rn. 1021; ***P. Huber***, in: MünchKommBGB (2008), Art. 49 CISG, Rn. 47.

710 ***Benicke***, in: MünchKommHGB Art. 49, Rn. 7; ***Saenger***, in: Bamberger/Roth (2007), Art. 49, Rn. 7; ***Eckert/Maifeld/Matthiesen***, Rn. 1021; ***P. Huber***, in: MünchKomm BGB (2008), Art. 49 CISG, Rn. 46; ***Schlechtriem/Schwenzer/ Müller-Chen***, Art. 49, Rn. 15; ***Magnus***, in: Staudinger/CISG (2005), Art. 49 CISG, Rn. 21.

711 ***Benicke***, in: MünchKommHGB, Art. 49, Rn. 6; ***Müller-Chen***, in: Schlechtriem/ Schwenzer (2008), Art. 49, Rn. 16.

712 ***Magnus***, in: Staudinger/CISG (2005), § 49 CISG, Rn. 29.

713 ***U. Huber***, in; von Caemmerer/Schlechtriem, Art. 49 Rn. 9; Zur Argumentation s. ***Ratz***, S. 72; ***Freiburg***, S. 304. OGH ZfRV 1996, 248, 253=CISG-online Nr. 224.

dem Schuldner voraus.[714] Die Erklärung der Aufhebung ist an keine bestimmte Form und grundsätzlich an keine Frist gebunden. Sie kann schriftlich oder mündlich erfolgen. Die Frage, ob die Vertragsaufhebung durch schlüssiges Verhalten erfolgen kann, ist – nach herrschender Lehre – zu bejahen.[715] Im Gegensatz zu den Willenserklärungen beim Vertragsschluss gilt für die Aufhebungserklärung nicht das Zugangsprinzip (Art. 15 I, 18 II CISG), sondern die Absendtheorie des angloamerikanischen Rechts.

Demnach trägt die vertragsbrüchige Partei das Risiko der Verzögerung oder des Nichtzugangs der Übermittlung, wenn der gewählte Übermittlungsweg nach den Umständen geeignet ist (Art. 27 CISG).[716]

Erstens (Nichtlieferung): Solange und soweit der Verkäufer die Ware nach der Lieferzeit (Art. 33 CISG) überhaupt nicht geliefert hat, ist die Erklärung des Käufers zur Vertragsaufhebung an keine Frist gebunden.[717] Zweitens: Um Spekulationen auf Kosten des Verkäufers zu verhindern, wird aber in Art. 49 Abs. 2 CISG eine zeitliche Einschränkung für die Erklärung des Käufers zur Vertragsaufhebung gesehen, wenn der Verkäufer die Ware geliefert hat.[718] Demnach verliert der Käufer sein Recht, die Aufhebung des Vertrags zu erklären, wenn er z.B. im Falle der verspäteten Lieferung die Aufhebung nicht innerhalb einer angemessenen Frist erklärt, nachdem er erfahren hat, dass die Lieferung erfolgt ist (Art. 49 Abs. lit. a CISG). Aus der Vorschrift ergibt sich, dass die verspätete Lieferung des Verkäufers den Käufer zur Vertragsaufhebung berechtigen soll, sei es wegen der wesentlichen Vertragsverletzung, sei es wegen des

---

714 ***Reinhart*** Art. 26, Rn. 1; ***Hornung/Fountoulakis*** in: Schlechtriem/Schwenzer (2008), Art. 26, Rn. 2.

715 ***Hornung/Fountoulakis***, in: Schlechtriem/Schwenzer (2008), Art. 26, Rn. 2.Art. 26, Rn. 7; ***Gruber***, in: MünchKommBGB Art. 26 CISG, Rn. 4; a.A. ***Enderlein***, in: Enderlein/Maskow/Stargardt Art. 26, Bem. 2; ***Reinhart***, Art. 26, Rn. 2; ***Magnus***, in: Staudinger/CISG (2005), Art. 49 CISG, Rn. 25.

716 ***Hornung/Fountoulakis***, in: Schlechtriem/Schwenzer (2008), Art. 26, Rn. 2. Art. 26, Rn. 11; ***Gruber***, in: MünchKommBGB Art. 26 CISG, Rn. 4; ***Magnus***, in: Staudinger/CISG (2005), Art. 26 CISG, Rn. 8.

717 ***Magnus***, in: Staudinger/CISG (2005), Art. 49 CISG, Rn. 30; ***Enderlein***, in: Enderlein/Maskow/Stargardt Art. 49 Bem. 6; Lüderitz/Schüßler-Langeheine, in Soergel/CISG (2000), Art. 49 Rn. 8; ***Rudolph***, Art. 49, Rn. 13.

718 ***U. Huber***, in: von Caemmerer/Schlechtriem (1995), Art. 49 Rn. 43; ***Magnus***, in: Staudinger/CISG (2005), Art. 49 CISG, Rn. 32; ***Brunner***, Art. 49 Rn. 10.

Ablaufs der Nachfristsetzung.[719] Die Antwort auf die Frage, wann die Frist beginnt, unterscheidet sich je nach der Art der Vertragsverletzung des Verkäufers.[720] Im Falle der verspäteten Lieferung beginnt die Frist, sobald der Käufer von der erfolgten[721] Lieferung – Übergabe der Ware an den Beförderer (Art. 31 lit.a) oder die Bereitstellung der Ware an einem bestimmten Ort oder an der Niederlassung des Verkäufers (Art. 31 lit. b und c) Kenntnis erlangt.[722] Die Fristeinschränkung für die Erklärung zur Vertragsaufhebung bei den anderen wesentlichen[723] Vertragsverletzungen als der verspäteten Lieferung werden in Art. 49 Abs. 2 lit b CISG behandelt. Als Vertragsverletzung kommt hier in erster Linie die Lieferung vertragswidriger oder rechtsmängelbehafteter Ware oder die Verletzung sonstiger Pflichten in Betracht.[724]

Nach der Vorschrift (Art. 49 Abs. 2 lit b CISG) verliert der Käufer sein Recht, die Aufhebung zu erklären, wenn er nicht innerhalb einer angemessenen Frist erklärt; demnach beginnt die Frist:

i) nachdem er die Vertragsverletzung kannte (positives Wissen) oder kennen musste (wenn die Unkenntnis des Verkäufers auf Fahrlässigkeit beruht, Art. 49 Abs. 2 lit. b i CISG);[725]

---

719 ***Magnus***, in: Staudinger/CISG (2005), Art. 49 CISG, Rn. 34; ***Enderlein***, in: Enderlein/Maskow/Strohbach, Art. 49 Bem. 8.

720 ***Magnus***, in: Staudinger/CISG (2005), Art. 49 CISG, Rn. 32; ***Brunner***, Art. 49 Rn. 10.

721 ***Secretariat Commentary***, Art. 45, para. 9; ***Magnus***, in: Staudinger/CISG (2005), Art. 49 CISG, Rn. 33; ***Achilles***, GK zum HGB, nach § 382 HGB, CISG, Art. 49 Rn. 7.

722 ***Magnus***, in: Staudinger/CISG (2005), Art. 49 CISG, Rn. 35; ***Achilles***, GK zum HGB, nach § 382 HGB, CISG, Art. 49 Rn. 8; ***Müller-Chen***, in: Schlechtriem/Schwenzer (2008), Art. 49, Rn. 28.

723 (ME) Da der Käufer im Falle einer anderen Vertragsverletzung anders als der verspäteten Lieferung (Nichtlieferung) die Verletzung durch eine Nachfristsetzung nicht zu einem Aufhebungsgrund aufwerten kann, muss die Verletzung des Verkäufers in dieser Alternative (Art. 49 Abs. 2 lit. b) von Anfang an immer wesentlich sein. (Vertragsaufhebung wegen Wesentlichkeit der Verletzung nach Art. 49 Abs. 1 lit. a); vgl. ***P. Huber***, in: MünchKommBGB, Art. 49 CISG, Rn. 69 Fn. 134; ***Müller-Chen***, in: Schlechtriem/Schwenzer (2008), Art. 49, Rn. 30; Enderlein in: Enderlein/Maskow/Strohbach Art. 49 Bem. 10.

724 ***Magnus***, in: Staudinger/CISG (2005), Art. 49 CISG, Rn. 37; Müller-Chen, in: Schlechtriem/Schwenzer (2008), Art. 49, Rn. 30; ***P. Huber***, in: MünchKommBGB (2008), Art. 49 CISG, Rn. 63.

725 ***P. Huber***, in: MünchKommBGB (2008), Art. 49 CISG, Rn. 68.

ii) nachdem[726] eine vom Käufer nach Art. 47 Abs. 1 CISG gesetzte Nachfrist abgelaufen ist oder nachdem der Verkäufer erklärt hat, dass er seine Pflichten nicht innerhalb der Nachfrist erfüllen wird (Art. 49 Abs. 2 lit. b ii CISG);

iii) nachdem eine vom Verkäufer nach Art. 48 Abs. 2 CISG gesetzte Frist abgelaufen ist und der Verkäufer innerhalb der Frist nicht erfüllt hat oder nachdem der Käufer berechtigterweise[727] erklärt hat, dass er die Erfüllung nicht annehmen wird. (Art. 49 Abs. 2 lit. b iii CISG);

Die Angemessenheit der Frist ist nach den Umständen des Einzelfalles zu beurteilen.

4) Vertragsaufhebung in besonderen Fallkonstellationen

a) Vertragsaufhebung bei Teillieferung

Liefert der Verkäufer nur einen Teil der Ware oder ist nur ein Teil der gelieferten Ware vertragsgemäß, gelten für den Teil, der fehlt oder nicht vertragsgemäß ist, die

726 Die Nachfristsetzung nach Art. 47 CISG ist nur im Fall der Nichtlieferung möglich, also wenn die Ware gar nicht geliefert ist. Dagegen setzt Art. 49 Abs. 2 lit. b CISG die vollständig erfolgte Lieferung voraus. Deshalb soll es bei dieser Alternative nicht um den Fall des Art. 49 Abs. 1 lit. b CISG, also den Fall der **Nichtlieferung gehen**, wo der Käufer durch Nachfristsetzung eine nicht wesentliche Vertragsverletzung zur wesentlichen Vertragsverletzung qualifiziert, sondern um den Fall, in dem der Käufer trotz der wesentlichen Vertragsverletzung dem Verkäufer eine Nachfrist gesetzt hat, um ihm zur Mängelbeseitigung eine Chance zu geben, und die Frist des Art. 49 Abs. 2 lit. b i CISG verstrichen ist. Der Käufer kann nach Art. 47 Abs. 2 CISG die Aufhebung des Vertrages nicht erklären, während eine nach Art. 47 Abs. 1 gesetzte Frist läuft. Weil der Käufer wegen seines Verständnisses keinen Nachteil erleiden soll, eröffnet das eine zusätzliche Möglichkeit für eine Vertragsaufhebung. Vgl. mit ***Müller/Chen***, in: Schlechtriem/Schwenzer (2008), Art. 49, Rn. 35; ***Atamer***, S. 407; ***Heilmann***, S. 480 und 436; ***Benicke***, in: MünchKommHGB, Art. 49 Rn. 27; a.A., ***Will***, in: Bianca/Bonell Art. 49 Anm. 2.2.1.2: Art. 49 II/b ii und iii seien überflüssig "redundant"; Fraglich ist jedoch, ob der Käufer die Aufhebung des Vertrages auch noch erklären kann, wenn er die Nachfrist erst erklärt hat, nachdem die Frist nach Unterabsatz i bereits abgelaufen ist. Dazu: ***Benicke***, in: MünchKommHGB, Art. 49 Rn. 27; a.A. ***Piltz***, § 4, 4–15; Solange ein Erfüllungsanspruch des Käufers bestehe, könne der Käufer das Recht zur Vertragsaufhebung durch spätere oder auch durch wiederholte Nachfristsetzungen aktivieren.; ***P. Huber***, in: MünchKommBGB (2008), Art. 49 CISG, Rn. 78.

727 ***Benicke***, in: MünchKommHGB, Art. 49 Rn. 30.

Art. 46 bis 50 (Art. 51 Abs. 1 CISG). Demnach sind bei Teillieferungen die dem Käufer zur Verfügung stehenden Rechtsbehelfe auf den fehlenden oder den nicht vertragsmäßigen "auf den gestörten" Teil der Ware beschränkt.[728] Die Vorschrift setzt vor allem die Teilbarkeit der vom Verkäufer geschuldeten Lieferung voraus.[729] Im Gegensatz zu Abs. 1 beschränkt Absatz 2 das Aufhebungsrecht des Käufers nicht auf den gestörten Teil, wenn die Störung – die Vertragswidrigkeit – eine wesentliche Verletzung des gesamten Vertrags ist.[730] D.h. der Käufer kann den gesamten Vertrag aufheben, wenn die Teillieferung eine so schwerwiegende Verletzung ist, dass die Teillieferung für den Käufer ohne Interesse ist. Dies ist der Fall, wenn für den Käufer weder die Nutzung noch die Weiterveräußerung des gelieferten Teils möglich ist.[731] Zu betonen ist allerdings, dass der Käufer bei einer Teillieferung durch Nachfristsetzung (Art. 49 Abs. 1 b CISG) nicht das Recht, den gesamten Vertrag aufzuheben, gewinnt.[732] Außerdem kann der Käufer eine Teilaufhebung des Vertrages erklären.

Im Gegensatz zu der Vertragsaufhebung des gesamten Vertrags kann der Käufer über eine Nachfristsetzung (Art. 49 Abs. 1 b) die Teilaufhebung erklären.[733]

b) Sukzessivlieferungsverträge

Der Sukzessivlieferungsvertrag wird in Art. 73 CISG "als eigene Institution" geregelt.[734] Es geht um Verträge, die aufeinander folgende Lieferungen von Waren vorsehen.[735] Es werden damit mindestens zwei, zeitlich aufeinander folgende

---

728 ***P. Huber***, in: MünchKommBGB (2008), Art. 51 CISG, Rn. 6; ***Reinhart***, Art. 51, Rn. 2; ***Benicke***, in: MünchKommHGB Art. 51 Rn. 1; ***Magnus***, in: Staudinger/CISG (2005), Art. 51 CISG, Rn. 1.

729 ***P. Huber***, in: MünchKommBGB (2008), Art. 51 CISG, Rn. 6; ***Saenger***, in: Bamberger/Roth (2007), Art. 51 Rn. 2.

730 ***Magnus***, in: Staudinger/CISG (2005), Art. 51 CISG, Rn. 18; Lüderitz/Schüßler-Langeheine, in: Soergel/CISG (2000) Art. 51 Rn. 4.

731 ***U. Huber***, in: Von Caemmerer/Schlechtriem (1995), Art. 51, Rn. 6; ***Herber/Czerwenka***, Art. 51 Rn. 4; ***P. Huber***, in: MünchKommBGB (2008), Art. 51 CISG, Rn. 18; ***Brunner***, Art. 51 Rn. 8.

732 ***P. Huber***, in: MünchKommBGB (2008), Art. 51 CISG, Rn. 20; ***Magnus***, in: Staudinger/CISG Art. 51 CISG, Rn. 19.

733 ***P. Huber***, in: MünchKommBGB (2008), Art. 51 CISG, Rn. 11; ***Herber/Czerwenka***, Art. 51 Rn. 4.

734 ***Botzenhardt***, S. 64; ***Heilmann***, S. 535.

735 ***P. Huber***, in: MünchKommBGB (2008), Art. 73 CISG, Rn. 2; ***Magnus***, in: Staudinger/CISG (2005), Art. 73 CISG, Rn. 6; ***Benicke***, in: MünchKommHGB, Art. 73 Rn. 3; ***Achilles***, in: GK-HGB, CISG Art. 73, Rn. 1; ***v. Scheven***, s. 100 "[…] handelt es sich

Lieferungen vorausgesetzt.[736] Darauf, ob die Gesamtmenge des Vertrages von vornherein feststeht, kommt es nicht an.[737] Die Vertragsaufhebung bei einem Sukzessivlieferungsvertrag wird in Art. 73 CISG in den drei Fallgruppen ausgeführt: betreffende Lieferung (Abs. 1), künftige Lieferungen (ex-nunc Abs. 2), schon erbrachte und/oder künftige Lieferungen (ex-tunc Abs. 3).[738] Begeht der Verkäufer[739] beim Sukzessivlieferungsvertrag eine wesentliche Vertragsverletzung in Bezug auf eine Teillieferung, wird das Vertragsaufhebungsrecht des Käufers übereinstimmend mit Art. 51, am Anfang grundsätzlich auf die von der Vertragsverletzung betroffene Teillieferung beschränkt[740] (Grundregel Art. 73 Abs. 1 CISG). Abs. 2 ermöglicht dem Käufer unter bestimmten Voraussetzungen den Vertrag für die Zukunft (ex-nunc) aufzuheben.

Gibt die Nichterfüllung einer eine Teillieferung betreffenden Pflicht durch eine der Parteien der anderen Partei einen triftigen Grund zur Annahme, dass eine wesentliche Vertragsverletzung in Bezug auf künftige Teillieferungen zu erwarten ist, so kann die andere Partei innerhalb angemessener Frist die Aufhebung des Vertrags für die Zukunft erklären (Art. 73 Abs. 2 CISG).

Abs. 2 setzt eine einfache Pflichtverletzung des Verkäufers in Bezug auf eine Teillieferung voraus, die eine wesentliche Vertragsverletzung im Hinblick auf die künftigen Teillieferungen erwarten lässt.[741] Auf die Wesentlichkeit der bereits erfolgten Pflichtverletzung kommt es nicht an.[742] Der Käufer muss die

---

um einen einzigen, einheitlichen Vertrag der auf eine gewisse Dauer angelegt ist, und der eine zu erbringende Gesamtleistung in mehrere periodisch aufeinanderfolgende, einzelne Teilleistungen und somit Teillieferungen zerlegt".

736 ***Magnus***, in: Staudinger/CISG (2005), Art. 73 CISG, Rn. 6; Mankowski, in: MünkKommHGB Art. 73 Rn. 3.

737 ***P. Huber***, in: MünchKommBGB (2008), Art. 73 CISG, Rn. 2; a.A. Die Bestimmtheit oder Bestimmbarkeit fordert ***Lüderitz/Schüßler-Langeheine***, in: Soergel/CISG (2000), Art. 73 Rn. 2.

738 ***Stargardt***, S. 72.

739 Art. 73 ist eine gemeinsame Bestimmung, die für beide Parteien, also Käufer und Verkäufer, in gleicher Weise gilt. Hier aber werden die Rechtsbehelfe aus der Käufersphäre behandelt. Aus der Verkäufersphäre vgl. ***Scheifele***, S. 127.

740 ***Magnus***, in: Staudinger/CISG (2005), Art. 73 CISG, Rn. 10; ***Rudolph***, Art. 73, Rn. 1; ***Achilles***, in: Ensthaler (Hrsg.), Gemeinschaftskommentar zum HGB (2007), CISG Art. 73, Rn. 1; Saenger/Bamberger/Roth (2007), CISG Art. 73, Rn. 1; ***Mankowski***, in: MüncKommHGB Art. 73 Rn. 6.

741 ***Brunner***, Art. 73 Rn. 10.

742 ***Hornung/Fountolakis***, in: Schlechtriem/Schwenzer (2008), Art. 73 Rn. 17; ***Saenger***, in: Bamberger/Roth (2007), CISG Art. 73 Rn. 8; ***Brunner***, Art. 73 Rn. 11.

Aufhebungserklärung innerhalb der angemessenen Frist erklären. Die Angemessenheit richtet sich nach den Umständen des Einzelfalles.[743]

Abs. 3 ermöglicht dem Käufer[744] eine ex-tunc-Vertragsaufhebung in Bezug auf bereits erhaltene Lieferungen und/oder künftige Teillieferungen, wenn er wegen der wesentlichen Vertragsverletzung[745] bei einer bereits erfolgten Teillieferung "für die übrigen Teillieferungen keine Verwendung mehr hat".[746]

c) Vertragsaufhebung bei antizipierter Vertragsbruch

Gemäß Art. 72 Abs. 1 CISG kann der Käufer die Vertragsaufhebung erklären, wenn schon vor dem für die Vertragserfüllung festgesetzten Zeitpunkt offensichtlich ist, dass der Verkäufer eine wesentliche Vertragsverletzung begehen wird. Die Vorschrift setzt vor allem die Prognose über das Eintreten einer wesentlichen Vertragsverletzung mit sehr hoher Wahrscheinlichkeit (offensichtlich) voraus.[747] Bei der offensichtlich drohenden Vertragsverletzung ist der Käufer verpflichtet, vor der Aufhebungserklärung anzuzeigen, dass er beabsichtigt, die Vertragsaufhebung zu erklären und dem Verkäufer die Möglichkeit zur Erfüllung zu geben, wenn es die Zeit erlaubt und es nach den Umständen vernünftig ist (Art. 72 Abs. 2).[748]

Abs. 3 befreit den Käufer von dieser Pflicht, wenn der Verkäufer bereits vor Fälligkeit erklärt, dass er seine Pflichten nicht erfüllen wird. Wenn die in der Vorschrift festgelegten Voraussetzungen vorliegen, kann der Käufer vor der Fälligkeit die Aufhebung des Vertrags erklären.

5) Wirkungen der Vertragsaufhebung

Mit der Aufhebungserklärung des Käufers werden beide Parteien von ihren Pflichten befreit und das Vertragsverhältnis in ein Rückgewährschuldverhältnis umwandelt,

---

743 ***Saenger***, in: Bamberger/Roth (2007), CISG Art. 73, Rn. 11; ***Hornung/Fountolakis***, in: Schlechtriem/Schwenzer (2008), Art. 73, Rn. 26.

744 Das in Abs. 3 vorgesehene Aufhebungsrecht steht nur dem Käufer, nicht dem Verkäufer zu.

745 ***Hornung/Fountolakis***, in: Schlechtriem/Schwenzer (2008), Art. 73 Rn. 29.

746 ***P. Huber***, in: MünchKommBGB (2008), Art. 73 CISG, Rn. 19.

747 ***P. Huber***, in: MünchKommBGB (2008), Art. 72 CISG, Rn. 7; ***Brunner***, Art. 72, Rn. 1; ***Botzenhardt***, s. 63.

748 ***P. Huber***, in: MünchKommBGB (2008), Art. 72 CISG, Rn. 12; ***Saenger***, in: Bamberger/ Roth (2007), CISG Art. 72 Rn. 5; ***Botzenhardt***, s. 63.

das in Art. 81 ff. CISG näher geregelt ist.[749] Gemäß Art. 81 Abs. 2 sind die bereits vor Vertragsaufhebung erbrachten Leistungen zurückzugewähren. Die Vertragsaufhebung hat keine Wirkung auf die wegen der Vertragsverletzung entstehenden Schadenersatzansprüche (Art. 81 Abs. 1 CISG).[750]

II. Vertragsaufhebung nach PECL, DCFR und CESL

Entsprechend der allgemeinen Tendenz, wonach die Vertragsaufhebung möglichst vermieden werden sollte,[751] beschränken auch die PECL die Vertragsaufhebung grundsätzlich auf die Fälle, in denen eine Wesentlichkeit der Nichterfüllung i.S.d. Art. 8: 103 PECL vorliegt (Art. 9:101 Abs. 1 PECL). Die Frage, ob die Nichterfüllung wesentlich ist oder nicht, beurteilt sich nach Art. 8:103 PECL, wonach eine Nichterfüllung wesentlich ist, wenn:

a) die genaue Einhaltung der Verpflichtung für den Vertrag entscheidend ist;
   Nach diesem Kriterium ist nicht auf die wirkliche Schwere des Vertragsbruchs, sondern auf die Vereinbarung der Parteien abzustellen.[752] Es ist den Vertragsparteien natürlich unbenommen, an sich eine unwichtige Verpflichtung in den Mittelpunkt des Vertrags zu rücken, derer Verletzung den Käufer zur Vertragsaufhebung berechtigt;[753]
   oder
b) durch die Nichterfüllung der benachteiligten Partei im Wesentlichen entgeht, was sie nach dem Vertrag erwarten durfte, es sei denn, dass die andere Partei diese Folge nicht vorausgesehen hat und vernünftigerweise auch nicht voraussehen konnte;
   Im Gegensatz zu lit. a kommt es bei diesem Kriterium auf das objektive Gewicht der Folgen der Nichterfüllung an.[754] Demnach ist die Vertragsaufhebung ausgeschlossen, wenn die Nichterfüllung geringfügig ist. Es liegt auch keine wesentliche Vertragsverletzung vor, d.h. der Käufer kann den Vertrag nicht aufheben,

---

749 ***Herber/Czerwenka***, Art. 49, Rn. 16; ***Schlechtriem/Leser***, Einheitliches Kaufrecht, S. 238.

750 ***Leser***, in: Schlechtriem (Hrsg.), Einheitliches, S. 240.

751 ***Dylakiewicz***, S. 161.

752 ***Dylakiewicz***, S. 162.

753 ***Coen***, S. 262; ***Dylakiewicz***, S. 162.

754 ***von Bar/Zimmermann***, S. 440.

wenn die nicht erfüllende Partei diese Folge weder vorhergesehen hat noch vorhersehen konnte;[755]
oder

c) Die Nichterfüllung vorsätzlich geschieht und der benachteiligten Partei Anlass zu der Annahme gibt, dass sie sich auf die künftige Leistung durch die andere Partei nicht verlassen kann. Die vorsätzliche Nichterfüllung führt zur Wesentlichkeit der Nichterfüllung, auch wenn die Nichterfüllung an sich nicht wesentlich ist. Als kumulative Voraussetzung zu der Vorsätzlichkeit kommt die Voraussetzung, dass die Nichterfüllung dem Käufer Anlass zu der Annahme gibt, dass er sich auf die künftige Leistung durch den Verkäufer nicht verlassen kann.[756]

Des Weiteren räumen die PECL dem Käufer im Fall der Verzögerung der Leistung ein Vertragsaufhebungsrecht ein, wenn er dem Schuldner eine angemessene Frist zur Nacherfüllung gesetzt hat und diese Frist erfolgslos abgelaufen ist, wobei es darauf nicht ankommt, ob die Verzögerung wesentlich ist oder nicht (Art. 9:101 Abs. 1 PECL i.V. m. Art. 8: 106 Abs. 3).

Letztendlich kommt ein Vertragsaufhebungsrecht in Betracht, wenn schon vor dem Leistungszeitpunkt offensichtlich ist, dass es zu einer wesentlichen Vertragsverletzung durch den Verkäufer kommen wird (Art. 9:304 PECL).

Das DCFR folgt grundsätzlich dem System der PECL und räumt dem Gläubiger in drei Fällen ein Vertragsaufhebungsrecht ein. Erstens kann der Gläubiger den Vertrag aufheben, wenn die Nichterfüllung wesentlich ist (III.–3:502 (I) DCFR). Die Nichterfüllung ist wesentlich, wenn der verletzten Vertragspartei durch die Nichterfüllung substantiell entgeht, was sie nach dem Vertrag erwarten durfte, es sei denn, dass die andere Partei diese Folge bei Vertragsschluss nicht vorhergesehen hat und vernünftigerweise auch nicht vorhersehen konnte (III.–3:502 (II lit. a) DCFR).[757]

Die Wesentlichkeit ist auch dann anzunehmen, wenn die Nichterfüllung vorsätzlich oder grob fährlässig geschieht und der verletzten Vertragspartei Anlass zur Annahme gibt, dass sie sich auf künftige Leistung durch die andere Partei nicht verlassen kann (III.–3:502 (II lit. b) DCFR).[758]

Zweitens kann der Käufer im Fall der verspäteten Lieferung, die nicht als solche als wesentlich anzusehen ist, den Vertrag aufheben, wenn er dem Schuldner

755 ***von Bar/Zimmermann***, S. 440.

756 ***von Bar/Zimmermann***, S. 440; ***Dylakiewicz***, S. 162.

757 ***Leible***, in: Schulze/von Bar/Schulte-Nölke (Hrsg.), S. 103; ***U. Huber***, ZEuP, 2008, S. 708, 725.

758 ***Leible***, in: Schulze/von Bar/Schulte-Nölke (Hrsg.), S. 103.

eine angemessene Nachfrist zur Erfüllung setzt und der Schuldner nicht innerhalb dieser Frist erfüllt (III.–3:503 (II lit. b) DCFR).

In der Literatur wird die Ansicht vertreten, dass man durch Fristsetzung nicht nur die verspätete Lieferung, sondern jede Art der Vertragsverletzung, sogar mangelhafte Lieferung zu einer wesentlichen Nichterfüllung erheben kann.[759] Bedenken gegen diese Ansicht ergeben sich daraus, dass es dem Gläubiger so schnell gelingen kann, bei geringfügigen und leicht behebbaren Mängeln den Vertrag aufzuheben. Schließt man sich dieser Ansicht an, steht man im krassen Wiederspruch zur Tendenz der Zurückdrängung von Vertragsaufhebung.[760] Außerdem geht vom Wortlaut der Norm ganz ausdrücklich hervor ("delay in performance"), dass diese Möglichkeit auf die verspätete Erfüllung beschränkt wird.[761]

Drittens kann der Gläubiger vor der Fälligkeit den Vertrag aufheben, wenn der Käufer erklärt hat oder anderweitig offensichtlich ist, dass die Nichterfüllung eintreten wird, und wenn diese Nichterfüllung wesentlich sein würde (III.–3:504) DCFR).[762]

In Bezug auf die Regelung des Rücktrittsrechts des Käufers findet man grundsätzlich im CESL-Entwurf keine abweichenden Regelungen vom DCFR, also vom CISG.[763] Man findet vier Konstellationen, die der Regelungstechnik des CISG, DCFR und PECL entsprechen.

1. Wesentlichkeit der Nichterfüllung (Art. 114 CESL-Entwurf)
   Bei B2B-Geschäften berechtigt die Wesentlichkeit der Nichterfüllung den Käufer schon, den Vertrag zu beenden. Liegt dagegen ein B2C-geschäft vor, stellt Abs. 2 des Art. 114 CESL ein anderes Kriterium auf, wonach der Verbraucher den Vertrag beenden kann, wenn eine nichtvertragsgemäße Ware geliefert wurde und die Vertragswidrigkeit nicht unerheblich ist.[764]

---

759 ***Vogg***, S. 240.

760 ***Vogg***, S. 240, vertritt, dass man durch Treu und Glauben des Art. I–1:102 (III) lit. b zu einem Ausschluss des Rücktritts kommen kann.

761 ***U. Huber***, ZEuP, 2008, S. 708, 725.

762 Ein weiterer Vertragsaufhebungsgrund (das Ausbleiben einer Erfüllungs-gewähr) wird in Art. III.–3:505 geregelt. ***Bachmann***, S. 221 (Fn. 221); ***Vogg***, S. 241; für den Unterschied zwischen Art. III.–3:505 (das Ausbeleiben einer Erfüllungsgewähr) und Art. III.–3:504 (die antizipierte Nichterfüllung) vgl. ***Leible***, in: Schulze/von Bar/Schulte-Nölke (Hrsg.), S. 103.

763 Ausführlich zu der Beendigung des Vertrags Vgl. ***Wendehorst***, in: Schmidt-Kessel, Ein einheitliches, europäisches Kaufrecht, S. 371 ff.

764 ***Faust***, in: Schulte-Nölke/Zoll/Jansen/Schulze (Hrsg.), S. 260; Kritik zur Regelung: ***Zöchling-Jud***, in: Schmidt-Kessel, Ein einheitliches, europäisches Kaufrecht, S. 341.

2. Die Nichterfüllung des Verkäufers im Fall der bloßen Nichtlieferung, nachdem der Käufer dem Verkäufer zur Nacherfüllung eine Frist gesetzt hat und diese Frist fruchtlos abgelaufen ist. (Art. 115 CESL-Entwurf) In diesem Fall geht es um eine reine Nichtlieferung, die nicht wesentlich ist. Andersfalls könnte der Käufer gemäß Art. 114 CESL-Entwurf schon Recht haben, den Vertrag zu beenden.
3. Antizipierter Vertragsbruch (Art. 116 CESL-Entwurf)

III. Deutsches Recht (BGB)

1) Allgemein

Die Rücktrittsgründe sind im BGB in den §§ 323, 324 geregelt. Je nachdem, welche Pflicht verletzt worden ist, kommt entweder § 323 oder § 324 BGB zur Anwendung.[765] Wenn es sich um eine Verletzung von Haupt– oder leistungsbezogener Nebenpflicht in Form von "nicht" (Verzögerung) oder "nicht vertragsgemäße" (Schlecht-) Leistung handelt, ist § 323 BGB anzuwenden. Liegt dagegen eine Verletzung der nicht leistungsbezogenen Neben– Verhaltenspflicht (§ 241 Abs. 2 BGB) vor, richten sich die Rücktrittsvoraussetzungen nach § 324 BGB. Im Fall des Ausschlusses der Leistungspflicht gemäß § 275 Abs. 1–3 BGB ist die Vorschrift § 326 BGB einschlägig.[766]

Die Rücktrittvoraussetzungen des Käufers richten sich nach den allgemeinen Regeln (§§ 323 ff. BGB) des Leistungsstörungsrechts, soweit es sich nicht um

765 Ob das BGB für den Rücktritt einen einheitlichen Grundtatbestand wie § 280 I BGB, verschafft, ist umstritten. Nach *Schlechtriem* stellt § 323 BGB eine Grundnorm dar, die jede Form der Pflichtverletzung erfasst. ***Schlechtriem/Schmidt-Kessel***, Rn. 508; Nach der herrschenden Meinung differenziert das Gesetz bei der Regelung der Rücktrittsgründe nach der Art der Pflichtverletzung. Mit anderen Worten wird von einzelnen Fallgruppen der Leistungsstörung ausgegangen, und die jeweiligen Rücktrittsvoraussetzungen ergeben sich aus den einzelnen Tatbeständen. Zu beachten ist aber, dass die einzelnen Rücktritttatbestände meistens eine Pflichtverletzung voraussetzen. Das Gesetz arbeitet in § 323 Abs. 3 mit dem Begriff ***"Pflichtverletzung"*** ausdrücklich. ***Medicus/Lorenz***, AT, Rn. 355; ***Looschelders***, AT (2009), Rn. 697, 452; ***P. Huber***, in: P. Huber/Faust, § 5 Rn. 9; nicht richtig ist deshalb die Ansicht: "Der wesentliche Unterschied besteht darin, dass das Rücktrittsrecht ***keine Pflichtverletzung*** und kein Vertretenmüssen voraussetzt."; ***Alpmann***, in: Juris-PraxisKomm BGB (4. Auflage), § 323 BGB Rn. 1.

766 ***P. Huber***, in: P. Huber/Faust S. 184.

die Verletzung der Pflicht handelt, die Ware frei von Sach– und Rechtmängeln zu verschaffen. (§ 433 I 2 BGB).

Besteht dagegen die Pflichtverletzung des Verkäufers in der Lieferung mangelhafter Ware, so richtet sich das Recht des Verkäufers zum Rücktritt auf Grund der Verweisung des § 437 Nr. 2 BGB nach den allgemeinen Regeln des Leistungsstörungsrechts (§§ 323 I, 326 V BGB), das durch die Vorschriften § 437 ff. BGB in Bezug auf die Besonderheiten des Kaufrechts nur in einzelnen Beziehungen modifiziert wird, in denen die Mängelhaftung beim Kauf Abweichungen vom allgemeinen Leistungsstörungsrecht erfordert.[767]

Bezieht sich das Rücktrittsrecht des Käufers auf die Mangelhaftigkeit der Ware, kommen die §§ 323 I, 326 V BGB in Verbindung mit § 440 BGB über die Verweisungsnorm § 437 BGB zur Anwendung, je nach dem, ob ein "behebbarer Mangel" (§ 323 BGB) oder "nicht behebbarer Mangel" (§ 326 V BGB) vorliegt. Bezieht sich dagegen das Rücktrittsrecht des Käufers auf sonstige leistungsbezogene Pflichtverletzungen, die nichts mit einem Mangel zu tun haben, so ist § 437 BGB nicht anwendbar; das Rücktrittsrecht des Käufers richtet sich nach den allgemeinen Vorschriften § 323 ff. BGB mit den allgemeinen vorgesehenen Verjährungsregeln, ohne die in den §§ 438 ff. BGB vorgesehenen Modifikationen (bei nicht leistungsbezogenen Pflichten § 324 BGB).[768] Von entscheidender Bedeutung ist es daher, festzustellen, ab wann die §§ 437 ff. BGB einschlägig sind, soweit es um eine Pflichtverletzung in Form von Mangelhaftigkeit geht. Hierfür stellt das Gesetz auf die Art der Pflichtverletzung ab: "Ist die Sache mangelhaft", greifen die §§ 437 ff. BGB ein. Die Antworten in der Literatur sind verschieden. Während die herrschende Meinung die Zeit des Gefahrübergangs für maßgeblich hält, stellt die Gegenansicht auf den Zeitpunkt gemäß § 363 BGB ab, also auf die Annahme der Sache als Erfüllung. Bevor man eine Entscheidung treffen kann, muss hier festgestellt werden, wann die Sache mangelfrei zu sein hat,[769] anders, wann ein bestimmter Umstand einen Sachmangel des Kaufgegenstands darstellt: In dem Moment des Gefahrübergangs (§ 434 BGB). Deshalb ist meines Erachtens die Meinung vorzugswürdig, die von dem Zeitpunkt des Gefahrübergangs ausgeht.[770] Da die (Preis-) Gefahr erst mit Übergabe der Sache auf den Käufer übergeht,

---

767 ***von Kropholler***, § 437 BGB Rn. 1; ***P. Huber***, in: P. Huber/Faust, S. 290, 317; ***Looschelders***, BT (2009), Rn. 30.

768 ***P. Huber***, BT, Rn. 70.

769 So treffend ***D Schmidt***, in: P/W/W (2007) § 437 BGB Rn. 3.

770 ***P. Huber***, BT, Rn. 75; ***Looschelders***, BT (2009), Rn. 55; anders ***Faust***, in: Bamberger/Roth, § 437 BGB Rn. 5.

greifen die §§ 437 ff. BGB erst ein, wenn die Kaufsache übergeben worden ist, sonst sind die allgemeinen Vorschriften einschlägig.[771] Daher müssen hier die Voraussetzungen des Rücktritts zuerst nach den allgemeinen Vorschriften behandelt werden. Danach sollen die Besonderheiten bei mangelhafter Lieferung dargestellt werden.

2) Rücktritt nach den allgemeinen Vorschriften

a) Rücktritt bei leistungsbezogenen Pflichtverletzungen (§ 323 Abs. 1 BGB)

aa) Allgemein

Die Grundvoraussetzungen des Rücktrittsrecht durch den Käufer ergeben sich aus § 323 Abs. I, wobei grundsätzlich eine Nachfristsetzung erfordert wird. In Abs. 2 und 3 wird die Frage erörtert, wann eine Nachfristsetzung entbehrlich ist. Im Abs. 4 wird dem Käufer ein Rücktrittsrecht vor Fälligkeit zugebilligt. Wenn eine Teilleistung (S. 1 Abs. 5) oder eine Schlechtleistung (S. 2 Abs. 5) vorliegt, sieht Abs. 5 zusätzliche Voraussetzungen für den Rücktritt vom ganzen Vertrag vor. Im Abs. 6 werden allgemein geltende Ausschlussgründe für den Rücktritt gemäß § 323 BGB geregelt.

bb) Voraussetzungen

(1) Nichterbringung oder nichtvertragsgemäße Erbringung der Leistung

(a) Grundsatz

Das Recht des Käufers zum Rücktritt gemäß § 323 Abs. 1 BGB bedarf zuerst einer Pflichtverletzung in der Form "nicht" – oder "nicht vertragsgemäße" Leistung. Unter der Nichtleistung ist das vollständige oder teilweise Ausbleiben bzw. eine Verzögerung der Leistung zum Zeitpunkt der Fälligkeit – also nichtrechtzeitige Leistung – zu verstehen.[772] Je nachdem, an welcher Ursache die Nichterbringung liegt, kommt entweder § 323 Abs. 1 BGB oder § 326 BGB zur Anwendung. Liegt die Verzögerung an der Unmöglichkeit der Leistung (§ 275 1–3 BGB) und ist deshalb die Leistungspflicht des Verkäufers ausgeschlossen, kommt die Vorschrift § 323 BGB nicht zur Anwendung, sondern § 326 BGB. Damit fallen unter § 323 Abs. 1. BGB, 1. Alt. nur die Fälle, in denen die Leistungserbringung noch möglich

---

771 ***Weidenkaff***, in Palandt (2008), § 437 BGB Rn. 49, 50.

772 ***Hansjörg/Schwarze***, in: Staudinger/BGB § 323 BGB Rn. A 20; ***P. Huber***, in: P. Huber/Faust, S. 186 Rn. 20; ***Reinicke/Tiedtke***, Rn. 238.

ist, falls sich der Verkäufer nur in der Leistungserbringung verspätet (Nichtleistung trotz Erbringbarkeit der Leistung).[773] Zu beachten ist jedoch, dass Abs. 1, 1. Alt. nicht mit "Verzug" im Sinne des § 286 BGB identisch ist, der das Verschulden des Verkäufers erfordert.[774]

§ 323 Abs. 1 BGB, 2. Alt. betrifft die nichtvertragsgemäß erbrachte Leistung, d.h. die mangelhafte, nicht in der gewünschten Art und Weise erbrachte Leistung, was früher als positive Vertragsverletzung genannt wurde. Liefert der Verkäufer die Sache mangelhaft, liegt eine nicht vertragsgemäße Leistung vor. Demnach stellt die mangelhafte Lieferung nur einen "Unterfall" der Schlechtleistung dar, so dass eine Integration des Kaufgewährleistungsrechts in das allgemeine Leistungsstörungsrecht geschaffen wurde. Das Rücktrittsrecht des Käufers vor Gefahrübergang auf Grund der Mangelhaftigkeit richtet sich nach der Vorschrift § 323 BGB. Wie beim Abs. 1 Alt. 1, muss es dem Verkäufer auch hier möglich sein, den Mangel zu beheben. Wenn nicht, ist § 326 BGB einschlägig. Von der Vorschrift werden damit die Rücktrittsfälle wegen *Nichtleistung trotz Erbringbarkeit der Leistung und der Fall behebbarer Schlechtleistung* erfasst.[775]

(b) Besondere Voraussetzungen bei Teil– und Schlechtleistung (§ 323 Abs. 5 BGB)

1. § 323 Abs. 5 sieht für die Teilleistung und Schlechtleistung besondere Voraussetzungen vor, wenn der Käufer vom ***ganzen*** Vertrag zurücktreten will. Zu unterscheiden davon ist aber der Fall, in dem der Käufer nicht vom ganzen Vertrag, sondern nur von dem noch nicht geleisteten Teil zurücktreten will (also Teilrücktritt). Der Teilrücktritt richtet sich nach den allgemeinen Voraussetzungen § 323 Abs. 1–3 BGB und ist grundsätzlich auf den nicht geleisteten Teil beschränkt.[776] Die in Abs. 5 verankerten Voraussetzungen kommen erst zur Anwendung, wenn der Käufer die Teilleistung dazu nutzen will, vom ganzen Vertrag zurückzutreten. Außerdem ergibt sich hieraus, dass das Gesetz den Teilrücktritt zulässt.[777]

---

773 ***Hansjörg/Schwarze***, in: Staudinger/BGB § 323 BGB Rn. A 20; ***P. Huber***, in: P. Huber/Faust, S. 186 Rn. 20.

774 ***Dauner-Lieb***, in: AnwKomm-BGB § 323 BGB Rn. 7.

775 ***Hansjörg/Schwarze***, in: Staudinger/BGB § 323 BGB Rn. A 8; ***Dauner-Lieb***, in: AnwKomm-BGB § 323 Rn. 9.

776 ***Looschelders***, AT (2009), § 35 Rn. 708; ***Ernst***, in: MünchKommBGB (2008), § 323 Rn. 201.

777 ***Dauner-Lieb***, in: AnwKomm-BGB § 323 BGB Rn. 23; ***P. Huber***, in: P. Huber/Faust, S. 186 Rn. 38; ***Ernst***, in: MünchKommBGB (2008), § 323 BGB Rn. 4.

2. Liegt eine Teilleistung vor, kann der Käufer vom ganzen Vertrag nur dann zurücktreten, wenn er an der ***erhaltenen***[778] Teilleistung kein Interesse hat (§ 323 Abs. 5 S. 1 BGB). Der Wegfall des Interesses ist anzunehmen, wenn im Ganzen der Neuabschluss des Vertrags für den Käufer günstiger ist.[779] Die Anwendung des Abs. 5 S. 1 setzt die schon bewirkte Teilleistung voraus. Weist dagegen der Käufer die Teilleistung zurück (§ 266 BGB), handelt es sich um einen Fall der vollständigen Nichtlieferung, die unter den § 323 Abs. 1 BGB fällt.[780]
3. Im S. 2 des § 323 Abs. 5 BGB geht es um eine Einschränkung des Rücktrittrechts des Käufers für den Fall der Schlechtleistung, also des Sach– oder Rechtsmangels. Demgemäß kann der Käufer im Fall der nicht vertragsgemäß ***bewirkten*** Leistung vom ***ganzen*** Vertrag nicht zurücktreten, wenn die Pflichtverletzung unerheblich ist.
   Wann die Erheblichkeit der Pflichtverletzung anzunehmen ist, ist umstritten.[781] Von der Erheblichkeit ist auszugehen, "wenn eine vertraglich vereinbarte Eigenschaft fehlt oder die Leistung für eine vertraglich vorausgesetzte Verwendung nicht taugt".[782]
4. Sonderproblem: Es besteht beim Kaufvertrag ein Abgrenzungsproblem, weil gemäß § 434 Abs. 3 die Lieferung einer zu geringen Menge (Teilleistung) einem Sachmangel (Schlechtleistung) gleichgestellt wird. Demnach stellt eine Teillieferung (50 Bücher statt der geschuldeten 70 Büchern) einen Sachmangel einer nichtvertragsgemäßen Leistung gleich (§ 434 Abs. 3). Wenn der Käufer von dem ganzen Vertrag zurücktreten will, taucht das Problem auf, ob dafür die zusätzlichen Voraussetzungen des § 323 Abs. 5 **S. 1 oder S. 2** gelten. Die herrschende Ansicht hält S. 2 für maßgeblich (§ 434 Abs. 3).[783]

---

778 ***Ernst***, in: MünchKommBGB (2008), § 323 BGB Rn. 203; ***Grüneberg***, in: Palandt (2008), § 281 BGB Rn. 38.

779 ***Grüneberg***, in: Palandt (2008), § 281 BGB Rn. 38; ***Medicus*** in: P/W/W (2007), § 323 BGB Rn. 34.

780 ***Schulze***, in: HK-BGB (2007), § 323 BGB Rn. 13.

781 ***Looschelders***, AT (2009), § 35 Rn. 628.

782 **Hansjörg/Schwarze,** in: Staudinger/BGB § 323 BGB Rn. C 27.

783 Es bleibt die Frage zu klären, ob dieses Abgrenzungsproblem vor dem Gefahrübergang bestehen kann. Dazu: "Angesichts der unterschiedlichen Regelungen von Teilleistung und Schlechtleistung (Vgl. § 323 Abs. 5 S. 1 gegenüber S. 2) wäre es abwegig, den Sachmangel für die bestimmte Phase des Vertragsvollzugs als Teilleistung, in einer späteren Phase dagegen als Schlechtleistung zu erfassen." ***Ernst***, in: MünchKommBGB (2008), § 323 Rn. 22.

(2) Fälligkeit und Durchsetzbarkeit der Leistung

(a) Grundsatz

Des Weiteren muss die Leistung fällig und durchsetzbar sein. Ob die Leistung fällig ist, richtet sich nach der Verabredung der Parteien; wenn keine parteiliche Verabredung vorliegt, dann nach der Vorschrift § 271 BGB.[784] Als Fälligkeit der Leistung nennt man den Zeitpunkt, in dem der Schuldner seine Leistung spätestens erbringen muss.[785] Unter der Durchsetzbarkeit der Leistung ist die Einredefreiheit zu verstehen, d.h. der Leistungspflicht darf keine Einrede entgegen stehen.[786] Die Frage, ob das bloße Bestehen der Einrede den Rücktrittsgrund des § 323 BGB ausschließt oder ob sich der Verkäufer darauf berufen muss, hängt von der Art der Einrede ab.[787]

(b) Ausnahme: Antizipierter Vertragsbruch, Rücktritt vor Eintritt der Fälligkeit (§ 323 Abs. 4 BGB)

Vor Fälligkeit ist ein Rücktritt nur in Ausnahmen zulässig, wenn es mit "an Sicherheit grenzender Wahrscheinlichkeit"[788] feststeht, dass die Voraussetzungen des Rücktritts eintreten werden. Demnach kann der Käufer von Vertrag zurücktreten, obwohl eine Pflichtverletzung in Form der Nichterfüllung oder Schlechterfüllung noch nicht existiert.[789]

Es soll dem Käufer nicht zugemutet werden, eine Pflichtverletzung abzuwarten, deren Eintritt vor Fälligkeit vorsehbar ist.[790] Das ist etwa der Fall, wenn der Verkäufer die Erfüllung vor Fälligkeit ernsthaft und endgültig verweigert.[791]

---

784 ***Ernst***, in: MünchKommBGB (2008), § 323 Rn. 46; ***Dauner-Lieb***, in: AnwKomm-BGB § 323 BGB Rn. 8.

785 ***Brox/Walker***, AT (2007), § 12 Rn. 18; ***Fikentscher/Heinemann***, § 34 Rn. 274.

786 ***Hansjörg/Schwarze***, in: Staudinger/BGB § 323 BGB Rn. B 28; ***Westermann***, in: Ermann (2008), § 323 BGB Rn. 10.

787 Während sich der Verkäufer im Falle des § 320 auf die Einrede nicht berufen muss, muss er im Fall des Zurückbehaltungsrechts gemäß § 273 BGB die Einrede erheben. ***Hansjörg/Schwarze***, in: Staudinger/BGB § 323 BGB Rn. B 28; ***Westermann***, in: Ermann (2008), § 323 BGB Rn. 10; ***Grothe***, in: Bamberger/Roth (2003), § 323 BGB Rn. 5.

788 ***Grüneberg***, in: Palandt (2008), § 323 BGB Rn. 23; ***Stadler***, in: Jauernig (2007), § 323 BGB Rn. 15.

789 ***Ernst***, in: MünchKommBGB (2008), § 323 Rn. 131.

790 "Um ein unzumutbares Abwarten des Fälligkeitszeitpunktes in solchen Situationen vermeiden zu können" ***BT-drucks***. S. 186; ***Grothe***, in: Bamberger/Roth (2003), § 323 BGB Rn. 6; ***P. Huber***, in: P. Huber/Faust, S. 187 Rn. 24.

791 ***Grothe***, in: Bamberger/Roth (2003), § 323 BGB Rn. 6; ***Grüneberg***, in: Palandt (2008), § 323 BGB Rn. 23; ***Stadler***, in: Jauernig (2007), § 323 BGB Rn. 15.

(3) Nachfristsetzung[792]

(a) Grundsatz

Ein besonderes Merkmal der in § 323 Abs. 1 BGB vorgelegten Tatbestände besteht darin, dass die Leistung trotz der in Form nicht (Verzögerung) oder nicht vertragsgemäßer (Schlechtleistung) eingetretenen Leistungsstörung erfüllbar ist. Deshalb benötigt der Käufer einen Rechtsfertigungsgrund zum Rücktritt vom Vertrag.[793] Durch das Institut der erfolgslosen Nachfristsetzung ist das Rücktrittsrecht des Käufers zu rechtfertigen.[794] Demnach kann der Käufer vom Vertrag zurücktreten, wenn er dem Verkäufer erfolglos eine angemessene Frist zur Leistung oder Nacherfüllung gesetzt hat (§ 323 Abs. 1 BGB). Damit wird dem Käufer eine "zweite Chance" eingeräumt, seine Pflicht ordnungsgemäß zu erbringen und auf diese Weise die Rechtsfolgen des § 323 BGB zu vermeiden.[795] Demnach soll der Verkäufer sein Recht zur Vertragsdurchführung nicht nur deshalb verlieren, dass er seine Pflicht nicht oder nicht vertragsgemäß erfüllt hat.[796] Die Fristsetzung für den Rücktrittsgrund gemäß § 323 Abs. 1 ist nur eine einseitige geschäftsähnliche Handlung, die eine bestimmte und eindeutige Aufforderung zur Leistung zum Inhalt hat.[797] Die Nachfristsetzung durch den Käufer ist erst nach der Fälligkeit möglich, vorher aber nicht. Es ist wichtig, dass die von dem Käufer gesetzte Frist angemessen sein muss. Die Angemessenheit im Fall der Verzögerung der Leistung richtet sich nach den Umständen des einzelnen Falls. Es ist aber nicht erforderlich, eine Frist zu setzen, die es dem Verkäufer ermöglicht, die noch nicht begonnene Leistung erst anzufangen und zu Ende zu bringen.[798]

Was den Fall der Schlechtleistung angeht, sind einige Unterschiede zu dem Fall der Verzögerung bemerkenswert. Da der Verkäufer seine Pflicht zur Leistung – wenn auch mangelhaft – schon erfüllt hat, soll es bei der Schlechterfüllung bei

---

792 Der Begriff der "Nachfristsetzung" ist nicht gesetzlich. Im Gesetz wird das Wort "Frist" verwendet. "[...] obschon dies bei § 323 nicht mehr der Fall ist, mag der eingeführte und auch international geläufige Begriff der Nachfrist weiter verwendet werden" ***Ernst***, in: MünchKommBGB (2008), § 323 Rn. 50.

793 ***Hansjörg/Schwarze***, in: Staudinger/BGB § 323 BGB Rn. A 8.

794 ***Hansjörg/Schwarze***, in: Staudinger/BGB § 323 BGB Rn. A 9.

795 ***Hansjörg/Schwarze***, in: Staudinger/BGB § 323 BGB Rn. A 9; ***Dauner-Lieb***, in: Anw Komm-BGB § 323 BGB Rn. 10; ***P. Huber***, in: P. Huber/Faust, S. 186 Rn. 25.

796 ***Hansjörg/Schwarze***, in: Staudinger/BGB § 323 BGB Rn. A 9.

797 ***Grüneberg***, in: Palandt (2008), § 280 BGB Rn. 9; ***Larenz/Wolf***, § 22 Rn. 15.

798 ***Grünerberg***, in: Palandt (2008), § 280 Rn. 10; ***Dauner-Lieb***, in: AnwKomm-BGB § 323 BGB Rn. 10; ***Grothe***, in: Bamberger/Roth (2003), § 323 BGB Rn. 17; ***Ernst***, in: MünchKommBGB (2008), § 323 Rn. 71.

einer zu kurz gesetzten Frist möglich sein, eine angemessene Frist in Gang zu setzen.[799] Als Weiteres muss der Käufer bei seiner Aufforderung zur Nacherfüllung die Pflichtverletzung den Sach- und Rechtsmangel konkret beschreiben (fruchtloser Fristablauf).[800]

(b) Entbehrlichkeit der Fristsetzung

§ 323 Abs. 2 erlaubt es dem Käufer ausnahmsweise, ohne Nachfristsetzung vom Vertrag zurücktreten, wenn die Fristsetzung entbehrlich ist. In den folgenden Fällen ist die Fristsetzung entbehrlich:

- Endgültige und ernsthafte Leistungsverweigerung
  Die Nachfristsetzung ist entbehrlich, wenn der Verkäufer die Leistung nach Fälligkeit ernsthaft und endgültig verweigert. Die Erfüllungsverweigerung vor Fälligkeit fällt unter § 323 Abs. 4 BGB.[801] An die Annahme zu der Verweigerung muss man strenge Maßstäbe anlegen.[802] Von einer Erfüllungsverweigerung ist erst auszugehen, wenn das Verhalten des Verkäufers als "letztes Wort" zu erkennen ist, so dass "eine Änderung seiner Haltung durch die Fristsetzung als ausgeschlossen erscheint".[803] Darauf, ob die Erfüllungsverweigerung des Verkäufers als schuldhaft im Sinne des § 276 BGB anzusehen ist, kommt es nicht an.[804] Durch die Erfüllungsverweigerung kommt der Verkäufer automatisch in Verzug (§ 286 Abs. 2 Nr. 3 BGB).[805]
- Relatives Fixgeschäft
  Gemäß § 323 Abs. 2 Nr. 2 BGB ist eine Fristsetzung auch dann entbehrlich, wenn der Käufer die Leistung zu einem im Vertrag bestimmten Termin oder innerhalb

---

799 ***Dauner-Lieb***, in: AnwKomm-BGB § 323 BGB Rn. 11; ***Hansjörg/Schwarze***, in: Staudinger/BGB § 323 BGB Rn. C 19.

800 ***Hansjörg/Schwarze***, in: Staudinger/BGB § 323 BGB Rn. B 89.

801 ***Ernst***, in: MünchKommBGB (2008), § 323 Rn. 96; ***Dauner-Lieb***, in: AnwKomm-BGB § 323 BGB Rn. 15; ***Grothe***, in: Bamberger/Roth (2003), § 323 BGB Rn. 21.

802 ***Westermann***, in: Ermann (2008), § 323 Rn. 17; ***Grüneberg***, in: Palandt (2008), § 323 BGB Rn. 18; ***Hansjörg/Schwarze***, in: Staudinger/BGB § 323 BGB Rn. B 90.

803 ***Grothe***, in: Bamberger/Roth (2003), § 323 BGB Rn. 21; ***Hansjörg/Schwarze***, in: Staudinger/BGB § 323 BGB Rn. B 90; ***Medicus***, in: P/W/W (2007), § 323 Rn. 28: "Der Schuldner muss eindeutig zum Ausdruck bringen, er werde seinen Vertragspflichten nicht nachkommen"; ***Dauner-Lieb***, in: AnwKomm-BGB § 323 BGB Rn. 16.

804 ***Ernst***, in: MünchKommBGB (2008), § 323 BGB Rn. 105; ***Medicus***, in: P/W/W (2007), § 323 Rn. 28; ***Westermann***, in: Ermann (2008), § 323 Rn. 17.

805 ***Dauner-Lieb***, in: AnwKomm-BGB § 323 BGB Rn. 15.

einer bestimmten Frist nicht bewirkt hat und der Käufer im Vertrag den Fortbestand seines Leistungsinteresses an die Rechtzeitigkeit der Leistung gebunden hat. Gemeint wird damit das relative (einfache) Fixgeschäft, nicht dagegen ein absolutes Fixgeschäft, was die Rechtsfolge der dauernden Unmöglichkeit nach sich gezogen hätte. (§§ 275 Abs. 1, 326 BGB).[806] Im Gegensatz zu dem relativen Fixgeschäft besteht beim absoluten Fixgeschäft das Erfüllungsinteresse des Käufers durch Fristablauf keinesfalls fort, während es beim relativen Fixgeschäft fortgeführt werden kann. Daher hängt es beim relativen Fixgeschäft vom Käufer ab, ob der Verkäufer an der Verpflichtung festhält.[807]

– Auffangtatbestand des § 323 Abs. 2 Nr. 3 BGB
  Als weiterer Fall der Entbehrlichkeit kommt der Fall in Betracht, wenn besondere Umstände vorliegen, die unter Abwägung beiderseitigen Interesses den sofortigen Rücktritt rechtfertigen (§ 326 Abs. 2 Nr. 3 BGB). Nummer 3 ist als Auffangtatbestand für die in den Nummern 1 und 2 nicht erfassten Fälle konzipiert und soll den Gerichten entsprechende Bewertungsspielräume geben.[808] Als Beispiel ist zu nennen, dass der Verkäufer bei Abschluss des Kaufvertrags einen Mangel arglistig verschwiegen hat.[809]

(4) Ausschluss des Rücktrittsrechts (§ 323 Abs. 6 BGB)

Als ***allgemeinen*** Ausschlussgrund des Rücktrittsrechts des Käufers fasst § 323 Abs. 6 S. 1 BGB zwei Fälle zusammen: erstens, wenn der Käufer für den Umstand, der ihn zum Rücktritt berechtigen würde, allein oder weitgehend verantwortlich ist. Der Sachverhalt, welche Umstände der Käufer zu verantworten hat, ist nicht ausdrücklich in § 323 Abs. 6 BGB geregelt. Der Begründung zufolge soll des Käufers Verschulden ein solches Maß erreichen, dass auch ein Schadenersatzanspruch über § 254 BGB ausgeschlossen wäre.[810]

Als zweiten Ausschlussgrund sieht § 323 Abs. 6 S. 2 den Fall vor, wenn der vom Verkäufer nicht zu vertretende Umstand zu einer Zeit eintritt, zu welcher der Gläubiger im Verzug der Annahme ist.

---

806 ***P. Huber***, in: P. Huber/Faust, S. 189 Rn. 30; ***Grüneberg***, in: Palandt (2008), § 323 Rn. 19; ***Schmidt-Ränsch***, Rn. 514.

807 ***Grüneberg***, in: Palandt (2008), § 323 Rn. 19; ***Schulze***, in: HK-BGB (2007), § 323 BGB Rn. 7.

808 BT-Drucks. 14/6040 S. 186.

809 ***Schulze***, in: HK-BGB (2008), § 323 BGB Rn. 8 (BGH NJW 08, 1371); Meines Erachtens fällt das in der Begründung genannte Beispiel "Just-in-time-Geschäft" unter Nr. 2.; Für die gleiche Ansicht: ***Medicus***, in: P/W/W (2007), § 323 BGB Rn. 31.

810 ***P. Huber***, in: Faust/Huber P., S. 191 Rn. 35; BT-Drucks. 14/6040 S. 187.

b) Rücktritt wegen nichtleistungsbezogener Pflichtverletzungen/ Schutzpflichtverletzungen (§ 324 BGB)

Bei § 324 BGB handelt sich um den Fall, dass der Verkäufer nicht die leistungsbezogenen Haupt– und Nebenpflichten verletzt hat, sondern die nichtleistungsbezogenen Pflichten.

Verletzt der Verkäufer bei einem gegenseitigen Vertrag seine Pflicht, Rücksicht auf die Rechte, Rechtsgüter und Interessen des Käufers zu nehmen (§ 241 Abs. 2 BGB), kann der Käufer vom Vertrag zurücktreten, wenn ihm ein Festhalten am Vertrag nicht mehr zuzumuten ist (§ 324 BGB). Die Vorschrift setzt ***nach***[811] Vertragsschluss die *verschuldens-unabhängige*[812] Verletzung einer Pflicht aus § 241 Abs. 2 BGB und die Unzumutbarkeit des Festhaltens am Vertrag voraus. Die Pflichten aus § 241 Abs. 2 BGB sind die Schutzpflichten, die dem Schutz des Integritätsintereses des Käufers dienen sollen. Darunter sind vor allem Körper– und Eigentumsverletzungen auch Vermögensfehldispositionen zu verstehen.[813] Die Annahme der Unzumutbarkeit hängt von den Umständen des Einzelfalls ab, woran hohe Anforderungen zu stellen sind.[814]

Es ist aber der Fall, wenn "die Pflichtverletzung die Vertrauensgrundlage zwischen den Vertragsparteien schwerwiegend stört bzw. zerstört".[815] Ob zum Rücktrittsrecht eine Abmahnung vorausgesetzt wird oder nicht, kommt auf die Schwere der Verletzung an.[816] Liegt keine schwere Pflichtverletzung vor, besteht in der Regel ein Abmahnungserfordernis vor einem zweiten Verstoß.[817] Die Frage, inwieweit der Fall das Rücktrittsrecht beeinflusst, wenn der Käufer für die Pflichtverletzung

---

811 ***Stadler***, in: Jauernig (2007), § 324 BGB Rn. 4.

812 ***Looschelders***, AT (2009), § 36 Rn. 717; ***P. Huber***, in: Faust/Huber P., S. 194 Rn. 46; ***Grothe***, in: Bamberger/Roth (2003), § 324 BGB Rn. 10.

813 ***Schulze***, in: HK-BGB (2007), § 324 BGB Rn. 2; ***Looschelders***, AT (2009), § 1, Rn. 19; ***Dauner-Lieb***, in: AnwKomm-BGB § 324 BGB Rn. 4.

814 ***Dauner-Lieb***, in: AnwKomm-BGB § 324 BGB Rn. 4; ***Westermann***, in: Ermann (2008), § 324 Rn. 6; ***Grothe***, in: Bamberger/Roth (2003), § 324 BGB Rn. 7.

815 ***Schulze***, in: HK-BGB (2007), § 324 BGB Rn. 2.

816 ***P. Huber***, in: Faust/Huber P., S. 194 Rn. 47.

817 ***Hansjörg/Schwarze***, in: Staudinger/BGB § 324 BGB Rn. 43; ***Grothe***, in: Bamberger/Roth (2003), § 324 BGB Rn. 8; ***Ernst***, in: MünchKommBGB (2008), § 324 Rn. 7; ***Schulze***, in: HK-BGB (2007), § 324 BGB Rn. 2; anders bei ***Grüneberg***, in: Palandt (2008), § 324 Rn. 4; "Unzumutbarkeit setzt in der Regel voraus, dass der Schuldner abgemahnt worden ist". Zur Kritik dieser Ansicht vgl. ***Grothe***, in: Bamberger/Roth (2003), § 324 BGB Rn. 8 Fn. 16.

allein oder weitgehend verantwortlich ist, wird im Gesetz nicht ausdrücklich beantwortet. Einigkeit besteht jedoch darüber, dass das Verschulden des Verkäufers und ein Mitverschulden des Käufers bei der Entscheidung der Zumutbarkeit eine Rolle spielen kann.[818] Dass die Pflichtverletzung zu einer Zeit eintritt, zu welcher der Käufer im Verzug der Annahme ist, spielt für die Folgen der Verletzung nichtleistungsbezogener Nebenpflichten dagegen keine Rolle.[819]

c) Rücktritt bei Ausschluss der Leistungspflicht nach § 275 BGB, Unmöglichkeit (§ 326 Abs. 5 BGB)

aa) Allgemein

Braucht der Schuldner nach § 275 Abs. 1 bis 3 nicht zu leisten, kann der Gläubiger zurücktreten; auf den Rücktritt findet § 323 mit der Maßgabe, dass die Fristsetzung entbehrlich ist (§ 326 Abs. 5), entsprechende Anwendung. Demnach steht dem Gläubiger ein Rücktrittsrecht zur Verfügung, wenn der Schuldner gemäß § 275 Abs. 1 bis 3 von seiner Leistungspflicht befreit wird. Die Vorschrift bedient sich der Klärung der Rechtslage, wenn der Gläubiger nicht weiß, aus welchem Grund der Schuldner seine Leistung nicht erbringt.[820] Mit anderen Worten: Dem Gläubiger ist häufig nicht klar, ob ein Fall der Unmöglichkeit vorliegt, damit er von seiner Gegenleistungspflicht befreit wird, oder ob ein Fall der Nichterbringung der Leistung trotz Erbringbarkeit, der ihm den Rücktritt vom Vertrag unter den Voraussetzungen des § 323 Abs. 1 BGB ermöglicht, vorliegt. Deshalb räumt die Vorschrift dem Gläubiger auch im Fall der Unmöglichkeit ein Rücktrittsrecht ein.[821] Anders als § 323 BGB muss hier der Gläubiger keine Frist setzen.

Die Bedeutung des Rücktrittsrechts des Gläubigers im Fall der Unmöglichkeit beschränkt sich nicht nur auf den genannten Fall. Es gibt noch zwei weitere

818 ***Hansjörg/Schwarze***, in: Staudinger/BGB § 324 BGB Rn. 57; ***Looschelders***, AT (2009), § 36 Rn. 717; ***Stadler***, in: Jauernig (2007), § 324 Rn. 5; ***Dauner-Lieb***, in: AnwKomm-BGB § 324 BGB Rn. 10; Anders bei ***Grothe***, in: Bamberger/Roth (2003), § 324 BGB Rn. 13 sieht die Anwendbarkeit des § 323 Abs. 6 als möglich.

819 ***Dauner-Lieb***, in: AnwKomm-BGB § 324 BGB Rn. 10; P. Huber, in: Faust/Huber P., S. 195 Rn. 48.

820 ***Fikentscher/Heinemann***, § 43 Rn. 457: “Schließlich steckt hinter § 326 V ein **Wissens– und Beweisproblem**: Wenn der Gläubiger den genauen Grund für die Nichtleistung nicht kennt, sollte er zunächst eine angemessene Nachfrist i.S.v. § 323 setzen”.

821 ***Looschelders***, AT (2009), § 37 Rn. 745; ***P. Huber***, in: Faust/Huber P., S. 200 Rn. 64.

Fälle, in denen dem Rücktritt eine Bedeutung zukommt. Erstens: Bei der teilweisen Unmöglichkeit wird der Gläubiger nur teilweise von seiner Gegenleistungspflicht befreit (§ 326 Abs. 1 S. 1 Hs. 2 BGB). Aber der Gläubiger kann deshalb keinen Willen an die vollständige Erbringung seiner Leistung haben, weil er entweder an der Teilleistung kein Interesse oder ein besonderes Interesse an der Erhaltung der vollständigen Leistung hat.[822] Wenn dies der Fall ist, erlaubt und hilft das Gesetz ihm, über § 326 Abs. 5 vom ganzen Vertrag unter der Voraussetzung zurücktreten, dass er an einer Teilleistung kein Interesse hat (§ 323 Abs. 5 S. 1 BGB).[823]

Zweitens: Obwohl der Anspruch auf Nacherfüllung im Fall der qualitativen Unmöglichkeit (nicht behebbarer Mangel) gemäß § 275 BGB ausgeschlossen ist, besteht die Gegenleistungspflicht des Gläubigers fort (§ 326 Abs. 1 S. 2 BGB). Bei nicht behebbaren Mängeln sieht die Vorschrift § 326 Abs. 1 S. 2 BGB keinen automatischen Wegfall der Gegenleistungspflicht vor. Deshalb ist es sachgerecht, dem Gläubiger neben einer Minderung das Rücktrittsrecht vom Vertrag einzuräumen. Dies geschieht über § 326 Abs. 5 Hs. 2 gemäß § 323 BGB, wonach aber der Gläubiger im Fall der nicht vertragsgemäßen Leistung vom Vertrag nur zurücktreten kann, wenn die Pflichtverletzung nicht unerheblich ist (§ 323 Abs. 5 Hs. 2 BGB).[824]

bb) Befreiung von der Gegenleistungspflicht im Fall der Unmöglichkeit gemäß § 275 BGB

(1) Grundsatz: § 326 Abs. 1 BGB

Gemäß § 326 Abs. 1 BGB verliert der Schuldner seinen Anspruch auf die Gegenleistung, wenn er nach § 275 Abs. 1 bis 3 BGB nicht zu leisten braucht. Es soll sich um einen Fall handeln, in dem die Leistungspflicht gemäß § 275 BGB ausgeschlossen ist. Der Anspruch des Gläubigers entfällt hier kraft Gesetzes (ipso iure).[825]

(a) Teilweise Unmöglichkeit

Ist der Schuldner nur teilweise von seiner Leistungspflicht frei geworden, mindert sich auch die Gegenleistungspflicht nach Maßgabe des § 441 Abs. 3 BGB: Demnach ist die Gegenleistungspflicht in dem Verhältnis herabzusetzen, in welchem

822 ***P. Huber***, in: Faust/Huber P., S. 198 Rn. 59.

823 ***Fikentscher/Heinemann***, § 43 Rn. 457; ***Looschelders***, AT (2009), § 37 Rn. 721; ***P. Huber***, in: Faust/Huber P., S. 200 Rn. 66; ***Staudinger/Hansjörg***, § 326 BGB Rn. F 3.

824 ***Looschelders***, AT, (2009), § 37 Rn. 743; ***Fikentscher/Heinemann***, § 43 Rn. 457; ***Staudinger/Hansjörg***, § 326 BGB Rn. F 4.

825 ***Schulze***, in: HK-BGB (2007), § 326 BGB Rn. 4.

zur Zeit des Vertragsschlusses der Wert der vollständigen Leistung zum Wert der noch möglichen Teilleistung gestanden hätte (§ 326 Abs. 1 S. 1 2. Hs).[826]

(b) Qualitative Unmöglichkeit

Braucht der Schuldner im Fall der nicht vertragsgemäßen Leistung nach § 275 Abs. 1 bis 3 BGB die Nacherfüllung nicht zu erbringen, gilt nicht § 326 Abs. 1 S. 1 BGB (§ 326 Abs. 1 S. 2. BGB) d.h. die Gegenleistungspflicht entfällt nicht automatisch (nicht ipso iure). § 326 Abs. 5 BGB eröffnet ihm aber die Möglichkeit, vom Vertrag zurücktreten.[827]

(2) Ausnahmen: § 326 Abs. 2 BGB

§ 326 Abs. 2 BGB sieht zwei Ausnahmen von der Regelung des Abs. 1 vor. Demnach behält der Schuldner den Anspruch auf die Gegenleistung, wenn der Gläubiger für den Umstand, auf Grund dessen der Schuldner nach § 275 Abs. 1 bis 3 BGB nicht zu leisten braucht, allein oder weit überwiegend verantwortlich ist oder dieser vom Schuldner nicht zu vertretende Umstand zu einer Zeit eintritt, zu welcher der Gläubiger im Verzug der Annahme ist (§ 326 Abs. 2 BGB). Insoweit stimmt die Vorschrift mit der Regelung des § 326 Abs. 6 überein.

(3) Stellvertretendes commodum

Verlangt der Gläubiger nach § 285 BGB die Herausgabe des für den geschuldeten Gegenstand erlangten Ersatzes oder eine Abtretung des Ersatzanspruches, so bleibt er zur Gegenleistung verpflichtet (§ 326 Abs. 3 S. 1 BGB).

3) Rücktritt nach den kaufrechtlichen Vorschriften im Fall der mangelhaften Lieferung (437 Nr. 2 §§ 440, 323 Abs. 1, 326 Abs. 5 BGB)

a) Allgemein

Obwohl nach der Schuldrechtsreform die mangelhafte Lieferung nur ein Unterfall der nicht vertragsgemäßen Leistung ist und sich das Recht zum Rücktritt weitgehend nach den allgemeinen Vorschriften richtet, erfährt das Rücktrittsrecht einige Modifikationen. Ist die Sache mangelhaft (also nicht vertragsgemäß),

---

826 ***Looschelders***, AT (2009), § 37 Rn. 719.
827 Für den Hintergrund dieser Regelung s. ***P. Huber***, in: Faust/Huber P., S. 199 Rn. 62.

kann der Käufer vom Vertrag zurücktreten. Je nach dem, ob ein behebbarer oder nicht behebbarer Mangel vorliegt, richtet sich das Rücktrittsrecht des Käufers über die Verweisungsnorm entweder nach § 323 Abs. 1 oder § 326 Abs. 5 BGB.

b) Rücktrittsvoraussetzungen bei behebbaren Mängeln (437 Nr. 2, §§ 440, 323 Abs. 1 BGB)

Bei einem behebbarem Mangel müssen die in § 323 Abs. 1 genannten Voraussetzungen vorliegen. Das Recht des Käufers zum Rücktritt gemäß § 323 Abs. 1 bedarf zuerst einer Pflichtverletzung in der Form einer "nicht-" oder "nicht vertragsgemäßen" Leistung. Die mangelhafte Lieferung stellt schon eine "nicht vertragsgemäße Leistung" dar.

aa) Fristsetzung

Des Weiteren muss der Käufer sein Recht zum Rücktritt durch Nachfristsetzung zur Nacherfüllung und erfolglosen Ablauf dieser Frist rechtfertigen, wenn eine Fristsetzung gemäß §§ 323 Abs. 2, 440 BGB nicht entbehrlich ist.

bb) Entbehrlichkeit der Fristsetzung

(1) Nach den allgemeinen Regeln (§ 323 Abs. 2 BGB) ist eine Fristsetzung in folgenden Fällen entbehrlich:

Nr. 1: Wenn der Verkäufer die Nacherfüllung endgültig und ernsthaft verweigert;
Nr. 2: Relatives Fixgeschäft: Wenn der Käufer den Fortbestand seines Leistungsinteresses "an die Rechtzeitigkeit einer mangelfreien Leistung" gebunden hat;[828]
Nr. 3: Das Vorliegen besonderer Umstände, die unter Abwägung der beiderseitigen Interessen den sofortigen Rücktritt rechtfertigen: Wenn der Verkäufer den Mangel bei Vertragsschluss arglistig verschwiegen hat.[829]

(2) Nach § 440 BGB

(a) § 440 S. 1, 1. Alt. BGB

Wenn der Verkäufer beide Arten der Nacherfüllung – sowohl die Beseitigung des Mangels (Nachbesserung) als auch die Lieferung einer mangelfreien Sache

828 ***Faust***, in: Bamberger/Roth (2007), § 440 Rn. 22; ***P. Huber***, BT, § 8 Rn. 139.
829 ***Looschelders***, BT (2009), § 5 Rn. 102; ***Huber P.*** BT, § 8 Rn. 139.

(Ersatzlieferung) – gemäß 439 Abs. 3 BGB verweigert, weil sie nur mit unverhältnismäßigen Kosten möglich ist (§ 439 Abs. 3 S. 1 BGB). Vorab ist festzustellen, dass die Verweigerung des Verkäufers beide Arten der Nacherfüllung betreffen soll, wobei sich der Verkäufer auf § 439 Abs. 3 berufen muss. Verweigert der Verkäufer nur eine Art der Nacherfüllung, greift nicht § 440 S. 1 1. Alt. ein. Ist eine Art der Nacherfüllung noch möglich, muss der Käufer eine Frist für die mögliche Variante der Nacherfüllung setzen, um vom Vertrag zurücktreten zu können.[830]

Zu beachten ist jedoch, dass es bei der 1. Alt. nur um die Fälle handelt, in denen sich der Verkäufer auf § 439 Abs. 3 beruft. Verweigert der Verkäufer beide Arten der Nacherfüllung, ohne sich auf § 439 Abs. 3 zu berufen, ist eine Fristsetzung entbehrlich aber nicht gemäß § 440 BGB, sondern gemäß § 323 Abs. 2 Nr. 1 oder § 326 Abs. 5, je nachdem, ob ein Fall von "Nichtleistung trotz Erbringbarkeit" oder ein Fall von "Unmöglichkeit" vorliegt.[831]

Außerdem kommt es nicht darauf an, ob der Verkäufer die Nacherfüllung berechtigterweise oder unberechtigterweise verweigert hat. Im Fall der ungerechten Verweigerung kann der Käufer weiter auf die Nacherfüllung bestehen, es ist aber kein Muss.[832] Des Weiteren reicht es nicht aus, dass die Voraussetzungen des § 439 Abs. 3 vorliegen. Der Verkäufer muss sich auf eine Einrede aus § 439 Abs. 3 berufen also die Einrede geltend machen.[833]

(b) § 440 S., 2. Alt. BGB

Wenn die dem Käufer zustehende Art der Nacherfüllung fehlgeschlagen oder für ihn unzumutbar ist, kann der Käufer ohne Nachfristsetzung vom Vertrag zurücktreten.

---

830 ***P. Huber***, in: Faust/Huber P., S. 341 Rn. 73.

831 ***Matusche-Beckmann***, in: Staudinger/BGB § 440 BGB Rn. 5; ***Grunewald***, in: Ermann (2008), § 440 BGB Rn. 2.

832 ***Grunewald***, in: Ermann (2008), § 440 Rn. 2; ***D Schmidt***, in: P/W/W (2007), § 440 BGB Rn. 7; anders bei: ***Büdenbender***, in: AnwKomm-BGB, § 440 BGB Rn. 4.

833 ***Kropholler***, § 440 BGB Rn. 2; ***Grunewald***, in: Ermann (2008), § 440 Rn. 2; ***P. Huber***, in: Faust/Huber P., S. 341 Rn. 73.

(aa) Fehlgeschlagene Nacherfüllung der dem Käufer zustehenden Art der Nacherfüllung:[834]

Die "dem Käufer zustehende Art der Nacherfüllung" betrifft die vom Käufer konkret bezeichnete und vom Verkäufer nicht zu Recht verweigerte Variante der Nacherfüllung.[835] Daraus ergibt sich schon, dass sich der Käufer nicht auf die andere, noch mögliche Art der Nacherfüllung einlassen muss, wenn die von ihm gewählte Art der Nacherfüllung fehlgeschlagen ist, bevor er den Rücktritt geltend macht.[836] Auf die Frage, wann die Nacherfüllung fehlgeschlagen ist, beantwortet das Gesetz nicht genau. Während das Gesetz auf die Frage in Bezug auf die Nachbesserung mit der Formel "nach dem erfolglosen zweiten Versuch" einen Ansatzpunkt bietet, lässt es die genannte Frage hinsichtlich der Ersatzlieferung offen.[837] Gemäß § 440 S. 2 gilt eine Nachbesserung nach dem erfolglosen zweiten Versuch als fehlgeschlagen, wenn sich nicht insbesondere aus der Art der Sache oder des Mangels oder den sonstigen Umständen etwas anderes ergibt. Man darf allerdings von dieser Maßgabe nicht herleiten, dass der Verkäufer ein Recht auf zweimalige Nachbesserung habe. Es geht nur um eine "Richtgröße".[838] Je nach der Art der Sache oder des Mangels oder den sonstigen Umständen kann eine niedrigere oder höhere Zahl der Versuche bestimmt werden.[839] Für die Ersatzlieferung dürften die gleichen Kriterien mit der zusätzlichen Voraussetzung gelten, nämlich dass die neue Sache mit einem neuen Fehler geliefert wurde.[840]

---

834 Der Begriff des Fehlschlagens wurde aus § 11 Nr. 10 b AGBG (jetzt § 309 Nr. 8 lit. b bb) übernommen. Im Gegensatz zu § 440 BGB wird der Begriff in AGBG weit interpretiert. Im Anschluss an die Rechtsprechung werden einige Fällen des Fehlschlagens herausgebildet. Diese sind vor allem Verweigerung, Unzulänglichkeit, vergeblicher Versuch, Unzumutbarkeit, Unmöglichkeit. Unter denen sind einige schon geregelt. Unmöglichkeit (§ 326 Abs. 5), unberechtigte Verweigerung (§ 323 Abs. 2 Nr. 1). Es bleibt daher als Maßstab nur Unzulänglichkeit und misslungener Versuch. ***Matusche-Beckmann***, in: Staudinger/BGB § 440 BGB Rn. 18; ***Reinicke/Tiedtke***, Rn. 484; ***Dammann***, in: Wolf/Lindacher/Pfeiffer, § 309 Nr. 8 b bb.

835 BT-Drucks. 14/6040 S. 233.

836 BT-Drucks. 14/6040 S. 233; ***Lorenz/Riehm***, § 5 Rn. 512; ***Oetker/Maultsch***, Rn. 244.

837 ***Matusche-Beckmann***, in: Staudinger/BGB, § 440 BGB Rn. 17; ***Looschelders***, BT (2009), § 5 Rn. 104.

838 ***Chr. Berger***, in: Jauernig (2007), § 440 BGB Rn. 4; ***Wolff***, in: Hoeren/Martinek, § 440 BGB Rn. 20; ***Matusche-Beckmann***, in: Staudinger/BGB, § 440 BGB Rn. 17.

839 BT-Drucks. 14/6040 S. 233; ***Grunewald***, in: Ermann (2008), § 440 BGB Rn. 7.

840 ***D Schmidt***, in: P/W/W (2007), § 440 BGB Rn. 14; ***Looschelders***, BT (2009), § 5 Rn. 104; ***Grunewald***, in: Ermann (2008), § 440 BGB Rn. 6; anders bei: ***Faust***, in: Bamberger/Roth (2007), 440 BGB Rn. 33.

Bei der Nachlieferung muss aber der Käufer einen zweiten Versuch nicht abwarten.[841]

(bb) Unzumutbarkeit der Nacherfüllung

Von diesem eigentlich unklaren[842] Begriff der Unzumutbarkeit ist die Rede, wenn die Nacherfüllung für den Käufer mit erheblichen Unannehmlichkeiten verbunden ist.[843] Dabei soll man die Art der Kaufsache und den Zweck, für den der Käufer sie benötigt, berücksichtigen.[844] Bemerkenswert ist hier, dass das Gesetz nicht auf die beiderseitige Interessenanlage, sondern nur auf das Interesse des Käufers abstellt.[845] Für die Unzumutbarkeit ist beispielhaft, dass der Verkäufer den Käufer arglistig über den Mangel getäuscht hat.[846]

c) Rücktrittsvoraussetzungen bei nicht behebbaren Mängeln (Quantitative Unmöglichkeit, §§ 437 Nr. 2, 440, 326 V BGB)

Ist es dem Verkäufer nicht möglich, den Mangel entweder durch Beseitigung oder Ersatzlieferung zu beheben, wird er gemäß § 275 Abs. 1 BGB von der Nacherfüllungspflicht frei sein. Wegen der Ausschlussregel § 326 Abs. 1 S. 2 BGB aber besteht die Gegenleistungspflicht des Käufers fort; die Gegenleistungspflicht erlischt also nicht automatisch, "um dem Käufer das in § 437 BGB niedergelegte Wahlrecht zu erhalten".[847] Deshalb kann der Käufer in diesem Fall gemäß § 437 Nr. 2 i. V. m. § 326 Abs. 5 BGB vom Vertrag zurücktreten. Die Vorschrift § 326 Abs. 5 verweist aber wieder auf § 323 BGB mit der Maßgabe, dass die Fristsetzung entbehrlich ist. Nicht anders ist es, wenn der Verkäufer sowohl die Beseitigung des Mangels als auch eine Ersatzlieferung gemäß § 275 Abs. 2–3 verweigert. Hervorzuheben ist hier, dass nicht eine, sondern beide in § 439 Abs. 1 BGB niedergelegten Formen der

---

841 ***Grunewald***, in: Ermann (2008), § BGB 440 Rn. 6.

842 ***Matusche-Beckmann***, in: Staudinger/BGB, § 440 BGB Rn. 21.

843 ***Grunewald***, in: Ermann (2008) § BGB 440 Rn. 3; ***P. Huber***, in: Faust/Huber P., S. 340 Rn. 71; ***Looschelders***, BT (2009), § 5 Rn. 105.

844 BT-Drucks. 14/6040 S. 233; ***Grunewald***, in: Ermann (2008), § BGB 440 Rn. 3.

845 ***Weidenkaff***, in: Palandt (2008), § 440 BGB Rn. 8; ***Fischer***, S. 226; ***Kiene***, S. 134; ***Matusche-Beckmann***, in: Staudinger/BGB, § 440 BGB Rn. 21; ***Looschelders***, BT (2009), § 5 Rn. 105.

846 ***Faust***, in: Bamberger/Roth (2007), § 440 BGB Rn. 37; ***Grunewald***, in: Ermann (2008), § BGB 440 Rn. 3.

847 ***Kropholler***, § 326 BGB Rn. 2.

Nacherfüllung unmöglich sein sollen, um vom Vertrag gemäß § 326 Abs. 5 BGB zurücktreten zu können, d.h. ohne Fristsetzung.[848]

Beim Stückkauf liegt die Unmöglichkeit schon vor, wenn die Mangelbeseitigung nicht möglich ist, während der Gattungskauf die Unmöglichkeit der beiden Arten der Nacherfüllung, nämlich der Nachbesserung und der Nachlieferung, voraussetzt.[849] Weil die Vorschrift § 326 BGB zwischen den Formen der Unmöglichkeit – also objektive/subjektive und anfängliche/nachträgliche – nicht unterscheidet, spielt es keine Rolle, ob es die Unbehebbarkeit des Mangels schon beim Vertragsschluss gab oder nach Vertragsschluss vor dem Gefahrübergang entstand.[850] Wenn die Unmöglichkeit nur auf eine Variante der Nacherfüllung beschränkt ist, ist die Vorschrift § 326 Abs. 5 BGB nicht einschlägig. Je nachdem, ob der Verkäufer die andere mögliche Form der Nacherfüllung nicht gemäß § 439 verweigert oder gemäß § 439 Abs. 3 verweigern kann und verweigert, soll das Rücktrittsrecht des Käufers verschieden behandelt werden.[851] Während beim Ersten der Käufer nach erfolgsloser Nachfristsetzung (§ 323 Abs. 1 BGB) vom Vertrag zurücktreten kann, ist beim Zweiten von einer Gesetzeslücke auszugehen.[852]

d) Sukzessivlieferungsvertrag

Was den Rücktritt von den Sukzessivlieferungsverträgen betrifft, findet man im deutschen Recht keine ausdrückliche Regelung. In der Literatur wird eine Differenzierung vorausgesetzt, wonach der Sukzessivlieferungsvertrag in den echten und den unechten Sukzessivlieferungsvertrag eingeteilt wird, je nachdem, ob eine von vornherein fest bestimmte Menge geschuldet wird oder nicht.[853] Beim echten Sukzessivlieferungsvertrag (Ratenlieferungsvertrag) ist die Gesamtmenge der Leistung von Anfang an festgelegt, während beim unechten Sukzessivlieferungsvertrag (Bezugsverträge) der Umfang der Gesamtleistung nicht im Voraus feststeht,[854] sondern vom Bedarf des Abnehmers abhängt.[855] Da bei

848 ***P. Huber***, in: Faust/Huber P., S. 343 Rn. 81; ***Oetker/Maultsch***, Rn. 240; ***Faust***, in: Bamberger/Roth (2007), § 440 BGB Rn. 11; ***Oechsler***, Rn. 178.

849 ***Lorenz/Riehm***, Rn. 515.

850 ***Looschelders***, BT (2009), § 5 Rn. 106.

851 ***P. Huber***, in: Faust/Huber P., S. 343 Rn. 82.

852 ***P. Huber***, in: Faust/Huber P., S. 343 Rn. 82.

853 ***Kiene***, S. 224; ***Müller/Matthes***, AcP 2004, S. 732, 750.

854 ***Krebs***, in: Dauner-Lieb/Langen (2012), § 314 Rn. 14–15; ***Grüneberg***, in: Palandt (2012), Vorbemerkung § 311 BGB, Rn. 27; ***Unberath***, in; Bamberger/Roth (2007), § 314 BGB Rn. 6.

855 ***Hohloch***, in: Ermann (2012) § 314 BGB Rn. 14; ***Medicus/Stürner***, in: P/W/W (2012) § 314 BGB Rn. 5.

einem Sukzessivlieferungsvertrag die Lösung vom Vertrag durch eine Kündigung (mit ex nunc-Wirkung) gemäß § 314 erfolgt, befindet man sich dogmatisch in einem anderen Bereich als Rücktritt.[856] Von daher ist im Folgenden nur auf den echten Sukzessivlieferungsvertrag einzugehen. Leistet der Verkäufer die Teilleistung nicht, beschränkt sich das Rücktrittsrecht des Käufers zunächst auf die gestörte Teilleistung, anders formuliert, die Nichterbringung der fälligen Rate berechtigt den Gläubiger grundsätzlich nur zum Teilrücktritt.[857]

D.h. der Käufer kann in Bezug auf den betreffenden Teil vom Vertrag zurücktreten, wenn er dem Verkäufer eine angemessene Frist zur Nacherfüllung der versäumten Rate gesetzt hat und diese Frist fruchtlos abgelaufen ist.[858]

Will dagegen der Käufer die Versäumung einer bloßen einzelnen Rate zum Anlass nehmen, vom ganzen Vertrag zurückzutreten, greift § 323 Abs. 5 S. 1 BGB ein, wonach ein Totalrücktritt dem Käufer nur zugestanden ist, wenn der Käufer an der bereits erbrachten und künftig fällig werdenden Teilleistung kein Interesse hat.[859]

Für den Fall, in dem der Käufer die Lösung vom Vertrag auf die künftigen Raten beschränken will, findet man im BGB keine ausdrückliche Regelung, wobei in der Literatur die Anwendung des § 323 Abs. 4 vorgeschlagen wurde.[860] Demnach ist ein Rücktritt vor Fälligkeit nur möglich, wenn durch eine unterbliebene Leistung offensichtlich ist, dass der Schuldner die künftig fällig werdenden Raten nicht rechtzeitig im Sinne von § 323 Abs. 1, 2 BGB erbringen wird.[861]

4) Rechtsfolgen des Rücktritts

Für den gesetzlichen Rücktritt gelten die Rechtsfolgen der §§ 346 ff. BGB. Trotz des fruchtlosen Ablaufs der Frist besteht der Erfüllungsanspruch bis zur

---

856 ***Ernst***, in: MünchKommBGB (2012) § 323 Rn. 217; ***Kiene***, S. 224.

857 ***Gsell***, in: Soergel/BGB (2005), § 323 BGB, Rn. 196; ***Schwab***, ZGS 2003, 73 ff. (S. 74); ***Lorenz/Riehm***, Rn. 248.

858 ***Gsell***, in: Soergel/BGB (2005), § 323 BGB, Rn. 196; Liegt dagegen eine nicht vertragsgemäße Leistung vor, darf darüber hinaus die Pflichtverletzung nicht unerheblich sein (§ 323 Abs. 5 S. 2), ***Kiene***, S. 224.

859 ***Gsell***, in: Soergel/BGB (2005), § 323 BGB, Rn. 196; ***Ernst***, in: MünchKommBGB (2012) § 323 Rn. 220; ***Krebs***, in: Dauner-Lieb/Langen (2012), § 314 Rn. 14.

860 ***Ernst***, in: MünchKommBGB (2008), § 323 Rn. 221; ***Gsell***, in: Soergel/BGB (2005), § 323 BGB, Rn. 196; Für analoge Anwendung des § 314 BGB, ***Krebs***, in: Dauner-Lieb/Langen (2012), § 314 Rn. 14; ***Stadler***, in: Jauernig (2009), § 323 Rn. 18.

861 ***Gsell***, in: Soergel/BGB (2005), § 323 BGB, Rn. 196; sehr großzügig: ***Ernst***, in: MünchKommBGB (2008), § 323 Rn. 221: "Hat der Käufer eine Rate nicht bezahlt, besteht regelmäßig Grund zu der Annahme, er werde die später zu liefernden Partien nicht bezahlen, da die Nichtzahlung zumeist auf mangelnder Solvenz beruht."

Rücktrittserklärung des Käufers (§ 349 BGB) fort.[862] Bis dahin hat der Käufer immerhin die Möglichkeit, entweder die Erfüllung des Vertrags oder den Rücktritt vom Vertrag zu wählen. Die Ausübung eines vertraglich vereinbarten oder gesetzlichen Rücktrittsrechts erfolgt gemäß § 349 BGB durch einseitige Erklärung gegenüber dem anderen Teil. Sie ist an keine Form gebunden, wenn die Parteien eine bestimmte Form nicht vereinbart haben.[863] Die Rechtsfolgen des Rücktritts sind verschieden, je nachdem, ob schon ein Leistungsaustausch stattgefunden hat oder nicht. Hat schon ein Leistungsaustausch stattgefunden, sind Zug um Zug (§ 348 BGB) die empfangenen Leistungen zurückgewähren und die daraus gezogenen Nutzungen zurückzugewähren (§ 346 Abs. 1. BGB). Damit wird der Vertrag in ein Rückgewährschuldverhältnis umgewandelt.[864] Zu beachten ist jedoch: Ist die Rückgewähr der empfangenen Leistungen aus einem der in § 346 Abs. 2 genannten Gründe nicht möglich, ist das Rücktrittsrecht des Käufers nicht ausgeschlossen.[865] Ist die Rückgewähr der empfangenen Leistungen nicht möglich, weil z.B. der Verkäufer den empfangenen Gegenstand veräußert hat (§ 346 Abs. 2 S. 1 Nr. 2 BGB), muss der Verkäufer gemäß § 346 Abs. 2 BGB einen Wertersatz leisten.

5) Kumulation mit Schadenersatz

Aus der Vorschrift § 325 BGB ergibt sich, dass der Gläubiger Schadenersatz mit Rücktritt kombinieren kann. Allerdings hat der Rücktritt Auswirkungen auf die Höhe des Schadenersatzanspruchs.[866] In dem Fall, in dem der Gläubiger vom Vertrag zurücktritt, kann er seinen Schaden nicht nach der Surrogationsmethode, sondern nach der Differenzmethode verlangen.[867]

IV. Türkisches Recht

1) Alte Rechtslage

a) Allgemein

Für das Recht zum Rücktritt sind in der alten Fassung des BK keine allgemeinen Vorschriften vorgesehen. Im allgemeinen Teil des BK wird das Rücktrittsrecht nur

862 ***Looschelders***, AT (2009), § 36 Rn. 714.
863 ***Schlechtriem/Schmidt-Kessel***, AT, Rn. 422; ***Annus***, S. 185.
864 ***Looschelders***, AT, § 42 Rn. 830; ***Annus***, S. 185.
865 ***Annus***, S. 186.
866 ***Brox/Walker***, AT (2007), § 22 Rn. 72.
867 ***Brox/Walker***, AT (2007), § 22 Rn. 74.

im Rahmen der Rechtsfolgen des Verzugs für die zweiseitigen Verträge geregelt. Für die verbleibenden Fälle der Vertragsverletzung sieht das Gesetz im allgemeinen Teil kein Rücktrittsrecht vor. Im kaufrechtlichen Teil des alten BK wird dem Käufer für den Fall der sachmangelhaften Lieferung das Rücktrittsrecht (sogenannte Wandlung) eingeräumt. Aus der Systematik des Gesetzes ergibt sich schon ein Zwang, zuerst innerhalb der allgemeinen Vorschriften die Konturen eines allgemeinen Rücktrittsrechts zu untersuchen. Anschließend soll das Rücktrittsrecht des Käufers (Wandlung) im Fall der sachmangelhaften Lieferung erörtert werden.

b) Rücktritt nach den allgemeinen Vorschriften

aa) Rücktritt als Rechtsfolge des Schuldnerverzugs bei den zweiseitigen Verträgen gemäß Art. 106 Abs. 2 BK a.F.

Der § 106 Abs. 2 BK ermöglicht es dem Gläubiger, nach dem erfolgslosen Ablauf der angemessenen Nachfristsetzung vom Vertrag zurückzutreten, wenn sich der Schuldner bei zweiseitigen Verträgen im Verzug befindet.[868] Aus dem Wortlaut des Gesetzes lassen sich folgende Voraussetzungen ableiten: Als erste wird der Verzug des Schuldners bei zweiseitigen Verträgen vorausgesetzt. Demnach stellt das Rücktrittsrecht einen besonderen Rechtsbehelf dar, der unter bestimmten Voraussetzungen bei Verzug des Schuldners dem Gläubiger zur Verfügung steht. Es handelt sich hier also um kein allgemeines Rücktrittsrecht des Gläubigers, sondern um die Möglichkeit des Gläubigers, vom Vertrag zurückzutreten im Fall des Schuldnerverzugs bei zweiseitigen Verträgen. Es lässt sich hier feststellen, dass zunächst ein Fall vom Schuldnerverzug bei zweiseitigen Verträgen als vorrangige Voraussetzung vorliegen muss. Des Weiteren ist zum Rücktritt zum einen eine angemessene Nachfristsetzung zur nachträglichen Erfüllung durch den Gläubiger oder durch die zuständige Behörde (Gericht), zum anderen die Nichterfüllung des Schuldners trotz des Ablaufs dieser Nachfrist erforderlich (Art. 106 Abs. 2 BK a.F.). Schließlich sieht das Gesetz in Art. 107 BK a.F. einige Fälle vor, in denen der Gläubiger nicht eine angemessene Frist zu setzen braucht, um vom Vertrag zurücktreten zu können. Es sollen hier zunächst die Voraussetzungen des Schuldnerverzugs behandelt werden, danach die zusätzlichen Voraussetzungen des Rücktrittsrechts des Gläubigers im Fall des Verzugs bei zweiseitigen Verträgen.

868 ***Oğuzman/Öz***, S. 401.

(1) Die Voraussetzungen des Schuldnerverzugs gemäß Art. 101 BK a.F.

(a) Allgemein

Das Gesetz enthält keine Definition des Verzugs. Unter dem Verzug ist aber die obligationswidrige Nichterfüllung (Verzögerung) der Leistung in zeitlicher Hinsicht trotz Erbringbarkeit zu verstehen.[869] Als Voraussetzungen des Schuldnerverzugs werden in § 101 BK a.F. nur zwei Voraussetzungen ausdrücklich genannt. Demnach setzt die Vorschrift zuerst die Fälligkeit der Forderung, danach die Mahnung des Schuldners voraus (Art. 101 Abs. 1 BK a.F.). Der Verzug unterscheidet sich von der Nichterfüllung im Sinne des Art. 96 BK a.F. (Unmöglichkeit) in der Weise, dass die Leistung im Schuldnerverzug noch erbringbar, also noch möglich ist.[870] Deshalb ist "die Erbringbarkeit der Leistung" als dritte, gesetzlich nicht genannte Voraussetzung in Betracht zu ziehen. Schließlich muss sich der Gläubiger selbst nicht in Verzug befinden. Denn der Gläubigerverzug schließt den Schuldnerverzug aus.[871]

(b) Verschulden des Schuldners ist keine Voraussetzung

Vorab ist festzustellen, dass das Gesetz für den Schuldnerverzug kein Verschulden des Schuldners verlangt. Der Verzug tritt unabhängig vom Verschulden des Schuldners ein. Das Verschulden des Schuldners spielt bei Eintritt des Verzugs keine Rolle.[872] Nach dieser Feststellung ist es aber von entscheidender Bedeutung zu wissen, dass das Gesetz den Eintritt einiger Rechtsfolgen des Verzugs vom Verschulden des Schuldners abhängig macht. Deshalb variieren die Rechtsfolgen des Verzugs danach, ob ein Verschulden erforderlich ist oder nicht. Wichtig ist hierfür, dass es für den Rücktritt vom Vertrag – als ein möglicher Rechtsbehelf des Gläubigers bei zweiseitigen Verträgen im Fall des Schuldnerverzugs – nicht auf das Verschulden des Schuldners ankommt; d. h. der Rechtsbehelf des Rücktritts steht dem Gläubiger unabhängig vom Verschulden des Schuldners zur Verfügung, wenn die anderen Voraussetzungen vorliegen. Während der Rücktritt vom Vertrag

---

869 ***Larenz*** AT Bd. I, § 23 S. 344; ***Guhl/Koller***, § 32 Rn. 1; ***Eren***, S. 1078, Y 11. HD, 8.1.1975 T. 2817/10

870 ***Gauch/Schluep/Jäggi***, Bd. II AT, Rn. 1427; ***Eren***, S. 1078, 1081; ***Oğuzman/Öz***, S. 296; ***von Tuhr/Escher***, § 72 S. 135; ***von Büren*** AT, § 7 S. 365: "Nur dasjenige Ereignis kann ausstehend sein, welches eintreten kann".

871 ***Gauch/Schluep/Jäggi***, Bd. II AT, Rn. 1447; ***Eren***, S. 1078, 1086; ***Oğuzman/Öz***, S. 296, 303.

872 ***Oğuzman/Öz***, S. 303; ***Eren***, S. 1087.

kein Vertretenmüssen des Schuldners voraussetzt, unterliegt aber z.B. das Recht des Gläubigers zum Verzugsschadensersatz dem Verschulden des Schuldners.[873]

(aa) Nichterfüllung einer fälligen Leistung trotz Erbringbarkeit und Durchsetzbarkeit der Leistung

Fällig ist eine Leistung in dem Zeitpunkt, in dem der Schuldner seine Leistung spätestens erbringen muss. Für die Zeit der Leistung hat die Verabredung der Parteien Vorrang. Wenn sie nicht etwas anderes vereinbart haben, richtet sich die Frage der Fälligkeit nach der Vorschrift Art. 74 BK a.F.[874]

Durchsetzbarkeit ist eine Leistung, wenn ihr keine Einrede entgegensteht. Ob der Schuldner die Einrede erheben muss oder nicht, richtet sich nach der Art der Einrede.[875]

Ob der Verzugseintritt im türkischen Recht vor Fälligkeit der Forderung möglich ist, ist in Anlehnung an die schweizerische Rechtsprechung zu bejahen, wenn der Schuldner vor der Fälligkeit zu verstehen gibt, dass er seine Leistung nicht erbringen werde.[876] Als weitere Voraussetzung kommt hinzu, dass die Erbringung der Leistung dem Schuldner möglich sein muss. Wenn dies nicht der Fall ist, liegt ein Fall der Unmöglichkeit im Sinne des Art. 96 BK a.F. vor.

(bb) Mahnung des Schuldners

Gemäß § 101 Abs. 1 BK a.F. kommt der Schuldner in Verzug, wenn er nach der Fälligkeit gemahnt wird, seine Leistung zu erbringen. Die Mahnung ist eine empfangs-

---

873 ***Eren***, 1087; ***Oğuzman/Öz***, S. 303.

874 ***Oğuzman/Öz***, S. 247.

875 "Das bloße Bestehen einer Einrede (türk. defi) verhindert die Fälligkeit und den Verzug nicht. Der Schuldner muss eine von diesen Einreden, z.B. die Verjährung, erheben." ***Eren***, S. 1081; Meines Erachtens muss hier zwischen den Arten von Einreden differenziert werden. Bei der Einrede des nicht erfüllten Vertrags (türk. ödemezlik defi) gemäß § 81 BK muss man davon ausgehen, dass das bloße Bestehen dieser Einrede die Fälligkeit schon verhindert. ***von Büren*** sagte, ausgeschlossen sei der Verzug also, wenn ausschließende oder aufschiebende Einreden bestehen würden. ***von Büren*** AT, S. 366; Für die Gegenansicht s. ***Oğuzman/Öz***, S. 276; Für die gleiche Meinung s. in Fn. 321 von ***Oğuzman/Öz*** S. 276 genannten Autoren. Für das deutsche Recht s. ***Hansjörg/Schwarze*** in: Staudinger/BGB § 323 BGB Rn. B 28; ***Westermann***, in: Ermann, § 323 BGB Rn. 10; ***Grothe***, in: Bamberger/Roth (2003), § 323 BGB Rn. 5.

876 Der Autor Eren beschränkt sich nur auf die Erwähnung der Entscheidung des schweizerischen Bundesgerichtshofs, ohne seine eigene Meinung zu äußern. BGE 69 II 243; ***Eren.*** S. 272; auch ***Koller*** in: Guhl, § 32 Rn. 3, 18.

bedürftige[877] und an keine Form und Frist gebundene,[878] rechtsgeschäftsähnliche,[879] an den Schuldner gerichtete Erklärung des Gläubigers, durch die der Gläubiger seinen bestimmten Willen auf die geschuldete Leistung zum Ausdruck bringt.[000] Vor Fälligkeit darf aber der Gläubiger den Schuldner nicht mahnen.[881]

(cc) Entbehrlichkeit der Mahnung

Art. 101 Abs. 2 BK a.F. sieht einige Ausnahmen von der Regelung Abs. 1 vor, wenn die Parteien für die Erfüllung einen bestimmten "Verfalltag" vereinbart haben, z.B. "Lieferung am 3.11.;" oder sich ein solcher infolge einer vorbehaltenen und gehörig vorgenommenen Kündigung ergibt.[882] Im Fall der ernsthaften und endgültigen Leistungsverweigerung durch den Schuldner ist auch von der Entbehrlichkeit der Mahnung auszugehen.[883] Des Weiteren können sich aus dem Rechtsinstitut von "Treu und Glauben" weitere Ausnahmen ergeben.[884]

(2) Rechtsfolgen des Verzugs

(a) Allgemeine Rechtsfolge

Bei der Behandlung der Rechtsfolgen des Verzugs stehen zwei Möglichkeiten zur Verfügung. Einerseits ist danach zu unterscheiden, ob ein zweiseitiger Vertrag vorliegt oder nicht, also zwischen den allgemeinen Rechtsfolgen (Art. 102 ff. BK a.F.) und den Rechtsfolgen bei zweiseitigen Verträgen (Art. 106 ff. BK a.F.). Andererseits kommt es bei der Differenzierung auf das Verschulden des Schuldners an. Mit anderen Worten sind die Rechtsfolgen, die kein Verschulden des Schuldners voraussetzen, wie das Rücktrittsrecht und Verzugszinsen, von den Rechtsfolgen,

---

877 ***Wiegand***, in: BaslerKomm, OR I,, § 102 OR Rn. 7; ***Becker***, in: BernerKomm, Art. 102 OR Rn. 13.

878 ***Eren***, S. 1084; ***Wiegand***, in: BaslerKomm, OR I,, § 102 OR Rn. 7; ***Bucher***, AT, § 20, S. 315; ***Schwenzer***, AT, § 65 Rn. 08.

879 ***Oğuzman/Öz***, S. 298; ***Eren*** S. 1082; ***Wiegand***, in: BaslerKomm, OR I, § 102 OR Rn. 7.

880 ***Larenz***, AT Bd. I, § 23 S. 345; ***Wiegand***, in: BaslerKomm, OR I Art. 102 OR Rn. 5; ***Bucher***, AT, § 20, S. 315.

881 ***Oğuzman/Öz***, S. 297; ***Becker***, in: BernerKomm Art. 102 OR Rn. 18***;*** ***Larenz***, AT Bd. I, § 23 S. 345; streitig Vgl. ***Wiegand***, in: BaslerKomm, OR I, Art. 102 OR Rn. 8; Für die Ansicht, die die Mahnung vor Fälligkeit als möglich sieht s. ***Bucher***, AT, § 20, S. 315.

882 ***Eren***, S. 1084; ***Oğuzman/Öz*** S. 300 ff.

883 ***Oğuzman/Öz***, S. 301; ***Eren***, S. 1086.

884 ***Oğuzman/Öz***, S. 1086; ***Von Tuhr/Escher*** Bd. II, § 72 S. 140.

die ein Verschulden des Schuldners voraussetzen, wie Verzugsschaden und Haftung bei Zufall, zu unterscheiden. Entsprechend der gesetzlichen Differenzierung soll hier zuerst kurz die allgemeine Rechtsfolge und danach die Rechtsfolge bei zweiseitigen Verträgen erörtert werden. Unter denen ist hierfür insbesondere das Rücktrittsrecht des Gläubigers wichtig.

(b) Rechtsfolgen bei zweiseitigen Verträgen insbesondere Rücktrittsrecht vom Vertrag durch Nachfristsetzung

Die Vorschrift Art. 106 BK a.F. lautet folgendermaßen: "Wenn sich ein Schuldner bei zweiseitigen Verträgen in Verzug befindet, ist der Gläubiger berechtigt, ihm eine angemessene Frist zur nachträglichen Erfüllung anzusetzen oder durch einen Richter ansetzen zu lassen.

Wird auch bis zum Ablauf dieser Frist nicht erfüllt, kann der Gläubiger immer noch auf Erfüllung nebst Schadenersatz wegen Verspätung klagen, statt dessen aber auch, wenn er es unverzüglich erklärt, auf die nachträgliche Leistung verzichten und entweder Ersatz für den aus der Nichterfüllung entstandenen Schaden verlangen oder ***vom Vertrag zurücktreten***.

Aus der Vorschrift ergeben sich für den Gläubiger nach dem fruchtlosen Fristablauf zwei Möglichkeiten:

Entweder besteht der Gläubiger auf die Erfüllung und macht dabei Schadenersatzansprüche wegen Verspätung geltend oder er gibt seinen Wunsch auf Erfüllung auf und verlangt dabei unverzüglich – je nach seinem Interesse – entweder Schadenersatz wegen Nichterfüllung oder er erklärt den ***Rücktritt vom Vertrag***.

Diese im Art. 106 Abs. 2 BK a.F. vorgesehene zweite Möglichkeit setzt die Setzung einer angemessenen Nachfrist zur nachträglichen Erfüllung (Art. 106 Abs. 1 BK a.F.) voraus, die aber gemäß Art. 107 BK a.F. in bestimmten Fällen entbehrlich sein kann. Deshalb sind zuerst das Institut der Nachfristsetzung und seine Entbehrlichkeit gemäß Art. 107 BK a.F., danach nur noch die Möglichkeit des Gläubigers zum Rücktritt eingehend zu untersuchen. Um eine Wiederholung zu verhindern, sollen die anderen Möglichkeiten, nämlich Klage auf Erfüllung und Ersatz des Verzugsschadens und Verzicht auf die Erfüllung unter der Forderung von Schadenersatzanspruch wegen Nichterfüllung, hier nicht näher dargelegt werden.

(aa) Voraussetzung der angemessenen Fristsetzung zur nachträglichen Erfüllung

Die Fristsetzung ist eine rechtsgeschäftsähnliche, empfangsbedürftige Erklärung, durch die der Gläubiger den Schuldner zur nachträglichen Erfüllung seiner Pflicht auffordert. Auf diese Weise gibt der Gläubiger dem Schuldner eine letzte Gelegenheit, den Eintritt schwerwiegender Rechtsfolgen wegen Verzugs zu verhindern.[885] Die Fristsetzung ist zwar erst nach dem Schuldnerverzug möglich, aber der Gläubiger kann die Fristsetzung an seine Mahnung binden.[886] Für eine wirksame Fristsetzung braucht der Gläubiger dabei den Schuldner über die Rechtsfolgen der Fristsetzung nicht zu warnen, weil die Rechtsfolgen schon im Gesetz geregelt sind und deshalb unabhängig davon eintreten, ob der Gläubiger den Eintritt dieser Rechtsfolge will oder nicht.[887] Die Frist muss so angemessen sein, wobei der Grundsatz von Treu und Glauben, die Art der Schuld, das Interesse des Gläubigers zu berücksichtigen sind, dass es dem Schuldner ermöglicht wird, seine Leistung zu erbringen.[888] Hält der Schuldner die Frist für unangemessen, muss er widersprechen, sonst gilt die vom Gläubiger gesetzte Frist als "angemessen".[889]

Es steht aber den Parteien frei, etwas anderes zu bestimmen, z.B. auf Fristerfordernis zu verzichten.[890] Die Fristsetzung ist an keine Form gebunden.[891]

(bb) Entbehrlichkeit der Fristsetzung

Art. 107 BK a.F. beschreibt drei Fälle, in denen der Gläubiger keine Frist zu setzen braucht, um die in der zweiten Alternative genannten Rechtsbehelfe, nämlich Verzicht auf Erfüllung unter Forderung auf Schadenersatz wegen Nichterfüllung oder Verzicht auf Erfüllung und Rücktritt vom Vertrag, ausüben zu können. Für das Bestehen auf Erfüllung der Leistung braucht der Gläubiger ohnehin keine Frist zu setzen.[892]

1. Wenn aus dem Verhalten des Schuldners hervorgeht, dass die Fristsetzung sich als unnütz erweisen würde (Art. 107 BK Ziff. 1 a.F.), z.B. wenn der Schuldner ausdrücklich andeutet, dass er seine Leistung nicht erbringen werde.[893]
2. Wenn infolge des Verzuges des Schuldners die Leistung für den Gläubiger nutzlos geworden ist (Art. 107 BK Ziff. 2 a.F.), z.B. wenn der Verkäufer eine Saisonware zu spät geliefert hat[894]

885 ***Eren***, S. 1099; ***Oğuzman/Öz***, S. 402.
886 ***Reisoğlu***, S. 308; ***Eren***, S. 1099; ***Oğuzman/Öz***, S. 403.
887 ***Reisoğlu***, S. 308; ***Eren***, S. 1101; ***Oğuzman/Öz***, S. 402.
888 ***Reisoğlu***, S. 308; ***Eren***, S. 1100; ***Oğuzman/Öz***, S. 403.
889 ***Reisoğlu***, S. 308; ***Eren***, S. 1100; ***Oğuzman/Öz***, S. 404.
890 ***Reisoğlu***, S. 309; ***Eren***, S. 1099.
891 ***Reisoğlu***, S. 309; ***Oğuzman/Öz***, S. 404; Doch besteht für die Händler in TTK (Türkisches Handelsgesetz) § 20 Abs. 1 eine Ausnahme von dieser Regelung.
892 ***Reisoğlu***, S. 311; ***Oğuzman/Öz***, S. 420.
893 ***Reisoğlu***, S. 311; ***Eren***, S. 1101; ***Oğuzman/Öz*** S. 420.
894 ***Schwenzer***, AT, § 66 Rn. 20; ***Eren***, S. 1102; ***Oğuzman/Öz*** S. 421.

3. Wenn sich aus dem Vertrag die Absicht der Parteien ergibt, dass die Leistung genau zu einer bestimmten oder bis zu einer bestimmten Zeit erfolgen soll (Art. 107 BK Ziff. 3 a.F.). Es geht hier insbesondere um relative Fixgeschäfte.[895]

(3) Rücktrittsrecht des Gläubigers

Erbringt der Schuldner seine Leistung nach Ablauf der Nachfrist oder liegt ein Fall vor, in dem die Fristsetzung gemäß § 107 BK a.F. entbehrlich ist, kann der Gläubiger auf Erfüllung verzichten und vom Vertrag zurücktreten. Anders als der Anspruch auf Schadenersatz kommt es beim Rücktrittsrecht des Gläubigers nicht auf das Verschulden des Schuldners an, d. h. der Gläubiger kann vom Vertrag auch zurücktreten, wenn den Schuldner kein Verschulden trifft. Vom Vertrag tritt der Gläubiger insbesondere dann zurück, wenn er seine Leistung schon erbracht hat und diese zurückhaben will.[896] Die Ausübung des Rücktrittsrechts durch den Gläubiger erfolgt mit einer Gestaltungserklärung. Die Rechtsfolgen des Rücktritts richten sich nach § 108 BK a.F., die allerdings im Einzelnen sehr umstritten sind.

(4) Rechtsfolgen des Rücktritts

Gemäß § 108 Abs. 1 BK a.F. kann der vom Vertrag zurücktretende Gläubiger die versprochene Gegenleistung verweigern und das Geleistete zurückfordern. In Bezug auf die Wirkung des Rücktritts werden in der Literatur verschiedene Ansichten vertreten.

Nach der ersten, als "*klassische Theorie*" genannten Ansicht wird das Schuldverhältnis durch eine Rücktrittserklärung (*ex tunc*) aufgehoben, als ob sie nie bestanden habe.[897] Damit verlieren die bereits erbrachten Leistungen ihren rechtlichen Grund und müssen daher nach den Bereicherungsvorschriften (Art. 61 ff. BK a.F.) zurückgewährt werden, wonach die Ansprüche des Gläubigers der einjährigen Verjährungsfrist des Art. 66 BK a.F. unterliegen.[898]

Nach der zweiten, heute herrschenden Meinung wird durch eine Rücktrittserklärung der Vertrag nicht aufgehoben, sondern nur in ein Rückabwicklungsverhältnis umgewandelt (die sog. *Umwandlungstheorie*).[899] Demnach hat die Rücktrittserklärung auf das Schuldverhältnis zwei Wirkungen. Zuerst werden

895 ***Oğuzman/Öz***, S. 422; ***Schwenzer***, AT, § 66 Rn. 21; ***Eren***, S. 1103.
896 ***von Büren***, AT, S. 380; ***Schwenzer***, AT, § 66 Rn. 30; ***Guhl/Koller***, § 32 Rn. 33.
897 ***Oğuzman/Öz***, S. 412; ***Eren***, S. 1108; ***Reisoğlu***, S. 313; ***Larenz***, AT Bd. I, § 26 S. 404; ***von Tuhr/Escher***, § 73 S. 155 ff.
898 ***Oğuzman/Öz***, S. 412; ***Eren***, S. 1110; ***Larenz***, AT Bd. I, § 26 S. 404.
899 ***Eren***, S. 1109; ***Oğuzman/Öz***, S. 415.

die Parteien von den noch nicht geleisteten primären Leistungspflichten befreit. Zum zweiten wird aber zwischen den Parteien ein Rückabwicklungsverhältnis begründet, was die Parteien verpflichtet, die schon erhaltenen Leistungen zurückzugewähren.[900] Da hier die Rückgabeverpflichtungen vertraglicher Natur sind, richten sie sich nach der zehnjährigen Verjährungsfrist des Art. 125 BK.[901] Wie schon erwähnt, kann der Gläubiger "das Geleistete" zurückfordern, wenn er vom Vertrag zurücktritt. Da es beim Kaufvertrag um eine Sachleistung geht, ist die Rückerstattung des Geleisteten grundsätzlich nicht problematisch. Schwierigkeiten bereitet aber der Fall, bei dem die Rückerstattung "des Geleisteten" aus irgendeinem Grund unmöglich geworden ist. Die Lösung des Problems variiert nach der Zeit der Unmöglichkeit der Rückerstattung des Geleisteten.[902]

Ist die Rückerstattung des Geleisteten nach dem Rücktritt unmöglich geworden, richten sich die Ansprüche des Gläubigers nach den Art. 96 ff. oder 117 ff. BK a.F., je nachdem, ob den Schuldner ein Verschulden trifft oder nicht.[903] Tritt dagegen die Unmöglichkeit der Rückerstattung des Geleisteten vor dem Rücktritt ein, wird die Frage nicht einheitlich beantwortet.[904]

(5) Schadenersatz neben dem Rücktritt vom Vertrag

Gemäß Art. 108 Abs. 2 BK a.F. hat der Gläubiger einen Anspruch auf Ersatz des aus dem Dahinfallen des Vertrags erwachsenen Schadens, sofern der Schuldner nicht nachweist, dass ihm keinerlei Verschulden zur Last falle.[905] Nach der herrschenden Meinung ist im Rahmen des Art. 108 Abs. II BK a.F. nur das negative Vertragsinteresse zu ersetzen.[906] Dagegen vertritt eine neue überzeugende Meinung auch den Ersatz des positiven Vertragsinteresses.[907]

---

900 ***Eren***, S. 1109; ***Larenz***, AT Bd I, § 26 S. 403.

901 ***Eren***, S. 1110, 1112; ***Oğuzman/Öz***, S. 415; ***Wiegand***, in: BaslerKomm, OR I Art. 109 OR Rn. 5; ***Schwenzer***, AT, § 66 Rn. 33.

902 ***Schenker***, S. 271.

903 ***Schenker***, S. 271.

904 ***Schenker***, S. 272.

905 ***Eren***, S. 1079.

906 ***Furrer/Rey***, in: HK zum Schweizer Privatrecht, Art. 109 OR Rn. 25. ***Wiegand***, in: BaslerKomm, OR I, Art. 109 OR Rn. 8; ***Schenker***, S. 280.

907 ***Serozan***, in: Kocayusufpaşaoğlu/Hatemi/Serozan/Arpacı, C. III, § 17 Rn. 19; **Hatemi/Gökyayla,** S. 262; ***Schwenzer*** AT, § 66 Rn. 34.

bb) Teilverzug

Vorab ist festzustellen, dass der Gläubiger gemäß § 68 BK die Teilleistung nicht anzunehmen braucht, wenn sich aus dem Vertrag oder aus dem Grundsatz nicht etwas anderes ergibt.[908] Lehnt aber der Gläubiger die Teilleistung ab, kommt der Schuldner für die gesamte Schuld in Verzug.[909] Die Rechtsfolgen des Teilverzugs werden im BK nicht besonders geregelt.[910] Für den Teil, für den der Schuldner sich im Verzug befindet, gelten die allgemeinen Regeln des Verzugs (Art. 101 ff. BK a.F.). Im Fall des Teilverzugs beschränken sich die Rechtsbehelfe des Schuldners zunächst auf den Teil der Leistung, den der Schuldner nicht erfüllt hat.[911] Zum Rücktritt vom Vertrag müssen aber auf jeden Fall die in § 106 ff. BK genannten Voraussetzungen erfüllt sein.[912] Fraglich ist es, ob der Gläubiger für den nicht erfüllten Teil vom ganzen Vertrag zurücktreten kann, wenn er für den nicht erfüllten Teil dem Schuldner eine Nachfrist gesetzt hat und diese erfolgslos abgelaufen ist.[913]

Nach der herrschenden Lehre kann der Gläubiger vom ganzen Vertrag zurücktreten, wenn er an der schon erbrachten Teilleistung kein Interesse hat.[914]

cc) Sukzessivlieferungsvertrag[915]

Die Behandlung des Rücktrittsrechts vom Sukzessivlieferungsvertrag setzt eine Unterscheidung zwischen den Vertragsverletzungen voraus. Im Fall des Verzugs enthält das BK a.F. für Sukzessivlieferungsverträge keine ausdrückliche Regelung; im türkischen Handelsgesetz wird aber für den beiderseitigen Handelskauf eine Regelung getroffen (Art. 25 TTK a.F.), woraus sich der Grundsatz ergibt, dass die Rechte des Käufers zunächst auf die nicht erbrachten Einzelleistung

---

908 ***Oğuzman/Öz***, S. 417.
909 ***Oğuzman/Öz***, S. 424.
910 ***Reisoğlu***, S. 315; ***Oğuzman/Öz***, S. 425.
911 ***Reisoğlu***, S. 315; ***Oğuzman/Öz***, S. 425.
912 ***Oğuzman/Öz***, S. 426.
913 ***Eren***, S. 1115.
914 ***Reisoğlu***, S. 315; ***Oğuzman/Öz***, S. 425; ***Eren***, S. 1115.
915 In Bezug auf die Begrifflichkeit des Sukzessivlieferungsvertrags herrscht Unklarheit. Unter Sukzessivlieferungsvertrag versteht man oft ein Dauerschuldverhältnis, was auf die Erbringung der voneinander unabhängigen, periodischen Leistung gerichtet ist. Besteht zwischen den Leistungen kein Abhängigkeitsverhältnis, liegt kein Dauerschuldverhältnis vor. In Bezug auf das Rücktrittsrecht/Kündigung des Gläubigers soll es aber keinen großen Unterschied geben. ***Serozan***, Dönme, S. 393, 396; ***Zevkliler/Gökyayla***, S. 93.

beschränkt sind.[916] Liegt dagegen eine sachmangelhafte Lieferung der Einzelleistung vor, wird Art. 206 BK a.F. herangezogen.[917]

Falls ein Verzug vorliegt, sind die Vorschriften Art. 106 108 BK a.F. analog anzuwenden. Demnach beschränken sich die Rechte des Gläubigers zunächst nur auf die Einzelleistung, wenn der Schuldner in der Leistung einer Rate in Verzug gekommen ist. In Bezug auf das Rücktrittsrecht des Gläubigers bedeutet dies, dass sich der Rücktritt grundsätzlich nur auf die betreffende Einzelleistung bezieht, wobei ein erfolgsloser Ablauf der Nachfristsetzung vorausgesetzt wird, wenn dies nicht entbehrlich ist.[918] Der Gläubiger kann aber den Vertrag für die Zukunft (ex nunc) aufheben, wenn auf Grund des Verzugs der Einzelleistung anzunehmen ist, dass der Schuldner auch die zukünftige Leistungen nicht erbringen werde.[919] Eine Vertragsaufhebung mit Wirkung ex tunc ist aber erst zulässig, wenn der Gläubiger an den schon erfüllten Einzelleistungen kein Interesse hat.[920]

Bei der sachmangelhaften Lieferung der Einzelleistung beschränkt sich das Rücktrittsrecht des Käufers zunächst nur auf Einzelleistungen (Art. 206 Abs. 1 BK a.F.).[921] Lässt die mangelhafte Lieferung der Teilleistung den Schluss zu, dass auch die künftige Leistungen mangelhaft sein wird, kann der Käufer den Vertrag für die Zukunft (ex nunc) aufheben (Art. 206 Abs. 2 BK a.F.).[922] Ein Totalrücktritt ist erst möglich, wenn die Mangelhaftigkeit der Einzelleistung den Vertragszweck gefährdet oder unter den konkreten Umständen ein Totalrücktritt zu Recht erscheint.[923]

---

916 Die Vorschrift lautet folgendermaßen: Ist die Erfüllung des Kaufvertrags nach der Natur des Vertrags, der Absicht der Parteien oder nach der Art der Ware in Teilen möglich, oder hat der Käufer die Teillieferung ohne Vorbehalt angenommen, so können die Ansprüche des Käufers wegen Nichterfüllung nur hinsichtlich des nicht erfüllten Teiles geltend gemacht werden (Übersetzt von ***Demirelli***, S. 315).

917 ***Zevkliler/Gökyayla***, S. 112.

918 ***Aral***, Özel, S. 103; ***Eren***, S. 1116; ***von Büren***, AT, S. 381; ***Wiegand***, in: BaslerKomm, OR I,, Art. 109 OR Rn. 10; ***Schwenzer***, AT, § 66 Rn. 37; ***Keller/Siehr***, S. 148.

919 ***Aral***, Özel S. 103; ***Eren***, S. 1116; ***Serozan***, Dönme, S. 172; ***von Büren*** AT, S. 381; ***Wiegand***, in: BaslerKomm, zum OR,, § 109 OR Rn. 10; ***Schwenzer*** AT, § 66 Rn. 37; ***Keller/Siehr***, S. 148.

920 ***Aral***, S. 103; ***Schwenzer***, AT, § 66 Rn. 37.

921 ***Zevkliler/Gökyayla***, S. 112.

922 ***Zevkliler/Gökyayla***, S. 112, spricht vom Totalrücktritt. Liegt aber ein Dauerschuldverhältnis vor, soll das Rücktrittsrecht von den schon erbrachten Leistungen grundsätzlich nicht zugestanden werden.

923 ***Serozan***, Dönme, S. 399.

dd) Besonderheiten beim kaufmännischen Verkehr

In Bezug auf den Verzug unterscheidet das Gesetz grundsätzlich nicht zwischen kaufmännischem und nicht kaufmännischem Verkehr. Im kaufmännischen Verkehr sieht das Gesetz abweichend von den allgemeinen Bestimmungen zwei Vermutungen vor. Die erste Abweichung besteht in der Vermutung, dass ein relatives Fixgeschäft vorliege, wenn die Parteien einen bestimmten Lieferungstermin vereinbart haben. Des Weiteren weicht das Gesetz mit Art. 187 BK a.F. von der allgemeinen Regelung des Art. 106 BK a.f. ab und sieht eine Vermutung vor, wonach der Käufer auf die Lieferung verzichte und Schadenersatzanspruch wegen Nichterfüllung, also seines positiven Vertragsinteresses beanspruche, wenn im kaufmännischen Verkehr ein bestimmter Lieferungstermin verabredet ist und der Verkäufer in Verzug kommt (Art. 187 Abs. 1 BK a.F.). Zieht der Käufer vor, die Lieferung zu verlangen, hat er es dem Verkäufer nach Ablauf des Termins (unverzüglich)[924] anzuzeigen (Abs. 2). Interessanterweise wird aber das Recht des Käufers zum Rücktritt im Gesetz nicht erwähnt. Daraus ist aber nicht zu schließen, dass dem Käufer in diesem Fall kein Rücktrittsrecht zur Verfügung stehe.[925] Entsprechend dem Sinn und Ziel des Gesetzes muss der Käufer auch hier das Recht haben, vom Vertrag zurücktreten zu können.[926] Die Ansicht, die dem Käufer auch das Rücktrittsrecht gewährt, trifft deshalb zu, weil der Verkäufer beweisen kann, dass ihn am Verzug kein Verschulden trifft.[927] In einem solchen Fall ist es berechtigt, dem Käufer die Rücktrittsmöglichkeit einzuräumen.

ee) Rücktrittsrecht des Gläubigers bei der nicht– oder nichtgehörigen Erfüllung gemäß Art. 96 BK a.F.

(1) Allgemein

Im Fall der Nichterfüllung (nachträgliche, zu vertretende Unmöglichkeit) und der nichtgehörigen Erfüllung (Schlechterfüllung, Nebenpflichtverletzungen) wird dem Gläubiger gemäß § 96 BK nur der Rechtsbehelf gewährt, den Ersatz des daraus entstehenden Schadens zu verlangen. In diesem Punkt stellt sich die Frage, ob der Gläubiger bei den genannten Leistungsstörungen auch vom Vertrag zurücktreten kann. Die Frage ist in der Doktrin zu Recht weitgehend zu

924 Das Wort "unverzüglich" wird im türkischen Obligationengesetz BK nicht verwendet, obwohl es im schweizerischen Obligationenrecht (OR) vorhanden ist.

925 ***Aral***, Özel, S. 97 Fn. 16 genannten Autoren.

926 ***Aral***, Özel S. 98.

927 ***Schmid/Sctöckli***, § 3 Rn. 239.

bejahen, und zwar mit einer Argumentation, die je nach der Art der Störung differenziert ist.[928]

(2) Rücktrittsrecht bei der Nichterfüllung (nachträgliche, vom Schuldner zu vertretende Unmöglichkeit)

Im Fall der verschuldeten, nachträglichen Unmöglichkeit wird dem Gläubiger ein Rücktrittsrecht nicht zugesprochen. Als Rechtsfolge der verschuldeten, nachträglichen Unmöglichkeit ist in Art. 96 BK a.F. nur Schadenersatz vorgesehen. In der Literatur ist umstritten,[929] ob dem Gläubiger ein Rücktrittsrecht analog zu Art. 108 Abs. 2 BK a.F. gewährt werden soll, wenn die Leistung durch Verschulden des Schuldners nachträglich unmöglich geworden ist. Die erste Ansicht geht zwar von der Notwendigkeit einer gesetzlichen Regelung des Rücktrittsrechts im Fall der nichtgehörigen Erfüllung und der teilweisen Unmöglichkeit aus. Der Gesetzestext lasse aber ein Rücktrittsrecht für den Fall der Unmöglichkeit und der Schlechterfüllung in Analogie zu Verzugsregeln nicht zu.[930]

Nach einer anderen Ansicht soll dem Gläubiger bei der nachträglichen vom Schuldner zu vertretenden Unmöglichkeit aus den folgenden Gründen das Rücktrittsrecht vom Vertrag gewährt werden. Zum einen gibt es keinen sachlichen Grund, den Gläubiger bei nachträglicher Unmöglichkeit schlechter als beim Verzug zu behandeln.[931] Zum anderen wird der Vertrag bei der unverschuldeten, nachträglichen Unmöglichkeit ex lege aufgehoben, so dass das Rücktrittsrecht im Fall der verschuldeten Unmöglichkeit mehr als gerechtfertigt erscheint.[932] Schließlich bereitet die Abgrenzung der Unmöglichkeit vom Verzug Schwierigkeiten.[933] Tatsächlich ist jedoch nicht zu verkennen, dass die Schadensberechnung gemäß Differenztheorie schon eine Kombination von Rücktritt und Schadenersatz ermöglicht.[934]

(3) Nichtgehörige Erfüllung

(a) Rücktrittsrecht bei der Schlechterfüllung

Im Fall der Schlechterfüllung ist das Rücktrittsrecht des Gläubigers in der Weise zu rechtfertigen, dass die Möglichkeit, vom Vertrag zurückzutreten, dem

928 ***Serozan***, Dönme, S. 270; Eren, S. 1059.
929 ***Oğuzman/Öz***, S. 315.
930 ***Oğuzman/Öz***, S. 384.
931 ***Wiegand***, in: BaslerKomm, OR I, Art. 97 OR Rn. 58; ***Schwenzer***, AT, § 64 Rn. 28.
932 ***Schwenzer***, AT, § 64 Rn. 28.
933 ***Müller-Chen***, S. 226; ***Ginter***, S. 40.
934 ***Schwenzer***, AT, § 64 Rn. 28.

Gläubiger schon in besonderen Formen der Schlechterfüllung (z.B. mangelhafte Lieferung der Ware) gewährt wurde (Art. 202 BK a.F.).[935]

(b) Rücktrittsrecht bei den Nebenpflichtverletzungen

Die Verletzungen der nichtleistungsbezogenen und leistungsbezogenen Nebenpflichten sind unter dem Begriff der nichtgehörigen Erfüllung zu bewerten.[936] Verletzt der Verkäufer eine Verhaltenspflicht oder eine leistungsbezogene Pflicht aus dem Vertrag, erbringt er seine Leistung auf diese Weise als "nicht gehörig", also schlecht im Sinne des Art. 96 BK a.F. Wie schon erwähnt wurde, geht die herrschende Meinung im Fall der Schlechterfüllung von einem Rücktrittsrecht des Käufers aus. Da die Nebenpflichtverletzungen unter Art. 96 BK a.F. fallen, soll es gerechtfertigt sein, auch im Fall der Nebenpflichtverletzungen dem Käufer ein Rücktrittsrecht gemäß Art. 96 BK a.F. analog zu Art. 106 einzuräumen.[937]

(4) Das mögliche Kriterium für ein Rücktrittsrecht des Gläubigers im Fall der Nichterfüllung (nachträgliche, vom Schuldner zu vertretende Unmöglichkeit) und der nichtgehörigen Erfüllung

Die vorstehenden Ausführungen überzeugen schon für das Rücktrittsrecht des Schuldners im Fall der nachträglichen, verschuldeten Unmöglichkeit und der nichtgehörigen Erfüllung. Diese Annahme bringt eine Reihe von schwierigen Fragen mit sich. Zu fragen ist zunächst, unter welchen Voraussetzungen der Gläubiger vom Vertrag zurücktreten kann, wenn der Schuldner nicht gehörig erfüllt. Man fragt sich beispielweise, ob der Schuldner vom Vertrag zurücktreten kann, wenn die nichtgehörige Erfüllung unerheblich ist. Als Kriterium, wonach der Gläubiger vom Vertrag zurücktreten kann, lässt sich das Nachfristinstitut analog zu den Verzugsregeln aufstellen. Demnach kann der Gläubiger im Fall der nichtgehörigen Erfüllung vom Vertrag zurücktreten, wenn er dem Schuldner für die Nacherfüllung eine Frist gesetzt hat und diese Frist ergebnislos verstrichen ist. Indes ist es bedenklich, dass der Gläubiger über eine Nachfristsetzung zum Rücktrittsrecht gelangen kann, auch wenn die nichtgehörige Erfüllung unerheblich ist.[938]

---

935 ***Wiegand***, in: BaslerKomm, OR I Art. 97 OR Rn. 58.

936 ***Eren***, S. 1039; ***Oğuzman/Öz***, S. 318; ***Serozan***, S. 283, Der Autor versteht unter dem Begriff der "nicht gehörigen Erfüllung" nur die Nebenpflicht-verletzungen und nicht die Schlechterfüllung. Fn. 112.

937 ***Serozan***, S. 285 ff.; ***Schwenzer***, AT, § 68 Rn. 10.

938 Nach ***Schwenzer***, AT, § 68 Rn. 10 kommt es auf die Wesentlichkeit der Schlechtleistung an. Ist die Schlechtleistung nicht wesentlich, kommt ein Rücktritt analog

Um dieses unbillige Ergebnis zu vermeiden, muss im Fall der nichtgehörigen Erfüllung von einem anderen Kriterium ausgegangen werden. Als Voraussetzung für den Rücktritt im Fall der nichtgehörigen Erfüllung greift das Kriterium "Wesentlichkeit" am besten, weil das Gesetz – zwar nicht ausdrücklich – das Rücktrittsrecht des Käufers im besonderen Teil an die Voraussetzung der Wesentlichkeit ("wenn die Umstände es nicht rechtfertigen", Art. 202 Abs. 2 BK a.F.) geknüpft hat.[939]

Im Fall der nachträglichen, verschuldeten, teilweisen Unmöglichkeit muss schon von der Wesentlichkeit ausgegangen werden, die den Käufer zum Rücktritt berechtigt.

c) Rücktritt nach den kaufrechtlichen Vorschriften

aa) Im Fall der sachmangelhaften Lieferung: "Ein dem Rücktritt funktionsgleicher Rechtsbehelf":[940] Wandlung

(1) Allgemein

Gemäß § 202 BK a.F. hat der Käufer die Möglichkeit, mit der Wandlung den Kauf rückgängig zu machen, wenn ein Fall der Gewährleistung wegen Mängel der Sache vorliegt. Die Voraussetzungen der Sachgewährleistung und die daran geknüpften Rechtsfolgen sind hier nicht eingehend zu untersuchen. Hier soll nur die Wandlung – insbesondere seine Auswirkungen – als einer der im Fall der Sachgewährleistung wegen Mängeln der Sache zur Verfügung stehenden Rechtsbehelfe dargestellt werden. Liegen die Voraussetzungen der Sachgewährleistung vor, kann der Käufer mit der Wandlung den Kauf rückgängig machen.

Art. 107 Abs. 2 nur nach erfolgsloser Fristsetzung in Betracht. Die Ansicht von Schwenzer ist insofern bedenklich, als der Käufer bei den unerheblichen Pflichtverletzungen über Nachfristsetzung vom Vertrag zurücktreten kann. Meines Erachtens soll es dem Käufer bei den unerheblichen Pflichtverletzungen (Schlechterfüllung, leistungsbezogene oder nicht leistungsbezogene Nebenpflichtverletzungen) auch nach dem erfolgslosen Ablauf der Nachfrist nicht gelingen, vom Vertrag zurückzutreten.

939 ***Ginter***, S. 41; ***Gauch/Schluep/Emmeneger***, Rn. 2587; ***Schönle/Higi***, in: Kommentar zum schweizerischen Zivilgesetztbuch, Art. 197 OR Rn. 174: "...***vom Vertrag zurücktreten, wenn ihm (dem Käufer) die Aufrechterhaltung des Vertrags wegen der Vertragsverletzung nach Treu und Glauben nicht mehr zugemutet werden kann***".

940 ***Ehrat***, S. 32; Zwar wird im türkischen Obligationengesetz sowohl für den Rücktritt als auch für Wandlung das gleiche Wort "fesih" benutzt. Hier ist aber in Anlehnung an das schweizerische Obligationenrecht (OR) das Wort Wandlung benutzt.

(2) Durchführung der Wandlung

Zwar lautet die Nebenschrift des Art. 201 BK a.F. "Inhalt der Klage", und es wird im zweiten Satz des Abs. 1 bestimmt, dass der Käufer sein Recht mit einer Klage geltend macht, es wird aber die Ansicht vertreten, dass das Rücktrittsrecht des Käufers ein Gestaltungsrecht sei.[941] Nach der anderen Ansicht geht es hier um eine Rechtsgestaltung, die durch eine richterliche Entscheidung erfolgt.[942] Gleichgültig ist, welche Ansicht man für vorzugswürdig hält, einig sind beide Ansichten über die Wirkungen der Wandlung.[943]

(3) Wirkungen der Wandlung

Im Fall der Wandlung ist der Käufer verpflichtet, die Sache nebst den inzwischen bezogenen Nutzungen dem Verkäufer zurückzugeben (Art. 205 Abs. 1 BK), während der Verkäufer den gezahlten Kaufpreis samt Zins zurückerstatten muss (§ 205 Abs. 1 BK a.F.).[944] Wenn die Sache infolge der Mängel oder durch Zufall untergegangen ist, bleibt das Recht zur Wandlung unberührt (Art. 204 Abs. 1 BK a.F.).[945] Dennoch hat der Käufer in diesem Falle nur das zurückzugeben, was ihm von der Sache verblieben ist (Art. 204 Abs. 1 BK a.F.).[946]

(4) Ausschluss der Wandlung

In einigen Fällen wird das Recht zur Wandlung ausgeschlossen. Dazu gehört zunächst der Fall, wenn die Sache durch Verschulden des Käufers untergegangen[947] ist, oder wenn die Sache vom Käufer weiter veräußert[948] oder umgestaltet worden[949] und er nicht imstande ist, die Sache zurückzugeben (Art. 204 Abs. 2 BK a.F.).[950] Des Weiteren steht es dem Richter frei, bloß Ersatz des Minderwertes

941 ***Tandogan***, Özel C. I § 10, S. 189; ***Yavuz***, S. 67; ***Zevkliler***, S. 124.

942 ***Aral***, Özel, 141.

943 ***Aral***, Özel, 142; ***Tandogan***, Özel C. I § 10, S. 189; ***Honsell***, in: BaslerKomm, OR I Art. 205 OR, Rn. 1.

944 ***Tandogan***, Özel, C. I § 10, S. 189; ***Zevkliler***, S. 124, 125, S. 126.

945 ***Tandogan***, Özel, § 10, S. 190; ***Yavuz***, S. 68; ***Zevkliler***, S. 126. ***Becker***, in: BernerKomm, Art. 207 OR Rn. 9: "Es wäre ungerechtfertigt, den Käufer die Folgen der Sachmängel tragen zu lassen, für die ja gerade den Verkäufer die Sachgewährleistungspflicht trifft".

946 ***Yavuz***, S. 68.

947 ***Becker*** in: BernerKomm, Art. 207 OR Rn. 13.

948 ***Becker*** in: BernerKomm, Art. 207 OR Rn. 31.

949 ***Becker*** in: BernerKomm, Art. 207 OR Rn. 27.

950 ***Aral***, Özel, S. 139; ***Yavuz***, S. 62; ***Keller/Siehr***, S. 87.

zuzusprechen, sofern die Umstände es nicht rechtfertigen, den Kauf rückgängig zu machen (Art. 202 Abs. 2 BK a.F.).[951] Letztlich kommt ein Ausschluss der Wandlung in Betracht, wenn "der Käufer den Bestand des Kaufvertrags in Kenntnis der Mängel genehmigt und damit auf die Wandlung verzichtet hat, sei es ausdrücklich, sei es durch konkludentes Verhalten wie bei der Weiterbenutzung der mangelhaften Kaufsache ohne stichhaltigen Grund".[952]

(5) Schadenersatz neben Wandlung

(a) Allgemein

Die vom Verkäufer zu ersetzenden Schäden sind in Art. 205 Abs. 2 und 3 BK a.F. geregelt. Demnach kann der Käufer neben der Wandlung auch die Prozesskosten, die Verwendungen, auch den Ersatz des Schadens verlangen, die dem Käufer durch die Lieferung fehlerhafter Ware unmittelbar verursacht worden sind (§ 205 Abs. 2 BK a.F.). Des Weiteren ermöglicht Abs. 3 dem Käufer, den Ersatz des ***weiteren*** Schadens zu verlangen, wenn der Verkäufer nicht beweist, dass ihm keinerlei Verschulden zur Last falle. Während es beim Ersten um einen verschuldensunabhängigen Schadenersatzanspruch des Käufers geht, wird beim Zweiten das Verschulden des Verkäufers vorausgesetzt.

(b) Verschuldensunabhängiger Schadenersatzanspruch des Käufers

Was unter "unmittelbarem" (direkten) Schaden zu verstehen ist, ist in der Literatur umstritten. Nach einer Ansicht handelt es sich hierbei um das negative Interesse des Käufers, d.h. der Käufer muss so gestellt werden, als wenn er auf die Gültigkeit bzw. Bestand des Vertrags nicht vertraut hätte.[953] Als "unmittelbarer" Schaden kommen zunächst Mangelschäden in Betracht.[954] Nach der herrschenden Lehre ist auch ein Mangelfolgeschaden als "ein Teil des negativen Interesses"[955] unter Art. 205 Abs. 2 BK a.F. zu ersetzen.[956]

(c) Verschuldensabhängiger Schadenersatzanspruch des Käufers

Gemäß Art. 205 Abs. 3 BK a.F. muss der Verkäufer den weiteren Schaden ersetzen, wenn er sich nicht exkulpieren kann.

---

951 ***Aral***, Özel, S. 139; ***Yavuz***, S. 62; ***Keller/Siehr***, S. 87.

952 ***Keller/Siehr***, S. 89.

953 ***Wiegand***, in: BaslerKomm, OR I, § 206 OR Rn. 8; ***Keller/Siehr***, S. 90.

954 ***Aral***, Özel S. 146; ***Wiegand***, in: BaslerKomm, zum OR, Art. 206 OR Rn. 6;

955 ***Keller/Siehr***, S. 90.

956 ***Aral***, Özel, S. 146; Für eine andere Ansicht: ***Wiegand***, in: BaslerKomm, OR I, Art. 206 OR Rn. 10.

Mit "weiterem Schaden" soll das positive Interesse des Käufers gemeint sein.[957] Auf diese Weise wird dem Käufer eingeräumt, neben einer Wandlung sein positives Interesse zu verlangen.[958]

bb) Im Fall des Rechtsmangels: ipso iure Aufhebung des Kaufvertrags infolge der vollständigen Verfügungsgewalt der Kaufsache durch Dritte

Die Rechtsfolgen der Rechtsgewährleistung differenzieren, je nachdem, ob eine teilweise oder vollständige Verfügungsgewalt der Kaufsache durch Dritte vorliegt. Bei vollständiger Verfügungsgewalt der Kaufsache durch Dritter wird eine Vertragsaufhebung kraft Gesetzes in Art. BK 192 Abs. 1 a.F. geregelt.[959] Bei teilweiser Verfügungsgewalt hat der Käufer in der Regel kein Recht zum Rücktritt vom Vertrag, wenn nach Maßgabe der Umstände nicht anzunehmen ist, dass der Käufer den Vertrag nicht geschlossen hätte, wenn er die teilweise Verfügungsgewalt der Kaufsache durch einen Dritten vorausgesehen hätte (Art. 193 Abs. 2 BK a.F.).[960]

2) Neue Rechtslage und Kritik zu der neuen Regelung

Das neue türkische Obligationengesetz enthält einige wichtige Neuerungen zum Rücktrittsrecht des Schuldners. Als wichtige Änderung wird im neuen Gesetz das Rücktrittsrecht des Gläubigers im Fall der Störung der Geschäftsgrundlage geregelt, Art. 138 BK n.F, wonach der Schuldner, also die benachteiligte Partei, im Fall der Störung der Geschäftsgrundlage das Recht hat, entweder die Anpassung des Vertrags oder den Rücktritt vom Vertrag zu verlangen. Angesichts der vorliegenden Arbeit ist es wichtig, dass dem Käufer im Fall der Störung der Geschäftsgrundlage ein Rücktrittsrecht zugesprochen wird. Auf die Voraussetzungen der Störung der Geschäftsgrundlage ist hier nicht einzugehen.

Wichtig ist im neuen Gesetz die Entscheidung des Gesetzgebers in zwei Punkten. Die erste Entscheidung liegt darin, dass der Schuldner (Käufer) nur den Ersatz seines negativen Schadens verlangen kann, wenn er nach erfolgslosem Ablauf der Nachfrist vom Vertrag zurücktritt. Diese Entscheidung hat der Gesetzgeber in der Gesetzbegründung exakt artikuliert. "Im letzten Absatz wird geregelt, dass der Gläubiger den Ersatz seines (*wegen des Rücktritts resultierenden*)[961] Schadens

957 ***Keller/Siehr***, S. 91; ***Aral***, Özel S. 147.
958 ***Keller/Siehr***, S. 91; Für eine andere Ansicht: ***Yavuz***, S. 73.
959 ***Aral***, Özel S. 110.
960 ***Aral***, Özel, S. 112.
961 Der in der Klammer eingeschlossene Text liegt in der Originalfassung nicht vor.

verlangen kann. Der hier vom Gläubiger geltend gemachte Schaden ist ein negativer Schaden, d.h. der Schaden, der dem Gläubiger entstanden ist, der (ihm) nicht entstehen würde, wenn (er) den Vertrag nicht geschlossen hätte".[962]

Bevor man auf die zweite Entscheidung eingeht, muss man eine neue Regelung erwähnen, die der Bewertung der ersten Entscheidung hilft. Der Gesetzgeber hat im neuen Gesetz mit einem neuen Artikel (Art. 126 BK n.F.) das Kündigungsrecht des Gläubigers in Dauerschuldverträgen geregelt. Demnach kann der Gläubiger wegen des Verzugs des Schuldners die Erfüllung der Leistung neben Verspätungsschadens verlangen oder den Vertrag kündigen und dabei den Ersatz seines wegen der Beendigung des Vertrags entstandenen Schadens geltend machen. In der Gesetzbegründung wird klar gestellt, dass es sich hierbei um den Ersatz des positiven Schadens handelt.[963] So bleibt es unklar, warum der Schadenersatzanspruch des Gläubigers bei den einmaligen Leistungen auf den Ersatz des negativen Interesses beschränkt wird.

Die zweite wichtige Entscheidung des Gesetzgebers betrifft das Rückabwicklungsverhältnis. Im neuen Gesetz spricht der Gesetzgeber hinsichtlich des beim Rücktritt geltend gemachten Schadens von dem wegen der "Unwirksamkeit" de s Vertrags entstandenen Schaden. Damit liegt es nahe, dass der Gesetzgeber zugunsten der sog. klassischen Theorie entschieden hat, wonach das Schuldverhältnis durch eine Rücktrittserklärung (*ex tunc*) aufgehoben wird, als ob sie nie bestanden habe. Damit verlieren die bereits erbrachten Leistungen ihren rechtlichen Grund und müssen daher nach den Bereicherungsvorschriften (Art. 61 ff. BK a.F., Art. 77 BK n.F.) zurückgewährt werden, wonach die Ansprüche des Gläubigers der einjährigen Verjährungsfrist des § 66 BK a.F. § 82 BK n.F. unterliegt.[964] Dieser Überlegung entspricht auch die Regelung der unverschuldeten Unmöglichkeit. In Bezug auf die unverschuldete Unmöglichkeit hat der Gesetzgeber statuiert, dass die bereits erbrachten Leistungen nach den Bereicherungsvorschriften (Art. 61 ff. BK a.F., Art. 77 BK n.F.) zurückgewährt werden müssen (Art. 136 BK n.F.). Bei mangelhafter Lieferung kann der Käufer unter bestimmten Voraussetzungen vom Vertrag zurücktreten und dabei seinen mittelbaren und unmittelbaren Schaden geltend machen. In Bezug auf den Inhalt des Begriffspaars "mittelbaren– unmittelbaren" Schaden wird auf die Begründung der Vorschrift Art. 216 BK n.F. verwiesen, die auch eigentlich nichts sagt.[965]

962 Gesetzbegründung des Art. 125 BK n.F.

963 Gesetzbegründung des Art. 126 BK n.F.

964 ***Oğuzman/Öz***, S. 412; ***Eren***, S. 1110; ***Larenz***, AT Bd. I AT, § 26 S. 404.

965 Gesetzbegründung des Art. 229 BK n.F.

V. Zusammenfassung

-Der Art. 49 des CISG ermöglicht es dem Käufer, den Vertrag aufzuheben, wenn der Verkäufer eine seiner Pflichten, die ihn nach dem Übereinkommen oder dem Vertrag betreffen, nicht erfüllt und diese Nichterfüllung eine wesentliche Vertragsverletzung darstellt. Im Voraus ist zu betonen, dass die Konvention die Erfüllung des Vertrags der Aufhebung vorzieht, mit anderen Worten, die Vertragsaufhebung wird in der Konvention zurückgedrängt. Zur Verwirklichung des genannten Ziels werden in der Konvention drei Instrumente, nämlich die Abwendungsbefugnis des Käufers, Nachfristsetzung zur Behebung des Mangels und die Beschränkung des Rechts zur Vertragsaufhebung auf die wesentliche Vertragsverletzung, herangezogen. Die Konvention hat das Recht des Käufers zur Vertragsaufhebung – als ultima ratio – an bestimmte Voraussetzungen geknüpft. Wenn auch ***die wesentliche Vertragsverletzung*** (Art. 49 Abs. 1 lit. a CISG) als allgemeine Voraussetzung anzusehen ist, beschränkt die Vorschrift das Vertragsaufhebungsrecht nicht nur auf den Fall der wesentlichen Vertragsverletzung. Als eine Ausnahmeregelung zum sonst notwendigen Wesentlichkeitserfordernis sieht der Art. 49 Abs. 1 lit. b CISG für den Käufer eine zusätzliche Möglichkeit zur Vertragsaufhebung bei ***der unwesentlichen Nichtlieferung*** vor, wenn er dem Verkäufer eine Nachfrist gesetzt hatte und diese fruchtlos abgelaufen ist. Nach dem Art. 49 Abs. 1 lit. a CISG kann der Käufer den Vertrag aufheben, wenn der Verkäufer eine ihm vom Vertrag oder vom Übereinkommen obliegende Pflicht verletzt hat und diese eine wesentliche Vertragsverletzung im Sinne des Art. 25 CISG ist. Nach der Vorschrift 25 CISG ist eine Verletzung wesentlich, wenn "sie für die andere Partei zur Folge hat, dass ihr im Wesentlichen entgeht, was sie nach dem Vertrag hätte erwarten dürfen, es sei denn, dass die vertragsbrüchige Partei diese Folge nicht vorausgesehen hat und eine vernünftige Person der gleichen Art diese Folge unter den gleichen Umständen auch nicht vorausgesehen hätte" (Art. 25 CISG). Zur Wesentlichkeit werden in der Literatur einige Fallgruppen geschildert. Obwohl im System des CISG die Nachfristsetzung für die Vertragsaufhebung nicht zwingende Voraussetzung ist, eröffnet die Vorschrift 49 Abs. 1 lit. b dem Käufer bei der ***unwesentlichen Nichtlieferung*** eine zusätzliche Möglichkeit, um den Vertrag aufzuheben. Bei dieser Variante des Aufhebungsrechts kommt es nicht auf die Wesentlichkeit an. Das Aufhebungsrecht des Käufers entfällt, wenn er bei Sach– oder Rechtsmängeln die Vertragswidrigkeit nicht ordnungsgemäß (nach Art. 38, 39 oder 43 CISG) gerügt hat. Außerdem hat der Käufer kein Recht, den Vertrag aufzuheben, wenn er nicht in der Lage ist, die gelieferte Ware unversehrt zurückzugeben (Art. 82 CISG). Des Weiteren wird das Aufhebungsrecht des Käufers ausgeschlossen, wenn der Käufer die Vertragsverletzung selbst verursacht hat (Art. 80 CISG) oder wenn er eine notwendige Mitwirkungshandlung nicht vornimmt. Die Vertragsaufhebung setzt eine einseitige gestaltende Erklärung des Gläubigers gegenüber dem Schuldner voraus. Die Erklärung der Aufhebung ist an keine bestimmte Form und grundsätzlich an keine Frist gebunden. Solange und soweit der Verkäufer die Ware nach der Lieferzeit (Art. 33 CISG) überhaupt nicht geliefert hat, ist die Erklärung des Käufers zur Vertragsaufhebung an keine Frist gebunden. Zweitens: Um Spekulationen auf Kosten des Verkäufers zu verhindern, wird aber in Art. 49 Abs. 2 CISG eine zeitliche Einschränkung für die Erklärung des Käufers zur Vertragsaufhebung gesehen, wenn der Verkäufer die Ware geliefert hat. Demnach verliert der Käufer sein Recht, die Aufhebung des Vertrags zu erklären, wenn er z.B. im Falle der verspäteten Lieferung die Aufhebung nicht innerhalb einer angemessenen Frist erklärt, nachdem er erfahren hat, dass die Lieferung erfolgt ist (Art. 49 Abs. lit. a CISG). Liefert der Verkäufer nur einen Teil der Ware oder ist nur ein Teil der gelieferten Ware vertragsgemäß, gelten für den Teil, der fehlt oder nicht vertragsgemäß ist, die Art. 46 bis 50 (Art. 51 Abs. 1 CISG). Demnach sind bei Teillieferungen die dem Käufer zur Verfügung stehenden Rechtsbehelfe auf den fehlenden oder den nicht vertragsmäßigen also auf den gestörten Teil der Ware beschränkt. Im Gegensatz zu Art. 52 Abs. 1 CISG beschränkt Art. 52 Absatz 2 CISG das Aufhebungsrecht des Käufers nicht auf den gestörten Teil, wenn die Störung – die Vertragswidrigkeit – eine wesentliche Verletzung des gesamten Vertrags ist. Die Vertragsaufhebung bei einem Sukzessivlieferungsvertrag wird in Art. 73 CISG in den drei Fallgruppen ausgeführt: betreffende Lieferung (Abs. 1), künftige Lieferungen (ex-nunc Abs. 2), schon erbrachte und/oder künftige Lieferungen (ex-tunc Abs. 3). Begeht der Verkäufer beim Sukzessivlieferungsvertrag eine wesentliche Vertragsverletzung in Bezug auf eine Teillieferung, wird das Vertragsaufhebungsrecht des Käufers übereinstimmend mit Art. 51, am Anfang grundsätzlich auf die von der Vertragsverletzung betroffene Teillieferung beschränkt (Grundregel Art. 73 Abs. 1 CISG). Abs. 2 ermöglicht dem Käufer unter bestimmten Voraussetzungen den Vertrag für die Zukunft (ex nunc) aufzuheben. Abs. 3 ermöglicht dem Käufer eine ex-tunc-Vertragsaufhebung in Bezug auf bereits erhaltene Lieferungen und/oder künftige Teillieferungen, wenn er wegen der wesentlichen Vertragsverletzung bei einer bereits erfolgten Teillieferung für die übrigen Teillieferungen keine Verwendung mehr hat. Gemäß Art. 72 Abs. 1 CISG kann der Käufer die Vertragsaufhebung erklären, wenn schon vor dem für die Vertragserfüllung festgesetzten Zeitpunkt offensichtlich ist, dass der Verkäufer eine wesentliche Vertragsverletzung begehen wird. Mit der Aufhebungserklärung des Käufers werden beide Parteien von ihren Pflichten befreit und das Vertragsverhältnis in ein Rückgewährschuldverhältnis umwandelt, das in Art. 81 ff. CISG näher geregelt ist. Gemäß Art. 81 Abs. 2 sind die bereits vor Vertragsaufhebung erbrachten Leistungen zurückzugewähren. Die Vertragsaufhebung hat keine Wirkung auf die wegen der Vertragsverletzung entstehenden Schadenersatzansprüche (Art. 81 Abs. 1 CISG). Entsprechend der allgemeinen Tendenz, wonach die Vertragsaufhebung möglichst vermieden werden sollte, beschränken auch die PECL die Vertragsaufhebung grundsätzlich auf die Fälle, in denen eine Wesentlichkeit der Nichterfüllung i.S.d. Art. 8: 103 PECL vorliegt. Des Weiteren räumen die PECL dem Käufer im Fall der Verzögerung der Leistung ein Vertragsaufhebungsrecht ein, wenn er dem Schuldner eine angemessene Frist zur Nacherfüllung gesetzt hat und diese Frist erfolgslos abgelaufen ist, wobei es darauf nicht ankommt, ob die Verzögerung wesentlich ist oder nicht (Art. 9:101 Abs. 1 PECL i.V. m. Art. 8: 106 Abs. 3). Letztendlich kommt ein Vertragsaufhebungsrecht in Betracht, wenn schon vor dem Leistungszeitpunkt offensichtlich ist, dass es zu einer wesentlichen Vertragsverletzung durch den Verkäufer kommen wird (Art. 9: 304 PECL). Zweitens kann der Käufer im Fall der verspäteten Lieferung, die nicht als solche als wesentlich anzusehen ist, den Vertrag aufheben, wenn er dem Schuldner eine angemessene Nachfrist zur Erfüllung setzt und der Schuldner nicht innerhalb dieser Frist erfüllt (III.–3:503 (II lit. b) DCFR).

Das DCFR folgt grundsätzlich dem System der PECL und räumt dem Gläubiger in drei Fällen ein Vertragsaufhebungsrecht ein. Erstens kann der Gläubiger den Vertrag aufheben, wenn die Nichterfüllung wesentlich ist (III.–3:502 (I) DCFR). Drittens kann der Gläubiger vor der Fälligkeit den Vertrag aufheben, wenn der Käufer erklärt hat oder anderweitig offensichtlich ist, dass die Nichterfüllung eintreten wird, und wenn diese Nichterfüllung wesentlich sein würde (III.–3:504) DCFR). In Bezug auf die Regelung des Rücktrittsrechts des Käufers findet man grundsätzlich im CESL-Entwurf keine abweichenden Regelungen vom DCFR, also vom CISG. Man findet vier Konstellationen, die der Regelungstechnik des CISG, DCFR und PECL entsprechen. 1. Wesentlichkeit der Nichterfüllung (Art. 114 CESL-Entwurf). 2. Die Nichterfüllung des Verkäufers im Fall der bloßen Nichtlieferung, nachdem der Käufer dem Verkäufer zur Nacherfüllung eine Frist gesetzt hat und diese Frist fruchtlos abgelaufen ist (Art. 115 CESL-Entwurf). 3. Antizipierter Vertragsbruch (Art. 116 CESL-Entwurf)

-Die Rücktrittsgründe sind im BGB in den §§ 323, 324 geregelt. Je nachdem, welche Pflicht verletzt worden ist, kommt entweder § 323 oder § 324 BGB zur Anwendung. Wenn es sich um eine Verletzung von Haupt– oder leistungsbezogener Nebenpflicht in Form von "nicht" (Verzögerung) oder "nicht vertragsgemäße" (Schlecht-) Leistung handelt, ist § 323 BGB anzuwenden. Liegt dagegen eine Verletzung der nicht leistungsbezogenen Neben– Verhaltenspflicht (§ 241 Abs. 2 BGB) vor, richten sich die Rücktrittsvoraussetzungen nach § 324 BGB. Im Fall des Ausschlusses der Leistungspflicht gemäß § 275 Abs. 1–3 BGB ist die Vorschrift § 326 BGB einschlägig. Die Rücktrittvoraussetzungen des Käufers richten sich nach den allgemeinen Regeln (§§ 323 ff. BGB) des Leistungsstörungsrechts, soweit es sich nicht um die Verletzung der Pflicht handelt, die Ware frei von Sach– und Rechtmängeln zu verschaffen. (§ 433 I 2 BGB). Besteht dagegen die Pflichtverletzung des Verkäufers in der Lieferung mangelhafter Ware, so richtet sich das Recht des Verkäufers zum Rücktritt auf Grund der Verweisung des § 437 Nr. 2 BGB nach den allgemeinen Regeln des Leistungsstörungsrechts (§§ 323 Abs. 1, 326 Abs. 5 BGB), das durch die Vorschriften § 437 ff. BGB in Bezug auf die Besonderheiten des Kaufrechts nur in einzelnen Beziehungen modifiziert wird, in denen die Mängelhaftung beim Kauf Abweichungen vom allgemeinen Leistungsstörungsrecht erfordert.

Bezieht sich das Rücktrittsrecht des Käufers auf die Mangelhaftigkeit der Ware, kommen die §§ 323 Abs. 1, 326 Abs. 5 BGB in Verbindung mit § 440 BGB über die Verweisungsnorm § 437 BGB zur Anwendung, je nach dem, ob ein "behebbarer Mangel" (§ 323 BGB) oder "nicht behebbarer Mangel" (§ 326 V BGB) vorliegt. Bezieht sich dagegen das Rücktrittsrecht des Käufers auf sonstige leistungsbezogene Pflichtverletzungen, die nichts mit einem Mangel zu tun haben, so ist § 437 BGB nicht anwendbar; das Rücktrittsrecht des Käufers richtet sich nach den allgemeinen Vorschriften § 323 ff. BGB mit den allgemeinen vorgesehenen Verjährungsregeln, ohne die in den §§ 438 ff. BGB vorgesehenen Modifikationen (bei nicht leistungsbezogenen Pflichten § 324 BGB). Da die (Preis-) Gefahr erst mit Übergabe der Sache auf den Käufer übergeht, greifen die §§ 437 ff. BGB erst ein, wenn die Kaufsache übergeben worden ist, sonst sind die allgemeinen Vorschriften einschlägig. Die Grundvoraussetzungen des Rücktrittsrechts durch den Käufer ergeben sich aus § 323 Abs. 1, wobei grundsätzlich eine Nachfristsetzung erfordert wird. In Abs. 2 und 3 wird die Frage erörtert, wann eine Nachfristsetzung entbehrlich ist. Im Abs. 4 wird dem Käufer ein Rücktrittsrecht vor Fälligkeit zugebilligt. Wenn eine Teilleistung (S. 1 Abs. 5) oder eine Schlechtleistung (S. 2 Abs. 5) vorliegt, sieht Abs. 5 zusätzliche Voraussetzungen für den Rücktritt vom ganzen Vertrag vor. Im Abs. 6 werden allgemein geltende Ausschlussgründe für den Rücktritt gemäß § 323 BGB geregelt. Das Recht des Käufers zum Rücktritt gemäß § 323 Abs. 1 BGB bedarf zuerst einer Pflichtverletzung in der Form "nicht" – oder "nicht vertragsgemäße" Leistung. Unter der Nichtleistung ist das vollständige oder teilweise Ausbleiben bzw. eine Verzögerung der Leistung zum Zeitpunkt der Fälligkeit – also nichtrechtzeitige Leistung – zu verstehen. Je nachdem, an welcher Ursache die Nichterbringung liegt, kommt entweder § 323 Abs. 1 BGB oder § 326 BGB zur Anwendung. Liegt die Verzögerung an der Unmöglichkeit der Leistung

(§ 275 1–3 BGB) und ist deshalb die Leistungspflicht des Verkäufers ausgeschlossen, kommt die Vorschrift § 323 BGB nicht zur Anwendung, sondern § 326 BGB. § 323 Abs. 1 BGB, 2. Alt. betrifft die nichtvertragsgemäß erbrachte Leistung, d.h. die mangelhafte, nicht in der gewünschten Art und Weise erbrachte Leistung, was früher als positive Vertragsverletzung genannt wurde. Liefert der Verkäufer die Sache mangelhaft, liegt eine nicht vertragsgemäße Leistung vor. Demnach stellt die mangelhafte Lieferung nur einen "Unterfall" der Schlechtleistung dar, so dass eine Integration des Kaufgewährleistungsrechts in das allgemeine Leistungsstörungsrecht geschaffen wurde. Das Rücktrittsrecht des Käufers vor Gefahrübergang auf Grund der Mangelhaftigkeit richtet sich nach der Vorschrift § 323 BGB. § 323 Abs. 5 sieht für die Teilleistung und Schlechtleistung besondere Voraussetzungen vor, wenn der Käufer vom ***ganzen*** Vertrag zurücktreten will. Liegt eine Teilleistung vor, kann der Käufer vom ganzen Vertrag nur dann zurücktreten, wenn er an der ***erhaltenen*** Teilleistung kein Interesse hat (§ 323 Abs. 5 S. 1 BGB). Im S. 2 des § 323 Abs. 5 BGB geht es um eine Einschränkung des Rücktrittrechts des Käufers für den Fall der Schlechtleistung, also des Sach– oder Rechtsmangels. Demgemäß kann der Käufer im Fall der nicht vertragsgemäß ***bewirkten*** Leistung vom ***ganzen*** Vertrag nicht zurücktreten, wenn die Pflichtverletzung unerheblich ist. Zweite Voraussetzung des Rücktritts ist die Fälligkeit der Leistung. Vor Fälligkeit ist ein Rücktritt nur in Ausnahmen zulässig, wenn es mit an Sicherheit grenzender Wahrscheinlichkeit feststeht, dass die Voraussetzungen des Rücktritts eintreten werden. § 323 Abs. 2 erlaubt es dem Käufer ausnahmsweise, ohne Nachfristsetzung vom Vertrag zurücktreten, wenn die Fristsetzung entbehrlich ist. In den folgenden Fällen ist die Fristsetzung entbehrlich: Endgültige und ernsthafte Leistungsverweigerung, Relatives Fixgeschäft, Auffangtatbestand des § 323 Abs. 2 Nr. 3 BGB. Als ***allgemeinen*** Ausschlussgrund des Rücktrittsrechts des Käufers fasst § 323 Abs. 6 S. 1 BGB zwei Fälle zusammen: erstens, wenn der Käufer für den Umstand, der ihn zum Rücktritt berechtigen würde, allein oder weitgehend verantwortlich ist. Als zweiten Ausschlussgrund sieht § 323 Abs. 6 S. 2 den Fall vor, wenn der vom Verkäufer nicht zu vertretende Umstand zu einer Zeit eintritt, zu welcher der Gläubiger im Verzug der Annahme ist. Verletzt der Verkäufer bei einem gegenseitigen Vertrag seine Pflicht, Rücksicht auf die Rechte, Rechtsgüter und Interessen des Käufers zu nehmen (§ 241 Abs. 2 BGB), kann der Käufer vom Vertrag zurücktreten, wenn ihm ein Festhalten am Vertrag nicht mehr zuzumuten ist (§ 324 BGB). Braucht der Schuldner nach § 275 Abs. 1 bis 3 nicht zu leisten, kann der Gläubiger zurücktreten; auf den Rücktritt findet § 323 mit der Maßgabe, dass die Fristsetzung entbehrlich ist (§ 326 Abs. 5), entsprechende Anwendung. Demnach steht dem Gläubiger ein Rücktrittsrecht zur Verfügung, wenn der Schuldner gemäß § 275 Abs. 1 bis 3 von seiner Leistungspflicht befreit wird. § 326 Abs. 2 BGB sieht zwei Ausnahmen von der Regelung des Abs. 1 vor. Demnach behält der Schuldner den Anspruch auf die Gegenleistung, wenn der Gläubiger für den Umstand, auf Grund dessen der Schuldner nach § 275 Abs. 1 bis 3 BGB nicht zu leisten braucht, allein oder weit überwiegend verantwortlich ist oder dieser vom Schuldner nicht zu vertretende Umstand zu einer Zeit eintritt, zu welcher der Gläubiger im Verzug der Annahme ist (§ 326 Abs. 2 BGB). Verlangt der Gläubiger nach § 285 BGB die Herausgabe des für den geschuldeten Gegenstand erlangten Ersatzes oder eine Abtretung des Ersatzanspruches, so bleibt er zur Gegenleistung verpflichtet (§ 326 Abs. 3 S. 1 BGB). Obwohl nach der Schuldrechtsreform die mangelhafte Lieferung nur ein Unterfall der nicht vertragsgemäßen Leistung ist und sich das Recht zum Rücktritt weitgehend nach den allgemeinen Vorschriften richtet, erfährt das Rücktrittsrecht einige Modifikationen. Ist die Sache mangelhaft (also nicht vertragsgemäß), kann der Käufer vom Vertrag zurücktreten. Je nach dem, ob ein behebbarer oder nicht behebbarer Mangel vorliegt, richtet sich das Rücktrittsrecht des Käufers über die Verweisungsnorm entweder nach § 323 Abs. 1 oder § 326 Abs. 5 BGB. Bei einem behebbarem Mangel müssen die in § 323 Abs. 1 genannten Voraussetzungen vorliegen. Ist es dem Verkäufer nicht möglich, den Mangel entweder durch Beseitigung oder Ersatzlieferung zu beheben, wird er gemäß § 275 Abs. 1 BGB von der Nacherfüllungspflicht frei sein. Wegen der Ausschlussregel § 326 Abs. 1 S. 2 BGB aber besteht die Gegenleistungspflicht des Käufers fort; die Gegenleistungspflicht erlischt also nicht automatisch, um dem Käufer das in § 437 BGB niedergelegte Wahlrecht zu erhalten. Was den Rücktritt von den Sukzessivlieferungsverträgen betrifft, findet man im deutschen Recht keine ausdrückliche Regelung. In der Literatur wird eine Differenzierung vorausgesetzt, wonach der Sukzessivlieferungsvertrag in den echten und den unechten Sukzessivlieferungsvertrag eingeteilt wird, je nachdem, ob eine von vornherein fest bestimmte Menge geschuldet wird oder nicht. Da bei einem unechten Sukzessivlieferungsvertrag die Lösung vom Vertrag durch eine Kündigung (mit ex nunc-Wirkung) gemäß § 314 erfolgt, befindet man sich dogmatisch in einem anderen Bereich als Rücktritt. Leistet der Verkäufer die Teilleistung nicht, beschränkt sich das Rücktrittsrecht des Käufers zunächst auf die gestörte Teilleistung. Der Käufer kann in Bezug auf den betreffenden Teil vom Vertrag zurücktreten, wenn er dem Verkäufer eine angemessene Frist zur Nacherfüllung der versäumten Rate gesetzt hat und diese Frist fruchtlos abgelaufen ist. Will dagegen der Käufer die Versäumung einer bloßen einzelnen Rate zum Anlass nehmen, vom ganzen Vertrag zurückzutreten, greift § 323 Abs. 5 S. 1 BGB ein, wonach ein Totalrücktritt dem Käufer nur zugestanden ist, wenn der Käufer an der bereits erbrachten und künftig fällig werdenden Teilleistung kein Interesse hat. Für den Fall, in dem der Käufer die Lösung vom Vertrag auf die künftigen Raten beschränken will, findet man im BGB keine ausdrückliche Regelung, wobei in der Literatur die Anwendung des § 323 Abs. 4 vorgeschlagen wurde.

Die Ausübung eines vertraglich vereinbarten oder gesetzlichen Rücktrittsrechts erfolgt gemäß § 349 BGB durch einseitige Erklärung gegenüber dem anderen Teil. Sie ist an keine Form gebunden, wenn die Parteien eine bestimmte Form nicht vereinbart haben. Die Rechtsfolgen des Rücktritts sind verschieden, je nachdem, ob schon ein Leistungsaustausch stattgefunden hat oder nicht. Hat schon ein Leistungsaustausch stattgefunden, sind Zug um Zug (§ 348 BGB) die empfangenen Leistungen zurückgewähren und die daraus gezogenen Nutzungen zurückzugewähren (§ 346 Abs. 1. BGB). Damit wird der Vertrag in ein Rückgewährschuldverhältnis umgewandelt.

-Für das Recht zum Rücktritt sind in der alten Fassung des BK keine allgemeinen Vorschriften vorgesehen. Im allgemeinen Teil des BK wird das Rücktrittsrecht nur im Rahmen der Rechtsfolgen des Verzugs für die zweiseitigen Verträge geregelt. Für die verbleibenden Fälle der Vertragsverletzung sieht das Gesetz im allgemeinen Teil kein Rücktrittsrecht vor. Im kaufrechtlichen Teil des alten BK wird dem Käufer für den Fall der sachmangelhaften Lieferung das Rücktrittsrecht (sogenannte Wandlung) eingeräumt. Der § 106 Abs. 2 BK ermöglicht es dem Gläubiger, nach dem erfolgslosen Ablauf der angemessenen Nachfristsetzung vom Vertrag zurückzutreten, wenn sich der Schuldner bei zweiseitigen Verträgen im Verzug befindet. Aus dem Wortlaut des Gesetzes lassen sich folgende Voraussetzungen ableiten: Als erste wird der Verzug des Schuldners bei zweiseitigen Verträgen vorausgesetzt. Demnach stellt das Rücktrittsrecht einen besonderen Rechtsbehelf dar, der unter bestimmten Voraussetzungen bei Verzug des Schuldners dem Gläubiger zur Verfügung steht. Es handelt sich hier also um kein allgemeines Rücktrittsrecht des Gläubigers, sondern um die Möglichkeit des Gläubigers, vom Vertrag zurückzutreten im Fall des Schuldnerverzugs bei zweiseitigen Verträgen. Als Voraussetzungen des Schuldnerverzugs werden in § 101 BK a.F. nur zwei Voraussetzungen ausdrücklich genannt. Demnach setzt die Vorschrift zuerst die Fälligkeit der Forderung, danach die Mahnung des Schuldners voraus (Art. 101 Abs. 1 BK a.F.). Das Verschulden des Schuldners spielt bei Eintritt des Verzugs keine Rolle. Gemäß § 101 Abs. 1 BK a.F. kommt der Schuldner in Verzug, wenn er nach der Fälligkeit gemahnt wird, seine Leistung zu erbringen. Art. 101 Abs. 2 BK a.F. sieht einige Ausnahmen von der Regelung Abs. 1 vor, wenn die Parteien für die Erfüllung einen bestimmten "Verfalltag" vereinbart haben, z.B. "Lieferung am 3.11.;" oder sich ein solcher infolge einer vorbehaltenen und gehörig vorgenommenen Kündigung ergibt. Im Fall der ernsthaften und endgültigen Leistungsverweigerung durch den Schuldner ist auch von der Entbehrlichkeit der Mahnung auszugehen. Des Weiteren können sich aus dem Rechtsinstitut von "Treu und Glauben" weitere Ausnahmen ergeben. Aus der Vorschrift ergeben sich für den Gläubiger nach dem fruchtlosen Fristablauf zwei Möglichkeiten: Entweder besteht der Gläubiger auf die Erfüllung und macht dabei Schadenersatzansprüche wegen Verspätung geltend oder er gibt seinen Wunsch auf Erfüllung auf und verlangt dabei unverzüglich – je nach seinem Interesse – entweder Schadenersatz wegen Nichterfüllung oder er erklärt den ***Rücktritt vom Vertrag***. Gemäß § 108 Abs. 1 BK a.F. kann der vom Vertrag zurücktretende Gläubiger die versprochene Gegenleistung verweigern und das Geleistete zurückfordern. In Bezug auf die Wirkung des Rücktritts werden in der Literatur verschiedene Ansichten vertreten.

Nach der ersten, als "*klassische Theorie*" genannten Ansicht wird das Schuldverhältnis durch eine Rücktrittserklärung (*ex tunc*) aufgehoben, als ob sie nie bestanden habe. Nach der zweiten, heute herrschenden Meinung wird durch eine Rücktrittserklärung der Vertrag nicht aufgehoben, sondern nur in ein Rückabwicklungsverhältnis umgewandelt (die sog. *Umwandlungstheorie)*. Gemäß Art. 108 Abs. 2 BK a.F. hat der Gläubiger einen Anspruch auf Ersatz des aus dem Dahinfallen des Vertrags erwachsenen Schadens, sofern der Schuldner nicht nachweist, dass ihm keinerlei Verschulden zur Last falle. Nach der herrschenden Meinung ist im Rahmen des Art. 108 Abs. II BK a.F. nur das negative Vertragsinteresse zu ersetzen. Die Rechtsfolgen des Teilverzugs werden im BK nicht besonders geregelt. Für den Teil, für den der Schuldner sich im Verzug befindet, gelten die allgemeinen Regeln des Verzugs (Art. 101 ff. BK a.F.). Im Fall des Teilverzugs beschränken sich die Rechtsbehelfe des Schuldners zunächst auf den Teil der Leistung, den der Schuldner nicht erfüllt hat. Nach der herrschenden Lehre kann der Gläubiger vom ganzen Vertrag zurücktreten, wenn er an der schon erbrachten Teilleistung kein Interesse hat. In Bezug auf den Verzug unterscheidet das Gesetz grundsätzlich nicht zwischen kaufmännischem und nicht kaufmännischem Verkehr. Im kaufmännischen Verkehr sieht das Gesetz abweichend von den allgemeinen Bestimmungen zwei Vermutungen vor. Die erste Abweichung besteht in der Vermutung, dass ein relatives Fixgeschäft vorliege, wenn die Parteien einen bestimmten Lieferungstermin vereinbart haben. Des Weiteren weicht das Gesetz mit Art. 187 BK a.F. von der allgemeinen Regelung des Art. 106 BK a.f. ab und sieht eine Vermutung vor, wonach der Käufer auf die Lieferung verzichte und Schadenersatzanspruch wegen Nichterfüllung, also seines positiven Vertragsinteresses beanspruche, wenn im kaufmännischen Verkehr ein bestimmter Lieferungstermin verabredet ist und der Verkäufer in Verzug kommt (Art. 187 Abs. 1 BK a.F.). Zieht der Käufer vor, die Lieferung zu verlangen, hat er es dem Verkäufer nach Ablauf des Termins (unverzüglich) anzuzeigen (Abs. 2). Im Fall der Nichterfüllung (nachträgliche, zu vertretende Unmöglichkeit) und der nichtgehörigen Erfüllung (Schlechterfüllung, Nebenpflichtverletzungen) wird dem Gläubiger gemäß § 96 BK nur der Rechtsbehelf gewährt, den Ersatz des daraus entstehenden Schadens zu verlangen. Im Fall der verschuldeten, nachträglichen Unmöglichkeit wird dem Gläubiger ein Rücktrittsrecht nicht zugesprochen. In der Literatur ist umstritten, ob dem Gläubiger ein Rücktrittsrecht analog zu Art. 108 Abs. 2 BK a.F. gewährt werden soll, wenn die Leistung durch Verschulden des Schuldners nachträglich unmöglich geworden ist. Gemäß § 202 BK a.F. hat der Käufer die Möglichkeit, mit der Wandlung den Kauf rückgängig zu machen, wenn ein Fall der Gewährleistung wegen Mängel der Sache vorliegt. Liegen die Voraussetzungen der Sachgewährleistung vor, kann der Käufer mit der Wandlung den Kauf rückgängig machen. In einigen Fällen wird das Recht zur Wandlung ausgeschlossen. Dazu gehört zunächst der Fall, wenn die Sache durch Verschulden des Käufers untergegangen ist, oder wenn die Sache vom Käufer weiter veräußert oder umgestaltet worden und er nicht imstande ist, die Sache zurückzugeben (Art. 204 Abs. 2 BK a.F.). Des Weiteren steht es dem Richter frei, bloß Ersatz des Minderwertes zuzusprechen, sofern die Umstände es nicht rechtfertigen, den Kauf rückgängig zu machen (Art. 202 Abs. 2 BK a.F.). Letztlich kommt ein Ausschluss der Wandlung in Betracht, wenn der Käufer den Bestand des Kaufvertrags in Kenntnis der Mängel genehmigt und damit auf die Wandlung verzichtet hat, sei es ausdrücklich, sei es durch konkludentes Verhalten wie bei der Weiterbenutzung der mangelhaften Kaufsache ohne stichhaltigen Grund. Die vom Verkäufer zu ersetzenden Schäden sind in Art. 205 Abs. 2 und 3 BK a.F. geregelt. Demnach kann der Käufer neben der Wandlung auch die Prozesskosten, die Verwendungen, auch den Ersatz des Schadens verlangen, die dem Käufer durch die Lieferung fehlerhafter Ware unmittelbar verursacht worden sind (§ 205 Abs. 2 BK a.F.). Des Weiteren ermöglicht Abs. 3 dem Käufer, den Ersatz des ***weiteren*** Schadens zu verlangen, wenn der Verkäufer nicht beweist, dass ihm keinerlei Verschulden zur Last falle. Während es beim Ersten um einen verschuldensunabhängigen Schadenersatzanspruch des Käufers geht, wird beim Zweiten das Verschulden des Verkäufers vorausgesetzt. Das neue türkische Obligationengesetz enthält einige wichtige Neuerungen zum Rücktrittsrecht des Schuldners. Als eine wichtige Änderung wird im neuen Gesetz das Rücktrittsrecht des Gläubigers im Fall der Störung der Geschäftsgrundlage geregelt, Art. 138 BK n.F, wonach der Schuldner, also die benachteiligte Partei, im Fall der Störung der Geschäftsgrundlage das Recht hat, entweder die Anpassung des Vertrags oder Rücktritt vom Vertrag zu verlangen. Wichtig ist im neuen Gesetz die Entscheidung des Gesetzgebers in zwei Punkten. Die erste Entscheidung liegt darin, dass der Schuldner (Käufer) nur den Ersatz seines negativen Schadens verlangen kann, wenn er nach erfolglosem Ablauf der Nachfrist vom Vertrag zurücktritt. Die zweite wichtige Entscheidung des Gesetzgebers betrifft das Rückabwicklungsverhältnis. Im neuen Gesetz spricht der Gesetzgeber hinsichtlich des beim Rücktritt geltend gemachten Schadens von dem wegen des "Unwirksamkeit" der Vertrag entstandenen Schaden. Damit liegt es nahe, dass der Gesetzgeber zugunsten der sog. klassischen Theorie entschieden hat, wonach das Schuldverhältnis durch eine Rücktrittserklärung (*ex tunc*) aufgehoben wird, als ob sie nie bestanden habe.

Kapitel 3: Schadenersatz

I. Internationales Kaufrecht (CISG)

1) Allgemein

Die Regelungen des CISG über die Schadenersatzansprüche sind zu däfferenzieren. Die Anspruchsgrundlage für den Schadenersatzanspruch des Käufers ist in Art. 45 Abs. 1 lit. b CISG (für Verkäufer Art. 61 Abs. 1 lit. b CISG), der Umfang und die Begrenzung des Schadenersatzanspruchs werden in Artikel 74–77 CISG geregelt. Als Letztes findet man in Art. 79–80 die Regelungen über die Entlastungsmöglichkeit des Schuldners.

Bei der Regelung des Schadenersatzrechts im CISG wird von der Regelung von EKG nicht abgewichen.[966] Schadenersatz stellt im CISG den Punkt dar, in dem das CISG von den kontinentaleuropäischen Ländern stark abgewichen ist.[967] Entsprechend dem angloamerikanischen Recht[968] ist der Schadenersatzanspruch im CISG als allgemeiner, verschuldensunabhängiger Rechtsbehelf vorgesehen. Mit anderen Worten steht der Schadenersatzanspruch unabhängig von zwei Punkten dem Käufer immer zur Verfügung. Erstens wird der Schadenersatzanspruch des Käufers nicht davon abhängig gemacht, dass den Verkäufer an der Vertragsverletzung/Nichterfüllung ein Verschulden trifft. Kommt der Verkäufer irgendeiner seiner Pflichten nicht nach und entsteht dem Käufer aus dieser Vertragsverletzung des Verkäufers ein Schaden, kann der Käufer Ersatz seines Schadens verlangen, wobei es auf das Verschulden des Verkäufers nicht ankommt. Zweitens schließt die Geltendmachung von anderen Rechtsbehelfen den Schadenersatzanspruch nicht aus. Schadenersatz ist ein allgemeiner Rechtsbehelf – ein Mindestrechtsbehelf –, welcher bei jeder Vertragsverletzung dem Gläubiger zur Verfügung steht.[969] Der Schadenersatzanspruch kann mit den anderen Rechtsbehelfen kombiniert werden,

---

966 ***Magnus***, in: Hoyer/Posch (Hrsg.), S. 27; ***Bartels/Motomura***, RabelsZ 43 (1979), S. 649, 662.

967 ***Sauthoff***, S. 48.

968 ***Kranz***, S. 191; ***Bartels/Motomura***, RabelsZ 43 (1979), S. 649, 662.

969 ***P. Huber***, in: MünchKommBGB Art. 74 CISG, Rn. 7; ***Mankowski***, in: MünchKommHGB Art. 74 CISG Rn. 4; ***Stoll***, in: von Caemmerer/Schlechtriem (1990) Art. 74, Rn. 5; ***Magnus***, in: Staudinger/CISG (2005), Art. 74 CISG, Rn. 8; ***Rummel***, in: Hoyer/Posch (Hrsg.) S. 178;

wobei man nicht vergessen darf, dass der vom Käufer geltend gemachte Rechtsbehelf den Umfang und den Inhalt des Schadenersatzanspruches bewirken kann. Zwar wirkt sich die Ausübung anderer Rechtbehelfe auf den Inhalt des Schadenersatzanspruches aus, aber sie führt nicht zu dem Ausschluss des Schadenersatzanspruches.[970] Die Geltendmachung des Erfüllungsanspruchs oder die Vertragsaufhebung schließt den Schadenersatzanspruch nicht aus.

Es folgt aus dem bisher Gesagten, dass die Verletzung irgendeiner Pflicht durch den Verkäufer die einzige und wichtigste Voraussetzung des Schadenersatzanspruchs ist, worin sich das CISG grundsätzlich und sehr wesentlich von deutschem und türkischem Recht unterscheidet. Darauf, um welche Art der Pflichtverletzung vorliegt, kommt es nicht an. Auch wenn der Art der Pflichtverletzung keine entscheidende Bedeutung zukommt, ist die Frage nicht völlig bedeutungslos.

Die Art der Pflichtverletzung gewinnt eine Bedeutung, etwa wenn der Verkäufer seiner Pflicht zur mangelfreien Lieferung nicht nachkommt. Besteht die Pflichtverletzung darin, dass der Verkäufer eine mangelhafte, also nichtvertragsmäßige Ware geliefert hat, wird der Schadenersatzanspruch des Käufers den zusätzlichen Voraussetzungen (Untersuchungs– und Rügeobliegenheiten) unterworfen. Schließlich wird der Schadenersatzanspruch im CISG an die Voraussetzung geknüpft, dass die Vertragsverletzung für den entstandenen Schaden rein kausal ist.

2) Allgemeine Grundsätze des Schadenersatzes

a) Ausgleichfunktion

Durch die Ausgleichfunktion sollen alle Nachteile des Gläubigers, die wegen der Vertragsverletzung entstanden sind, ausgeglichen werden.[971] Demnach soll der Gläubiger in die Lage versetzt werden, in der er sich befände, wenn der Schuldner seine Pflichten ordnungsgemäß erfüllt hätte.[972] Im System des Schadenersatzanspruchs des CIGS sind pönale oder präventive Zwecke – etwa Strafschadenersatz –

---

970 ***Huber P.***, in: MünchKommBGB (2008), Art. 74 CISG, Rn. 7; ***Stoll***, in: von Caemmerer/Schlechtriem (1990), Art. 74, Rn. 3; ***Witz/Salger/Lorenz***, Art. 74 Rn. 8; ***Stoll***, in: Schlechtriem (Hrsg.), Einheitliches, 264.

971 ***Stoll***, in: Von Caemmererer/Schlechtriem (1990), Art. 74, Rn. 3.

972 ***Witz/Salger/Lorenz***, Art. 74 Rn. 12; ***Magnus***, in: Staudinger/CISG (2005), Art. 74 CISG, Rn. 16; ***P. Huber***, in: MünchKommBGB (2008), Art. 74 CISG, Rn. 16; ***Schwenzer***, in: Schlechtriem/Schwenzer (2008), Art. 74 Rn. 3; ***Schönle/TH. Koller***, in: Honsell (Hrsg.), CISG (2010), Art. 74 Rn. 8.

nicht vorgesehen.[973] In der Literatur wird aber die Ansicht vertreten, dass das rigide Bereicherungsverbot im CISG keine Anwendung findet und der vom Schuldner durch die Vertragsverletzung erzielte Gewinn im Bereich des Schadensberechnung und –bemessung herangezogen werden kann.[974]

b) Grundsatz der Totalreparation

Der Schuldner muss den Vermögenszustand herstellen, der ohne Vertragsverletzung bestünde. Alle Nachteile, die Folge der Vertragsverletzung sind, sollen dem Gläubiger ausgeglichen werden.[975] Nach dem Art. 74 S. 1 muss der ***gesamte Verlust einschließlich eines entgangenen Gewinns ersetzt*** werden.[976]

Die ausdrückliche Erwähnung des entgangenen Gewinns neben dem entstandenen Verlust hat nur die klarstellende Funktion für einige Rechtsordnungen, in denen entgangener Gewinn nicht ersatzfähig ist.[977]

Zu dem ersatzfähigen Verlust gehört vor allem das Erfüllungsinteresse. Zu ersetzen ist auch das Integritätsinteresse, soweit es als Teil des Erfüllungsinteresses in den Schutzbereich des Vertrages fällt.[978]

Die Ersatzfähigkeit des negativen Interesses (Vertrauensinteresses) ist umstritten.[979] Die herrschende Lehre geht von der Ersatzfähigkeit des negativen Interesses und auch des Vertrauensinteresses aus.[980] Die Ansprüche wegen

---

973 ***Magnus***, in: Staudinger/CISG (2005), Art. 74 CISG, Rn. 17; ***P. Huber***, in: MünchKommBGB (2008), Art. 74 CISG, Rn. 15; ***Piltz***, § 5, 5–515.

974 ***Schwenzer***, in: Schlechtriem/Schwenzer (2008), Art. 74 Rn. 8.

975 ***P. Huber***, in: MünchKommBGB (2008), Art. 74 CISG, Rn. 17; ***Botzenhardt***, s. 67; ***Piltz***, § 5, 5–514; ***Magnus***, in: Staudinger/CISG (2005), Art. 74 CISG, Rn. 19; ***Kranz***, S. 210.

976 Das Prinzip wird schon von Rabel formuliert: "Nur der Schaden, mit dem der Verkäufer als Folge seiner etwaigen Nichterfüllung bereits bei Vertragsabschluss rechnen konnte und musste oder mit dem er in diesem Zeitpunkt wirklich gerechnet hat, ist ersatzfähig" ***Rabel***, Warenkauf I S. 494; ***Magnus*** in: Staudinger/CISG (2005), Art. 74 CISG, Rn. 19; P. Huber, in: MünchKommBGB Art. 74 CISG, Rn. 16.

977 ***Magnus***, in: Staudinger/CISG (2005), Art. 74 CISG, Rn. 19; ***Witz/Salger/Lorenz***, Art. 74 Rn. 15.

978 ***Huber P.***, in: MünchKommBGB (2008), Art. 74 CISG, Rn. 16; ***Magnus***, in: Staudinger/CISG (2005), Art. 74 CISG, Rn. 19; ***Witz/Salger/Lorenz***, Art. 74 Rn. 12; ***Schwenzer***, in: Schlechtriem/Schwenzer (2008), Art. 74 Rn. 3; ***Stoll***, in: Von Caemmerer/Schlechtriem (1990), Art. 74, Rn. 3

979 ***Stoll***, in: Von Caemmerer/Schlechtriem (1990), Art. 74, Rn. 3.

980 ***Schwenzer***, in: Schlechtriem/Schwenzer (2008), Art. 74 Rn. 3; *P. Huber*, in: MünchKommBGB Art. 74 CISG, Rn. 16; ***Schönle/TH. Koller***, in: Honsell (Hrsg.), CISG

Personenschadens sind aus dem Geltungsbereich des Übereinkommens ausgeschlossen.[981] (Art. 5 CISG)

c) Geldersatz

Das CISG hat bei der Leistung des Schadenersatzes auf den Grundsatz der Naturalrestitution verzichtet.[982] Demnach ist Schadenersatz in Geld zu leisten. In der Konvention ist nicht geregelt, in welcher Währung der Schadenersatz zu zahlen ist.[983]

3) Voraussetzungen des Schadenersatzanspruchs

a) Vertragsverletzung

Nach Art. 45 Abs. 1 lit b kann der Käufer vom Verkäufer Schadenersatz verlangen, wenn der Verkäufer irgendeine seiner Pflichten aus dem Vertrag oder aus dem CISG verletzt hat. Somit ist Art. 45 Abs. 1 lit b Anspruchsgrundlage für Schadenersatzansprüche des Käufers gegen den Verkäufer geworden. Darauf, ob die vom Verkäufer verletzte Pflicht eine Haupt– oder Sonstigenpflicht darstellt, kommt es nicht an. Wichtig ist, dass der Verkäufer irgendeine seiner Pflichten verletzt hat. Die Vorschrift unterscheidet zwischen den wesentlichen und sonstigen Pflichten nicht.[984]

Das CISG sieht – anders als das deutsche und türkische Recht – einen verschuldensunabhängigen Schadenersatzanspruch vor. Zum Artikel 74 Satz 1 ist der Schaden beschrieben als *"der der anderen Partei infolge der Vertragsverletzung entstandene Verlust, einschließlich des entgangenen Gewinns*". Der Schadenersatzanspruch

---

(2010), Art. 74 Rn. 17; ***Piltz***, § 5, 5–515; anders bei: ***Witz/Salger/Lorenz***, Art. 74 Rn. 12.

981 ***Piltz***, § 5, 5–512; Für Kritik zur dieser Regelung Vgl. ***Rummel***, in: Hoyer/Posch (Hrsg.) S. 180.

982 ***Schwenzer***, in: Schlechtriem/Schwenzer (2008), Art. 74 Rn. 17; ***Huber P***,. in: MünchKommBGB (2008), Art. 74 CISG, Rn. 17; Schönle/TH. Koller, in: Honsell (Hrsg.), CISG (2010), Art. 74 Rn. 41; ***Magnus***, in: Staudinger/CISG (2005), Art. 74 CISG, Rn. 24; ***Rummel***, in: Hoyer/Posch (Hrsg.) S. 179; ***Kranz***, S. 210.

983 ***Magnus***, in: Staudinger/CISG (2005), Art. 74 CISG, Rn. 56; ***Schwenzer***, in: Schlechtriem/Schwenzer (2008), Art. 74 Rn. 63; ***Saenger***, in: Bamberger/Roth (2007) Art. 74 CISG, Rn. 2.

984 ***Stoll***, in: Schlechtriem (Hrsg.), Einheitliches, S. 258; ***Botzenhardt***, s. 66; ***Heilmann***, s. 553.

setzt kein Verschulden des Verkäufers voraus.[985] In diesem Sinne trifft den Verkäufer eine Garantihaftung.[986] Allerdings wird er durch die Regel der Voraussehbarkeit des Schadens begrenzt. Zum Schadenersatz wird in dem Art. 74 vor allem vorausgesetzt, dass der Schuldner irgendeine seiner Pflichten aus dem Vertrag oder aus dem Übereinkommen verletzt haben muss.[987]

Das Vorliegen einer wesentlichen Vertragsverletzung ist nicht erforderlich.[988] Die Art der Vertragsverletzung ist irrelevant, soweit es nicht um die Entlastung des Schuldners nach Art. 79–80 CISG geht. Die Zeit der Verletzung – vor oder nach der Erfüllung– spielt keine Rolle. Es kommt auch nicht auf die Art der Verletzung– z.B. Schlechterfüllung, Verspätung– an.[989]

b) Kausalität

Der Art. 74 S. 2 CISG bedingt einen Kausalzusammenhang zwischen Schaden und Vertragsverletzung. Demnach kann der Gläubiger nur den Ersatz solcher Schäden verlangen, für die die Vertragsverletzung kausal ist (conditio sine qua non).[990] Darauf, ob der Schaden mittelbar oder unmittelbar ist, kommt es nicht an, wenn die Vertragsverletzung kausal ist.[991]

Kausalität ist zu bejahen, wenn die Vertragsverletzung nicht hinweggedacht werden kann, ohne dass der Schaden entfiele.[992] Besteht die Vertragsverletzung in einer Unterlassung, ist Kausalität zu bejahen, wenn der Schaden bei pflichtgemäßem Verhalten mit hoher Wahrscheinlichkeit unterblieben wäre.[993] Die andere Lehre zum Kausalitätsverständnis wie die Adäquanztheorie wird im CISG nicht

---

985 ***Magnus***, in: Staudinger/CISG (2005), Art. 74 CISG, Rn. 11.

986 ***Magnus***, in: Staudinger/CISG (2005), Art. 45 CISG, Rn. 11.

987 ***Schönle/TH. Koller***, in: Honsell (Hrsg.), CISG (2010), Art. 74 Rn. 20; ***Magnus***, in: Staudinger/CISG (2005), Art. 74 CISG, Rn. 8; ***Schwenzer***, in: Schlechtriem/Schwenzer (2008), Art. 74 Rn. 11.

988 ***Schwenzer***, in: Schlechtriem/Schwenzer (2008), Art. 74 Rn. 11; ***Schönle/TH. Koller***, in: Honsell (Hrsg.), CISG (2010), Art. 74 Rn. 21; ***Botzenhardt***, s. 66.

989 ***Schönle/TH. Koller***, in: Honsell (Hrsg.), CISG (2010), Art. 74 Rn. 21.

990 ***Magnus***, in: Staudinger/CISG (2005), Art. 74 CISG, Rn. 28; ***Reinhart***, Art. 74 Rn. 2; ***Stoll***, in: Von Caemmererer/Schlechtriem (1990), Art. 74, Rn. 22; ***Schönle/TH. Koller*** in: Honsell (Hrsg.), CISG (2010), Art. 74 Rn. 23.

991 ***Eckert/Maifeld/Matthiesen***, Rn. 1054; ***Magnus***, in: Staudinger/CISG (2005), Art. 74 CISG, Rn. 29; ***P. Huber***, in: MünchKommBGB (2008), Art. 74 CISG, Rn. 20.

992 ***Magnus***, in: Staudinger/CISG (2005), Art. 74 CISG, Rn. 28; ***Brunner***, Art. 74 Rn. 10.

993 P. Huber, in: MünchKommBGB (2008), Art. 74 CISG, Rn. 20; ***Brunner***, Art. 74 Rn. 10.

berücksichtigt, und die einzige Einschränkung der Kausalität erfolgt nur über die Vorhersehbarkeitsregel.[994]

c) Als Begrenzungskriterium: Voraussehbarkeit des Schadens

Da das Übereinkommen den Schadenersatzanspruch verschuldensunabhängig ausgestaltet und für die Haftung des Schuldners reine Kausalität genügt, ist die Begrenzung der Haftung für den Schadenersatzanspruch notwendig. Dies erfolgt im CISG über das Kriterium der Voraussehbarkeit des Schadens durch den Verkäufer. Mit anderen Worten wird der Schadenersatzanspruch des Gläubigers durch die Voraussehbarkeitsregel begrenzt.[995]

Demnach kann der Gläubiger als Schadenersatz nur denjenigen Verlust verlangen, den die vertragsbrüchige Partei bei Vertragsabschluss als mögliche Folge der Vertragsverletzung vorausgesehen hat oder unter Berücksichtigung der Umstände, die sie kannte oder kennen musste, hätte voraussehen müssen.[996]

Die Voraussehbarkeitsregel betrifft nicht die Vertragsverletzung oder die Voraussehbarkeit der konkreten Höhe des Schadenumfangs, sondern nur die Voraussehbarkeit **der Möglichkeit des Schadeneintritts als Folge einer Vertragsverletzung**.[997] Die Voraussehbarkeit des Schadens in allen Einzelheiten wird nicht vorausgesetzt, sondern es wird vorausgesetzt, dass der Schuldner vorhergesehen hat bzw. vorhersehen konnte, dass seine Vertragsverletzung einen Schaden verursachen würde, der

---

994 ***Schwenzer***, in: Schlechtriem/Schwenzer (2008), Art. 74 Rn. 40; P. Huber, in: MünchKommBGB (2008), Art. 74 CISG, Rn. 20; ***Magnus***, in: Staudinger/CISG (2005), Art. 74 CISG, Rn. 30 Nach Magnus lassen sich die mit dem Voraussehbarkeitskriterium erzielten Ergebnisse auch über die unterschiedlichen Eingrenzungen der Kausalität erreichen.; auch ***Brunner***, Art. 74 Rn. 11; anders ***Stoll/Gruber*** in: Schlechtriem/Schwenzer (2008), Art. 74 Rn. 35; Für diskusssionswert findet das ***Mankowski:*** MünchKommHGB, Art. 74 CISG Rn. 19.

995 Für die Herkunft des Vorhersehbarkeitskriteriums S. Posch, Doralt (Hrsg.) S. 174.

996 ***P. Huber***, in: MünchKommBGB (2008), Art. 74 CISG, Rn. 24; ***Magnus*** in: Staudinger/CISG (2005), Art. 74 CISG, Rn. 31; ***Schönle/TH. Koller***, in: Honsell (Hrsg.), CISG (2010), Art. 74 Rn. 24; ***Schwenzer in: Schlechtriem/Schwenzer (2008)***, Art. 74 Rn. 45; ***Ferrari***, IHR 1/2005, S. 1, 5; ***Schlechtriem/Stoll***, Einheitliches Kaufrecht, s. 260; Die Regelung basiert auf der conteplation –rule des angloamerikanischen Rechtskreises. s. ***Botzenhardt***, s. 69 Fn. 115; ***Rummel***, in: Hoyer/Posch (Hrsg.), S. 177.

997 ***Schönle/TH. Koller***, in: Honsell (Hrsg.), CISG (2010), Art. 74 Rn. 24; ***Schwenzer***, in: Schlechtriem/Schwenzer (2008), Art. 74 Rn. 45; ***Magnus***, in: Staudinger/CISG (2005), Art. 74 CISG, Rn. 32; ***P. Huber***, in: MünchKommBGB (2008), Art. 74 CISG, Rn. 26.

"nach Art und Umfang im Wesentlichen dem tatsächlich eingetretenen Schaden entspricht".[998]

Nach der grammatikalischen Auslegung S. 2 Art. 74 CISG müssen zwei Fälle unterschieden werden. Der erste, der in der Praxis selten geschieht und schwer beweisbar ist, ist der Fall, in dem die vertragsbrüchige Partei die Möglichkeit des betreffenden Schadeneintritts im Augenblick des Vertragsabschluss vorhersah. Dies beurteilt sich nach dem subjektiven Maßstab.[999] Der in der Praxis wichtige zweite Fall betrifft die Fälle, in denen die vertragsbrüchige Partei die Möglichkeit des betreffenden Schadeneintritts zwar nicht positiv vorhersah, aber unter Berücksichtigung der Umstände, die sie kannte oder kennen musste, als möglich hätte voraussehen müssen. Im Gegensatz zu dem ersten Fall richtet sich der zweite nach einem objektiven Maßstab. Demnach ist entscheidend, was eine vernünftige Person in der konkreten Situation aus Sicht des Schuldners hätte als möglich vorhersehen können.[1000] Die Frage nach dem maßgeblichen Zeitpunkt für die Beurteilung der Voraussehbarkeit richtet sich nach der Zeit des Vertragsabschlusses.[1001]

d) Entlastungsmöglichkeit des Schuldners: Die Voraussetzungen von der Befreiung der Schadenersatzpflicht

Das dem CISG zu Grunde liegende Prinzip der verschuldensunabhängigen Haftung des Schuldners wird durch die Entlastungsmöglichkeit zu Recht beschränkt. Art. 79 CISG gewährt dem Schuldner eine Entlastungsmöglichkeit, wenn er beweisen kann, dass der Hinderungsgrund, der der Erfüllung des Vertrags entgegensteht, außerhalb seines Einflussbereichs liegt und für ihn unvorhersehbar und unvermeidbar war.[1002]

Die Vorschrift unterscheidet nicht zwischen den verschiedenen vertraglichen Pflichten. Darauf, ob es sich um die Verletzung einer Hauptpflicht, Nebenpflicht

---

998 ***Huber P***,. in: MünchKommBGB (2008), Art. 74 CISG, Rn. 28; Vgl. ***Magnus***, in: Staudinger/CISG (2005), Art. 74 CISG, Rn. 34; ***Eckert/Maifeld/Matthiesen***, Rn. 1055.

999 ***P. Huber***, in: MünchKommBGB (2008), Art. 74 CISG, Rn. 30;

1000 ***Huber P.***, in: MünchKommBGB (2008), Art. 74 CISG, Rn. 31; ***Schwenzer***, in: Schlechtriem/Schwenzer (2008), Art. 74 Rn. 49; ***Magnus***, in: Staudinger/CISG (2005), Art. 74 CISG, Rn. 35.

1001 ***Huber P.***, in: MünchKommBGB (2008), Art. 74 CISG, Rn. 33; ***Schwenzer*** in: Schlechtriem/Schwenzer (2008), Art. 74 Rn. 47.

1002 ***Magnus***, Honsell (Hrsg.), CISG (2010), Art. 79, Rn. 1; ***Schlechtriem***, Internationales, Rn. 288; ***Reinhart***, Art. 79, Rn. 1.

oder Rückabwicklungspflicht handelt,[1003] kommt es ebenso wenig an wie auf der Frage, wann das Leistungshindernis entstanden ist. Es ist gleich, ob das Leistungshindernis vor dem Vertragsabschluss oder nach dem Vertragsabschluss entstanden ist.[1004]

Ebenso hat es keine Bedeutung, welche Vertragsverletzung – Nichterfüllung, Schuldnerverzug, Schlechterfüllung – vorliegt.[1005]

Die Vorschrift setzt zunächst einen der Erfüllung des Vertrags entgegenstehenden Hinderungsgrund voraus, der außerhalb des Einflussbereichs des Schuldners liegt. Naturereignisse und Naturkatastrophen, Kriegsereignisse, Aus– und Einfuhrverbote, Embargo, Währungsverfall, Devisenverbote sind als Hinderungsgründe aufzuzählen.[1006]

Von diesen "externen" Umständen sind die persönlichen Umstände – wie Krankheit, Tod, Urlaub – zu unterscheiden, die keinen Hinderungsgrund darstellen und deshalb nicht zur Entlastung des Schuldners führen.[1007]

Der Eintritt des Hinderungsgrunds genügt allein nicht, um den Schuldner von der Schadenersatzpflicht zu entlasten. Darüber hinaus muss der Hinderungsgrund unvorhersehbar sein, d.h. der Hinderungsgrund kann den Schuldner nur entlasten, wenn vom Schuldner vernünftigerweise nicht erwartet werden konnte, den Hinderungsgrund bei Vertragsschluss vorherzusehen.[1008] Die Voraussetzung der Unvorhersehbarkeit ist zu bejahen, wenn "das Leistungshindernis für eine verständige Vertragspartei bei objektiver Betrachtung nicht erkennbar bzw. nicht abzusehen war".[1009] Die letzte Voraussetzung ist die Unvermeidbarkeit des Leistungshindernisses durch den Schuldner. Demnach entlastet ein Leistungshindernis den

---

1003 ***P. Huber***, in: MünchKommBGB (2008), Art. 79 CISG, Rn. 3; ***Magnus***, Honsell (Hrsg.), CISG (2010), Art. 79, Rn. 4.

1004 ***Schwenzer***, in: Schlechtriem/Schwenzer (2008), Art. 79, Rn. 12.

1005 ***Schwenzer***, in: Schlechtriem/Schwenzer (2008), Art. 79, Rn. 5; ***Stoll***, in: Von Caemmerer/Schlechtriem (1990), Art. 79, Rn. 12; ***Witz/Salger/Lorenz***, Art. 79 Rn. 2.

1006 ***Reinhart***, Art. 79, Rn. 4; ***Magnus***, Honsell (Hrsg.), CISG (2010), Art. 79, Rn. 12; *P. Huber*, in: MünchKommBGB Art. 79 CISG, Rn. 10; ***Schwenzer***, in: Schlechtriem/Schwenzer (2008), Art. 79, Rn. 15; ***Stoll***, in: Von Caemmerer/Schlechtriem (1990), Art. 79, Rn. 18.

1007 ***Schwenzer***, in: Schlechtriem/Schwenzer (2008), Art. 79, Rn. 11; ***Stoll*** in: Von Caemmerer/Schlechtriem (1990), Art. 79, Rn. 18; ***Magnus***, in: Honsell (Hrsg.), CISG (2010), Art. 79, Rn. 13.

1008 ***Schwenzer***, in: Schlechtriem/Schwenzer (2008), Art. 79, Rn. 13; ***Witz/Salger/Lorenz***, Art. 79 Rn. 5; ***Magnus***, in: Honsell (Hrsg.), CISG (2010), Art. 79, Rn. 15; ***Stoll***, in: von Caemmerer/Schlechtriem (1990), Art. 79, Rn. 12.

1009 ***P. Huber***, in: MünchKommBGB (2008), Art. 79 CISG, Rn. 8.

Schuldner nicht, auch wenn das Leistungshindernis für den Schuldner unvorhersehbar ist, wenn von ihm erwartet werden konnte, den Hinderungsgrund oder seine Folgen abzuwenden.[1010]

Nur wenn die oben genannten Voraussetzungen vorliegen, wird der Schuldner von der Schadenersatzpflicht befreit. Hervorzuheben ist, dass die Vorschrift 79 CISG die Entlastung des Schuldners nur auf den Schadenersatzanspruch des Gläubigers beschränkt hat. Die anderen Rechtsbehelfe– wie Vertragsaufhebung und Minderung– stehen dem Gläubiger weiter zur Verfügung.[1011]

Darüber, ob die Entlastung sich auch auf den Erfüllungsanspruch des Gläubigers erstreckt, ist sich die Literatur nicht einig.[1012] Bei dem Streit geht die Literatur meist von der Differenzierung zwischen subjektiver und objektiver Unmöglichkeit aus.[1013] Nach der herrschenden Meinung erstreckt sich die Entlastung auf den Erfüllungsanspruch, wenn eine objektive Unmöglichkeit vorliegt.[1014] Nach anderer Ansicht greife hier Art. 28 CISG und entscheide das angerufene Gericht nach seinem Recht darüber, ob auf Erfüllung geklagt werden könne.[1015] Nach hier vertretener Auffassung kann das Problem mithilfe von allgemeinen Grundsätzen gelöst werden.

1010 ***Schwenzer***, in: Schlechtriem/Schwenzer (2008), Art. 79, Rn. 14; P. Huber, in: MünchKommBGB (2008), Art. 79 CISG, Rn. 9; ***Magnus***, in: Honsell (Hrsg.), CISG (2010), Art. 79, Rn. 17.

1011 ***Magnus***, in: Honsell (Hrsg.), CISG (2010), Art. 79, Rn. 24; ***Schwenzer***, in: Schlechtriem/Schwenzer (2008), Art. 79, Rn. 49; ***P. Huber***, in: MünchKommBGB Art. 79 CISG, Rn. 28.

1012 ***Magnus***, in: Honsell (Hrsg.), CISG (2010), Art. 79, Rn. 26; ***Huber P.*** in: MünchKommBGB (2008), Art. 79 CISG, Rn. 28.

1013 ***Magnus***, in: Honsell (Hrsg.), CISG (2010), Art. 79, Rn. 26–27; ***Schwenzer*** in: Schlechtriem/Schwenzer (2008), Art. 79, Rn. 53–54; ***Magnus*** in: Staudinger/CISG (2005), Art. 79 CISG, Rn. 59–60: Diese Differenzierung wird mit der Begründung abgelehnt, sie stehe in Widerstreit zu der Tendenz der modernen Zivilrechte, beide Arten der Unmöglichkeit gleich zu behandeln. ***Mankowski***, in: MünchKommHGB, Art. CISG Rn. 10.

1014 ***Magnus***, in: Honsell (Hrsg.), CISG (2010), Art. 79, Rn. 26; ***Schwenzer*** in: Schlechtriem/Schwenzer (2008), Art. 79, Rn. 53; ***Magnus***, in: Staudinger/CISG (2005), Art. 79 CISG, Rn. 60; ***Bach/Stieber***, IHR, 2/2006, S. 60.

1015 ***Magnus***, in: Honsell (Hrsg.), CISG (2010), Art. 79, Rn. 26; ***Schwenzer*** in: Schlechtriem/Schwenzer (2008), Art. 79, Rn. 53; ***Magnus***, in: Staudinger/CISG (2005), Art. 79 CISG, Rn. 60.

4) Haftung für Dritte

Liegt die Vertragsverletzung des Schuldners an der Vertragsverletzung durch einen *selbstständigen* Dritten, dessen er sich zur völligen oder teilweisen Vertragserfüllung bedient, kann der Schuldner befreit sein, wenn für ihn und auch für den Dritten die oben genannten Voraussetzungen erfüllt sind (Art. 79 Abs. 2 CISG).

Als selbstständige Dritte kommen nicht in Betracht die eigenen Leute des Schuldners, für die Art. 79 Abs. 1 CISG gilt, sondern selbstständige Dritte, z.B. Subunternehmer, Transporteure oder Banken.[1016]

5) Verursachung der Nichterfüllung durch den Gläubiger

Anders als Art. 79 CISG sieht der Art. 80 CISG eine Entlastungsmöglichkeit vor, die sich nicht nur auf den Schadenersatzanspruch sondern auf alle anderen Rechtsbehelfe erstreckt.[1017] Demnach wird der Schuldner befreit, wenn die Verletzung ihre Gründe in der Handlung oder Unterlassung des Gläubigers findet. Die Vorschrift ist als eine Konkretisierung des Grundsatzes von Treu und Glauben (Art. 7 Abs. 1 CISG) anzusehen.[1018]

Die Befreiung setzt nicht das Verschulden des Gläubigers voraus.[1019] Stellt das Verhalten des Gläubigers zugleich eine Vertragsverletzung dar, stehen dem Gläubiger die im CISG niedergelegten Rechtsbehelfe z.B. Schadenersatzanspruch zu.[1020]

6) Rechtsfolgen und Schadensberechnung

Der Begriff des Schadenersatzes wird in der Konvention nicht definiert. In Betracht zieht man erlittene Verluste (*damnum emergens*) und entgangenen Gewinn (*lucrum*

1016 ***Magnus***, in: Staudinger/CISG (2005), Art. 79 CISG, Rn. 60; ***Schwenzer*** in: Schlechtriem/Schwenzer (2008), Art. 79, Rn. 34; anders bei ***Huber P.*** in: MünchKommBGB Art. 79 CISG, Rn. 23;

1017 ***Schwenzer*** in: Schlechtriem/Schwenzer (2008), Art. 80, Rn. 8.

1018 ***Magnus*** in: Staudinger/CISG (2005), Art. 80 CISG, Rn. 5; P. Huber, in: MünchKommBGB Art. 80 CISG, Rn. 1.

1019 ***Magnus***, in: Staudinger/CISG (2005), Art. 80 CISG, Rn. 11; P. Huber, in: MünchKommBGB (2008), Art. 80 CISG, Rn. 3.

1020 ***Schwenzer***, in: Schlechtriem/Schwenzer (2008), Art. 80, Rn. 10; *P. Huber*, in: MünchKommBGB (2008) Art. 80 CISG, Rn. 9.

cessans).[1021] Art und Umfang des Schadenersatzes werden in den Art. von 74 bis 77 CISG geregelt. Art. 74 CISG stellt die Grundnorm dar, während die Art. 75 und 76 CISG die Sonderfälle normieren, je nachdem, ob im Fall der Vertragsaufhebung ein Deckungsgeschäft vorgenommen wurde (Art. 75 CISG) oder nicht (Art. 76 CISG).

Als Grundnorm erfordert Art. 74 CISG grundsätzlich eine konkrete Schadensberechnung. Eine abstrakte Berechnung ist nur in Art. 76 CISG vorgesehen.[1022] Nach der herrschenden Meinung ist die Ermittlung des Schadens nach der Differenzhypothese zu bestimmen. Hiernach sind zwei Vermögenslagen zu vergleichen: die tatsächliche Vermögenslage des Käufers nach dem Schadenseintritt (Ist-Zustand) einerseits und seine hypothetische Vermögenslage (Soll-Zustand), die bestehen würde, wenn das schädigende Ereignis nicht eingetreten wäre, andererseits.[1023] Zu betrachten sind unter dieser Differenzberechnung alle Posten, die im Handels– und Geschäftsverkehr einen wirtschaftlichen Wert haben.[1024] Auch ersatzfähig sind immaterielle Schäden wie good will oder der Wert einer Marke.[1025] Schließlich zu berücksichtigen sind bei der Berechnung die Vorteile, die dem Käufer aufgrund der Vertragsverletzung zugeflossen sind.[1026]

Bei der Berechnung spielt auch die Frage eine große Rolle, ob der Käufer den Vertrag aufgehoben hat oder nicht und anschließend ein Deckungsgeschäft vorgenommen hat oder nicht. Zuerst muss hier das Verhältnis des Schadenersatzanspruches zu den anderen Rechtsbehelfen nochmal wiederholt werden. Dass der Schadenersatzanspruch mit den anderen Rechtsbehelfen kombiniert werden kann, wurde schon erklärt. Zwar wirkt sich die Ausübung anderer Rechtsbehelfe auf den Inhalt des Schadenersatzanspruches aus, aber es führt nicht zu dem Ausschluss des Schadenersatzanspruches. Zu betonen ist, dass CISG dem Käufer die Kombination des Schadenersatzrechts mit einer Vertragsaufhebung ermöglicht.

Eine schwierige Frage besteht darin, ob der Käufer gemäß Art. 74 CISG Schadenersatz wegen Nichterfüllung verlangen kann, ohne den Vertrag aufzuheben.

1021 ***Honsell***, SJZ 1992, S. 345 361; ***Tacheva***, S. 278.

1022 ***Magnus***, in: Staudinger/CISG (2005), Art. 74 CISG, Rn. 25; ***P. Huber***, in: MünchKommBGB (2008), Art. 74 CISG, Rn. 21.

1023 ***Magnus***, in: Staudinger/CISG (2005), Art. 74 CISG, Rn. 25; ***P. Huber***, in: MünchKommBGB (2008), Art. 74 CISG, Rn. 22; ***Brand***, S. 7; ***Kranz***, S. 211.

1024 ***Magnus***, in: Staudinger/CISG (2005), Art. 74 CISG, Rn. 27; ***P. Huber***, in: MünchKommBGB (2008), Art. 74 CISG, Rn. 22.

1025 ***Magnus***, in: Staudinger/CISG (2005), Art. 74 CISG, Rn. 27; ***P. Huber***, in: MünchKommBGB (2008), Art. 74 CISG, Rn. 22.

1026 ***Magnus***, in: Staudinger/CISG (2005), Art. 74 CISG, Rn. 22; ***P. Huber***, in: MünchKommBGB Art. 74 CISG, Rn. 23.

Die Bedeutung der Frage liegt darin, dass der Käufer über Schadenersatz wegen Nichterfüllung wirtschaftlich zu dem gleichen Ergebnissen gelangen kann, ohne sich den schwierigen Voraussetzungen und Hürden der Vertragsaufhebung auszusetzen. Die Ansichten sind in der Literatur geteilt.

Einer Ansicht nach bedingt ein Schadenersatzanspruch wegen Nichterfüllung die Aufhebung des Vertrags.[1027] Einer weiteren Ansicht nach wird in Art. 74 CISG im Gegensatz zu Art. 75 und 76 CISG nicht vorausgesetzt, dass der Käufer die Aufhebung des Vertrags erklärt.[1028] Wegen der Funktion des Schadenersatzanspruchs wegen Nichterfüllung, soll dem Käufer gemäß Art. 74 CISG nicht gelingen, hinter der Tür den Vertrag aufzuheben. Da die isolierte Geltendmachung von Schadenersatz wegen Nichterfüllung in der Funktion nicht anders als Vertragsaufhebung ist, soll Schadenersatz wegen Nichterfüllung den gleichen Einschränkungen der Vertragsaufhebung unterliegen, d.h. die Vertragsverletzung muss wesentlich sein. Deswegen scheint die erste Ansicht den Vorzug zu verdienen. Des Weiteren wird der Inhalt des Schadenersatzrechts im Fall der Vertragsaufhebung differenziert, je nachdem, ob ein Deckungsgeschäft vorliegt (Art. 75 CISG) oder nicht (Art. 76 CISG). Wichtig ist hier zu wissen, dass für den Käufer grundsätzlich keine Pflicht besteht, ein Deckungsgeschäft vorzunehmen. Eine solche Pflicht kann aber unter der Berücksichtigung der Schadensminderungspflicht bestehen.[1029] Ein zweiter wichtiger Punkt ist, dass der Käufer auch im Fall eines vorgenommenen Deckungsgeschäfts immer noch berechtigt ist, den Ersatz seines weiteren Schadens, den "schon nicht in der Differenz zwischen Vertragspreis und Preis eines Deckungsgeschäfts erfassten Schaden in den Grenzen des Art. 74 CISG"[1030] zu verlangen. Dies ergibt sich schon aus dem ausdrücklichen Wortlaut der Art. 75 und 76 Abs. 1 S. 1.[1031]

a) Schadenersatz im Fall der Vertragsaufhebung mit Deckungsgeschäft/konkrete Schadensberechnung (Art. 75 CISG)

Der Art. 75 CISG ermöglicht dem Käufer, die Differenz zwischen dem im Vertrag vereinbarten Preis und dem Preis des Deckungskaufs als Schaden zu verlangen,

---

1027 ***P. Huber***, in: MünchKommBGB (2008), Art. 74 CISG, Rn. 9; ***Magnus***, in: Staudinger/CISG (2005), Art. 45 Rn. 21 ff.; ***Sauthoff***, S. 104 ff., u. 235.

1028 ***Koller A.***, in: Honsell (Hrsg.), CISG (2010), Art. 74 Rn. 15; ***Piltz***, § 5 Rn. 370.

1029 ***Piltz***, § 5 Rn. 517.

1030 ***Schlechtriem***, Internationales, Rn. 310.

1031 ***Piltz***, § 5 Rn. 516, 531.

wenn der Käufer nach einer Vertragsaufhebung einen Deckungskauf vorgenommen hat. Die genannte Möglichkeit setzt zunächst die Vereinbarung eines konkreten Kaufpreises voraus.

Des Weiteren wird eine wirksame und berechtigte Vertragsaufhebung durch den Käufer oder Verkäufer[1032] und danach ein Deckungsgeschäft vorausgesetzt. Die bloße Berechtigung des Käufers zur Vertragsaufhebung ermöglicht es dem Käufer nicht, den Schaden gemäß Art. 75 zu verlangen. Aus dem Grundsatz von Treu und Glauben ergibt sich eine Ausnahme dazu, wenn es ausdrücklich feststeht, dass der Verkäufer seine Pflicht keinesfalls erbringen wird.[1033] Die Vorschrift setzt hinsichtlich des Deckungsgeschäfts weiter voraus, dass das Deckungsgeschäft in angemessener Weise und innerhalb eines angemessenen Zeitraums nach der Aufhebung vorgenommen wird.

Mit dem Kriterium der Angemessenheit obliegt es der geschädigten Vertragspartei, ein möglichst günstiges, niedrigstes Deckungsgeschäft abzuschließen.[1034] Da mit der Voraussetzung der Vornahme des Deckungsgeschäfts innerhalb einer angemessenen Zeit insbesondere der Anstieg des Schadens verhindert werden soll, muss die Frist den Umständen angepasst werden.[1035] Aufgrund des Kriteriums der Angemessenheit ist hier die Voraussehbarkeitsregel nicht zu berücksichtigen.[1036] Schließlich schließt die Vorschrift für den Käufer die Möglichkeit nicht aus, den Ersatz den weiteren Schadens– wie Untersuchungskosten, Aufbewahrungskosten und Rücksendungskosten – nach Art. 74 geltend zu machen, die durch die Differenzberechnung nicht ausgeglichen werden.[1037]

1032 Nach ***P. Huber*** ergebe sich aus dem Wortlaut der Vorschrift nicht dringend, dass die Aufhebung durch diejenige Partei erfolgen muss, die das Deckungsgeschäft vornimmt. ***P. Huber***, in: MünchKommBGB (2008), Art. 75 CISG, Rn. 3.

1033 ***Sauthoff***, S. 151; ***P. Huber***, in: MünchKommBGB (2008), Art. 75 CISG, Rn. 4; ***Eckert/Maifeld/Matthiesen***, Rn. 1061; ***Brunner***, Art. 75 Rn. 3; OLG München IHR 2/2005 70, 71.

1034 ***Schönle/TH. Koller***, in: Honsell (Hrsg.), CISG (2010), Art. 75, Rn. 15; ***Enderlein***, in: Enderlein/Maskow/Strohbach, Art. 75 Bem. 2.

1035 ***Enderlein***, in: Enderlein/Maskow/Strohbach Art. 75 Bem. 3; ***Eckert/Maifeld/Matthiesen***, Rn. 1064.

1036 ***Magnus***, in: Staudinger/CISG (2005), Art. 75 CISG, Rn. 3; ***Eckert/Maifeld/Matthiesen***, Rn. 1064; ***Brunner***, Art. 75 Rn. 1; ***P. Huber***, in: MünchKommBGB (2008), Art. 75 CISG, Rn. 16; ***Faust*** S. 137; a.A. ***Schönle/TH. Koller***, in: Honsell (Hrsg.), CISG (2010), Art. 75, Rn. 26.

1037 ***Magnus***, in: Staudinger/CISG (2005), Art. 75 CISG, Rn. 21; ***Eckert/Maifeld/Matthiesen***, Rn. 1059; ***Brunner***, Art. 75 Rn. 7; P. Huber, in: MünchKommBGB (2008), Art. 75 CISG, Rn. 19.

b) Schadenersatz im Fall der Vertragsaufhebung ohne Deckungsgeschäft/abstrakte Schadensberechnung (Art. 76 CISG)

Als Ausnahme zu dem Prinzip der konkreten Schadensberechnung sieht Art. 76 eine abstrakte Schadensberechnung vor, wenn (1) die Ware einen feststellbaren Marktpreis hat, (2) der Vertrag aufgehoben wurde und (3) kein Deckungsgeschäft im Sinne des Art. 75 vorgenommen wurde und (4) die Parteien einen Vertragspreis vereinbart haben. Demnach kann der Käufer die Differenz zwischen dem Vertragspreis und dem Marktpreis der Ware zur Zeit der Aufhebung sowie den Ersatz jedes weiteren Schadens verlangen (Art. 76 Abs. 1 S. 1).

Darauf, ob ein Schaden in dieser Höhe tatsächlich eingetreten ist, kommt es nicht an.[1038] Als Marktpreis wird der Preis, der allgemein für Waren gleicher Art unter gleichen Umständen vereinbart wird, verstanden.[1039] Der maßgebliche Zeitpunkt für den Marktpreis ist die Zeit der Vertragsaufhebung. Maßgeblicher Ort für den Marktpreis ist der Lieferort gemäß Art. 31. (Art. 76 Abs. 2 CISG). Wie Art. 75 CISG geht das Übereinkommen auch hier von der Vorhersehbarkeit des Schadens aus.

7) Schadensminderungspflicht/Obliegenheit zur Schadensvermeidung

Gemäß Art. 77 CISG obliegt es dem den Schadenersatz verlangenden Käufer, alle angemessenen Maßnahmen zu treffen, um den Schaden möglichst gering zu halten. Die Vorschrift stellt eine Konkretisierung des Rechtsinstituts von Treu und Glauben dar.[1040] Die Vorschrift begründet aber nicht eine eigenständige, klagbare Pflicht im Sinne der Art. 30 ff. CISG, deren Verletzung zu den Schadenersatzansprüchen des Verkäufers führen würde, sondern eine Obliegenheit, deren Versäumnis zur Reduzierung des dem Käufer zustehenden Schadenersatzanspruches

---

1038 ***Magnus***, in: Staudinger/CISG (2005), Art. 76 CISG, Rn. 6; ***Herber/Czerwenka***, Art. 76 Rn. 10; ***Eckert/Maifeld/Matthiesen***, Rn. 1067.

1039 ***Huber P.*** in: MünchKommBGB (2008) Art. 76 CISG, Rn. 4; ***Eckert/Maifeld/Matthiesen***, Rn. 1068; ***Schönle/TH. Koller***, in: Honsell (Hrsg.), CISG (2010) Art. 76, Rn. 11.

1040 ***P. Huber***, in: MünchKommBGB (2008), Art. 77 CISG, Rn. 1; ***Magnus***, in: Staudinger/CISG (2005) Art. 77 CISG, Rn. 2; ***Schönle/Magnus***, in: Honsell (Hrsg.), CISG (2010), Art. 77, Rn. 1; ***Mankowski***, in: MünchKommHGB, Art. 77 Rn. 1.

führt.[1041] Die Vorschrift verpflichtet den Käufer, unter den gegebenen Umständen angemessene Maßnahmen zu ergreifen. Als objektiver Maßstab gilt hier das Verhalten einer verständigen Person in gleicher Lage.[1042] Trotz des Gesetzestextes soll sich die Obliegenheit des Käufers nicht darauf beschränken, bereits eingetretenen Schaden möglichst gering zu halten. Die Obliegenheit zur Schadensminderung entsteht vor der Entstehung des Schadens. Dem Käufer obliegt es, die Entstehung des Schadens zu verhindern.[1043] Welche Maßnahmen zur Minderung des Schadens angemessen sind, richtet sich nach den konkreten Umständen des Einzelfalls. Unter den typischen Maßnahmen lassen sich, z.B. die rechtzeitige Vornahme eines Deckungsgeschäfts, die rechtzeitige Information über besondere Schadenrisiken, aufzählen.[1044] Der Käufer ergreift die angemessenen Maßnahmen auf Kosten des Verkäufers.[1045]

Die Obliegenheitsverletzung des Käufers reduziert den Anspruch in dem Umfang, in dem der Käufer den Schaden – entstandenen Verlust oder entgangenen Gewinn – hätte vermeiden können.[1046] Ob die Vorschrift 77 eine unmittelbare Anwendung auf andere Ansprüche finden kann, ist ein Streitpunkt im CISG. Nach Wortlaut und Systematik ist die Anwendung nur auf den Schadenersatzanspruch beschränkt und die Anwendung auf die anderen Ansprüche abzulehnen.[1047]

1041 ***Ryffel***, S. 26; ***P. Huber***, in: MünchKommBGB Art. 77 CISG, Rn. 1; ***Magnus***, in: Staudinger/CISG (2005), Art. 77 CISG, Rn. 3; ***Schönle/Magnus***, in: Honsell (Hrsg.), CISG (2010), Art. 77, Rn. 3; ***Mankowski***, in: MünchKommHGB, Art. 77 Rn. 3; ***Herber/Czerwenka***, Art. 75 Rn. 2.

1042 ***Schönle/Magnus***, in: Honsell (Hrsg.), CISG (2010), 77, Rn. 6; ***Roßmeier***, S. 411; ***Ryffel***, S. 81.

1043 ***Ryffel***, S. 81; P. Huber, in: MünchKommBGB (2008). Art. 77 CISG, Rn. 2; ***Schönle/Magnus***, in: Honsell (Hrsg.), CISG (2010), Art. 77, Rn. 5; ***Mankowski***, in: MünchKommHGB Art. 77 Rn. 6; ***Herber/Czerwenka***, Art. 75 Rn. 4; ***Roßmeier***, S. 411.

1044 ***Roßmeier***, S. 412; ***Ryffel***, S. 82; ***Schönle/Magnus***, in: Honsell (Hrsg.), CISG (2010), Art. 77, Rn. 8 ff.

1045 ***Schönle/Magnus***, in: Honsell (Hrsg.), CISG (2010), Art. 77, Rn. 14; ***Enderlein***, in: Enderlein/Maskow/Strohbach Art. 77 Bem. 2.

1046 P. Huber, in: MünchKommBGB (2008), Art. 77 CISG, Rn. 13; ***Mankowski***, in: MünchKommHGB, Art. 77 Rn. 14; ***Ryffel***, S. 82; ***Eckert/Maifeld/Matthiesen***, Rn. 1073; ***Schwenzer*** in: Schlechtriem/Schwenzer (2008) Art. 77, Rn. 12.

1047 ***P. Huber***, in: MünchKommBGB Art. 77 CISG, Rn. 3; ***Mankowski***, in: MünchKommHGB, Art. 77 Rn. 4; ***Ryffel***, S. 82; ***Eckert/Maifeld/Matthiesen***, Rn. 1071.

II. PECL, DCFR und CESL

Art. 9:501 (1) PECL berechtigt den Gläubiger (Käufer) den Ersatz für den ihr durch die Nichterfüllung seitens der anderen Partei verursachten Schaden zu verlangen, wenn die Nichterfüllung gemäß Art. 8:108 nicht entschuldigt ist. Damit gehen die PECL von der in Art. 8:101 vorgesehenen Unterscheidung aus, wonach der Gläubiger auf Schadenersatz und auf Erfüllungsanspruch nicht bestehen kann, wenn die Nichterfüllung entschuldigt ist. Die Frage, wann die Nichterfüllung entschuldigt ist, richtet sich nach Art. 8:108 PECL.

(1) Eine Nichterfüllung durch eine Partei ist entschuldigt, wenn sie beweist, dass die Nichterfüllung auf einem außerhalb ihres Einflussbereiches liegenden Hinderungsgrund beruht (*Unbeherrschbarkeit*) und dass von ihr vernünftigerweise nicht erwarten konnte, den Hinderungsgrund bei Vertragsschluss in Betracht zu ziehen (*Unvorhersehbarkeit*) oder den Hinderungsgrund oder seine Folgen zu vermeiden bzw. zu überwinden (*Unvermeidbarkeit*).[1048]

Der Schadenersatzanspruch des Gläubigers unterliegt auch einer Einschränkung, wenn der Schuldner den Schaden bei Vertragsschluss als wahrscheinliche Folge seiner Nichterfüllung nicht vorausgesehen hat oder vernünftigerweise hätte voraussehen können (Art. 9:503 PECL). Begehrt der Schuldner die Nichterfüllung vorsätzlich oder grob fährlässig, findet die Einschränkung keine Anwendung. Mit anderen Worten: Verhält sich der Schuldner vorsätzlich oder grob fährlässig, ist er schadenersatzpflichtig, auch wenn er die Folgen der Nichterfüllung bei Vertragsschluss nicht vorausgesehen hat oder hätte voraussehen können.[1049] Des Weiteren schließen die PECL dem Gläubiger Schadenersatzanspruch aus, wenn die Nichterfüllung durch seine eigene Handlung verursacht worden ist (Art. 8:101 (3) PECL).[1050] Die Behandlung des Umfangs des Schadenersatzanspruchs setzt eine Differenzierung voraus. Tritt der Gläubiger vom Vertrag zurück, ist zu fragen, ob der Gläubiger ein Deckungsgeschäft unternommen hat oder nicht. Im Fall, in dem der Gläubiger ein Deckungsgeschäft unternommen hat, kann der Gläubiger als Schadenersatz die Differenz zwischen vertraglich vereinbartem Preis und dem Preis des Deckungsgeschäfts verlangen (Art. 9:506 PECL).[1051] Liegt dagegen kein Deckungsgeschäfts vor, beläuft sich der Schaden auf die Differenz zwischen Vertragspreis und Marktpreis (Art. 9:507 PECL).

1048 ***Düchs***, S. 189.

1049 ***Vogg***, S. 172; In diesem Punkt unterscheiden sich die PECL vom CISG. ***Düchs***, S. 197.

1050 Für die beiderseitige Verursachung der Nichterfüllung vgl. ***Düchs***, s. 189.

1051 ***Dylakiewicz***, S. 202.

In dem Fall, in dem der Gläubiger vom Vertrag nicht zurückgetreten ist, bildet den allgemeinen Maßstab für den Schadenersatz der Betrag, der den Gläubiger so weit wie möglich in die Lage versetzt, in der sie sich befunden hätte, wenn der Vertrag ordnungsgemäß erfüllt worden wäre. Dieser Schadenersatz umfasst den Verlust, den die benachteiligte Partei erlitten hat und den Gewinn, der ihr entgangen ist (Art. 9:502 PECL). Somit gehen die PECL von dem Prinzip der Totalreparation aus.[1052]

Nach den Grundregeln erfasst der Schaden, für den Ersatz verlangt werden kann, auch Nichtvermögensschaden[1053] sowie zukünftigen Schaden,[1054] dessen Einritt vernünftigerweise als wahrscheinlich angesehen werden kann (Art. 9:501 (2) PECL). Zu ersetzen ist auch der sogenannte Folgeschaden.[1055]

Zu bemerken bleibt letztendlich, dass abgesehen von der Voraussetzung der Nichterfüllung der Ersatz des Verzögerungsschadens nicht den weiteren Voraussetzungen, wie Mahnung oder Fristerfordernis, unterliegt.[1056]

Hinsichtlich der Regelung des Schadenersatzanspruchs geht das DCFR keinen von den PECL abweichenden Weg.[1057] Der Gläubiger ist zum Schadenersatz für den ihm durch Nichterfüllung einer Verpflichtung des Schuldners entstandenen Verlust berechtigt, es sei denn, die Nichterfüllung ist, entschuldigt (III.–3:701 DCFR (I)). Aus der Vorschrift ergibt sich schon, dass das DCFR auch von der gleichen Unterscheidung der PECL ausgeht. Der Gläubiger kann den Ersatz seines Schadens nicht verlangen, wenn die Nichterfüllung entschuldigt ist.

Außer in den Fällen, in denen die Nichterfüllung entschuldigt ist, spielt das Verschulden keine Rolle. Nach dem DCFR schließt der Verlust, für den Schadenersatz verlangt werden kann, künftige Verluste mit ein, mit deren Eintritt der Schuldner rechnen konnte (III.–3:701 DCFR (I)).

Die Einschränkung des zu ersetzenden Schadens erfolgt beim DCFR über eine Voraussehbarkeitsregel, wonach der Schuldner nur für den Verlust haftet, den er zu dem Zeitpunkt, als der Vertrag geschlossen wurde, als Folge der Nichterfüllung vorausgesehen hat oder hätte voraussehen können (III.–3:703 DCFR (I)).

1052 ***Schmidt-Kessel***, in: Remien (Hrsg.), S. 95.

1053 Z.B. Schmerzensgeld oder Schadenersatz für Unannehmlichkeiten und seelischen Kummer, die aus der Nichterfüllung resultieren. ***Von Bar/Zimmermann***, S. 533; ***Zoll***, ZEuP, 2007, (229 ff.) 236.

1054 "…das heißt Schäden, die nach dem Zeitpunkt, zu dem der Schadenersatz festzusetzen ist, zu erwarten sind." ***von Bar/Zimmermann***, S. 533.

1055 ***von Bar/Zimmermann***, S. 533.

1056 ***Mitzkait***, S. 126.

1057 ***Ackermann***, in: Wagner (Hrsg.), S. 29.

Wegen der nahezu ähnlichen Regelung mit PECL, CISG und DCFR bedarf es einer genaueren Untersuchung der Vorschriften des CESL-Entwurfs an dieser Stelle nicht. Trotzdem soll auf die prinzipiellen Entscheidungen des CESL-Entwurfs – so kurz wie möglich– eingegangen werden.

Wie beim DCFR setzt der CESL-Entwurf die unentschuldigte Nichterfüllung einer Verpflichtung des Schuldners voraus (Art. 159 CESL-Entwurf), wobei es auf das Verschulden des Verkäufers nicht ankommt.[1058] Hinzuzufügen ist, dass die unentschuldigte Nichterfüllung rein kausal für den Schaden ist.[1059] D.h. der CESL-Entwurf geht von einem verschuldensunabhängigen Schadenersatzanspruch des Käufers aus. Dem Käufer steht kein Schadenersatzanspruch zu, wenn die Nichterfüllung entschuldigt ist. Die Begrenzung des Umfangs des zu ersetzenden Schadens erfolgt auch beim CESL-Entwurf über das Voraussehrbarkeitskriterium.[1060] Der Schuldner haftet nur für den Verlust, den er zum Zeitpunkt, als der Vertrag geschlossen wurde, als Folge der Nichterfüllung vorausgesehen hat oder hätte voraussehen können (Art. 161 CESL-Entwurf). Des Weiteren haftet der Schuldner nicht für den vom Gläubiger erlittenen Verlust, soweit der Gläubiger zu der Nichterfüllung oder deren Folgen beigetragen hat (Art. 162 CESL-Entwurf). Für die Bemessung des Schadenersatzes legt Art. 160 CESL-Entwurf die Differenzhypothese fest, wonach der Gläubiger mit dem Schadenersatz in die Lage versetzt wird, in der er sich befunden hätte, wenn die Verpflichtung ordnungsgemäß erfüllt worden wäre. Der Schadenersatz umfasst sowohl den vom Gläubiger erlittenen Verlust als auch den ihm entgangenen Gewinn (Art. 160 CESL-Entwurf). Auch für den Fall, in dem der Käufer den Vertrag beendet hat, enthält der CESL-Entwurf nahezu parallele Vorschriften (Art. 164, 165 CESL-Entwurf) zum CISG Art. 75, 76, die danach differenzieren, ob der Käufer ein Deckungsgeschäft unternommen hat oder nicht. Auch der CESL-Entwurf obliegt dem Gläubiger (Käufer) die Pflicht, den erlittenen Verlust, durch eine angemessene Maßnahmen zu mindern (Art. 162 CESL-Entwurf).

1058 ***Wilhelm***, IHR 6/2011, S. 225, 233: “Sachlich besteht der Unterschied wohl darin, dass das Verschuldensprinzip auch interne Störungen wie Irrtum oder mangelnde Steuerungs– und Geschäftsfähigkeit berücksichtigt, wohingegen die Frage nach der Entschuldigung lediglich externe Störungen würdigt.”

1059 ***Remien***, in: Schmidt-Kessel (Hrsg.), Ein einheitliches, europäisches Kaufrecht, S. 504.

1060 In Bezug auf die Voraussehrbarkeit unterscheidet sich der Art. III.–3:703 DCFR vom CESL-Entwurf dadurch, dass dieser dieVoraussehrbarkeitsregel mangels Schutzbedürftigkeit des Verkäufers nicht anwendet, wenn der Verkäufer seine Pflichten vorsätzlich oder grob fahrlässig verletzt hat. ***Wilhelm***, IHR 6/2011, S. 225, 233.

III. Deutsches Recht (BGB)

1) Allgemein und Voraussetzungen des Schadenersatzanspruchs

Die Regelung des Schadenersatzanspruchs ist im deutschen Leistungsstörungsrecht von entscheidender Bedeutung. Nach längerer Diskussion[1061] hat sich der deutsche Gesetzbegeber dazu entschlossen, statt den in der Doktrin vorgeschlagenen Begriff der Nichterfüllung den Tatbestand der Pflichtverletzung zu benutzen.[1062] Mit dem Begriff der Pflichtverletzung ist "nur ein objektiv nicht dem Schuldverhältnis entsprechendes Verhalten des Schuldners" gemeint, auch wenn das Wort der Pflichtverletzung "das Verschulden" indiziert hat.[1063] Die Entscheidung des Gesetzgebers zu Gunsten des Begriffs der Pflichtverletzung hat aber die in der Literatur geführten Diskussionen nicht beendet, sondern hervorgebracht. Die Kritik betrifft insbesondere das Verhältnis der Pflichtverletzung zur Unmöglichkeit. Es erhebt sich nun die Frage, worin die Verletzung liege, wenn der Schuldner von seiner Pflicht gemäß 275 1 bis 3 befreit werde. Die Kritik beruht nur auf sprachlichen Erwägungen. Im Fall der Unmöglichkeit liegt die Verletzung in der Nichterfüllung der Leistung.[1064]

Nach der Schuldrechtsreform ist die Vorschrift des § 280 BGB Anspruchsgrundlage für alle Schadenersatzansprüche mit Ausnahme des § 311 a Abs. 2. Demnach geschieht die erste notwendige Differenzierung nach dem Kriterium, ob ein Schadenersatzanspruch wegen anfänglicher Unmöglichkeit oder ein Schadenersatzanspruch wegen aller anderen Störungen vorliegt.[1065]

Diese Unterscheidung soll ergeben, dass der in § 280 BGB eingeführte Tatbestand der Pflichtverletzung außer der anfänglichen Unmöglichkeit alle Störungen erfassen soll.[1066] Die Sonderstellung der anfänglichen Unmöglichkeit liegt daran, dass das für den Schadenersatzanspruch erforderliche Vertretenmüssen des Schuldners im Fall der anfänglichen Unmöglichkeit andere Voraussetzungen

---

1061 Dazu ***Schultz***, in: Westermann (Hrsg.), Das neue Schuldrecht, S. 21 ff.

1062 Für die Einwände gegen den Begriff, s. ***Unberath***, in Bamberger/Roth (2007), § 280 Rn. 11 (Fn. 36); ***Grüneberg***, in: Palandt (2012), § 280 BGB Rn. 3.

1063 BT-Drucks. 14/6040 S. 135; ***Oechsler***, Rn. 225; ***Unberath***, in Bamberger/Roth (2007), § 280 Rn. 11: "Pflichtverletzung bedeutet (…) jedes Abweichen von dem (iS des § 243) Geschuldeten".

1064 Vgl. ***Brox/Walker***, AT, (2007), § 22 Rn. 51.

1065 ***R. Schwarz***, S. 179.

1066 ***Unberath***, in Bamberger/Roth (2007), § 280 Rn. 11.

als die §§ 280, 283 BGB hat.[1067] Das hat wieder damit zu tun, dass "sich das Pflichtenprogramm des Schuldners vor Vertragsschluss anders gestaltet als nach Vertragsschluss".[1068] Zudem erfährt die Vorschrift § 280 BGB eine weitere Differenzierung, die auf der Art der Pflichtverletzung beruht.

§ 280 Abs. 1 legt die Voraussetzungen fest, die für alle Arten des Schadenersatzanspruchs vorliegen müssen. § 280 Abs. 1 lautet folgendermaßen: "Verletzt der Schuldner eine Pflicht aus dem Schuldverhältnis, so kann der Gläubiger Ersatz des hierdurch entstehenden Schadens verlangen. Dies gilt nicht, wenn der Schuldner die Pflichtverletzung nicht zu vertreten hat."

Hieraus ergibt sich Folgendes: Das Vorliegen eines Schuldverhältnis, die Verletzung einer sich aus diesem Schuldverhältnis ergebenden Pflicht und das Vertretenmüssen des Schuldners, welches aber im Gesetz vermutet wird.

Außer der bisher dargelegten Funktion des Abs. 1 gibt es noch die zweite, die für eine Kategorie des Schadenersatzes, also den einfachen Schadenersatz, eine selbstständige Anspruchsgrundlage ist. In diesem Sinne spricht man zutreffend von einer "Doppelfunktion" des § 280 Abs. 1 BGB.[1069] Der Ersatz des Mangelfolgenschadens erfolgt nach dieser zweiten Funktion, weil der Ersatz des Mangelfolgenschadens nicht statt der Leistung sondern neben der Leistung erfolgt.[1070] Die abstrakte Vorschrift differenziert in Abs. 2 und 3 je nach der Variante der Pflichtverletzung,[1071] bei denen Schadenersatzanspruch im bestimmten Fällen zusätzlichen Voraussetzungen unterliegt.

Will der Gläubiger den Ersatz des wegen Verspätung/Verzögerung der Erfüllung entstandenen Schadens, unterliegt sein Anspruch den zusätzlichen Voraussetzungen des § 286 BGB (§ 280 Abs. 2). In Abs. 2 wird der Ersatz des nur wegen der Verspätung der Erfüllung entstandenen Schadens geregelt. Die Besonderheit besteht in diesem Fall darin, dass der Gläubiger den Ersatz des Verspätungsschadens neben der Leistung beansprucht. Mit dieser Besonderheit weicht die Vorschrift des § 280 Abs. 2 BGB von der in Art. 281 geregelten Verzögerung, wobei der Gläubiger wegen der Verzögerung nicht den Verspätungsschaden neben der Leistung, sondern Schadenersatz statt der Leistung verlangt. Verlangt der Gläubiger

---

1067 ***Brox/Walker***, AT (2007), § 22 Rn. 67.

1068 ***Brox/Walker***, AT (2007), § 22 Rn. 67.

1069 ***Grigoleit/Riem***, AcP 203, S. 727, 729; ***Westermann***, in: Erman § 280 Rn. 1; ***Schwarze***, S. 179.

1070 ***Brox/Walker***, AT (2007), § 24 Rn. 22.

1071 A.A.: ***Stadler***, in: Jauernig § 280 Rn. 1: "Die Abgrenzung erfolgt nach der Art des Schadens, nicht nach der Art der Pflichtverletzung".

wegen der Verletzung, also der Schlechtleistung, Verzögerung und Unmöglichkeit, den Schadenersatz statt der Leistung, ermöglicht ihm das Gesetz erst unter den zusätzlichen Voraussetzungen des § 281, des § 282 oder des § 283 BGB (280 Abs. 3 BGB).

Die Voraussetzungen des Schadenersatzanspruchs statt der Leistung variieren je nach der Art der Störung. Mit anderen Worten: Liegt eine Schlecht– oder Nichtleistung vor, ist § 280 Abs. 1 i.V. m. 281 BGB einschlägig. Dagegen kommt § 280 Abs. 1 283 BGB zur Anwendung, wenn die Nichterfüllung in Form der Unmöglichkeit besteht. Schließlich gelten für die nichtleistungsbezogenen Nebenpflichtverletzungen die Vorschriften des § 280 Abs. 1 i. V. m. 282 BGB.[1072]

Im deutschen Recht hat der Gläubiger die Möglichkeit, anstelle des Anspruchs auf Schadenersatz statt der Leistung seine Aufwendungen zu verlangen. Diese alternativeMöglichkeit steht dem Gläubiger nur zu, wenn die Voraussetzungen des Schadenersatz statt der Leistung (§ 280 Abs. 3, i.V.m. § 281 bis § 283 BGB) erfüllt sind.[1073]

Zu beachten ist jedoch, dass es in dem Fall nicht um den Ersatz des vollen negativen Interesses geht, sondern um Ersatz der nutzlos gewordenen Aufwendungen.[1074] Bei allen Arten der Schadenersatzansprüche[1075] ist Art, Inhalt und Umfang des Schadenersatzanspruches gemäß §§ 249 BGB festzulegen, die von dem Grundsatz der Naturalherstellung und Totalreparation ausgehen.[1076] Demnach hat der Schadenersatzpflichtige den Zustand herzustellen, der bestehen würde, wenn der zum Ersatz verpflichtende Umstand nicht eingetreten wäre (§ 249 Abs. 1 BGB). § 249 Abs. 2 S. 1 ermöglicht dem Geschädigten, statt Naturalherstellung Geldersatz zu verlangen. Die Vorschrift § 251 BGB sieht die Ausnahmen von dem Grundsatz Naturalherstellung vor, wenn die Wiederherstellung des geschuldeten Zustandes nicht möglich ist, wenn die Wiederherstellung den Gläubiger nicht genügend entschädigt, wenn die Wiederherstellung nur mit unverhältnismäßigen Aufwendungen durchführbar ist.[1077]

Auch wenn im BGB über die Form der Berechnung, also abstrakte oder konkrete Berechnung, keine Bestimmung zu sehen ist,[1078] muss der Gläubiger den

---

1072 ***Unberath***, in: Bamberger/Roth (2007), § 280 Rn. 14.

1073 ***Brox/Walker***, AT (2007), § 22 Rn. 74.

1074 ***Grüneberg***, in: Palandt (2012), § 284 BGB Rn. 8; ***Brox/Walker***, AT (2007), § 22 Rn. 80.

1075 ***Schulze***, in HK-BGB (2007), vor §§ 249–253, Rn. 1.

1076 ***Unberath***, in: Bamberger/Roth (2007), § 280 Rn. 41; ***Looschelders***, AT (2009), § 48 Rn. 949, 875.

1077 ***Tvalavedze***, S. 122; ***Looschelders***, AT (2009), § 48, Übersicht: 4.

1078 ***Schmidt-Ahrendts***, S. 47.

ihm entstandenen Schaden konkret berechnen.[1079] Die Berechnung des Schadens in abstrakter Form wird in der ständigen Rechtsprechung anerkannt (Vgl. § 376 HGB).[1080]

2) Schadenersatzanspruch des Gläubigers nach den allgemeinen Vorschriften des BGB

a) Schadenersatzanspruch des Gläubigers im Fall der Verzögerung der Leistung (§ 281 Abs. 1 BGB 1. Alternative)

aa) Abgrenzung zwischen Verzögerung und Verzug

Besteht die Pflichtverletzung des Schuldners in der Verzögerung der Leistung, ist eine Differenzierung zwischen zwei Schadenersatzansprüchen zwingend, die jeweils eigene Voraussetzungen enthalten. Bei der Ersten geht es nur um den Ersatz des Verspätungsschadens, der nicht an Stelle des Primäranspruchs tritt, sondern neben den Primäranspruch (Schadenersatz neben der Leistung, §§ 280 Abs. 2, 286).[1081]

Bei dieser Möglichkeit verzichtet der Gläubiger auf die Erfüllung der Leistung nicht. Dieser Schadenersatzanspruch setzt den Verzug des Schuldners voraus. Demgegenüber wird beim zweiten Schadenersatzanspruch kein Verzug vorausgesetzt, wobei der Schadenersatzanspruch an Stelle des Primäranspruchs tritt (Schadenersatz statt der Leistung §§ 280 Abs. 3, 281 BGB).[1082]

bb) Schadenersatzanspruch statt der Leistung im Fall der bloßen Verzögerung der Leistung (§§ 280 Abs. 1, 281 Abs. 1, 1. Alternative BGB)

Liegt die Pflichtverletzung des Schuldners in der Form der "Nichtleistung" vor, steht dem Gläubiger unter den Voraussetzungen der §§ 280 Abs. 1 u. 3, 281 BGB die Möglichkeit zur Verfügung, den Schadenersatz statt der Leistung zu verlangen. Unter "Nichtleistung" versteht man die bloße Verzögerung einer fälligen durchsetzbaren Leistung.

Die Fälligkeit der Leistung richtet sich nach § 271 BGB. Ein aus der Unmöglichkeit resultierendes Ausbleiben der Leistung scheint zunächst, unter § 280 BGB

1079 ***Kötz***, Rn. 1061; ***Tvalavedze***, S. 123; ***Schmidt-Ahrendts***, S. 47.
1080 ***Kötz***, Rn. 1064.
1081 ***Lorenz/Riehm***, Rn. 287.
1082 ***Lorenz/Riehm***, Rn. 288.

zu fallen, ist aber speziell in § 283 BGB geregelt. Daraus kann man erschließen, dass dem Schuldner die Erbringung der Leistung, also die Behebung der Störung im Fall des § 281 BGB, möglich sein muss.[1083] Die Unbehebbarkeit der Leistung schließt die Anwendung des § 281 aus. Dieser auf den Ersatz des positiven Interesses gerichtete Anspruch ersetzt denjenigen Schaden, der deshalb eintritt, weil der Schuldner seine fällige, durchsetzbare Leistungspflicht nicht rechtzeitig erbringt.[1084] Der Gläubiger ist so zu stellen, wie er stehen würde, wenn der Schuldner seine Leistung ordnungsgemäß erbracht hätte.[1085]

Entsprechend dem Prinzip des Vorrangs des Erfüllungsanspruchs muss der Gläubiger zuerst eine Frist zur Leistung setzen, bevor er den Schadenersatz statt der Leistung verlangt. Dieses Fristerfordernis kann aber unter bestimmten Voraussetzungen des § 281 Abs. 2 BGB entbehrlich sein. Demnach ist eine Fristsetzung entbehrlich, wenn der Schuldner die Leistung ernsthaft und endgültig verweigert hat oder besondere Umstände vorliegen, die eine sofortige Geltendmachung des Schadenersatzanspruches rechtfertigen. Anders als § 323 Abs. 2 Nr. 2 BGB wird aber hier das relative Fixgeschäft nicht als Grund genannt, der die Fristsetzung entbehrlich macht. Nach dem fruchtlosen Ablauf der vom Gläubiger gesetzten Frist steht es dem Gläubiger frei, entweder weiter auf die Erfüllung der Leistung zu bestehen oder den Schadenersatz statt der Leistung zu verlangen. Nach dem fruchtlosen Fristablauf wird der Gläubiger nicht gezwungen, den Schadenersatz statt der Leistung zu verlangen; er kann weiter auf Erfüllung bestehen. Das Verlangen des Gläubigers auf Schadenersatz statt der Leistung führt aber zum Erlöschen des Erfüllungsanspruchs.[1086]

Zu den zusätzlichen Voraussetzungen kommen die allgemeinen Voraussetzungen des § 280 Abs. 1 BGB hinzu (§ 281 Abs. 1 S. 1 BGB). Für die Teilleistung gibt es eine Besonderheit. Erbringt der Schuldner seine Leistung nur teilweise, beschränkt sich sein Anspruch auf Schadenersatz statt der Leistung, in der Regel auf den Teil, der nicht erfüllt wurde (sog. kleiner Schadenersatz). Hat aber der Gläubiger kein Interesse an der Teilleistung, ermöglicht § 281 Abs. 1 S. 2 BGB dem Gläubiger, den Schadenersatz statt der Leistung an Stelle der ganzen Leistung zu verlangen (sog. großer Schadenersatz).[1087]

1083 ***Dauner-Lieb***, in: Anwaltkommentar, § 281 Rn. 5; ***Schmidt-Räntsch***, Rn. 333.

1084 ***Faust***, in: Huber P./Faust, § 3 Rn. 184; ***Ernst***, in: MünchKommBGB (2008), Bd. 2, § 281 Rn. 2; ***Looschelders***, AT (2009), Rn. 605.

1085 ***Stadler***, in: Jauernig, § 281 Rn. 16; ***Faust***, in: Huber P. /Faust, § 3 Rn. 181.

1086 ***Looschelders***, AT (2009), Rn. 624; ***Faust***, in: Huber P./Faust, § 3 Rn. 154.

1087 ***Looschelders***, AT (2009), Rn. 625 ff.; ***Lorenz/Riehm***, Rn. 217; ***Faust***, in: Huber P./Faust, § 3 Rn. 159.

cc) *Schadenersatzanspruch neben der Leistung im Fall des Verzugs (sog. Verzögerungsschaden, §§ 280 Abs. 2, 286 BGB)*

Im Fall des Verzugs wird dem Gläubiger eingeräumt, den Ersatz des wegen der Verspätung entstandenen Schadens zu verlangen. Der gemäß § 280 Abs. 2, 286 BGB zu ersetzende Schaden unterscheidet sich von dem Schadenersatz statt der Leistung gemäß § 281 BGB dadurch, dass es beim Verspätungsschaden nur um es einen Schaden handelt, der durch die spätere Erfüllung nicht ersetzt werden kann. Der Schaden besteht nicht wegen des endgültigen Ausbleibens der Leistung, sondern nur wegen der Verspätung.[1088] Man spricht hier richtigerweise vom Schadenersatz statt der Rechtzeitigkeit der Leistung.[1089] Die Voraussetzungen des Verzugs sind die Fälligkeit, Durchsetzbarkeit und Mahnung. Für die Fälligkeit und Durchsetzbarkeit der Leistung gilt das zum Rücktritt dort Ausgeführte. Von diesen ist hier daher nur die Mahnung zu behandeln.

b) Schadenersatz statt der Leistung im Fall der Schlechterfüllung nach den allgemeinen Vorschriften des BGB (§§ 280 Abs. 3, 281 Abs. 1 BGB, 2. Alternative)

Der Schadensatz statt der Leistung im Fall der Schlechterfüllung kommt im BGB mit der Formulierung “nicht wie geschuldet erbringt” zum Ausdruck. Dies ermöglicht dem Gesetzgeber, die besonderen Gewährleistungsvorschriften in das allgemeine Leistungsstörungsrecht zu integrieren. Die Vorschrift unterscheidet zwischen Haupt– und leistungsbezogenen Nebenpflichten nicht. Zu wiederholen ist aber die Voraussetzung der Behebbarkeit der Störung. Sonst gilt Entsprechendes, was im Fall der bloßen Verzögerung dargelegt wurde. Eine Besonderheit liegt darin, dass der Gläubiger Schadenersatz statt der Leistung nicht verlangen kann, wenn die Pflichtverletzung unerheblich ist. Mit solcher Formulierung geht das Gesetz davon aus, dass der große Schadenersatz statt der Leistung bei der Schlechterfüllung die Regel ist.[1090]

1088 ***Faust***, in: Huber P./Faust, § 3 Rn. 91; ***Medicus/Lorenz***, Rn. 468; ***Grigoleit/Riehm***, AcP 203, S. 727, 767.

1089 ***Schmidt-Kessel***, in: P/W/W (2007), § 280 Rn. 27.

1090 ***Lorenz/Riehm***, Rn. 217.

c) Schadenersatzanspruch des Gläubigers im Fall der zu vertretenden nachträglichen Unmöglichkeit der Leistung (§§ 280 Abs. 1, 283 BGB)

Im Fall der Unmöglichkeit gewährt das BGB dem Gläubiger, den Schadenersatz statt der Leistung zu verlangen (§ 283 BGB), unabhängig davon, welche Form der Unmöglichkeit (objektiv oder subjektiv aber immer nachträglich) vorliegt. Braucht der Schuldner nach § 275 Abs. 1 bis 3 BGB nicht zu leisten, kann der Gläubiger unter den Voraussetzungen des § 280 Abs. 1 BGB Schadenersatz statt der Leistung verlangen. Die Vorschrift regelt die nachträgliche Unmöglichkeit. Da die allgemeinen Voraussetzungen des § 281 Abs. 1 BGB auch hierfür gelten, muss der Schuldner die Unmöglichkeit vertreten. Demnach soll der Anspruch des Gläubigers auf Schadenersatz statt der Leistung unter den Voraussetzungen des § 283 BGB stattfinden. Die allgemeine Voraussetzung der Pflichtverletzung erzwingt die Frage, worin die Pflichtverletzung liegt, wenn die Leistung unmöglich ist. Eine nicht zutreffende Ansicht sieht die Pflichtverletzung darin, dass der Schuldner die Umstände herbeigeführt hat, die zu einer Leistungsbefreiung führen.[1091] Dagegen scheint es richtig zu sein, die zu einer Leistungsbefreiung führenden Umstände nicht im Rahmen der Pflichtverletzung, sondern im Rahmen des Vertretenmüssens zu behandeln.[1092] Die erste Ansicht ist aus verschiedenen Gründen nicht zutreffend. Erstens: Geht man von der ersten Ansicht aus, wird die Beweisbelastung des Gläubigers zum Vorliegen der Unmöglichkeit verdoppelt.

Zweitens bleibt für die Voraussetzung des Vertretenmüssens kein Raum, die praktisch eine größere Rolle spielen kann, als die rein theoretische Frage, worin die Pflichtverletzung im Fall der Unmöglichkeit liegt. Die teleologische Interpretation der Vorschrift des § 280 Abs. 1 BGB macht ganz klar, dass der deutsche Gesetzgeber die Voraussetzung des Vertretenmüssens, um die Position des Gläubigers zu verbessern, in der Weise instrumentalisiert, dass das Vertretenmüssen des Schuldners vermutet wird. Bei Annahme der genannten Ansicht verliert aber diese Vermutung seine Bedeutung. Deshalb besteht die Pflichtverletzung des Schuldners im Fall der Unmöglichkeit nicht darin, dass er die Unmöglichkeit herbeiführt, sondern in der Nichterfüllung der Leistung.[1093]

1091 ***Faust***, in: Huber P./Faust, § 3 Rn. 119; ***Looschelders*** AT (2009), Rn. 505 (Fn. 85).

1092 ***Unberath***, in Bamberger/Roth, § 180 Rn. 11; ***Looschelders***, AT (2009), Rn. 505.

1093 BT-Drucks. 14/6040 S. 135; ***Canaris***, JZ 2001, S. 499, 512; ***Looschelders***, AT (2009), Rn. 506; ***Unberath***, in: Bamberger/Roth, § 183 Rn. 2; ***Dedek***, in: Henssler/von Westphalen, § 283 Rn. 4; ***Schulze***, in HK-BGB (2007), Vor §§ 275–292 Rn. 8.

Der Ausschluss der Primärleistung – als zusätzliche Voraussetzung des § 283 BGB– setzt in Bezug auf die Frage, ob sich der Schuldner auf Unmöglichkeit berufen soll oder nicht, eine Differenzierung zwischen § 275 Abs. 1 und Abs. 2–3 BGB voraus.

Während § 275 Abs. 1 im prozessualen Sinn eine Einwendung darstellt und deshalb die Primärleistung automatisch ausschließt, geht es im § 275 Abs. 2–3 um eine Einrede, die der Gläubiger erheben muss.[1094]

Letztendlich kann der Gläubiger die Herausgabe des stellvertretenden commodums verlangen, was der Schuldner infolge des Umstands anstelle des geschuldeten Gegenstands erlangt, auf Grund dessen er die Leistung nach § 275 Abs. 1 bis 3 nicht zu erbringen braucht (§ 285 Abs. 1 BGB).[1095] Abs. 2 des § 285 BGB stellt es klar, dass der Gläubiger neben die Herausgabe des stellvertretenden commodums auch den Ersatz seines Schadens gelten machen kann, wobei sich sein Schaden um den Wert des erlangten Ersatzes oder Ersatzanspruchs mindert.

d) Schadenersatz des Gläubigers im Fall der anfänglichen Unmöglichkeit (§ 311a BGB)

Wichtig ist zunächst, dass die anfängliche Unmöglichkeit – anders als die alte Rechtslage – nicht zur Unwirksamkeit des Vertrags führt. Hinzuweisen ist auch auf die Voraussetzungen des für die Haftung des Schuldners erforderlichen Vertretenmüssens. Demnach haftet der Schuldner nicht, wenn er das Leistungshindernis bei Vertragsschluss nicht kannte und seine Unkenntnis auch nicht zu vertreten hat (311 a Abs. 2 BGB). Der Schuldner ist verpflichtet zum Ersatz des positiven Interesses.[1096]

e) Schadenersatzanspruch des Gläubigers bei Nebenpflichtverletzungen

Ein differenzierender Blick auf die Regelung des Schadenersatzanspruchs bei Nebenpflichtverletzungen lässt zwei unterschiedliche Fälle erkennen. Erstens: Der

---

1094 ***Dedek***, in: Henssler/ von Westphalen, § 283 Rn. 2; ***Faust***, in: Huber P./Faust, § 3 Rn. 106 ff.

1095 ***P. Huber***, in: Huber P./Faust, § 6 Rn. 1 ff; ***Brox/Walker*** AT (2007), § 22 Rn. 74. Zu dem stellvertretenden commondum gehört nicht nur das, was der Schuldner anstelle der zerstörten oder gestohlenen Sache erlangt (commodum ex re), sondern auch das, was der Schuldner durch ein Rechtsgeschäft als Entgelt erzielt (commodum ex negotiatione). BGHZ 46, 264; BGH NJW 1983, 930.

1096 ***Grüneberg***, in: Palandt (2012), § 311a BGB Rn. 7.

Fall, der sich darauf bezieht, ob der Gläubiger den Schadenersatz "statt" oder "neben" der Leistung begehrt. Je nach der Wahl des Gläubigers kommt entweder § 280 Abs. 1 BGB, also einfacher Schadenersatz, oder § 280 Abs. 1 und 3 i.V. m. § 282 BGB zur Anwendung.

Verletzt der Schuldner seine Pflicht, auf die Rechte, Rechtsgüter und Interessen des Gläubigers Rücksicht zu nehmen (§ 241 Abs. 2 BGB), wird ihm nur unter den allgemeinen Voraussetzungen des § 280 Abs. 1 eingeräumt, den Ersatz des daraus entstehenden Schadens zu verlangen. Da hier die in § 241 Abs. 2 BGB genannten Pflichten mit der Hauptleistung nichts zu tun haben, besteht der Gläubiger auf der Leistung, erfordert aber daneben den Schadenersatz unter den allgemeinen Voraussetzungen des § 280 Abs. 1 BGB. Denkbar ist aber die Situation, in der die Verletzung der in § 241 Abs. 1 BGB. genannten Pflichten so schwer ist, dass dem Gläubiger das Festhalten am Vertrag unzumutbar ist. Der Gesetzgeber trägt dieser Situation Rechnung dadurch, dass dem Gläubiger der Schadenersatz statt der Leistung unter der zusätzlichen Voraussetzung des § 282 BGB ermöglicht wird.

Der zweite Fall beruht auf dem Charakter der verletzten Nebenpflicht. Genau angenommen handelt es sich hierbei um die Unterscheidung zwischen leistungsbezogenen Nebenpflichten und nicht leistungsbezogenen Nebenpflichten (sog. Integritätsinteresse). Unter § 282 BGB fallen nur die Verletzungen der in 241 Abs. 2 BGB genannten Nebenpflichten. Verletzt der Schuldner eine leistungsbezogene Nebenpflicht, kommt entweder allein § 280 Abs. 1 BGB oder § 280 Abs. 1 und 3 i.V. m. 281 BGB zur Anwendung, je nachdem, ob ein Schadenersatzanspruch neben der Leistung oder statt der Leistung vorliegt.

aa) Schadenersatz neben der Leistung (§ 280 Abs. 1 BGB)

Beschränkt sich der Gläubiger nur auf den Ersatz des aus der Verletzung der Schutzpflichten resultierenden Schadens, ist § 280 Abs. 1 BGB die einzige Anspruchsgrundlage, die eine Verletzung der Schutzpflichten und (vom Gesetz vermutetes) Vertretenmüssen des Schuldners voraussetzt.

bb) Schadenersatz statt der Leistung (§ 280 Abs. 1 u. 3 i.V. m. 282 BGB)

Beansprucht der Gläubiger den Schadenersatz statt der Leistung, sieht § 282 BGB eine zusätzliche Voraussetzung vor, wonach der Gläubiger den Schadenersatz statt der Leistung nur verlangen kann, wenn ihm die Leistung durch den Schuldner nicht mehr zuzumuten ist. Das in der Vorschrift verankerte Kriterium "Unzumutbarkeit" ist klärungsbedürftig. Die Unzumutbarkeit wird in der Literatur dem Begriff der Wesentlichkeit gleichgestellt, so dass ihr Vorhandensein die in der Regel vorausgesetzte Forderung zur Abmahnung seitens des Gläubigers ausschließt.[1097]

An die Wesentlichkeit sind hohe Anforderungen zu stellen.[1098] Erfasst die Pflichtverletzung in der Formulierung "nicht wie geschuldet" auch die Verletzung von Schutzpflichten gemäß 241 Abs. 2 BGB, scheint die Vorschrift § 282 BGB unnötig. Diese Überflüssigkeit begründet zunächst die Schwierigkeit, bei Dauerschuldverhältnissen die Leistungs– und Rücksichtspflichten voneinander abzugrenzen.

Des Weiteren ergibt sich eine Schwierigkeit aus der Frage, ob im Fall der Verletzung der Leistungstreuepflichten § 281 oder § 282 BGB zur Anwendung kommen soll.[1099] Meines Erachtens soll man sich bei der Lösung des Problems der Überflüssigkeit nicht an den genannten Schwierigkeiten orientieren, sondern an der zusätzlichen Voraussetzung des § 282 BGB. Denn die Vorschrift § 282 BGB weicht von § 281 BGB erst mit dem Kriterium der Unzumutbarkeit ab. Die entscheidende Frage ist daher, ob das Kriterium der Unzumutbarkeit gegen das in § 281 BGB genannte Kriterium der Nachfristsetzung eine Besonderheit darstellt. Im Grunde geht das BGB im Fall der Schlechtleistung und der Verzögerung von einem Nachfristkriterium aus, während es im Fall der Schutzpflichtverletzung das Kriterium der Unzumutbarkeit, also Wesentlichkeit der Verletzung, für maßgeblich hält, an die die hohen Anforderungen zu stellen sind. D.h. das BGB arbeitet nicht mit einem einzigen Instrument, z.B. mit einem hoch abstrakten Begriff der Wesentlichkeit wie im CISG, sondern mit verschiedenen, die sich je nach der Art der Pflichtverletzung unterscheiden. Damit bleibt festzuhalten, dass die Art der Pflicht im System des BGB eine erhebliche Rolle spielt und deshalb die Schutzpflichtverletzungen zu Recht eine eigenständige Regelung im System des BGB gefunden haben, wenn auch im Fall einer Nichtregelung der Schutzpflichtverletzungen eine analoge Anwendung des § 281 BGB zu der Schutzpflichtverletzung in Betracht käme.

1097 ***Westermann/Bydlinski/Weber***, AT, § 9 Rn. 23; ***Medicus/Lorenz*** AT, Rn. 511.

1098 ***Brox/Walker***, AT (2007), § 25 Rn. 5.

1099 ***Grüneberg***, in: Palandt (2008), § 282 Rn. 2.

3) Schadenersatzanspruch des Käufers nach den kaufrechtlichen Vorschriften des BGB bei mangelhafter Lieferung

a) Schadenersatzanspruch bei mangelhafter Lieferung (§ 280 Abs. 1, Abs. 3 i.V. m. 281, 437 Rn. 3 BGB)

Entsprechend dem Ziel, das Gewährleistungsrecht in das allgemeine Leistungsstörungsrecht zu integrieren, bestimmt sich der Schadenersatzanspruch des Käufers im Grunde nach den allgemeinen Regeln des Leistungsstörungsrechts, § 280 ff. BGB und § 311 a BGB. Liegt aber die Pflichtverletzung des Verkäufers in der mangelhaften Lieferung vor, erfährt der Schadenersatzanspruch des Käufers insbesondere in Bezug auf die Verjährung einige Modifikationen der §§ 438 ff. BGB.

Besteht dagegen die Pflichtverletzung des Verkäufers nicht in mangelhafter Lieferung, kommt § 280 ff BGB direkt zur Anwendung, d.h. ohne Verweisungsnorm.[1100]

In Bezug auf die Anwendung der allgemeinen Regeln muss eine weitere Differenzierung vorgenommen werden. Wie dargelegt, bestehen für die Schadenersatzansprüche zwei Anspruchsgrundlagen § 280 Abs. 1 und § 311 a BGB, je nach dem ob eine anfängliche Unmöglichkeit oder andere Verletzung vorliegt. Ist der Mangel schon beim Vertragsschluss nicht behebbar, ist die Vorschrift § 311a BGB einschlägig. Für alle anderen Schadenersatzansprüche ist § 280 Abs. 1 BGB Anspruchsgrundlage. Im Folgenden muss der Schadenersatzanspruch statt der Leistung nach der Unterscheidung, ob der Mangel behebbar ist oder nicht, behandelt werden.

aa) Schadenersatzanspruch statt der Leistung bei behebbaren Mängeln (§ 280 Abs. 1, Abs. 3 i.V. m. 283, 437 Rn. 3)

Liefert der Käufer eine mangelhafte Ware, erbringt er seine Leistung gemäß § 281 Abs. 1 BGB "nicht wie geschuldet". Daraus ergibt sich wieder, dass die mangelhafte Lieferung einen Unterfall der Schlechtleistung darstellt.[1101]

Bevor der Käufer Schadenersatzanspruch statt der Leistung verlangt, muss er für die Nacherfüllung des Verkäufers eine angemessene Frist setzen. Die Entbehrlichkeit

1100 ***Huber P.***, BT, Rn. 70.

1101 Für die Frage, worauf sich die Pflichtverletzung bezieht, also auf die nicht geschuldete Erbringung der Leistung oder auf die nicht Vornahme der Nacherfüllung trotz des Fristablaufs. s. ***Oechsler***, Rn. 225a; ***P. Huber***, BT, Rn. 164 ff.

der Fristsetzung kann sich sowohl aus den allgemeinen Voraussetzungen des § 281 Abs. 2 BGB als auch aus § 440 BGB ergeben.

bb) Schadenersatzanspruch statt der Leistung bei nicht behebbaren Mängeln (quantitative Unmöglichkeit §§ 437 Nr. 2, 440, 283, 311a BGB)

Die Anwendung des § 283 BGB setzt voraus, dass der Nacherfüllungsanspruch des Käufers gemäß § 275 Abs. 1 bis 3 BGB ausgeschlossen ist. Ein Nachfristerfordernis besteht hier nicht, was wegen der Unmöglichkeit der Nacherfüllung von vorneherein sinnlos wäre.

IV. Türkisches Recht

1) Alte Rechtslage

a) Allgemein

Die zentrale Norm bei der Behandlung des Schadenersatzanspruchs ist § 96 BK a.F. Die Vorschrift lautet folgendermaßen: "Kann die Erfüllung der Verbindlichkeit überhaupt nicht oder teilweise bewirkt werden, so hat der Schuldner für den daraus entstehenden Schaden Ersatz zu leisten, sofern er nicht beweist, dass ihm keinerlei Verschulden zur Last falle."[1102]

Die Vorschrift gilt für alle Arten von Obligationen, unabhängig davon, auf welchem Rechtsgrund sie beruhen und welchen Inhalt sie haben.[1103]

Auch wenn die Bedeutung des Begriffs "nichtgehörigen Erfüllung" umstritten ist, stellt m.E. Art. 96 BK a.F. für Schadenersatzansprüche des Gläubigers eine Grundnorm für alle Arten der Vertragsverletzungen dar. Dem Begriff der "nichtgehörigen Erfüllung" kommt im System des türkischen Leistungsstörungsrechts eine erhebliche Bedeutung zu.[1104] Zurückzuführen ist diese Bedeutung besonders darauf, dass sich die im alten deutschen Recht über die "positive Vertragsverletzung"

1102 Die genaue Übersetzung des türkischen Textes lautet folgendermaßen: "***Bekommt der Gläubiger das ihm Geschuldete nicht ganz oder teilweise****, so hat der Schuldner für den daraus entstehenden Schaden Ersatz zu leisten, sofern er nicht beweist, dass ihm keinerlei Verschulden zur Last falle*. Entsprechend der deutschen Fassung des OR wird in der Literatur diese Übersetzung kritisiert und wie im schweizerischen Recht verstanden.

1103 ***H. Weber***, in: BernerKomm, Art. 97 Rn. 9.

1104 ***Schmidt J.***, in: Gauch/Schmidt (Hrsg.), S. 305.

geführte Diskussion[1105] im türkischen Recht als unnötig erweist, weil die "nichtgehörige Erfüllung" alle Arten der Vertragsverletzungen umfasst, die weder Unmöglichkeit noch Verzug zu erfassen sind.[1106] Mit anderen Worten steht dem Gläubiger ein Schadenersatzanspruch zu, wenn der Schuldner seine Leistung nicht erbringt, wie sie geschuldet wird. Unter der "nichtgehörigen Erfüllung" sind insbesondere die Fälle der Schlechtleistung und der Verletzung von Nebenpflichten zu verstehen. Demnach richtet sich die Schadenersatzforderungen des Gläubigers nach § 96 BK a.F., wenn der Schuldner seine Leistung nicht (nachträgliche, verschuldete Unmöglichkeit) oder nicht gehörig erbringt. Des Weiteren findet man einige Regelungen zum Schadenersatzanspruch, wenn es um einen Fall des Verzugs geht. Dabei sind drei Arten von Schadenersatzansprüchen aufzuzählen: Verspätungsschaden, Schadenersatz wegen Nichterfüllung bei zweiseitigen Verträgen, Schadenersatz (Vertrauensschaden) neben dem Rücktritt. Zu erwähnen sind letztlich die Schadenersatzansprüche des Käufers im Fall der mangelhaften Lieferung, die im besonderen Teil des BK geregelt sind. Aus der Formulierung des § 96 BK a.F. ergeben sich folgende Voraussetzungen:[1107] Vertragsverletzung, Schaden, adäquater Kausalzusammenhang zwischen Vertragsverletzung und Schaden, Verschulden.

b) Voraussetzungen

aa) Vertragsverletzung

Das Gesetz spricht von einer Verbindlichkeit. Sie umfasst die vertraglichen Leistungspflichten (Hauptleistungs– und Nebenleistungspflichten) und Nebenpflichten. Als erste Voraussetzung muss hier die Verletzung einer vertraglichen Leistungspflicht oder einer Nebenpflicht vorliegen. Unter den Formen einer möglichen Vertragsverletzung werden im Gesetz drei Formen vorgesehen: Nichterfüllung (nachträgliche, verschuldete Unmöglichkeit), "nichtgehörige Erfüllung" und Verzug.

(1) Nichterfüllung (nachträgliche, vom Schuldner zu vertretende Unmöglichkeit)

Unter der Nichterfüllung der Leistung muss in der türkischen, auch schweizerischen Rechtsterminologie die Unmöglichkeit der Leistung aufgefasst werden.

1105 ***Zweigert/Kötz***, S. 511.

1106 Müller-Chen, Vertragsverletzung, S. 326; ***Gauch/Schluep/Emmenegger***, § 25 Rn. 2615; Vgl. ***Tekinay***, Genel, S. 851 ff.; ***Aral***, Kötü ifa, S. 67 ff.

1107 ***Eren***, S. 1009; ***Huguenin***, BT, Rn. 598.

Dass im Gesetz nicht das Wort "Unmöglichkeit" verwendet wird, beruht auf der Erwägung, die nichtgehörige Erfüllung und die Nichterfüllung in einem einheitlichen Tatbestand zusammenzufassen.[1108] Die Unmöglichkeit der Leistung erfährt im Gesetz keine einheitliche Regelung. Im alten Obligationengesetz findet man die Regelungen über die Unmöglichkeit an verschiedenen Stellen. Anfängliche Unmöglichkeit ist in Art. 20 BK a.F., vom Schuldner verschuldete nachträgliche Unmöglichkeit in Art. 96 BK a.F., vom Schuldner nicht verschuldete Unmöglichkeit in Art. 119 BK a.F. geregelt. Demnach muss die Unmöglichkeit der Leistung zuerst danach differenziert werden, ob die Leistung vor dem Vertragsschluss unmöglich war (Art. 20 a.F.) oder erst nach dem Vertragsschluss unmöglich geworden ist (Art. 96 und Art. 117 BK a.F.). Des Weiteren differenziert man die nachträgliche Unmöglichkeit danach, ob die Unmöglichkeit vom Schuldner zu vertreten ist (Art. 96 BK a.F.) oder nicht (Art. 117 BK a.F.). An die anfängliche Unmöglichkeit der Leistung hat das Gesetz die Rechtsfolge der Nichtigkeit des Vertrags geknüpft. Die Rechtsfolge der Nichtigkeit des Vertrags steht insofern in der Kritik, als man oft nicht genau feststellen kann, wann – also vor oder nach dem Vertragsschluss – die Leistung unmöglich geworden ist.[1109] Nach der herrschenden Lehre fällt unter § 20 BK a.F. nur die objektive, anfängliche Unmöglichkeit.[1110] Die Rechtsfolgen der anfänglichen, subjektiven Unmöglichkeit richtet sich nach den §§ 96, 117 BK a.F., je nachdem, ob die Unmöglichkeit vom Schuldner zu vertreten ist oder nicht. Über die Haftung des Schuldners im Fall der anfänglichen, objektiven Unmöglichkeit der Leistung besagt das Gesetz nichts. Nach der herrschenden Lehre schuldet der Schuldner im Fall der anfänglichen, subjektiven Unmöglichkeit nach dem Grundsatz culpa in contrahendo, wonach der Gläubiger in die Lage zu versetzen ist, wie er stehen würde, wenn er den Vertrag nicht abgeschlossen hätte (sog. negatives Interesse).[1111] Die Voraussetzung für eine solche Haftung ist, dass der Schuldner die Unmöglichkeit kannte oder kennen musste.

Im Fall der nachträglichen Unmöglichkeit spielt es keine Rolle, ob die Leistung objektiv oder subjektiv unmöglich geworden ist. Liegt eine nachträgliche Unmöglichkeit vor, kommt es nur darauf an, ob diese Unmöglichkeit vom Schuldner zu

1108 ***Wiegand***, in: BaslerKomm, OR I Art. 97 OR Rn. 7.
1109 ***Huguenin***, BT, Rn. 566 ff.; vgl. ***Huguenin***, BaslerKomm,, Art. 19/20, Rn. 48 ff.
1110 ***Schwenzer***, AT, § 64, Rn. 2.
1111 ***Topuz/Canpolat***, AÜHFD 2008 S. 673, 684; ***Kılıçoğlu***, S. 69.

vertreten ist (§ 96 BK a.F.) oder nicht (§ 117 BK a.F.).[1112] Hat der Schuldner die Unmöglichkeit nicht zu vertreten, wird die Leistung des Schuldners ausgeschlossen. In vollkommen zweiseitigen Verträgen befreit die Vorschrift den Gläubiger von der Gegenleistungspflicht (§ 117 Abs. 2 BK a.F.).[1113]

Aus den vorstehenden Ausführungen ergibt sich als Ergebnis, dass im § 96 BK a.F. unter den Begriff der "Nichterfüllung" nur der Fall der nachträglichen, objektiven oder subjektiven, vom Schuldner zu vertretenden Unmöglichkeit der Leistung fällt. Gemäß § 96 BK a.F. ist der Schuldner schadenersatzpflichtig, wenn die Unmöglichkeit vom Schuldner zu vertreten ist. Der Schadenersatzanspruch des Gläubigers richtet sich im Fall des § 96 BK a.F. nach dem positiven Interesse. Hiernach muss der Gläubiger so gestellt werden, wie er stehen würde, wenn der Schuldner seine Leistung richtig erbracht hätte. Liegt ein völliges Ausbleiben der Leistung wegen der vom Schuldner zu vertretenden Unmöglichkeit vor, handelt es sich um einen Art des Schadenersatzes wegen Nichterfüllung.

(2) Nichtgehörige Erfüllung

Wie schon erwähnt wurde, erfasst die "nichtgehörige Erfüllung" der Leistung alle Fälle der Vertragsverletzung, die nicht unter die Unmöglichkeit oder den Verzug fallen. Die nichtgehörige Erfüllung der Leistung kann in der Schlechterbringung einer Haupt– und Nebenleistungspflicht oder in einer Nebenpflichtverletzung bestehen.

(a) Schlechterfüllung (mangelhafte Lieferung)

Der erste und wohl wichtigste Fall der nichtgehörigen Erfüllung einer Verbindlichkeit besteht in der Schlechterbringung einer Leistungspflicht. Die Leistungspflicht kann eine Hauptleistungspflicht oder eine Nebenleistungspflicht sein. Nach hier vertretener Ansicht stellt die Pflicht zur mangelfreien Lieferung eine Hauptpflicht des Verkäufers dar, deren Verletzung als ein Unterfall der nichtgehörigen Erfüllung also Schlechterfüllung angesehen werden kann. Daher soll auf den ersten Blick dem Käufer die Möglichkeit gestattet werden, seinen Schaden gemäß Art. 96 Abs. 1 BK a.F. geltend zu machen. Wie schon erwähnt wurde, wird im Gesetz die Haftung des Verkäufers für mangelhafte Lieferung und deren Rechtsfolgen im besonderen Teil des Gesetzes geregelt. Ohne auf die Voraussetzungen solcher Haftung einzugehen, sollen die Rechtsbehelfe des Käufers kurz erwähnt

1112 ***Serozan***, Kocayusufpaşaoğlu/Hatemi/Serozan/Arpacı, § 15 Nr. 1; ***Hatemi/Gökyayla***, AT, S. 311; ***Wiegand***, BaslerKomm,, Art. 119 Rn. 1; ***Schwenzer*** AT, § 64 Rn. 9; Für andere Ansicht s. ***Kılıçoğlu***, S. 629.

1113 ***Tuncomag***, Genel, S. 481 ff.

werden, wobei eine Differenzierung zwischen Rechtsmangelhaftung und Sachmangelhaftung vorausgesetzt wird.

(aa) Rechtsmangel

Die Haftung des Verkäufers wegen des Rechtsmangels wird in § 189 ff. BK a.F. geregelt. Liegt ein Rechtsmangel vor, ist danach zu differenzieren, ob der Rechtsmangel vor dem Abschluss des Vertrags vorlag oder erst nach dem Vertragsschluss entstand.[1114] Beim ersten Fall, in dem der Rechtsmangel vor dem Vertragsschluss vorlag, richten sich die Rechtsfolgen nach Art. 189 ff. BK a.F.[1115] Demgegenüber bestimmen sich die Rechtsfolgen nach den allgemeinen Bestimmungen Art. 96 ff. des BK a.F., wenn der Rechtsmangel erst nach dem Vertragsschluss entstanden sind. Wichtig ist hierfür zunächst, den Anwendungsbereich der allgemeinen Vorschriften Art. 96 ff. BK a.F. festzustellen. Aus der vorgenannten Voraussetzung ergibt sich schon, dass die kaufrechtlichen Vorschriften nicht Platz greifen, wenn der Rechtsmangel nach dem Vertragsschluss entstand. Mit anderen Worten: Der Käufer kann hier seinen Schadenersatz gemäß Art. 96 Abs. 1 BK a.F. fordern, wenn der Verkäufer sich nicht exkulpieren kann.

Des Weiteren wird logischerweise vorausgesetzt, dass die Kaufsache dem Käufer übergeben werden soll. Mit anderen Worten soll die Entwehrung der Kaufsache durch Dritte nach der Übergabe der Kaufsache an den Käufer geschehen.[1116] Vor der Übergabe kommen wieder die allgemeinen Vorschriften Art. 96 ff. 102 ff. BK a.F. zur Anwendung, je nachdem, ob eine verschuldete Unmöglichkeit oder ein Verzug vorliegt.

Die kaufrechtlichen Vorschriften kommen erst zur Anwendung, wenn der Rechtsmangel vor dem Vertragsabschluss vorlag und die Kaufsache schon dem Käufer übergeben wurde. Aber auch im Fall, in dem die kaufrechtlichen Vorschriften zur Anwendung kommen, variieren die Rechtsfolgen danach, ob es sich um eine vollständige Entwehrung oder eine teilweise Entwehrung handelt. Die vollständige Entwehrung führt ipso iure zu der Aufhebung des Vertrags,[1117] während bei der teilweisen Entwehrung der Käufer zuerst nur auf den Ersatz des infolge des Rechtsmangels entstandenen Schadens beschränkt wird.

1114 Kritik dazu: ***Bucher***, OR BT, S. 89; "Der Sinn dieser Einschränkung ist nicht ersichtlich".

1115 ***Aral***, S. 104.

1116 ***J. Schmidt/Stöckli***, § 3 Rn. 282.

1117 Im Gegenzug zu der herrschenden Meinung liegt hier meines Erachtens keine *ipso iure* Vertragsaufhebung vor, sondern eine Möglichkeit des Käufers zur Vertragsaufhebung. Darauf wird später zurückzukommen sein.

Bei einer vollständigen Entwehrung der Kaufsache muss zwischen einem mittelbaren und einem unmittelbaren Schaden differenziert werden (Art. 192 Abs. 1 u. 2 BK a.F.). Der Unterschied zwischen den zwei Schadensarten geht dahin, dass bei einem mittelbaren (weiteren) Schaden das Verschulden des Verkäufers vorausgesetzt wird (Abs. 2), während es bei einem unmittelbaren Schaden um die kausale Haftung des Verkäufers geht (Abs. 1 Ziff. 4).[1118] Gemäß Art. 192 Abs. 1 BK a.F. hat der Käufer Anspruch "auf die Rückerstattung des bezahlten Preises nebst Zinsen, auf Ersatz für Aufwendungen und für alle durch den Prozess veranlassten gerichtlichen und außergerichtlichen Kosten, sowie Kosten auf Ersatz des sonstigen durch die Entwehrung unmittelbar verursachten Schadens".[1119]

Was unter der Differenzierung "mittelbarer und unmittelbarer" Schaden zu verstehen ist, ist heftig umstritten.[1120] Darauf wird zurückzukommen sein. Bei teilweiser Entwehrung kann der Käufer zunächst nur den Ersatz des Schadens fordern, die infolge des Rechtsmangels entstanden ist (Art. 193 Abs. 1 BK a.F.).[1121]

(bb) Sachmangel

Unter den Rechten des Käufers im Fall der Sachgewährleitung ist der Schadenersatz nicht als ein selbstständiger Rechtsbehelf vorgesehen. Weist die Sache einen Mangel auf, stehen dem Käufer die folgenden Rechtsbehelfe zur Verfügung: Nachlieferung einer mangelfreien Ware, Minderung und Rücktritt (Wandlung). Der Schadenersatz findet eine Regelung in Art. 205 Abs. 2 u. 3 BK a.F., die dem Käufers den Ersatz seines Schadens neben Wandlung ermöglicht.

Im Folgenden ist auf die Frage einzugehen, ob der Käufer nach den allgemeinen Vorschriften 96 ff BK a.F. seinen Schadenersatz fordern kann, wenn der Verkäufer eine Ware geliefert hat, die einen Sachmangel aufweist. Zuerst aber sind die Schadenersatzansprüche neben Wandlung (Art. 205 Abs. 2 u. 3 BK a.F.) zu erörtern.

(cc) Schadenersatz neben Wandlung

Tritt der Käufer wegen der sachmangelhaften Lieferung vom Vertrag zurück, sind die vom Verkäufer zu ersetzenden Schäden in § 205 Abs. 2 und 3 BK a.F. geregelt. Demnach kann der Käufer neben der Wandlung auch die Prozesskosten, die Verwendungen, auch den Ersatz des Schadens verlangen, die dem Käufer durch die

1118 ***Aral***, S. 108; ***Kostkiewicz***, in: OR Kommentar, § 195 Rn. 5.
1119 ***J. Schmidt/Stöckli***, § 3 Rn. 295.
1120 ***Aral***, S. 108.
1121 ***Aral***, S. 108.

Lieferung fehlerhafter Ware unmittelbar verursacht worden sind (§ 205 Abs. 2 BK a.F.). Des Weiteren ermöglicht Abs. 3 dem Käufer, den Ersatz ***des weiteren*** Schaden zu verlangen, wenn der Verkäufer nicht beweist, dass ihm keinerlei Verschulden zur Last falle. Während es beim Ersten um einen verschuldensunabhängigen Schadenersatzanspruch des Käufers geht, wird beim Zweiten das Verschulden des Verkäufers vorausgesetzt.

Was unter Unterscheidung zwischen "unmittelbarem" und "mittelbaren" Schaden zur verstehen ist, ist in der Literatur sehr umstritten.[1122] Für die Abgrenzung wird in der Literatur auf verschiedene Kriterien abgestellt.

Einer Ansicht nach kommt es bei der Abgrenzung darauf an, ob es um einen eingetretenen Schaden (damnum emergens) oder einen entgangenen Gewinn (lucrum cessans) geht.[1123] Demnach entspricht "unmittelbarer" Schaden dem eingetretenen Schaden, während entgangener Gewinn unter dem mittelbaren Schaden zu ersetzen ist. Die Mangelfolgeschäden fallen auch unter den mittelbaren Schaden.[1124] Die andere Ansicht stellt dagegen auf die Intensivität der Kausalkette ab.[1125] Meines Erachtens ist bei der Lösung des Problems aus der Unterscheidung der positiven und negativen Interessen auszugehen.

Diese Lösung läuft parallel zur der Lösung, der man folgt, wenn der Käufer im Fall des Verzugs nach dem erfolgslosen Ablauf der Frist vom Vertrag zurücktritt. Demnach wird der Ersatz des negativen Interesses nicht vom Verschulden des Verkäufers (Schuldners) abhängig gemacht, während beim Ersatz des positiven Interesses das Verschulden des Verkäufers vorausgesetzt wird. Des Weiteren bestimmt sich der Ersatz des Mangelfolgeschadens nach Abs. 3, wonach der Verkäufer die Mangelfolgeschäden nur ersetzen muss, wenn ihn ein Verschulden trifft. Der Grund dafür, dass der Ersatz des Mangelfolgeschadens vom Verschulden abhängig gemacht wird, liegt darin, dass der Ersatz des Mangelfolgenschadens in anderen Fällen (Nachbesserung, Nachlieferung, Ersatzlieferung) das Verschulden voraussetzt. Der Schadenersatzanspruch des Käufers richtet sich im Fall der Nachbesserung, der Ersatzlieferung, Minderung nach den allgemeinen Bestimmungen des BK, die das Verschulden des Schuldners voraussetzen. Schließt man sich der Ansicht an, wonach der Käufer im Fall des Rücktritts den Ersatz des Mangelfolgeschadens nach dem Abs. 2 unter dem unmittelbaren Schaden verlangen kann, gewährt man dem Rücktrittsrecht

1122 ***Aral***, S. 139; ***Sahiniz***, S. 142 ff.

1123 ***Serozan***, in: Hatemi/Serozan/Arpacı, S. 101; ***Keller/Siehr***, S. 63 ff.

1124 ***Serozan***, in: Hatemi/Serozan/Arpacı, S. 101.

1125 ***Aral***, S. 139; ***Keller/Siehr***, S. 63 ff.

eine Privilegierung gegen die anderen Rechte, die einer Rechtfertigung bedarf. Eine solche Privilegierung des Rücktrittsrechts steht aber nicht im Einklag mit dem Absatz 2 des Art. 202 BK a.F. (Art. 227 Abs. 5 n.F.), der die Aufdrängung des Rücktrittsrechts bezweckt, wonach es dem Richter frei steht, statt des Rücktritts für die Minderung des Kaufpreises oder die Nachbesserung der mangelhaften Ware zu entscheiden, sofern die Umstände es nicht rechtfertigen, den Kauf rückgängig zu machen. Deswegen ist die Unterordnung des Mangelfolgeschadens unter den mittelbaren Schaden zutreffend.[1126]

Eine kurze Darstellung des bisherigen Rechtsstands trägt zum Verständnis des Problems bei.

(dd) Schadenersatz im System des BK a.F.

Wie bereits ausgeführt wurde, findet der Schadenersatzanspruch des Käufers im Fall der Gewährleistung keine eigenständige Regelung im türkischen Kaufrecht. Wenn der Käufer den Vertrag aufheben will, wird die Frage, wie er sein Schadenersatz mit dem Rücktrittsrecht kumulieren kann, schon in Art. 205 BK Abs. 2 u. 3 BK a.F. geregelt. Aber die Frage, ob der Käufer auch einen Schadenersatz z.B. neben der Minderung oder neben der Nachbesserung verlangen kann, findet keine ausdrückliche Regelung im alten türkischen Obligationengesetz. Außer dem Rücktritt wird vom Schadenersatz an einer anderen Stelle gesprochen, wonach sich der Verkäufer durch ***sofortige*** Lieferung mangelfreier Ware derselben Gattung und Ersatz allen Schadens von allen weiteren Ansprüchen des Käufers befreien kann, wenn die Sachen dem Käufer nicht von einem anderen Ort her zugesandet worden sind, § 203 Abs. 2 BK a.F.. Mit anderen Worten kann der Käufer im Fall der Ersatzlieferung all seinen Schaden geltend machen, wobei das Verschulden des Verkäufers vorausgesetzt wird.[1127]

Zunächst unterliegt es keinem Zweifel, dass der Käufer berechtigt sein soll, sich etwa seinen Mangelfolgeschaden oder Verspätungsschaden ersetzen zu lassen, wenn er sich im Fall der Sachmangelhaftung etwa für Minderung, Nachbesserung oder Ersatzlieferung entschieden hat. Damit steht fest: Die Frage, ob er etwa Ersatz für seinen Mangelfolgeschaden oder Verspätungsschaden verlangen kann, die mit Nachlieferung oder Nachbesserung nicht beseitigt wurde, ist ohne Zweifel zu bejahen. Andersfalls könnte dies zu einer Gerechtigkeitslücke führen.

Die schwierige Frage geht daher dahin, nach welchen Vorschriften der Käufer den Ersatz seines Schadens geltend machen kann oder soll, wenn er sich für die

---

1126 A.A.: ***Keller/Siehr***, S. 63 ff.
1127 ***Schwenzer***, AT, § 22, Rn. 37.

Nachbesserung, Ersatzlieferung oder Minderung entscheidet. Dazu stehen dem Käufer zwei Möglichkeiten zur Verfügung: Einerseits kann er seinen Schaden in Analogie zu den Vorschriften über den Schadenersatzanspruch neben der Wandlung, also § 205 BK a.F., geltend machen. Andererseits kann er in einem solchen Fall direkt nach den allgemeinen Vorschriften, §§ 96 ff. BK a.F. zurückgreifen.

Geht man von der Ansicht aus, wonach der Käufer den Ersatz seines Schadens neben der Minderung oder der Nacherfüllung in Analogie zu den Vorschriften über die Wandlung fordern kann, ergibt sich schon daraus einerseits eine günstige Situation für den Käufer. Denn Art. 205 Abs. 2 BK a.F. setzt für den Ersatz des *unmittelbaren* Schadens kein Verschulden des Verkäufers voraus, während die allgemeinen Vorschriften §§ 96 ff BK a.F. die Schadenersatzansprüche an ein Verschulden des Verkäufers (Schuldners) knüpfen. Andererseits aber unterliegt der Käufer den strengeren formellen Voraussetzungen der Sachgewährleistung.[1128] Nach hier vertretener Ansicht ist die analoge Anwendung zu den Vorschriften über die Wandlung abzulehnen, weil nach hier vertretener Ansicht unter "unmittelbarem" Schaden negatives Interesse zu verstehen ist, was den Rücktritt vom Vertrag voraussetzt.

Nach hier vertretener Ansicht richten sich die Ansprüche des Käufers auf den Schadenersatz nach den allgemeinen Bestimmungen des BK, wenn der Käufer neben der Nachbesserung, Ersatzlieferung oder Minderung den Ersatz seines Schadens verlangt. Für die Anwendung der allgemeinen Vorschriften sprechen folgende Punkte:

Festzustellen ist zuerst, dass der Gesetzgeber den Käufer im Fall der Sachmangelhaftung in Bezug auf seine Schadenersatzansprüche nicht als besonders schutzwürdig angesehen hat. Von daher braucht man bei der Lösung nicht vom Interesse des Käufers auszugehen. Man soll von der Gesetzessystematik ausgehen. Des Weiteren hat der Gesetzgeber für den Fall, in dem der Käufer vom Vertrag zurücktritt, eine besondere Regelung vorgesehen. Daraus geht hervor, dass der Käufer außer dem Rücktrittsrecht auf die allgemeinen Vorschriften verwiesen wurde.

Zusammenfassend ist festzustellen, dass dem Käufer infolge einer sachmangelhaften Lieferung Schaden erwachsen kann. Tritt der Käufer vom Vertrag zurück, kann er den Ersatz seines Schadens daneben fordern, wobei es einer Differenzierung zwischen mittelbarem und unmittelbarem Schaden bedarf. Der Sinn solcher Differenzierung liegt darin, dass es beim unmittelbaren Schaden um eine verschuldensunabhängige Haftung des Verkäufers geht. In den anderen Fällen, wo der Käufer die Minderung des Kaufpreises oder die Nachbesserung oder die Ersatzlieferung geltend macht, hat der Käufer einen Anspruch auf den Schadenersatz nach den allgemeinen Bestimmungen des alten BK.

1128 ***Demirelli***, S. 231.

(b) Die Verletzung von Verhaltenspflichten

Beim zweiten Fall der nichtgehörigen Erfüllung geht es um die Verletzung von Nebenpflichten, die dem Schutz von Integritätsinteressen dienen. Beispielsweise kann die Lieferung einer mangelhaften Lieferung zu einer Verletzung der Integritätsgüte des Käufers führen, oder der Verkäufer kann mit seinem Verhalten direkt die Integritätsgüte des Käufers verletzen. Verletzt der Schuldner eine nichtleistungsbezogene Nebenpflicht (Schutzpflicht), muss der Schuldner "die konkrete Beeinträchtigung der Güter der Gläubigerin" ersetzen.[1129]

(c) Verzug

Eine andere, im Gesetz ausführlich geregelte Art der Vertragsverletzung ist der Verzug, auf den im Rücktrittsrecht schon eingegangen wurde. Auf die einzelnen Voraussetzungen des Schuldnerverzugs ist an dieser Stelle nicht näher einzugehen. Wie schon erwähnt, können die Rechtsfolgen des Schuldnerverzugs danach differenziert werden, ob ein Verschulden an der Leistungsverzögerung vorliegt oder nicht. Einige davon, wie Verspätungsschaden und Haftung für Zufall, wird vom Verschulden des Schuldners abhängig gemacht. Davon zu unterscheiden sind die Rechtsfolgen, die kein Verschulden des Schuldners voraussetzen, wie das Rücktrittsrecht und Verzugszinsen. Aus der Systematik lassen sich im Fall des Verzugs drei Kategorien des Schadenersatzes unterscheiden.

(aa) Verspätungsschaden

Nach dem Verzug kann der Gläubiger immer noch ein Interesse an der Erfüllung der verspäteten Leistung haben, und der Schuldner kann bereit sein, noch zu erfüllen. Bei einer verspäteten Erfüllung aber wird das Interesse des Gläubigers an der rechtzeitigen Erfüllung verletzt, und es drängt sich die Frage auf, wie der Vermögensstand des Gläubigers wäre, wenn die Leistung rechtzeitig erfüllt worden wäre. Besteht zwischen dem hypothetischen Stand des Vermögens bei "rechtzeitiger" Erfüllung und dem infolge des Verzugs (Vertragsverletzung) unfreiwillig verminderten Stand eine Vermögensdifferenz,[1130] nämlich einen(ein) Schaden, hat

---

1129 ***Gauch/Schluep/Emmenegger***, § 27 Rn. 2904.

1130 ***Schenker***, S. 97; verwendet den Begriff "Verspätung" statt des Begriffs "Verzugs". Im Sinne des OR und BK aber sind die Begriffe nicht identisch. Nicht jede Verspätung berechtigt den Gläubiger, den daraus entstehenden Schaden zu fordern. Er kann den infolge der Verspätung entstandenen Schaden nur fordern, wenn die Voraussetzungen des Verzugs schon gegeben sind. Daher ist es vorzugswürdig, den Begriff des Verzugs zu benutzen.

der Schuldner diesen wegen des Verzugs entstandenen Schaden zu ersetzen.[1131] Einen Verspätungsschaden ersetzt der Schuldner neben der Leistung, nicht an dessen Stelle. Der Schaden des Gläubigers kann darin bestehen, dass ihm ein Gewinn entgeht oder sich der Wert der Sache vermindert. Es geht um den Ersatz des positiven Interesses des Gläubigers.[1132]

Art. 102 BK a.F. berechtigt den Gläubiger, den Ersatz seines wegen der Verspätung entstandenen Schadens zu fordern, wenn ein Verschulden des Schuldners an der Leistungsverzögerung zu bejahen ist.

Nach der hier vertretenen Auffassung bildet Art. 96 BK a.F. für Schadenersatzansprüche des Gläubigers eine Grundnorm für alle Arten der Vertragsverletzungen. Daher ist die Ansicht zutreffend, wonach die Pflicht zum Ersatz des Verspätungsschadens schon aus Art. 97 OR (96 BK a.F.) folgt.[1133] Der Verspätungsschaden muss nach der Differenzhypothese berechnet werden, wonach der Gläubiger so gestellt werden muss, als ob der Schuldner rechtzeitig erfüllt hätte.[1134] Die Höhe der Ersatzpflicht richtet sich gemäß Art. 98 Abs. 2 BK a.F. (Art. 114 Abs. 2 n.F.) nach den Vorschriften Art. 43 und 44 des BK a.F.[1135] Des Weiteren muss die Verspätung für den Schaden adäquat kausal sein.[1136] Letztlich setzt Art. 102 Abs. 2 BK a.F. das Verschulden des Schuldners voraus, was aber im Gesetz vermutet wird. Mit anderen Worten muss der Schuldner beweisen, dass er den Verzug nicht zu vertreten hat.[1137]

(bb) Schadenersatz wegen Nichterfüllung nach erfolgslosem Ablauf der Nachfrist

Wie bereits im Rücktrittsrecht ausgeführt wurde, stehen dem Gläubiger gemäß § 106 Abs. 2 BK a.F. zwei Möglichkeiten zur Verfügung, wenn er dem Schuldner eine angemessene Frist zur Erfüllung gesetzt hat und diese Frist erfolgslos verstreicht.

Einerseits kann der Gläubiger immer noch auf die Erfüllung beharren und dabei seinen infolge des Verzugs entstandenen Schaden geltend machen. Andererseits

---

1131 ***Eren***, S. 1059.

1132 ***Eren***, S. 1059; Um ein Missverständnis zu vermeiden, verwendet ***Schenker*** nicht den Begriff des positiven Interesses, sondern "Zeitinteresse". Zur Begründung wird angeführt, das "positive Interesse" werde häufig so verstanden, dass es auch den Wert der Leistung umfasst" ***Schenker***, S. 100.

1133 ***H. Weber***, in: BernerKomm, Art. 103 Rn. 10.

1134 ***Gauch/Schluep/Emmenegger***, § 26 Rn. 2674.

1135 ***Eren***, S. 729 ff.

1136 ***Eren***, S. 1060; ***Schenker***, S. 98.

1137 ***Eren***, S. 1058.

kann er auf die Erfüllung verzichten und entweder Schadenersatz wegen Nichterfüllung oder Rücktritt vom Vertrag geltend machen. Die folgenden Ausführungen betreffen den Fall, in dem der Gläubiger auf die Erfüllung verzichtet und an deren Stelle Schadenersatz geltend macht, damit die Ersatzleistung an die Stelle der Vertragsleistung tritt.[1138] Der Unterschied des Schadenersatzes wegen Nichterfüllung zu dem Fall, in dem der Gläubiger auf die Erfüllung (neben dem Verspätungsschaden) besteht, liegt darin, dass sich beim Schadenersatz die primäre Leistungspflicht des Schuldners in eine Schadenersatzpflicht (sekundäre Pflicht) verändert,[1139] wobei sich die Frage aufdrängt, wie der Gläubiger seiner Leistungspflicht nachkommt.

Zu ihrer Beantwortung zeichnen sich zwei Theorien ab:

Nach einer früher herrschenden Meinung wird durch die Entscheidung des Schuldners nichts daran geändert, dass der Gläubiger seiner Leistung "in natura" nachkommen soll.

Dagegen vertritt die heute herrschende Lehre die sog. Differenztheorie, wonach es dem Gläubiger erlaubt ist, "seinen Schaden anhand der Differenz zwischen der unmöglich gewordenen Leistung und seiner Gegenleistung zu berechnen, ohne diese noch erbringen zu müssen".[1140]

In Bezug auf die Frage, ob man nach der Differenztheorie vorgehen kann, wenn der Gläubiger seine Leistung schon erbracht hat, sind die Ansichten geteilt.

Während eine Meinung (milde Differenztheorie) das Vorgehen nach der Differenztheorie nur auf den Fall beschränkt, in dem der Gläubiger seine Leistung noch nicht erbracht hat, geht die zweite Meinung (strenge Differenztheorie) von einer allgemeinen Geltung der Differenztheorie aus, und zwar unabhängig davon, ob der Gläubiger seine Leistung schon erbracht hat oder nicht. Dieser Ansicht nach kann der Gläubiger seine Leistung zurückverlangen, auch wenn er seine Leistung schon erbracht hat.[1141]

Da die Leistung des Käufers in einer Geldleistung besteht, unterscheiden sich die beiden Theorien faktisch nicht von einander. Ferner ermöglichen die kaufrechtlichen Vorschriften dem Käufer im kaufmännischen Verkehr seinen Schaden mit Hilfe der Differenztheorie zu berechnen. Art. 188 Abs. 2 u. 3 BK a.F. lautet folgendermaßen: "Der Käufer kann als seinen Schaden im kaufmännischen Verkehr die Differenz zwischen dem Kaufpreis und dem Preis, um den er sich

---

1138 ***H. Weber***, in: BernerKomm, Art. 107 Rn. 159.

1139 ***Wiegand***, in: BaslerKomm, zum OR,, § 107 OR Rn. 17; ***Glättli***, S. 91.

1140 ***Schwenzer*** AT, § 64 Rn. 25.

1141 ***Koller*** in: Guhl, § 32 Rn. 29.

einen Ersatz für die nichtgelieferte Sache in gutem Treuen erworben hat, geltend machen. Bei Waren, die einen Markt– oder Börsenpreis haben, kann er, ohne sich Ersatz anzuschaffen, die Differenz zwischen dem Vertragspreis und dem Preis zur Erfüllungszeit als Schadenersatz verlangen."

Ein wichtiger Unterschied zum Rücktrittsrecht des Verzugsgläubigers besteht darin, dass der Verzugsgläubiger Schadenersatz wegen Nichterfüllung (oder statt der Leistung) nur geltend machen kann, wenn der Schuldner nicht beweisen kann, dass ihm an dem Verzug kein Verschulden trifft. Zum Schadenersatzanspruch wird zwar das Verschulden des Schuldners nicht ausdrücklich genannt,[1142] ergibt sich aber aus den anderen Verzugsnormen (Art. 102 Abs. 2 BK a.F., § 108 Abs. 2 BK). Auch aus der Zentralnorm für Schadenersatz Art. 96 BK a.F. ergibt sich, dass Schadenersatz wegen Nichterfüllung auch das Verschulden des Schuldners voraussetzt.[1143]

(cc) Vertrauensschaden: Schadenersatz neben dem Rücktritt vom Vertrag

Gemäß Art. 108 Abs. 2 BK hat der Gläubiger einen Anspruch auf Ersatz des aus dem Dahinfallen des Vertrags erwachsenen Schadens, sofern der Schuldner nicht nachweist, dass ihm keinerlei Verschulden zur Last falle.[1144] Nach der herrschenden Meinung ist im Rahmen des Art. 108 Abs. 2 BK a.F. nur das negative Vertragsinteresse zu ersetzen.[1145]

Demnach muss der Gläubiger so gestellt werden, als ob er den Vertrag gar nicht geschlossen hätte. Dagegen vertritt eine neue überzeugende Ansicht, auch den Ersatz des positiven Vertragsinteresses.[1146] Dieser Ansicht nach kann der Gläubiger sein positives Interesse verlangen, wenn der Schuldner nicht beweisen kann, dass ihm kein Verschulden zur Last falle.[1147] Des Weiteren vertritt diese Ansicht, dass der Ersatz des negativen Interesses dagegegen verschuldensunabhängig gewährt

---

1142 ***Gauch/Schluep/Emmenegger***, § 26 Rn. 2767; ***Wiegand***, in: BaslerKomm, OR I, § 107 OR Rn. 16.

1143 Nach ***Wiegand*** geht es um hier lediglich "ein rein redaktionelles Versehen" des Gesetzgebers. ***Wiegand***, in: BaslerKomm, OR I, § 107 OR Rn. 16.

1144 ***Eren***, S. 1079.

1145 ***Furrer/Rey***, in HandKomm zum Schweizer Privatrecht, Art. 109 OR Rn. 25. ***Wiegand***, in: BaslerKomm, OR Art. 109 OR Rn. 8; ***Schenker***, S. 280.

1146 ***Serozan***, in: Kocayusufpaşaoglu/Hatemi/Serozan/Arpacı, C. III, § 17 Rn. 19; **Hatemi/Gökyayla,** S. 262; ***Schwenzer*** AT, § 66 Rn. 34.

1147 ***Schwenzer***, AT, § 66 Rn. 34; ablehnend ***Wiegand***, in: BaslerKomm, zum OR, § 109 OR Rn. 8.

werden soll.[1148] Mit anderen Worten hat der Schuldner den aus dem Dahinfallen des Vertrags entstandenen Schaden (positives Interesse) zu ersetzen, wenn er nicht beweist, dass ihn am Verzug kein Verschulden trifft. Dagegen ist der Ersatz des negativen Interesses nicht vom Verschulden abhängig. Meiner Ansicht nach soll sich das in den Vorschriften des Kaufrechts verwendete Begriffspaar "mittel– und unmittelbar" an dieser Formulierung orientieren. Darauf wird zurückzukommen sein.

(dd) Verzugsfolge nach kaufrechtlichen Vorschriften

Wie schon dargelegt wurde, unterscheidet das Gesetz in Bezug auf den Verzug grundsätzlich nicht zwischen kaufmännischem und nicht kaufmännischem Verkehr. Im kaufmännischen Verkehr sieht das Gesetz abweichend von den allgemeinen Bestimmungen zwei Vermutungen vor. Die erste Abweichung besteht in der Vermutung, dass ein relatives Fixgeschäft vorliege, wenn die Parteien einen bestimmten Lieferungstermin vereinbart haben.

Des Weiteren weicht das Gesetz mit Art. 187 BK a.F. von der allgemeinen Regelung des Art. 106 BK a.F. ab und sieht eine Vermutung vor, wonach der Käufer auf die Lieferung verzichte und Schadenersatzanspruch wegen Nichterfüllung, also sein positives Vertragsinteresse beanspruche, wenn im kaufmännischen Verkehr ein bestimmter Lieferungstermin verabredet ist und der Verkäufer in Verzug kommt (Art. 187 Abs. 1 BK a.F.).

Zieht der Käufer vor, die Lieferung zu verlangen, hat er es dem Verkäufer nach Ablauf des Termins (unverzüglich)[1149] anzuzeigen (Abs. 2). Zur Berechnung seines Schadens werden dem Gläubiger in § 188 Abs. 2 u. 3 BK a.F. zwei Möglichkeiten eröffnet.

Wie schon erwähnt, geht die Vorschrift von der Differenztheorie aus. In Anwendung der Differenztheorie aber kann der Käufer seinen Schaden entweder konkret oder abstrakt berechnen. Bei der konkreten Schadensberechnung (§ 188 Abs. 2 BK a.F.) unternimmt der Käufer einen Deckungskauf –unter der Gebot von Treu und Glauben– und macht den Kaufpreis, den er für den Deckungskauf bezahlt hat, als Erfüllungsinteresse geltend. Dagegen sieht Art. 188 Abs. 3 BK a.F. eine andere Methode vor, wonach der Käufer nicht einen Deckungskauf unternehmen muss. Zu ersetzen ist dieser sog. abstrakten Methode zufolge die Differenz zwischen dem abstrakten Markt– oder Börsenpreis und dem vertraglich vereinbarten

1148 ***Schwenzer***, AT, § 66 Rn. 34.

1149 Das Wort "unverzüglich" wird im türkischen Obligationengesetz (BK) nicht verwendet, obwohl es im schweizerischen Obligationenrecht (OR) vorhanden ist.

Kaufpreis. Das Verhältnis der kaufrechtlichen Sondervorschriften zu den allgemeinen Regelungen ist entsprechend dem Zweck der kaufrechtlichen Vorschriften zu bestimmen. D.h. die Vorschrift verfolgt den Zweck, die Position des Käufers zu verbessern. Von daher soll die Möglichkeit, seinen Schaden nach den allgemeinen Regelungen zu berechnen, dem Käufer weiter bestehen bleiben.[1150]

bb) Schaden[1151]

Die zweite Voraussetzung ist, dass der Gläubiger (Käufer) wegen der Vertragsverletzung einen Schaden erlitten haben muss, weil eine Vertragsverletzung nicht immer eine Schädigung des Gläubigers bedingt.[1152] Als Schaden bezeichnet man "eine unfreiwillige Vermögensverminderung", was in einer Verminderung der Aktiven, einer Vermehrung der passiven oder im entgangenen Gewinn bestehen kann. Er entspricht der Differenz zwischen dem gegenwärtigen Vermögenszustand und dem Stand, den das Vermögen ohne das schädigende Ereignis hätte.[1153] Liegt ein wegen einer Vertragsverletzung entstandener Schaden vor, ist zu fragen, wie der Schadenersatz zu berechnen ist. Dazu kommen zwei verschiedene Differenzberechnungen in Betracht. Zum einen handelt es sich um den Ersatz des positiven Interesses des Gläubigers, was sich auf die Herbeiführung des Vermögensstandes richtet, in dem sich der Gläubiger befände, wenn der Vertrag richtig erfüllt worden wäre.[1154] Zum anderen geht es um den Ersatz des negativen Interesses, was auf die Erzielung des Vermögensstands gerichtet ist, der bestünde, wenn man den Vertrag gar nicht geschlossen hätte.[1155]

Die Unterscheidung darüber, ob ein positives oder negatives Interesse vorliegt, muss durch ein weiteres (sog. Integritätsinteresse) ergänzt werden. Bei dem Integritätsinteresse handelt es sich um ein Interesse des Gläubigers, unter dem "das Interesse an der Unversehrtheit der Rechtsgüter einer Person" zu verstehen ist.[1156]

1150 ***Aral***, S. 97; ***Keller/Siehr***, S. 36 ff.

1151 Auch wenn die vorliegende Abhandlung solche Fragen nicht behandelt, z.B., was ein Schaden im Sinne des OR ist oder welche Arten von Schaden zu ersetzen sind usw., die den Rahmen dieser Arbeit sprengen würde, bedarf es im Folgenden einer kurzen Darstellung erwähnter Fragen.

1152 ***von Tuhr/Escher*** Bd. II, S. 99.

1153 ***Gauch/Schluep/Emmenegger***, § 27 Rn. 2848; ***Glättli***, S. 74; ***Wiegand***, Basler-Komm, OR I Art. 97 Rn. 53; ***Schenker***, S. 97.

1154 ***Gauch/Schluep/Emmenegger***, § 27 Rn. 2898.

1155 ***Bucher*** AT, S. 342; ***Gauch/Schluep/Emmenegger***, § 27 Rn. 2899.

1156 ***Rengier***, S. 53.

Erwächst dem Gläubiger aus einer nachträglichen, objektiven oder subjektiven, verschuldeten Unmöglichkeit oder aus einer Schlechterfüllung ein Schaden, muss der Schuldner den Gläubiger so stellen, wie wenn richtig erfüllt worden wäre (positives Interesse).[1157] Verletzt der Schuldner eine nichtleistungsbezogene Nebenpflicht (Schutzpflicht), muss der Schuldner "die konkrete Beeinträchtigung der Güter der Gläubigerin" ersetzen.[1158] Mit anderen Worten muss er den Gläubiger so stellen, wie wenn eine Rechts– oder Rechtsgutverletzung nicht stattgefunden hätte.[1159]

cc) Adäquater Kausalzusammenhang zwischen Vertragsverletzung und Schaden

Dritte Voraussetzung des Schadenersatzanspruchs ist ein adäquater Kausalzusammenhang zwischen Vertragsverletzung und Schaden. Der adäquate Kausalzusammenhang ist zu bejahen, wenn die Ursache (Vertragsverletzung) nach dem gewöhnlichen Lauf der Dinge und der allgemeinen Lebenserfahrung geeignet ist, den entstandenen Schaden herbeizuführen.[1160]

dd) Verschulden

Schließlich setzt eine vertragliche Haftung das Verschulden des Verkäufers in Bezug auf die Vertragsverletzung voraus. Zwar wird das Verschulden des Verkäufers gesetzlich vermutet. Er kann aber beweisen, dass ihm kein Verschulden zur Last fällt. Der Schuldner haftet grundsätzlich für jedes Verschulden, (Art. 98 Abs. 1 BK a.F.), also sowohl für die Absicht als auch für die Fahrlässigkeit.[1161] Wie schon erwähnt, macht das Gesetz im Fall der Rechts– und Sachmangelhaftung die Geltendmachung von unmittelbarem Schaden durch den Käufer nicht vom Verschulden des Käufers abhängig.

2) Neue Rechtslage und Kritik zu der neuen Regelung

Im Gegensatz zu dem alten Recht wurde im neuen Kaufrecht eine neuer Absatz (§ 227 Abs. 2 BK n.F.) eingeführt, wonach dem Käufer ein Schadenersatzanspruch nach den allgemeinen Bestimmungen (§ 112 ff. BK n.F.) zugestanden wird, die

1157 ***Gauch/Schluep/Emmenegger***, § 27 Rn. 2900.
1158 ***Gauch/Schluep/Emmenegger***, § 27 Rn. 2904.
1159 ***Koller***, AT, § 46 Rn. 20.
1160 ***Gauch/Schluep/Emmenegger***, § 25 Rn. 2621.
1161 ***Keller/Schöbi***, Bd. I, S. 234.

zum Schadenersatz das Verschulden des Verkäufers voraussetzen. Die alte Rechtslage in Bezug auf den Schadenersatzanspruch des Käufers im Fall des Rücktritts wird grundsätzlich unverändert beibehalten. Mit der Entscheidung des Gesetzgebers zur Beibehaltung hinsichtlich des Schadenersatzanspruchs im Fall des Rücktritts infolge der sachmangelhaften Lieferung (Absatz 2 des § 227 BK n.F.) wird das Problem in der Weise gelöst, dass der Käufer den Schadenersatz nach den allgemeinen Bestimmungen des § 112 BK n.F. verlangen kann, wenn er infolge der mangelhaften Lieferung einen Schaden erleidet. Damit wird das Problem zunächst zu Lasten des Käufers gelöst, weil er nach dem neuen Gesetz alle seine Schäden neben der Minderung und Nachbesserung nur verlangen kann, wenn der Verkäufer die Vertragsverletzung zu vertreten hat.

Damit kann der Schadenersatzanspruch des Käufers im Fall der sachmangelhaften Lieferung als ein eigenständiger Rechtsbehelf angesehen werden. Insofern hat der türkische Gesetzgeber versucht, die Konkurrenzfrage hinsichtlich des Schadenersatzanspruchs zu Gunsten der allgemeinen Vorschriften zu lösen, wobei die neue Regelung größere Schwierigkeiten bereitet, als es zunächst den Anschein hat. Diese Schwierigkeiten müssen zunächst dahingestellt bleiben.

Entsprechend den Voraussetzungen des Schadenersatzanspruchs ist vorerst auf die Frage einzugehen, ob es in der neuen Fassung des BK hinsichtlich der Voraussetzungen des allgemeinen Schadenersatzanspruches Abweichungen gibt. Wie bereits ausgeführt wurde, stellt die Verletzung einer Verbindlichkeit die erste Voraussetzung für eine vertragliche Haftung des Schuldners (Verkäufers) dar. Der Begründung des neuen türkischen Obligationengesetzes zufolge sei in der Neufassung –abgesehen von sprachlicher Korrektur und Vereinfachung– nichts Neues. In diesem Sinne betrifft die wichtigste Korrektur den Tatbestand der nichtgehörigen Erfüllung der Leistung. Seit langem war in der türkischen Literatur anerkannt, dass die Übersetzung des Worts "nichtgehörige Erfüllung" ins Türkische als "teilweise Erfüllung" eine falsche Übersetzung des originalen Textes (Art. 97 OR) sei.

Demnach soll das Wort entsprechend der deutschen Fassung nicht als "teilweise" (*türk. kısmen ifa*) sondern als nichtgehörige Erfüllung (*türk. gereği gibi ifa etmeme*) verstanden werden. Von daher braucht man im türkischen Recht nicht den Begriff der positiven Vertragsverletzung. Denn die nichtgehörige Erfüllung enthält alle Arten von Vertragsverletzungen, die weder unter Unmöglichkeit noch unter Verzug fallen. Der türkische Gesetzgeber hat diese Kritik berücksichtigt und in der neuen Fassung das Wort "teilweise" durch den Begriff "nichtgehörige Erfüllung" ersetzt.

Nach der neuen Struktur sieht das Gesetz im allgemeinen Teil drei wichtige Arten von Vertragsverletzungen: Unmöglichkeit, nichtgehörige Erfüllung und Verzug.

Aus den vorstehenden Ausführungen ergibt sich, dass die Regelung der Unmöglichkeit eine Menge Lücken aufweist und ungeordnet ist. Der Gesetzgeber hat grundsätzlich an der alten Systematik festgehalten, wobei er jedoch hinsichtlich der anfänglichen Unmöglichkeit und der nachträglichen Unmöglichkeit einige Änderungen vorgesehen hat.

Bei der anfänglichen Unmöglichkeit (§ 27 BK n.F.) hat der Gesetzgeber außer der sprachlichen Vereinfachung nichts unternommen. Dagegen wurde bei der nachträglichen, unverschuldeten Unmöglichkeit ein neuer Absatz (Art. 136 Abs. 2 BK n.F.) und ein neuer Artikel (137 BK n.F.) eingeführt.

Der neue Absatz obliegt dem Schuldner, den Gläubiger über die nachträgliche unverschuldete Unmöglichkeit unverzüglich zu informieren und die Maßnahmen zu ergreifen, die der Minderung des Schadens dient. Andernfalls muss der Schuldner den daraus entstehenden Schaden ersetzen (Art. 136 Abs. 2 BK n.F.).

Im neu eingeführten Artikel wird die von dem Schuldner nicht zu vertretende, teilweise Unmöglichkeit geregelt. Wenn die Erfüllung der Leistung auf Grund der von dem Schuldner nicht zu vertretenden Gründe teilweise unmöglich geworden ist, ist der Schuldner von der unmöglich gewordenen Teil der Leistung befreit. Wenn anzunehmen ist, dass die Parteien den Vertrag nicht geschlossen hätten, falls sie die teilweise Unmöglichkeit vorausgesehen hätten, ist der Schuldner von der völligen Leistung (§ 137 Abs. 1 BK n.F.) befreit.

Bei den zweiseitig verpflichtenden Verträgen kommt es darauf an, ob der Gläubiger die teilweise Erfüllung der Leistung akzeptiert oder nicht. Akzeptiert der Gläubiger die teilweise Erfüllung der Leistung nicht oder ist die Leistung nicht teilbar, greifen die Vorschriften über die völlige Unmöglichkeit ein (§ 137 Abs. 1 BK n.F.).

Die vorstehend skizzierte Neuregelung der teilweisen Unmöglichkeit vermag aus einer Reihe von Gründen nicht zu überzeugen. Erstens ergibt es keinen Sinn, sich bei den einseitig verpflichtenden Verträgen auf den möglichen Willen der Parteien zu konzentrieren, wenn die Leistung teilweise unmöglich geworden ist.

Einige wenige Beispiele belegen dies. Ein typisches Beispiel für einseitig verpflichtende Verträge ist ein Schenkungsvertrag. A will dem B drei Sessel verschenken. Ein Sessel davon ist wegen von dem A nicht zu vertretenden Gründen verbrannt. A kann seine Leistung nur teilweise erbringen, weil ein Sessel schon verbrannt ist. Aus der Natur der Sache geht hervor, dass sich die Befreiung von der Leistung auf den unmöglichen Teil beschränkt.

Wichtig ist hier nicht der Wille der beiden Parteien, sondern der Wille der Gläubiger. Der Wille des Schuldners soll hier keine Rolle spielen, weil er schon bereit war, mehr (3 Sessel) als "die möglichen" (2 Sessel) zu erbringen.

Es soll auch bei einseitig verpflichtenden Verträgen darauf ankommen, ob der Gläubiger an der teilweisen Erfüllung noch ein Interesse hat. Dass bei den zweiseitig verpflichtenden Verträgen der Gesetzgeber dieser Lösung gefolgt ist, ist spricht für die hier vertretene Auffassung.

Zu kritisieren ist noch, dass das Gesetz von der vom Schuldner nicht zu vertretenden Unmöglichkeit spricht. Es bleibt der Fall unklar, in dem den Gläubiger an der Unmöglichkeit ein Verschulden trifft.

In Bezug auf die nachträgliche, verschuldete, subjektive oder objektive Unmöglichkeit enthält das neue Gesetz keine Neuerungen. Die bereits erwähnten Neuerungen hinsichtlich der unverschuldeten Unmöglichkeit bringen eine Reihe von schwierigen Fragen mit sich. Eine Frage geht dahin, ob der neu eingeführte Grundsatz über teilweise, unverschuldete nachträgliche Unmöglichkeit auch für die verschuldete, nachträgliche Unmöglichkeit anwendbar ist. Ob es hier wirklich eine bewusste Intention des türkischen Gesetzgebers gibt, bleibt unklar. Der Gesetzgeber hat es unterlassen, diese Frage zu regeln. Die Entscheidung des Gesetzgebers, die Regelung der teilweisen Unmöglichkeit auf den Fall der anfänglichen und nachträglichen unverschuldeten Unmöglichkeit zu beschränken, lässt beim ersten Blick den Schluss zu, dass der neu eingeführte Grundsatz im Fall der nachträglichen, verschuldeten Unmöglichkeit nicht anwendbar sei. Damit ist allerdings noch nicht die Frage beantwortet, welcher Weg einzuschlagen ist, wenn der Käufer bei teilweiser, verschuldeter Unmöglichkeit an der teilweisen Erfüllung kein Interesse hat. Es ist anzunehmen, dass der Käufer den Schadenersatz statt der ganzen Leistung oder den Rücktritt vom Vertrag verlangen kann, wenn er an der Teilleistung kein Interesse hat. Im Gegensatz zu dem alten Recht wurde im neuen Recht ein neuer Absatz (Art. 227 Abs. 2 BK n.F.) eingeführt, wonach dem Käufer im Fall der mangelhaften Lieferung ein Schadenersatzanspruch nach den allgemeinen Bestimmungen (§ 112 ff. BK n.F.) zugestanden wird, die zum Schadenersatz das Verschulden des Verkäufers voraussetzen. Die alte Rechtslage in Bezug auf den Schadenersatzanspruch des Käufers im Fall der sachmangelhaften Lieferung wird grundsätzlich unverändert beibehalten, wenn der Käufer vom Vertrag zurücktritt oder der Verkäufer vom Ersatzlieferungsrecht Gebrauch macht.

Demnach entsteht folgendes Bild:

Werden die Voraussetzungen der Sachmangelhaftung schon erfüllt, entstehen hinsichtlich des Schadenersatzanspruchs des Käufers folgende Konstellationen:

Will der Käufer wegen des Sachmangels vom Vertrag zurücktreten, kann er dabei vom Verkäufer – unabhängig vom Verschulden des Verkäufers – den

Ersatz seines unmittelbaren, aus der mangelhaften Lieferung entstehenden Schadens verlangen (§ 229 Abs. 1 Ziff. 3 BK n.F.). Des Weiteren kann er den Ersatz seines weiteren Schadens fordern, wenn der Verkäufer nicht beweisen kann, dass ihn kein Verschulden trifft (§ 229 Abs. 2 BK n.F.).

Macht der Verkäufer von seinem Ersatzlieferungsrecht Gebrauch, muss er den ganzen Schaden des Käufers ersetzen (Art. 227 Abs. 3 BK n.F.). Nach der Neuregelung ist fraglich, ob es hier um einen verschuldensunabhängigen oder einen auf die allgemeinen Vorschriften gerichteten, verschuldensabhängigen Schadenersatzanspruch geht. In Anlehnung an die alte Rechtslehre lässt sich von der Voraussetzung des Verschuldens ausgehen. Außerdem wird in der Gesetzbegründung klargestellt, dass sich alle Schadenersatzansprüche des Käufers –abgesehen vom Schadenersatzanspruch neben Rücktritt– nach den allgemeinen Vorschriften des BK richten.[1162]

Verlangt der Käufer Minderung von Kaufpreises oder Nachbesserung oder Ersatzlieferung, kann er seinen Schaden nach den allgemeinen Vorschriften (Art. 112 ff BK n.F.) fordern (Art. 227 Abs. 2).

Im Fall der Rechtsmangelhaftung gilt Entsprechendes, was für die alte Rechtslage dargelegt wurde.

Die Neuregelung des Schadenersatzanspruches ist in mehrfacher Hinsicht kritikwürdig. Kritisch zu bewerten ist zum einen der unsorgfältige eingeführte Absatz 2 des Art. 229 BK n.F., wonach der Käufer den Ersatz seines Schadens nach den allgemeinen Bestimmungen (§ 112 ff. BK n.F.) verlangen kann, die zum Schadenersatz das Verschulden des Verkäufers voraussetzen. Zu fragen ist zunächst, ob der Schadenersatzanspruch des Käufers den besonderen Voraussetzungen der Sachgewährleistung, also den Untersuchung– und Rügeobliegenheiten nach Art. 223 BK n.F., unterliegt, worauf im Folgenden kurz eingegangen werden soll.

Es ist schon geklärt, dass die Ansprüche des Käufers, die ihm wegen der sachmangelhaften Lieferung erwachsen, den besonderen Voraussetzungen unterworfen werden. Demnach soll der Käufer, sobald es nach dem üblichen Geschäftsgang tunlich ist, die Beschaffenheit der empfangenen Sache prüfen und, falls sie Mängel ergeben, für die der Verkäufer Gewähr zu leisten hat, diesem sofort Anzeige machen. Versäumt dieses der Käufer, gilt die gekaufte Sache als genehmigt, soweit es sich nicht um Mängel handelt, die bei der übungsgemäßen Untersuchung nicht erkennbar waren. Ergeben sich später solche Mängel, muss die Anzeige sofort nach der Entdeckung erfolgen, widrigenfalls die Sache auch

1162 Gesetzbegründung des Art. 227 BK n.F.

rücksichtlich dieser Mängel als genehmigt gilt (Art. 223 BK n.F. Art. 198 BK a.F.). Ferner gilt für Ansprüche des Käufers eine kurze Verjährungsfrist, die im neuen Gesetz mit zwei Jahren vorgesehen wurde (Art. 231 BK n.F.). Die oben aufgeworfene Frage hat besondere praktische Bedeutung, weil sich daraus für den Käufer eine ungünstige Situation ergibt, wenn man den Schadenersatzanspruch des Käufers auch den besonderen Voraussetzungen der Gewährleistung unterstellt.

Des Weiteren erhebt sich die Frage in Bezug auf den Geltungsbereich dieses Absatzes. So fragt man sich, ob der Käufer hinsichtlich seines Schadens auf die allgemeinen Vorschriften zurückgreifen kann, wenn er vom Vertrag zurücktreten will. Beim ersten Blick ist diese Frage zu verneinen, da der Gesetzgeber im Fall des Rücktritts für den Schadenersatzanspruch des Käufers besondere Vorschriften aufgestellt hat. Demnach kann der Käufer ohne Rücksicht auf ein Verschulden des Verkäufers den Ersatz seines unmittelbaren Schadens verlangen. Demgegenüber wird die Geltendmachung des weiteren Schadens vom Verschulden des Verkäufers abhängig gemacht. Festzustellen ist, dass die Beibehaltung des Abs. 2 Art. 229 BK n.F., in dem der Ersatz des weiteren Schadens dem Verschulden unterliegt, unnötig erscheint, weil der Absatz 2 des Art. 229 BK n.F. faktisch mit der allgemeinen Vorschrift Art. 112 BK n.F. übereinstimmt und der Käufer sowieso gemäß Art. 227 Abs. 3 BK n.F. nach der allgemeinen Vorschrift den Ersatz seines mittelbaren Schadens verlangen kann.

Über das Verhältnis der Sachgewährleistung zu dem allgemeinen Teil des BK a.F., insbesondere zum Schadenersatz werden im alten Recht drei Ansichten postuliert.

Die herrschende Lehre und Rechtsprechung im alten Recht vertritt die Meinung, dass Schadenersatzansprüche nach den allgemeinen Bestimmungen neben der Sachmängelgewährleistung konkurrierend zur Anwendung kommen.[1163] Dieser Ansicht nach unterliegt aber der Schadenersatzanspruch des Käufers den Voraussetzungen der Gewährleistung, wie Rügeobliegenheit, kurze Verjährung.[1164]

1163 ***Sahiniz***, S. 196 ff. der türkische Kassationshof schließt sich in seinen verschiedenen Entscheidungen dieser Ansicht an. Yarg. 13. HD., 19.13.1992 T., E 1992/384, K. 1992/2617: In den Fällen, in denen sowohl die Voraussetzungen der nicht gehörigen Erfüllung als auch der Mangelgewährleistung erfüllt sind, kann der Schuldner die Minderung des Kaufpreises oder nach den allgemeinen Bestimmungen den Ersatz seines Schadens verlangen.

1164 ***Sahiniz***, S. 196 ff.; ***Schönle/Higi***, in: Kommentar zum schweizerischen Zivilgesetzbuch, Art. 197 OR Rn. 19a; ***Honsell*** BT, S. 110.

Die zweite Ansicht lehnt eine solche konkurrierende Anwendung mit der Begründung ab, dass Art. 194 ff. BK a.F. (Art. 197 ff. OR) eine abschließende Regelung enthalten.[1165]

Nach der dritten Ansicht ist eine konkurrierende Anwendung möglich und der Schadenersatzanspruch des Käufers unterliegt nicht den besonderen Einschränkungen der Gewährleistungsvorschriften. Zur Begründung dieser Ansicht wird zu Recht angeführt, dass in dem Gewährleistungsrecht die strengen Voraussetzungen der Gewährleistung der günstigen verschuldensunabhängigen Garantihaftung des Verkäufers entgegenstehen. Die Garantihaftung des Verkäufers wird mit Einwendungen und Einreden ausgeglichen. Im Gegensatz zu dem Gewährleistungsrecht setzt die allgemeine Bestimmung des BK für die Haftung des Verkäufers das Verschulden des Verkäufers voraus.[1166]

Festzustellen ist zunächst, dass die zweite Ansicht unter Berücksichtigung des neuen Gesetzes nicht mehr vertretbar ist. Meines Erachtens erscheint bei der Lösung des Problems eine Unterscheidung sinnvoll. Die Lösung der Frage, ob für die Geltendmachung des Schadenersatzanspruchs – neben der allgemeinen Verschuldensvoraussetzung – auch die strengen Voraussetzungen der Sachgewährleistung bestehen müssen, soll sich danach richten, ob ein Handelskauf oder Normalkauf (Bürgerlicher Kauf) vorliegt. Beim Handelskauf ist dies zu bejahen. Mit anderen Worten soll der Schadenersatzanspruch des Käufers beim Handelskauf den weiteren Voraussetzungen der Sachgewährleistung, also Untersuchungs– und Rügeobliegenheiten, unterliegen, während beim Normalkauf für den Schadenersatzanspruch nur die allgemeinen Voraussetzungen des BK ausreichen sollen, wenn der Verkäufer eine sachmangelhafte Ware geliefert hat. Denn das türkische Handelsgesetz (Art. 23 Abs. 1/c) obliegt dem Käufer, unabhängig von der im BK geregelten Untersuchungs– Rügeobliegenheiten, den Mangel zu untersuchen und rügen, wohingegen im neuen Obligationengesetz keine ausdrückliche Regelung getroffen wird, dass der Schadenersatzanspruch des Käufers den besonderen

---

1165 ***Honsell*** BT, S. 110; ***Sahiniz***, S. 196 ff.; Nach ***Oguzman/Öz***, S. 320 (Fn. 145) setzt die Lösung des Problems eine Unterscheidung der zwei Fälle voneinander voraus. Im ersten Fall sind die Voraussetzungen der Sachgewährleistung gegeben. In diesem Fall soll der Käufer ein Recht zum Schadenersatzanspruch haben, wenn z.B. mit Minderung, Nachbesserung oder Ersatzlieferung sein Interesse nicht ganz befriedigt wird. Man könnte an den Fall denken, in dem die Ersatzlieferung zwar das Interesse des Käufers an mangelhafter Lieferung erfüllt, aber das Interesse des Käufers, die mangelfreie Sache rechtszeitig zu erhalten, verletzt wird. Dass etwa der Verspätungsschaden des Käufers vom Verkäufer ersetzt werden muss, ist nicht zu bestreiten.

1166 ***Sahiniz***, S. 196 ff.

Voraussetzungen der Sachgewährleistung, also den Untersuchung– und Rügeobliegenheiten Art. 223 BK n.F., unterliegt.

Bisher wird der Schadenersatzanspruch des Käufers neben Ersatzlieferung, Rücktritt, Nachbesserung, Minderung behandelt. Die Frage, ob der Käufer im Fall der sachmangelhaften Lieferung Schadenersatz wegen Nichterfüllung verlangen kann, wird bisher nicht thematisiert. So bleibt dennoch die Frage zu klären, ob der Käufer im Fall der mangelhaften Lieferung Schadenersatz wegen Nichterfüllung verlangen kann. Neben den anderen Rechtsbehelfen steht dem Käufer das Recht, den Ersatz seines Schadens zu fordern, zu. Die Frage besteht darin, ob der Käufer Schadenersatz statt der Leistung verlangen kann. Wie schon mehrmals angedeutet wurde, stellt die sachmangelhafte Lieferung einen Unterfall der nichtgehörigen Erfüllung dar. Der Schadenersatz wegen Nichterfüllung (statt der Leistung) wird im Gesetz nur für den Fall des Verzugs geregelt, worauf schon eingegangen wurde. Demnach kann der Gläubiger im Fall des Verzugs dem Schuldner eine Frist zur Erfüllung setzen und nach dessen fruchtlosen Ablauf auf die nachträgliche Leistung verzichten und den Ersatz für den aus der Nichterfüllung entstandenen Schaden verlangen (Schadenersatz wegen Nichterfüllung). Für die nichtgehörige Erfüllung aber findet man keine Antwort auf die Frage, wann und wie der Gläubiger wegen der nichtgehörigen Erfüllung auf die nachträgliche Leistung verzichten und den Ersatz für den aus der Nichterfüllung entstandenen Schaden verlangen kann.

Meines Erachtens liegt hier eine Gesetzeslücke vor. Für die Lösung des Problems ist eine Differenzierung nötig. In dem Fall bestehen für den Käufer zwei Möglichkeiten. Eine Möglichkeit besteht darin, dass der Gläubiger die mangelhafte Ware behält und nur wegen des Rests Schadenersatz verlangt (sog. "kleiner Schadenersatz"). Der Käufer kann das mit dem kleinen Schadenersatz verfolgte Ziel über die Minderung erreichen. Im Vergleich zum Schadenersatzanspruch soll die Minderung für den Käufer vorteilhaft sein, weil anders als der Schadenersatzanspruch die Minderung dem Käufer unabhängig vom Verschulden des Verkäufers zur Verfügung steht, wenn die Voraussetzungen der Sachgewährleistung, insbesondere Untersuchungs– und Rügeobliegenheiten, erfüllt sind. Dem kleinen Schadenersatz kommt deshalb nur eine Bedeutung zu, wenn der Käufer die Minderung nicht verlangen kann. Die zweite und wichtigere Möglichkeit liegt darin, dass der Gläubiger die mangelhafte Ware zurückgibt und den Ersatz statt der ganzen Leistung verlangt (sog. "großer Schadenersatz").[1167]

Zur Lösung des Problems stehen zwei Wege zur Verfügung. Der erste ist die analoge Anwendung der Vorschriften des Verzugs. Demnach kann der Käufer dem

---

1167 ***Faust***, in: Huber/Faust, § 3 Rn. 188.

Verkäufer eine Frist zur nachträglichen Erfüllung setzen und nach deren fruchtlosen Ablauf auf die nachträgliche Erfüllung verzichten und Schadenersatz statt der ganzen Leistung verlangen. Diese Lösung ist deswegen nicht plausibel, weil der Käufer in diesem Fall infolge eines unerheblichen Sachmangels über Nachfrist Schadenersatz statt der ganzen Leistung verlangen kann, dessen Rechtsfolge für den Verkäufer schwerwiegend ist. Stattdessen soll die Forderung auf den Schadenersatz statt der ganzen Leistung an die Voraussetzung der Erheblichkeit/Wesentlichkeit geknüpft werden. Im Ergebnis soll dem Käufer infolge der sachmangelhaften Lieferung das Recht, Schadenersatz statt der ganzen Leistung zu verlangen, nicht gestattet werden, wenn die Mangelhaftigkeit nicht wesentlich/erheblich ist.[1168]

V. Zusammenfassung

Die Regelungen des CISG über die Schadenersatzansprüche sind zu differenzieren. Die Anspruchsgrundlage für den Schadenersatzanspruch des Käufers ist in Art. 45 Abs. 1 lit. b CISG (für Verkäufer Art. 61 Abs. 1 lit. b CISG), der Umfang und die Begrenzung des Schadenersatzanspruchs werden in Artikel 74–77 CISG geregelt. Als Letztes findet man in Art. 79–80 die Regelungen über die Entlastungsmöglichkeit des Schuldners. Schadenersatz stellt im CISG den Punkt dar, in dem das CISG von den kontinentaleuropäischen Ländern stark abgewichen ist. Entsprechend dem angloamerikanischen Recht ist der Schadenersatzanspruch im CISG als allgemeiner, verschuldensunabhängiger Rechtsbehelf vorgesehen. Mit anderen Worten steht der Schadenersatzanspruch unabhängig von zwei Punkten dem Käufer immer zur Verfügung. Erstens wird der Schadenersatzanspruch des Käufers nicht davon abhängig gemacht, dass den Verkäufer an der Vertragsverletzung/Nichterfüllung ein Verschulden trifft. Zweitens schließt die Geltendmachung von anderen Rechtsbehelfen den

---

1168 Beim Rücktrittsrecht des Käufers spielt die Wesentlichkeit/Erheblichkeit keine Rolle, wenn der Sachmangel in dem Fehlen zugesicherter Eigenschaften besteht. Liegt dagegen der Sachmangel darin, dass die Sache körperliche oder sachliche Mängel habe, die ihren Wert oder Tauglichkeit zu dem vorausgesetzten Gebrauch aufheben oder erheblich mindern, kommt es beim Rücktritt auf die Wesentlichkeit/Erheblichkeit des Mangels an. Zu fragen ist dann, ob diese Unterscheidung beim Schadenersatz statt der ganzen Leistung gelten soll. Meines Erachtens ist die Unterscheidung nicht auf den Schadenersatzanspruch anzuwenden. Da sich der Schadenersatz-anspruch des Käufers nach den allgemeinen Vorschriften richtet, muss die Wesentlichkeit/Erheblichkeit des Sachmangels sowohl bei zugesicherten Eigenschaften als auch bei vorausgesetzten Eigenschaften vorliegen, wenn der Käufer Schadenersatz statt der ganzen Leistung fordert.

Schadenersatzanspruch nicht aus. Schadenersatz ist ein allgemeiner Rechtsbehelf – ein Mindestrechtsbehelf –, welcher bei jeder Vertragsverletzung dem Gläubiger zur Verfügung steht. Dabei darf man nicht vergessen, dass der vom Käufer geltend gemachte Rechtsbehelf den Umfang und den Inhalt des Schadenersatzanspruches bewirken kann. In Bezug auf Schadenersatzanspruch geht das CISG von einigen Grundsätzen aus. Durch die Ausgleichfunktion sollen alle Nachteile des Gläubigers, die wegen der Vertragsverletzung entstanden sind, ausgeglichen werden. Demnach soll der Gläubiger in die Lage versetzt werden, in der er sich befände, wenn der Schuldner seine Pflichten ordnungsgemäß erfüllt hätte. Alle Nachteile, die Folge der Vertragsverletzung sind, sollen dem Gläubiger ausgeglichen werden. Das CISG hat bei der Leistung des Schadenersatzes auf den Grundsatz der Naturalrestitution verzichtet. Demnach ist Schadenersatz in Geld zu leisten. Nach Art. 45 Abs. 1 lit b kann der Käufer vom Verkäufer Schadenersatz verlangen, wenn der Verkäufer irgendeine seiner Pflichten aus dem Vertrag oder aus dem CISG verletzt hat. Darauf, ob die vom Verkäufer verletzte Pflicht eine Haupt– oder Sonstigenpflicht darstellt, kommt es nicht an. Wichtig ist, dass der Verkäufer irgendeine seiner Pflichten verletzt hat. Der Art. 74 S. 2 CISG bedingt einen Kausalzusammenhang zwischen Schaden und Vertragsverletzung. Demnach kann der Gläubiger nur den Ersatz solcher Schäden verlangen, für die die Vertragsverletzung kausal ist (conditio sine qua non). Da das Übereinkommen den Schadenersatzanspruch verschuldensunabhängig ausgestaltet und für die Haftung des Schuldners reine Kausalität genügt, ist die Begrenzung der Haftung für den Schadenersatzanspruch notwendig. Dies erfolgt im CISG über das Kriterium der Voraussehbarkeit des Schadens durch den Verkäufer. Demnach kann der Gläubiger als Schadenersatz nur denjenigen Verlust verlangen, den die vertragsbrüchige Partei bei Vertragsabschluss als mögliche Folge der Vertragsverletzung vorausgesehen hat oder unter Berücksichtigung der Umstände, die sie kannte oder kennen musste, hätte voraussehen müssen. Das dem CISG zu Grunde liegende Prinzip der verschuldensunabhängigen Haftung des Schuldners wird durch die Entlastungsmöglichkeit zu Recht beschränkt. Art. 79 CISG gewährt dem Schuldner eine Entlastungsmöglichkeit, wenn er beweisen kann, dass der Hinderungsgrund, der der Erfüllung des Vertrags entgegensteht, außerhalb seines Einflussbereichs liegt und für ihn unvorhersehbar und unvermeidbar war. Der Begriff des Schadenersatzes wird in der Konvention nicht definiert. In Betracht zieht man erlittene Verluste (*damnum emergens*) und entgangenen Gewinn (*lucrum cessans*). Art und Umfang des Schadenersatzes werden in den Art. von 74 bis 77 CISG geregelt. Art. 74 CISG stellt die Grundnorm dar, während die Art. 75 und 76 CISG die Sonderfälle normieren, je nachdem, ob im Fall der Vertragsaufhebung ein Deckungsgeschäft vorgenommen wurde (Art. 75 CISG) oder nicht (Art. 76 CISG). Als Grundnorm erfordert Art. 74

CISG grundsätzlich eine konkrete Schadensberechnung. Eine abstrakte Berechnung ist nur in Art. 76 CISG vorgesehen. Der Art. 75 CISG ermöglicht dem Käufer, die Differenz zwischen dem im Vertrag vereinbarten Preis und dem Preis des Deckungskaufs als Schaden zu verlangen, wenn der Käufer nach einer Vertragsaufhebung einen Deckungskauf vorgenommen hat. Die genannte Möglichkeit setzt zunächst die Vereinbarung eines konkreten Kaufpreises voraus. Des Weiteren wird eine wirksame und berechtigte Vertragsaufhebung durch den Käufer oder Verkäufer und danach ein Deckungsgeschäft vorausgesetzt. Als Ausnahme zu dem Prinzip der konkreten Schadensberechnung sieht Art. 76 eine abstrakte Schadensberechnung vor, wenn (1) die Ware einen feststellbaren Marktpreis hat, (2) der Vertrag aufgehoben wurde und (3) kein Deckungsgeschäft im Sinne des Art. 75 vorgenommen wurde und (4) die Parteien einen Vertragspreis vereinbart haben. Demnach kann der Käufer die Differenz zwischen dem Vertragspreis und dem Marktpreis der Ware zur Zeit der Aufhebung sowie den Ersatz jedes weiteren Schadens verlangen (Art. 76 Abs. 1 S. 1). Gemäß Art. 77 CISG obliegt es dem den Schadenersatz verlangenden Käufer, alle angemessenen Maßnahmen zu treffen, um den Schaden möglichst gering zu halten. Die Vorschrift stellt eine Konkretisierung des Rechtsinstituts von Treu und Glauben dar. Art. 9:501 (1) PECL berechtigt den Gläubiger (Käufer) den Ersatz für den ihr durch die Nichterfüllung seitens der anderen Partei verursachten Schaden zu verlangen, wenn die Nichterfüllung gemäß Art. 8:108 nicht entschuldigt ist. Damit gehen die PECL von der in Art. 8:101 vorgesehener Unterscheidung aus, wonach der Gläubiger auf Schadenersatz und auf Erfüllungsanspruch nicht bestehen kann, wenn die Nichterfüllung entschuldigt ist. Die Frage, wann die Nichterfüllung entschuldigt ist, richtet sich nach Art. 8:108 PECL. Der Schadenersatzanspruch des Gläubigers unterliegt auch einer Einschränkung, wenn der Schuldner den Schaden bei Vertragsschluss als wahrscheinliche Folge seiner Nichterfüllung nicht vorausgesehen hat oder vernünftigerweise hätte voraussehen können (Art. 9:503 PECL). Die Behandlung des Umfangs des Schadenersatzanspruchs setzt eine Differenzierung voraus. Tritt der Gläubiger vom Vertrag zurück, ist zu fragen, ob der Gläubiger ein Deckungsgeschäft unternommen hat oder nicht. Im Fall, in dem der Gläubiger ein Deckungsgeschäft unternommen hat, kann der Gläubiger als Schadenersatz die Differenz zwischen vertraglich vereinbarten Preis und dem Preis des Deckungsgeschäfts verlangen (Art. 9:506 PECL). Liegt dagegen kein Deckungsgeschäfts vor, beläuft sich der Schaden auf die Differenz zwischen Vertragspreis und Marktpreis (Art. 9:507 PECL). Hinsichtlich der Regelung des Schadenersatzanspruchs geht das DCFR keinen von den PECL abweichenden Weg. Wie beim DCFR setzt der CESL-Entwurfs die unentschuldigte Nichterfüllung einer Verpflichtung des Schuldners voraus (Art. 159 CESL-Entwurf), wobei es auf das Verschulden des Verkäufers nicht ankommt.

- Die Regeleung des Schadenersatzanspruchs ist im deutschen Leistungsstörungsrecht von entscheidender Bedeutung. Nach der Schuldrechtsreform ist die Vorschrift des § 280 BGB Anspruchsgrundlage für alle Schadenersatzansprüche mit Ausnahme des § 311 a Abs. 2. Demnach geschieht die erste notwendige Differenzierung nach dem Kriterium, ob ein Schadenersatzanspruch wegen anfänglicher Unmöglichkeit oder ein Schadenersatzanspruch wegen aller anderen Störungen vorliegt. Diese Unterscheidung soll ergeben, dass der in § 280 BGB eingeführte Tatbestand der Pflichtverletzung außer der anfänglichen Unmöglichkeit alle Störungen erfassen soll. § 280 Abs. 1 legt die Voraussetzungen fest, die für alle Arten des Schadenersatzanspruchs vorliegen müssen. Hieraus ergibt sich Folgendes: Das Vorliegen eines Schuldverhältnis, die Verletzung einer sich aus diesem Schuldverhältnis ergebenden Pflicht und das Vertretenmüssen des Schuldners, welches aber im Gesetz vermutet wird. Außer der bisher dargelegten Funktion des Abs. 1 gibt es noch die zweite, die für eine Kategorie des Schadenersatzes, also den einfachen Schadenersatz, eine selbstständige Anspruchsgrundlage ist. In diesem Sinne spricht man zutreffend von einer "Doppelfunktion" des § 280 Abs. 1 BGB. Der Ersatz des Mangelfolgenschadens erfolgt nach dieser zweiten Funktion, weil der Ersatz des Mangelfolgenschadens nicht statt der Leistung sondern neben der Leistung erfolgt. Die abstrakte Vorschrift differenziert in Abs. 2 und 3 je nach der Variante der Pflichtverletzung, bei der Schadenersatzanspruch in bestimmten Fällen zusätzlichen Voraussetzungen unterliegt. Will der Gläubiger den Ersatz des wegen Verspätung/Verzögerung der Erfüllung entstandenen Schadens, unterliegt sein Anspruch den zusätzlichen Voraussetzungen des § 286 BGB (§ 280 Abs. 2). In Abs. 2 wird der Ersatz des nur wegen der Verspätung der Erfüllung entstandenen Schadens geregelt. Die Besonderheit besteht in diesem Fall darin, dass der Gläubiger den Ersatz des Verspätungsschadens neben der Leistung beansprucht. Mit dieser Besonderheit weicht die Vorschrift des § 280 Abs. 2 BGB von der in Art. 281 geregelten Verzögerung ab, wobei der Gläubiger wegen der Verzögerung nicht den Verspätungsschaden neben der Leistung, sondern Schadenersatz statt der Leistung verlangt. Verlangt der Gläubiger wegen der Verletzung, also der Schlechtleistung, Verzögerung und Unmöglichkeit, den Schadenersatz statt der Leistung, ermöglicht ihm das Gesetz erst unter den zusätzlichen Voraussetzungen des § 281, des § 282 oder des § 283 BGB (280 Abs. 3 BGB). Die Voraussetzungen des Schadenersatzanspruchs statt der Leistung variieren je nach der Art der Störung. Mit anderen Worten: Liegt eine Schlecht– oder Nichtleistung vor, ist § 280 Abs. 1 i.V. m. 281 BGB einschlägig. Dagegen kommt § 280 Abs. 1 283 BGB zur Anwendung, wenn die Nichterfüllung in Form der Unmöglichkeit besteht. Schließlich gilt für die nichtleistungsbezogenen Nebenpflichtverletzungen die Vorschrift des § 280

Abs. 1 i. V. m. 282 BGB. Im deutschen Recht hat der Gläubiger die Möglichkeit, anstelle des Anspruchs Schadenersatz statt der Leistung seine Aufwendungen zu verlangen. Diese alternative Möglichkeit steht dem Gläubiger nur zu, wenn die Voraussetzungen des Schadenersatz statt der Leistung (§ 280 Abs. 3, i.V.m. § 281 bis 283 BGB) erfüllt sind. Bei allen Arten der Schadenersatzansprüche ist Art, Inhalt und Umfang des Schadenersatzanspruches gemäß § 249 BGB festzulegen, die von dem Grundsatz der Naturalherstellung und Totalreparation ausgehen.

- Die zentrale Norm des türkischen Obligationengesetzes bei der Behandlung des Schadenersatzanspruchs ist § 96 BK a.F. Die Vorschrift gilt für alle Arten von Obligationen, unabhängig davon, auf welchem Rechtsgrund sie beruhen und welchen Inhalt sie haben. Aus der Formulierung des § 96 BK a.F. ergeben sich folgende Voraussetzungen. Vertragsverletzung, Schaden, adäquater Kausalzusammenhang zwischen Vertragsverletzung und Schaden, Verschulden. Das Gesetz spricht von einer Verbindlichkeit. Sie umfasst die vertraglichen Leistungspflichten (Hauptleistungs– und Nebenleistungspflichten) und Nebenpflichten. Als erste Voraussetzung muss hier die Verletzung einer vertraglichen Leistungspflicht oder einer Nebenpflicht vorliegen. Unter den Formen einer möglichen Vertragsverletzung werden im Gesetz drei Formen vorgesehen: Nichterfüllung (nachträgliche, verschuldete Unmöglichkeit), "nichtgehörige Erfüllung" und Verzug. Unter der Nichterfüllung der Leistung muss in der türkischen, auch schweizerischen Rechtsterminologie die Unmöglichkeit der Leistung aufgefasst werden. Die Unmöglichkeit der Leistung erfährt im Gesetz keine einheitliche Regelung. Im alten Obligationengesetz findet man die Regelungen über Unmöglichkeit an verschiedenen Stellen. Anfängliche Unmöglichkeit ist in Art. 20 BK a.F., vom Schuldner verschuldete nachträgliche Unmöglichkeit in Art. 96 BK a.F., vom Schuldner nicht verschuldete Unmöglichkeit in Art. 119 BK a.F. geregelt. Demnach muss die Unmöglichkeit der Leistung zuerst danach differenziert werden, ob die Leistung vor dem Vertragsschluss unmöglich war (Art. 20 BK a.F.) oder erst nach dem Vertragsschluss unmöglich geworden ist (Art. 96 und Art. 117 BK a.F.). Des Weiteren differenziert man die nachträgliche Unmöglichkeit danach, ob die Unmöglichkeit vom Schuldner zu vertreten ist (Art. 96 BK a.F.) oder nicht (Art. 117 BK a.F.). An die anfängliche Unmöglichkeit der Leistung hat das Gesetz die Rechtsfolge der Nichtigkeit des Vertrags geknüpft. Über die Haftung des Schuldners im Fall der anfänglichen, objektiven Unmöglichkeit der Leistung besagt das Gesetz nichts. Nach der herrschenden Lehre schuldet der Schuldner im Fall der anfänglichen, subjektiven Unmöglichkeit nach dem Grundsatz culpa in contrahendo, wonach der Gläubiger in die Lage zu versetzen ist, wie er stehen würde, wenn er den Vertrag nicht abgeschlossen hätte (sog. negatives Interesse). Im Fall der nachträglichen Unmöglichkeit spielt es keine

Rolle, ob die Leistung objektiv oder subjektiv unmöglich geworden ist. Liegt eine nachträgliche Unmöglichkeit vor, kommt es nur darauf an, ob diese Unmöglichkeit vom Schuldner zu vertreten ist (§ 96 BK a.F.) oder nicht (§ 117 BK a.F.). Die nichtgehörige Erfüllung der Leistung erfasst alle Fälle der Vertragsverletzung, die nicht unter die Unmöglichkeit oder den Verzug fallen. Eine andere, im Gesetz ausführlich geregelte Art der Vertragsverletzung ist der Verzug. Die zweite Voraussetzung ist, dass der Gläubiger (Käufer) wegen der Vertragsverletzung einen Schaden erlitten haben muss, weil eine Vertragsverletzung nicht immer eine Schädigung des Gläubigers bedingt. Dritte Voraussetzung des Schadenersatzanspruchs ist ein adäquater Kausalzusammenhang zwischen Vertragsverletzung und Schaden. Der adäquate Kausalzusammenhang ist zu bejahen, wenn die Ursache (Vertragsverletzung) nach dem gewöhnlichen Lauf der Dinge und der allgemeinen Lebenserfahrung geeignet ist, den entstandenen Schaden herbeizuführen. Schließlich setzt eine vertragliche Haftung das Verschulden des Verkäufers in Bezug auf die Vertragsverletzung voraus. Zwar wird das Verschulden des Verkäufers gesetzlich vermutet. Er kann aber beweisen, dass ihm kein Verschulden zur Last fällt. Der Schuldner haftet grundsätzlich für jedes Verschulden, (Art. 98 Abs. 1 BK a.F.), also sowohl für die Absicht als auch für die Fahrlässigkeit. Im Gegensatz zu dem alten Recht wurde im neuen Kaufrecht ein neuer Absatz (§ 227 Abs. 2 BK n.F.) eingeführt, wonach dem Käufer ein Schadenersatzanspruch nach den allgemeinen Bestimmungen (§ 112 ff. BK n.F.) zugestanden wird, die zum Schadenersatz das Verschulden des Verkäufers voraussetzen. Die alte Rechtslage in Bezug auf den Schadenersatzanspruch des Käufers im Fall des Rücktritts wird grundsätzlich unverändert beibehalten. Mit der Entscheidung des Gesetzgebers zur Beibehaltung hinsichtlich des Schadenersatzanspruchs im Fall des Rücktritts infolge der sachmangelhaften Lieferung (Absatz 2 des § 227 BK n.F.) wird das Problem in der Weise gelöst, dass der Käufer den Schadenersatz nach den allgemeinen Bestimmungen des § 112 BK n.F. verlangen kann, wenn er infolge der mangelhaften Lieferung einen Schaden erleidet. Damit wird das Problem zunächst zu Lasten des Käufers gelöst, weil er nach dem neuen Gesetz alle seine Schäden neben der Minderung und Nachbesserung nur verlangen kann, wenn der Verkäufer die Vertragsverletzung zu vertreten hat. Nach der neuen Struktur sieht das Gesetz im allgemeinen Teil drei wichtige Arten von Vertragsverletzungen: Unmöglichkeit, nichtgehörige Erfüllung und Verzug. Der Gesetzgeber hat grundsätzlich an der alten Systematik festgehalten, wobei er jedoch hinsichtlich der anfänglichen Unmöglichkeit und der nachträglichen Unmöglichkeit einige Änderungen vorgesehen hat.

Kapitel 4: Minderung

I. Internationales Kaufrecht (CISG)

1) Allgemein

Art. 50 CISG berechtigt den Käufer im Falle der Lieferung vertragswidriger Ware, den Kaufpreis herabzusetzen. Auf das Ausmaß der Vertragswidrigkeit kommt es nicht an. Anders als Vertragsaufhebung und Ersatzlieferung ist es gleichgültig, ob eine wesentliche oder unwesentliche Vertragsverletzung vorliegt. Die ratio legis des Minderungsrechts liegt darin, dass der Käufer die schon gelieferte, aber vertragswidrige Ware nicht zurückgibt und den Kaufpreis entsprechend herabsetzt.[1169] Die praktische Bedeutung des Minderungsrechts ist gering. Statt der Minderung kann der Käufer den Schadenersatzanspruch geltend machen, der zu den praktischen Ergebnissen der Minderung führt aber an die anderen Voraussetzungen geknüpft wird.[1170] Aus ökonomischer Sicht ist die Minderung im Vergleich zum Anspruch auf Vertragsaufhebung günstiger, einfacher und praktischer.[1171] Die Fragen, ob der Verkäufer die Vertragsverletzung zu vertreten hat oder es einen Befreiungsgrund gibt, spielen keine Rolle. Außerdem besteht das Minderungsrecht unabhängig davon, dass der Kaufpreis bereits bezahlt worden ist oder nicht.[1172]

1169 P. Huber, in: MünchKommBGB (2008), Art. 50 CISG, Rn. 2; ***Schnyder/Straub***, in: Honsell (Hrsg.), CISG (2010), Art. 50, Rn. 2.

1170 ***Eckert/Maifeld/Matthiesen***, Rn. 1042; ***Schnyder/Straub***, in: Honsell (Hrsg.), CISG (2010), Art. 50, Rn. 5; ***Brunner***, Art. 50 Rn. 5; ***P. Huber***, in: MünchKommBGB (2008), Art. 50 CISG, Rn. 3; ***Magnus***, in: Staudinger/CISG (2005), Art. 50 CISG, Rn. 2: "Anders als bei einem Schadenersatzanspruch muss nicht die Möglichkeit der Aufrechnung geprüft werden. Insbesondere bei fallenden Preisen kann der Minderungsanspruch günstiger sein als der neben ihm zulässige Schadenersatzanspruch".

1171 ***P. Huber***, in: MünchKommBGB (2008), Art. 50 CISG, Rn. 2; ***Magnus***, in: Staudinger/CISG (2005), Art. 50 CISG, Rn. 2.

1172 ***P. Huber***, in: MünchKommBGB (2008), Art. 50 CISG, Rn. 5; ***Schnyder/Straub***, in: Honsell (Hrsg.), CISG (2010), Art. 50, Rn. 13 ff.; Lüderitz/Schüßler-Langeheine, in: Soergel/CISG (2000), CISG Art. 50 Rn. 3.

2) Voraussetzungen

a) Lieferung nicht vertragsgemäßer Ware

Gemäß Art. 50 CISG muss eine Ware geliefert werden, die im Sinne des Art. 35 nicht vertragsgemäß ist.[1173] Im Fall der "Nichtlieferung" kommt die Vorschrift nicht zur Anwendung.[1174] Insofern ist aber umstritten, ob auch Quantitätsmängel in den Anwendungsbereich des Art. 50 CISG fallen oder Art. 51 CISG als vorrangige Sondervorschrift für den Fall der Teilleistung anzusehen ist.[1175]

Die Ansicht, die vertritt, dass Quantitätsmängel in den Anwendungsbereich der Art. 50 fallen soll, ist vorzugswürdig, wenn man die ratio legis des Gesetzes in Betracht zieht.[1176] Der andere, von Übereinkommen der Praxis überlassene Streitpunkt[1177] betrifft das Problem des Rechtsmangels. Eine Ansicht vertritt die Auffassung, dass die in Art. 46 gefundene Abgrenzung zwischen der Vertragsmäßigkeit und Rechtsmängeln auch hierbei gelten soll.[1178] Die andere wohl zutreffende Ansicht sieht hier einen Unterschied. Demnach führt die in Art. 46 gefundene Abgrenzung dazu, dass der Erfüllungsanspruch besonderen Voraussetzungen unterworfen ist; hier dagegen führt sie dazu, dass dem Käufer der Rechtsbehelf der Minderung überhaupt nicht zusteht.[1179] Außerdem besteht kein Grund, den Käufer bei Rechtsmängeln schlechter zu stellen.[1180] Deshalb soll das Minderungsrecht auch bei Rechtsmängeln gewährt werden. Schließlich hat die Diskussion keine praktische Bedeutung, weil der Käufer die Möglichkeit hat, statt der Minderung Schadenersatz zu verlangen.[1181] Die Beurteilung der Frage der Vertragsmäßigkeit richtet sich nach dem Zeitpunkt des Gefahrübergangs.[1182]

1173 ***Lüderitz/Schüßler-Langeheine***, in: Soergel/CISG (2000), CISG Art. 50 Rn. 2.

1174 ***P. Huber***, in: MünchKommBGB (2008), Art. 50 CISG, Rn. 6.

1175 ***P. Huber***, in: MünchKommBGB (2008), Art. 50 CISG, Rn. 7.

1176 ***Magnus***, in: Staudinger/CISG (2005), Art. 50 CISG, Rn. 8.

1177 ***Neumayer***, RIW 1994, S. 99, 106; ***P. Huber***, in: MünchKommBGB (2008), Art. 50 CISG, Rn. 8; ***Herber/Czerwenka***, Art. 50 Rn. 3.

1178 Zur Begründung dieser Ansicht: ***Müller-Chen***, in: Schlechtriem/Schwenzer (2008), Art. 50 Rn. 2; ***P. Huber***, in: MünchKommBGB (2008), Art. 50 CISG, Rn. 8; ***Schnyder/Straub***, in: Honsell (Hrsg.), CISG (2010), Art. 50, Rn. 11.

1179 ***P. Huber***, in: MünchKommBGB (2008), Art. 50 CISG, Rn. 8.

1180 ***Magnus***, in: Staudinger/CISG (2005), Art. 50 CISG, Rn. 10.

1181 ***Magnus***, in: Staudinger/CISG (2005), Art. 50 CISG, Rn. 9–10; ***Lüderitz/Schüßler-Langeheine***, in: Soergel/CISG (2000), CISG Art. 50 Rn. 2; ***Botzenhardt***, s. 7; ***Welser***, in: Doralt (Hrsg.) S. 12; ***Neumayer***, RIW 1994, S. 99, 106; a.A. ***Eckert/Maifeld/Matthiesen***, Rn. 1036. Fußnote: 2.

1182 ***P. Huber***, in: MünchKommBGB (2008), Art. 50 CISG, Rn. 10; ***Schnyder/Straub***, in: Honsell (Hrsg.), CISG (2010), Art. 50, Rn. 16.

b) Vorrang des Nacherfüllungsrechts des Verkäufers

In Art. 37 (bei der vorzeitigen Lieferung) und in Art. 48 wird dem Verkäufer unter bestimmten Voraussetzungen das Recht eingeräumt, durch Behebung den Erfüllungsmangel zu beseitigen. Während Art. 37 den Fall der vorzeitigen Lieferung umfasst, erstreckt sich Art. 48 auf die Erfüllungshandlungen, die nach Ablauf der Lieferfrist erfolgen.[1183] Der Art. 48 gewährt dem Nacherfüllungsrecht des Verkäufers den Vorrang vor dem Minderungsrecht des Käufers.[1184] Mit anderen Worten hat der Käufer kein Recht auf Minderung, solange sich ein Nacherfüllungsrecht des Verkäufers aus Art. 37 bzw. 38 ergibt.[1185]

3) Durchführung

Die Wirksamkeit der Minderung wird an die Voraussetzung der Erklärung geknüpft. Nach herrschender Meinung handelt es sich um ein Gestattungsrecht.[1186] D.h. der Käufer ist an seine Wahl gebunden und kann seine Erklärung nicht widerrufen.[1187] Die Erklärung ist weder an eine Frist noch an eine Form gebunden.[1188] Liegen die Voraussetzungen des Minderungsrechts vor, erlischt der Kaufpreisanspruch in Höhe des Minderungsbetrags.[1189] Demnach ist der Preis in dem Verhältnis herabzusetzen, in dem der Wert, den die tatsächlich gelieferte Ware zum Zeitpunkt der Lieferung hatte, zu dem Wert steht, den vertragsgemäße Ware zu diesem Zeitpunkt gehabt hätte (Art. 50).

1183 ***P. Huber***, in: MünchKommBGB (2008), Art. 50 CISG, Rn. 12; ***Schnyder/Straub***, in: Honsell (Hrsg.), CISG (2010), Art. 50, Rn. 21.

1184 ***P. Huber***, in: MünchKommBGB (2008), Art. 50 CISG, Rn. 11; ***Lüderitz/Schüßler-Langeheine***, in: Soergel/CISG (2000), CISG Art. 50 Rn. 9.

1185 ***Huber P.***, in: MünchKommBGB (2008), Art. 50 CISG, Rn. 13; ***Lüderitz/Schüßler-Langeheine***, in: Soergel/CISG (2000), CISG Art. 50 Rn. 9; ***Botzenhardt***, s. 78.

1186 ***P. Huber***, in: MünchKommBGB (2008), Art., 50 CISG, Rn. 14; ***Lüderitz/Schüßler-Langeheine***, in: Soergel/CISG (2000), CISG Art. 50 Rn. 6.

1187 ***P. Huber***, in: MünchKommBGB (2008), Art. 50 CISG, Rn. 14; ***Schnyder/Straub***, in: Honsell (Hrsg.), CISG (2010), Art. 50, Rn. 29.

1188 ***Schnyder/Straub***, in: Honsell (Hrsg.), CISG (2010), Art. 50, Rn. 28.

1189 ***Magnus***, in: Staudinger/CISG (2005), Art. 50 CISG, Rn. 24; ***P. Huber***, in: MünchKommBGB (2008), Art. 50 CISG, Rn. 14; ***Schnyder/Straub***, in: Honsell (Hrsg.), CISG (2010), Art. 50, Rn. 47 ff.

Die Berechnungsformel:

$$\text{Herabgesetzter Preis} = \frac{\begin{array}{c}\text{Wert der gekleferten Ware}\\ \text{bei Lieferung (Ist-Wert)} \times \text{Vertragspreis}\end{array}}{\begin{array}{c}\text{hypothetischer Wert der mangelfreien}\\ \text{Ware bei Lieferung (Soll-Wert)}\end{array}}$$

II. PECL, DCFR und CESL

In PECL ist das Recht zur Minderung des Kaufpreises kein kaufrechtlicher Rechtsbehelf, sondern als ein allgemeiner Rechtsbehelf ausgestaltet. Demnach kann der Gläubiger, der eine angebotene, nicht vertragsgemäße Leistung annimmt, den Preis mindern (Art. 9:401 (1) PECL). Das Minderungsrecht des Gläubigers erfordert kein Verschulden des Schuldners.[1190] Dass die Minderung kein Verschulden voraussetzt, erlangt eine Bedeutung für den Fall, in dem der Schuldner in Bezug auf die Nichterfüllung unentschuldigt ist und deswegen dem Gläubiger der Schadenersatzanspruch ausgeschlossen wird. In solchem Fall ersetzt die Minderung den Schadenersatzanspruch. In diesem Sinne steht der Preisminderung in einem alternativen Verhältnis zum Schadenersatz wegen der Wertminderung.[1191]

Nach den PECL ist der Preis nach dem Verhältnis zu mindern, in dem der verminderte Wert der Leistung zur Zeit des Leistungsangebots zu dem Wert steht, den eine vertragsgemäße Leistung zu diesem Zeitpunkt gehabt hätte (Art. 9:401 (1) PECL).

In Bezug auf die Regelung der Minderung stimmen die Vorschriften des DCFR (Art. III.–3:601 Abs. 1 u. 3) und des CESL-Entwurf (Art. 120) weitgehend überein. Über die Rechtsnatur des Rücktrittsrechts enthalten weder DCFR noch CESL-Entwurf eine ausdrückliche Regelung.[1192]

Die Berechnung der Minderung erfolgt nach folgender Formel:

$$\text{Herabgesetzter Preis} = \frac{\begin{array}{c}\text{Wert der gelieferten Ware}\\ \text{bei Lieferung (Ist-Wert)} \times \text{Vertragspreis}\end{array}}{\begin{array}{c}\text{hypothetischer Wert der mangelfreien Ware}\\ \text{bei Lieferung (Soll-Wert)}\end{array}}$$

1190 ***von Bar/Zimmermann***, S. 523.

1191 ***von Bar/Zimmermann***, S. 523; ***Vogg***, S. 260.

1192 ***Wilhelm***, IHR 6/2011, S. 225, S. 230.

III. Deutsches Recht (BGB)

1) Allgemein

Das Minderungsrecht – kein Anspruch[1193] – des Käufers wird an dieselben Voraussetzungen des Rücktritts geknüpft. Gemäß § 437 Nr. 2, 442 BGB steht dem Käufer ein Minderungsrecht, das der Käufer unter den gleichen Voraussetzungen des Rücktritts erfordern kann, zu, wenn die gelieferte Ware einen Recht– oder Sachmangel aufweist.

2) Voraussetzungen

Dass die gleichen Voraussetzungen des Rücktritts vorliegen müssen, ergibt sich aus dem Wort "statt zurücktreten",[1194] woraus man auch den Schluss ziehen kann, dass hier zunächst eine Unterscheidung zwischen behebbaren und nicht behebbaren Mängel erforderlich ist. Je nachdem, ob der Mangel behebbar ist oder nicht, kommt ein Fristsetzungserfordernis in Betracht, was gemäß den §§ 323 Abs. 2, 440 BGB bei nicht behebbaren Mängeln sinnlos wäre. Ferner ist hervorzuheben, dass das Minderungsrecht des Käufers nicht vom Verschulden des Verkäufers abhängt.[1195]

Des Weiteren gilt der für Rücktritt in § 323 Abs. 5 S. 2 vorgesehene Ausschlussgrund für das Minderungsrecht nicht. Mit anderen Worten kann der Käufer den Kaufpreis auch mindern, wenn die Pflichtverletzung unerheblich ist.[1196] Außer dieser Ausnahme finden die anderen Ausschlussgründe des Rücktritts beim Minderungsrecht ohne weiteres Anwendung.[1197]

1193 ***Matusche-Beckmann***, in Staudinger/BGB § 441 BGB Rn. 1; ***Büdenbender***, in Anw-KommBGB, § 441 BGB Rn. 1; ***Chr. Berger***, in Jauernig § 441 BGB Rn. 1; anders in ***Oechsler*** Rn. 220.

1194 ***Faust***, in Bamberger/Roth (2007), § 441 BGB Rn. 3; ***Looschelders***, BT (2009), Rn. 117.

1195 ***Büdenbender***, in: Anw-KommBGB, § 441 Rn. 5.

1196 ***Chr. Berger***, in: Jauernig § 441 BGB Rn. 2; ***Huber P.***, in Huber/Faust § 13 Rn. 86; ***Looschelders***, BT (2009), Rn. 117; ***Medicus/Lorenz***, BT, § 78 Rn. 166; ***Faust***, in: Bamberger/Roth (2007) § 441 BGB Rn. 4.

1197 ***Brox/Walker***, BT (2007), § 4 Rn. 70; ***Medicus/Lorenz***, BT (2007), § 78 Rn. 166.

3) Durchführung

Der Käufer übt sein Minderungsrecht durch eine einseitige Erklärung aus, die nicht formbedürftig ist.[1198] Gemäß § 441 Abs. 3 ist der Kaufpreis in dem Verhältnis herabzusetzen, in welchem zur Zeit des Vertragsschlusses der Wert der Sache in mangelfreiem Zustand zu dem wirklichen Wert gestanden hätte.

Aus dem Wortlaut des Gesetzes lässt sich folgende Formulierung[1199] entnehmen:

$$\frac{\text{Wert mit Mangel} \times \text{vereinbarter Kaufpreis}}{\text{Wert ohne Mangel}}$$

4) Rückforderung

Im Fall der Entrichtung des Kaufpreises steht dem Käufer zu, den Mehrbetrag zurückzufordern, wenn er mehr als den geminderten Kaufpreis bezahlt hat (§ 441 Abs. 4 BGB). Die Rückforderung des überzahlten Betrags erfolgt nach den Vorschriften der §§ 346 Abs. 1, 347 Abs. 1.[1200]

IV. Türkisches Recht

1) Alte Rechtslage

a) Allgemein

Wenn die Voraussetzungen der Sachgewährleistung (Art. 194 BK a.F.) erfüllt sind, steht es dem Käufer frei, statt Wandlung die Minderung des Kaufpreises zu verlangen (Art. 202 Abs. 1 BK a.F.). Daraus ergibt sich schon, dass das Minderungsrecht des Käufers nur auf den Fall der sachmangelhaften Lieferung beschränkt ist. Mit anderen Worten wird im Gesetz für den Käufer kein Minderungsrecht vorgesehen, wenn die Sache einen Rechtsmangel aufweist. Des Weiteren kommt der Erheblichkeit des Mangels keine Bedeutung zu. D.h. der

---

1198 ***Chr. Berger***, in: Jauernig § 441 BGB Rn. 5; ***Saenger***, in: HK-BGB (2007) § 441 Rn. 2.

1199 Kritik zu dieser Formulierung: ***Tonner*** § 8 Rn. 65; da sich meistens ein Abweichen von Kaufpreis und Wert des Kaufgegenstandes in mangelfreiem Zustand nicht feststellen lässt".

1200 ***Büdenbender***, in: Anw-KommBGB, § 441 Rn. 7; ***P.Huber P.***, in: Huber/Faust § 13 Rn. 93; ***Medicus/Lorenz***, BT, § 78 Rn. 169; ***Faust***, in: Bamberger/Roth (2007) § 441 BGB Rn. 15.

Käufer kann auch bei den unerheblichen Mängeln die Minderung des Kaufpreises fordern, wobei es auf das Verschulden des Verkäufers nicht ankommt. Über die Berechnung der Minderung besagt das Gesetz nichts. Über die Frage, ob der Käufer neben Minderung auch den Ersatz seines Schadens verlangen kann, gegebenenfalls nach welchen Vorschriften, ist sich die türkische Lehre nicht einig.[1201] In Anlehnung an das schweizerische Recht konkurrieren zwei Ansichten. Eine Meinung lehnt die analoge Anwendung des Art. 205 Abs. 2 und. 3 BK a.F. ab,[1202] wonach der Käufer im Fall der Wandlung seinen mittelbaren (verschuldensabhängig) und unmittelbaren (verschuldensunabhängig) Schaden verlangen würde. Dieser Meinung nach kann der Käufer den Ersatz seines Schadens, die mit der Minderung nicht ausgeglichen wurde, nach den allgemeinen Vorschriften Art. 96 BK a.F. fordern, wobei sich aber der Verkäufer exkulpieren kann. Demgegenüber vertritt die zweite Ansicht die analoge Anwendung der Vorschrift 205 Abs. 2 und 3 BK a.F., wobei der Verkäufer für unmittelbaren Schaden verschuldensunabhängig haftet.[1203] Das Minderungsrecht des Käufers erfährt seine Grenze in Art. 202 Abs. 3 BK a.F., wonach der Käufer nur Wandlung verlangen kann, wenn der geforderte Minderwert den Betrag des Kaufpreises erreicht. Schließlich geht die herrschende Meinung davon aus, dass das Minderungsrecht des Käufers ein Gestaltungsrecht ist und durch bloße Minderungserklärung wirksam ausgeübt werden kann.[1204]

b) Voraussetzungen

Art. 202 Abs. 1 BK a.F. lautet folgendermaßen: "Liegt ein Fall der Gewährleistung wegen Mangels der Sache vor, so hat der Käufer die Wahl, mit der Wandlungsklage den Kauf rückgängig zu machen oder mit der Minderungsklage Ersatz des Minderwerts der Sache zu fordern." Die Vorschrift stellt schon klar, dass das Minderungsrecht des Käufers den ähnlichen Voraussetzungen der Gewährleistung unterliegt. Da auf die Voraussetzungen der Gewährleistung schon eingegangen wurde, wird hier auf eine Wiederholung verzichtet.

1201 ***Demirelli***, S. 207; ***Keller/Siehr***, S. 93.
1202 ***Demirelli***, S. 207.
1203 ***Keller/Siehr***, S. 93.
1204 ***Schmidt/Stöckli***, § 3 Rn. 399; ***Demirelli***, S. 207.

c) Durchführung

Auch wenn das Gesetz über die Berechnung nichts besagt, hat die relative Berechnungsmethode bei der herrschenden Lehre und Rechtsprechung den Vorzug verdient, wonach der Kaufpreis im Verhältnis, in welchem der objektive Wert der mangelfreien Kaufsache zum objektiven Wert der mangelhaften Kaufsache steht, herabgesetzt werden muss.[1205] Der subjektive Wert der Kaufsache spielt keine Rolle. Relevant ist der Veräußerungswert.[1206] Maßgebender Zeitpunkt für die Berechnung der Minderung ist der Moment des Gefahrübergangs.[1207]

$$\text{Herabgesetzter Preis} = \frac{\text{Objektiver Wert der mangelhaften Sache} \times \text{ursprünglich vereinbarter Kaufpreis}}{\text{Objektiver Wert der mangelhaften Sache}}$$

d) Rückforderung

Die Rückforderung des überzahlten Betrags erfolgt nicht nach den Vorschriften der ungerechtfertigten Bereicherung, da der Kaufvertrag im Fall der Minderung aufrechterhalten bleibt.[1208]

2) Neue Rechtslage und Kritik zu der neuen Regelung

In der neuen Fassung des türkischen Obligationengesetzes wird das Minderungsrecht in Art. 227 Abs. 1 Ziff. 2 und Abs. 5 BK n.F. geregelt, wobei zwei Abweichungen zu bemerken sind. Die erste Abweichung betrifft die Einschränkung des Minderungsrechts. Demnach kann der Käufer entweder die Wandlung oder die Ersatzlieferung verlangen, wenn sich der geforderte Minderwert dem Betrag des Kaufpreises nahezu annähert (Art. 227 Abs. 5 BK n.F.). Anders als die alte Vorschrift des Art. 202 Abs. 3 BK a.F., wird dem Käufer die Möglichkeit eingeräumt, auch die Ersatzlieferung zu verlangen. Dagegen wird die Frage, ob der Käufer auch die Nachbesserung verlangen kann, vom Wortlaut der Norm nicht erfasst. Es

---

1205 ***Demirelli***, S. 207; ***Schmidt/Stöckli***, § 3 Rn. 399; ***Koller***, in: Guhl, § 42 Rn. 45; ***Huguenin***, BT, Rn. 347. Vgl. Yarg. 13. HD., 10.11.1980, 5071/5769, Yarg. 16. HD., 31.03.1997, 6841/7405 (***Zevkliler***, S. 114 Dn. 269, 270).

1206 ***Demirelli***, S. 207.

1207 ***Keller/Siehr***, S. 93.

1208 ***Demirelli***, S. 205; ***Keller/Siehr***, S. 92.

liegt nahe, dass der türkische Gesetzgeber hier von der Sinnlosigkeit der Nachbesserung ausgegangen ist, wenn die Sache völlig wertlos ist.

Die zweite wichtigste Änderung löst das bereits erwähnte Problem über den Schadenersatzanspruch des Käufers im Fall der Minderung, worauf schon eingegangen wurde und daher einer genaueren Untersuchung des Problems im Vorliegenden nicht bedarf. Nach Abs. 5 des Art. 227 BK n.F. kann der Käufer nach den allgemeinen Vorschriften den Ersatz seines Schadens verlangen.

Dies bedeutet konkret, dass der Käufer für seinen mittelbaren oder unmittelbaren Schaden auf die allgemeinen Vorschriften verwiesen wird, wobei sich der Verkäufer exkulpieren kann. Die Einfügung des neuen Absatzes steht mit der Tendenz der Aufdrängung der Vertragsaufhebung nicht im Einklang. Es erscheint durchaus plausibel, anzunehmen, dass der Käufer den Weg, vom Vertrag zurückzutreten, eingehen will, weil der Käufer im Fall des Rücktritts wegen des Sachmangels den Ersatz seines unmittelbaren Schadens verlangen kann (Art. 205 Abs. 2 BK a.F.), ohne dass es darauf ankommt, ob den Verkäufer das Verschulden trifft oder nicht.[1209]

V. Zusammenfassung

-Art. 50 CISG berechtigt den Käufer im Falle der Lieferung vertragswidriger Ware, den Kaufpreis herabzusetzen. Auf das Ausmaß der Vertragswidrigkeit kommt es nicht an. Anders als bei Vertragsaufhebung und Ersatzlieferung ist es gleichgültig, ob eine wesentliche oder unwesentliche Vertragsverletzung vorliegt. Gemäß Art. 50 CISG muss eine Ware geliefert werden, die im Sinne des Art. 35 nicht vertragsgemäß ist. Im Fall der "Nichtlieferung" kommt die Vorschrift nicht zur Anwendung. Der Art. 48 gewährt dem Nacherfüllungsrecht des Verkäufers den Vorrang vor dem Minderungsrecht des Käufers. Mit anderen Worten hat der Käufer kein Recht auf Minderung, solange sich ein Nacherfüllungsrecht des Verkäufers aus Art. 37 bzw. 38 ergibt. Die Wirksamkeit der Minderung wird an die Voraussetzung der Erklärung geknüpft. Nach herrschender Meinung handelt es sich um ein Gestattungsrecht. Liegen die Voraussetzungen des Minderungsrechts vor, erlischt der Kaufpreisanspruch in Höhe des Minderungsbetrags. Demnach ist der Preis in dem Verhältnis herabzusetzen, in dem der Wert, den die tatsächlich gelieferte Ware zum Zeitpunkt der Lieferung hatte, zu dem Wert steht, den vertragsgemäße Ware zu diesem Zeitpunkt gehabt hätte (Art. 50). In den PECL ist das Recht zur Minderung des Kaufpreises kein kaufrechtlicher Rechtsbehelf,

1209 Vgl. ***Keller/Siehr***, S. 94.

sondern als ein allgemeiner Rechtsbehelf ausgestaltet. Demnach kann der Gläubiger, der eine angebotene, nicht vertragsgemäße Leistung annimmt, den Preis mindern (Art. 9:401 (1) PECL). Das Minderungsrecht des Gläubigers erfordert kein Verschulden des Schuldners. In Bezug auf die Regelung der Minderung stimmen die Vorschriften des DCFR (Art. III.–3:601 Abs. 1 u. 3) und des CESL-Entwurf (Art. 120) weitgehend überein. Über die Rechtsnatur des Rücktrittsrechts enthalten weder DCFR noch CESL-Entwurf eine ausdrückliche Regelung.

- Das Minderungsrecht – kein Anspruch – des Käufers wird im deutschen Recht an dieselben Voraussetzungen des Rücktritts geknüpft. Gemäß § 437 Nr. 2, 442 BGB steht dem Käufer ein Minderungsrecht, das der Käufer unter den gleichen Voraussetzungen des Rücktritts erfordern kann, zu, wenn die gelieferte Ware einen Recht– oder Sachmangel aufweist. Je nachdem, ob der Mangel behebbar ist oder nicht, kommt ein Fristsetzungserfordernis in Betracht, was gemäß der §§ 323 Abs. 2, 440 BGB bei nicht behebbaren Mängeln sinnlos wäre. Ferner ist hervorzuheben, dass das Minderungsrecht des Käufers nicht vom Verschulden des Verkäufers abhängt. Der Käufer übt sein Minderungsrecht durch eine einseitige Erklärung aus, die nicht formbedürftig ist. Gemäß § 441 Abs. 3 ist der Kaufpreis in dem Verhältnis herabzusetzen, in welchem zur Zeit des Vertragsschlusses der Wert der Sache in mangelfreiem Zustand zu dem wirklichen Wert gestanden hätte.

- Wenn die Voraussetzungen der Sachgewährleistung (Art. 194 BK a.F.) erfüllt sind, steht es nach dem türkischen Recht dem Käufer frei, statt Wandlungdie Minderung des Kaufpreises zu verlangen (Art. 202 Abs. 1 BK a.F.). Im alten Gesetz wird für den Käufer kein Minderungsrecht vorgesehen, wenn die Sache einen Rechtsmangel aufweist. Das Minderungsrecht des Käufers unterliegt ähnlichen Voraussetzungen der Gewährleistung. Auch wenn das Gesetz über die Berechnung nichts besagt, hat die relative Berechnungsmethode bei der herrschenden Lehre und Rechtsprechung den Vorzug verdient, wonach der Kaufpreis im Verhältnis, in welchem der objektive Wert der mangelfreien der Kaufsache zum objektiven Wert der mangelhaften Kaufsache steht, herabgesetzt werden muss. In der neuen Fassung des türkischen Obligationengesetzes wird das Minderungsrecht in Art. 227 Abs. 1 Ziff. 2 und Abs. 5 BK n.F. geregelt, wobei zwei Abweichungen zu bemerken sind. Die erste Abweichung betrifft die Einschränkung des Minderungsrechts. Demnach kann der Käufer entweder die Wandlung oder die Ersatzlieferung verlangen, wenn sich der geforderte Minderwert dem Betrag des Kaufpreises nahezu annähert (Art. 227 Abs. 5 BK n.F.). Die zweite wichtigste Änderung löst das Problem über den Schadenersatzanspruch des Käufers im Fall der Minderung. Nach Abs. 5 des Art. 227 BK n.F. kann der Käufer nach den allgemeinen Vorschriften den Ersatz seines Schadens verlangen.

Dritter Teil: Rechtsvergleich, kritische Würdigung und Ergebnis

Kapitel 1: Rechtsvergleich

I. Die Pflichten des Verkäufers

In Bezug auf die Pflichten des Verkäufers besteht grundsätzlich kein großer Unterschied zwischen den Rechtsordnungen. Zunächst weicht das CISG mit dem Begriff "Lieferung" von den nationalen Rechtsordnungen insofern ab, als sie nicht ein zweiseitiger Akt, sondern einseitig ist. Mit anderen Worten, der Verkäufer braucht bei der Erfüllung seiner Lieferpflicht nicht die Mitwirkung (Annahme) des Käufers. Des Weiteren kommt es bei dem Inhalt der Lieferung darauf an, ob ein Versendungskauf vorliegt oder nicht. Die Frage, wo, in welcher Weise und wann der Verkäufer seine Pflicht (Lieferung, Übergabe) erbringen muss, wird in allen untersuchten Regelwerken ähnlich geregelt.[1210] In Bezug auf die Regelung der Pflichten des Verkäufers stimmen die Rechtsordnungen – abgesehen von der Pflicht zur mangelfreien Lieferung – grundsätzlich überein. Deshalb erscheint es sinnvoll, beim Vergleich insbesondere auf die Pflicht zur mangelfreien Lieferung einzugehen. Wichtig ist in diesem Sinne nochmal festzustellen, dass das CISG zwischen Haupt– und Nebenpflichten nicht unterscheidet. Das CISG geht von dem Begriff der "Vertragsmäßigkeit" aus, wobei jede Abweichung von der vertraglichen Vereinbarung eine Vertragsverletzung darstellt. Demgegenüber spielt die Differenzierung zwischen Haupt– und Nebenpflichten im BGB immer noch eine große Rolle. Deshalb hat der deutsche Gesetzgeber, statt die Unterscheidung zwischen Haupt– und Nebenpflichten aufzuheben, einen anderen Weg beschritten: Um das Gewährleistungsrecht ins allgemeine Leistungsstörungsrecht integrieren zu können, hat der deutsche Gesetzgeber die Pflicht zur mangelfreien Lieferung als "Hauptpflicht" qualifiziert. Was man unter der Pflicht zur mangelfreien Lieferung versteht, stimmen das CISG und das BGB weitgehend überein. Die Frage, ob die Sache vertragsgemäß oder frei von Sachmängeln ist, entscheidet sich in erster Linie nach den von den Parteien im Vertrag festgelegten Bestimmungen, womit beide Rechtsordnungen den subjektiven Fehlerbegriff zu Grunde legen. Im Gegensatz zum türkischen Recht unterscheiden das BGB und das CISG nicht mehr zwischen dem Fehlen (in Terminologie des BK vorausgesetzte Eigenschaft) und der zugesicherten Eigenschaften. Im CISG und im BGB sind die Rechtsfolgen der Pflichtverletzung

1210 Vgl. ***Fischer***, S. 36.

des Verkäufers für die Rechts– und Sachmängel im Grunde ähnlich, wogegen im türkischen Recht die Rechtsfolgen der Rechts– und Sachgewährleistung von einander abweichen.

Im Bereich der Pflicht zur mangelfreien Lieferung des Verkäufers ist im neuen türkischen Obligationengesetz nichts Neues zu verzeichnen. Anders als das BGB und das CISG wird es nicht unter die Hauptpflichten des Verkäufers gezählt, die Sache frei von Sach– und Rechtsmängeln zu liefern. Die Pflicht zur mangelfreien Lieferung ist in seiner Natur sehr umstritten. Während die Lehre beim Gattungskauf darüber einig ist, dass beim Gattungskauf die mangelfreie Lieferung zu den Pflichten des Verkäufers gehört, ist die Frage umstritten, ob dasselbe für den Stückkauf gilt.

Hinsichtlich der Frage zeichnen sich zwei Ansichten ab. Einer Ansicht nach gehören die qualitätsbestimmenden Eigenschaften bei individuell bestimmten Kaufsachen nicht zum Vertragsinhalt (sog. Gewährleistungstheorie). Demgegenüber vertritt eine zutreffende Ansicht, dass die Qualität des Kaufgegenstands zum Vertragsinhalt gehört (sog. Erfüllungstheorie). In Bezug auf die Frage hat der türkische Gesetzgeber keine ausdrückliche Stellung genommen. Damit hat der türkische Gesetzgeber die Chance vertan, ein einheitliches Leistungsstörungsrecht zu regeln. Außerdem wird man im türkischen Recht weiter zwischen Sachgewähr– und Rechtsgewährleistung unterscheiden, die verschiedenen Rechtsfolgen aufweisen. Alle drei Rechtsordnungen stimmen insofern überein, dass der Käufer wegen des Mangels keine Rechte beanspruchen kann, wenn er bei Vertragsschluss den Mangel kennt. Ferner ist den Parteien in den Schranken des Gesetzes unbenommen, die Haftung wegen der mangelhaften Lieferung zu beschränken. Ein weiterer Punkt, in dem die drei Rechtsordnungen grundsätzlich übereinstimmen, ist die Untersuchungs– und Rügeobliegenheiten des Käufers. Das türkische Recht weicht vom CISG und BGB insofern ab, als die Untersuchungs– und Rügeobliegenheiten im türkischen Recht allgemein gelten. Mit anderen Worten werden diese Obliegenheiten im türkischen Kaufrecht nicht nur auf den beiderseitigen Handelskauf beschränkt. Beim normalen Kauf besteht für den Käufer Untersuchungs– und Rügeobliegenheiten. Der letzte Punkt ist die Verjährung der Ansprüche, die dem Käufer infolge der mangelhaften Lieferung erwachsen. Zwar wird es im CISG nicht geregelt, der Käufer verliert aber der Käufer sein Recht, sich auf die Vertragswidrigkeit zu berufen, wenn er sie nicht spätestens innerhalb von zwei Jahren dem Verkäufer anzeigt. Sowohl das BGB als auch das BK n.F. sehen eine zweijährige Verjährungsfrist vor. Somit stimmen in Bezug auf die Verjährung alle Rechtsordnungen überein.

II. Gefahrübergang

Die Frage, wer das wirtschaftliche Risiko zu tragen hat, wenn die Ware in der Zeit zwischen dem Vertragsabschluss und der Vertragserfüllung auf Grund eines beiderseits nicht zu vertretenden Umstands untergeht oder beschädigt wird, wird im CISG und im BGB ähnlich geregelt. In beiden Rechtsordnungen setzt die Gefahrtragung die Übergabe der Kaufsache voraus, wobei man zwischen Hol-, Bring– und Schickschuld differenzieren soll. Im neuen türkischen Recht wird die Regelung der Gefahrtragung an das CISG und das BGB angenähert, wobei zu berücksichtigen ist, dass die neue Regelung erhebliche Mängel aufweist, die hier nicht zu wiederholen sind. Festzustellen ist nur, dass die neue Regelung eine Verbesserung der alten Rechtslage darstellt.

III. Rechtsbehelfe des Käufers

1) (Nach-)Erfüllungsanspruch

Sowohl im deutschen Recht als auch im türkischen Recht wird der Erfüllungsanspruch nicht als Rechtsbehelf, sondern als eine selbstverständliche Konsequenz des Schuldverhältnisses angesehen. Hinsichtlich des Erfüllungsanspruchs weichen das internationale Kaufrecht, PECL und DCFR vom deutschen und vom türkischen Recht ab und konzipieren den Erfüllungsanspruch als Rechtsbehelf, wobei in allen untersuchten Regelwerken eine Differenzierung zwischen dem allgemeinen Erfüllungsanspruch und dem Nacherfüllungsanspruch notwendig ist.

Der Sinn dieser Differenzierung erschließt sich vor allem bei einem Blick auf die zusätzlichen, strengen Voraussetzungen, die vorliegen müssen, wenn der Käufer die Ersatzlieferung oder die Nachbesserung verlangt. Zunächst einmal ist festzuhalten, dass eine solche Differenzierung zwischen dem allgemeinen Erfüllungsanspruch und dem Nacherfüllungsanspruch in den untersuchten Regelwerken nach verschiedenen Kriterien erfolgt.[1211] Während es im deutschen Recht

1211 Deshalb trifft es nicht zu, den allgemeinen Erfüllungsanspruch nur auf den Rahmen der Übergabe und die Eigentumsverschaffungspflicht beschränkt zu behandeln (Für eine solche Behandlung Vgl. ***Tacheva***, S. 103). Wie bewiesen ist, kann der allgemeine Erfüllungsanspruch auch bei der Verletzung der anderen Pflichten in Betracht kommen. Unter bestimmten Umständen kann sich aus der Verletzung der mangelfreien Lieferung ein allgemeiner Erfüllungsanspruch ergeben.

auf die Zeit des Gefahrübergangs ankommt, ist im internationalen Kaufrecht eher auf die Art der verletzten Pflicht abzustellen. Im türkischen Recht kommt es auf der einen Seite auf die Übergabe der Sache an, ob nach den kaufrechtlichen Vorschriften der Nacherfüllungsanspruch in Betracht kommen kann. Auf der anderen Seite ist auf die Art der verletzten Pflicht abzustellen. Wie schon oben mehrmals angedeutet wurde, erfolgt im deutschen Recht die Differenzierung zwischen dem allgemeinen Erfüllungsanspruch und seiner modifizierten Form "Nacherfüllungsanspruch" nach dem Kriterium des Gefahrübergangs. Bei der Differenzierung kommt der Pflicht zur mangelfreien Lieferung eine große Bedeutung zu. Die Verletzung der Pflicht zur mangelfreien Lieferung vor Gefahrübergang zieht die Rechtsfolgen der allgemeinen Bestimmungen (§§ 280 ff. BGB) nach sich. Nach Gefahrübergang wandelt sich der allgemeine (ursprüngliche) Erfüllungsanspruch des Käufers in einen Nacherfüllungsanspruch um. Nach dem Gefahrübergang spricht man von dem Nacherfüllungsanspruch des Käufers. Da im deutschen Recht die Aliud-Lieferung und die Lieferung einer zu geringen Menge dem Sachmangel gleichsteht und Sach– und Rechtmängel hinsichtlich der Rechtsfolgen grundsätzlich gleichgestellt werden, sollte die Differenzierung zwischen dem allgemeinen Erfüllungsanspruch und dem Nacherfüllungsanspruch angesichts der Unterscheidung zwischen Rechts– und Sachmangel an Bedeutung verlieren. Anders als das deutsche Recht wird im türkischen Recht die Bedeutung der Unterscheidung zwischen Sach– und Rechtsmangel aufrechterhalten und separat behandelt. Bei den Rechtsmängeln kommt der allgemeine Erfüllungsanspruch vor allem dadurch in Betracht, wenn der Rechtsmangel erst nach dem Vertragsschluss entstanden ist.

Die Beantwortung der Frage, ob der allgemeine Erfüllungsanspruch bei den Sachmängeln denkbar ist, hängt davon ab, ob der Käufer die mangelhafte Sache angenommen hat oder nicht. Im Fall der Verweigerung der Annahme kann nach den allgemeinen Bestimmungen des BK (Art. 96 ff.) ein allgemeiner Erfüllungsanspruch des Käufers vorliegen. In den Fällen der Aliud-Lieferung und die Lieferung einer zu geringen Menge richtet sich der Erfüllungsanspruch des Käufers nach den allgemeinen Vorschriften des BK, wobei man nicht vergessen darf, dass sich eine Mindermeinung in Bezug auf die Aliud-Lieferung beim Gattungskauf zu einer anderen Lösung bekennt. Im internationalen Kaufrecht ist danach zu differenzieren, ob es sich um eine Lieferung der vertragswidrigen Ware oder eine andere Vertragsverletzung handelt.

In den Fällen, in denen nicht eine Lieferung vertragswidriger Ware vorliegt, ist von einem allgemeinen Erfüllungsanspruch zu sprechen. Das internationale Kaufrecht weist im Hinblick auf Rechtsmängel eine Besonderheit auf.

Im Fall der Rechtsmängel liegt ein allgemeiner Erfüllungsanspruch des Käufers vor, wobei die Wesentlichkeit der Vertragsverletzung nicht vorausgesetzt wird. Wie im deutschen Recht ist die Aliud-Lieferung ein Fall des Sachmangels, und deswegen kommt dabei nicht der allgemeine Erfüllungsanspruch, sondern der Nacherfüllungsanspruch in Betracht. An dieser Stelle sollte angemerkt werden, dass die teilweise Lieferung nicht zu dem Nacherfüllungsanspruch des Käufers, sondern zu dem allgemeinen Erfüllungsanspruch führt, auch wenn die Quantitätsmängel im Sinne des Art. 35 CISG als Sachmangel qualifiziert sind. Sowohl das türkische Recht als auch das internationale Kaufrecht setzen die manchmal nicht einfachen Unterscheidungen zwischen Sach– und Rechtsmangel voraus, wogegen das deutsche Recht eine gute Lösung bietet. Beim Vergleich der drei Rechtsordnungen ist wichtig, die Unterschiede und Gemeinsamkeiten zwischen den Varianten der Nacherfüllungsansprüche und deren Voraussetzungen festzustellen. Die erste Feststellung, die sich vor allem aus Sicht des türkischen Rechts aufdrängt, ist, dass im türkischen Kaufrecht kein Vorrang des Nacherfüllungsanspruchs vorliegt. Mit anderen Worten, liegen die Voraussetzungen der Sachmangelgewährleistung vor, stehen dem Käufer die kaufrechtlichen Rechtsbehelfe alternativ zur Verfügung. Anders als das deutsche Recht muss der Käufer nicht zuerst dem Verkäufer eine Frist zur Nacherfüllung setzen, bevor er die anderen Rechtsbehelfe geltend macht. Ein möglicher Vorrang des Nacherfüllungsanspruchs beschränkt sich nur auf den Fall, in dem der Verkäufer eine sofortige Ersatzlieferung anbietet. Im deutschen Recht muss der Käufer eine Frist setzen, um zu anderen Rechtsbehelfen überzugehen, wobei das Erfordernis zur Fristsetzung in bestimmten Fällen entbehrlich sein kann. Da im deutschen Recht der Käufer grundsätzlich zu einer Fristsetzung zur Nacherfüllung verpflichtet ist, kommt der Vorrang des Nacherfüllungsanspruchs zum Ausdruck. Man spricht zutreffend von einem "zweistufigen Modell".[1212] Auch im internationalen Kaufrecht wird nicht eine vertikale Methode – wie im türkischen Recht – sondern grundsätzlich eine horizontale Struktur verfolgt. Im Gegensatz zum deutschen Recht wird der Käufer im internationalen Kaufrecht nicht zu einer Fristsetzung verpflichtet, die im deutschen Recht eine Voraussetzung für den Übergang zu den anderen Rechtsbehelfen darstellt. Im internationalen Kaufrecht kann der Käufer ohne Fristsetzung die anderen Rechtsbehelfe geltend machen, wobei die Fristsetzung ihm einige Möglichkeiten – wie z.B. die Vertragsaufhebung im Falle der Nichtlieferung – eröffnen kann.

Ohne eine Frist zur Nacherfüllung zu setzen, kann der Käufer die Minderung oder den Ersatz seines Schadens verlangen. Der Vorrang der Nacherfüllung ergibt sich aus einer Gesamtbetrachtung des Regelungskomplexes des CISG.[1213]

1212 ***Ratz***, S. 229.

1213 Vgl. ***Sandidge***, S. 241 ff.; ***Tvalavedze***, S. 423.

Während im deutschen Recht das Nacherfüllungsrecht des Verkäufers über das Nachfrist-Modell erfolgt und nicht ausdrücklich geregelt ist, findet das Nacherfüllungsrecht des Verkäufers im internationalen Kaufrecht eine ausdrückliche Regelung. Angesichts des türkischen Rechts beschränkt sich das Nacherfüllungsrecht des Verkäufers nur auf eine Variante des Nacherfüllungsanspruchs, nämlich auf Ersatzlieferung. In Bezug auf die Regelung des Nacherfüllungsrechts des Verkäufers unterscheiden sich die Rechtsordnungen voneinander. Im internationalen Kaufrecht ist das Nacherfüllungsrecht des Verkäufers danach zu differenzieren, ob es vor Ablauf der Lieferfrist oder nach Ablauf der Lieferfrist geschieht. Ein Nacherfüllungsrecht des Verkäufers vor Ablauf der Lieferfrist ist dem türkischen und dem deutschen Recht fremd.

Wichtig ist in diesem Sinne zunächst festzuhalten, dass im türkischen Recht der Nacherfüllungsanspruch einen solchen Rechtsbehelf darstellt, der nur im Fall des Sachmangels in Betracht kommt, nicht dagegen im Rechtsmangel. Im türkischen Recht wird unter den Rechtsfolgen des Rechtsmangels kein Nacherfüllungsanspruch vorgesehen. Ähnlich wie im türkischen Recht setzt sich im internationalen Kaufrecht die Unterscheidung zwischen Sach– und Rechtsmangel fort, so dass sich der modifizierte Nacherfüllungsanspruch und seine strengere Anwendungsvoraussetzungen auf den Fall des Sachmangels beschränkt. Die unterschiedliche Behandlung des Sach– und Rechtsmangels besteht darin, dass die Forderung des Käufers im Fall des Rechtsmangels zur Ersatzlieferung, d.h. die Lieferung einer neuen rechtsmangelfreien Sache, nicht an die Voraussetzung der Wesentlichkeit geknüpft wird.[1214] Die Gleichbehandlung des Sach– und Rechtsmangels im deutschen Recht ermöglicht es dem Käufer auch im Fall des Rechtsmangels, die beiden Formen des Nacherfüllungsanspruchs fordern zu können.

Alle untersuchten Regelwerke gewähren dem Käufer einen Nacherfüllungsanspruch, der entweder in der Form der Ersatzlieferung oder der Nachbesserung besteht. Die Rechtsordnungen unterscheiden sich voneinander insofern, als sie für die Anwendung der genannten Formen verschiedene Kriterien aufgestellt haben. Anders als die alte Fassung des BK sieht die neue Fassung des BK beide Varianten des Nacherfüllungsanspruchs vor. Das neue BK räumt dem Käufer einen Nachbesserungsanspruch unter der Voraussetzung ein, dass diese nicht zu erheblich großen Aufwendungen führt, die alle dem Käufer aufzuerlegen sind. Insofern stimmt das türkische Recht mit dem deutschen BGB überein, wonach der Verkäufer die Nachbesserung verweigern kann, wenn sie nur mit unverhältnismäßigen Kosten möglich ist.

1214 Vgl. ***Held***, S. 88.

Der Unterschied zwischen dem türkischen und dem deutschen Recht liegt jedoch darin, dass die Gesetze andere Regelungstechniken ausgewählt haben. Im türkischen Recht wird die Sache als eine Voraussetzung für die Nachbesserung angesehen und vom Gesetz nicht ausdrücklich erwähnt, und deswegen ist es unklar, ob hier eine Einrede oder eine Einwendung vorliegt.

Dagegen unterliegt der Nachbesserungsanspruch im deutschen Recht zunächst nicht einer solchen Einschränkung. Zur Nachbesserung genügt im deutschen Recht die mangelhafte Lieferung. Führt die Nachbesserung zu unverhältnismäßigen Kosten, steht dem Verkäufer ein Verweigerungsrecht als eine Einrede zu. Anders als das deutsche und türkische Recht setzt das internationale Kaufrecht die Zumutbarkeit der Nachbesserung für den Verkäufer als eine Voraussetzung fest. Im Vergleich zu den erwähnten Kriterien des türkischen und deutschen Rechts bietet "die Zumutbarkeit" dem Verkäufer einen weiten Raum, da sich die Unzumutbarkeit der Nachbesserung nicht nur aus wirtschaftlichen Gründen, sondern auch aus tatsächlichen Gründen ergeben kann. Diese Diskrepanz zwischen dem internationalen und nationalen Recht wird in den nationalen Rechtsordnungen mit der Unmöglichkeitsregelung erfüllt. Anders als internationales und deutsches Recht wird im türkischen Recht dem Verkäufer kein Nachbesserungsrecht zugesprochen. Außerdem liefert das türkische Obligationengesetz – anders als deutsches Recht – keine ausdrücklichen Anhaltspunkte dafür, wann von erheblich großen Aufwendungen auszugehen ist. In Bezug auf die Ersatzlieferung unterscheiden sich die Rechtsordnungen voneinander. Im neuen türkischen Recht ergeben sich für die Ersatzlieferung aus dem Wortlaut des Gesetzes zwei Voraussetzungen. Die Bestimmung setzt zuerst das Vorhandensein einer mangelfreien, ähnlichen/gleichartigen Ware voraus. Des Weiteren muss die Ersatzlieferung möglich sein. Eine Einschränkung der Ersatzlieferung – wie die Wesentlichkeit der Vertragsverletzung – sieht das Gesetz zwar nicht ausdrücklich vor, aber eine Meinung vertritt in der Literatur die Ansicht, dass die Erheblichkeit des Sachmangels bei dem Ausschluss der Sachgewährleistungsansprüche eine Rolle spielen kann. Demnach schließt die Unerheblichkeit des Mangels die Anwendung der Gewährleistungsvorschriften aus, wenn der rechtliche oder körperliche Mangel unerheblich ist. Ferner wurde die Unterscheidung zwischen Gattungs- und Stückkauf in der Neuregeleung des BK aufgegeben. Meines Erachtens ist das Möglichsein der Ersatzlieferung als "die Zumutbarkeit der Ersatzlieferung für den Verkäufer" zu verstehen. Auch wenn es heftig umstritten ist, soll die Ersatzlieferung beim Stückkauf sowohl im deutschen als auch im internationalen Kaufrecht erlaubt sein. Im deutschen Recht geht es um eine einheitliche Behandlung der beiden Formen des Nacherfüllungsanspruchs. Von daher gilt im deutschen Recht bei der Ersatzlieferung Entsprechendes, was für die Nachbesserung dargelegt wurde. Demnach kann der Verkäufer die Ersatzlieferung verweigern, wenn sie nur mit unverhältnismäßigen Kosten möglich ist. Zu erwähnen ist in Bezug auf das deutsche Recht, dass bei geringwertigen Sachen die Nachbesserung gegenüber der Ersatzlieferung als unverhältnismäßig anzusehen ist. Anders ist es, wenn es sich um hochwertige Sachen handelt. Wie im türkischen Recht setzt das internationale Kaufrecht für die Ersatzlieferung etwas anderes als im Fall der Nachbesserung voraus. Demgemäß kann die Ersatzlieferung im internationalen Kaufrecht nur gefordert werden, wenn die Vertragsverletzung wesentlich ist.

Das Wahlrecht, zwischen den möglichen Varianten des Nacherfüllungsanspruchs zu entscheiden, liegt im deutschen und türkischen Recht beim Käufer. Da im internationalen Kaufrecht die Ersatzlieferung und die Nachbesserung an unterschiedliche Voraussetzungen geknüpft sind, ist von einem Wahlrecht des Käufers zwischen den Varianten des Nacherfüllungsanspruchs erst dann zu reden, wenn die Vertragsverletzung wesentlich ist.

Die Kosten des Nacherfüllungsanspruchs sind in allen Rechtsordnungen dem Verkäufer aufzuerlegen, wobei im türkischen Recht bei einer Ersatzlieferung nicht ausdrücklich geregelt ist, wem die Kosten der Ersatzlieferung aufzuerlegen sind, obwohl das Gesetz bei der Nachbesserung bestimmt, dass die Kosten der Nachbesserung vom Verkäufer zu tragen sind. Das internationale Kaufrecht hat die Geltendmachung des Nacherfüllungsanspruchs an Fristen gebunden.

Demnach muss der Käufer den Ersatzlieferungsanspruch oder den Nachbesserungsanspruch entweder mit einer Mangelanzeige oder spätestens innerhalb einer angemessenen Frist geltend machen, sonst verliert er den Nacherfüllungsanspruch. Sowohl im deutschen als auch im türkischen Recht ist die Geltendmachung des Nacherfüllungsanspruches – außer der Verjährungsfrist – an keine Fristen gebunden.

In Bezug auf die Ersatzvornahme findet man in den untersuchten Regelwerken keine ausdrückliche Regelung. Im deutschen Recht ist der Fall problematisch, in dem die Selbstvornahme vor dem Fristablauf geschehen ist. Auch wenn es in der Literatur verschiedene Lösungsversuche zum Problem gibt, hat der Käufer nach der herrschenden Meinung keine Mittel, die für die Selbstvornahme anfallenden Kosten vom Verkäufer zu verlangen. Im internationalen Kaufrecht behält der Käufer bei einer möglichen Selbstvornahme durch ihn nur den Ersatz des Schadens, der durch eine Nacherfüllung nicht hätte beseitigt werden können, wie z.B. ein Verspätungsschaden. Das Problem wird in der türkischen Literatur bisher weder diskutiert noch gesetzlich geregelt. Angesichts des türkischen Rechts ist es wichtig, ob das gesetzlich geregelte Ersatzlieferungsrecht des Verkäufers über die Selbstvornahme hinweggesetzt wurde oder nicht. Wenn der Käufer durch einen

Deckungskauf oder durch eine Nachbesserung das Ersatzlieferungsrecht des Verkäufers vereitelt, obwohl die Voraussetzungen des Ersatzlieferungsrechts des Verkäufers gegeben sind und der Verkäufer den sofortigen Ersatz anbietet, wird eine Differenzierung vorausgesetzt. In solchem Fall ist im Hinblick auf den Schadenersatzanspruch die Differenzierung zwingend, ob es um die Schäden, die infolge des Deckungskaufs oder der Mangelbeseitigung bestehen oder die Schäden, die auch durch sofortige Ersatzlieferung nicht hätten vermieden werden können, geht. Die Schäden, die infolge des Deckungskaufs oder der Nachbesserung entstanden sind, sollen gemäß § 112 BK n.F. nicht ersetzbar sein, weil diese Schäden am Verhalten des Käufers liegen und es am Verschulden des Verkäufers fehlt. Demgegenüber sollen die Schäden, die auch durch die sofortige Ersatzlieferung des Verkäufers nicht vermieden werden können, gemäß § 112 BK n.F. ersetzbar sein, soweit der Verkäufer die "nicht gehörige Erfüllung" zu verantworten hat.

In allen drei Rechtsordnungen stellt die Unmöglichkeit eine Grenze des Erfüllungsanspruchs dar, wobei es im internationalen Kaufrecht in Bezug auf die Unmöglichkeitsproblematik an einer befriedigenden Lösung fehlt.

Da sowohl im deutschen als auch im internationalen Kaufrecht der Nacherfüllungsanspruch eine modifizierte Form des allgemeinen Erfüllungsanspruchs ist, gelten auch für den Nacherfüllungsanspruch die gleichen, für den allgemeinen Erfüllungsanspruch verankerten Grenzen. Weist die Sache einen nicht behebbaren Mangel auf, ist im deutschen Recht der Anspruch des Käufers auf die von ihm gewählte Variante ausgeschlossen und der Käufer auf die andere Art des Nacherfüllungsanspruchs verwiesen. Im türkischen Recht und im internationalen Kaufrecht dürfte man zwar nicht zu wesentlich anderen Ergebnissen als das deutsche Recht kommen, aber das türkische und internationale Kaufrecht weisen strukturelle Besonderheiten auf.

Wie schon mehrmals angedeutet wurde, behandelt das internationale Kaufrecht die Varianten des Nacherfüllungsanspruchs nicht einheitlich. Ist die Nachbesserung für den Verkäufer unzumutbar, wird der Käufer nicht automatisch auf die Ersatzlieferung verwiesen, wofür das CISG die Wesentlichkeit der Vertragsverletzung voraussetzt. Das Verhältnis zwischen den allgemeinen Bestimmungen und den Gewährleistungsvorschriften ist im türkischen Recht immer noch unklar. Sind die Voraussetzungen des Sachgewährleistungsvorschriften gegeben, muss der Käufer im türkischen Recht nicht zuerst auf die Nachbesserung oder Ersatzlieferung zurückgreifen, soweit der Verkäufer nicht die sofortige Ersatzlieferung anbietet. Der Käufer kann zwischen den im Art. 227 BK n.F. aufgelisteten Rechten frei wählen.

Im türkischen Recht soll man über den Grundsatz von Treu und Glauben zu dem gleichen Ergebnis gelangen, wenn die Ersatzlieferung oder Nachbesserung für den Verkäufer unmöglich ist. Im Fall der Unmöglichkeit der Ersatzlieferung oder der Nachbesserung soll der Käufer auf die anderen Rechtsbehelfe (Schadenersatz, Rücktritt, Minderung) verwiesen werden. Es ist übereinstimmend zwischen im internationalen und türkischen Recht, dass der Käufer die Ersatzlieferung nicht verlangen kann, wenn es ihm unmöglich ist, die Ware im wesentlichen in dem Zustand zurückzugeben, in dem er sie erhalten hat, während es im deutschen Recht eine solche Einschränkung nicht gibt.

2) Rücktritt

Die Rechtsordnungen weisen strukturelle Unterschiede auf. Für das Recht zum Rücktritt sind in der alten und neuen Fassung des BK keine allgemeinen Vorschriften vorgesehen. Nach wie vor wird im allgemeinen Teil des neuen BK das Rücktrittsrecht nur im Rahmen der Rechtsfolgen des Verzugs für die zweiseitigen Verträge geregelt. Hinzu kommt im neuen türkischen Recht der Fall der Störung der Geschäftsgrundlage. Da der Fall des Verzugs im türkischen Recht kein Verschulden voraussetzt, entspricht der im BK verwendete Begriff des Verzugs dem Begriff der Nichtlieferung des CISG (Art. 49 Abs. 1 lit. b) oder dem Begriff der Verzögerung/Nichtleistung/Nichterbringung trotz der Möglichkeit der Leistung im Sinne des BGB (§ 323 Abs. 1, 1. Alt). Liegt ein Verzug (Nichtlieferung im Sinne des CISG und BGB) vor, wird der Käufer zuerst zu einer Fristsetzung zur nachträglichen Erfüllung verpflichtet. Die Nichterfüllung des Verkäufers, trotz des Ablaufs dieser Nachfrist, ermöglicht dem Käufer den Rücktritt vom Vertrag. Bei dieser Alternative muss die Erbringung der Leistung dem Schuldner möglich sein. Eine ähnliche Regelung ist sowohl im CISG als auch im BGB vorgesehen. Bei der Einführung des Instruments der Nachfristsetzung weicht das deutsche BGB vom BK und vom CISG ab. Im BK und im CISG wird der Rücktritt durch Nachfristsetzung nur auf den Fall der Nichtlieferung beschränkt, während die Fristsetzung im deutschen BGB als allgemeine Voraussetzung sowohl für die Nichtlieferung als auch für die nicht vertragsgemäße Leistung (sog. Schlechterfüllung) vorgesehen ist, wobei das BGB im Fall der sog. Schlechterfüllung für den Rücktritt vom ganzen Vertrag die Erheblichkeit der Pflichtverletzung voraussetzt. Im Gegensatz zum deutschen Recht wird im CISG für den Rücktritt im Fall der Schlechterfüllung nicht die Nachfristsetzung, sondern die Wesentlichkeit der Vertragsverletzung vorausgesetzt, soweit es sich nicht um den Fall der Nichtlieferung im Sinne des Art. 49 Abs. 1 lit. b CISG handelt. Zu betonen ist, dass im CISG der Käufer im Fall der Nichtlieferung eine Frist nur dann setzen muss, wenn die Nichtlieferung nicht wesentlich ist. Wenn die Nichtlieferung schon eine wesentliche Vertragsverletzung darstellt, kann der Käufer ohne Fristsetzung vom Vertrag zurücktreten. Die Funktion, die im System des BGB im Fall der mangelhaften Lieferung durch das Institut der Nachfristsetzung erfüllt ist, wird im CISG durch die ausdrückliche Regelung des Nacherfüllungsrechts des Verkäufers ersetzt.

Was den Fall der mangelhaften Lieferung im BK betrifft, ist zunächst einmal festzuhalten, dass das BK eine Unterscheidung zwischen Sach– und Rechtsmangel voraussetzt. Im Fall des Rechtsmangels ist danach zu differenzieren, ob eine teilweise oder vollständige Verfügungsgewalt der Kaufsache durch Dritte vorliegt. Die vollständige Entwehrung führt ipso iure zu der Aufhebung des Vertrags. Bei der teilweisen Entwehrung kann der Käufer den Vertrag nur aufheben, wenn nach Maßgabe der Umstände anzunehmen ist, dass der Käufer den Vertrag nicht geschlossen hätte, wenn er die teilweise Verfügungsgewalt der Kaufsache durch einen Dritten vorausgesehen hätte. Des Weiteren hat der Käufer ein Rücktrittsrecht vom Vertrag im Falle des Sachmangels, wenn die Voraussetzungen der Gewährleistungs-vorschriften (Untersuchungs– und Rügeobliegenheiten) erfüllt sind. Um die sich aus der Gewährleistung ergebenden Rechtsbehelfe geltend zu machen, braucht der Verkäufer nicht eine Frist zur Nacherfüllung zu setzen. Statt eines Nachfristerfordernisses des BGB folgt das BK dem System des CISG, aber nicht völlig.

Das BK sieht für den Verkäufer zwar ein Nacherfüllungsrecht vor, das die Funktion der Nachfristsetzung im Fall der mangelhaften Lieferung erfüllt, sich aber nur auf die Ersatzlieferung erstreckt. Auch wenn das Rücktrittsrecht des Käufers nicht einem ausdrücklichen Wesentlichkeitserfordernis unterworfen ist, lassen sich einige Spuren des Prinzips finden, wonach der Rücktritt vom Vertrag zurückgedrängt werden soll.

Erstens schließt die Unerheblichkeit des Mangels die Anwendung der Gewährleistungs-vorschriften aus, welches aus der Gesetzesformulierung zu schließen ist: "ihren Wert oder ihre Tauglichkeit zu dem vorausgesetzten Gebrauche aufheben oder erheblich mindern". Zweitens steht es nach dem BK dem Richter frei, bloß Ersatz des Minderwerts zuzusprechen, sofern die Umstände es nicht rechtsfertigen, den Kauf rückgängig zu machen. Damit kommt im Ergebnis im Fall der mangelhaften Lieferung der Erheblichkeit der Vertragsverletzung – jedoch nicht so ausdrücklich wie im BGB und CISG – eine Bedeutung zu. Im Fall der Nichtlieferung (Verzug im Sinne des BK) werden im BGB und BK einige Fälle vorgesehen, in denen die Fristsetzung entbehrlich ist. Im Ergebnis stimmen die Fälle (Erfüllungsverweigerung, Fixgeschäft usw.) nach beiden Rechtsordnungen weitestgehend überein. Das deutsche BGB weicht von dem türkischen Recht durch die Regelung des

Auffangtatbestandes des § 323 Abs. 2 Nr. 3 BGB ab, wonach die Fristsetzung entbehrlich ist, wenn besondere Umstände vorliegen, die unter Abwägung beiderseitigen Interesses den sofortigen Rücktritt rechtfertigen. Diejenigen Fälle, in denen nach den nationalen Rechtsordnungen die Fristsetzung entbehrlich ist, stellen nach dem CISG eine wesentliche Vertragsverletzung dar, damit der Käufer in solchen Fällen auch im internationalen Kaufrecht ohne Fristsetzung vom Vertrag zurücktreten kann. Wie schon gesagt, soll im Fall der Nichtlieferung die Erbringung der Leistung möglich sein. Falls nicht, spricht man nicht von dem Fall der Nichtlieferung (oder Verzug im Sinne des BK), sondern von der Unmöglichkeit der Leistung. Im BGB wird dem Käufer auch im Fall der Unmöglichkeit ein Rücktrittsrecht eingeräumt (§ 326 Abs. 5 BGB), während im türkischen Recht das Recht des Käufers im Fall der Unmöglichkeit auf den Ersatz seines Schadens beschränkt wird. Im Fall der Unmöglichkeit sieht das türkische Obligationengesetz kein Rücktrittsrecht vor. Im CISG soll die Unmöglichkeit der Leistung eine wesentliche Vertragsverletzung darstellen, und deswegen kann der Käufer vom Vertrag zurücktreten. Ein weiterer Punkt, wo ein Rücktrittsrecht des Käufers in Betracht kommen kann, ist die "nicht vertragsgemäße" Erfüllung oder in der Terminologie des BK "nicht gehörige Erfüllung". Wie schon mehrmals angedeutet wurde, ist die nicht gehörige Erfüllung ein weiterer Begriff, der auch die mangelhafte Lieferung umfassen soll. Im internationalen Kaufrecht ist der Fall unproblematisch, in dem der Käufer seine Leistung nicht vertragsgemäß erfüllt hat. Ob der Käufer ein Rücktrittsrecht hat oder nicht, kommt auf die Wesentlichkeit der Vertragsverletzung an. Im CISG kommt es grundsätzlich nicht auf die Art der Vertragsverletzung an, sondern auf die Wesentlichkeit. Der Art der Vertragsverletzung kommt nur eine Bedeutung zu, wenn der Käufer durch das Nachfristinstitut vom Vertrag zurücktreten will. Diese Möglichkeit des Käufers beschränkt sich grundsätzlich auf den Fall der Nichtlieferung. In den sonstigen Fällen kann der Käufer vom Vertrag nur zurücktreten, wenn die Vertragsverletzung wesentlich ist. Die PECL und DCFR folgen grundsätzlich dem System des internationalen Kaufrechts.

Im Gegensatz zum türkischen Recht findet man im deutschen BGB eine ausführliche Regelung des Rücktrittsrechts. Mit einigen Modifikationen richtet sich das Rücktrittsrecht des Käufers im Fall der mangelhaften Lieferung nach den allgemeinen Bestimmungen, und eine "Mehrspurigkeit" wie im türkischen Recht ist nicht zu sehen. Auch wenn im deutschen Recht "die Pflichtverletzung" immer eine allgemeine Voraussetzung für den Rücktritt ist, differenziert das BGB bei der Regelung der Rücktrittsgründe nach der Art der Pflichtverletzung, wobei die mangelhafte Lieferung ein Unterfall der Pflichtverletzung (nicht vertragsgemäß erbrachte Leistung) darstellt. Mit anderen Worten wird von einzelnen Fallgruppen der Leistungsstörung ausgegangen und die jeweiligen Rücktrittsvoraussetzungen ergeben sich aus den einzelnen Tatbeständen. Im Fall der nicht vertragsgemäßen Leistung muss der Käufer grundsätzlich zunächst eine Frist zur Nacherfüllung setzen. Will der Käufer vom ganzen Vertrag zurücktreten, soll die Pflichtverletzung nicht unerheblich sein. Das CISG löst das Problem mit seinem hoch abstrakten Begriff der Vertragsverletzung, während das BGB den Weg der konkreten Regelung geht. Die Frage wird im türkischen Obligationengesetz nicht geregelt.

Die Regelung des Rücktrittsrechts wegen der "nicht gehörigen Erfüllung" ist nur auf den Fall des Sachmangels beschränkt, obwohl die nicht gehörige Erfüllung nicht nur in der sachmangelhaften Lieferung besteht. Es steht fest, dass die Verletzungen der nichtleistungsbezogenen und leistungsbezogenen Nebenpflichten unter dem Begriff der nicht gehörigen Erfüllung zu bewerten sind. Verletzt der Verkäufer eine Verhaltenspflicht oder eine leistungsbezogene Nebenpflicht aus dem Vertrag, erbringt er seine Leistung auf diese Weise "nicht gehörig", also schlecht im Sinne des Art. 96 BK a.F. Wie schon erwähnt wurde, geht die herrschende Meinung im Fall der Schlechterfüllung von einem Rücktrittsrecht des Käufers aus. Da die Nebenpflichtverletzungen unter Art. 96 BK a.F. fallen, soll es gerechtfertigt sein, auch im Fall der Nebenpflichtverletzungen dem Käufer ein Rücktrittsrecht gemäß Art. 96 BK a.F. analog zu Art. 106 BK a.F. einzuräumen. Damit bleibt noch die Frage, unter welchen Voraussetzungen der Gläubiger vom Vertrag zurücktreten kann, wenn der Schuldner z.B. eine Verhaltenspflicht oder eine leistungsbezogene Nebenpflicht aus dem Vertrag verletzt hat. Nach hier vertretener Ansicht kann der Käufer in solchen Fällen vom Vertrag zurücktreten, wenn die Vertragsverletzung unerheblich ist.

Meines Erachtens ist der Nachfristmechanismus für diese Art der Vertragsverletzung (etwa Verletzung der Verhaltenspflicht) nicht besonders geeignet. Stattdessen soll es dabei auf die Erheblichkeit der Verletzung ankommen.

Das Rücktrittsrecht stellt einen solchen Rechtsbehelf dar, das in allen Rechtsordnungen unabhängig vom Verschulden des Verkäufers dem Käufer zugesprochen wird. Eine weitere Gemeinsamkeit aller Rechtsordnungen besteht darin, dass nach allen untersuchten Regelwerken Kumulation des Rücktritts mit Schadenersatz möglich ist. Das Verhältnis des Rücktritts zum Schadenersatz im türkischen Recht ist in zweierlei Hinsicht zu behandeln: Rücktritt im Fall des Verzugs und Rücktritt im Fall des Sachmangels. Im Fall des Verzugs hat der Gläubiger einen Anspruch auf Ersatz des aus dem Dahinfallen des Vertrags erwachsenen Schadens, sofern der Schuldner nicht nachweist, dass ihm keinerlei Verschulden zur Last falle. Nach hier vertretener Ansicht ist im türkischen Recht der Ersatz des negativen Interesses nicht vom Verschulden abhängig, wogegen für den Ersatz des positiven Interesses das Verschulden des Verkäufers erforderlich ist.

Im Fall des Sachmangels wird eine Differenzierung vorausgesetzt: verschuldensabhängiger und verschuldensunabhängiger Schadenersatzanspruch. Nach dieser Differenzierung kann der Käufer den Ersatz seines unmittelbaren Schadens neben dem Rücktritt unabhängig vom Verschulden des Verkäufers verlangen, wobei es sich um das negative Interesse des Käufers handelt. Der Ersatz des mittelbaren Schadens setzt dagegen das Verschulden des Verkäufers voraus. Parallel zu der Lösung, der man im Fall des Verzugs folgt, soll sich die Abgrenzung des Begriffspaars "mittel- und unmittelbarer Schaden" an der Unterscheidung "negatives- positives Interesse" orientieren. Tritt der Käufer im Fall der mangelhaften Lieferung vom Vertrag zurück, kann er sein negatives Interesse verschuldensunabhängig geltend machen. Will er aber neben dem Rücktritt den Ersatz seines positiven Interesses, ist der Verkäufer zum Ersatz des positiven Interesses nur verpflichtet, wenn er nicht beweisen kann, dass ihm kein Verschulden zur Last falle. Nicht für den Fall des Rücktritts, sondern für den Fall, in dem der Käufer wegen des Verzugs des Verkäufers Schadenersatz wegen Nichterfüllung geltend macht, werden im türkischen Obligationengesetzt zur Berechnung des Schaden dem Käufer zwei Möglichkeiten eröffnet. Der Käufer kann seinen Schaden entweder konkret (Deckungskauf) oder abstrakt (Marktpreis) berechnen.

Im CISG ist eine differenzierte Betrachtung erforderlich. Festzustellen ist zunächst, dass der Käufer nach der Vertragsaufhebung den Ersatz seines Schadens ohne weiteres verlangen kann und für ihn grundsätzlich keine Pflicht besteht, einen Deckungskauf vorzunehmen. Wichtig ist hier zu wissen, dass für den Käufer grundsätzlich keine Pflicht besteht, ein Deckungsgeschäft vorzunehmen. Eine solche Pflicht kann aber unter Berücksichtigung der Schadensminderungspflicht bestehen. Des Weiteren wird dem Käufer die Tür auch im Fall des Deckungsgeschäfts nicht geschlossen, den Ersatz seines weiteren Schadens zu verlangen. Nimmt der Käufer ein Deckungsgeschäft vor, ermöglicht Art. 75 CISG dem Käufer, die Differenz zwischen dem im Vertrag vereinbarten Preis und dem Preis des Deckungskaufs als Schaden zu verlangen. Hat der Käufer nach einer Vertragsaufhebung keinen Deckungskauf vorgenommen, kann der Käufer die Differenz zwischen dem Vertragspreis und dem Marktpreis der Ware zur Zeit der Aufhebung sowie den Ersatz jedes weiteren Schadens verlangen (Art. 76 Abs. 1 S. 1 CISG). Da nach der hier vertretenen Auffassung im CISG die Geltendmachung des Schadenersatzes wegen Nichterfüllung die Vertragsaufhebung voraussetzt, stimmt das CISG insofern mit dem türkischen Obligationengesetzt überein, wonach abstrakte oder konkrete Schadensberechnung im Fall des Schadenersatzes wegen Nichterfüllung geregelt wurde. Das deutsche Recht weicht von dem Prinzip der Kumulation des Rücktritts mit Schadenersatzanspruch nicht ab. Insofern stimmen die

Voraussetzungen des Schadenersatz statt der Leistung mit denen des Rücktritts überein. Nach dem deutschen Recht kann der Käufer vom Vertrag zurücktreten und dabei etwa seinen Folgeschaden geltend machen.

Anders als im BGB und CISG findet die Teilleistung im BK keine besondere Regelung. Die herrschende Ansicht in der türkischen Lehre vertritt parallel zum deutschen Recht die Meinung, wonach sich das Rücktrittsrecht des Käufers zunächst auf den nicht erbrachten Teil der Leistung beschränkt. Hat aber der Käufer wegen des nicht erbrachten Teils der Leistung kein Interesse an der Teilleistung, kann er vom ganzen Vertrag zurücktreten. Im CISG steht nichts anderes außer der terminologischen Abweichung. Demnach sind bei Teillieferungen die dem Käufer zur Verfügung stehenden Rechtsbehelfe auf den fehlenden Teil der Ware beschränkt. Will der Käufer vom ganzen Vertag zurücktreten, muss die Störung wesentlich sein. Wesentlich ist eine Vertragsverletzung, wenn der Käufer kein Interesse an der Teilleistung hat.

Hinsichtlich der Sukzessivlieferungsverträge sieht das CISG im Gegensatz zum deutschen und türkischen Recht eine detaillierte, differenzierte Regelung. Darauf, ob die Gesamtmenge des Vertrages von vornherein feststeht, kommt es nicht an. Die Vertragsaufhebung bei einem Sukzessivlieferungsvertrag wird in Art. 73 CISG in drei Fallgruppen ausgeführt: betreffende Lieferung (Abs. 1), künftige Lieferungen (ex-nunc Abs. 2), schon erbrachte und/oder künftige Lieferungen (ex-tunc Abs. 3). Begeht der Verkäufer beim Sukzessivlieferungsvertrag eine wesentliche Vertragsverletzung in Bezug auf eine Teillieferung, wird das Vertragsaufhebungsrecht des Käufers übereinstimmend mit Art. 51, am Anfang grundsätzlich auf die von der Vertragsverletzung betroffene Teillieferung beschränkt (Grundregel Art. 73 Abs. 1 CISG). Abs. 2 ermöglicht dem Käufer unter bestimmten Voraussetzungen den Vertrag für die Zukunft (ex nunc) aufzuheben. Gibt die Nichterfüllung einer eine Teillieferung betreffenden Pflicht durch eine der Parteien der anderen Partei einen triftigen Grund zur Annahme, dass eine wesentliche Vertragsverletzung in Bezug auf künftige Teillieferungen zu erwarten ist, so kann die andere Partei innerhalb angemessener Frist die Aufhebung des Vertrags für die Zukunft erklären (Art. 73 Abs. 2 CISG). Abs. 3 ermöglicht dem Käufer eine ex-tunc Vertragsaufhebung in Bezug auf bereits erhaltene Lieferungen und/oder künftige Teillieferungen, wenn er wegen der wesentlichen Vertragsverletzung bei einer bereits erfolgten Teillieferung für die übrigen Teillieferungen keine Verwendung mehr hat. Im türkischen Recht findet man keine ausdrückliche Regelung. Die Behandlung des Rücktrittsrechts von Sukzessivlieferungsvertrag setzt eine Unterscheidung zwischen den Vertragsverletzungen voraus. Im Fall des Verzugs enthält das BK a.F. für Sukzessivlieferungsvertrag keine ausdrückliche Regelung. Im türkischen Handelsgesetz wird aber für beiderseitigen Handelskauf eine Regelung getroffen (Art. 25 TTK a.F.), woraus sich der Grundsatz ergibt, dass die Rechte des Käufers zunächst auf die nicht erbrachte Einzelleistung beschränkt sind. Liegt dagegen eine sachmangelhafte Lieferung der Einzelleistung vor, wird Art. 206 BK a.F. herangezogen. Liegt ein Verzug vor, sind die Vorschriften Art. 106–108 BK analog anzuwenden. Bei der Lösung des Problems orientiert sich die herrschende Lehre nach den Verzugsregeln, die im Ergebnis mit der Lösung des CISG übereinstimmt. Demnach beschränken sich die Rechte des Gläubigers zunächst nur auf die Einzelleistung, wenn der Schuldner in der Leistung einer Rate in Verzug gekommen ist. In Bezug auf das Rücktrittsrecht des Gläubigers bedeutet dies, dass sich der Rücktritt grundsätzlich nur auf die betreffende Einzelleistung bezieht, wobei ein erfolgsloser Ablauf der Nachfristsetzung vorausgesetzt wird, wenn dies nicht entbehrlich ist. Der Gläubiger kann aber den Vertrag für die Zukunft (ex nunc) aufheben, wenn auf Grund des Verzugs der Einzelleistung anzunehmen ist, dass der Schuldner auch die zukünftige Leistungen nicht erbringen werde.[1215] Eine Vertragsaufhebung mit Wirkung ex tunc ist aber erst zulässig, wenn der Gläubiger an den schon erfüllten Einzelleistungen kein Interesse hat. In Bezug auf einen Sukzessivlieferungsvertrag wird in der deutschen Literatur eine Differenzierung vorausgesetzt, wonach der Sukzessivlieferungsvertrag in den echten und den unechten Sukzessivlieferungsvertrag eingeteilt wird, je nachdem, ob eine von vornherein fest bestimmte Menge geschuldet wird oder nicht. Beim echten Sukzessivlieferungsvertrag (Ratenlieferungsvertrag) ist die Gesamtmenge der Leistung von Anfang an festgelegt, während beim unechten Sukzessivlieferungsvertrag (Bezugsverträge) der Umfang der Gesamtleistung nicht im Voraus feststeht, sondern vom Bedarf des Abnehmers abhängt. Da bei einem Sukzessivlieferungsvertrag die Lösung vom Vertrag durch eine Kündigung (mit ex nunc-Wirkung) gemäß § 314 BGB erfolgt, findet man das dogmatisch in einem anderen Bereich als Rücktritt. Die für den echten Sukzessivlieferungsvertrag entwickelte Lösung des deutschen Rechts entspricht und folgt grundsätzlich dem CISG.

Für die antizipierte Vertragsverletzung sieht das CISG eine eigenständige Regelung vor. Das CISG weicht von der Grundvoraussetzung der Vertragsaufhebung nicht ab. Demnach kann der Käufer vom Vertrag nur zurücktreten, wenn eine Prognose über das Eintreten einer wesentlichen Vertragsverletzung mit sehr hoher Wahrscheinlichkeit feststeht. Im deutschen Recht findet man eine ähnliche Regelung (§ 323 Abs. 4 BGB), wonach ein Rücktritt vor Fälligkeit ausnahmeweise zulässig ist, wenn es mit an Sicherheit grenzender Wahrscheinlichkeit feststeht, dass die Voraussetzungen des Rücktritts eintreten werden.

1215 ???

Im türkischen Recht findet man zwar keine ausdrückliche Regelung, aber es ist der Verzugseintritt vor Fälligkeit, also Rücktritt vor Fälligkeit – in Anlehnung an das schweizerische Recht – zu bejahen. Im Rahmen der Regelung des allgemeinen Rücktrittsrechts soll auch die antizipierte Vertragsverletzung im türkischen Recht geregelt werden. Ein letzter Vergleichspunkt ist die Wirkung der Vertragsaufhebung. Im deutschen und im internationalen Kaufrecht ist es keine Frage, dass sich das Vertragsverhältnis mit der Aufhebungserklärung des Käufers in ein Rückgewährschuldverhältnis umwandelt (die sog. *Umwandlungstheorie*). Im alten türkischen Recht waren die Ansichten geteilt.

Nach der ersten, als "*klassische Theorie*" benannten Ansicht wird das Schuldverhältnis durch eine Rücktrittserklärung (*ex tunc*) aufgehoben, als ob sie nie bestanden habe. Damit verlieren die bereits erbrachten Leistungen ihren rechtlichen Grund und müssen daher nach den Bereicherungsvorschriften (Art. 61 ff. BK a.F.) zurückgewährt werden, wonach die Ansprüche des Gläubigers der einjährigen Verjährungsfrist des Art. 66 BK a.F. unterliegen.

Nach der zweiten, herrschenden Meinung wird durch eine Rücktrittserklärung der Vertrag nicht aufgehoben, sondern nur in ein Rückabwicklungsverhältnis umgewandelt (die sog. *Umwandlungstheorie*). Demnach hat die Rücktrittserklärung auf das Schuldverhältnis zwei Wirkungen. Zuerst werden die Parteien von den noch nicht geleisteten primären Leistungspflichten befreit. Zum zweiten wird aber zwischen den Parteien ein Rückabwicklungsverhältnis begründet, das die Parteien verpflichtet, die schon erhaltenen Leistungen zurückzugewähren. Da hier die Rückgabeverpflichtungen vertraglicher Natur sind, richten sie sich nach der zehnjährigen Verjährungsfrist des Art. 125 BK a.F. In allen untersuchten Regelwerken – abgesehen vom türkischen Obligationenegesetz – findet man eine Übereinstimmung über die Umwandlungstheorie und es ist wieder nicht einzusehen, warum der türkische Gesetzgeber sich im neuen Recht zugunsten der klassischen Theorie entschieden hat.

3) Schadenersatzanspruch

Bei der Regelung des Schadenersatzanspruchs geht sowohl das BGB als auch das CISG von einem einheitlichen Begriff aus, wobei das BGB zwischen den Arten der Pflichtverletzung differenziert. Obwohl das BK seit langem einen umfassenden Begriff "nicht gehörige Erfüllung" enthält, werden die Unmöglichkeit der Leistung und der Verzug von dem Begriff nicht erfasst. Somit weicht das BK vom CISG und vom BGB insofern ab, als es nicht von einem einheitlichen Begriff ausgeht. Mit dem Begriff der nicht gehörigen Erfüllung statt "teilweise Erfüllung" sollte eine terminologische Angeleichung an das CISG und das BGB erreicht werden. Mit Hilfe der nicht gehörigen Erfüllung weist das BK aber – anders als die alte Fassung des BGB – hinsichtlich der Regelung der Schlechterfüllung keine Lücke auf. Zu betonen ist, dass sich das BGB stark an der Art der Pflichtverletzung orientiert, auch wenn es mit einem einheitlichen Begriff arbeitet, der außer der anfänglichen Unmöglichkeit alle Störungen erfassen soll. Im deutschen Recht besteht folgendes Bild:

Unmöglichkeit der Leistung (anfänglich oder nachträglich), Verzögerung der Leistung (Verzug oder Ausbleiben der Leistung trotz der Möglichkeit der Leistung), Schlechtleistung und Verletzung einer Verhaltenspflicht. Trotz der differenzierten Regelung folgt das BGB dem einheitlichen Verständnis des Schadenersatzes, was im Ergebnis mit dem CISG übereinstimmt.

Bei einem Vergleich der Regelung des Schadenersatzanspruchs des Käufers in den untersuchten Regelwerken fallen zwei Unterschiede auf. Der erste Unterschied besteht darin, dass im CISG und im europäischen Vertragsrecht die Geltendmachung des Schadenersatzanspruchs nicht vom Verschulden des Verkäufers abhängig gemacht wird, während im deutschen und türkischen Recht dazu das Verschulden des Verkäufers vorausgesetzt wird. Der zweite Unterschied liegt darin, dass im CISG für die Haftung des Käufers eine reine Kausalität genügt, während im BGB und im BK für den Schadenersatzanspruch ein adäquater Kausalzusammenhang zwischen Vertragsverletzung und Schaden erforderlich ist, der auch der Einschränkung der Haftung des Verkäufers dient. Anders als in den nationalen Rechtsordnungen erfolgt die Haftung des Verkäufers im CISG nach dem Kriterium der Voraussehbarkeit. Eine gesamte Begutachtung der Regelung des neuen BK legt den Schluss schon nahe, dass bei der Regelung des Schadenersatzanspruchs weder das CISG noch das BGB berücksichtigt wurde. Insgesamt ist die Regelung der neuen Fassung des BK völlig rückständig.

4) Minderung

In Bezug auf die Minderung ist es wichtig, dass der Käufer sowohl im BGB als auch im CISG zur Minderung nicht so einfach wie im türkischen Recht gelangen kann. Im BGB setzt die Minderung grundsätzlich eine Fristsetzung zur Nacherfüllung voraus, weil die Minderung den gleichen Voraussetzungen des Rücktrittsrechts unterliegt. Auch im CISG wird dem Nacherfüllungsrecht des Verkäufers der Vorrang vor dem Minderungsrecht des Käufers gewährt. Anders als das CISG und das BGB steht das Minderungsrecht des Käufers an der gleichen Rangstelle der anderen Rechte des Käufers.

Kapitel 2: Kritische Gesamtwürdigung des Systems des türkischen Obligationengesetzes und Vorschläge für seine Harmonisierung

Zu kritisieren ist zunächst, dass im neuen Gesetz die Pflicht des Verkäufers, die Ware frei von Sach– und Rechtsmangel zu liefern, nicht unter den Hauptpflichten des Verkäufers geregelt ist. Die geniale Erfindung des deutschen Gesetzgebers findet beim türkischen Gesetzgeber kein Gehör. Es unterliegt keinem Zweifel, dass die mangelfreie Lieferung die praktisch wichtigste Pflicht des Verkäufers darstellt. Da der Gesetzgeber die Pflicht zur mangelfreien Lieferung nicht als eine Hauptpflicht des Verkäufers – wie im deutschen Kaufrecht – geregelt hat, besteht immer noch ein Konkurrenzproblem, was auch die neue Systematik nicht zu lösen vermag. Im allgemeinen Teil wird immer noch an der realitätsfernen Regelungstechnik festgehalten, die den größten Teil des Leistungsstörungsrechts für die Unmöglichkeits-problematik reserviert. Ein Versuch, wodurch sich das Leistungsstörungsrecht an den Rechtsbehelfen orientiert, ist nirgends zu sehen. Auch die Regelung der Unmöglichkeit ist nicht einwendungsfrei und enthält schon Widersprüche. Die anfängliche Unmöglichkeit führt immer noch zur Unwirksamkeit des Vertrags, und es wird der Schadenersatzanspruch des Gläubigers auf den Ersatz des negativen Interesses beschränkt. Ferner gibt es kein in sich geschlossenes System hinsichtlich der Unmöglichkeit. Ein kurzer Blick auf das BGB sollte den türkischen Gesetzgeber davon überzeugen, dass die Störungen des Schuldners nicht auf Unmöglichkeit oder Verzug beschränkt sind. Z. B. findet man keine Regelung darüber, ob und gegebenenfalls unter welchen Voraussetzungen der Schuldner vom Vertrag zurücktreten kann, wenn der Verkäufer seine Verhaltenspflichten verletzt hat. Es wurde schon bewiesen, dass für solche Fälle die Nachfristsetzung kein richtiges Instrument ist. Die Verletzungen der nichtleistungsbezogenen Pflichten finden im Gesetz keine Regelung. Tritt der Schuldner vom Vertrag wegen des Verzugs zurück, kann er dabei zwar den Ersatz seines Schadens geltend machen aber nur des negativen Interesses. Die Kette der Perspektivlosigkeit lässt sich kaum überblicken. Im Fall der mangelhaften Lieferung findet man eine eigenständige Regelung des Schadenersatzanspruchs, wenn der Käufer vom Vertrag zurücktreten will. Demnach kann der Käufer neben dem Rücktritt seinen unmittelbaren Schaden verschuldensunabhängig geltend machen. Der Ersatz des mittelbaren

Schadens bleibt weiterhin vom Verschulden abhängig. Es geht ganz deutlich um die Privilegierung des Käufers, der vom Vertrag zurücktritt. Des Weiteren wird im neuen Gesetz auf der Rechtsfolgenseite die unterschiedliche Behandlung des Sach- und Rechtsmangels aufrechterhalten. Die Ignoranz des Gesetzgebers geht aber über diese Fehler hinaus, indem er die Rechtsfolgen der rechtsmangelhaften Lieferung anders als die sachmangelhafte Lieferung geregelt hat. Die Kritik in Bezug auf die Regelung des Nacherfüllungsanspruchs des Käufers wurde am einschlägigen Ort ausgeführt. Zu erwähnen ist nur, dass der Gesetzgeber keinen Vorrang der Nacherfüllung im Sinne des BGB oder des CISG vorgesehen hat. Die Regelung weist viele Mängel auf. Da die alte Systematik fortgeführt wird, ist eine mögliche Integration des Gewährleistungsrechts gescheitert, was kuriose Ergebnisse zur Folge hat. Das türkische Obligationengesetz unterscheidet immer noch zwischen den Sach- und Rechtsmängeln, die jeweils unterschiedlichen Voraussetzungen unterliegen und unterschiedliche Rechtsfolgen nach sich ziehen. Das Problem des alten Gesetzes, dass die allgemeinen und besonderen Regeln nicht aufeinander abgestimmt sind, findet auch im neuen Gesetz keine Berücksichtigung.

Der türkische Gesetzgeber hat in Bezug auf die Regelungstechnik des Nacherfüllungsanspruchs keine am internationalen oder deutschen Kaufrecht orientierte Lösung angestrebt. Hier wird ganz deutlich, dass der türkische Gesetzgeber in seinen Neuregelungen zwar einerseits die Entwicklungen durch die Rechtsprechung – wie die Anerkennung des Nachbesserungsanspruchs des Käufers – sieht und anerkennt, dass er aber andererseits die Schwächen und Verfehlungen seiner Regelungstechnik nicht kennt. Eine Analyse des neuen Gesetzes wird dadurch erschwert, dass recht oft nicht einzuschätzen ist, warum der türkische Gesetzgeber bestimmte Entscheidungen getroffen hat. Aus dem bisher Gesagten ergibt sich schon, dass der türkische Gesetzgeber grundsätzlich an der alten Fassung des BK festhielt. Das neue Gesetz ist lückenhaft und leidet unter einer Reihe inhaltlicher Mängel, so dass ein lückenloses, geschlossenes Leistungsstörungsrecht vermisst wird. Regelungstechnisch bestünde die Möglichkeit, die Pflicht des Verkäufers zur mangelfreien Lieferung unter die Hauptpflichten zu ordnen und damit die Gewährleitung ins allgemeine Leistungsstörungsrecht zu integrieren. Nur dies könnte es dem Gesetzgeber ermöglichen, endlose Diskussionen zu beenden. Nach der Integration der Gewährleistung muss die Regelung des Nacherfüllungsanspruchs revidiert werden. Dazu stehen dem Gesetzgeber zwei Möglichkeiten zur Verfügung. Er kann entweder, dem Verkäufer ausdrücklich ein Nacherfüllungsrecht zusprechen, was sowohl die Ersatzlieferung als auch die Nachbesserung enthält, oder das Rücktrittsrecht des Käufers und Schadenersatz wegen Nichterfüllung mit einer Nachfristvoraussetzung und Wesentlichkeitsvoraussetzung verbinden. Die

Vorschriften, die den Schadenersatzanspruch im Fall der Wandlung regeln, müssen abgeschafft werden. Der Schadenersatzanspruch des Käufers soll sich auch im Fall des Rücktritts nach den allgemeinen Vorschriften richten. Im allgemeinen Teil muss das Rücktrittsrecht und seine Voraussetzungen geregelt werden, und dabei sind die Arten der Pflichtverletzungen zu berücksichtigen. Hinsichtlich der Unmöglichkeit braucht man eine geschlossene und widerspruchsfreie Regelung wie im deutschen Recht. Das BK könnte im neuen Leistungsstörungsrecht die exzellente Regelung des BGB als Vorbild nehmen.

Ein "neues", "modernisiertes" Gesetz zu haben, soll mehr bedeuten als die sprachliche Vereinfachung des Gesetzes. Da die Sprache eines Gesetzes kein Gegenstand der vorliegenden Arbeit ist, ist in Bezug auf die terminologische Änderung oder Vereinfachung des türkischen Gesetzes auf die Antwort von Adorno zu verweisen: "Wenn dagegen etwa ein Dermatologe ein derartiges höchst schwieriges und für den Nicht-Dermatologen unverständliches Vokabular gebraucht, findet kein Mensch etwas Böses dabei. Ich bin nun gar nicht geneigt, darüber in sentimentale Klagen auszubrechen und zu sagen, was einem Dermatologen recht ist, sollte schließlich einem Philosophen [*auch einem Jurist, Anm. des Autors*] billig sein."[1216]

1216 ***Adorno T.***, Philosophische Terminologie zur Einleitung Band 1, Erste Auflage, Frankfurt am Main 1973, S. 8.

Kapitel 3: Ergebnis oder wo stehen wir heute im Kaufrecht?[1217]

Als dogmatischer Ausgangpunkt bezüglich der vorliegenden Arbeit wurden in der Einleitung die entscheidenden Probleme des europäischen Leistungsstörungsrechts genannt. Die konkrete Frage, worauf sich die vorliegende Arbeit konzentriert, lautet folgendermaßen: Ob und gegebenenfalls inwieweit der türkische Gesetzgeber im neuen türkischen Obligationengesetz, was spezifischer Ausgangunkt der Arbeit ist, die Grundentscheidungen des europäischen Leistungsstörungsrechts berücksichtigt. In der ganzen Arbeit hat man versucht, zunächst – hinsichtlich der in der Einleitung genannten Haupt– und Nebenprobleme – die schon anerkannten Grundsätze des europäischen Leistungsstörungsrechts im Lichte des CISG, BGB und der europäischen Vertragsrechtsharmonisierung (PECL, DCFR, CESL-Entwurf) festzustellen und danach diese Grundsätze mit den Entscheidungen des türkischen Gesetzgebers zu vergleichen. Als Ergebnis sind folgende Punkte festzustellen:

- In Bezug auf das Hauptproblem geht die allgemeine Tendenz des europäischen Leistungsstörungsrechts dahin, sich an den Rechtsbehelfen zu orientieren und von einem einheitlichen Begriff (Vertragsverletzung, Nichterfüllung, Pflichtverletzung) auszugehen. Positiv hervorzuheben ist hingegen im neuen türkischen Obligationengesetzt die Korrektur eines alten Übersetzungsfehlers. Im alten Gesetz wurde das Wort “nicht gehörige Erfüllung” ins Türkische als “teilweise” übersetzt. Im neuen Gesetzt benutzt der türkische Gesetzgeber zutreffend das Wort “nicht gehörige Erfüllung”, was alle Fälle der Vertragsverletzung erfasst, die nicht unter die Unmöglichkeit oder den Verzug fallen. Angesichts dieser Abstraktion entspricht dieser Begriff in seiner Funktion dem Begriff der Nichterfüllung, Vertragsverletzung oder Pflichtverletzung des europäischen Leistungsstörungsrechts. Abgesehen von dieser sprachlichen Korrektur findet man im neuen Gesetzt keine Neuerungen oder keinen Versuch, das Leistungsstörungsrecht des alten BK an den Rechtsbehelfen zu orientieren. Im Ergebnis geht man auch im neuen türkischen Obligationengesetz von den Gründen

1217 Mit der Überschrift wird auf den Aufsatz von Bucher, E. (Hundert Jahre schweizerisches Obligationenrecht: Wo stehen wir heute im Vertragsrecht, ZGS 1983, S. 251 ff.) angespielt.

der Vertragsverletzung aus und versucht, verschiedene Typen und Formen der Vertragsverletzung, insbesondere Verzug, Unmöglichkeit und nicht gehörige Erfüllung, mit eigenen Rechtsfolgen herauszubilden. Damit folgt der türkische Gesetzgeber auch im neuen Obligationengesetz bei der Regelung von Leistungsstörungen den auf dem römischen Recht basierenden, tatbestandsorientierten Konzept.

- Das erste Nebenproblem betrifft die Sonderstellung der mangelhaften Lieferung. Dieses Problem wird im europäischen Leistungsstörungsrecht in der Weise gelöst, dass die Pflicht zur mangelfreien Lieferung in allen Regelwerken (CISG, BGB, DCFR, CESL-Entwurf) als Hauptpflicht des Verkäufers genannt und damit die Gewährleistungsvorschriften ins allgemeine Leistungsstörungsrecht integriert wurde. Die Sonderstellung der sachmangelhaften Lieferung geht im alten, türkischen Recht auf historische Gründe zurück. Im neuen Recht werden die Sach– und Rechtsgewährleistungsvorschriften aufrecht erhalten und deswegen die tiefen Gräben zwischen Erfüllungs– Sach– und Rechtsmangelhaftung nicht zugeschüttet.
- Als weiteres Nebenproblem kommt die Entscheidung des türkischen Gesetzgebers zu Gunsten des Verschuldensprinzips in Betracht. Im neuen Obligationengesetzt hat der türkische Gesetzgeber am Verschuldensprinzip festgehalten. Sogar lässt sich eine Verstärkung des Verschuldensprinzips zu sehen, weil sich der Anspruch des Käufers im Fall der sachmangelhaften Lieferung nach den allgemeinen Vorschriften des BK richtet, die ein Verschulden des Schuldners voraussetzen. Im Ergebnis setzt das neue Obligationengesetz nach wie vor für den Schadenersatzanspruch des Gläubigers (des Käufers) das Verschulden des Schuldners (des Verkäufers) voraus.
- Hinsichtlich des Problems des Vorrangs der Nacherfüllung gibt es im neuen Gesetz einige Verbesserungen. Anders als im alten Recht beschränkt sich der Nacherfüllungsanspruch des Käufers im neuen Gesetz nicht nur auf die Ersatzlieferung, sondern er enthält auch die Nachbesserungsmöglichkeit. In Bezug auf das Ersatzlieferungsrecht des Verkäufers ist im neuen BK eine Beschränkung des Ersatzlieferungsrechts auf den Platzkauf nicht mehr vorgesehen. Dagegen wird kein Nachbesserungsrecht des Verkäufers geregelt. Der türkische Gesetzgeber sieht einen Vorrang der Erfüllung nur auf dem Wege der Ersatzlieferung, nicht aber auf dem Wege der Nachbesserung.
- Was das Problem Zurückdrängung der Vertragsaufhebung (des Rücktritts) angeht, lässt sich Folgendes sagen: Für das Recht zum Rücktritt sind sowohl in der alten als auch in der neuen Fassung des BK keine allgemeinen Vorschriften vorgesehen. Im allgemeinen Teil des BK wird das Rücktrittsrecht nur im

Rahmen der Rechtsfolgen des Verzugs für die zweiseitigen Verträge geregelt. Für die verbleibenden Fälle der Vertragsverletzung, also für Unmöglichkeit und für nicht gehörige Erfüllung sieht auch das neue Gesetz im allgemeinen Teil kein Rücktrittsrecht vor. Im kaufrechtlichen Teil des alten und neuen BK wird dem Käufer für den Fall der sachmangelhaften Lieferung das Rücktrittsrecht (sogenannte Wandlung) eingeräumt. Im allgemeinen Teil kann der Gläubiger erst nach dem erfolgslosen Ablauf der angemessenen Nachfristsetzung vom Vertrag zurücktreten, wenn sich der Schuldner bei zweizeitigen Verträgen im Verzug befindet. Die Verknüpfung des Rücktrittsrechts mit Nachfristsetzung lässt sich als eine Zurückdrängung der Vertragsaufhebung ansehen. Im Fall der nachträglichen vom Schuldner zu vertretenden Unmöglichkeit und der nicht gehörigen Erfüllung (Schlechterfüllung, Nebenpflichtverletzungen) wird dem Gläubiger kein Rücktrittsrecht gewährt. Im kaufrechtlichen Teil steht es dem Richter für den Fall der sachmangelhaften Lieferung frei, bloß Ersatz des Minderwertes zuzusprechen, sofern die Umstände es nicht rechtfertigen, den Kauf rückgängig zu machen. In dieser Einschränkung kann man eine Zurückdrängung der Vertragsaufhebung sehen.

- Im alten und neuen Gesetz hat der Gläubiger einen Anspruch auf Ersatz des aus dem Dahinfallen des Vertrags erwachsenen Schadens, sofern der Schuldner nicht nachweist, dass ihm keinerlei Verschulden zur Last falle. Damit ist im türkischen Recht die Kumulation des Schadenersatzanspruchs mit Rücktritt nur im Rahmen des negativen Vertragsinteresses möglich. Die kaufrechtlichen Vorschriften ermöglichen dem Käufer neben der Wandlung den Ersatz seines Schadens, dessen Inhalt vom Verschulden des Verkäufers abhängig ist.
- Ein wichtiges Nebenproblem ist die Regelung der Preisgefahr in den kaufrechtlichen Vorschriften. Nach dem neuen Gesetz wird die Unterscheidung zwischen Gattungs– und Stückkauf weggelassen. Des Weiteren wird die Tragung der Preisgefahr von der Besitzverschaffung abhängig gemacht. Demnach geht die Gefahr erst mit der Besitzverschaffung auf den Käufer über. Anders als CISG und BGB ist im neuen Gesetz keine Konkretisierungsvoraussetzung vorgesehen.
- Die Fragen nach dem stellvertretenden commodum bleiben im neuen Gesetz weiter unbeantwortet.
- Eine Gleichstellung von Schlecht-, Falsch– und Zuweniglieferung ist nicht zu sehen.
- Die Unmöglichkeitsproblematik bewahrt auch im neuen Gesetz seine Position und führt die anfängliche Unmöglichkeit zur Unwirksamkeit des Vertrags.
- Hinsichtlich des Problems der Gleichstellung des Rechts– und Sachmangels in ihren Rechtsfolgen sagt das neue Gesetz nichts. Das alte System, was eine

strenge Unterscheidung zwischen Rechtsfolgen des Rechts– und Sachmangels voraussetzt, wird beibehalten.
- Eine positive Änderung betrifft die Regelung der Verjährung der Mangelrechte des Käufers. Nach der neuen Vorschrift verjähren die Rechte des Käufers nach zwei Jahren nach der Übergabe der Kaufsache. Außerdem wird die besondere Verjährungsregelung für den beiderseitigen Handelskauf abgeschafft.

In der vorliegenden Arbeit hat man versucht, die zentralen Probleme des türkischen Obligationengesetzes in Bezug auf sein Kauf– und allgemeines Leistungsstörungsrecht, die ursprünglich aus dem schweizerischen Recht stammen, im Lichte des CISG, BGB und der europäischen Regelwerke darzustellen. Die Gegenüberstellung der alten und neuen Fassung des BK dem CISG, BGB, PECL, DCFR CESL–Entwurf hat gezeigt, dass das türkische Recht oft von allen erwähnten Gesetzen oder Regelwerken abweicht, wobei sich oft die Frage stellt, inwieweit diese Abweichung von diesen Regelwerken gerechtfertigt ist. Die Antwort auf die in der Einleitung der Arbeit gestellten Frage, ob und inwieweit der türkische Gesetzgeber in diesem neuen Obligationengesetz das Leistungsstörungsrecht mit den genannten Werken insbesondere mit dem CISG konfrontiert und gegebenenfalls, welche Rückschlüsse er aus dieser Konfrontation gezogen hat, besteht darin, dass im neuen BK hinsichtlich der wesentlichen Probleme des Leistungsstörungsrecht die Antworten des CISG, BGB oder PECL keine Berücksichtigung findet und die Neufassung des türkischen Obligationengesetzes keine Annäherung oder Orientierung an CISG, BGB und an die europäischen Regelwerken bewirkt hat. Das Leistungsstörungsrecht des neuen BK weist keine einheitliche Struktur auf. Im türkischen Leistungsstörungsrecht fehlt immer noch ein einheitlicher Begriff, wie Pflichtverletzung des BGB oder Nichterfüllung des CISG, der alle Vertragsverletzungen umfassen kann. Des Weiteren ist die Sonderstellung der sachmangelhaften Lieferung beibehalten. Das einzige Problem, wobei sich das neue Gesetz am CISG und am BGB teilweise orientiert, ist die Gefahrtragung im neuen Kaufrecht. Positiv hervorzuheben ist hingegen die Neuregelung der Verjährung und der Nachbesserungsanspruch des Käufers unten den Rechtsbehelfen des Käufers im Fall der sachmangelhaften Lieferung. Zum Schluss muss bezweifelt werden, ob das neue türkische Obligationengesetz in unsere Zeit passt. Wie lange man noch mit dem Fatalismus des alten, schweizerischen Gesetzgebers leben kann, ist eine Frage der Zeit.

Literaturverzeichnis

Acar, H., Uluslararasi Satımlarda Hasar Riskinin Geçişi, İstanbul 2009

Adorno, T., Philosophische Terminologie zur Einleitung Band I, 1. Auflage, Frankfurt am Main 1973

Achilles, W.A., Kommnetar zum UN-Kaufrechtsübereinkommen(CISG), Neuwied 2000

Ackermann, T., Beyond expectation? – An Assessment of the DCFR Rules on Contractual Damages, in: Wagner (Hrsg.), The Common Frame of Reference: A View from Law & Economics, 2009, S. 35 ff. (zit.: Ackermann, in: Wagner (Hrsg.))

Ackermann, T., Die Nacherfüllungsanspruch des Stückverkäufers, JZ 2002, S. 378 ff.

Akikol, D., Die Voraussetzungen der Sachmängelhaftung beim Warenkauf-Obligationenrecht und UN-Kaufrecht, Zürich 2008

Amann, H./Brambirg, G./Hertel, C. (Hrsg.), Vertragspraxis nach neuem Schuldrecht, 2. Auflage, München 2003

Amstutz, M./Breitschmid, P./Furrer, A., u.a. (Hrsg.), Handkommentar zum Schweizer Privatrecht, Zürich 2007 (zit.: Bearbeiter in: Handkommentar zum Schweizer Privatrecht)

Anders, H., Die Pflichtverletzung im System des Leistungsstörungsrechts als Modell de lege ferenda: eine systematische Darstellung, untersetzt durch Alternative Vorschläge unter besonderer Berücksichtigung kaufrechtlicher Bestimmungen, Berlin 2001

Annus G., Die Folgen des Rücktritts (§§ 346 ff BGB), JA 2006, S. 184 ff.

Aral, F., Borçlar Hukuku Özel Borç İlişkileri, 8. Baskı, Ankara 2010 (zit.: Aral, Özel)

Aral, F., Türk Borçlar Hukukunda Kötü İfa, Ankara 2011 (zit.: Aral, Kötü ifa)

Arbek, Ö., Satım Konusu Ayıplı Malın Tamir Edilmesi, Ankara 2005

Arkan, S., Ticari İşletme Hukuku, 15. Auflage, Ankara 2011

Atamer, Y.M., Uluslararası Satım Sözleşmelerine İlişkin Birleşmiş Milletler Antlaşması (CISG) Uyarınca Satıcının Yükümlülükleri ve Sözleşmeye Aykırılığın Sonuçları, 1.Bası, İstanbul 2005

Atamer, Y.M., Die autonome Umsetzung der Verbrauchsgüterkaufrichtlinie 1999/44/EG in der Türkei – Zugleich ein Beitrag zum Stand des Verbraucherschutzes in der Türkei, ZEuP 2005, S. 566 ff.

Aue, J., Mängelgewährleistung im UN-Kaufrecht unter besonderer Berücksichtigung stillschweigender Zusicherungen, Frankfurt am Main 1988

Bach*, *I./Stieber*, *C., Die Unmöglichkeit der Leistung im CISG, IHR, 2/ 2006, S. 60 ff.

Bachmann*, *T., Die elektive Konkurrenz, Eine systematische Untersuchung der Gläubigerrechte bei Leistungsstörungen im BGB, CISG, in den PECL und im DCFR, Berlin 2010

Bamberger*, *H.G/Roth*, *H. (Hrsg.), Kommentar zum Bürgerlichen Gesetzbuch, Band I §§ 1–610 CISG, 2. Auflage, München 2003 ff. (zit.: Bearbeiter, in: Bamberger/Roth (Auflage)…)

Bartels*, *H.-J./Motomura*, *H., Haftungsprinzip, Haftungsbefreiung und Vertragsbeendigung beim internationalen Kauf, RabelsZ 43 (1979) S. 649 ff.

Bartfeld*, *S., Das Sachleistungsvertragskonzept der Verbrauchsgüterkaufrichtlinie im deutschen, englichen und französischen Recht, 1. Auflage, Baden-Baden 2009

Basedow*, *J., Die Reform des deutschen Kaufrechts, Rechtsvergleichendes Gutachten das Max-Planck-Instituts für ausländisches und internationales Privatrecht im Auftrag des Bundesministers der Justiz, Köln 1998 (Zit.: Basedow, Die Reform des deutschen Kaufrechts)

Basedow*, *J. (Hrsg.), Europäische Vertragsrechtsvereinheitlichung und deutsches Recht, Tübingen 2000 (Zit.: Bearbeiter, in: Basedow (Hrsg.), Europäische Vertragsrechtsvereinheitlichung)

Basedow*, *J., Towards a Universal Doctrine of Breach of Contract: The Impact of the CISG, International Review of Law and Economics (September 2005) 487 ff.

Abrufbar unter: http://www.cisg.law.pace.edu/cisg/biblio/basedow.html

Baumbach*, *A./Hopt*, *K.J., Handelsgesetzbuch mit GmbH&Co., Handelsklauseln, Bank-und Börsenrecht, Transportrecht(ohne Seerecht), 34. Auflage, München 2010 (zit.: Bearbeiter in: Baumbach/Hopt…)

Beinert*, *D., Wesentliche Vertragsverletzung und Rücktritt, Bielefeld, 1979

Berner Kommentar Kommentar zum schweizerischen Privatrecht,

- Das Obligationenrecht Band VI, 1. Abteilung, Allgemeine Bestimmungen, 5. Teilband, Die Folgen der Nichterfüllung Art. 97–109 Bern 2000
- Das Obligationenrecht, Band VI, 2. Abteilung, Die Einzelnen Vertragsverhältnisse, 1. Teilband, Kauf und Tausch-Die Schenkung, 1. Abschnitt Allgemeine Bestimmungen-Der Fahrniskauf Artikel 184–215 OR, Bern 1979 (zit. Bearbeiter, in: BernerKomm, ….)

Bianca*, *C.M./ Bonell*, *M.J., Commentary On The Intrernational Sales Law The 1980 Vienna Sales Convention, Milan 1987 (zit.: Bearbeiter, in: Bianca/ Bonell …)

Bilge*, *N., Borçlar Hukuku Özel Borç Münasebetleri, Ankara 1971
Bozkurt*, *E./Özcan*, *M./Köktaş*, *A., Avrupa Birliği Hukuku, 5. Baskı, Ankara 2011
***Brand*, *O*,.** Schadensersatzrecht, München 2010
Brox*, *H./Walker*, *W.D., Allgemeines Schuldrecht, 32. Auflage, München 2007 ff. (zit.: Brox, AT, § …)
Brox*, *H./Walker*, *W.D., Besonderes Schuldrecht, 32. Auflage, München 2007 ff. (zit.: Brox, BT, § …)
Bucher*, *E., Hundert Jahre schweizerisches Obligationen Recht: Wo stehen wir heute im Vertragsrecht? ZSR n.F. 102 II (1983) S. 251 ff. Abrufbar unter: http://www.eugenbucher.ch/pdf_files/29.pdf
Bucher*, *E., Notizen zu Art. 185 OR, (Gefahrtragung durch den Käufer) ZSRS 1970, S. 281 ff.
Bucher*, *E., Schweizerisches Obligationenrecht, Allgemeiner Teil, 2. Auflage, Zürich 1988
Bucher*, *E., Schweizerisches Obligationenrecht, Besonderer Teil, 3. Auflage, Zürich 1988
Bucher*, *E., Überblick über die Neuerungen des Wiener Kaufrechts, dessenVerhältnis zur Kaufrechtstradition und zum nationalen Recht, in: Bucher E., (Hrsg.), Wiener Kaufrecht-Der schweizerische Aussenhandel unter dem UN-Übereinkommen über den Internationalen Warenkauf, Bern 1991, S. 13 ff.
Bucher*, *E., (Hrsg.), Wiener Kaufrecht-Der schweizerische Aussenhandel unter dem UN-Übereinkommen über den Internationalen Warenkauf, Bern 1991 (Zit. Bearbeiter, in: Bucher (Hrsg.))
Brunner*, *C., UN-Kaufrecht-CISG, Kommentar zum Übereinkommen der Vereinten Nationen über Verträge über den internationalen Warenkauf von 1980, Unter Berücksichtigung der Schnittstellen zum internen Schweizer Recht, Bern 2004
Büdenbender*, *U., Der Nacherfüllungsanspruch des Käufers – Wahlschuld oder elektive Konkurrenz, AcP 205 (2005), S. 386 ff.
Canaris*, *C.W., Die Neuregelung des Leistungsstörungs– und des Kaufrechts – Grundstrukturen und Problembereiche-, in Lorenz E. (Hrsg.), Karlsruher Forum 2002: Schuldrechtsmodernisierung, 2003, S. 5 ff (zit.: Canaris in: Lorenz E. (Hrsg.), Karlsruher Forum 2002)
Canaris*, *C.W., Die Reform des Rechts der Leistungsstörungen, JZ 2001, 499 ff.
Çetiner*, *B., Die Sachmängelhaftung des Verkäufers im UN-Kaufrecht und im neuen deutschen Schuldrecht, Frankfurt am Main 2006
Coen*, *C., Vertragsscheitern und Rückabwicklung, Eine rechtvergleichende Untersuchung zum englichen und deutschen Recht, zum UN-Kaufrecht sowie

zu den Unidroit Principles und den Principles of european Contract Law, Berlin 2003

Commentary on the draft convention on the Contracts fort the international sale of goods, prepared by the Secretariat, United nations conference on contracts for the international sale of goods, Vienna, 10 March–11April 1980, United Nations, New York, 1980 (zit: Secretariat Commentary, Art. para.)

Dauner-Lieb*, *B./Konzen*, *H./Schmidt*, *K. (Hrsg.), Das neue Schuldrecht in der Praxis, Akzente-Brennpunkte-Ausblick, Köln 2003 (zit.: Bearbeiter in: Dauner-Lieb/Konzen/Schmidt (Hrsg.))

Dauner-Lieb*, *B./Langen*, *W., Anwaltkommnetar-BGB Schuldrecht Teilband 1: §§ 433 bis 611, Teilband 2: 611 bis 853, Bonn 2005

Dauner-Lieb*, *B./Quecke*, *M., Das Kaufrecht im Entwurf eines Gemeinsamen Referenzrahmens. Erste Annäherung an einen komplexen Text, in: Schulze R./von Bar C./Schulte-Nölke H. (Hrsg.), Der akademische Entwurf für einen Gemeinsamen Referenzrahmen. Kontroversen und Perspektiven, S. 135 ff., Tübingen 2008 (zit.: Dauner-Lieb/Quecke in: Schulze/von Bar/Schulte-Nölke (Hrsg.))

Demirelli*, *K., Die Sachmängelhaftung des Verkäufers beim Kauf beweglicher Sachen nach deutschem und türkischem Recht mit einem Blick auf das Internationale Privat– und Zivilrecht, Frankfurt am Main 1990

Diederichsen*, *U., Zur zeitlichen Neuordnung des Schuldrechts, AcP Band 182, 1982, S. 120 ff.

Doerfert*, *C., Die Grundlagen der Europäischen Union mit ihren politischen und wirtschaftlichen Bezügen, 3. Auflage, Köln 2007

Doralt*, *P. (Hrsg.), Das Uncitral– Kaufrecht im Vergleich zum österreichischen Recht, Wien 1985 (zit.: Bearbeiter in: Doralt (Hrsg.))

Dölle*, *H., Kommentar zum einheitlichen Kaufrecht, München 1976 (Zit: Bearbeiter in Dölle (Hrsg.))

Düchs*, *C., Die Behandlung von Leistungsstörungen im Europäischen Vertragsrecht, Berlin 2006

Dylakiewicz*, *D., Kaufrechtliche Sachmängelgewährleistung und allgemeine Prinzipen des Vertragsrechts, Eine rechtvergleichende Untersuchung der deutschen Sachmängelhaftung unter besonderer Berücksichtigung internationaler Entwicklungen, 2003.

Abrufbar unter: http://nbn-resolving.de/urn/resolver.pl?urn=nbn%3Ade%3Agbv%3A3–000006786

Eckert*, *H.W./Maifeld*, *J./Matthiesen*, *M., Handbuch des Kaufrechts: Der Kaufvertrag nach Bürgerlichem Recht Handelsrecht und UN-Kaufrecht, München 2007, (zit.: Eckert/Maifeld/Matthiesen, Rn.)

Edis*, *S., Türk Borçlar Hukukuna Göre Satıcının Ayıba Karşı Tekeffül Borcu, Ankara 2003

Ehmann*, *H., Garantie– oder Verschuldenshaftung bei Nichterfüllung und Schlechtleistung in: Festschrift für Claus-Wilhelm Canaris zum 70. Geburtstag – Heldrich u.a. (Hrsg.), München 2007, 165 ff. (zit.: Ehmann, in FS Canaris)

Ehmann*, *H./Sutschet*, *H., Modernisiertes Schuldrecht, Lehrbuch der Grundsätze des neuen Rechts und seiner Besonderheiten, München 2002

Ehrat*, *F.R., Der Rücktritt vom Vertrag nach Art. 107 Abs. 2 OR in Verbindung mit Art. 109 OR, Zürich 1990

Emmerich*, *V., BGB-Schuldrecht Besonderer Teil, 10. Auflage, Heidelberg 2003

Emmerich*, *V., Das Recht der Leistungsstörungen, 6. Auflage, München 2005

Enderlein*, *F./Maskow*, *D./Stargardt*, *M, Kaufrechtkonvention der UNO, (mit Verjährungskonvention) Kommentar, 1. Auflage, Berlin 1985 (zit.: Bearbeiter in: Enderlein/Maskodow/Stargardt)

Enderlein*, *F./Maskow*, *D. /Strohbach*, *H., Internationales Kaufrecht: Kaufrechtskonvention, Verjährungskonvention, Vertretungskonvention, Rechtsanwendungskonvention, Berlin 1991 (zit. Bearbeiter in: Enderlein/Maskow/Strohbach)

Engisch*, *K., Einführung in das juristische Denken, 10. Auflage, Stuttgart 2005

Eren*, *F., Borçlar Hukuku Genel Hükümler, 7. Bası, İstanbul 2001 ff.

Erman, Bürgerliches Gesetzbuch Handkommentar, Band I, 12. Auflage, Köln 2008 ff. (zit.: Bearbeiter in: Ermann)

Ernst*, *W., Zur Struktur des CFR, in: Martin-Schmidt K. (Hrsg.), Der Gemeinsame Referenzrahmen: Entstehung, Inhalte, Anwendung, 2009 München, S. 55 ff. (zit.: Ernst in: Schmidt-Kessel (Hrsg.) Der Gemeinsame Referenzrahmen)

Ensthaler*, *J. (Hrsg.), Gemeinschaftskommentar zum Handelsgesetzbuch mit UN-Kaufrecht, 7. Auflage, Neuwied, 2007 (zit.: Bearbeiter in: Ensthaler (Hrsg.), Gemeinschaftskommentar zum HGB)

Esin*, *G.İ., Sachmängelhaftung beim Unternehmenskauf nach deutschem und türkischem Kaufrecht, Unter besonderer Berücksichtigung der Verkäuferpflichten, Frankfurt am Main 1997

Ewert*, *A.N., Die Gefahrtragung beim Kaufvertrag, Eine rechtsvergleichende Studie des deutschen und englischen Rechts sowie des UN-Kaufrechts, Frankfurt am Main 2007

Farnsworth*, *A.E., Rights and Obligations of the Seller, in: Wiener Übereinkommen von 1980 über den internationalen Warenkauf, Lausanner Kolloquium vom 19. Und 20. November 1984, Zürich 1985, S. 83 ff.

Faust*, *F., Das Kaufrecht im Vorschlag für ein Gemeinsames Europäisches Kaufrecht in: in: Nölke/Zoll/Jansen/Schulze (Hrsg.), Der Entwurf ein optionales europäisches Kaufrecht, München 2012, S. 251 ff. (zit. Faust in: Nölke/Zoll/Jansen/Schulze (Hrsg.))

Faust*, *F., Die Vorhersehbarkeit des Schadens gemäß Art. 74 Satz. 2 UN-Kaufrecht (CISG), Tübingen 1996

Faust*, *F., Remedies for Breach of Contract in the DCFR, in: Wagner (Hrsg.), The Common Frame of Reference: A View from Law & Economics, München 2009, S. 19 ff. (zit. Faust in: Wagner (Hrsg.))

Ferit*, *M., Das französische Zivilrecht Allgemeine Lehren; Recht der Schuldverhältnisse, Frankfurt am Main 1971

Ferrari*, *F., Wesentliche Vertragsverletzung nach UN-Kaufrecht, IHR 1/2005 S. 1 ff.

Ferrari*, *F./Kieninger*, *E.M./Mankowski*, *P./Otte*, *K./Saenger*, *I./Staudinger*, *A., Internationales Vertragsrecht EGBGB, CISG, CMR, FactÜ, München 2007 (zit.: Bearbeiter, in: Ferrari (Hrsg.), Int. VertragsR.,)

Fikentscher*, *W./Heinemann*, *A., Schuldrecht, 10. Auflage, Berlin 2006

Fischer*, *R., Vor– und Nachteile des Ausschlusses des UN-Kaufrechts aus Sicht des deutschen Exporteurs-Rechtsvergleichende Betrachtung der Verkäuferrisiken nach BGB und CISG unter Berücksichtigung jeweiliger Haftungsausschluss– und Haftungsbegrenzungsmöglichkeiten, Hamburg 2008

Freiburg*, *N., Das Recht auf Vertragsaufhebung im UN-Kaufrecht. Unter besonderer Berücksichtigung der Ausschlußgründe, Berlin 2001

Fryderyk*, *Z., UN-Kaufrecht und Common Frame of Reference im Bereich der Leistungsstörungen: Ein Beitrag aus der Perspektive der Acquis Group, ZEuP 2007, 229 ff.

Furrer A., Ist das schweizerische Leistungsstörungsrecht noch zeitgemäß?, in ZGB gestern-heute-morgen Festgabe zum schweizerischen Juristentag 2007, Girsberger D./ Luminati M. (Hrsg.), Zurich 2007, S. 304 ff.

Furrer A./Müller-Chen M., Obligationenrecht– Allgemeiner Teil, Zürich 2008

Gauch*, *P./Schluep*, *W.R., Schweizerischen Obligationenrecht Allgemeiner Teil Ohne Außervertragliches Haftpflichtrecht, 2. Auflage, Zürich 1980 ff.

Gauch*, *P./Schluep*, *W.R./Emmenegger*, *S., Schweizerisches Obligationenrecht Allgemeiner Teil Band II, 9. Auflage, Zürich 2008

Gauch*, *P./Schmidt*, *J., (Hrsg.), Die Rechtsentwicklung an der Schwelle zum 21. Jahrhundert, Zürich 2001 (Bearbeiter, in: Gauch/Schmidt (Hrsg.))

Ginter*, *P., Verhältnis der Sachgewährleistung nach Art. 197 ff. OR zu den Rechtsbehelfen in Art. 97 ff. OR, Lösungsvorschlag für die geltende Rechtslage und kritische Würdigung, Zürich 2005

Glättli, E., Zum Schadenerstaz wegen Nichterfüllung nach Art. 97 Abs. 1 und 107 Abs. 2-Eine Übersciht, Würdigung und Kritik der heutigen Regelung, Zürich 1998

Grigoleit, H.C./Riehm, T., Die Kategorien des Schadensersatzes im Leistungsstörungsrecht, AcP 203 (2003), S. 727 ff.

Grundmann, S./Bianca, C.M. (Hrsg.), EU-Kaufrechts-Richtlinie-Kommentar, Köln 2002 (Zit.: Bearbeiter in: Grundmann/Bianca (Hrsg.))

Grundmann, S./Medicus, D./Rolland, W., Europäisches Kaufgewährleistungsrecht Reform und Internationalisierung des deutschen Schuldrechts, Köln, 2000 (Zit: Bearbeiter in: Grundmann/Medicus/Rolland)

Grunewald, B., Handbuch des Schuldrechts– Kaufrecht, Tübingen 2006

Guhl, T., Das Schweizerische Obligationenrecht mit Einschluss des Handels– und Wertpapierrechts, Zürich 2000

Gursky, K.H., Schuldrecht Besonderer Teil, 5. Auflage, Heidelberg 2005

Gutknecht, U., Das Nacherfüllungsrecht des Verkäufers bei Kauf und Werklieferungsverträgen. Rechtsvergleichende Untersuchung zum CISG, zum US-amerikanischen Uniform commercial code, zum deutschen Recht und zu dem Vorschlag der Kommission zur Überarbeitung des deutschen Schuldrechts, Frankfurt a.M. 1996

Gümüş, M.A., Borçlar Hukuku Özel Hükümler Cilt I, 1.Bası, İstanbul 2008

Hager, G., Die Gefahrtragung beim Kauf, Eine rechtsvergleichende Untersuchung, Frankfurt am Main 1982

Harke, J.D., Besonderes Schuldrecht, 1. Auflage, Berlin 201

Hatemi, H./Gökyayla, E., Borçlar Hukuku Genel Bölüm, İstanbul 2011

Hatemi, H./Serozan, R./Arpacı, A., Borçlar Hukuku Özel Bölüm, İstanbul 1992 (zit. Bearbeiter, in: Hatemi/Serozan/Arpacı)

Heilmann, J., Mängelgewährleistung im UN-Kaufrecht, Voraussetzungen und Rechtsfolgen im Vergleich zum deutschen internen Kaufrecht und zu den Haager Einheitlichen Kaufgesetzen, Berlin 1994

Heldrich, A./Koller, I./Prölss, J. (Hrsg.), Festschrift für Claus-Wilhelm Canaris zum 70. Geburtstag Bd. I-II, München 2007

Hennsler, M./von Westphalen, F.G. (Hrsg.), Praxis der Schuldrechtsreform, 2. Auflage, 2003

Henrich, D./Huber, P., Einführung in das engliche Privatrecht, 3. Auflage, Heidelberg 2003

Herber, R., Wiener UNCITRAL-Übereinkommen über internationale Warenkaufverträge, 2. Auflage, Köln 1983

Herber*, *R./Czerwenka*, *B., Internationales Kaufrecht: Kommentar zu dem Übereinkommen der Vereinten Nationen vom 11. April 1980 über Verträge über den internationalen Wareneinkauf, München 1991

Herberger*, *M./Martinek M./Rüßmann H./Weth S., (Hrsg.), JurisPraxisKommentar BGB
-Band 2.1 Schuldrecht §§ 241 bis 432 (4. Auflage ff.)
-Band 2.2 Schuldrecht §§ 433 bis 630 (4. Auflage ff.)

Herrestahl*, *C./Riehm*, *T., Die eigenmächtige Selbstvornahme im allgemeinen und besonderen Leistungsstörungsrecht, NJW 2005, S. 1457 ff.

Heutger*, *V., Do We Need a European Sales Law?, GJT 2004 V. 4 Issue 2

Hirsch*, *C., Schuldrecht Besonderer Teil, 2. Auflage, Baden-Baden 2011

Hoeren*, *T./Martinek*, *M. (Hrsg.), Systematischer Kommentar zum Kaufrecht, Recklinghausen 2002 (zit.: Bearbeiter, in: Hoeren/Martinek)

Honnold*, *J., Uniform Law for International Sales, Under the 1980 United Nation Convention, Deventer/The Netherlands 1982

Honsell*, *H., Die Vertragsverletzung des Verkäufers nach dem Wiener Kaufrecht, SJZ 1992 S. 345 ff.

Honsell*, *H. (Hrsg.), Kommentar zum UN-Kaufrecht, Übereinkommen der Vereinten Nationen über Verträge über den Internationalen Warenkauf(CISG), 2. Auflage, Berlin 2010 (zit. Bearbeiter, in: Honsell (Hrsg.), CISG (2009))

Honsell*, *H., Römisches Recht, 8. Auflage, Berlin 2006

Honsell*, *H., Schweizerisches Obligationenrecht Besonderer Teil, 8. Auflage, Bern, 2006 (zit: Honsell, BT)

Honsell*, *H./Vogt*, *N.V./Wiegand*, *W. (Hrsg.), Basler Kommentar, Obligationenrecht I (Art. 1–529 OR), 4. Aufl., Basel 2007 (zit.: Bearbeiter, in: Basler-Komm, OR I,)

Hoyer*, *H./Posch*, *W. (Hrs.), Das einheitliche Wiener Kaufrecht neues Recht für den internationalen Warenkauf, Wien, 1992 (Zit.: Bearbeiter, in: Hoyer/Posch (Hrsg.))

Hsu*, *L., Remedies under Sale of Goods (UN Convention) Act, S.Ac.JL 1996, S. 113 ff. Abrufbar unter: http://www.sal.org.sg/digitallibrary/Lists/SAL%20 Journal/Attach-ments/168/1996-8-SAcLJ-113-Hsu.pdf

Huber*, *P., Der Nacherfüllungsanspruch im neuen Kaufrecht, NJW 2002, 1004 ff.

Huber*, *P., CISG – The structure of remedies, RabelsZ 2007, 13 ff.

Huber P., Examens-Repetitorium Besonderes Schuldrecht/1, Vertragliche Schuldverhältnisse, 2. Auflage, Heidelberg 2008

Huber P./Faust F., Schulrechtsmodernisierung-Einführung in das neue Recht, München 2002 (zit. Bearbeiter, in: Huber/Faust)

Huber P. / Mullis A., CISG A new textbook for students and practitioners, Münic, 2007 (zit. Bearbeiter in: Huber/Mullis)

Huber U., Der UNCITRAL-Entwurf eines Übereinkommens über internationale Warenkaufverträge, RebelsZ 43 (1979), S. 413 ff.

Huber, U., Modellregeln für ein Europäisches Kaufrecht, ZEuP 2008, S. 708 ff.

Huguenin C., Die Bedeutung des Common Frame of Reference außerhalb der Europäischen Union am Beispiel des schweizerischen Rechts, in: Schmidt-Kessel M. (Hrsg.), Der gemeinsame Referenzrahmen: Entstehung, Inhalte, Anwendung, München, 2009, S. 365 ff. (zit. Huguenin, in: Schmidt-Kessel (Hrsg.) Der Gemeinsame Referenzrahmen)

Huguenin, C., Obligationenrecht Allgemeiner Teil, 3. Auflage, Zürich 2008

Huguenin, C., Obligationenrecht Besonderer Teil, Zürich 2008

Hutter, M., Die Haftung des Verkäufers für Nichtlieferung bzw. Lieferung vertragswidriger Ware nach dem Wiener UNCITRAL-Übereinkommen über interationale Warenkaufverträge vom 11. April 1980, 1988

J. von Staudingers Kommentar zum Bürgerlichen Gesetzbuch: Staudinger BGB – Buch 2:

-Recht der Schuldverhältnisse: §§ 255–304 (16. Auflage 2009)

-Recht der Schuldverhältnisse: §§ 315–326 (16. Auflage 2009)

-Recht der Schuldverhältnisse Einleitung zum Schuldrecht §§ 241–243 (Treu und Glauben) Buch VII (16. Auflage 2009)

-Recht der Schuldverhältnisse §§ 433 – 487: Leasing (Kaufrecht und Leasingrecht) (2004)

(zit.: Bearbeiter in: Staudinger/BGB)

-Recht der Schuldverhältnisse: Wiener UN-Kaufrecht (CISG) (1999 ff.) (zit.: Bearbeiter, in: Staudinger/CISG (Auflage))

-Ergänzungsband: Eckpfeiler des Zivilrechts (2008 ff.) (zit.: Bearbeiter, in: Staudinger/Eckpfeiler des Zivilrechts (Auflage))

Jakobs, H.H., Geseztgebung im Leistungsstörungsrecht, Zur Ordnung des Rechts der Leistunsstörungen im BGB und nach einheitlichem Kaufrecht, Paderborn 1985

Jansen, A., Die Untersuchungs– und Rügenpflichten im deutschen, niederländischen und internationalen Kaufrecht, Eine rechtsvergleichende Darstellung der Gemeinsamkeiten und Unterschiede, 1. Auflage, Baden-Baden 2001

Jansen, N./Zimmermann, R., Was ist und wozu der DCFR?, NJW 2009 S. 3401 ff.

Jauernig, O., BürgerlichesGesetzbuchmitAllgemeinemGleichbehandlungsgesetz, Kommentar, 12 Auflage, München 2007 ff. (zit.: Bearbeiter, in: Jauernig (Auflage)

Jung, P., Handelsrecht, 9. Auflage, München 2012

Kappus, A., Rechtsvergleichende Aspekte zur Vertragsaufhebung wegen Sachmangels nach UN-Kaufrecht, RIW 1992 530 ff.

Karollus, M., UN-Kaufrecht Eine symtematische Darstellung für Studium und Praxis, Wien 1991

Kaşıkçı, O., İslam ve Osmanlı Hukukunda Mecelle, İstanbul 1997

Katzenstein, M., Nochmals: Ersatz ersparter Aufwendungen bei eigenmächtiger Selbstvornahme der Mängelbeseitigung, ZGS 2004, S. 349 ff.

Keller, M./Siehr, K., Kaufrecht, 3. Auflage Zürich 1995

Kelsen, H., Was ist Gerechtigkeit?, Stuttgart 2010

Kenanoğlu, M.M., Ticaret Kanunnamesi ve Mecelle Işığında Osmanlı Ticaret Hukuku, Ankara 2005

Kılıçoğlu, A., Borçlar Hukuku Genel Hükümler, 5. Bası, Ankara 2005

Keine, S.C., Vertragsaufhebung und Rücktritt des Käufers im UN-Kaufrecht und BGB, 1. Auflage, Baden-Baden 2010

Kindler, P., Grundkurs Handels– und Gesellschaftsrecht, 2. Auflage, München 2007

Kocayusufpaşaoglu, N./Hatemi, H./Serozan, R./Arpacı, A., Borçlar Hukuku Genel Bölüm-İfa, İfa Engelleri, Haksız Zenginleşme, 5. Bası, İstanbul 2009 (zit.: Bearbeiter, in: Kocayusufpaşaoglu/Hatemi/Serozan/Arpacı)

Kommentar zum Schweizerischen Zivilgesetzbuch,

-Obligationenrecht, I. Abteilung Allgemeine Bestimmungen Art. 1–183, Bern 1941.

-Obligationenrecht Teilband V 2a Kauf und Schenkung Zweite Lieferung Art. 192–204 OR, 3. Auflage, Zürich 2005

(Zit. Bearbeiter in: Kommentar zum Schweizerischen Zivilgesetzbuch)

Kostkiewicz, K.J./Nobel, P./Schwander, I./Wolf, S. (Hrsg.), OR Kommentar, Schweizerisches Obligationenrecht, 2. Aufl., Zürich 2009 (zit. Bearbeiter, in: OR Kommentar)

Kötz, H., Vertragsrecht, Tübingen 2009

Kranz, N., Die Schadersatzpflicht nach den Haager Einheitlichen Kaufgesetzten und dem Wiener UN-Kaufrecht, Frankfurt am Main 1989

Krebs, M., Die Rückabwicklung im UN-Kaufrecht, München, 2000

Kromer, U., Der Begriff der Lieferung im Haager einheitlichen Kaufrecht: Entstehungsgeschichte, Bedeutung u. Funktion in Rechtsvergl. Sicht, Pfaffenweiler, 1987

Kropholler*, *J., Bürgerliches Gesetzbuch, Studienkommentar, 11. Auflage, München 2008

Krusinga, The Impact of Uniform Law: Limits and Possibilities –CISG and Its Incidence in Dutch Law, EJCL vol. 13.2 (May 2009), abrufbar unter: www.ejcl.org

Lando*, *O., Das neue Schuldrecht des Bürgerlichen Gesetzbuchs und die Grundregeln des europäischen Vertragsrechts, RabelsZ 2003, S. 231 ff.

Larenz*, *K., Lehrbuch des Schuldrechts Band I Allgemeiner Teil, 14. Auflage, München 1987 (Zit.: Larenz AT Bd. I)

Larenz*, *K., Methodenlehre der Rechtswissenschaft, 4. Aufl. Berlin, 1979 (Zit.: Larenz, Methodenlehre)

Larenz*, *K./Wolf*, *M., Allgemeiner Teil des Bürgerlichen Rechts, 8. Auflage, München 1997

Leible*, *S. Rechtsbehelfe bei Nichterfüllung, in: Schulze R./von Bar C./Schulte-Nölke H. (Hrsg.), Der akademische Entwurf für einen Gemeinsamen Referenzrahmen. Kontroversen und Perspektiven S. 97 ff., Tübingen 2008 (zit.: Leible in: Schulze/von Bar/Schulte-Nölke (Hrsg.))

Leser*, *H., Vertragsaufhebung und Rückabwicklung unter dem UN-Kaufrecht in: Schlechtriem (Hrsg.), Einheitliches Kaufrecht und nationales Obligationenrecht, Baden-Baden 1987 (zit. Leser in: Schlechtriem (Hrsg.), Einheitliches)

Loewe*, *R. (Hrsg.), Internationales Kaufrecht, Wien 1989

Looschelders*, *D., Schuldrecht Allgemeiner Teil, 7. Auflage, Köln 2009(zit.: Looschelders, AT,)

Looschelders*, *D., Schuldrecht Besonderer Teil, 3. Auflage, Köln 2009 (zit.: Looschelders, BT,)

Lorenz*, *E. (Hrsg.), Karlsruher Forum 2005: Schuldrechtsmodernisierung – Erfahrungen seit dem 1. Januar 2002, VersR-Schriften Band 34, Karlsruhe 2006 (Zit. Bearbeiter in: E. Lorenz, Karlsruher Forum 2005

Lorenz*, *E. (Hrsg.), Karlsruher Forum 2002 – Schuldrechtsmodernisierung, VersR-Schriften Band 20, Karlsruhe 2003 –

Lorenz*, *S., Schuldrechtsmodernisierung – Erfahrungen seit dem 1. Januar 2002 – Karlsruher Forum 2005 in: Lorenz E. (Hrsg.), Karlsruher Forum 2005: Schuldrechtsmodernisierung-Erfahrungen, 2006 S. 1 ff. (zit.: Lorenz S. in: E. Lorenz (Hrsg.), Karlsruher Forum 2002)

Lorenz*, *S., Voreilige Selbstvornahme der Nacherfüllung im Kaufrecht: Der BGH hat gesprochen und nichts ist geklärt, NJW 2005, 1321 ff.

Lorenz*, *S./Riehm*, *T., Lehrbuch zum neuen Schuldrecht, München 2002

Lorenz*, *T., Das Nacherfüllungsrecht des Verkäufers: UN-Kaufrecht, BGB und Europäische Grundregeln im Vergleich, 2010 Dresden

Luhmann*, *N., Rechtssystem und Rechtsdogmatik, Stuttgart 1974

Lüderitz*, *A., Pflichten der Parteien nach UN-Kaufrecht im Vergleich zu EKG und BGB, in: Schlechtriem (Hrsg.), Einheitliches Kaufrecht und nationales Obligationenrecht, Baden-Baden 1987 (zit. Lüderitz in: Schlechtriem (Hrsg.), Einheitliches)

Magnus*, *U., Das Recht der vertraglichen Leistungsstörungen und der Common Frame of Reference, ZEuP 2007, 260 ff.

Magnus*, *U., Der Stand der internationalen Überlegungen: Die Verbrauchsgüterkauf-Richtlinie und das UN-Kaufrecht, in: Grundmann/Medicus/Rolland (Hrsg.), Europäisches Kaufgewährleistungsrecht. Reform und Internationalisierung des deutschen Schuldrechts (2000), S. 79 ff., (zit.: Magnus in: Grundmann/Medicus/Rolland (Hrsg.))

Magnus*, *U., Der Tatbestand der Pflichtverletzung, in: Schulze, R/Schulte-Nölke, H. (Hrsg.), Die Schuldrechtsreform vor dem Hintergrund des Gemeinschaftsrechts, Münster u.a., 2001, 67 ff. (zit. Magnus in: Schulze/Schulte-Nölke (Hrsg.), Die Schuldrechtsreform)

Magnus*, *U., Erfahrungen mit dem Haager Warenkaufrecht, Erwartungen von der UNCITRAL-Konvention in: Hoyer/Posch (Hrsg.), Das Einheitliche Wiener Kaufrecht: Neues Recht für den internationalen Warenkauf (Wien 1992), S. 5 ff.

Magnus*, *U., J. Von Staudinger Kommentar zum Bürgerlichen Gesetzbuch mit Einführungsgesetz und Nebengesetzen Wiener UN-Kaufrecht (CISG), Neubearbeitung, Berlin 2005, (Zit.: Staudinger/Magnus (2005))

Mankowski*, *P., Hat der Verkäufer unter dem BGB wirklich ein eigenes subjektives Recht zur zweiten Andienung?, JZ 2011, S. 781 ff.

Maile-Zinser*, *T., Auswirkungen der Unmöglichkeit auf den Erfüllungsanspruch, Berlin 2006

Martens*, *S.A.E., Ein Europa, ein Privatrecht– Die Bestrebungen zur Vereinheitlichung des Europäischen Privatrechts, EuZW 2010 S. 527 ff.

Medicus*, *D./Lorenz*, *S., Schuldrecht I Allgemeiner Teil, 19. Auflage, München 2010

Medicus*, *D./Lorenz*, *S., Schuldrecht II Besonderer Teil, 15. Auflage, München 2010

Medicus*, *D., Die Voraussetzungen einer Haftung für Vertragsverletzung, in: Basedow J. (Hrsg.), Europäische Vertragsrechtsvereinheitlichung und deutsches Recht, Tübingen 2000, S. 159 ff. (Zit.: Medicus, in: Basedow (Hrsg.) Europäische Vertragsvereinheitlichung)

Melin*, *P., Gesetzesauslegung in den USA und in Deutschland, Historische Entwicklung, moderne Methodendiskussion und die Auswirkungen von

Divergenzen für das internationale Einheitskaufrecht(CISG), Tübingen 2005

Mittwoch, A.C., Die Vereinheitlichung des Privatrechts in Europa– auf dem Weg zu einem Europäischen Zivilgesetzbuch? JuS 2010 S. 767 ff.

Mitzkait, A., Leistungsstörung und Haftungsbefreiung, Ein Vergleich der Grundregeln des Europäischen Vertragsrecht mit dem reformierten deutschen Recht, Tübingen 2008

Mues, M., Ergänzungen und Modifikationen des deutschen Kaufrechts zum Modell des UN-Kaufrechts, Hamburg 2009

Musielak, H.-J., Die Nacherfüllung beim Stückkauf, NJW 2008, 2801 ff.

Musielak, H.J., Grundkurs BGB, 10. Auflage, München 2007

Müller-Chen, M., Folgen der Vertragsverletzung, Zürich 1999

Müller, M./ Matthes, D., Notwendigkeit einer richtlinienkonformen Bestimmung der Leistung in § 323 V BGB bei Teilschlechtleistung und Teilleistung: unter Berücksichtigung der erforderlichen Korrekturen des § 281 BGB, AcP 204 (2004) S. 732 ff.

Münchener Kommentar zum Bürgerliches Gesetzbuch,
-Band 2 Schuldrecht Allgemeiner Teil §§ 241–432, 5. Auflage, München 2007 ff.
-Band 3 Schuldrecht Besonderer Teil §§ 433–610, 5. Auflage, München 2008 ff.
(zit.: Bearbeiter, in: MünchKommBGB (Auflage))

Münchener Kommnetar zum Handelsgesetzbuch
-Band 6 § 343–406 HGB-CISG, München 2004 (zit.: Bearbeiter, in: MünchKommHGB (Auflage))

Neumayer, H.K., Offene Fragen zur Anwendung des Abkommens der Vereinten Nationen über den Internationalen Warenkauf, in, RIW, 1994, S. 99 ff.

Nieper, F./Westerdijk, A.S. (Red.), Niederländisches Bürgerliches Gesetzbuch, Buch 6 Allgemeiner Teil des Schuldrechts, The Hague 1995

Nölke, H.S./Zoll, F./Jansen, N./Schulze, R. (Hrsg.), Der Entwurf ein optionales europäisches Kaufrecht, München 2012

Oechsler, J., Vertragliche Schuldverhältnisse, 2. Auflage, München 2007

Oetker, H., Handelsrecht, Berlin 2010

Oetker, H. (Hrsg.), Kommentar zum Handelsgesetzbuch (HGB), 2. Auflage, München 2011

Oğuzman, K./Öz, T., Borçlar Hukuku Genel Hükümler, 7. Baskı, İstanbul 2009

Österreichischer Nationalrat, Erläuterungen zu dem VN-Übereinkommen über den internationalen Warenkauf vom 11. April 1980

Öz, T., Yeni Borçlar Kanununun Getirdiği Başlıca Değişiklikler ve Yenilikler, İstanbul 2011

Pahlow, L., Der Rechtsmangel beim Sachkauf, JuS 2006, S. 289 ff.

Palandt, Bürgerliches Gesetzbuch, 67. Auflage, München 2008 ff.

Palandt, Gesetz zur Modernisierung des Schuldrechts, Ergänzungsband zu Palandt, BGB 61. Auflage, München 2002 (zit. Bearbeiter, in: Palandt (Auflage))

Pammler, S., Zum Ersatzlieferungsanspruch beim Stückkauf, NJW 2003, 1992 ff.

Petersen, J., Examens-Repetitorium Allgemeines Schuldrecht, 4. Auflage, Heidelberg 2009

Pfeiffer, G./ Kummer, J./Scheuch, S. (Hrsg.,) Festschrift für Hans Erich Brandner zum 70. Geburtstag, Köln 1976 (Zit. Bearbeiter, in: FS Brandner)

Piltz, B., Internationales Kaufrecht, Das UN-Kaufrecht in praxisorientierter Darstellung, 2. Auflage, München 2008

Poroy, R./Yasaman, H., Ticari İşletme Hukuku, 13. Bası, İstanbul 2010

Prieß, M., Der Begriff des Sachmangels im deutschen und im englichen Kaufrecht, Reformbedarf aufgrund der Verbrauchsgüterverkauf-Richtlinie 1999/44/EG, Frankfurt am Main 2001

Prütting, H./Wegen, G./Weinreich, G. (Hrsg.), BGB Kommnetar, 1. Auflage, Köln 2006 ff.
(zit. Bearbeiter, in: P/W/W (Auflage))

Rabel, E., Das Recht des Warenkaufs, Bd. I, (unveränderter Neudruck der Ausgabe von 1936) Berlin, 1957, Bd. II, Berlin 1958, (Zit: Rabel E, Warenkauf Bd.…)

Rado, T., Roma Hukuku Dersleri Borçlar Hukuku, 6. Bası, İstanbul 1969

Ranieri, F., Europäishces Obligationenrecht-Lehr– und Textbuch, 2. Auflage, Wien 2003

Ratz, E.M., Der Nacherfüllngsanspruch nach UN-Kaufrecht-im Lichte der deutschen, spanisch-mexikanischen und US-amerikanischen Rechtswissenschaft, Frankfurt am Main 2005

Reimann, M./Zimmermann, R. (ed.), The Oxford Handbook of Comparative Law, Oxford 2008 (Zit.: Bearbeiter, in: Reimann/Zimmermann (ed.))

Reinecke, J., Die Haftung des Verkäufers für Leistungsstörungen im Geltenden deutschen Recht Vergleichen Insbesondere mit dem Internationalen Kaufgesetz vom 1. Juli 1964, München 1968

Reinhart, G., UN-Kaufrecht: Kommentar zum Übereinkommen der Vereinten Nationen vom 11. April 1980 über Verträge über den internationalen Warenkauf, Heidelberg 1991

Reinicke, D./Tiedtke, K., Kaufrecht, 8. Auflage, München 2009

Reisoğlu, S., Borçlar Hukuku Genel Hükümler, 14. Bası, İstanbul 2000

Remien*, *O., Schadensersatz und Zinsen nach EU-Kaufrecht in: Schmidt-Kessel M. (Hrsg), Ein einheitliches europäisches Kaufrecht?-Eine Analyse des Vorschlags der Kommission, München 2012, S. 503 ff.

Remien*, *O. (Hrsg.), Schuldrechtsmodernisierung und Europäisches Vertragsrecht, Zwischenbilanz und Perspektiven – Würzburger Tagung vom 27. und 28.10.2006, Tübingen 2008

Remien*, *O./Herler*, *S./Limmer P. (Hrsg), Gemeinsames Europäisches Kaufrecht für die EU?-Analyse des Vorschlags der Europäischen Kommission für ein optinales Euräisches Vertragsrecht vom 11. Oktober 2011, München 2012

Rengier*, *H.B., Die Abgrenzung des positiven Interesses vom negativen Vertragsinteresse und vom Integritaetsinteresse Zusatz dargestellt am Problem der Haftung des Verkäufers, Vermieters und Unternehmers für Schäden infolge von Sachmängeln, Berlin 1977

Rheinstein*, *M., Die Struktur des vertraglichen Schuldverhältnisses im anglo-amerikanischen Recht, Berlin und Leipzig 1932

Riesenhuber*, *K., Europäisches Vertragsrecht, Berlin 2003

Riesenhuber*, *K. Damges for Non-Performance and Fault Principle, ERCL 2008, 119 ff.

Roßmeier*, *D., Schadenersatz und Zinsen nach UN-Kaufrecht– Art– 74 bis 78, RIW 2000, S. 407

Roth*, *G.H./Weller*, *M.P., Handels– und Gesellschaftsrecht, 7. Auflage, München 2010

Rudolph*, *H., Kaufrecht der Export– und Importverträge, Kommentierung des UN-Übereinkommnes über internationale Warenkaufverträge mit Hinweisen für die Vertagspraxis, 1. Auflage, Freiburg 1996

Rummel*, *P., Schadenersatz, höhere Gewalt und Fortfall der Geschäftsgrundlage, in: Hoyer/Posch (Hrsg.) Das Einheitliche Wiener Kaufrecht. Neues Recht für den internationalen Warenkauf (1992), S. 177 ff. (zit.: Rummel in: Hoyer/ Posch (Hrsg.))

Rumpf*, *C., Einführung in das türkische Recht, München 2004

Rumpf*, *C., Kaufvertrag in der Türkei, 1. Auflage 1999

Ryffel*, *G., Die Schadenersatzhaftung des Verkäufers nach dem Wiener Übereinkommen über internationale Warenkaufverträge vom 11. April 1980, Bern 1992

Sandidge*, *M., Der Vorrang der Nacherfüllung-Eine rechtsvergleichende Untersuchung des deutschen, US-amerikanischen und UN-Kaufrechts, Hamburg 2011

Sauthoff*, *E., Auslegung der Art. 75, 76 nach Treu und Glauben? zugleich Anmerkung zum Urteil des OLG München vom 15.09.2004, IHR 2005, S. 70 ff.

Sauthoff*, *E., Die Annäherung der Schadenersatzhaftung für Lieferung mangelhafter Ware an das UN-Kaufrecht, Berlin 2007

Schauer M., Grundprinzipien des Leistungsstörungsrechts im ABGB, UN-Kaufrecht und in den PECL– eine vergleichende Skizze, in: FS Kramer (S, 627 ff.

Scheifele*, *B., Die Rechtsbehelfe des Verkäufers nach deutschem und UN-Kaufrecht, Rheinfelden 1986

Schellhammer*, *K., Schuldrecht nach Anspruchsgrundlagen: samt BGB Allgemeiner Teil 6. Aufl., Heidelberg 2005

Schenker*, *F., Die Voraussetzungen und die Folgen des Schuldnerverzugs im Schweizerischen Obligationenrecht, Übersicht Würdigung und Kritik, Freiburg Schweiz 1988

Schlechtriem*, *P., Europäsierung des Privatrechts, Juridica International, IX/2004 S. 24 ff.

Schlechtriem*, *P., Internationalen UN-Kaufrecht: Ein Studien und Erläuterungsbuch zum Übereinkommen der Vereinten Nationen über Verträge über den internationalen Warenkauf (CISG), 4., neubearbeitete Auflage, Tübingen 2007 (zit.: Schlechtriem, Internationales,)

Schlechtriem*, *P., Schuldrecht Besonderer Teil, 6. Auflage, Tübingen 2003 (zit.: Schlechtriem, BT,)

Schlechtriem*, *P., Schuldrechtsreform-Voraussetzungen, Mölichkeit, und Gegenstände, Heidelberg 1987 (zit.: Schuldrechtsrefom)

Schlechtriem*, *P. (Hrsg.), Wandlungen des Schuldrechts, 1. Auflage, Baden-Baden 2002 (Zit. Bearbeiter, in: Schlechtriem (Hrsg.), Wandlungen)

Schlechtriem*, *P. (Hrsg.), Einheitliches Kaufrecht und nationales Obligationenrecht, 1. Auflage Baden-Baden 1987 (zit.: Bearbeiter, in: Schlechtriem (Hrsg.), Einheitliches)

Schlechtriem*, *P., Einheitliches Kaufrecht und Nationales Obligationenrecht, Referate und Diskussionen der Fachtagung Einheitliches Kaufrecht am 16./17. 2. 1987, Baden-Baden 1987 (zit.: Bearbeiter, in: Schlechtriem (Hrsg.), Einheitliches)

Schlechtriem*, *P./Schmidt-Kessel*, *M., Schuldecht Allgemeiner Teil, 6. Auflage, Tübingen 2005

Schlechtriem*, *P./Schwenzer*, *I., (Hrsg.), Kommentar zum Einheitlichen UN-Kaufrecht– CISG-, 5. Auflage, München 2008, (Zit.: Schlechtriem/Schwenzer/Bearbeiter)

Schmidt-Ahrendts N., Das Verhältnis von Erfüllung, Schadenersatz und Vertragsaufhebung im CISG, Tübingen 2007

Schmidt*, *J., Folgen der Nichterfüllung, in: Gauch/Schmidt, Die Rechtsentwicklung an der Schwelle zum 21. Jahrhundert, S. 305 ff.

Schmid, J./Stöckli, H., Schweizerisches Obligationenrecht Besonderer Teil, Zürich 2010

Schmidt-Kessel, M., Schadensersatz wegen Vertragsbruchs im System der Rechtsbehelfe, in: Remien (Hrsg.), Schuldrechtsmodernisierung und Europäisches Vertragsrecht, Zwischenbilanz und Perspektive, Tübingen 2008, 85 ff.

Schmidt-Kessel, M. (Hrsg.), Der gemeinsame Referenzrahmen, Entstehung-Inhalte-Anwendung, München 2009, (Zit.: Bearbeiter, Schmidt-Kessel (Hrsg.),

Schmidt-Kessel, M. (Hrsg), Ein einheitliches europäisches Kaufrecht?-Eine Analyse des Vorschlags der Kommission, München 2012

Schmidt-Kessel, M., Remedies for Breach of Contact in Europan Private Law– Principles of European Contract Law, Acquis Communautaire and Common und Frame of Reference, in: Schulze R. (Ed.) New Features in Contract Law, S. 183

Schulze R. (Ed.), New Features in Contract Law, Munich 2007

Schmidt L., Die Vertragsaufhebung durch den Warenkäufer, Eine rechtsvergleichende Untersuchung mit Interesseanalyse und Ausblicken auf ein mögliches europäisches Schuldvertragsrecht, Baden-Baden 2003

Schmidt-Räntsch, J., Das neue Schuldrecht, Anwendung und Auswirkungen in der Präxis, Köln 2002

Schneider, W.T., Abkehr vom Verschuldenprinzip?, Eine rechtsvergleichende Untersuchung zur Vertragshaftung (BGB, Code civil und Einheitsrecht), Tübingen 2007

Schnüll, D.V., Die Haftung des Verkäufers für Fehler und zugesicherte Eigenschaften im europäischen Rechtsvergleich, Bonn 1994

Schopper, A., Kaufrecht, in: Wendehorst C./Zöchling-Jud B. (Hrsg.), Am vorabend eines Gemeinsamen Europäischen Kaufrechts-Zum Verordnungsentwurf der Europäischen Kommission vom 11.10.2011 Kom (2011) 635 endg., S. 110 ff., Wien 2012 (zit.: Schopper in: Wenderhorst/Zöchling –Jud (Hrsg.))

Schrewe, H., Der Abhilfeanspruch des Käufers, Eine rechtsvergleichende Untersuchung aus perspektive des europäischen Rechts unter Berücksichtigung der Rechtordnungen Deutschlands, Englands, Frankreichs und des UN-Kaufrechts, Hamburg 2010

Schroeter, U., Kostenerstattungsanspruch des Käufers nach eigenmächtiger Selbstvornahme der Mängelbeseitigung? (JR) 2004, S. 441 ff.

Schulte-Nölke, H., Arbeiten an einem europäischen Vertragsrecht – Fakten und populäre Irrtümer, NJW 2009, S. 2161 ff.

Schulte-Nölke, H., Restatement-nicht Kodifikation: Arbeiten am "Gemeinsamen Referenzrahmen" für ein Europäisches Vertragsrecht – in: Remien (Hrsg.)

Schuldrechtsmodernisierung und Europäisches Vertragsrecht, 2008 Tübingen, S. 25 ff. (zit. Schulte-Nölke in: Remien (Hrsg.) Schuldrechtsmodernisierung)

Schulte-Nölke, H., Vor– und Entstehungsgeschichte des Vorschlags für ein Gemeinsames Europäisches Kaufrecht, in: Nölke/Zoll/Jansen/Schulze (Hrsg.), Der Entwurf ein optionales europäisches Kaufrecht, München 2012, S. 1 ff. (zit. Schulte-Nölke in: Nölke/Zoll/Jansen/Schulze (Hrsg.))

Schulz, F., Der Ersatzlieferungs– und Nachbesserungsanspruchs des Käufers im internen deutschen Recht, im UCC und im CISG, Frankfurt a.M. 2002

Schulze, R. u.a. (Hrsg.), Bürgerliches Gesetzbuch Handkommentar, 3. Auflage, Baden– Baden 2007 ff., (zit.: Bearbeiter, in: HK-BGB (Auflage)

Schulze, R./Schulte-Nölke, H., Die Schuldrechtsreform und Gemeinschaftsrecht, in: dies. (Hrsg.), Die Schuldrechtsreform vor dem Hintergrund des Gemeinschaftsrechts, Münster u.a., 2001, 1 ff. (zit. Schulze/Schulte-Nölke, in: Schulze/Schulte-Nölke (Hrsg.), Die Schulrechtsreform)

Schürholz, M., Die Nacherfüllung im neuen Kaufrecht– Zugleich ein Beitrag zum Schicksal von Stück– und Gattungskauf, Baden-Baden 2005

Schwab, M., Leistungsstörungen im Sukzessivlieferungsvertrag nach neuem Schuldrecht, ZGS 2003, 73 ff.

Schwarze, R., Das Recht der Leistungsstörungen, Berlin 2008

Schweizerischer Bundesrat: Botschaft betreffend das Wiener Übereinkommen über Verträge über den internationalen Warenkauf, Source: BBI. Bundesblatt(Internet-Präsenz) Schweiz BBI.1989 I, 745–840 Abrufbar unter: http://www.cisg-library.org/content/botschaft_schweiz.html

Schweizerisches Institut für Rechtsvergleichung (Hrsg.), Wiener Übereinkommen von 1980 über den internationalen Warenkauf, Lausanner Kolloquium vom 19. und 20. November 1984, Zürich 1985

Schwenzer, I., Schweizerisches Obligationenrecht Allgemeiner Teil, 5. Auflage, Bern 2009 (zit.: Schwenzer, AT)

Schwenzer, I., Rechtsbehelfe und Rückabwicklungsmodelle im CISG, in den European– und UNIDROIT-Principles, im Gandolfi-Entwurf sowie im Entwurf eines Schuldrechtsmodernisierungsgesetzes, in: Schlechtriem (Hrsg.) Wandlungen des Schuldrechts, Baden-Baden 2002 S. 37 ff. (zit. Schwenzer, in: Schlechtriem (Hrsg.) Wandlungen)

Schwenzer, I./Günter, H. (Hrsg.), Festschrift für Peter Schlechtriem zum 70. Geburtstag, Tübingen 2003

Schwenzer, I./Hachem, P., Drafting New Model Rules on Sales: CFR as an Alternative to the CISG?, in: European Journal of Law Reform, Vol. XI, no. 4, S. 459 ff.

Schwenzer, I./Schlechtriem, P., Kommentar zum Einheitlichen UN-Kaufrecht-CISG-, 5. Auflage, München 2008 (zit. Bearbeiter, in: Schlechtriem/Schwenzer)

Serozan, R., Borçlar Hukuku Özel Bölüm, 2. Bası, İstanbul 2006 (zit.: Serozan, Özel)

Serozan, R., Parça Borcu-Çeşit Borcu; aşılması gerekli bir ayırım, İstanbul Üniversitesi Mukayaseli Araştırma Hukuku Dergisi, İstanbul 1969, S. 211 ff.

Serozan, R., Sözleşmeden Dönme, 2. Bası, İstanbul 2007 (zit.: Serozan, Dönme)

Sivesand, H., The Buyer's Remedies for Non-Conforming Goods, Should there be Free Choice ora re Rectrictions Necessary, München 2005

Smits, J./Haas, D./Hesen, G. (Hrsg.), Specific Performance in Contract Law: National and Other Perspectives, Oxford 2008 (zit.: Bearbeiter, in: Smits/Haas/Hesen)

Soergel/Kommentar: Bürgerliches Gesetzbuch mit Einführungsgesetz und Nebengesetze: BGB

-Band 5/2: Schuldrecht 3/2 §§ 320–327 BGB, 13., Aufl. 2005 (zit.: Bearbeiter in: Soergel/BGB (2005))

-Band 13: Schuldrechtliche Nebengesetze 2, Übereinkommen der Vereinten Nationen über Verträge über den internationalen Warenverkauf (CISG), 13. Aufl. 2000 (zit.: Bearbeiter, in: Soergel/CISG (2000))

Spickhoff, A., Der Nacherfüllungsanspruch des Käufers: Dogmatische Einordnung und Rechtsnatur, BB 2003, S. 589 ff.

Staehelin, B., Die Vertragsverletzung im englichen und schweizerischen Privatrecht, Basel 1954

Stargardt, M., Rechtsvergleichende Untersuchung der Verantwortlichkeitsregelung in ALB/RGW, UN-Kaufrechtskonvention (CIS) und GIW anhand ausgewählter Probleme der Verkäuferverantwortlichkeit, Postdam –Babelsberg, 1984

Stathouli, S., Die Haftung des Verkäufers für Sachmängel und Falschlieferung nach dem Wiener Übereinkommen über den internationalen Warenkauf unter Berücksichtigung des deutschen und griechischen Rechts, München 2006

Steinbeck, A., Handelsrecht, 2. Auflage, Baden-Baden 2011

Stoll, Heinrich, Abschied von der Lehre von der Positiven Vertragsverletzung – Betrachtungen zum dreißigjährigen Bestehen der Lehre, AcP 136 (1932), 257 ff.

Stoll, Hans, Inhalt und Grenzen der Schadenersatzpflicht sowie Befrieung von der Haftung im UN-Kaufrecht im Vergleich zu EKG und BGB, in: Schlechtriem (Hrsg.), Einheitliches Kaufrecht und nationales Obligationenrecht, Baden-Baden 1987 S. 257 ff. (zit.: Stoll in: Schlechtriem (Hrsg.) Einheitliches)

Storme*, *E.M., Sculdnerpflichten, Vertragsstörung und Verantwortung (PECL, PICC, Wiener Kaufrecht, Gandolfi-Code BGB-Entwurf) in: Schlechtriem (Hrsg.) Wandlungen des Schuldrechts, Baden-Baden 2002 S. 11 ff. (zit. Storme, in: Schlechtriem (Hrsg.) Wandlungen)

Stötter*, *V., Internationales Einheitskaufrecht, München, 1975

Stürner*, *R., Einige Bemerkungen zum stand der Schuldrechtsreform, in: Pfeiffer G., Kummer J., Scheuch S. (Hrsg.) Festschrift für Hans Erich Brandner zum 70. Geburtstag, Köln 1976 (Zit. Stürner in: FS Brandner)

Suter*, *E., Rechtsnatur und Rechtsfolgen des Vertragsrücktritts im Zusammenhang mit dem Schuldnerverzug, Zürich 1991

Şahiniz*, *S., Tacirler Arası Ticari Satımlarda Satıcının Ayıplı İfadan(Ayıplı Mal Tesliminden) Sorumluluğu, Ankara 2008

Tacheva*, *M., Rechtsbehelfe des Käufers im Warenkaufrecht-Eine rechtsvergleichende Untersuchung des Übereinkommens der Vereinten Nationen über Verträge über den internationalen Warenkauf(CISG), des englichen Sale of Goods Act, des bulgarischen Kaufrechts und des deutschen Kaufrechts vor und nach dem Schuldrechtsmodernisierungsgesetz, Frankfurt am Main 2004

Tandoğan*, *H., Borçlar Hukuku Özel Borç İlişkileri (Akdin Muhtelif Nevileri) Cilt I, 2. Bası, Ankara 1974 (zit.: Tandoğan, Özel C. I)

Taschner*, *H.C., Internationale Übereinkommen, EG-Richtlinien, Europäisches Zivilgesetzbuch, in: Schwenzer I./Hager G. (Hrsg.), Festschrift für Peter Schlechtriem zum 70. Geburtstag, Tübingen 2003, S. 275 ff. (zit. Taschner, in: FS Schlechtriem)

Teichmann*, *A., Handelsrecht, 2. Auflage, Mannheim 2012

Tekinay*, *S.S., Borçlar Hukuku Genel Hükümler, 7. Baskı, İstanbul 1993 (zit.: Tekinay, Genel)

Toner*, *K., Schuldrecht Vertragliche Schuldverhältnisse, 1. Auflage, Baden-Baden 2005

Toner*, *K./Willingmann*, *A./Tamm*, *M., Vertragsrecht Kommentar Köln 2010 (zit.: Bearbeiter, in: T/WT)

Topuz*, *S./Canbolat*, *F., Türk-İsviçre ve Alman Borçlar Hukukunda İmkansızlığın Düzenlenişi, AÜHFD, C. 57 Sayı 3, S. 673 ff.

Tunçomağ*, *K., Borçlar Hukuku I. Cild Genel Hükümler, İstanbul 1972 (Zit.: Tunçomağ, Genel)

Tunçomağ*, *K., Türk Borçlar Hukuku II. Cilt Özel Borç İlişkileri, Akdin Muhtelif Nevileri, 3. Bası, İstanbul 1977 (zit.: Tunçomağ, Özel)

Tvalavadze, G., Gewährleistung nach deutschem georgischem und UN-Kaufrecht, Eine rechtsvergleichende Darstellung aus der Sicht des Verkäufers, Berlin 2009

Unberath, H., Vertragsverletzung, Tübingen 2007

v. Scheven, M., Der Sukzessivlieferungsvertrag: eine Rechrvergleichhende Untersuchung zum deutschen Recht, zum Haager einheitlicher Kaufrecht und zum UN-Kaufrecht, Frankfurt am Main, 1984

v. Vogel, A., Verbraucher-vertragsrecht und allgemeines Vertragsrecht, Berlin 2006

Verweyen, U., Die Käuferrechtsbehelfe des UN-Kaufrechts im Vergleich zu denen des neuen internen deutschen Handelskaufrechts aus Sicht eines deutschen Warenexporteurs, Frankfurt am Main 2005

Vogg, D.A.P., Die Leistungsstörungsrechte des BGB, der CISG, der Principles und des DCFR im Vergleich, 2011 Abrufbar unter: http://ediss.sub.unihamburg.de/volltexte/2011/5229/pdf/Dissertation.pdf

von Bar, C., Die Funktionen des Gemeinsamen Referenzrahmens aus der Sicht der Verfasser des wissenschaftlichen Entwurfs, in: Martin-Schmidt K. (Hrsg.), Der Gemeinsame Referenzrahmen: Entstehung, Inhalte, Anwendung, 2009 München, S. 23 ff. (zit.: von Bar in: Schmidt-Kessel (Hrsg.) Der Gemeinsame Referenzrahmen)

von Bar, C./Clive, E. (ed.), Principles, Definitions and Model Rules of European Private Law-Draft Commen Frame of Reference (DFCR) Full Edition, Volume I, II, Münich 2009

von Bar, C./Zimmermann, R., Grundregeln des Europäischen Vertragsrecht Teil I und II, München 2007

von Büren, B., Schweizerisches Obligationenrecht Allgemeiner Teil, Zürich 1964

von Caemmerer/Schlechtriem, P., Kommentar zum Einheitlichen UN-Kaufrecht, München, 1990 ff., (zit.: Bearbeiter, in: von Caemmer/Schlechtriem (Auflage))

von Hertzberg, C., Die Selbstvornahme des Käufers bei der Mängelbeseitigung in: ***Festschrift für Ulrich Huber zum siebzigsten Geburtstag.*** Theodor Baums u.a. (Hrsg.) 2006 Tübingen, S. 339 ff.

von Hoffmann, B., Gewährleistungsansprüche im UN-Kaufrecht – verglichen mit dem EKG und BGB, in: Schlechtriem (Hrsg.), Einheitliches Kaufrecht und nationales Obligationen– Recht, Baden-Baden 1987 (zit.: von Hoffmann in: Schlechtriem (Hrsg.) Einheitliches)

von Tuhr, A., Allgemeiner Teil des schweizerischen Obligationenrechts, II. Halbband, Tübingen 1925

von Tuhr, A./Escher, A., Allgemeiner Teil des Schweizerischen Obligationenrechts Band II, Zürich 1974
von Westphalen, F.G., Das optimale europäische Kaufrecht– eine Chance für Verbraucher und Unternehmer, ZIP 2001, S. 1984
Wagner, G. (Hrsg.), The Common Frame of Reference: A View from Law & Economics, München 2009 (zit.: Bearbeiter, in: Wagner (Hrsg.))
Wältermann, F., Die Mängelhaftung im neuen Schuldrecht– Rechtsfolge, Tatbestand und Verjährung des Anspruchs auf Schadenersatz für den Mangelschaden und den Mangelfolgeschaden, Frankfurt am Main 2004
Weller, M.-P., Die Struktur des Erfüllungsanspruchs im BGB, common law und Draft Common Frame of Reference (DCFR), JZ 2008, S. 764 ff.
Welser, R., Die Vertragsverletzung des Verkäufers und ihre Sanktion, in: Doralt (Hrsg.), Das UNCITRAL-Kaufrecht im Vergleich zum österreichischen Recht, Wien 1985 (zit.: Welser, in: Doralt (Hrsg.))
Wendehorst, C., Rücktritt ("Beendigung") im Entwurf für ein Gemeinsames Europäisches Kaufrecht in: Schmidt-Kessel M. (Hrsg), Ein einheitliches europäisches Kaufrecht?-Eine Analyse des Vorschlags der Kommission, München 2012, S. 371 ff.
Wendehorst, C./Zöchling, B. (Hrsg.), Am vorabend eines Gemeinsamen Europäischen Kaufrechts-Zum Verordnungsentwurf der Europäischen Kommission vom 11.10.2011 Kom (2011) 635 endg., Wien 2012–07–18 (zit.: Bearbeiter, in: Wenderhorst/Zöchling)
Westerhoff, R., Gesetzgebung und Methodik, ZG 1994, S. 101 ff.
Westermann, H.P.(Hrsg.), Das neue Schuldrecht 2002 –Systematische Darstellung der Schuldrechtsreform, Stuttgart 2002 (zit.: Bearbeiter, in: Westermann (Hrsg.) Das neue Schuldrecht)
Westermann, H.P./Bydlinski, P./Weber, R., BGB Schuldrecht Allgemeiner Teil, 6. Auflage, Heidelberg, 2007, (zit.: Westermann/Bydlinski/Weber)
Wilhelm, C., Die Rechtsbehelfe des Käufers bei Nichterfüllung nach dem Vorschlag der Europäischen Kommission für eine Verordnung über ein Gemeinsames Europäisches Kaufrecht(KOM [2011]635 endg.) IHR 6/2011 S. 225 ff.
Witz, v. W./Salger, H.C./Lorenz, M., International Einheitliches Kaufrecht: Praktiker Kommentar und Vertragsgestaltung zum CISG, Heidelberg 2000, (zit.: Witz/Salger/Lorenz)
Wolf, M./Lindacher, W.F./Pfeiffer, T. (Hrsg.), AGB-Recht Kommentar, 5. Aufl. München 2009 (zit.: Bearbeiter, in: Wolf/Lindacher/Pfeiffer)
Yavuz, C., Borçlar Hukuku Dersleri(Özel Hükümler), 3. Baskı, İstanbul 2004

Yavuz, C./Acar, F./Özen, B, Türk Borçlar Hukuku Özel Hükümler, 8.Bası, İstanbul 2009

Zerres, T., Die Bedeutung der Verbrauchsgüterkaufrichtlinie für die Europäisierung des Vertragsrechts, Eine rechtsvergleichende Untersuchung am Beispiel des deutschen und englichen Kaufrechts, München 2007

Zevkliler, A./ Gökyayla, E., Borçlar Hukuku Özel Borç İlişkileri, 11. Bası, Ankara 2010

Ziegler, U., Leistungsstörungsrecht nach dem UN-Kaufrecht, 1. Auflage, Baden-Baden, 1995

Zimmermann, R., Textstufen in der modernen Entwicklung des europäischen Privatrechts, EuZW 2009 S. 319 ff.

Zoll, F., UN-Kaufrecht und Common Frame of Reference im Bereich der Leistungsstörungen: Ein Beitrag aus der Perspektive der Acquis Group, ZEuP 2007 229 ff.

Zweigert, K./Kötz, H., Einführung in die Rechtsvergleichung auf dem Gebiete des Privatrechts, 3. Auflage, Tübingen 1996 (zit.: Zweigert/Kötz: Rechtsvergleichung § S.)

Für die türkischen Gesetzestexte s.: mevzuat.***basbakanlik***.gov.tr

Gesetzesmaterialien

Übersetzung des alten[1218] türkischen Obligationengesetzes vom 8.5.1926 (Gesetz Nr. 818 in Kraft getreten am 4. Oktober 1926)

Art. 20 BK a.F. (Art. 20 OR)

Ein Vertrag, der einen unmöglichen oder ungerechtfertigten Inhalt hat oder gegen die guten Sitten verstößt, ist nichtig.

Betrifft die Nichtigkeit bloß einzelne Teile des Vertrages, so sind nur diese nichtig. Sobald anzunehmen ist, dass er ohne den nichtigen Teil überhaupt nicht geschlossen worden wäre, so ist der ganze Vertrag nichtig.

Art. 96 BK a.F. (Art. 97 OR)

Bekommt der Gläubiger das ihm Geschuldete nicht ganz oder teilweise, so hat der Schuldner für den daraus entstehenden Schaden Ersatz zu leisten, sofern er nicht beweist, dass ihm keinerlei Verschulden zur Last falle.

Art. 99 BK a.F. (Art. 100 OR)

Eine zum voraus getroffene Verabredung, wonach die Haftung für rechtswidrige Absicht oder grobe Fahrlässigkeit ausgeschlossen sein würde, ist nichtig.

Art. 101 BK a.F. (Art. 102 OR)

Ist eine Verbindlichkeit fällig, so wird der Schuldner durch Mahnung des Gläubigers in Verzug gesetzt. Wurde für die Erfüllung ein bestimmter Verfalltag verabredet, oder ergibt sich ein solcher infolge einer vorbehaltenen und gehörig vorgenommenen Kündigung, so kommt der Schuldner schon mit Ablauf dieses Tages in Verzug.

Art. 102 BK a.F. (Art. 103 OR)

Befindet sich der Schuldner im Verzuge, so hat er Schadenersatz wegen verspäteter Erfüllung zu leisten und haftet auch für den Zufall.

1218 Die manche Vorschriften des alten, türkischen Obligationengesetzes wurden von Dr. iur Korhan Demirelli übersetzt. ***Demirelli***, S. 301 ff. Die Übersetzung von Demirelli enthält zu Recht nur kleine Abweichungen von der deutschen Fassung des schweizerischen Obligationenrechts (OR). In der vorliegenden Arbeit wird –unter Berücksichtigung dieser Abweichungen– die deutsche Fassung des OR verwendet.

Er kann sich von dieser Haftung durch den Nachweis befreien, dass der Verzug ohne jedes Verschulden von seiner Seite eingetreten ist oder dass der Zufall auch bei rechtzeitiger Erfüllung den Gegenstand der Leistung zum Nachteile des Gläubigers betroffen hätte.

Art. 106 BK a.F. (Art. 107 OR)
Wenn sich ein Schuldner bei zweiseitigen Verträgen im Verzuge befindet, so ist der Gläubiger berechtigt, ihm eine angemessene Frist zur nachträglichen Erfüllung anzusetzen oder eine angemessene Fristsetzung vom Richter zu verlangen.

Wird auch bis zum Ablaufe dieser Frist nicht erfüllt, so kann der Gläubiger immer noch auf Erfüllung nebst Schadenersatz wegen Verspätung klagen, statt dessen aber auch, wenn er es unverzüglich erklärt, auf die nachträgliche Leistung verzichten und entweder Ersatz des aus der Nichterfüllung entstandenen Schadens verlangen oder vom Vertrage zurücktreten.

Art. 107 BK a.F. (Art. 108 OR)
Die Ansetzung einer Frist zur nachträglichen Erfüllung ist nicht erforderlich:

1- wenn aus dem Verhalten des Schuldners hervorgeht, dass sie sich als unnütz erweisen würde;
2- wenn infolge Verzuges des Schuldners die Leistung für den Gläubiger nutzlos geworden ist;
3- wenn sich aus dem Vertrag die Absicht der Parteien ergibt, dass die Leistung genau zu einer bestimmten oder bis zu einer bestimmten Zeit erfolgen soll.

Art. 108 BK a.F. (Art. 109 OR)
Der Gläubiger, der vom Vertrag zurücktritt, kann die versprochene Gegenleistung verweigern und das Geleistete zurückfordern.

Überdies hat er Anspruch auf Ersatz des aus dem Dahinfallen des Vertrages erwachsenen Schadens, sofern der Schuldner nicht nachweist, dass ihm keinerlei Verschulden zur Last falle.

Art. 117 BK a.F. (Art. 119 OR)
Soweit durch Umstände, die der Schuldner nicht zu verantworten hat, seine Leistung unmöglich geworden ist, gilt die Forderung als erloschen.

Bei zweiseitigen Verträgen haftet der hiernach freigewordene Schuldner für die bereits empfangene Gegenleistung aus ungerechtfertigter Bereicherung und verliert die noch nicht erfüllte Gegenforderung.

Ausgenommen sind die Fälle, in denen die Gefahr nach Gesetzesvorschrift oder nach dem Inhalt des Vertrages vor der Erfüllung auf den Gläubiger übergeht.

Art. 125 BK a.F. (Art. 127 OR)

Jede Klage unterliegt der zehnjährigen Verjährungsfrist, soweit das Gesetz nicht anderes bestimmt.

Art. 183 BK a.F. (Art. 185 OR)

Sofern nicht besondere Verhältnisse oder Verabredungen eine Ausnahme begründen, gehen Nutzungen und Gefahr der Sache mit dem Abschluss des Vertrags auf den Erwerber über.

Ist die veräußerte Sache nur der Gattung nach bestimmt, so muss sie überdies ausgeschieden und, wenn sie versendet wird, zur Versendung abgegeben sein.

Bei Verträgen, die unter einer aufschiebenden Bedingung abgeschlossen sind gehen Nutzungen und Gefahr der veräußerten Sache erst mit dem Eintritte der Bedingung auf den Erwerber über.

Art. 189 BK a.F. (Art. 192 OR)

Der Verkäufer hat dafür Gewähr zu leisten, dass nicht ein Dritter aus Rechtsgründen, die schon zur Zeit des Vertragsabschlusses bestanden haben, den Kaufgegenstand dem Käufer ganz oder teilweise entziehe.

Kannte der Käufer zur Zeit des Vertragsabschlusses die Gefahr der Entwehrung, so hat der Verkäufer nur insofern Gewähr zu leisten, als er sich ausdrücklich dazu verpflichtet hat.

Eine Vereinbarung über Aufhebung oder Beschränkung der Gewährspflicht ist ungültig, wenn der Verkäufer das Recht des Dritten absichtlich verschwiegen hat.

Art. 192 BK a.F. (Art. 195 OR)

Ist die Entwehrung eine vollständige, so ist der Kaufvertrag als aufgehoben zu betrachten und der Käufer zu fordern berechtigt:

1. Rückerstattung des bezahlten Preises samt Zinsen unter Abrechnung der von ihm gewonnenen oder versäumten Früchte und sonstigen Nutzungen;
2. Ersatz der für die Sache gemachten Verwendungen, soweit er nicht von dem berechtigten Dritten erhältlich ist;
3. Ersatz aller durch den Prozess veranlassten gerichtlichen und außergerichtlichen Kosten, mit Ausnahme derjenigen, die durch Streitverkündung vermieden worden wären;

4. Ersatz des sonstigen durch die Entwehrung unmittelbar verursachten Schadens.

Der Verkäufer ist verpflichtet, auch den weitern Schaden zu ersetzen, sofern er nicht beweist, dass ihm keinerlei Verschulden zur Last falle.

Art. 193 BK a.F. (Art. 196 OR)
Wenn dem Käufer nur ein Teil des Kaufgegenstandes entzogen wird, oder wenn die verkaufte Sache mit einer dinglichen Last beschwert ist, für die der Verkäufer einzustehen hat, so kann der Käufer nicht die Aufhebung des Vertrages, sondern nur Ersatz des Schadens verlangen, der ihm durch die Entwehrung verursacht wird.

Ist jedoch nach Maßgabe der Umstände anzunehmen, dass der Käufer den Vertrag nicht geschlossen haben würde, wenn er die teilweise Entwehrung vorausgesehen hätte, so ist er befugt, die Aufhebung des Vertrages zu verlangen.

In diesem Falle muss er den Kaufgegenstand, soweit er nicht entwehrt worden ist, nebst dem inzwischen bezogenen Nutzen dem Verkäufer zurückgeben.

Art. 194 BK a.F. (Art. 197 OR)
Der Verkäufer haftet dem Käufer gegenüber sowohl für die dem Käufer erwähnten und versprochenen Eigenschaften als auch dafür, dass die Sache nicht körperliche oder rechtliche Mängel habe, die ihren Wert oder ihre Tauglichkeit zu dem vorausgesetzten Gebrauche aufheben oder erheblich mindern.

Er haftet auch dann, wenn er die Mängel nicht gekannt hat.

Art. 196 BK a.F.
Eine Vereinbarung über Aufhebung oder Beschränkung der Gewährspflicht ist ungültig, wenn der Verkäufer dem Käufer die Gewährsmängel arglistig verschwiegen hat.

Art. 197 BK a.F. (Art. 200 OR)
Der Verkäufer haftet nicht für Mängel, die der Käufer zur Zeit des Kaufs gekannt hat. Für Mängel, die der Käufer bei Anwendung genügender Aufmerksamkeit hätte kennen sollen, haftet der Verkäufer nur dann, wenn er deren Nichtvorhandensein zugesichert hat.

Art. 198 BK a.F. (Art. 201 OR)
Der Käufer soll, sobald es nach den Gepflogenheiten tunlich ist, die Beschaffenheit der empfangenen Sache prüfen, und falls sich Mängel ergeben, für die der Verkäufer Gewähr zu leisten hat, diesem sofort Anzeige machen.

Versäumt dieses der Käufer, so gilt die gekaufte Sache als genehmigt, soweit es sich nicht um Mängel handelt, die bei der übungsgemäßen Untersuchung nicht erkennbar waren.

Ergeben sich später solche Mängel, so muss die Anzeige sofort nach der Entdeckung erfolgen. Widrigenfalls gilt die Sache auch rücksichtlich dieser Mängel als genehmigt.

Art. 202 BK a.F. (Art. 205 OR)

Liegt ein Fall der Gewährleistung wegen der Sache vor, so hat der Käufer die Wahl. Er kann, verbunden mit der Erklärung, dass die Sache nicht angenommen wird, mit der Wandlungsklage den kauf rückgängig machen oder stattdessen die Sache behalten und mit der Minderungsklage Ersatz des Minderwertes der Sache fordern.

Auch wenn die Wandlungsklage angestellt worden ist, steht es dem Richter frei, bloß Ersatz des Minderwerts zuzusprechen, sofern die Umstände es nicht rechtfertigen, den Kauf rückgängig zu machen.

Erreicht der geforderte Minderwert den Betrag des Kaufpreises, so kann der Käufer die Wandlung verlangen.

Art. 203 BK a.F. (Art. 206 OR)

Geht der Kauf auf die Lieferung einer bestimmten Menge vertretbaren Sachen, so kann der Käufer statt Wandlung oder Minderung, auf die Lieferung anderer mangelfreier Waren Gattung klagen.

Wenn die Sachen dem Käufer nicht von einem anderen Orte her zugesandt worden ist, ist auch der Verkäufer berechtigt, sich durch sofortige Lieferung mangelfreier Ware derselben Gattung und Ersatz allen Schadens von jeder weiteren Klage des Käufers zu befreien.

Art. 204 BK a.F.

Die Wandlung kann auch dann begehrt werden, wenn die Kaufsache infolge ihrer Mängel oder durch Zufall untergegangen oder verschlechtert worden ist. Der Käufer hat in diesem Falle nur das zurückzugeben, was ihm von der Sache verblieben ist.

Ist die Kaufsache durch Verschulden des Käufers untergegangen oder von ihm weiterveräußert oder umgestaltet worden, so kann der Käufer nur auf Herabsetzung des Kaufpreises klagen.

Art. 205 BK a.F. (Art. 208 OR)

Wird der Kauf rückgängig gemacht, so muss der Käufer die Sache nebst den inzwischen gezogenen Nutzungen dem Verkäufer zurückgeben.

Der Verkäufer hat den gezahlten Verkaufspreis samt Zinsen zurückerstatten und überdies, entsprechend den Vorschriften über die vollständige Entwehrung, dem Käufer Prozesskosten, die Verwendungen zu ersetzen. Darüberhinaus hat er den Schaden zu ersetzen der dem Käufer durch die Lieferung fehlerhafter Ware unmittelbar verursacht worden ist.

Der Verkäufer ist verpflichtet, den weiteren Schaden zu ersetzen, sofern er nicht beweist, dass ihm keinerlei Verschulden zur Last falle.

Art. 206 BK a.F. (Art. 209 OR)

Sind von mehreren zusammen verkauften Sachen oder von einer verkauften Gesamtsache bloß einzelne Stücke fehlerhaft, so kann nur rücksichtlich dieser Wandlungsklage erhoben werden.

…

Art. 207 BK a.F. (Art. 210 OR)

Alle Klagen auf Gewährleistung wegen Mängel der Sache verjähren mit Ablauf eines Jahres nach deren Ablieferung an den Käufer, selbst wenn dieser die Mängel erst später entdeckt, es sei denn, dass der Verkäufer eine Haftung auf längere Zeit übernommen hat.

Die Übersetzung des neuen türkischen Obligationengesetzes vom 11.1.2011 (Gesetz Nr. 6098 in Kraft getreten am 1. Juli 2012)

Art. 27 BK n.F.

Ein Vertrag, der einen unmöglichen Inhalt hat oder gegen die zwingenden Vorschriften des Rechts, die guten Sitten, die öffentlichen Ordnung und die Persönlichkeitsrechte verstößt, ist nichtig.

Betrifft die Nichtigkeit bloß einzelne Teile des Vertrages, so sind nur diese nichtig. Sobald anzunehmen ist, dass er ohne den nichtigen Teil überhaupt nicht geschlossen worden wäre, so ist der ganze Vertrag nichtig.

Art. 112 BK n.F.

Erfüllt (der Schuldner) seine Leistung überhaupt nicht oder nicht gehörig, so hat der Schuldner für den daraus entstehenden Schaden Ersatz zu leisten, sofern er nicht beweist, dass ihm keinerlei Verschulden zur Last falle.

Art. 115 BK n.F.

Eine zum voraus getroffene Verabredung, wonach die Haftung für schweres Verschulden ausgeschlossen sein würde, ist nichtig.

Art. 117 BK n.F.
Ist eine Verbindlichkeit fällig, so wird der Schuldner durch Mahnung des Gläubigers in Verzug gesetzt.

Wurde für die Erfüllung ein bestimmter Verfalltag verabredet, oder ergibt sich ein solcher infolge einer vorbehaltenen und gehörig vorgenommenen Kündigung, [...] so kommt der Schuldner schon mit Ablauf dieses Tages in Verzug.

Art. 118 BK n.F.
Befindet sich der Schuldner im Verzug, so hat er Schadenersatz wegen verspäteter Erfüllung zu leisten, sofern er nicht beweist, dass ihm keinerlei Verschulden fällt.

Art. 119 BK n.F.
Der Schuldner, der sich im Verzug befindet, haftet für den Zufall.

Er kann sich von dieser Haftung durch den Nachweis befreien, dass der Verzug ohne jedes Verschulden von seiner Seite eingetreten ist oder dass der Zufall auch bei rechtzeitiger Erfüllung den Gegenstand der Leistung zum Nachteile des Gläubigers betroffen hätte.

Art. 123 BK n.F.
Wenn sich ein Schuldner bei zweiseitigen Verträgen im Verzuge befindet, so ist der Gläubiger berechtigt, ihm eine angemessene Frist zur nachträglichen Erfüllung anzusetzen oder oder eine angemessene Fristsetzung vom Richter zu verlangen.

Art. 124 BK n.F.
Die Ansetzung einer Frist zur nachträglichen Erfüllung ist nicht erforderlich:

1- wenn aus der Situation oder des Verhalten des Schuldners hervorgeht, dass sie sich als unnütz erweisen würde;
2- wenn infolge Verzuges des Schuldners die Leistung für den Gläubiger nutzlos geworden ist;
3- ergibt sich aus dem Vertrag, dass die Leistung nicht angenommen wird, wenn die Leistung genau zu einer bestimmten oder bis zu einer bestimmten Zeit nicht erfolgt.

Art. 125 BK n.F.
Wird auch bis zum Ablaufe dieser Frist nicht erfüllt oder die Ansetzung einer Frist zur nachträglichen Erfüllung ist nicht erforderlich, so kann der Gläubiger immer noch auf Erfüllung nebst Schadenersatz wegen Verspätung klagen.

Darüberhinaus kann der Gläubiger, wenn er es unverzüglich erklärt, auf die nachträgliche Leistung und auf den Schadenersatz wegen Verspätung verzichten und entweder Ersatz des aus der Nichterfüllung entstandenen Schadens verlangen oder vom Vertrag zurücktreten.

Art. 136 BK n.F.
Soweit durch Umstände, die der Schuldner nicht zu verantworten hat, seine Leistung unmöglich geworden ist, gilt die Forderung als erloschen.

Bei zweiseitigen Verträgen haftet der hiernach freigewordene Schuldner für die bereits empfangene Gegenleistung aus ungerechtfertigter Bereicherung und verliert die noch nicht erfüllte Gegenforderung. Ausgenommen sind die Fälle, in denen die Gefahr nach Gesetzesvorschrift oder nach dem Inhalt des Vertrages vor der Erfüllung auf den Gläubiger übergeht.

Wenn der Schuldner den Gläubiger unverzüglich über die nachträgliche, unverschuldete Unmöglichkeit nicht informiert und die Maßnahmen, die der Minderung des Schadens dient, nicht ergreift, muss er den daraus entstehenden Schaden des Gläubigers ersetzen.

Art. 146 BK n.F.
Jede Klage unterliegt der zehnjährigen Verjährungsfrist, soweit das Gesetz nicht anderes bestimmt.

Art. 208 BK n.F.
Sofern nicht besondere Verhältnisse oder Verabredungen eine Ausnahme begründen, gehen Nutzungen und Gefahr der Sache bei Fahrniskauf mit Besitzverschaffung bei Grundstücken mit Eintragung auf den Käufer über.

Bei Fahrniskauf beleibt die Tragung der Preisgefahr beim Käufer, wenn der Käufer im Verzug der Annahme ist.

Liegt dagegen ein Versendungskauf vor, geht die Gefahr erst auf den Käufer über, wenn der Verkäufer die Sache an die Transportperson übergeben hat.

Art. 214 BK n.F.
Der Verkäufer hat dafür Gewähr zu leisten, dass nicht ein Dritter aus Rechtsgründen, die schon zur Zeit des Vertragsabschlusses bestanden haben, den Kaufgegenstand dem Käufer ganz oder teilweise entziehe.

Kannte der Käufer zur Zeit des Vertragsabschlusses die Gefahr der Entwehrung, so hat der Verkäufer nur insofern Gewähr zu leisten, als er sich ausdrücklich dazu verpflichtet hat.

Eine Vereinbarung über Aufhebung oder Beschränkung der Gewährspflicht ist ungültig, wenn der Verkäufer das Recht des Dritten absichtlich verschwiegen hat.

Art. 217 BK n.F.
Ist die Entwehrung eine vollständige, so ist der Kaufvertrag als aufgehoben zu betrachten und der Käufer zu fordern berechtigt:

1. Rückerstattung des bezahlten Preises samt Zinsen unter Abrechnung der von ihm gewonnenen oder versäumten Früchte und sonstigen Nutzungen;
2. Ersatz der für die Sache gemachten Verwendungen, soweit er nicht von dem berechtigten Dritten erhältlich ist;
3. Ersatz aller durch den Prozess veranlassten gerichtlichen und außergerichtlichen Kosten, mit Ausnahme derjenigen, die durch Streitverkündung vermieden worden wären;
4. Ersatz des sonstigen durch die Entwehrung unmittelbar verursachten Schadens.

Der Verkäufer ist verpflichtet, auch den weitern Schaden zu ersetzen, sofern er nicht beweist, dass ihm keinerlei Verschulden zur Last falle.

Art. 218 BK n.F.
Wenn dem Käufer nur ein Teil des Kaufgegenstandes entzogen wird, oder wenn die verkaufte Sache mit einer dinglichen Last beschwert ist, so kann der Käufer nur Ersatz des Schadens verlangen, der ihm durch die Entwehrung verursacht wird.

Ist jedoch nach Maßgabe der Umstände anzunehmen, dass der Käufer den Vertrag nicht geschlossen haben würde, wenn er die teilweise Entwehrung vorausgesehen hätte, so ist er befugt, die Aufhebung des Vertrages zu verlangen. In diesem Falle muss er den Kaufgegenstand, soweit er nicht entwehrt worden ist, nebst dem inzwischen bezogenen Nutzen dem Verkäufer zurückgeben.

Art. 219 BK n.F.
Der Verkäufer haftet dem Käufer gegenüber sowohl für die dem Käufer erwähnten und versprochenen Eigenschaften als auch dafür, dass die Sache nicht körperliche, rechtliche oder wirtschaftliche Mängel habe, die ihren Wert oder ihre Tauglichkeit zu dem vorausgesetzten Gebrauche aufheben oder erheblich mindern.

Er haftet auch dann, wenn er die Mängel nicht gekannt hat.

Art. 221 BK n.F.

Eine Vereinbarung über Aufhebung oder Beschränkung der Gewährspflicht ist ungültig, wenn der Verkäufer dem Käufer mit schwerem Verschulden eine mangelhafte Ware geliefert hat.

Art. 222 BK n.F.

Der Verkäufer haftet nicht für Mängel, die der Käufer zur Zeit des Kaufs gekannt hat.

Für Mängel, die der Käufer bei Anwendung genügender Aufmerksamkeit hätte kennen sollen, haftet der Verkäufer nur dann, wenn er deren Nichtvorhandensein zugesichert hat.

Art. 223 BK n.F.

Der Käufer soll, sobald es nach den Gepflogenheiten tunlich ist, die Beschaffenheit der empfangenen Sache prüfen, und falls sich Mängel ergeben, für die der Verkäufer Gewähr zu leisten hat, diesem innerhalb einer angemessenen Frist Anzeige machen.

Versäumt dieses der Käufer, so gilt die gekaufte Sache als genehmigt, soweit es sich nicht um Mängel handelt, die bei der übungsgemäßen Untersuchung nicht erkennbar waren. Ergeben sich später solche Mängel, so muss die Anzeige sofort nach der Entdeckung erfolgen. Widrigenfalls gilt die Sache auch rücksichtlich dieser Mängel als genehmigt.

Art. 227 BK n.F.

Liegt ein Fall der Gewährleistung wegen der Sache vor, kann der Käufer:

1. mit der Erklärung, dass er die Sache zurückgeben kann, vom Vertrag zurücktreten;
2. die Sache behalten und Ersatz des Minderwertes der Sache fordern;
3. die Nachbesserung der mangelhaften Ware verlangen kann, wenn diese nicht zu erheblich großen Aufwendungen führt, die alle dem Verkäufer aufzuerlegen sind.
4. die Ersatzlieferung verlangen, wenn diese möglich ist;

Der Käufer behält das Recht, Schadenersatz nach den allgemeinen Vorschriften zu verlangen.

Der Verkäufer berechtigt, sich durch sofortige Lieferung mangelfreier, gleichartiger Ware und Ersatz allen Schadens von jedem weiteren Rechte des Käufers zu befreien.

Auch wenn die Wandlungsklage angestellt worden ist, steht es dem Richter frei, bloß Ersatz des Minderwerts oder die Nachbesserung der mangelhaften Ware zuzusprechen, sofern die Umstände es nicht rechtfertigen, den Kauf rückgängig zu machen.

Will der Käufer vom Vertrag zurücktreten, steht es dem Richter frei, bloß Ersatz des Minderwerts zuzusprechen, sofern die Umstände es nicht rechtfertigen, den Kauf rückgängig zu machen.

Der Käufer kann entweder die Wandelung oder die Ersatzlieferung verlangen, wenn sich der geforderte Minderwert dem Betrag des Kaufpreises nahezu annähert.

Art. 228 BK n.F.

Der Käufer kann auch vom Vertrag zurücktreten, wenn die Kaufsache infolge ihrer Mängel, durch Zufall oder durch höhere Gewalt untergegangen oder wesentlich verschlechtert worden ist. Der Käufer hat in diesem Falle nur das zurückzugeben, was ihm von der Sache verblieben ist.

Ist die Kaufsache durch Verschulden des Käufers untergegangen oder von ihm weiterveräußert oder umgestaltet worden, so kann der Käufer nur auf Herabsetzung des Kaufpreises klagen.

Art. 229 BK n.F.

Tritt der Käufer vom Vertrag zurück, so muss der Käufer die Sache nebst den inzwischen gezogenen Nutzungen dem Käufer zurückgeben. Dagegen kann der Käufer vom Verkäufer folgendes verlangen:

1. den gezahlten Verkaufspreis samt Zinsen zurückzuerstatten
2. entsprechend den Vorschriften über die vollständige Entwehrung, dem Käufer Prozesskosten, die Verwendungen zu ersetzen.
3. den Schaden zu ersetzen der dem Käufer durch die Lieferung fehlerhafter Ware unmittelbar verursacht worden ist.

Der Verkäufer ist verpflichtet, den weiteren Schaden zu ersetzen, sofern er nicht beweist, dass ihm keinerlei Verschulden zur Last falle.

Art. 230 BK n.F.

Sind von mehreren zusammen verkauften Sachen oder von einer verkauften Gesamtsache bloß einzelne Stücke fehlerhaft, so kann nur rücksichtlich dieser das Rücktrittsrecht geltend gemacht werden.

Art. 231 BK n.F.

Alle Klagen auf Gewährleistung wegen Mängel der Sache verjähren mit Ablauf von zwei Jahren nach deren Ablieferung an den Käufer, selbst wenn dieser die Mängel erst später entdeckt, es sei denn, dass der Verkäufer eine Haftung auf längere Zeit übernommen hat.

Saarbrücker Studien zum Privat- und Wirtschaftsrecht

herausgegeben von
Prof. em. Dr. Johann Paul Bauer
Prof. Dr. Dr. Dr. h.c. mult. Michael Martinek
Prof. Dr. Dr. h.c. Helmut Rüßmann

Die Schriftenreihe "Saarbrücker Studien zum Privat- und Wirtschaftsrecht" bildet in erster Linie ein Forum für rechtswissenschaftliche Doktorarbeiten der Universität des Saarlandes auf zwei juristischen Schwerpunktgebieten. Zum einen sollen Dissertationen im klassischen Privatrecht, vor allem im bürgerlichen Vermögensrecht der ersten drei Bücher des BGB und ihrer Nebengesetze vorgestellt werden. Zum anderen findet das Wirtschaftsrecht im Sinne des Wirtschaftsprivatrechts besondere Berücksichtigung, womit namentlich die Gebiete des Handelsrechts einschließlich des Bilanzrechts, des Personen- und Kapitalgesellschaftsrechts einschließlich des Konzernrechts, des Gewerblichen Rechtsschutzes sowie des Wettbewerbs- und Kartellrechts bezeichnet sind. Es versteht sich, daß nicht nur rechtsdogmatische Studien, sondern auch rechtstatsächlich, rechtspolitisch oder interdisziplinär angelegte Arbeiten in die Schriftenreihe Aufnahme finden. Denn die Rechts- und Wirtschaftswissenschaftliche Fakultät der Universität des Saarlandes vereinigt unter *einem* Dach die Fachbereiche Rechtswissenschaft und Wirtschaftswissenschaft und regt damit Studenten und Hochschullehrer in besonderer Weise zu fachübergreifender Lehre und Forschung an. Die Schriftenreihe steht aber nicht nur sehr guten und ausgezeichneten Dissertationen, sondern auch anderen "Studien" zu privat- und wirtschaftsrechtlichen Themen offen, bis hin zu Materialien und Skripten des akademischen Unterrichts. Die drei Herausgeber, die zugleich stellvertretend für ihre anderen Saarbrücker Fakultätskollegen des Privat- und Wirtschaftsrechts handeln, verbinden mit den "Saarbrücker Studien zum Privat- und Wirtschaftsrecht" den Wunsch, daß die hier veröffentlichten Arbeiten die verdiente Resonanz in der breiteren juristischen Fachöffentlichkeit finden.

Saarbrücker Studien zum Privat- und Wirtschaftsrecht

Herausgeber:
Johann Paul Bauer, Michael Martinek und Helmut Rüßmann

Band 1 Susanne Jaschinski: Die Haftung von Schwestergesellschaften im GmbH-Unterordnungskonzern. Ein Beitrag zum Konzernverfassungsrecht. 1997.

Band 2 Roman Sascha Ahnert: Die *actio individualis*. Ein Beitrag zur verfassungsrechtlichen Fundierung der Aktionärsklage bei sogenannten Aktien-Interessenverbänden. 1997.

Band 3 Torsten Peters: Der Cateringvertrag. Rechtstatsachen, Rechtsnatur und Rechtsprobleme eines modernen Dienstleistungsvertrags. 1998.

Band 4 Michael Meissner: Persönlichkeitsschutz juristischer Personen im deutschen und US-amerikanischen Recht. Eine rechtsvergleichende Untersuchung des allgemeinen Persönlichkeitsrechts juristischer Personen. 1998.

Band 5 Thomas Tegen: Joint Venture-Vertrag und Projektträgergesellschaft im amerikanischen und deutschen Recht. 1998.

Band 6 Gerhard Wolter: Treuhandrecht im Umbruch? Ein Blick nach Frankreich, Luxemburg, in die Schweiz und in den Libanon sowie auf das Haager Trust-Übereinkommen. 1999.

Band 7 Thomas Dehlfing: Das Recht der irreführenden Werbung in Deutschland, Großbritannien und Frankreich. 1999.

Band 8 Hanno Dornseifer: Börsentermingeschäfte und Börsentermingeschäftsfähigkeit. Zur börsengesetzlichen Behandlung von finanzwirtschaftlichen Festgeschäften, Options- und Optionsscheingeschäften. 1999.

Band 9 Patrick Lenz: Absatzförderung durch *zinssubventionierte* Darlehen. Eine wettbewerbs- und kartellrechtliche Studie zur Zulässigkeit von Niedrigzins-Kreditangeboten unter besonderer Berücksichtigung des Automobilmarktes. 1999.

Band 10 Mansur Pour Rafsendjani: Der Goodwill-Ausgleichsanspruch des Franchisenehmers. Ein Vergleich des deutschen, französischen und US-amerikanischen Franchiserechts. 1999.

Band 11 Jörg Hartmann: Juristische und ökonomische Regelungsprobleme des Insiderhandels. Eine rechtsvergleichende Darstellung USA – Deutschland. 1999.

Band 12 David Altmeier: Rückstellungsbilanzierung in Deutschland und Frankreich. Eine vergleichende Untersuchung der französischen Rückstellungsbilanzierung aus der Perspektive des deutschen Bilanzrechts. 1999.

Band 13 Barbara Günther: Aktivische Bilanzierungshilfen im deutschen und französischen Bilanzrecht. 1999.

Band 14 Bernhard Glasow: Vertikale Preisbindung, Wettbewerbstheorie und Wettbewerbsrecht in den USA, Deutschland und Europa. Bestandsaufnahmen, Kritik und Zukunftsperspektiven. 2000.

Band 15 Dorota Nowak-James: Der Börsenzugang für Anleger in Deutschland und Polen. Eine rechtsvergleichende Untersuchung zum deutschen Finanzkommissionsgeschäft und zum polnischen Brokerauftragsvertrag. 2000.

Band 16 Mathias Queck: Der Nießbrauch am Anteil einer offenen Handelsgesellschaft. Eine Form der (un-)mittelbaren Unternehmensbeteiligung. 2000.

Band 17 Ina Roth: Umweltbezogene Unternehmenskommunikation im deutschen und europäischen Wettbewerbsrecht. 2000.

Band 18 Jörg Preiss: Die Anwendung des markenrechtlichen Erschöpfungsgrundsatzes auf Dienstleistungsmarken. 2000.

Band 19 Kevin M. McDonald: Der Begriff der Dienstleistung im europäischen Binnenmarkt und WTO-System (GATS). 2001.

Band 20 Carolin Opgenhoff: Die europäische Fusionskontrolle zwischen Wettbewerbsrecht und Industriepolitik. 2001.

Band 21 Susanne Schäfer: Die Deliktsfähigkeit juristischer Personen. Eine rechtsvergleichende Untersuchung zur Übertragbarkeit des englischen Modells. 2001.

Band 22 Kay Diedrich: Die Interventionswirkung – Ausprägung eines einheitlichen Konzepts zivilprozessualer Bindungswirkung. 2001.

Band 23 Michael Fröhlich: Zentrale Institutionen des deutschen Urheberrechts und des französischen Droit d'auteur auf dem Prüfstand der elektronischen Netzwerke. 2001.

Band 24 Joël Benjamin Münch: Abtretungsverbote im deutschen und französischen Recht. Rechtsvergleichende Untersuchung der Übertragungshindernisse im deutschen und französischen Forderungsverkehr als Beitrag zu einer weiteren Schuldrechtsvereinheitlichung in Europa. 2001.

Band 25 Monika Prieß: Der Begriff des Sachmangels im deutschen und englischen Kaufrecht. Reformbedarf aufgrund der Verbrauchsgüterkauf-Richtlinie 1999/44/EG. 2001.

Band 26 Katharina Siegel: Produkthaftung im polnischen, tschechischen und slowenischen Recht. 2001.

Band 27 Carolin Kühne: Die gesetzliche Form der Rechtsgeschäfte im deutschen und italienischen Recht. Eine rechtsvergleichende Untersuchung. 2002.

Band 28 Nina Scherf: Die Nachschußpflicht im Gesellschaftsrecht. Eine rechtsformübergreifende Bestandsaufnahme, Analyse und Kritik. 2002.

Band 29 Marc Laukemann: Fernsehwerbung im Programm. Die zunehmende Kommerzialisierung des Fernsehprogramms im Zeitalter einer Ökonomisierung der Aufmerksamkeit als verfassungs-, wettbewerbs- und rundfunkrechtliches Problem. 2002.

Band 30 Michael Bo Jaspers: Nachträgliche Rechtswahl im internationalen Schuldvertragsrecht. Unter besonderer Berücksichtigung der Rechtspraxis in England, Frankreich, Dänemark und Deutschland. 2002.

Band 31 Christina Pernice: Die Insolvenzverschleppung durch das Geschäftsführungsorgan der kleinen Kapitalgesellschaft im deutschen, französischen und englischen Recht. Eine rechtsvergleichende Untersuchung zur Entwicklung eines europäischen Lösungsansatzes. 2002.

Band 32 Anne Christine Janert: Der sachliche und persönliche Anwendungsbereich des deutschen Verbraucherkreditrechts und des britischen Consumer Credit Act 1974. Ein Beitrag zu den Möglichkeiten und Grenzen verbraucherrechtlicher Harmonisierung in Europa. 2002.

Band 33 Annette Trost: Faktische Sitzverlegung unter Sitz- und Gründungstheorie im Vergleich. Unter besonderer Berücksichtigung ihrer gesellschafts- und zivilrechtlichen Folgewirkungen. 2003.

Band 34 Esther Cordula Hilpert: Die Gründerhaftung in der Gesellschaft mit beschränkter Haftung in Deutschland, Frankreich und England. 2003.

Band 35 Wei-ming Liao: Die Schiedsgerichtsbarkeit in Taiwan. Unter besonderer Berücksichtigung der internationalen Handelsschiedsgerichtsbarkeit und mit Hinweisen zu der Entwicklung in Deutschland. 2003.

Band 36 Stefan Stork: Sitzverlegung von Kapitalgesellschaften in der Europäischen Union. Zur Reichweite der Niederlassungsfreiheit unter Berücksichtigung der positiven und der negativen Integration. 2003.

Band 37 Marc Pfeffer: Interbrand-Kartellverbot und Intrabrand-Vereinbarungen. Die Ablösung horizontaler und vertikaler Eingriffsmerkmale im GWB zu Gunsten einer Betrachtung produktexterner und -interner Wettbewerbsfaktoren. 2003.

Band 38 Nicole Burkardt: Der arbeitsrechtliche Aufhebungsvertrag. Einvernehmliche Beendigung von Arbeitsverhältnissen unter Berücksichtigung der Rechtslage nach der Schuldrechtsreform. 2004.

Band 39 Christian Schmeling: Die Entlastung von Mitgliedern geschäftsführender Organe im Recht der Kapitalgesellschaften. Eine rechtsvergleichende Studie zum deutschen, schweizerischen und französischen Recht. 2004.

Band 40 Andreas Wolf: Wege zur virtuellen Haupt- und Gesellschafterversammlung. Eine vergleichende Untersuchung über die Einbeziehung elektronischer Medien in die Hauptversammlung einer Aktiengesellschaft und die Gesellschafterversammlung einer GmbH. 2004.

Band 41 Bianca Natalie Baldus: Der elektronisch geschlossene Vertrag mit Schiedsabrede. Zulässigkeit und anwendbares Recht in nationalen und internationalen Schiedsverfahren. 2004.

Band 42 Vania Dilek: Der Wettbewerbsschutz in Bulgarien und in der Russischen Föderation während des Übergangs vom Dirigismus zur Privatautonomie. 2004.

Band 43 Rudolf Lenders: Treuhand am Gesellschaftsanteil. Die Einbindung des Treugebers in das gesellschaftsrechtliche Organisationsgefüge. 2004.

Band 44 Weizuo Chen: Rück- und Weiterverweisung (Renvoi) in staatsvertraglichen Kollisionsnormen. 2004.

Band 45 Stefan Hahn: Neue Ansätze im Anlegerschutz durch die Ad-hoc-Publizität des § 15 WpHG. 2004.

Band 46 Pietro Graf Fringuelli: Internet TV. Filmurheberrecht im Internet. 2004.

Band 47 Caspar Frhr. v. Schnurbein: Missbrauch von Minderheitsrechten im deutschen und italienischen Aktienrecht. 2005.

Band 48 David Kereselidze: Der allgemeine Teil des Georgischen Zivilgesetzbuches von 1997. Eine rechtsvergleichende Untersuchung. 2005.

Band 49 Miguel A. García Mateos: Das neue Recht der Namensaktie. Bestandsaufnahme, Analyse und Kritik. 2005.

Band 50 Christine Eckstein-Puhl: Prozessbetrug im Schiedsverfahren. Eine Studie zu den vom erschlichenen Schiedsspruch aufgeworfenen Fragen des Aufhebungsverfahrens gemäß § 1059 ZPO. 2005.

Band 51 Steffen Paulmann: Wirksamkeit von Haftungsausschlüssen und -begrenzungen im deutsch-französischen Warengeschäftsverkehr. Unter besonderer Berücksichtigung der UNIDROIT-Principles und der Principles of European Contract Law. 2005.

Band 52 Ina Krischek: Wirtschaftsmediation als alternatives Streitbeilegungsverfahren. Gerichtsverfahren, Schiedsverfahren und Mediation im Vergleich. 2005.

Band 53 Olaf Pick: Verkehrspflichten und Handlungsfreiheit des „Schädigers“. 2005.

Band 54 Thomas Paul: Die Gesellschafterfähigkeit von Gesamthandsgemeinschaften. 2005.

Band 55 Dieter Friedrich Unger: Das Recht der Kapitalaufbringung und -erhaltung bei der Aktiengesellschaft im Rechtsvergleich Deutschland, Österreich und Schweiz. Eine Analyse des Kapitalsicherungsrechts in Deutschland, Österreich und der Schweiz. 2006.

Band 56 Nicole Schröder: Perspektiven der Europäisierung des GmbH-Rechts und der Europäischen Privatgesellschaft vor dem Hintergrund der Europäischen Aktiengesellschaft. 2007.

Band 57 Ivo du Mont: Die Kombination von Rücktritt und Schadensersatz im neuen Schuldrecht. Eine ökonomische und rechtsvergleichende Analyse am Beispiel des Kaufvertrags. 2007.

Band 58 Matthias Kühn: Umweltschutz durch Privatrecht. Eine Studie zur ökologischen Analyse der privatrechtlichen Schutzrechte und des Vertragsrechts in Deutschland und England. 2007.

Band 59 Komninos Komnios: Die elektronische Signatur im deutschen und griechischen Recht. 2007.

Band 60 Matthias Kühl: Die Gewinnzusage nach § 661a BGB. Dogmatische Einordnung und rechtsvergleichende Untersuchung. 2007.

Band 61 Barbara Jeanne Attinger: Der Mittelpunkt der hauptsächlichen Interessen nach der EuInsVO – erfolgreiches Konzept oder Quelle der Rechtsunsicherheit? Eine Auseinandersetzung mit dem Zuständigkeitskriterium der Europäischen Insolvenzverordnung unter Heranziehung der Erkenntnisse der ökonomischen Analyse des Rechts. 2008.

Band 62 Dorothee Stober: Der deutsch-schweizerische Erbfall. Eine rechtsvergleichende und international-privatrechtliche Analyse. 2009.

Band 63 Daniel Marc Protz: Das zivilrechtliche Anforderungsprofil mezzaniner Strukturen der Unternehmensfinanzierung. 2009.

Band 64 Manuela Schäfer: Die Verträge zur Durchführung des Schiedsverfahrens. Analyse und Vergleich zweier Lösungsmodelle am Beispiel des deutschen und US-amerikanischen Rechtsraums. Teil I und Teil II. 2010.

Band 65 Ionut Raduletu: Der Schutz von Minderheitsaktionären nach rumänischem und deutschem Aktienrecht unter Berücksichtigung des EU-Acquis. 2010.

Band 66 Christoph Köhler: Lastschriftverfahren in der Insolvenz des Schuldners. Im Lichte der neuen BGH-Rechtsprechung. 2010.

Band 67 Stefan Weiland: *Par condicio creditorum.* Der insolvenzrechtliche Gleichbehandlungsgrundsatz und seine Durchbrechungen zugunsten öffentlich-rechtlicher Gläubiger. 2010.

Band 68 Philipp Ehring: Die Due Diligence im Spannungsverhältnis zwischen kaufrechtlichem Haftungssystem und vertraglicher Gestaltung. 2010.

Band 69 Jochen Hell: GmbH-Mantelverwendung. Haftung und Verantwortlichkeit jenseits der „wirtschaftlichen Neugründung". 2010.

Band 70 Ge Jiang: Das GmbH-Recht in China aus rechtsvergleichender Sicht. Analyse, Kritik und Verbesserungsvorschläge. 2011.

Band 71 Michael Helmut Wildscheck: Das Recht des Unternehmenskaufs in Deutschland und Frankreich unter besonderer Berücksichtigung von Garantieklauseln. Eine rechtsvergleichende Studie zur deutschen und französischen Kautelarpraxis. 2011.

Band 72 Britta Wagner: Haftungsrisiken aus Liquiditätszusagen und Patronatserklärungen in der Unternehmenskrise. 2011.

Band 73 Manuel Karb: Energiepreiskontrolle. Eine Untersuchung der Entgeltkontrolle auf den verschiedenen Energiemärkten nach Energiewirtschaftsrecht, deutschem und europäischem Wettbewerbsbeschränkungsrecht und allgemeinem Zivilrecht. 2011.

Band 74 Bernd Steffen Bertelmann: Das BGB-Zahlungsdiensterecht im Kontext der Single Euro Payments Area. Leitlinien zur richtlinienkonformen Auslegung unter vergleichender Berücksichtigung des britischen und französischen Rechts. 2011.

Band 75 Susanne Niesse: Die leistungsstörungsrechtlichen Grundstrukturen des deutschen, französischen und englischen Unternehmenskaufrechts im Vergleich. 2012.

Band 76 Zhong Ren: Wahrheitspflicht und Kooperationsmaxime im Zivilprozess in Deutschland, Japan und China. 2013.

Band 77 Giga Gabrichidze: Der Prozess der Angleichung des georgischen Wettbewerbsrechts an das Recht der Europäischen Union. 2013.

Band 78 Stephan Wachs: Flucht aus der kartellrechtlichen Bußgeldverantwortung? Unternehmensrestrukturierung und Haftungsnachfolge im deutschen und europäischen Bußgeldrecht. 2013.

Band 79 Max Jakob Rösch: Gesellschafterfremdfinanzierung, Gläubigerschutz und Gläubigerrisikoverantwortung. Die insolvenzrechtliche Sonderbehandlung der Gesellschafterfremdfinanzierung als Ausdruck von Gläubigerschutz und Gläubigerrisikoverantwortung der Gesellschafter. 2013.

Band 80 Sinan Okur: Eine kritische Untersuchung zu den Rechtsbehelfen des Käufers im alten und im neuen türkischen Warenkaufrecht. Zugleich ein Beitrag zu der Harmonisierung des türkischen Warenkaufrechts im Lichte des CISG, BGB und der europäischen Vertragsrechtsharmonisierung. 2013.

www.peterlang.com

www.ingramcontent.com/pod-product-compliance
Ingram Content Group UK Ltd.
Pitfield, Milton Keynes, MK11 3LW, UK
UKHW021830290926
8980IPUK00004B/368

9 783631 627990